Fortsetzung hinteres Vorsatzpapier

Heinrich Drimmel

Franz Joseph

Heinrich Drimmel

Franz Joseph

Biographie einer Epoche

Amalthea

© 1983 by Amalthea Verlag
Wien · München
Alle Rechte vorbehalten
Schutzumschlag: Wolf Bachmann unter Verwendung
eines zeitgenössischen Stiches
Satz: Fotosatz Völkl, Germering b. München
Druck und Binden: Druckerei Ebner Ulm
Printed in Germany 1983
ISBN 3-85002-173-4

Was des Bürgers Fleiß geschaffen,
Schütze treu des Kriegers Kraft;
Mit des Geistes heiteren Waffen
Siege Kunst und Wissenschaft.

Beginn der 3. Strophe des von 1854 bis 1918 gültigen Textes der Volkshymne, des sogenannten »Gott erhalte«.
Text von Johann Gabriel Seidl (1804–1875), Melodie von Joseph Haydn (1732–1809), komponiert zum Geburtstag des Kaisers Franz im Jahre 1795.

VORWORT

Zwei Österreicher sind schuld am Ausbruch der beiden bisherigen Weltkriege: 1914 Kaiser Franz Joseph I., 1939 Adolf Hitler. Dieses Urteil fällte während des Zweiten Weltkriegs keineswegs einer der gewerbsmäßigen Meinungskneter, die schon immer und vor allem in Kriegszeiten über alles herzogen, was sie am alten Österreich für reaktionär, klerikal und machthungrig hinzustellen hatten; um derlei zugleich als Ursachen menschlichen Leidens in Krieg und Frieden anzuprangern. Die nach 1939 gegen Franz Joseph erhobene Anklage ist zwar in amerikanischer Sprache abgefaßt, stammt aber von einem Österreicher, der nach Herkunft und Anschauung Monarchist und also Anhänger des Hauses Österreich und von Haus aus katholisch erzogen war. Sein Name ist Ernst Karl Winter. Wer war Winter? Winter wurde in den Jahren zwischen den beiden Weltkriegen einer der vielen, die zwischen den Fronten streunten. Er war ein Sozialhistoriker von Rang, eher für eine akademische Laufbahn als für die Betätigung im Politischen geeignet. Im Ersten Weltkrieg war er Regimentskamerad des 1934 ermordeten österreichischen Bundeskanzlers Engelbert Dollfuß, und zwar in einem Eliteregiment: bei Tiroler Kaiserschützen. Nach dem Krieg studierte Winter und wurde im Cartellverband (CV) Cartellbruder seines früheren Kriegskameraden Dollfuß. 1934, nach der Niederlage der österreichischen Sozialisten im Aufstand ihres Republikanischen Schutzbundes, schickte Dollfuß seinen alten Freund und Kameraden als Vizebürgermeister ins Wiener Rathaus. Und wieder geschah es, daß sich Winter im Grabengewirr politischer Fronten verlief. Er verlor mit seinen Befriedungsmethoden gegen die im Untergrund kämpfenden Sozialisten das Vertrauen des Bundeskanzlers, ohne das der Sozialisten wirklich zu gewinnen. Dieses Scheitern wurde nach 1945 Gegenstand von Legenden und Mythen. Tatsache ist, daß Winter seine Aufgabe im Wiener Rathaus verlor. Und daß er zusammen mit vielen Juden das nationalsozialistische Österreich verließ. Er hinterließ eine in einem gewissen

7

Zusammenhang geprägte Parole, die genug Verwirrung bei Feind und Freund hervorrief:

»Rechts stehen – links denken.«

Was Winter während des Zweiten Weltkriegs jenseits des Atlantiks auf amerikanisch als Anklage gegen Franz Joseph schrieb, entsprach im Grunde der Tendenz einer Note, mit der sich 1919 die nach Saint-Germain befohlene Friedensdelegation der 1918 entstandenen Republik Deutsch-Österreich gegen gewisse Anschuldigungen der damaligen Siegermächte – vergebens – zur Wehr gesetzt hat. Die unter der Führung des damaligen sozialistischen Staatskanzlers Karl Renner stehende Delegation hat erstaunlicherweise – so wie Winter nach 1939 – Kaiser Franz Joseph für den Kriegsausbruch 1914 in erster Linie mit verantwortlich gemacht. Daß sich die Sozialisten in der damaligen Koalitionsregierung dieses Arguments bedienten, war selbstverständlich; daß sich aber die Christlichsozialen dem anschlossen, ist nur dann zu verstehen, wenn man die Lage der noch nicht einjährigen Republik Deutsch-Österreich in Betracht zieht. Die Republik aus 1918 war für die damaligen Siegermächte Rechtsnachfolger der 1918 zugrundegegangenen österreichisch-ungarischen Monarchie. Und sie war Feindstaat dieser Sieger. Nur von Zeit zu Zeit hoben die Sieger die Hungerblockade auf, die über die besiegten Mittelmächte und ihre Verbündeten verhängt war. Zu den unzähligen Kriegsgefangenen, die in den Todeslagern Rußlands hofften, doch noch die Heimkehr zu erleben, sind im November 1918 jene Kriegsgefangenen gekommen, deren sich Italien in dem Wirrwarr des Zusammenbruchs bemächtigte. Der am 3. November 1918 auf Bitten der letzten k.k. Regierung geschlossene Waffenstillstand mit den Großmächten und ihren alliierten und assoziierten Ländern bedeutete Waffenruhe auf kurze Zeit. Würde Deutsch-Österreich das von den Siegern erarbeitete Friedensdiktat nicht annehmen, ginge ein sinnlos gewordener Krieg weiter.

Moralisches Fundament aller Ansprüche, die sich gegen den angeblichen Rechtsnachfolger Österreich-Ungarns, die Republik Deutsch-Österreich, richteten, war das Axiom, wonach die etwas kleingeratene Alpenrepublik eine schwerwiegende Kriegsschuld trage. Folge dessen waren geldliche Ansprüche an die total ausgepoverte Republik, nach denen sie bis ins Jahre 1951 Milliardenbeträge – kein Papier, sondern Gold – an die Siegermächte zahlen sollte. Es war verständlich, daß die in Saint-Germain konfinierte Delegation der Republik Österreich in ihren Gegenvorstellungen kein Argument ausließ, um vom Nachkriegsösterreich jene Kriegsschuld abzuwälzen; und daß sie dabei nicht nur der historischen Wahrheit Genüge tat, sondern politisch gefärbte Argumente ins Treffen führte, von denen zu erwarten war, daß sie ins Konzept der Siegermächte paßten. Und das Konzept der Siegermächte entsprach letzthin der Ideologie, die der US-Präsident Wilson vertreten hat, als er 1917 die USA ins Lager der Feinde der Mittelmächte führte: Demnach bot allein die Demokratie in Amerika Gewähr für die Heranbildung von Menschen mit besseren Lebensprinzipien als jenen, die 1914 die Machthaber der Alten Welt zu Kriegsanstiftern gemacht haben. In einer Pax Americana sollte es nach dem Sieg von 1918 nicht mehr jene Unfreiheit, Unterdrückung und Verstümmelung der Selbstbestimmungsrechte der Völker geben, die bisher das Dasein der Nationalitäten in Österreich-Ungarn zu einer Hölle, jedenfalls zu einer menschenunwürdigen Existenz in einem Völkerkerker gemacht haben. Tatsächlich hat 1919 die Delegation der Republik Deutsch-Österreich einiges dazu getan, um letzteres Bild vom alten Österreich unter den bisherigen Feindstaaten zu verfestigen. Um das Hunger leidende Volk des Nachkriegsösterreichs einigermaßen aus den gegen Österreich-Ungarn erhobenen Anschuldigungen herauszuhalten, mußte man mit den Wölfen heulen. Beschuldigte der US-Präsident die Monarchien der Hohenzollern, Habsburger und Osmanen (insgeheim auch der Romanovs) der Greuel des eben zu Ende gegangenen Krieges, so fügte die Delegation der Republik Deutsch-Österreich dem den ausdrücklichen Hinweis dazu, es hätte die souveräne Gewalt des *Monarchen* und nicht der Wille des Volkes 1914 den Kriegsausbruch heraufbeschworen, also Franz Joseph. Dazu seien die willkürlichen Verfügungen verantwortungsloser Machthaber gekommen; und, zuletzt das Drängen von seiten des Generalstabs der Monarchie. Wieso eine

9

so winzige Gruppe von Menschen imstande war, mehr als vier Jahre den Angriffen aller Weltmächte – das Deutsche Reich ausgenommen – an den Fronten standzuhalten, darüber machten sich Karl Renner, ehedem Leutnant der Reserve, und die ihm beigegebenen Aufpasser der anderen im Parlament zu Wien vertretenen politischen Gruppen keine Gedanken mehr. Mehr noch, man schämte sich des Geistes von 1914. Und jene, die 1914 am lautesten geschrien haben: Serbien muß sterbien, waren in den Tagen des Umsturzes die eifrigsten bei der Beseitigung dessen, was noch vom alten Österreich präsent war.

Nach all dem war es gar nicht so erstaunlich, daß Ernst Karl Winter, der sich im Ersten Weltkrieg als Freiwilliger seinem Kaiser zur Verfügung stellte, im Zweiten Weltkrieg den zeitgemäßen Hinweis auf eine Kriegsschuld des 1916 verstorbenen Monarchen auf eine Ebene mit der Adolf Hitlers stellte. Sichtlich hat Winter nach 1939 nicht die Geschichte des 1919 eingetretenen Wandels der politischen Ideen der USA und ihres Kriegspräsidenten Wilson genügend gründlich studiert. Wohl haben die Vertreter der USA an den *Verhandlungen* in Saint-Germain teilgenommen, einer davon den Friedensvertrag mit der Republik Österreich (den Gebrauch des Wortes *deutsch* im Namen des neuen Staates hat man den Autrichiens abgewöhnt) *unterschrieben* – bloß *ratifiziert* wurde dieses Vertragswerk in Washington niemals. Man schloß mit der Republik Österreich 1921 einen eigenen Vertrag ab, der sich vor allem in zwei Punkten von dem in Saint-Germain zustandgekommenen und den Österreichern zudiktierten Text unterschied:

Darin findet sich das der Republik Österreich 1919 in St.-Germain abgepreßte *einseitige Schuldbekenntnis* betreffs der Ursachen des Kriegsausbruchs 1914 ebensowenig wie die demütigenden mörderischen *Strafbestimmungen*, die zu erfüllen das Österreich von 1921 auf absehbare Zeit ohnedies zu befolgen nicht in der Lage war. Und – anders als Wilson in den Jahren 1917/19 – kümmerten sich die USA nicht mehr um die Grenzziehungen in Mitteleuropa; Grenzen, deren Bestand von allem Anfang an wacklig und 1938/39 Hauptursache für den Ausbruch des Zweiten Weltkriegs wurden. Diesem Tendenzumschwung in den USA ist allerdings Wilson – enttäuscht über den Mißerfolg seiner Mission in Europa – schon 1919 in der Wahlkampagne für seine – vergebens angestrebte – Wiederwahl vorausgegangen. Am Tag nach der Verlautbarung des in Österreich sogenannten *Staatsvertrags* von St.-Germain gab sich Wilson auf einer Versammlung in St. Louis/USA ganz anders als zu Kriegszeiten. Kein Wort mehr von seiner *Kreuzzugsidee*, die 1917 die jungen Männer *over there* auf die Schlachtfelder in Frankreich führte; kein Wort von *hohen Idealen* in der internationalen Politik; der politisierende Professor im Weißen Haus ist zuletzt zu einem Realpolitiker geworden, dem sein früherer Prädikantenton selbst schon zuwider war, als er in St. Louis sagte:

»Meine Mitbürger! Ist hier irgendein Mann oder irgendeine Frau – ich möchte sagen: irgendein *Kind* – anwesend, die *nicht* wissen, daß der Ursprung des Krieges in der heutigen Zeit die industrielle und kommerzielle Rivalität ist? ... Dieser (erste Welt-)Krieg war von seinem Beginn an ein *kommerzieller* und *industrieller* Krieg. Er war *kein politischer* Krieg ...«

Also kein um der hohen Ideale von 1917 willen geführter Krieg. Ums *nackte* Geld ist es gegangen. Ist es aber auch Franz Joseph 1914 bei der Kriegserklärung an Serbien ums nackte Geld gegangen? Anders als allen anderen am Krieg beteiligten Großmächten ging es Österreich-Ungarn 1914 um die *nackte Existenz* der Donaumonarchie. Österreich-Ungarn litt vor 1914 zuerst und zuletzt stets unter der unüberbrückbaren Rivalität der damals größten Industrienationen Europas: Großbritannien und das Deutsche Reich. An diesem Konflikt vorbeizugehen, war keinem Staat 1914 möglich. Jeder Staat der Alten Welt mußte in diesem Konflikt auf der einen oder anderen Seite der gefährlichen Rivalität mitmachen. Im Falle Österreich-Ungarns kam noch dazu, daß für das *Vielvölkerreich* die immer rascher aufkommende *nationale* und *soziale* Revolution jener Epoche das eigentliche Existenzproblem wurde. Umso gewagter ist die aus der Zeit des Zweiten Weltkriegs stammende gewagte Betrachtungsweise Ernst Karl Winters, wenn dieser das Verhalten und die Entscheidungen des Kaisers von

11

Österreich im Jahre 1914 in eine Linie stellt mit den Absichten Adolf Hitlers, die sich schließlich raumgreifend auf ganz Europa, vom Atlantik bis zum Ural, erstreckten. Für das franzisko-josephinische Österreich hatte Hitler nur mehr Abscheu, als er es 1913 verließ, um sich in München niederzulassen. Es war für ihn peinlich genug, daß er nur um den Preis, auch auf die Person Franz Josephs vereidigt zu werden, als Kriegsfreiwilliger in die Bayerische Armee aufgenommen wurde. Nach dem Krieg und nach seiner Haftentlassung, Folge des November-Putsches von 1923, tat Hitler den letzten fälligen Schritt: Er suchte in Linz um die Entlassung aus dem österreichischen Staatsverband an. Lieber wollte er im Reich von Weimar als Staatenloser leben, denn als Österreicher in seinem Heimatland, das so gar nicht den steilen Aufstieg zur Macht des Hitlerismus mitzumachen bereit war.

Aber – da ist der später arg gescholtene Satz Franz Josephs in seinem Kriegsmanifest des Jahres 1914:

»Ich habe alles geprüft und erwogen.«

Geprüft und erwogen, ehe der Kaiser in Ischl den von seinem Minister des Äußeren im Strudelhof in Wien komplettierten Aktenvorgang betreffend die Kriegserklärung an Serbien unterschrieb. Hinter diesem ominösen Satz standen und stehen sechsundfünfzig Regierungsjahre in Kriegs- und Friedenszeiten; vor allem aber der Ertrag der letzten Jahrzehnte der Regierung Franz Josephs, sein von keinem ernsthaften Politiker und Staatsmann angezweifelter Friedenswille. Ein Friedenswille, der erst dort zerbrechen mußte, wo der Wille der Feinde offensichtlich auf die Zerstörung dessen aus war, was man nachher in Amerika das Multinational Empire genannt hat und dessen Bedeutung für Europa und die Welt – wenn auch zu spät – erkannt und sogar teilweise anerkannt wurde.

Wie es zum Werden der Persönlichkeit des vierundachtzigjährigen Monarchen kam, der Serbien den Krieg erklärte, und wie der Kaiser zuletzt das kalkulierte Risiko dieses Krieges einschätzte, das soll am Lebensbild jenes Monarchen verständlich gemacht werden, der sich selbst im Jahre 1910 als den letzten europäischen Monarchen der alten Schule gekennzeichnet hat.

ERSTER TEIL

1

DER FRANZI

Graf Wickenburg und sein Begleiter gingen die Blaue Stiege des Schlosses Schönbrunn hinauf zur Audienz beim Kaiser. Jedes Mitglied der kaiserlichen Familie, das schon berechtigt war, einen eigenen Hofstaat zu haben, hatte insgesamt fünf Räume zur Verfügung. Franz Joseph und seiner Gemahlin Elisabeth stand also zu Lebzeiten der Kaiserin ein Doppelappartement zur Verfügung. Seit dem tragischen Tod Elisabeths war die Tür zwischen den beiden Wohnräumen des kaiserlichen Paares geschlossen. Franz Joseph bewohnte in Schönbrunn hinter den Antecamera einen Salon, der zugleich für Audienzen diente; ein Wohnzimmer, des Kaisers Arbeitssalon, in dem der Kaiser den täglichen Dienst am Schreibtisch verrichtete, amtliche Vorsprachen und Besprechungen abhielt; und ein Schlafgemach, in dem Franz Joseph mitten während der Katastrophe des Ersten Weltkriegs gestorben ist.

Seit dem Frühjahr 1914 benützte der Kaiser nur mehr selten seine Räume in der Wiener Hofburg; nach Kriegsausbruch nie mehr. Der den Wienern gewohnte Anblick, den Kaiser während dessen Anwesenheit in seiner Residenzstadt jeden Tag pünktlich von Schönbrunn in die Hofburg und nach Dienstschluß zurück nach Schönbrunn fahren zu sehen, fiel aus. Der unsichtbar gewordene Kaiser gab ungewollt Anlässe für zahlreiche Gerüchte und die gegen die Monarchie gerichtete Propaganda. So etwa, der Monarch sei dermaßen debil geworden, daß er gar nicht mehr fähig sei zu regieren und man gut tat, seinen Anblick der Öffentlichkeit zu ersparen. Die Worte: *Solange er lebt,* waren für loyale Österreicher Anlaß zur Hoffnung, Franz Joseph würde vielleicht doch noch die Monarchie aus den Krisen des Krieges einigermaßen heil herausführen; Feinde der Monarchie rechneten mit dem baldigen Ende Franz Josephs. Solange er lebte, hätte wohl kaum einer der Politiker des Jahres 1918 zu sagen gewagt: Majestät – treten Sie zurück! Und – es gab loyale Österreicher, die vermeinten, Franz Joseph habe zweimal der Monarchie geschadet: 1848, als er *zu jung* zum Regieren kam und am Ende seines Lebens, als er *zu alt* war, um überhaupt noch auf der Höhe einer modernen Zeit zu stehen.

Nach dem Krieg, in der Republik Österreich, schwollen derlei Gerüchte zu einem wahren Meer an. Ein sogenannter Forscher machte sich über die Rechnungen her, welche die k.k. Hofschuhmacher für die Fußbekleidung Franz Josephs gelegt haben; und er fand, daß ab einem bestimmten Zeitpunkt eine merkliche Vergrößerung der Maße feststellbar war. Da man nicht annahm, daß der greise Monarch auf größerem Fuß gelebt hat, lag der Beweis auf der Hand, es müsse zuletzt eine von Franz Joseph verschiedene Person als Kaiser von Österreich figuriert haben. Von da an war es nur mehr ein Schritt zur Behauptung, der alte Kaiser sei 1914 nicht mehr am Leben gewesen; man hätte bei Hof rechtzeitig vor dem Ableben einen geeigneten Figuranten mit dem Aussehen Franz Josephs stellig gemacht; und diesen dann, quasi in Freiheit dressiert, der Öffentlichkeit präsentiert.

Graf Wickenburg war ein feingebildeter Herr von Adel, ist zweimal k.k. Minister gewesen und Angehöriger jenes Kreises in der Steiermark, der seit den Tagen Erzherzog Johanns dessen liberale Gesinnung teilt. Sein Begleiter war der Direktor des Museums für Kunst und Industrie, in der Nomenklatur jener Zeit einfach *Herr* Leisching. Erst die Republik Österreich hat diesen hochverdienten Museumsdirektor in einer Zeit, da es keinen Hof mehr gab in Wien, mit dem Titel *Hofrat* ausgezeichnet. Als seinerzeitiger k.k. Minister für öffentliche Arbeiten war der Graf Vorgesetzter des Museumsdirektors, im übrigen verband beide Herren ein reges Kunstverständnis. Hätten schon damals Minister mit ihren Museumsdirektoren politische Gespräche geführt, es hätte sich ergeben, daß der Graf und der spätere republikanische Hofrat als loyale Liberale einer Meinung waren. Franz Joseph hat die Ausstellung des Wiener Kunstgewerbemuseums mit besonderer Vorliebe besucht. Er folgte darin seinem Großvater Franz I., der mit den Industrieausstellungen im Biedermeier einen Grundstock zum späteren Museum legte. Beide Besucher durften also mit einem speziellen Interesse des Monarchen in der Sache rechnen, deretwegen sie eigens zur Audienz gebeten worden waren. Für gelegentliche Besucher war die Stille, die jetzt im Krieg in dem vom Kaiser bewohnten Trakt herrschte, bedrückend. Im übrigen ließ man die Besucher nicht lange bei ihren Erwägungen dieses Umstands, ein alter Diener führte die Herren zum diensthabenden Flügeladjutanten des Kaisers und der meldete den Besuch ohne Verzug dem Monarchen. Franz Joseph kam den Eintretenden entgegen, ein wenig gebückt in der Haltung, aber ohne Stock oder irgendwelche Hilfen. Der Gesichtsausdruck des Monarchen war tiefernst, das Gespräch ergab aber sofort, daß von den in der Öffentlichkeit kursierenden Gerüchten über die geistige Verfassung Franz Josephs kein Wort wahr war.

Punkto Zeremoniell erlaubte sich der Kaiser keine Erleichterungen für sich und seine Besucher. Der Graf als gewesener k.k. Minister und als Geheimer Rat Seiner Majestät hätte unter Umständen die Chance gehabt, vom Kaiser zum Sitzen eingeladen zu werden. Gleiches dem Museumsdirektor anzubieten, kam nicht in Betracht. Über alles aber erhob sich der Sinn Franz Josephs für Höflichkeit, der es ihm in diesem Fall nicht gestattete, etwa selbst zusammen mit dem Exzellenzherrn Platz zu nehmen, den Museumsdirektor aber stehen zu lassen. Und so fand das folgende halbstündige Gespräch im Stehen und Gehen statt, wobei der Kaiser manchmal, der besseren Sicht halber, ans Fenster trat.

Ohne weitere Umstände kam Franz Joseph auf den Gegenstand seines Interesses zu sprechen. Der Museumsdirektor hatte auf Schloß Herrenstein in Niederösterreich ein lange verschollen gewesenes Kinderbild Franz Josephs entdeckt. Die »Gesellschaft für vervielfältigte Kunst« wollte das Bild in Farblichtdruck reproduzieren und in Druck geben, um aus dem Verkauf des Druckwerkes einen Beitrag zum Militär-Witwen- und Waisenfonds leisten zu können. Der Kaiser hatte vom Fund Kenntnis erlangt und den Wunsch geäußert, das Bild zu sehen. Nachdem der Museumsdirektor das Bild dem Monarchen überreicht hatte, betrachtete dieser dasselbe mit freiem Auge. Erst als ihn winzige Details besonders interessierten, nahm er das Augenglas zu Hilfe. Das Bild zeigt einen etwa zweijährigen Knaben, der im Kittelkleid, wie es einmal auch die Buben in den ersten Lebensjahren tragen mußten, zugleich einige militärische Effekten an sich hatte. Eine für die Größe des Kindes passende Bärenfellmütze der k.k. Grenadiere, ein Spielgewehr und einen Spielsäbel am Bandulière. Am Boden liegen eine Trommel und eine Exerzierfahne; zur Hand hat der Knabe Spielsoldaten, eben Grenadiere. Alles in allem eine merkwürdige Mischung kindlicher Unbefangenheit mit ersten Anzeichen eines künftigen Kriegshandwerks. Immerhin mehr ein Idyll als ein martialisches Genre, wie das eben die Art im Biedermeier war, als – anders als vorher im Zeitalter des Empires – der Stil der Zeit nicht auf einen klirrenden Heroismus abgestellt war. Der Museumsdirektor macht auf die Signatur aufmerksam: Waldmüller, August 1832. Dann machte er einige Erklärungen über die Art Waldmüllers, nannte ihn einen Realisten. Darauf der Kaiser lächelnd:

»Aber so fein gedrechselte Beine habe ich nie gehabt, da hat der Waldmüller, den Sie einen Realisten nennen, doch etwas geschmeichelt ... Im übrigen haben Sie ganz recht, ich sehe an Hand des Bildes deutlich den Raum vor mir, wo ich immer zu den Füßen des hochseligen Kaisers gespielt habe.«

Der Hochselige Kaiser. Damit war der Großvater Franz Josephs, Franz I. gemeint. Dann ging der Kaiser auf die Meinung des Museumsdirektors ein, wonach die auf dem Bild dargestellten Miniaturen auf dem Schreibtisch des Guten Kaisers Franz den Großonkel Franz Josephs, Erzherzog Ludwig, sowie Prinzessin Carignan darstellen. Jetzt ging der Kaiser zum Fenster, betrachtete aufmerksam die Details und bestätigte dann die Meinung des Museumsdirektors. Mehr noch interessierte den Monarchen die damals moderne Technik des Farblichtdruckes, eine österreichische Erfindung. Und der alte Herr, den angeblich der seit der Erfindung des Telegrafen eingetretene Fortschritt der Technik nicht mehr interessierte, ließ sich die Herausholung der Farbtöne und das Übereinanderdrucken der Platten erklären. Wo der Direktor vermeinte, es genüge die Andeutung, wollte der alte Herr technische Details erfahren. Die Erklärung, es sei zu hoffen, daß man mit dem Ertrag des Verkaufs der Reproduktionen einiges Geld zum besagten Fonds hereinbringen werde, schloß Franz Joseph mit dem Seufzer:»Die können's wahrlich brauchen in dieser Zeit!« Damit war die Audienz beendet. Kein Händedruck zum Abschied. Ein solcher dem Exzellenzherren gewährter Vorzug wäre dem Museumsdirektor nicht zugekommen. Das einfache Gebot der Höf-lichkeit verbot es dem greisen Monarchen andererseits, derlei höfische Unterscheidungen hervorzukehren. Wo waren die Zeiten, da der junge Franz Joseph so freigebig mit seinem Händedruck gewesen ist. Für den Greis war der Händedruck eine der wenigen Möglichkeiten, um einen Dienst am Staat zu belohnen, ohne daß es einer Dekorierung bedurfte.

Die Herren verließen die Räume und die gewohnte Stille trat ein im Arbeitssalon. Das Bild Waldmüllers noch vor Augen, drängte an den Kaiser eine ganze Serie von Bildern heran. Schon in seinem Geburtsjahr 1830 hat seine Mutter, Erzherzogin Sophie, den an sich begabten Aquarellisten Franz Ender beauftragt, ihren winzigen Franzi als Nackedei im Wickelkorb zu porträtieren. Der gute Ender konnte nicht der Versuchung widerstehen, dem noch nicht Einjährigen ein Gesicht zu malen, das zu bestätigen schien, daß der Franzi zum Herrscher geboren war. Nachher hat die Mama den von ihr über die Maßen geschätzten Genremaler Peter Fendi herangezogen. Die Frau Erzherzogin hat wohl nie geahnt, daß dieser mißgestaltete Junggeselle, der so ergreifende Genreszenen hinbrachte, zur gleichen Zeit für zahlungskräftige Kavaliere seiner Zeit Erotika von brutaler Dreistigkeit in Serie herstellte, ganze Mappen, die späten Nachfahren, die auf die Versilberung ihres Erbes angewiesen waren, einmal viel Geld einbringen sollten. Fendi *erfand* ein Genrebild, das Franzis Mama besonders schätzte. Im Jahr 1831 wütete auch in Wien die Choleraseuche. Russische Truppen brachten sie als Epidemie aus Innerasien, Polen, die vor den Russen flüchteten, nach Ungarn, und von dort ist die Seuche westwärts verschleppt worden. Wer konnte, floh die Städte, wo die Seuche grassierte. Der Thronfolger und gekrönte König von Ungarn und Böhmen, später Kaiser Ferdinand I., wurde vorsichtshalber aufs Land verschickt. Sein Vater, Franz I., amtierte entgegen der gegen ihn laufenden Gerüchte wie gewohnt. Als der General-Adjutant des Kaisers, der berühmt-berüchtigte General Kučera, um das Schloß Schönbrunn einen militärischen Kordon ziehen ließ, befahl Franz I., diese Absperrung sofort abzuziehen. Fendis Genrebild zeigt kein Interieur des Schlosses Schönbrunn, sondern jenen Arbeitssalon im Schweizerhof der Wiener Hofburg, den einmal Joseph II. seinem aus Florenz geholten Neffen Franz einrichten hat lassen und wo sich dieser ein Leben lang, ohne Rücksicht auf Geschmacks- und Modeänderungen, wohl fühlte. Die Komposition des Bildes ist raffiniert: Der Arbeitssalon mit dem Kanarivogelkäfig am Fenster in den Burghof; der Kaiser, am Boden kniend, hebt den kleinen Franzi himmelwärts, und die Mama ist in Pose, als täte sie, was der Titel des Genrebildes wurde: Gott erhalte *beide*! *Beide*, also den Kaiser *und* seinen Enkel. Denn was die Mama klugerweise fürchtete, war die drohende Thronbesteigung des regierungsunfähigen Kronprinzen Ferdinand, als Kaiser der Gütige genannt. Die Mama soll gegenüber der Gemahlin des Staatskanzlers Metternich allerdings nicht die Eigenschaft *gütig* betont haben, sondern den immerhin schon gekrönten König von Ungarn und Böhmen einen Trottel genannt haben. Trottel ist im Wienerischen damals noch nicht ein dermaßen böses Schimpfwort gewesen, wie etwa hundert Jahre später. Im Wortgebrauch: Ich bin ja kein Trottel, was eine resolute Ablehnung eines unannehmbaren Vorschlags bedeutet, kam das zum Ausdruck.

Unannehmbar war für Erzherzogin Sophie die Gefahr, nach der auf Franz I. ein regierungsunfähiger Kranker absoluter Monarch werden sollte. Man war ja schließlich nicht in Rußland, wo man derartige Typen einfach rechtzeitig aus der Welt schaffte. Oder am Hof zu London, wo ein geistesschwacher Monarch, Georg III., die Rolle der Britischen Majestät just während der Krisen der napoleonischen Kriege repräsentierte; Regierungen berief und entließ. In Wien hingegen war der gütige Ferdinand angeblich die letzte Hoffnung des schon arg vom Zeitgeist belästigten Staatskanzlers Metternich.

An der Seite eines regierungsunfähigen Kaisers Ferdinand durfte Metternich, der einmal die Politik Europas vierspännig vom Bock aus kutschiert hat, hoffen, allen Sottisen, die ihm schon von liberaler Seite drohten, machtvoller denn je entgegenzutreten. Indem Erzherzogin Sophie instinktsicher die Gefahren eines solchen Regimes vorhersah und sie sich gegen eine Art Vormundschaftsregierung unter Metternich zur Wehr setzte, gewann sie Sympathie der Liberalen. Diese verwechselten freilich die Abneigung der Erzherzogin gegen ein morsches *Regime* mit Metternich als Kurator des Kaisers mit der tatsächlichen Gesinnung der Mutter Franz Josephs: Diese bangte um die Monarchie, die einer Revolution zum Opfer fallen konnte, ehe ihr Franzi daran war, Kaiser von Österreich zu werden. Je länger also Großvater Franz regierte und je eher der kleine Franzi zur Thronanwartschaft dem Alter nach heranwuchs, desto kürzer konnte die Regierungszeit des armen Ferdinand bemessen sein. Hat man nicht auch in London dem regierungsunfähigen greisen König Georg III. seinen Sohn, später Georg IV., als Regenten noch zu Lebzeiten des Vaters beigegeben?

So wie man sich später im Kreis der Familie mit Fotografien beschenkte und diese in großer Zahl in Wohnräumen zur Schau gestellt wurden, hielt man es im Biedermeier mit Miniaturen und Genrebildern. Franzens Großmutter, die Königin von Bayern, wollte ein Bild ihres ältesten Enkels in Wien, und um das zu bekommen schickte sie den Münchener Hofmaler Stieler nach Schönbrunn. Sophie, nun schon ganz auf das Genre Fendis eingestellt, gefiel die traditionelle, eher manirierte Art Stielers gar nicht: obwohl gerade diese Lithographie das herausstreicht, was die Zeitgenossen an der Erzherzogin liebten: Sie war – wie man damals sagte – *eine schöne Frau.* Keine, so die andere Version, brillante Schönheit; aber gerade so schön, wie es dem damaligen Geschmack der Wiener zusagte. Stieler hatte seine Mühe mit dem kleinen Franzi, der nicht stillhalten konnte und, wie Stieler vermeinte, die Lebhaftigkeit seines bayerischen Großvaters König

Max I. teilte. Unversehens entschlüpfte Stieler eine Andeutung: »Ich hoffe nur, daß solch' gute Laune Ihnen Ihr Leben lang erhalten bleibt …«

Was für ein Auftakt zu jener Lebenssymphonie Franz Josephs, in der ihm nach der Ermordung der Gemahlin die Textstelle zugeschrieben wurde:

»Mir bleibt auch nichts erspart.«

Die Mama hielt Fendi zur Arbeit an. So entstand, wohl eine reine Erfindung, ein Genrebild, das Generationen von Schulkindern in ihren Lesebüchern finden sollten: Ein Sommertag in Laxenburg. Franzi möchte dem Wache stehenden ungarischen Infanteristen ein Geldstück schenken. Der aber steht brettsteif da und präsentiert das Gewehr. Der Großvater belehrt den Enkel, daß man einem auf Wache stehenden Soldaten kein Geld geben und daß dieser es nicht annehmen kann. Zuletzt aber führt der Kaiser den Buben um den Wachposten herum und Franzi steckt das Geld in die am Rücken baumelnde Patronentasche des Soldaten.

Für den in den letzten Lebensjahren stehenden Guten Kaiser Franz war nicht sein Enkel Franzi der ausgesprochene Liebling, sondern sein ältester Enkel, der Sohn Marie Louisens und Napoleons I.: Napoleon François Joseph Charles; am Wiener Hof, nach der Verschickung seines Vaters als Staatsgefangener der englischen Regierung nach St. Helena, nur mehr Herzog von Reichstadt, da kein Erzherzog; sondern der Herkunft nach Prinz des Hauses Bonaparte. Der Herzog lebte, entgegen der Tendenz der über ihn im Ausland verbreiteten Gerüchte, nicht in einem Goldenen Käfig bei Hof in Wien, vielmehr war er, nicht nur als Sohn Napoleons, sondern als ein geistreicher, brillant aussehender junger Mann, Mittelpunkt aller Salons. Und der Sohn Napoleons trug mit Stolz die Uniform, die auch sein Großvater Franz I. am liebsten im Dienst trug: Jene der Tiroler Kaiserjäger. Hauptmann im Stand des Regiments, übernahm er später als Major ein Bataillon des in Wien garnisonierenden ungarischen Regiments, dessen Inhaber der depossedierte Thronanwärter aus dem schwedischen Hause *Wasa* war.

Wasabuben nannte ein böses Gerücht die beiden ältesten Söhne

Sophies; weil man nicht einsehen wollte, daß sich so eine schöne Frau mit ihrem eher behäbigen und spießbürgerlichen Gemahl Franz Karl abfinden ließe. Das Gerücht mit den Wasabuben war *fällig,* als Napoleons Sohn plötzlich lebensgefährlich erkrankte. Schon lange vorher hat sich Sophie viel mit dem von Frauen umschwärmten Sohn des Großen Napoleon abgegeben. Das war damals, als ein anderes Gerücht lautete, Metternich habe veranlaßt, dem Sohn Napoleons der Reihe nach die Damen des Balletts des k.k. Hofoperntheaters zuzuführen, um die etwas delikate Gesundheit des Herzogs rascher zu zerstören. Immerhin blieb auch das Gerücht, Franzi sei nicht der Sohn seines Vaters Franz Karl – sondern der des Herzogs von Reichstadt. Ein Porträt von der Hand Enders, auf dem der Herzog mit dem kleinen Franzi auf den Knien zu sehen ist, schien der letzte fehlende Beweis zur Entdeckung der wahren Abkunft Franzis zu sein. Politische Propaganda wird stets von ihren Machern durch die fleißige Einflechtung erotischer und pornographischer Motive auch für jene schmackhaft gemacht, die an sich für Politik wenig übrig haben oder bei ihren Liebesaffären für Politik nicht die Muße finden. Die Gerüchte um die Person des Sohnes Napoleons I. gehörten und gehören zur Propaganda gegen Österreich und das Haus Österreich im In- und Ausland.

In Wirklichkeit lebte der Herzog als der ausgesprochene Liebling seines Großvaters Franz I., zumal die Mama in Parma mit der Dämpfung der im Italienischen schon im Untergrund schwelenden Revolution beschäftigt war. Der Reichstadt verschlang verständlicherweise die Literatur, die immer mehr auf die Rehabilitierung seines zuletzt mäßig erfolgreichen und beliebten großen Vaters ausgerichtet war. Es störte ihn, in Werken seines Großonkels Erzherzog Karl, des Siegers von Aspern, immer wieder auf Passagen zu stoßen, in denen der Erzherzog harte Selbstkritik an seiner Art der Kriegführung übt. Der Sohn Napoleons meinte, das gehöre sich nicht für einen der Grands Capitains. Und Vater Napoleon hat es denn auch zeitlebens vermieden, auch nur ein Wort zu sagen oder zu schreiben, das seinem Ruhm abträglich gewesen wäre.

In den letzten Lebensjahren des Reichstadt erschreckte die zunehmende Magerkeit seine Umgebung. Daß die Ärzte nicht rechtzeitig die Lungentuberkulose diagnostizierten, schrieb die Legende nicht diesen als Fehler zu, vielmehr wollte eine gewisse Propaganda darin den Ausfluß des bösartigsten Machwerkes Metternichs erkennen. Demnach ließ man den jungen Herzog in finsteren und feuchten Räumen der Wiener Hofburg zugrunde gehen, anstatt ihn zur Kur nach dem Süden zu schicken. Als endlich – zu spät – die zutreffende Diagnose feststand, tat Metternich zwei Dinge: Er befahl der Mama des Herzogs von Parma nach Wien zu kommen und er bereitete einen Kuraufenthalt des Herzogs in Südtirol vor.

Die Mama kam. Sie erschrak beim Anblick des Sohnes. So hat sie vor Jahren in Verona ihre Stiefmutter und Cousine, die dritte Gemahlin Franz' I., angetroffen. Das Bett, in dem Napoleon I. nach Wagram 1809 im Schloß Schönbrunn, zuweilen mit Gräfin Walewska schlief, wurde das Sterbebett des im Jahr nach Wagram, 1810, geborenen einzigen ehelichen Sohns des Großen Napoleon. Der Reichstadt war zu Lebzeiten die große Hoffnung derer, welche die nach der Niederlage Napoleons 1815 in Wien geschaffene neue Ordnung in Europa ihrerseits umstoßen wollten. So trafen sich in Italien letzte Parteigänger der Familie Bonaparte mit Liberalen, deren Vorhuten eher republikanische Zukunftsvorstellungen hatten. Für sie alle wurde Reichstadt Symbol der Hoffnung, Österreich doch noch aus der Vormachtstellung in Italien zu vertreiben. Freilich gab es auch andere Bonapartes, die sich Hoffnungen in dieser Richtung machten:

1831 und im Sterbejahr des Reichstadt 1832 weilte die Stieftochter Napoleons, Königin Hortense, mit ihren Söhnen in Italien. Ein frühes Sterben des Reichstadt eröffnete die Chancen der Söhne Hortenses. Ihr Ältester, Louis, starb 1831 während der Unruhen in Italien; somit wurde nach dem Sterben des Reichstadt ihr Zweitältester, Charles Louis *Napoleon*, Thronanwärter der Bonapartes in Frankreich. Letzterer wird sich an den Feinden seines großen Onkels rächen: 1853/56 im Krimkrieg an Rußland, 1859 an Österreich; nur gegen Preußen wird er 1870 bei Sedan alles verlieren. Selbstverständlich hatte der Realpolitiker Napoleon III. bessere *politische* Motive als das der Rache für Vergangenes. Wie immer es war: Er wird eine Art entwickeln, deren Hinterhältigkeit Franz Joseph in einigen kritischen Situationen seiner Regierungszeit großen Schaden zufügt.

Der Reichstadt war kein Erzherzog, ihm gebührte also nicht die letzte Ruhe in der Gruft des Erzhauses bei den Kapuzinern in Wien. Aber in den rein menschlichen Dingen war sein Großvater Franz entgegen allen Nachreden liberal. Er gestattete, daß sein Bruder Johann nach vielen Abenteuern schließlich seine Häusnerin heiratete und mit ihr glücklich wurde. Die über alles geliebte Gemahlin seines Bruders Karl war Helvetischer Konfession, ein einmaliges Ereignis in der Geschichte des Hauses; und sie wurde nach ihrem Tod in der Gruft unter einer Klosterkirche nach dem Ritus ihres Glaubens beigesetzt. So war es fast selbstverständlich, daß der *Herzog* von Reichstadt in der Gruft des *Erzhauses* die letzte Ruhestätte bekam; bis 1941 Adolf Hitler diesen Sarkophag in den Pariser Invalidendom überführen ließ. Es sollte die großmütige Geste des Siegers sein, der den Sohn des Vaters, der ausdrücklich an den Ufern der Seine bestattet sein wollte, zuletzt dem Vater nahebrachte.

Im November 1834, rechtzeitig vor dem nahen Ende Franz I., malte Fendi ein Habsburgisches Ensemblebild: Franz I., seine Brüder und alle Nachkommen. Ein seltsames Bild. Feldmarschälle, Feldzeugmeister, Generale und Oberstinhaber, Offiziere bis in die Reihen der Halbwüchsigen – aber keine Uniform im Bild. Es war die Zeit, da sich in Paris der Bürgerkönig Louis Philippe gar nicht genug tun konnte, sich in Uniform hoch zu Roß, inmitten seiner prächtig geratenen Söhne zu zeigen. Aber das Wiener Biedermeier war dermaßen zivilistisch in der Art, daß sichtlich einiges von diesem Geist im Wesen Franz Josephs erhalten blieb. Er war ein guter Soldat, ja er hat zeitlebens vier Kriege geführt – aber kriegerische Ambitionen lagen ihm ferne, bis er als ein wirklicher Friedenskaiser nach Jahrzehnten des Friedens 1914 noch einmal den Krieg erklären mußte.

25

Einexerziert wurde Franzi für den Infanteriedienst von einem Grenadierhauptmann, der später in der Ungarischen Revolution Feldherr wurde bei den Aufständischen. Bald konnte Franzi die Deutschmeisteruniform mit der eines Dragoners vertauschen. Er war damals dreizehn Jahre alt, als ihn sein Onkel Ferdinand I. zum Inhaber eines Dragonerregiments machte. Und so konnte er sich in Uniform als Fünfzehnjähriger beim Oberbefehlshaber der sogenannten italienischen Armee, Feldmarschall Radetzky, melden. Das geschah in Verona, einem der vier Eckpfeiler des berühmt gewordenen Festungsvierecks im österreichischen Italien: Mantua, Verona, Legnago und Peschiera. Dieses Festungsviereck wird es im nächsten Revolutionsjahr Radetzky gestatten, in seinem Schutz die Hochwässer der Revolution in Italien zu überstehen und dann hervorzubrechen und noch einmal die seit Jahrhunderten existierende Ordnungsmacht der Habsburger in Italien zu retten. Sie und überhaupt die Monarchie. Nichts von derlei Fährnissen beim ersten Besuch Franzis in den italienischen Provinzen der Monarchie:
Auf der Reise von Verona nach Mailand wurde er in Vicenza (Schlachtort 1848!), Padua (Studentenaufstand 1848), Stra und Fusini von den kleinen Leuten mit Jubel empfangen. Schon stand aber die Intelligenz im Lande abseits und versagten sich Adelige dem künftigen Souverän. Aber derlei Andeutungen schwanden, als Franz Venedig besuchte. Für ihn kennzeichnend ist, daß er die dort in Betrieb befindliche Gasbeleuchtung der Straßen bewunderte und rügte, daß es derlei in Wien noch nicht gab. Immerhin versäumte er in keinem Brief jener Zeit, seiner Mama auch die Eindrücke von Theaterbesuchen zu schildern und sich dabei oft kritisch zu äußern. Der Kaiser wird später Theaterbesuchen nicht ausweichen – er wird aber die Notwendigkeiten des Dienstes den Besuchen in den aus seiner Privatschatulle erhaltenen k.k. Hoftheatern vorziehen; es gab im alten Österreich tatsächlich Staatsdiener, die den Dienst über den Kunstgenuß stellten, ohne deswegen von Natur aus Banausen zu sein.
Dem Besuch im Süden folgte einer im Norden, wo sein Vetter Albrecht schon ein Kommando innehatte. In Olmütz war Franzi

Gast seines kaiserlichen Onkels Ferdinand. Beide ahnten nicht, daß in dieser Stadt einmal Ferdinand abdanken und Franz, dann schon Franz Joseph, den Thron besteigen wird. Im Olmütz war einmal ein anderer Onkel, Erzherzog Rudolf, Freund und Förderer Beethovens, Erzbischof gewesen. Das spätere Industriekombinat von Witkowitz dankt seinen Ursprung diesem Erzherzog, der nicht nur Kardinal und Kunstmäzen war, sondern um die wirtschaftliche Entwicklung besorgt; so wie sein älterer Bruder Erzherzog Johann, der gegenüber Rudolf in der Nachrede den Vorteil bekam, daß er kein Pfaffe, dafür ein guter Liberaler der alten Schule war. Damals, in Olmütz, führte Franz – Franzi hörte er nicht mehr gerne – seinem Onkel Albrecht, einem wirklichen erzherzoglichen Militär aus Berufung, sein Regiment vor. Im Schritt, im Trab, im Galopp. Das Militärische en parade lag Franz, dem es andererseits nie an persönlichem Mut fehlte, der nicht feuerscheu war – nur nicht fürs Kriegführen eingestellt. Unvergessen jene Tage in Olmütz – auch die Erinnerung an einen verdorbenen Magen. Die Tafel beim Kaiser war miserabel und Franz sehnte sich nach jener, die seine Mama in Wien in besserer Ordnung hielt, obwohl ihr Koch dem Rang nach nur *dritter* kaiserlicher Leibkoch war. Dafür ein Franzose: Alexandre Narcisse Taigny.

Die Mama sah darauf, daß im Umkreis ihres Ältesten nicht etwa schon jene gewissen hygienischen Damen auftauchten beim Tanz. Oft Töchter aus guten Familien, die sich aber mit einem oder mehreren Abenteuern die Aussicht auf eine standesgemäße Menage für immer verdorben hatten. Immerhin meldete Franz, wenn er auf Reisen war, seine Teilnahme an Tanzvergnügen stets pünktlich. Woher der spätere Kaiser den in Venedig üblichen Dialekt-Einschlag ins Italienische bezogen hat, den er zeitlebens nicht losbekommen haben soll, ist unbekannt. Franz war kein Ries', wie man in Wien sagt, aber von eiserner Konstitution. Darin wird ihn sein Einziger, Kronprinz Rudolf, früh enttäuschen. Franz überstand die totale Verschulung seiner Jugendtage. Er bekam Lehrer für fünf Sprachen. Dazu Abrichter für den Dienst in den Hauptwaffengattungen: Infanterie, Kavallerie, Artillerie und

Pionierdienst. Zu früh zur Regierung kommend, hat Franz Joseph nicht einmal die Möglichkeit gehabt, die seinem Vetter, dem unglücklichen Herzog von Reichstadt, zugestanden ist: Ein Bataillon reglementmäßig in Friedenszeiten abzurichten und zu führen. Das Übermaß an Belastungen ertrug der junge Erzherzog, in dessen Kalligraphieheft sich der für sein ganzes Leben geltende Leitsatz findet:
»Der Mensch ruhe nie aus Trägheit, sondern nütze die Zeit, sie ist sein kostbarstes Gut.«
Franz war kein Duckmäuser. Er scheute sich nicht, seiner frommen Mutter in einem Brief zu beschreiben, daß ihm bei einer Prozession der schauerliche Gesang der Weiber – noch kein Schimpfwort – gar nicht gefallen hat. Die Witwe Franz' I., mit dem Titel Kaiserin Mutter, nannte er Maiserin Kutter; und den Großonkel Erzherzog Johann lange vor 1848 den *Volksbeglücker*. Wer ihm dieses böse Wort eingeblasen hat, ist nicht nachzuweisen. Bei einer mäßigen Sympathie zwischen dem späteren Kaiser und dem steirischen Prinzen blieb es aber. Ansonsten lebte Franz in einer weiten Welt:
Das kam daher, daß seine Mama eine prominente Verwandtschaft in Deutschland hatte. Ihre Schwester Maria wurde Königin von Sachsen, auch die Schwester Elise heiratete einen sächsischen Prinzen, der später König wurde. Die Jugendfreundschaft mit seinen sächsischen Vettern blieb eine der Achsen in der Lebenspraxis Franz Josephs. Sie hat über Krisen hinweggeholfen, die Konflikte mit Preußen im Zweikampf um Deutschland unaufhörlich aufrissen. Zumal dann, als seine Tante Elisabeth, Gemahlin des Königs Friedrich Wilhelm IV. von Preußen, mit dem tragischen Ende ihres Gemahls jeden Einfluß bei Hof in Berlin verlor. Und da war die Verwandtschaft zu den Höfen in Italien; vergessen war die uralte Rivalität der Häuser Bourbon und Habsburg; beide Häuser erlebten schon jene unablässigen Erschütterungen, die schließlich beide Häuser allenthalben um Thron und Herrschaft brachten.
Im Jahr vor der 48er Revolution besuchte Franz den Hof zu Dresden; Dresden, das Jahr darauf Stätte einer sehr gewalttätigen Re-

volution, zeigte sich den Besuchern aus Wien noch von einer ge-
mütlichen Seite. Sachsen, das seit jeher in fast allen Konflikten auf
der Seite Österreichs gestanden ist, wird das zu Zeiten des Kaisers
Franz Joseph erneut beweisen. Bei Königgrätz wird Franzens
Lieblingsvetter die sächsischen Kontingente mit Geschick kommandieren; gegen die Preußen.

Noch schien im Umkreis von Schönbrunn der politische Himmel
wolkenlos zu sein, da ergingen 1847 schon aus Paris insgeheim die
Generalanweisungen der dort ansässigen Revolutionskomitees.
Das Unglück wollte es, daß just in diesem Jahr der langjährige,
letzthin bewährte Erzherzog-Palatin von Ungarn starb. Er ist imstande gewesen, einigermaßen eine Balance zwischen den krassen
Ansprüchen der Liberalen in Ungarn und den Konservativen in
den Wiener Zentralstellen aufrecht zu erhalten. Zum Begräbnis
des verstorbenen Palatins reiste Franz in die ungarische Hauptstadt, die damals einfach Ofen hieß; mit der Raaber-Eisenbahn bis
Bruck an der Leitha, von dort mit einer Kurierkutsche weiter.

Es entging Franz nicht, daß der Sohn des Verstorbenen *übel aus-
sah,* so die Schreibweise Franzens. Sichtlich saß dem künftigen
Palatin, der in Ungarn aufgewachsen war und sah, was auf ihn zukam, die Angst im Nacken. Die Nackensteife und den politischen
Takt seines Vaters brachte er leider nicht mit in sein Erbe. Die Revolution in Ungarn wird ihn verschlingen, die kaiserliche Familie
in Wien wird ihn der totalen Unfähigkeit – wenn nicht Ärgerem –
bezichtigen und ihn – ein einmaliger Vorgang – auffordern, aus
der Monarchie zu verschwinden. Die nicht eben vergnügliche
Reise nach Ungarn wurde Franz mit einer nach Ischl reichlich ab-
gegolten.

Ischl war ein Lieblingsaufenthalt der Mama, lag es doch in jeder
Hinsicht halbwegs zwischen Wien und München. Noch stand die
spätere Kaiservilla im Privatbesitz; sie wird einmal ein Hochzeits-
geschenk der Mama zur Verehelichung Franzens mit der bayerischen Kusine Elisabeth werden. Und zuletzt nur zu oft Raststätte
eines Kaisers, der zwar verheiratet war, seine Frau liebte – aber
keine Frau zur Seite hatte, wie es sich ergeben wird.

Der Dienst ging Franz über alles. Eine Jagd auf Gemsen hatte er sich bei seiner Mutter erbeten und bewilligt erhalten, ehe er eilends nach Wien zurückkehrte, um an den Übungen eines Feld-Jäger-Bataillons teilzunehmen. Feld-Jäger, das waren ausgesuchte Leut'. Nachher ging es aber leider nicht nach Ischl, nicht nach Westen, sondern nach Norden. Böhmen war – neben Lombardo-Venetien das reichste und in der Industrialisierung am weitesten vorne befindliche Land Alt-Österreichs. Die nachher von der ČSR ausgestreute Propaganda, Wien habe Böhmen nur ausgebeutet, war eben gegnerische Propaganda, gegen die nach 1918 in Wien niemand mehr auftrat. Böhmen war die eigentliche Heimat eines Adels, der einer Welt im Vergehen ein unauslöschliches Gepräge hinterließ. Der Hof und die Zentralstellen in Wien zogen immer noch Herren von Adel in den Dienst des Staates; aber schon zogen manche Herren jenes adelige Landleben vor, dessen Kultiviertheit und Kulturertrag auch ohne Aplomb eine unwiederholbare Bedeutung erlangte im europäischen Raum. Das, was davon Arthur Schnitzler um die nächste Jahrhundertwende in Wien auf die Bühne brachte, war eher die Verbeugung vor einem Zeitgeist, der die geistigen Grundlagen der Monarchie verneinte. Daher die Bühnenfiguren, ihre Nicht-nutzigkeit und ihr Vergehen in einer sinn-losen Fadesse, umrahmt von Nichtig-keiten. Typen für ein *Bühnenwerk*, keine Abbilder jener, *die wirkliche Akteure* im letzten Akt des Dramas Alt-Österreich waren.

Nach oben ging die letzte Reise Franzens vor Ausbruch der 48er Revolution. Wie durch eine merkwürdige Fügung des Schicksals lernte er dabei Familien und Menschen kennen, die einmal zu den bedeutendsten Persönlichkeiten des franzisko-josephinischen Österreichs zählen sollten. Auf der Fahrt von Linz nach Krumau war Prinz Eduard Liechtenstein sein Reisebegleiter; er wird 1848 Divisionär in der Zitadelle des Reiches, Böhmen, sein. Auf den Schlössern Rosenburg und Krumau traf Franz mit Angehörigen der Familie Schwarzenberg zusammen. Fürst Johann war ein nobler Gastgeber, einer der Pioniere der modernen Agrikultur in der Monarchie, ein Nationalökonom, der auf der Höhe der Zeit stand. Fürst Felix, 1847 noch k.k. Gesandter am Hof zu Neapel, wird im nächsten Jahr erster und für immer bedeutendster Ministerpräsident Franz Josephs werden. Dessen Schwester Eleonore traf Franz beim Besuch des Fürsten Windischgrätz in Stekna. Windischgrätz, seit Aspern 1809 ohne Präferenzen bei den Kaiserlichen, wird 1848 zusammen mit Radetzky und dem Banus von Kroatien die erste Regierungszeit Franzens abstützen. Er wird selbst in der Revolution ein schweres Opfer erbringen müssen: Man wird seine Frau beim Straßenkampf erschießen.

Weiter ging es nach Ellischau, Herrschaft der einmal der Krone Englands entwichenen katholischen Familie Taaffe. Der Sohn des Hauses, Eduard, war Jugendfreund des jungen Erzherzogs; er wird zu jenen Männern zählen, die dem Kaiser in den Wirren der aufkommenden Parteien- und Nationalitäten-Streitigkeiten für lange Jahre als k. k. Ministerpräsident geradestehen wird; und das sehr zur friedlichen Entwicklung der Monarchie, zu einer weniger dramatisierten Entwicklung zum modernen Industrie- und Handelsstaat zum Jahrhundertende. Ob auf den Gütern auch die Rede war von Unruhe, die zumal in Kreisen der Intelligenz und einiger jüngerer Herren von Adel aufkam? Von dem geheimen Wirken der juristisch geschulten Auskultanten, die von der Universität und aus studentischen Kreisen jene Ideen mitbrachten in die niedere Gerichtsbarkeit ihrer Gutsherren?

Es existieren aus jenem Herbst 1878 Hinweise darauf, daß der kaum achtzehnjährige Franz eine Vorstellung von dem hatte, was auf Österreich zukam. Revolutionen sind in Österreich nie eigene Landesprodukte, sondern in jedem Fall politische Importware. Was Böhmen betraf, so lobte Franz den guten Geist, der im Herbst 1847 im Lande herrschte. Noch herrschte und – so Franz – *gottlob*. Was heißt, es war ein Wehen eines Geistes, der andernorts nur mehr ein laues Lüfterl war. In Ellischau, wo Franz mit seinem Jugendfreund Eduard Graf Taaffe schöne Tage verlebte, erfuhr er mehr davon vom dortigen k. k. Kreishauptmann: Demnach hätten die aus dem Ausland über die Grenze kommenden Zeitungen nicht den behördlicherseits befürchteten schlechten, sondern einen guten Einfluß auf die Leute im eigenen Land. Letztere könnten darin lesen, wie schlecht es ihren Nachbarn im Bayerischen und Sächsischen ging ...

Es entging Franz nicht, daß die Menschen von gestern, auf denen die Monarchie vor allem in Kriegszeiten ruhte, immer rarer wurden. In Saaz garnisonierten ungarische Palatinalhusaren, eine Elite unter den Husarenregimentern. In dieser Truppe befand sich ein Standarten-Führer, der im siebenundvierzigsten Dienstjahr stand; neben der Goldenen Tapferkeitsmedaille aus den Befreiungskriegen trug er russische Auszeichnungen. Dazu der junge Erzherzog:

»Solche, mit Ehrenzeichen geschmückte Leute werden schon sehr selten, und man muß sie daher in Ehren halten, um den guten Geist, der gottlob noch in unserer Armee besteht, zu erhalten; und wir dieselben in *diesen schweren Zeiten* brauchen ... In *Italien* geht es noch immer bunt zu, und wer weiß, was daraus entstehen wird.«

Zeitlebens hat Franz Joseph Achtung getragen vor alten *Dienern*, wie man damals sagte; sei es für solche im Zivil, sei es für solche beim Militär. Noch überwog aber jugendlicher Frohsinn düstere Ahnungen. In Teplitz gab die Fürstin Clary ein Dejeuner für die jungen Herrschaften, die meisten davon Husarenoffiziere. Nichts war von dem Geist zu spüren, der im Jahr darauf die Husarenregimenter im aufständischen Ungarn beflügelte. Freilich: ein Dejeuner war den jungen Leuten zu wenig; sie wollten tanzen; durften aber keine Musik dazu kommen lassen, weil wegen einer Verwandten der kaiserlichen Familie Hoftrauer herrschte. Ob Franz ganz ehrlich war, wenn er der Mama schrieb, ihn habe der Tod der Fürstin sehr betrübt? Man wußte sich nämlich zu helfen: Die Banda der Husaren spielte vor dem Logis der jungen Herren auf und machte die schönste Musik zum Tanzvergnügen im Kreise lustiger Tänzerinnen.

Aus diesem Kreis interessanter und erfreulicher Erlebnisse rief Franz die Politik ins Ungarische. Dort sollte der Sohn des jüngst verstorbenen Palatins aufrücken in die Nachfolge des Vaters. Das aber ging nicht mit einem Ruck: Ehe man ihn zum Palatin wählte, mußte Erzherzog Stephan Ober-Gespan des Komitats der ungarischen Hauptstadt werden. Bei diesem Anlaß hielt Franz die erste Rede in ungarischer Sprache. Daß später seine

Gemahlin Elisabeth sich dieser Sprache bediente, um sich noch mehr abzusetzen vom Ambiente bei Hof, ist oft beschrieben worden; daß Franz Joseph die Sprache seit seiner frühen Jugend und auch besser beherrschte, ist selten zitiert worden. 1847 erweckte er mit seiner Rede ungeheuren Jubel, denn nur die Macher der 48er Revolution wollten weg von Wien, von Österreich und vom Kaiserhaus. Für Franz Joseph wird es eine Lehre sein, daß dieselbe Menge, die ihm im Herbst 1847 zujubelte, im Jahr danach dem Führer der Revolution und Diktator Kossuth Lajos zujubeln wird. Noch schien alles in Ungarn den gewohnten Gang zu gehen. Ferdinand I., in Ungarn König Ferdinand V., eröffnete den Landtag, den Magyaren immer häufiger und mit wachsendem Stolz Reichstag nannten. Nachdem von liberalen Kreisen ganz allgemein die Ansicht verbreitet war, Ferdinand sei debil, wunderten sich die Zuhörer, daß ihr gekrönter König die Rede in ihrer Muttersprache tadellos hinbekam. Franz sah die begeistert geschwenkten Hüte der einfachen Leute, die von den Frauen geschwenkten Tücher, er hörte das Gebrüll der Menge – und niemand ahnte, daß man schon auf der letzten Stufe einer Leiter stand, unter der sich der Abgrund einer blutigen Revolution auftat.
In jenem Jahr 1847 veranstalteten die Macher der 48er Revolution die *Generalprobe* ihres Stückes in der Schweiz. Dort wurden Klöster erstürmt und in einigen Kantonen die Jesuiten aus dem Land gejagt. Die von Konservativen regierten Kantone – sie waren in der Minderzahl – taten sich zu einem Sonderbund innerhalb des Bundes der Schweizer von 1815 zusammen. Staatskanzler Metternich setzte auf die Sache des Sonderbunds, aber London unterstützte dessen Gegner. Es kam zum Bürgerkrieg in der Schweiz und Metternich mußte es geschehen lassen, daß London seine schützende Hand über die Sieger hielt. Da konnte Erzherzogin Sophie nur beten, Gott möge den Unterlegenen gnädig sein. Sie sah das Kommende in den Ausmaßen der Proportionen der Großen Französischen Revolution von 1789. Aber es trat in der Schweiz eine Beruhigung ein, die täuschte. Dort kehrte man einvernehmlich zu der 1815 geschaffenen Bundes-Verfassung zu-

rück, um nie mehr die Waffen in Kriegen und Bürgerkriegen zu gebrauchen.

Bei dem Geschehen in der benachbarten Schweiz übersah man in Wien vielfach die Tatsache, daß es ein neugewählter Papst war, der das schon glimmende Feuer der Revolution in Italien zum Aufflammen brachte. 1847 ging aus der Papstwahl ein Oberhirte der Katholischen Kirche hervor, dem der Ruf vorausging, er sei *ein echter Liberaler*. Im Umkreis des Staatskanzlers Metternich kreiste ein angeblich vom Herrn des Ballhausplatzes stammendes Bonmot: Momentan sei sichtlich alles möglich in dieser Welt – ein schwangerer Mann ausgenommen. Der neue Papst, Pius IX., brachte in sein hohes Amt die genaue Kenntnis der Literatur des Risorgimento mit. Nicht nur die Kenntnis, sondern sichtlich auch eine weitgehende Übereinstimmung mit der in diesen Werken herausgestellten politischen Tendenz. Gewiß, die Mißwirtschaft, die in Italien, Lombardo-Venetien und Parma ausgenommen, herrschte, verlangte Abhilfen und dafür wollte sich der Papst einsetzen. Aber Pius IX. war schon als Bischof von Imola für die *Einigung Italiens*, also für das *Ende* der dortigen österreichischen Ordnungsmacht unverblümt eingetreten.

Metternich blieb nicht nur bei dem erwähnten *Bonmot*, er erläuterte dem neuen Papst in drei Aperçus, worum es nach den Erfahrungen des österreichischen Staatskanzlers eigentlich ging: Erstens müsse man einen Staat – also auch den Kirchenstaat – nicht bloß verwalten, sondern regieren; der hochselige Kaiser Franz I. hat die Außenpolitik seines Staatskanzlers hochgeschätzt, aber nicht versäumt einmal zu sagen, dieser solle seine Hand von der Verwaltung lassen. Der nächste Rat Metternichs betraf die Gnadenakte eines Staatsoberhaupts: politische *Vergehen* dürfe der Souverän den Tätern gnadenhalber nachsehen, politische *Ideen* aber nie pardonieren. Und schließlich riet Metternich dem Papst, er möge sich ja nicht zu irgendwelchen Konzessionen an die Mächte der Revolution verleiten lassen. Mit diesem Rat gab er dem Oberhaupt der Christenheit quasi eine Handgranate in die Hand, deren Zündung bereits schwelte.

Die Wirklichkeit in Rom verlief nämlich ganz anders: Die Massen demonstrierten in den Straßen und gebrauchten die von den Machern in Paris ausgegebenen Kampfparolen. Es sah aus, als juble die Menge dem Papst zu, während sie in Wirklichkeit voll Jubel darüber war, dem Aufstand in Italien ausgerechnet in Rom eine Gasse gebahnt zu haben. Pius IX. war beim Anblick der jubelnden Römer gerührt, sein gutes Herz täuschte ihn ganz gewaltig, wie der k.k. Botschafter nach Wien berichtete. Aber schon war der Papst nolens volens Gefangener der Revolution, deren Fortgang ihn in Zonen krasser Konflikte mitriß, wo das bescheidene politische Geschick des Heiligen Vaters versagte. So konnte es nicht ausbleiben, daß Pius IX. binnen einiger Jahre der von den Feinden der Kirche meistgehaßte Papst der Neuzeit wurde; und man eine Generation später versuchte, den Leichnam des toten Papstes in den Tiberfluß zu werfen.

Der Ballhausplatz erfuhr bald den Inhalt der Noten, die Pius IX. an die Herrscher in Turin und Florenz geschickt hatte. Der in Florenz war ja ein Habsburger, allerdings von einer Qualität, die den Revolutionären sehr gelegen war. Kein Wunder, daß man im Vatikan eine gewisse Übereinstimmung des momentanen politischen Kurses mit dem in Florenz feststellte.

Mit anderen Worten: Der Großherzog von Toskana, Leopold II., ging am Vorabend der 48er Revolution, so wie der Papst, der Revolution auf halbem Weg entgegen. Auch er hoffte, auf diese Weise die aufkommende Unruhe befrieden und die Herrschaft in Umsturzzeiten behalten zu dürfen. Leopold II. und Pius IX. irrten hierin, so wie alle, die der Drohung mit Gewalt jene Politik entgegensetzten, die man später in London Appeasement nennen wird. Beide Herrscher werden in der kommenden Revolution gut tun, eilends ihr Land und ihr gutes Volk zu verlassen und Schutz hinter der nächsten militärischen Einheit zu suchen, die gegen die Revolution im Feld stand. Das Narrentheater der Macher der Revolution in Italien ging weiter:

So zwangen die Italiener dem in religiöser Hinsicht kaum beachteten Papst ihre Parolen auf. Man beschmierte die Wände mit Inschriften wie: Unificate l'Italia, la patria nostra! Evviva Pio nono! Et cetera.

Metternich erkannte immer mehr, daß der Papst ein Schwächling war, eine der aufgeregten Typen, die letzthin vor ihrer eigenen Unruhe zurückschrecken und dann nur mehr mit den Wölfen heulen, ehe für sie alles verloren ist in einer Revolution. Leider war der k.k. Botschafter beim Heiligen Stuhl, ein Graf Lützow, nicht der Mann, die Großmachtstellung der Monarchie in Rom zur Geltung und den Papst in politicis zur Räson zu bringen. Er schrieb fleißig seine Relationen an den Ballhausplatz, mehr tat er nicht. Anders sein Kollege in Neapel, Felix Fürst Schwarzenberg.

Das Königreich beider Sizilien, also Süditalien, wurde nicht erst von Winston Churchill als der *weiche Unterleib* Italiens erkannt, die Zone, an der ein Angreifer auf das punctum minoris resistentiae – das wußten die Macher der 48er Revolution – stößt. Mit anderen Worten: In Neapel *redeten* die Macher nicht lange, sie ließen *schießen*.

Schwarzenberg, bisher eher ein europabekannter Homme à femme, ein Bonvivant, erlebte in Neapel angesichts der Revolution seine Wandlung vom politischen Saulus zum Paulus des konservativen Prinzips. Er wird den Diplomatenfrack ablegen und die Uniform eines k.k. Offiziers anziehen, um zur italienischen Armee Radetzkys einzurücken. Sein Dienstvorgesetzter Metternich wird dann allerdings nichts mehr zu reden haben, sondern froh sein, vor der Revolution auf dem Kontinent bei seinen alten Feinden in London eine Bleibe zu haben. 1847 redete Metternich nur mehr gescheit, seine Tatenfreude, seine Entschiedenheit war erschöpft. Nur mehr auf Selbstgerechtigkeit bedacht erklärte er:
»Ich ziehe den Tag der Nacht vor, was immer der Tag bringen wird«
und
»Unsere Aufgabe ist es, das Übel zu *überleben;* sie ist nicht leicht.«
Währenddem machte die 48er Revolution von Tag zu Tag Fortschritte auf dem Kontinent – Rußland ausgenommen. Im Februar 1848 war es mit Pius IX. so weit, daß er richtig Angst bekam beim Erhalt der Nachricht, sein Nachbar, der König in Neapel, habe nicht bloß Konzessionen gemacht, sondern in aller Eile eine Ver-

fassung – nach dem ihm aufgezwungenen Text – erlassen. Den Liberalen in Paris war selbst der liberale Bürgerkönig Louis Philippe nicht liberal genug. Im Februar 1848 mußte sich der Nutznießer der Juli-Revolution des Jahres 1830 eilends auf die Flucht nach England machen. Wo man ihn belehrte, es sei eben sein Fehler gewesen, bei den Thronstreitigkeiten in Spanien ausgerechnet den Bewerber zu unterstützen, auf den die Regierung in London *nicht* setzte. Jetzt, da das Frühjahr nahte, wandte sich Pius IX. an Metternich um Rat. Der aber wußte sich selbst keinen Rat. Das Königreich Piemont/Sardinien gefiel sich in herausfordernden Aktionen, die den Machern der Revolution im österreichischen Mailand sehr gefielen. In ganz Italien wurde ein Kreuzzug gegen die Österreicher gepredigt und von Pius IX. verlangte man, daß er seine Truppen mit an die Spitze des Kreuzzuges der 48er Revolution stelle.

Das war die Welt, die der achtzehnjährige Franz um die Jahreswende auf 1848 mit wachen Sinnen erlebte. Er wird diese Erfahrungen aus Jugendtagen sich selber zeitlebens eine Lehre sein lassen.

2

WIRRWARR

So wie dem Genger Mathias ist es vielen ergangen in der 48er Revolution. Der Mathias war dreiunddreißig Jahre alt, verheiratet und hatte drei Kinder, als am 13. März 1848 in Wien die Revolution ausbrach. Wer weiß, wie alles ganz anders gekommen wäre, hätte er nicht im vergangenen Frühjahr die Arbeit verloren. Und dabei hat es sich bei seinem Kommen nach Wien, er stammte aus dem niederösterreichischen Weinviertel, gar nicht schlecht angelassen.

Daheim ist der Mathias Kutscher gewesen. In der Appreturfabrik eines gewissen Zappert in einem Wiener Vorort fand er dieselbe Beschäftigung. Aber um in der Stadt das gleiche zu tun wie daheim, ist für den Mathias nix G'scheites gewesen. Es gelang ihm, in der Walkerei des Betriebs eine ihm mehr zusagende Beschäftigung zu finden. In der Woche hat er 4 Gulden verdient, da konnte er schon eine fleißige Hausfrau suchen; er fand sie und die beiden lebten zufrieden mit ihren Kindern. Ende der vierziger Jahre, als es einige Mißernten gab und die Lebensführung teurer geworden war, hat sich der Mathias aufgemacht, ist ins Lohnbüro gegangen und hat mehr Lohn verlangt. Die Seinige ist bei aller Sparsamkeit nicht mehr mit dem Geld ausgekommen. Er ist nicht der Einzige gewesen, der mehr Arbeitslohn verlangt hat. Aber statt den Leuten mehr Lohn zu geben, hat man sie entlassen. Den Mathias hat man ungern ziehen lassen, denn er stellte sich geschickt an bei jeder Arbeit und er war fleißig.

Es ist auf einmal weniger Geld unter den Leuten gewesen. Und die bedruckten Kattunstoffe gingen nicht mehr so gut wie in früheren Jahren. Handel und Wandel stockte. Einer, der von oben, aus Prag, heruntergekommen ist, weil dort die Misere schon einige Jahre früher angefangen hat, erzählte, daß dort im Vierundvierzigerjahr die Handarbeit in den Kattunfabriken rar wurde. Nicht wegen einer Teuerung, sondern deswegen, weil die Fabriksherren die bisherige Handdruckerei auf Maschinenbetrieb umgestellt haben, nachdem ein Franzose eine solche Maschine erfunden hat. Als die überzählig gewordenen Handdrucker entlassen wurden, haben sie sich zusammengetan. Einer hat ihnen gesagt, es würde wieder alles gut werden, man müsse nur die neuen Maschinen zerstören, dann gäbe es für ungelernte Arbeiter genug Beschäftigung. Und ein anderer hat gemeint, alle Not komme von den Juden. Die Juden und die Jesuiten und überhaupt die Pfaffen seien schuld daran, daß solche Not im Land herrscht. Man müßte ihnen alles, was sie haben, wegnehmen und sie davonjagen. In Prag und andernorts – wo es nicht besser stand – haben sie Unruhestifter arretiert; die anderen sind verzogen und viele hofften, in Wien bessere Arbeitsmöglichkeiten zu finden. Es war überhaupt die Zeit, wo man sich in der Provinz, am flachen Land, vorstellte, in Wien, in der Kaiserstadt, sei alles besser bestellt. Massenweise zogen die ungelernten Arbeiter in die Hauptstadt der Monarchie. Nach seiner Entlassung im Frühjahr 1847 ist der Mathias von Fabrik zu Fabrik gezogen, um Arbeit zu bekommen. Er wäre auch wieder bloß Kutscher und nicht angelernter Arbeiter geworden, aber nicht einmal das fand sich für ihn. Der Haufen, der zuerst von Fabrik zu Fabrik zog, um Arbeit zu suchen, wurde immer größer; mit der Zeit gaben die Männer die Arbeitssuche auf und streunten durch die Gass'n oder lungerten in kleinen Trupps, die zusammenhielten, an den Ecken. Auf einmal sind Fremde dagewesen, die vorher niemand gekannt hat, auch Studierte und überhaupt Leut', die mehr Umblick hatten als ein gewöhnlicher Arbeiter. Die haben ihnen gesagt, es sei wichtiger, den Metternich und sein System zu stürzen, als nur über die Juden zu schimpfen. Der Mathias hat sich das angehört und war bald im Stammpublikum dieser Straßenversammlungen. Die sogenannte Staberlwache, also die bloß mit einem Stock ausgerüstete Sicherheitswache, ist der Dinge nicht mehr Herr geworden, und in Meidling ist es zum erstenmal dazu gekommen, daß die Arbeitslosen einen von der Staberlwache verprügelt und davongejagt haben. Ohne daß das für sie üble Folgen gehabt hätte. Das ganze Regime war also nicht so mächtig, wie alle geglaubt haben. Im 48er Jahr ist dann durchgesagt worden, daß in Paris die Arbeiter die allgemeine Not nicht mehr ertragen haben. Man erzählte den Eckenstehern, wie sich dort das Volk sein Recht geholt hat. Hinter vorgehaltener Hand redete man von einer geheimen Verschwörung, die es dort möglich gemacht hat, einigen Schwung in die Unruhebewegung zu bringen. Ende Februar hätten die Leut' sich zu einer großen Kundgebung in der französischen Hauptstadt zusammengetan; die Regierung hat die Demonstration zu verhindern versucht, aber die Massen sind aufmarschiert. Und an ihrer Spitze die uniformierten Studenten des dortigen Polytechnikums. Militär sei eingeschritten und alles schien zu Ende. Aber am nächsten Morgen war die Stadt – wie durch Zauberschlag – übersät mit Barrikaden.

In Paris gab es seit der Großen Französischen Revolution zu Zeiten eine Nationalgarde. Sie war nicht zu vergleichen mit dem lammfrommen Wiener Bürgermilitär, in das aufgenommen zu werden eine *Ehre für ehrsame Bürger* war. Die Pariser Nationalgarde wurde gegen die Unruhestifter eingesetzt, weil man die Leut' nicht reizen wollte mit dem Aufmarsch des königlichen Militärs. Mit der Nationalgarde ließ sich reden. Auf einmal waren einige Nationalgardisten bei den Demonstranten. Es wurde durchgesagt, daß man den Rücktritt der königlichen Regierung verlangen müsse. Schon schrien viele: Nieder mit dem König! Andere: Es lebe die Republik! Man nahm sich vor, den Königspalast, die Tuilerien, zu erstürmen und zu erzwingen, was man nicht freiwillig dem Volk bewilligt hat. In dieser Situation gingen zwei Regimenter der regulären königlichen Armee über zu den Demonstranten, Aufrührer sagten die honetteren Leute. Wie es dazu kam, daß unter den Truppen ein solcher Umschwung entstand, ist nie genau erhoben worden. Nur eines lernte man bei diesem Anlaß: Auch die geschicktesten Macher einer Revolution und ein aufs äußerste wegen Notverhältnissen in Unruhe versetztes Volk erreichen nichts, wenn nicht im entscheidenden Moment das reguläre Militär umschwenkt und mitmacht im Aufstand.

Einem tapferen Journalisten soll es gelungen sein, bis zum König vorzudringen. Der liberale Bürgerkönig Louis Philippe ist erschrocken, als ihm der Zeitungsmann sagte, es wäre gut, wenn der König Feder und Tinte nähme und auf der Stelle selbst seine Abdankung zu Papier brächte. Da hat sich wohl der König erinnert, wie einmal sein Herr Vater in einer früheren Revolution für den Tod des eigenen Vetters – des Königs Ludwig XVI. – gestimmt und wie man dann diesem König den Kopf abgehackt hat. Also hat der König auf der Stelle geschrieben, er verzichte auf den Thron, und der von der Zeitung hat die Neuigkeit gleich unter die Leut' gebracht. Der König und seine Familie sind dann mit einigen armseligen Mietsdroschken aus der Stadt geflohen und gleich hinüber nach England. Dort hat der neue liberale Außenminister der gewesenen Majestät gesagt, es wäre ein Fehler gewesen, daß der frühere König von Frankreich im spanischen Bürgerkrieg, es gab dort ja viele solche, sich gegen die englische Politik gestellt hat. Die neue Französische Republik stünde sich gut mit London und Frankreich sei jetzt der Pivot der englischen Europapolitik.

So genau haben das die Wiener Arbeitslosen gar nicht wissen wollen und man hat es ihnen auch nicht gesagt. Dafür haben die Macher erzählt, wie sich die Pariser an ihren Ausbeutern gerächt haben. Sie sind hinein in den dortigen Königspalast und haben weggetragen, was gut und teuer war. Nur gut, daß sie gleich das Plündergut bei Trödlern versilberten, weil so die Schloßverwaltung auf Staatskosten der Republik die wertvollen Stücke wieder zurückkaufen und an Ort und Stelle zurückbringen konnte. Viel lustiger war, daß einige der Tapfersten auf dem Thron des bisherigen Königs von Frankreich die Notdurft verrichteten. Und einige Paare sollen sich in den Betten der geflüchteten Majestäten köstlich vergnügt haben. Nach einigen Tagen erlosch die Freude der Pariser Freiheitskämpfer an solchen Vergnüglichkeiten – nur *Arbeit* haben die Sieger keine bekommen. Das sagte man den Arbeitslosen in Wien nicht.

Es gab in Wien auch Macher, die nicht solche ordinären Sachen erzählten. Aber ihre Red' war langweilig und der Mathias hörte

lieber auch die Goscherten. Am 12. März 1848, das war ein Sonntag, sind die Macher hinaus in die Taglöhnerviertel der Vororte und Vorstädte Wiens und haben gesagt, morgen geht's los. Die Leut' sollten sich Steine und Stecken mitnehmen, man wird sie brauchen. Der Mathias ist natürlich dabei gewesen am 13. März, aber so richtig los gegangen ist es nicht in der Stadt, in der Herrengasse, wo es gleich vier Tote gegeben hat, sondern in den *Fabriksvierteln* – nachher am Abend dieses Tages. Da hat man sich über die Fabriken und Villen der Fabriksherren hergemacht und es hat gar nichts genützt, daß die nobligen Herrn den Arbeitern ganze Bündel Geld angeboten haben, wenn sie nur nicht die teuren Maschinen ruinieren täten. Zuerst hat man in den Fabriken die Fertigwaren, Stoffe vor allem, gestohlen; dann in Fabriken und Villen alles überplündert und zuletzt da und dort Feuer gelegt. Aber da ist auf einmal das Bürger-Militär dahergekommen und andere Bewaffnete, die haben in die Masse hineingeschossen und so sind nicht bloß vier Tote liegen geblieben – wie in der Herrengasse –, sondern viel mehr. Dann hat die Arretur angefangen. Auch der Mathias ist arretiert worden. Die vielen Toten, auch die vier aus der Herrengasse, haben eine schöne Leich' gekriegt und später hat man sie alle unter einem riesigen Grabstein beerdigt. Auf dem Stein steht nur: 13. März 1848. So als ob die Toten Opfer des Militärs, des früheren Systems, halt des Metternichs gewesen seien. Die Fabriksherren haben Anzeigen erstattet. Es gab ja Naderer genug unter den Arbeitern und auch der Mathias ist vor das Kriminalgericht gekommen. Man hat ihm nachgewiesen, daß er einer der Hetzer gewesen ist. So soll er unter anderem wörtlich über seinen früheren Brotgeber gesagt haben:
»Wart's ös Zappert – Leut', ös Judenklumpert, heut' werd'n wir eure Maschinen z'sammschlagen.«
Wäre schon Kriegsrecht gehalten worden, wie später im Oktober des Jahres, wäre es dem Mathias schlecht ergangen. Aber die Zivilisten des Kriminalgerichts waren keine Militaristen, sondern humane Leut', und so hat der Mathias als Straf' nur fünf Monate Kerker bekommen. Dabei haben sie ihm noch ausdrücklich zugute gehalten, es wäre

»... bei einer längeren Strafdauer die schuldlose und zahlreiche Familie des Inquisiten, besonders im Winter, der größten und unverdienten Not preisgegeben ...«

Man hat es nach dem Maschinensturm nicht gleich bedacht, aber im Grund hat bei diesem Anlaß das *Bündnis*, das die von der »besitzenden Classe« mit denen von der »besitzlosen Classe« hatten, einen Sprung bekommen, der nie mehr ganz zusammengeleimt werden konnte. Die besseren Herrn unter den Machern der Märzrevolution, lauter Leut' mit Besitz und Bildung, haben sich zwar am 13. März 1848 derer, die sie unter sich Proleten nannten, bedient, um die bisher am Ruder gewesenen Konservativen zu verjagen; aber an ihren Besitz haben diese Herren ihre armen Bundesgenossen vom 13. März 1848 nicht heranlassen wollen. Ganz im Gegenteil. Als es sich ergab, daß man zwar am Abend des Dreizehnten Plünderer mit Gewalt heimtreiben konnte, daß diese aber immer wieder kamen und immer neue und unerfüllbare Forderungen an die Neuen Herren im Staat stellten (das war, als der elende Metternich schon in England im Exil war), haben sich einige der Herren zu einem Comité zusammengetan. So entstand im Wien von 1848 ein »Verein zum Schutze des Besitzes, Eigentums und der davon abhängigen bürgerlichen Ordnung«.

Spendenaufrufe wurden verschickt und für den Beitritt sowie einen regelmäßig wiederholten Beitrag geworben. Wer seinen Namen nicht in diesem Zusammenhang in der Öffentlichkeit genannt wissen wollte, sollte auch nicht genannt werden; er bekam eine

»... Chiffre der ungenannt sein wollenden Mitglieder, mit der vom Comité zu verfolgenden Adresse.«

Gar zu viel Courage wollte man bei der Abwehr der Begehrlichkeiten derer aus der »besitzlosen Classe« auch nicht riskieren. Wer keine Courage hatte, dafür aber womöglich sehr viel Geld gab, war besonders willkommen. Es wird immer Leut' geben, die für Geld ein Gewehr nehmen und auf die Proleten schießen. Baron Rothschild hat nicht mitgemacht. Er hat in Wien von der Revolution in Paris eher gewußt als der Metternich. Aus lauter Angst hat er den Kanzler aufgesucht; der aber hat ihm gesagt, er hätte angesichts der drohenden Gefahr einer Revolution in Europa seine Pflicht erfüllt. Aber Baron Rothschild sei nicht gleichermaßen auf dem Posten gewesen. Solche Sprüche gehen zwölf auf ein Dutzend und je weniger reelle Macht Metternich gehabt hat, desto geistreicher sind seine Ausdrücke geworden. Freilich die Tat, die imstande gewesen wären, den Ausbruch der Revolution im Kaiserreich Österreich oder gar andernorts aufzuhalten, konnte er nicht mehr setzen. Da hätte ihm der englische Außenminister Lord Palmerston kräftig auf die Finger geschlagen – so wie 1847 im Falle der Schweiz. Eigentlich war das System, wenn auch nicht Metternich, selbst schuld daran, daß in Wien die vielen Unzufriedenen jene Macht bekamen, die es braucht, um einen Umsturz im Staat herbeizuführen.

Wer hätte anfangs gedacht, daß der in ruhigen Zeiten gegründete »Österreichische Gewerbeverein« die ersten Vorhuten und Macher im Kampf gegen Metternich und sein System stellen wird? War es nicht gut, daß sich Fabrikanten und Kaufleute, so wie es in Prag längst geschehen war, zu Interessenvertretungen zusammenschlossen, um, wie man der Regierung sagte, vor allem im Außenhandel neue Märkte zu erobern? Einmal, als Metternich nicht am Ort war, handelte sein großer Rivale im herrschenden System, Graf Kolowrat, auf den die Liberalen ihre Hoffnungen setzten, kurz und entschieden: Er brachte die eingereichten Statuten des Gewerbevereines zur Genehmigung. Mehr noch: Der leutselige, aber nichtsahnende Vater Franzens, Erzherzog Karl Franz, nahm die Ehrenmitgliedschaft des Vereines an und deckte mit seinem Stand und Namen das, was im Verein vorging. Natürlich stand in den genehmigten Statuten des Vereins nichts vom eigentlichen Ziel der Macher: Also die Absetzung Metternichs, die Zerstörung seines Systems und die Übernahme des größten Teiles der Macht im Staat; in einem reformierten Staat, in dem letzten Endes kein Monarch, sondern das Volk *Souverän* sein sollte. Das *Volk*, das waren die Herren besagten Vereins und ihre Parteigänger.

So verbreitete sich in den vierziger Jahren in den Salons, nicht etwa in den schmutzigen Taglöhnervierteln, die Redensart:

»So wie es bei uns in Österreich ist, kann und darf es nicht bleiben.«

In diesem Punkt wurden sich immer mehr Menschen einig. Aber je mehr Menschen hierin die Einigkeit bezeigten, desto mehr Ideen kam neu auf, *wie* es nachher aussehen wird. Nachher, wenn der Metternich zum Teufel gejagt sein wird; sein System in Trümmer liegen wird; und *man*, also das, was man Volk nannte, Souverän sein wird. Es erwies sich als notwendig, für die Sprengung der Fundamente des Systems eine Sprengladung bei der Hand zu haben. Die wachsende Not unter der »besitzlosen Classe« schien dafür bestens geeignet. Aber diesen ungebildeten Menschen konnte man nicht mit Theorien kommen, wie sie in der Bibel der Liberalen standen, im mehrbändigen Werk des in Freiburg in Baden tätigen Universitätsprofessors Rotteck und seines Kollegen Welcker. Beim Militär sagte man, ein Abrichter müsse seinen Rekruten die Dinge watscheneinfach erklären. In der Politik fing man nicht gleich mit Watschen, also Ohrfeigen an, sondern damit, daß man dem gewöhnlichen Volk die Bilder seiner Feinde zeigte: Angehörige des Adels, Herren der Hochbürokratie, Pfaffen und das ganze kostspielige Militär.

Unter sich nannten sich die Macher alle liberal, man war sich einig, daß dieses Wort für die Eigenschaft eines Mannes steht, der einer eigenen Gesinnung fähig ist, der einzigen Gesinnung, die eines freien Mannes würdig sein kann. Damit glaubte man auch einig zu sein in der Absicht, die in der Monarchie bestehenden staatlichen Verhältnisse von Grund auf zu verbessern; das ganze bisher vom Pfaffentum abhängige Mensch-sein auf eine höhere Bildungsstufe zu heben; überhaupt anstatt des getreuen Untertanen jenen Typ heranzubilden, der genug Verstand hat, die verrotteten, an das Mittelalter gemahnenden Zustände erlebenswert zu machen. Nicht daß man gegen den armen, geistesschwachen Kaiser Ferdinand etwas gehabt hätte; man wird ihn aber aus den Händen des elenden Metternich befreien und ihn der Masse des noch immer kaisertreuen Volkes vorhalten, um hinter seinem Rücken umso eher das Neue heranzuzwingen. Ein Parlament müßte her, bestehend aus Volksmännern, also Parteigängern der Macher. Die Presse müßte frei und ungezügelt das schreiben, was ihre Geldgeber brauchen, um das Volk bei Stimmung zu halten: Eine Claque für die herrschende Clique. Jeder soll sagen können vor der Öffentlichkeit, was ihm gerade einfällt. Wer dazu eine Versammlung von Leuten, die solche Reden interessieren, haben will, soll das Recht dazu bekommen. Und wen die Bürokraten – man fürchtete, man wird ohne sie *nie* auskommen – schikanieren, der soll Petitionen schreiben und denen oben unter die Nase reiben können.

Fabrikanten und Kaufleute sammelten sich im Gewerbeverein. Intellektuelle, vor allem Juristen, aber auch andere Persönlichkeiten mit gehöriger Herkunft und Anschauung im »Juridisch-politischen Leseverein«.

Der Leseverein hatte sein Lokal schräg gegenüber dem Wiener fürsterzbischöflichen Palais, und das besagte auch einiges über seinen geistigen Standort. Die Männer der Ersten Stunde nach der Abdankung Metternichs werden aus diesem Verein hervorgehen: Die späteren k.k. Minister, Minister Doblhoff, Hornbostel, Sommaruga, Thun-Hohenstein etwa; Doblhoff wird es im 48er Jahr gar zum k.k. Ministerpräsidenten bringen, allerdings nur zu einer interimistischen Führung dieses Postens; Thun-Hohenstein wird als ein sogenannter Hoch-Konservativer, also ein Ultrakonservativer, wie seine Gegner dann sagten, enden; und Bach wird im Alter fromm werden und als k.k. Botschafter beim Heiligen Stuhl ausdienen. Diese honetten Herren betrachteten sich als die Erbauer jener Brücken, über die eine *Reform* der Verhältnisse im Staat hinweg und in eine bessere Zukunft gehen wird. Es gab auch andere Typen im Leseverein. Sie hatten nichts dagegen, daß sich diese Brückenbauer ans Werk machten; auch sie würden diese Brücken benutzen, sie dann aber abbrechen und mit einer *Revolution* nochmals ganz von vorne anfangen.

Zu letzterem engeren Bund im Leseverein gehörte der aus Ungarn stammende jüdische Sprachlehrer Tausenau, der sich nicht bloß von Kellnern mit Herr Doktor anreden ließ. Und ein Agent aus dem Untergrund der Revolution in Ungarn, ein Herr Pulszky, der nach der Heirat mit einer Tochter aus guter Familie Zugang zu Kreisen bekam, wo ihn seine ungarischen Auftraggeber gerne am Werk sahen, wohin er aber ohne die Heirat nie gekommen wäre. Die Polizei, im Bild Alt-Österreichs das Übelste und Schmutzigste, aber auch das Terroristischste, das man sich denken kann, versagte gegenüber dieser Entwicklung total. Es blieb aber in Geschichtsbüchern das Bild eines Polizeistaates, dessen Spinnwebe bis in die feinsten Verästelungen der Gesellschaft gereicht und mittels einer abscheulichen Spinne, eben dem System, einen ungeheuerlichen Terrorismus ausgeübt haben soll. Mit diesem Bild vor Augen beschäftigen sich die guten Österreicher nie mit der Tatsache, daß die Vorbilder der künftigen Freien Welt des Westens, England und Frankreich voran, eine wirklich funktionierende Polizei hatten, und außerdem Kolonien in Übersee, wohin abfloß, was zu Hause unausstehlich wurde oder selbst das Zuhause als unausstehlich empfand. Es war einer der Gründer des Lesevereines, der 1847 aus dem Verein austrat und an hoher und allerhöchster Stelle darauf aufmerksam machte, daß es seinen bisherigen Vereinsfreunden weniger um Juristerei, Lesen und Reden ging, als um die Hegung einer Pflanzstätte für Zwecke der Propaganda. Der Mann hieß Johann Baptist Pilgram, war Staatsrat; wie übrigens die meisten der erwähnten Brückenbauer dem System, zum Teil in hohen Staatsstellungen, dienten.

Pilgram nannte keine Namen, er war kein Naderer, er kämpfte nicht gegen Menschen an, sondern gegen Ideen, auf die er im Verein gestoßen war. Etwa gegen die des späteren k.k. Ministers Johann Nepomuk Berger, der am Vorabend des Ausbruchs der 48er Revolution predigte: Blut muß fließen in der Revolution. Oder gegen Absichten Tausenaus, der in einer Massenversammlung am Abend des 5. Oktober 1848 die Oktoberrevolution ausrief. Und gegen Typen wie Herrn Pulszky, dem es überhaupt nicht um die Verbesserung der Zustände in Wien und Österreich ging, sondern um jene Schwächung der Monarchie, die seinen Auftraggebern in Ungarn die volle Machtentfaltung ermöglichen sollte.

Wie am Vorabend jeder Revolution bestand auch am Vorabend der 48er Revolution in Wien keine Einhelligkeit darüber, ob aus dem Umsturz der bestehenden Verhältnisse eine *Reform* zum besseren, oder eine *Revolution* samt allen damit verbundenen Gewalttätigkeiten und Scheußlichkeiten hervorgehen wird. So wiederholte sich auch 1848 in Wien in Vereinen, wo sich Künstler und Intellektuelle zusammentaten, was vor der Großen Französischen Revolution von 1789 in Frankreich das Dilemma des Freisinns und des Fortschritts wurde:

Damals, als das Aufklärungszeitalter sich erfüllte, wurden die Logen der Freimaurer in Frankreich Durchhäuser für jene, denen die intellektuellen und humanen Betätigungen im Kreis der Loge nichts bedeuteten; diese sogenannten *Männer der Tat* benutzten nach der Einschulung in der Loge diese als Durchhaus, um in jene Zonen letzter Entscheidungen zu kommen, wo nicht die *Macht der Idee* gilt, sondern die *Gewalt der Tatsachen*. Wenn aber der Staatsrat Pilgram im Vormärz vor dem warnte, was im März 1848 ausbrach, dann konnte er mit seiner Ansicht höheren Orts nicht durchdringen. Denn das System war im Kern zerfallen: was Metternich ablehnte, war Kolowrat oft genehm; und wenn diensteifrige Subalternbeamte zutreffende Stimmungsberichte nach oben vorlegten, geschah es, daß gleichzeitig Herren oder Damen von Rang und Stand höheren Orts versicherten, es sei einfach dumm zu glauben, respektable Persönlichkeiten, wie jene im Leseverein, seien eine Gefahr für den Staat. So geschah es unter den Altliberalen Alt-Österreichs, in deren Reihen anfing, was letzte Konsequenz des Liberalismus als *Lebensprinzip* wurde: Wer letzten Endes die Er-lösung von Mensch und Gesellschaft im Diesseits erwartet und sie hierin abgeschlossen sieht, wird mit ehrlicher Folgerichtigkeit den Weg vom Liberalismus zum Kommunismus zu Ende gehen; denn der Kommunismus, wie ihn Marx und Lenin hinterließen, war der radikalste, also der an die *Wurzel* des Da-seins gehende Ausdruck solcher Erwartungen. Um 1848 ist Karl Marx diesen Weg schon gegangen. Um 1841 hat Marx ein »Archiv des Atheismus« geplant und seine Freunde erkannten, was Marx als den Grund seines Abfalls von der freisinnigen Denkweise im Lager des Liberalismus ansah: Die christliche Religion ist die unsittlichste. An Ruhr und Rhein, schon während der napoleonischen Zeit das Gebiet mit der größten Industrie auf dem Kontinent, wähnte sich das liberale Großbürgertum anfangs der vierziger Jahre stark genug, um den Konservativen in Berlin den Kampf anzusagen. Für die mit seinem Geld geschaffene »Rheinische Zeitung für Politik, Handel und Gesellschaft«, heuerten sie sich keinen Geringeren als Karl Marx. Gestützt und immer wieder geschützt von solchen Mächtigkeiten konnte Marx nicht nur der Hoffnung nachhängen, daß der Untergang des alten Staates auch die alten Religionen stürzen wird. Gefiel den Liberalen sein Angriff auf das konservative Regime in Preußen, so lag ihnen noch mehr daran, daß dieses Regime mit der Zeit dermaßen geschwächt wurde, daß die Macht im Staat einmal ihnen zufallen *mußte.* Und dazu kam es auch, als einer der ihrigen, der Industrielle Hansemann, preußischer Minister wurde; Bismarck wird einmal im Deutschen Reich nach 1871 klugerweise eine Zeitlang ihr Verbündeter werden.

Noch etwas ergab sich im Rheinland um Jahre früher als in Österreich. Die »Rheinische Zeitung« drückte die bisher gültige konservative »Kölnische Zeitung« an die Wand.

So weit mochten auch die Liberalen der ersten Stunde in Österreich mitmachen. Aber Typen wie Tausenau, der am Abend des 5. Oktober 1848 die blutige Oktober-Revolution provoziert hat, gingen viel weiter mit ihren schon berechtigten Erwartungen: Sie erkannten die Machtlosigkeit lahmer Regierungs-Gazetten gegenüber Flugblättern und heimlich plakatierten Parolen; sie wollten sich vor dem Militär nicht mehr fürchten, denn gegen Artillerie und Kavallerie wollten sie das ganze Stadtgebiet mit Barrikaden zerstückeln; und gegen das Gewehrfeuer der Infanterie konnte man sich mit Schießzeug aller Art hinter Barrikaden verschanzen und aus den Wohnungsfenstern und Dachluken ein höllisches Feuer eröffnen. War in Wien erst einmal Metternich weg, dann durfte man damit rechnen, daß die sogenannte Hof-Kamarilla keinen Mann hatte, der es wagen würde, sich gegen das gute Volk – wie man die Revolution nannte – zu stellen. Und in der Tat haben am 13. März 1848 die Erzherzoge, Johann voran, den Sturz Metternichs betrieben; was sie damit schufen, war ein Vakuum, in

das sich bald die Sturzbäche revolutionären Terrors und Gewalttätigkeiten ergossen. Links stand und steht für den Liberalen kein
Feind. Der Feind steht rechts.

Man darf annehmen, daß der junge Erzherzog Franz von diesen
Dingen keine andere Vorstellung hatte als jene, die ihm die in-
stinktive Abneigung gegen die schon erwähnten Volksbeglücker
eingab. Liberal, das gab für ihn nicht gerade ein sogenanntes
Feindbild ab, es war für ihn ein Anders-Sein, mit dem er sich nicht
anfreunden konnte. Daß liberal nicht nur *typenbildend* sein kann,
sondern in erster Linie konkrete Zielansprüche und bestimmte
Lebenspraxis – vor allem im Politischen –, war ihm in seiner damaligen Umgebung nicht erkennbar. Er hatte viele Lehrer, die ihn
in Staatswissenschaft und Nationalökonomie, in Religion und
Naturwissenschaft unter den Augen einer wachsamen Mama un-
terrichteten – aber zum politisch denkenden und handelnden
Menschen hat man ihn ebensowenig herangezogen wie zum Militär, der als Monarch zum Obersten Befehlshaber der bewaffneten
Macht eines der noch immer mächtigsten Reiche der Erde bestimmt war.

Die Mama war besorgt, daß die jungen Leute in der Umgebung
ihres Franzi nicht kopfhängerisch wurden inmitten der sich tausendfach kreuzenden und überschneidenden alarmierenden Vorgänge. Sie wollte wachsam sein und sie war es, Franz sollte nicht
zu früh ins Kampfgetümmel des Politischen gestoßen werden, das
für sie an sich unausweichlich war nach dem Bürgerkrieg in der
benachbarten Schweiz; der dabei von Metternich bezogenen Niederlage; und angesichts der nicht zu übersehenden Übermacht
Palmerstons und dem, was dieser den Pivot seiner Politik auf dem
Kontinent bezeichnete: Frankreich. Sophies Idee war es, im Winter auf 1848 den jungen Leuten eine Liebhaberaufführung zu organisieren. Als Stück wählte man ein Werk des noch immer viel-
gespielten Erfolgsautors Kotzebue mit dem Titel: WIRRWARR.
Franzi sollte die Hauptrolle spielen; eine Rolle, die ihm absolut
nicht zusagte und die er ums Leben gerne seinem jüngeren Bruder
Max zugeschanzt hätte. Die Bühnenfigur des Hurlebusch widerstand nämlich so ganz dem Wesen und dem schauspielerischen

Geschick Franzens. Hurlebusch ist ein Typ, der alle Welt zum Narren hält und dafür unverständlicherweise zum Lohn die Sympathien der Genarrten bezieht. Und Hurlebusch wird umschwärmt von der Weiblichkeit, vor allem von zwei rivalisierenden Schwestern. Mama wollte es und Franzi nahm die Rolle auf sich, Spaß und Heiterkeit während der Proben ließen ihn seinen anfänglichen Mißmut wegen der ihm zugedachten Rolle vergessen. Und so fand am 9. Februar 1848 im großen Salon der Alexander-Appartements der Hofburg, dort wo in der Kongreßzeit der Zar und seine Herren sich mit Hilfe einer gewissen Damenwelt verlustiert haben, die Aufführung statt. Es war der erste und letzte Bühnenerfolg Franzens. Wenige Tage später kam aus Neapel der Kurier mit der Nachricht, der dortige König habe angesichts der in der Bucht auf Reede liegenden englischen Eskader schließlich nachgegeben und einen von der Spanischen Verfassung abgeschriebenen Text seinem Volk als Verfassung geben müssen. Es war aber nicht ein ganz freiwillig gegebenes Geschenk. König Ferdinand II., von seinen Feinden nur Ré Bomba genannt, handelte zu viel nach dem damaligen Rezept: Gegen Demokraten helfen nur Soldaten. Die königliche, im Lande rekrutierte Armee war miserabel; aber die in der Schweiz angeworbenen Söldner verdienten sich ihr Geld ehrlich. Sie erstürmten das Zentrum des Aufstands in der Toledostraße. Und wer weiß, wie die Sache ausgegangen wäre, hätte nicht der Kommandant der auf der Reede liegenden Eskader der Royal Navy dem König von Neapel allerurgentest anheimgegeben, sich nicht auch noch mit England anzulegen.

Im benachbarten Kirchenstaat bedurfte es nicht einer solchen Intervention einer ausländischen Macht. Denn fürs erste erfüllte Pius IX. nach und nach fast alles, was die Straßendemonstranten unter den Rufen: VIVA PIO NONO, RE D'ITALIA, LIBERATOR DI POPOLO! ABASSO L'AUSTRIA! von ihm abverlangten. Noch glaubte der Heilige Vater heilsame Reformen zu verfolgen, da riß ihn schon der Mahlstrom der Revolution mit. Als Großherzog Leopold II., Schutzengel der italienischen Revolutionäre in der Zeit ihrer Verfolgung, und der Herzog von Parma

(die tatkräftige Herzogin Marie Louise war 1847 gestorben) erfuhren, was in Rom, am Grünen Zweig, geschah, verließen sie eiligst ihre morschen Sitzplätze und flüchteten hinüber ins Österreichische. Leopold sah ein, daß seine Befriedungspolitik kein
Mittel gegen Umstürzler ist, das diese davon abhält, selbst die
Macht im Staate zu ergreifen.

Und dann geschah, wie erzählt, in Paris die Februarrevolution
von 1848. Die große Zeit des Vetters des in der Wiener Kapuzinergruft ruhenden Herzogs von Reichstadt, Charles Louis Napoleon, war nahe. Die französische Republik von 1848 wird ihn zu
ihrem Staatsoberhaupt, er aber diese Republik als Napoleon III.
zu seinem Kaiserreich machen. Wie froh mußte im Grunde der
neue Napoleon sein, daß sein Vetter, Napoleon II., fest versargt
im Sarkophag der Wiener Kaisergruft lag und ihm nicht den Rang
in der Thronfolge des Hauses Bonaparte streitig machen konnte.
Aber – Napoleon III. wird Wien keinen Dank wissen.

Franz bekam jetzt das Leibblatt aller Liberalen in Deutschland,
die »Augsburger Allgemeine Zeitung«, zu lesen und erfuhr so,
wie in Paris die Freiheit gesiegt hat. Bisher orientierte man sich bei
Hof über französische Verhältnisse und Ereignisse an Hand der in
Paris erscheinenden Zeitung »UNION«. Franz war nicht
schlecht erstaunt, als dieses Blatt nach dem Sieg der 48er Revolution in Frankreich von einem Tag auf den anderen von ihrer, der
Monarchie günstigen Schreibweise abwich und republikanische
Tendenzen der krassesten Form übernahm; ohne große Veränderungen im Redaktionsstab. Es wird nicht lange dauern, da wird
auch die gute alte Großmutter des Zeitungswesens in Österreich,
die »Wiener Zeitung«, die gleiche Versabilität zeigen wie vorher
die »UNION« in Paris.

Man sagte bei Hof, und spätere Forschungen werden es bestätigen, daß der Generalstab der 48er Revolution in Paris am Werk
und unter dem Schutz Palmerstons erfolgreich war. Der 1. Jänner
1848 war Tag des Ausbruchs der Revolution auf dem Kontinent.
Der Operationskalender wurde zwar nicht überall so pünktlich
wie in Neapel, schließlich aber fast überall mehr oder weniger verspätet nachgeholt. Die Monarchie bekam die ersten Stiche in Mai

land zu spüren. Wirkliche Stiche – nämlich solche in die Rücken ihrer Soldaten, wenn diese nicht den von den Revolutionären zum Schaden der k.k. Tabakregie ausgerufenen Raucherstreik befolgten. Die Bauern in der Lombardei verhielten sich ruhig. Diese, so wie 1789 in Frankreich, gegen die Gutsherren aufzuhetzen, wäre ein Fehler gewesen, weil in der Lombardei die adeligen Gutsherren und Großindustriellen die eigentlichen Macher der Revolution waren. Sie hatten nur das Unglück, daß sie es in Lombardo-Venetien nicht mit einer Type, wie 1789 Ludwig XVI. eine gewesen ist, zu tun bekamen, sondern mit Radetzky. Sein erster Tagesbefehl nach dem Umsichgreifen der Unruhen war:
»Geht ruhig, wie in Zeiten tiefen Friedens, euren gewohnten Beschäftigungen nach und gebt keinen Anlaß zu Exzessen.«
Derlei war kein Ausbruch der Angst des großen Feldmarschalls. Er schätzte die Lage richtig ein. Er sah voraus, was kam und meldete daher gleichzeitig nach Wien:
»Geschieht ein Einfall von piemontesischer Seite, werden die k.k. Truppen aus Mailand verdrängt.«
Wer 1938 die Stimmung in Wien erlebt hat, kann sich leicht jene im Mailand von 1848 vorstellen. Hier wie dort warteten die Untergrundkämpfer auf die militärische Intervention der Schutzmacht des von ihnen vorbereiteten Umsturzes im Ausland. Die Mailänder setzten ihre Hoffnungen nicht auf den Papst, sondern auf den König von Piemont/Sardinien. Venedig war Mailand voraus. Das kam daher, weil nach dem 13. März 1848 die Nachricht von den Straßenkämpfen in Wien eher nach Venedig als nach Mailand kam. Der Umsturz in Venedig legte das zuletzt dem System Metternich innewohnende Cliquenwesen bloß:
Das Kommando in der Seefestung Venedig führte ein Verwandter und Günstling der dritten und letzten Gemahlin Metternichs, ein Graf Zichy. Er unterhielt eine leidenschaftliche Liaison mit einer früheren Tänzerin der Mailänder »Scala« und seine größte Angst war, daß dieser und ihren – also seinen – Kindern während eventueller Unruhen in der Stadt etwas zustoßen könnte. Auch die Zivilverwaltung der Stadt führte ein ungarischer Herr von Adel, der absolut kaisertreue Graf Palffy. Aber Zichy hinterging Palffy und

ging mit den Anführern des Aufstands eine Kapitulation ein, die für die nächsten anderthalb Jahre die Diktatur über Venedig einem gewissen Medina zuspielte, der bei der Taufe den Namen des letzten Dogen von Venedig, Manin, annahm.

Tags darauf geschah in Turin, was Radetzky befürchtet und nach Wien relationiert hatte. Dem dortigen k.k. Botschafter wurde eröffnet, daß jeder Staat auf seine eigene Existenz bedacht sein müsse und daß die von Piemont/Sardinien durch die Ereignisse in der Lombardei gefährdet seien. Die Grenze zur Lombardei stünde in Flammen. Man werde verstehen, daß solche Ereignisse in Turin Sympathien erwecken würden; Sympathien, die la défence de Milan verteidigten. In Genua schmiß man dem k.k. Konsul die Fenster ein, in Turin erklärte man den Krieg.

All dem ging eine Art Kriegserklärung an Wien und Österreich seitens des Landtags in Ungarn voraus. Dort hielt Kossuth Lajos die Taufrede der Revolution in der Monarchie und zwar am 3. März. Kossuth ging frei weg auf die Herauslösung des Königreichs Ungarns aus dem Verband der Habsburgischen Länder los; Ungarn verlange eine eigene Verfassung, ein eigenes Parlament, eine eigene von Wien unabhängige Regierung und könnte sich nur mit einem König abfinden, der diese Forderung sofort erfüllt.

In jenem März 1848 wurden in manchen Orten der Monarchie Taufreden der Revolution gehalten. In Wien wurde die Revolution in der Universitätskirche *gepredigt*. Und zwar vom Religionslehrer der Frequentanten der beiden Vorbereitungsjahrgänge für Absolventen des damals nur sechsjährigen Gymnasiums. Diese Lehrgänge wurden schulmäßig an der Philosophischen Fakultät abgehalten und der Religionslehrer zelebrierte auch den Sonntagsgottesdienst, der für die Frequentanten der Lehrgänge pflichtgemäß und regelmäßig zu besuchen war. Es heißt, daß nach dem Bekanntwerden der Rede Kossuths – dafür sorgte das Mitglied des Lesevereins Herr Pulszky – die Aufregung in Wien dermaßen um sich griff, daß man besagten Religionslehrer bat, er möge doch am Sonntag, dem 12. März 1848, in seiner Exhorte die jungen Leute besänftigen. Das nun tat der hochwürdige Herr nicht; er blies vielmehr ins Feuer und wurde so mit einem Schlag

Idol der Studenten. Er tat von sich aus ein übriges und ernannte sich nach der Genehmigung einer Akademischen Legion durch Ferdinand I. zum Feldkaplan dieses bewaffneten Selbstschutzverbandes der Demokratie in Österreich. Tags darauf, noch versuchten einige Alt-Liberale bei Hof Zugeständnisse zu erwirken, marschierten zwei Kolonnen zum Niederösterreichischen Landhaus in der Wiener Herrengasse. Eine kam aus den Vororten und Vorstädten, und unter diesen von der »besitzlosen Classe« gestellten Demonstranten marschierte auch der Genger Mathias. Ein anderer, wohlgeordneter Zug bewegte sich von der Universitätsaula aus: die Herren Studenten, die von den Neugierigen jubelnd begrüßt wurden. Das waren nicht etwa armer Leute Kinder und Hungerleider, jedenfalls wurden sie von den Söhnen ehrenwerter freisinniger Herrn von Adel oder vermögender Familien geführt. Ziel und Auftrag für den Tag war es, die im Landhaus tagenden Stände zu bewegen, die Forderungen der Stunde sich zu eigen zu machen, diese in aller Form bei Hof vorzubringen und, wenn nötig, mit Hilfe des Guten Volkes in den Straßen auch durchzusetzen.

Aber erst einmal mußte die Straße den Herren im Landtag diese Forderungen vortragen. Aus dem Volk, wie man sagte, wurde eine zwölfgliedrige Delegation gewählt, der unter anderen der Assistenzarzt am k.k. Allgemeinen Krankenhaus, Dr. Fischhof, angehörte, ferner die Doktoren Goldmark, Kapper und Brühl. Es ergab sich, daß letztere Herren ein *geschriebenes* Forderungsprogramm schon bei der Hand hatten. Texter des letzteren waren die Herren Sigmund Engländer, Simon Deutsch, Samuel Tauber, Leopold Breuner und Moritz Stern, Männer, die später in den stürmischen Ereignissen der Revolution eine hervorragende Rolle spielen sollten. Niemand hat diese Herren ausgesucht. Sie waren eben jene selbstausgewählte Elite aus Kreisen der Intelligenz, ohne deren vorausgegangene Verschwörung das Gute Volk von sich aus keine Revolution zum Erfolg bringen kann.

Die Reden mit den ständischen Vertretern führten zu nichts. Schon war bei solchen Typen die Angst vor den Gefahren einer Revolution größer als die bei vielen bestehende Abneigung gegen das System Metternich. Es war Doktor Fischhof, der sah, daß es so nicht weitergehen konnte, sollte der Tag zu einem Erfolg führen. Unter den Agitatoren des 13. März 1848 befand sich auch der spätere k.k. Minister Johann Nepomuk Berger. Von ihm stammt der bemerkenswerte, noch vor dem sogenannten Ersten Schuß in der Revolution ausgesprochene Satz: Es wäre alles umsonst, wenn es diesmal keine Opfer gäbe. Blut muß also fließen bei der Revolution. Doktor Fischhof war keineswegs ein Fürsprecher der reinen Gewalt. Aber er war dafür, daß Druck hinter die Geschehnisse im Landhaus und in der Herrengasse gesetzt wurde. Nachdem sich einige Schreier und Schwätzer im Hof des Landhauses versucht hatten, bestieg er ein eben aufgestelltes Baugerüst, erbat sich – und bekam – Ruhe und begann seine Rede. Sie enthielt die längst unter den Machern der Revolution abgesprochenen Tagesforderungen an die Hofpartei und die Mahnung, wonach es so nicht weitergehen dürfe. Fischhof sprach es nicht per Namen aus, aber nach seiner Rede lag es sozusagen in der Luft, worum es ging: Metternich und sein System mußten weg. Was noch konkret zu sagen war, das besorgte ein gewisser Max Goldner, der den ins Deutsche übersetzten Text der Landtagsrede Kossuths verlas und stürmischen Beifall erntete. Von ihrer ersten Stunde an geriet die Revolution dahin, daß sie mit zum Instrument derer in Ungarn wurde.

Als die Männer aus den Vorstädten und Vororten anfingen, mit den mitgebrachten Steinen die Fenster der Gebäude in der Herrengasse einzuschlagen, fing das Gedränge an. Viele versuchten, sich rechtzeitig aus der Menge zu entfernen. Die bloß Neugierigen – und deren gab es viele – schauten, daß sie raschest weiterkamen. Es entstand jener Wirrwarr, mit dem meistens alles Unheil anfängt: Das Klirren zerschmissenen Fensterglases, die Hysterie der Aufgeregten und das Hin- und Hergewoge in der Masse. Dann kommt meistens Militär dazu.

Stadtkommandant von Wien war Erzherzog Albrecht, in freisinnigen Kreisen als reaktionär, klerikal und volksfeindlich hingestellt. Just er hatte den höheren Orts angeforderten Militärsukkurs zu kommandieren. Der Erzherzog wird einmal Sieger im letzten von der Monarchie gewonnenen Feldzug werden; von den Regeln des Straßenkampfes verstanden weder er noch seine Soldaten etwas. Das Militär wich vor den in der Herrengasse aufgestauten Massen zurück. In diesen wachsenden Tumult marschierte, ohne sich aufhalten zu lassen, eine Pionierkompanie. Sie hatte keinen Befehl zum Schießen. Es fiel aber ein Schuß, der berühmte Schuß, dessen es bedarf, damit in einer Revolution geschossen wird. Niemand hat beweisen können, *wer* diesen fatalen Schuß abgegeben hat. Hätten die Pioniere auf Befehl gefeuert, es wären Dutzende Tote auf dem Platz geblieben. In Wirklichkeit gerieten die Pioniere in Bedrängnis, sie wehrten sich zuerst mit dem Bajonett – dann der erste Schuß. Einzelschüsse fielen. Die Menge stob auseinander. Vier Tote lagen auf der Gasse: Ein Essigträger, der sich trotz der Gefahr beim Austragen der Ware durch die Menge drängen wollte. Eine Frau, die im Gedränge erdrückt wurde. Vor allem und für immer aber wurde der Name des blutjungen Studenten des Polytechnikums Heinrich Spitzer genannt. Er war kein Revoluzzer, sondern ein netter Bub aus gutem jüdischen Haus, der dabei sein wollte, so wie viele Studenten, denen es nicht einfiel, ihr Leben herzugeben.

Die Toten der Herrengasse waren wichtig für den Mythos der Wiener Märzrevolution. Denn die meisten, die an jenem Tag fielen, wurden nicht am Vormittag vom Militär in der Inneren Stadt erschossen, sondern am Abend vom rasch herbeigeholten Bürgermilitär und dessen Hilfen bei der Unterdrückung des Sturms auf die Fabriken und Villen der Besitzenden. Auf der hohen Stele, die jetzt über den Gräbern der legendären Märzgefallenen aufragt, steht klugerweise nur: 13. März 1848. Die Tatsache, daß die meisten Märzgefallenen im Kampf der Verbündeten vom Vormittag dieses Tages gefallen sind, der noch die »besitzende Classe« und die »besitzlose Classe« gegen die *Konservativen* einte, steht nicht auf dem Gedenkstein. Die Legende blieb: Opfer eines zügellosen Militarismus und der Reaktion.

Nichts von dem erfuhr an jenem Unglückstag der junge Franz. Er und seine Geschwister erlebten den Tag im abgesicherten Schweizerhof der Wiener Burg. Die Buben warfen den in den Höfen der

Burg bereitgestellten Soldaten dies und jenes zu, die Soldaten freuten sich darüber. Davon, daß die Unruhe das Militär schon an jenem Tag ergriffen hat, ist kein Wort wahr. Wann und wie Metternich an jenem Tag gestürzt wurde, hat Franz erst viel später erfahren. Metternich hat dem jungen Franz manches Privatissimum gegeben. Aber am 13. März 1848 schirmte die Mama ihre Buben von den Vorgängen bei Hof ab, wo von Stunde zu Stunde die Stimmung umschwang. Metternich selbst hat in den Vortagen des 13. März 1848 und noch am Tage selbst konkrete Hinweise verläßlicher Gewährsleute einfach nicht ernst genommen. Er war von hoher Warte dreißig Jahre hindurch Zeuge von Revolutionen gewesen und hat dabei die Überzeugung gewonnen, daß es zuletzt auf das Militär und auf die Polizei ankommt. Und die Exekutive hat denn auch am 13. März 1848 in Wien nicht versagt.

Aber Metternich hatte seit Jahren eine beharrliche und gefährliche politische Gegnerin: Die Mutter Franzens. Sie war nicht eine Gegnerin der Monarchie, wohl aber des Systems, mit dem nach ihrer Ansicht der alternde Metternich die Monarchie zugrunde richtete. In liberalen Kreisen verkannte man das eigentliche Motiv der Gegnerschaft dieser resoluten Erzherzogin zum Staatskanzler, rechnete man auf sie in der Stunde der Entscheidung. Hat nicht der vorderhand anonym gebliebene Autor der »Sybillinischen Bücher«, ein k.k. Hauptmann, diese scharfsichtige Kritik des Systems der hohen Frau gewidmet? War sie nicht überhaupt belesen und hochgebildet, diese Frau, von der es später in der Revolution hieß, sie sei die einzige Person bei Hof gewesen, die in kritischen Situationen Hosen angehabt hat. Womit nicht das damals noch nicht unbedingt zur Unterwäsche von Damen gehörige Bekleidungsstück gemeint war, sondern *Mut*, der fast allen Männern der sogenannten Hof-Kamarilla abging.

Am 13. März 1848 taten sich Erzherzogin Sophie und Erzherzog Johann zusammen, um Metternich aus seinem Amt zu verdrängen. An sich hatte Erzherzog Johann noch am 3. März 1848 einem Antrag Metternichs, angesichts der Krisen im Italienischen wieder nach Tirol zurückzukehren und dort den Posten des Zivil- und Militärgouverneurs zu übernehmen, zugestimmt. Johann hat diese Berufung, eine ins *System Metternich*, angenommen. Aber zehn Tage später, am 13. März, war *er* es, der Metternich den Fangschuß gab. Das konnte nur geschehen, weil der von Franz I. seinem unglücklichen Ferdinand beigegebene jüngste der Brüder des Kaisers Franz, Erzherzog Ludwig, vollständig versagte. Erzherzog Karl, der hoffte, der Beistand seines Neffen Ferdinand zu werden, war im Jahr 1847 gestorben. Johann war mitten im Mahlstrom des herrschenden Zeitgeistes, mehr geschoben als aus freien Stücken handelnd, Sachwalter der Liberalen. Und daher inmitten der spektakulären Ereignisse, die sich am 13. März 1848 abspielten, Sprecher der mündigen Erzherzoge, die sich *alle* von Metternich lossagten. Zu diesem Zweck war aus Ungarn der dortige Palatin, Erzherzog Stephan, herbeigeeilt, der erwartete, der Sturz Metternichs würde die in Ungarn schon schwelende Revolution vor dem Aufflammen bewahren. Der Sieg vom 13. März gegen das System fiel den Machern der Revolution bei Hof fast widerstandslos zu. Untergeordnete Dienststellen und deren Leiter, die gegen das, was ihnen Störung der Ruhe und Ordnung zu sein schien, einschritten, mußten das bald bitter büßen.

Nach den tragischen Ereignissen in der Herrengasse wälzte sich die Menge auf den Ballhausplatz. Ein polnischer Student namens Burian trat hervor und hielt vor dem Gebäude mit schallender Stimme eine Rede, die er klugerweise, da publikumssicherer, nicht politisch färbte, sondern zu einem Verdammungsurteil der Person Metternichs und seiner ganzen Familie machte. Metternich hörte das. Das Palais am Ballhausplatz enthielt ja auch seine Dienstwohnung. Er erschrak keineswegs, sondern meinte: »Endlich ist die Krankheit an der Oberfläche ...« Würde man jetzt Militär und Polizei herbeiholen, dann wäre wohl der Spuk zu Ende. In diesem Moment erreichte ihn aber ein Ruf, in die Hofburg zu kommen. Rasch bildeten italienische Infanteristen ein Spalier und durch dieses schritt der Kanzler, überschüttet mit Schimpf und Schande. Er verlor nicht einen Augenblick die Ruhe. Aus dem Gerede, das dann ausbrach, ragt nur ein Satz des Kanzlers hervor: Demnach war der Kaiser überhaupt nicht *berechtigt*, die von ihm verlangten Konzessionen zu gewähren. Die

Regierungsgewalt sei ohne Einschränkungen von seinen Vorfahren und ohne sein Zutun auf ihn gelangt und er – der Kaiser – *müsse* sie bewahren und ungeschmälert vererben.

Je länger eine Entscheidung, eine Änderung ausblieb, desto mehr drängten sich Typen in den Vordergrund, die ansonsten keinen Zutritt zu diesen Räumen der Hofburg hatten. Etwa ein Weinhändler, später Abgeordneter von Klosterneuburg, zwischendurch, ehe es mulmig wurde, sogar Oberkommandant der Nationalgarde; der wurde gleich goschert und hat sich nachher zugute gehalten, daß *er* den Metternich zum Abdanken gebracht hat. Und da war ein Hof- und Gerichtsadvokat namens Alexander Bach; der soll am 13. März sogar mit einer Pistole herumgefuchtelt haben: nachher ist er ins Lager der Hofpartei übergegangen, wurde berühmt-berüchtigter k.k. Innenminister und schließlich gar, da im Alter fromm geworden, k.k. Botschafter beim Heiligen Stuhl.

Die Entscheidung fiel, als sich das privilegierte Bürgermilitär weigerte, zusammen mit dem Militär den Ordnungsdienst in der Stadt zu übernehmen. Im Herbst werden nicht wenige dieser Bürger in Uniform das Kommen der Kaiserlichen herbeibeten; aber im März haben die Herren mit dem im Moment mäßig beliebten Militär nix zu tun haben wollen. Vielmehr gehörten sie zu denen, die verlangten, das Militär müsse aus der Stadt gezogen werden nach dem, was in der Herrengasse passiert ist. Nach dieser Entscheidung der Bürger in Uniform hatte die Hofpartei nur die Möglichkeit, Militär einzusetzen, also in letzter Konsequenz schießen zu lassen. Aber der Kaiser hat, wie von unterschiedlichen Zeugen bestätigt, erklärt, er lasse nicht auf sein Volk schießen. Jetzt war für Erzherzog Johann die große Stunde gekommen. Er ging auf Metternich zu, zog seine Uhr und sagte:
»Fürst, es bleibt uns noch eine halbe Stunde und wir haben noch nicht über die Antwort beraten, die man dem Volk geben wird ...«

Das war so gut wie eine Aufforderung, der Kanzler möge zurücktreten. Denn die Ansicht Metternichs, der Kaiser dürfe keine Konzessionen machen, getraute sich niemand den Leuten zu sagen; und bei Konzessionen konnte und wollte der Fürst nicht mitmachen. Später hat man gesagt, der Kaiser habe zum Aufbegehren seines Volkes dümmlicherweise gesagt:

»Ja, derf'n s' denn das?«

Und noch in ferner Zukunft werden Dreiviertelhirne ihre Versammlungsreden mit diesem Zitat schmücken, um die Zuhörer wach zu kriegen und sie zu einem Lacher zu bewegen. Niemand wird sich dann kümmern, daß der arme Ferdinand nicht so eine Dummheit gesagt hat, sondern entschlossen war, nicht schießen zu lassen.

Die Zeit verrann. Metternich hielt offenbar in einer Unterredung unter vier Augen Erzherzog Johann hin – aufs Finassieren verstand sich ja der Fürst, wie die Wartenden gleich sagten. Aber die beiden Herren traten dann in die Mitte der Wartenden. In tadelloser Haltung trat Metternich vor und erklärte, er werde nach vielen Diensten, die er dem Staat erwiesen hat, jetzt auch jenen leisten, der im Moment im Interesse der Ruhe im Staat geboten war, also demissionieren. Jetzt atmeten alle auf, denn eine Weile ist bei dem langen Warten die Angst entstanden, es könnte dem Staatskanzler einfallen, eine Kompanie holen und die gewissen Typen arretieren zu lassen. Mit der Angst schwand der Haß ein wenig und einige Typen waren gerührt über die großzügige und tadellose Verhaltensweise des greisen Staatskanzlers. Der aber wies jeden Versuch des Dankes oder eines Zuspruchs ab. Niemand sei ihm Dank schuldig. Ob seine Demission dem Staat dienlich sein wird, werde man ja sehen.

Franz erfuhr den Abgang Metternichs in gedrückter Stimmung. Der Kanzler gehörte nicht zu seinen Lehrern, aber der erfahrene Staatsmann hat Franz manches Privatissimum erteilt, das unvergessen blieb. Was aber dem gewesenen Kanzler geschah, ist ein trauriges Kapitel in der österreichischen Geschichte. Seine alten Feinde haben allen Grund gehabt, ihn früher und jetzt zur Hölle zu wünschen. Was sich aber die gewissen Kreaturen an Gesinnungslosigkeit gegenüber dem Gestürzten erlaubten, geriet zu deren eigener Schande. Man hat Metternich aus Wien und Österreich und Deutschland richtig hinausgeekelt. Erst in London kamen der Kanzler und die Seinen zur Ruhe.

So geschah es wie im alten Athen, als Themistokles vor seinem Gegner Aristides weichen mußte und am Hof des großen Feindes aller Griechen, am Hof des Perserkönigs eine Bleibe fand. So ward auch Metternich ein vergleichbares Schicksal zuteil, als er in ein England kam, wo sein härtester Gegner, Palmerston, der Große Mann der Stunde war. Während aber Themistokles Zeiten hatte, in denen er mit den Persern zusammen gegen sein eigenes Volk loszog, hat Metternich im Londoner Exil nichts unternommen, was auch nur den Anschein eines Hervortretens gegen die Revolution in Österreich an sich gehabt hätte. Ein Exilpolitiker auf Wartefrist ist der Österreicher Metternich nie geworden.

Von dem, was am 13. März 1848 und in den nächsten Tagen dem Guten Volk von den neuen Herren bei Hof versprochen wurde, hat Franz zuerst nur das Entstehen einer bewaffneten *Nationalgarde* mit eigenen Augen gesehen. Als sie einmal von der Rotenturmstraße über den Stephansplatz und über den ganzen Graben en parade angetreten war, erwartete man, Franz würde sich auch als Nationalgardist kostümieren und die Front abschreiten. Letzteres tat er, allerdings in der Uniform eines Obersten seines galizischen Dragonerregiments. Sein Herr Vater war leutselig und nicht knauserig mit Versprechungen. Den jungen Herren von der Akademischen Legion versprach er die Einführung einer *Lehr- und Lernfreiheit* an den Universitäten. Die Studenten ließen den Erzherzog hochleben. Im übrigen fanden im Moment sowieso keine Vorlesungen statt und als die Lernfreiheit nach der Revolution richtig an den Universitäten eingeführt wurde, artete sie alsbald in allgemein beliebte Kollegienschwänzerei aus. Als nächstes erlebte Franz die *Aufhebung der Zensur*, das Entstehen zahlreicher Gazetten. Ein gewisser Leopold Häfner, in den Augen der Wiener ein mißgestaltetes Häuferl Unglück und daher boshaft wie ein Aff', nahm sich heraus, vor der offiziellen Aufhebung der Zensur die erste Nummer seiner Zeitung »Constitution« herauszubringen. Häfner war dem Gang der Ereignisse oft um jenes Stück voraus im Schreiben, das fatale Wirkungen nach sich ziehen kann. Als er in Wien die Republik ausrief und zu diesem Zweck laut schreiend in einem Fiaker durch die Stadt fuhr, wäre es ihm schlimm ergangen, hätte ihn nicht das Militär in der Vorstadt gerettet.

Wie gut, daß das Militär nur aus der Inneren Stadt abgezogen war, in den Vorstädten biwakierte und so dem Häfner zuhilfe kommen konnte. Erklärterweise und vom Anfang an war neben Häfner ein gewisser Moritz Mahler für die *Republik*. Aber das Leserpublikum zog eher Gazetten vor, in denen nicht nur von hoher Warte oder ordinär politisiert wurde; also jene Zeitungen, in denen es viel Tratsch zu lesen gab und das Geschehen, wie man in Wien sagt, aufgemascherlt wurde. Denn die nackte Wahrheit ist fad auf die Dauer. Die von den Journalisten vorgestellten Feindbilder wurden vom Karikaturisten illustriert. So entstanden jene Figuren, die noch um das Jahr 2000 in den Gazetten geistern: Hochmütige, verkalkte Adelige, gemästete Pfaffen oder solche Pfaffen, deren hektisches Gebaren den letzten Fettrest aus ihrer Figur geschmolzen hat, ferner die der sogenannten Kamarilla bei Hof zugeschriebenen Typen, zu denen bald Erzherzogin Sophie, jetzt Sopherl genannt, gehörte. Und – wenn jede neue Idee ausblieb – ein übler Nachruf auf den Metternich. Der, wie man sagte, Classizitätshochmut wurde der Rache der besitzlosen Classe überantwortet und dort blieb er. Für sich reklamierte man in der Politik eine gemäßigte Mitte, manche sagten die *Richtige Mitte*; die Gegner waren alle Ultras als Reaktionäre, Klerikale oder Konservative. Eine Politik nach dem Freund-Feind-Verhältnis kam auf und verschwand nie wieder; wobei Freund meistens nicht viel mehr war als ein Interessengenosse oder ein Nicht-Feind.

Während der 48er Revolution entstanden allein in Wien 170 Journale, nur 11 überlebten – mit Unterbrechungen – das Jahr, 24 Gazetten waren im wahrsten Sinne des Wortes Eintagsfliegen. Ihre Erst- zugleich Letztausgabe zählt zu den Raritäten der Sammler. Als es sich herausstellte, daß das Gute Volk nicht nur derbe Ausdrücke liebte, sondern noch mehr Erotik in der Publizistik und Pornographie bei den Herabsetzungen derer von Gestern, blühte diese Art der Publizistik gewaltig auf. Kenner des Pressewesens eines Landes der Welt des freien Westens, so der Amerikaner William Stiles, sagte, in Wien arte die Pressefreiheit in Pressefrechheit aus; was immerhin im Widerspruch zu den Praktiken im eigenen Land stand, als dort üblich wurde, to print everything that fits to print.

Noch gab es nicht die vom Kaiser versprochene *Verfassung,* da wurde Graf Kolowrat zum ersten k.k. Ministerpräsidenten in der Ära der Verfassungsexperimente in Österreich ernannt. Nur kurz verweilte der Graf auf dem Höhepunkt seiner Karriere. Nach nicht ganz vier Wochen wurde er von einem Grafen Ficquelmont abgelöst; Ficquelmont ist in der Ära Metternich sozusagen ein Opfer des Systems geworden; das und die seinerzeitige Mitgliedschaft zum Leseverein legitimierten ihn zu diesem hohen Amt, zur Leitung des Außenressorts in jenen Wochen des Jahres 1848, als die Monarchie in Gefahr war, der Revolution und ihren äußeren Feinden zum Opfer zu fallen. Als Innenminister konnte sich Baron Pillersdorf behaupten; sein Versuch, dem Kaiser das Substrat einer dem Volk geschenkten Verfassung zu geben, scheiterte ganz und gar; eine Krise entstand, neue Gewalttätigkeiten ereigneten sich; das Experimentieren mit der Verfassung im Staat riß in den nächsten zwanzig Jahre nicht mehr ab – bis es abgelöst wurde durch den Ansturm der sozialen Revolution. Der k.k. Finanzminister Kraus besaß das absolute Vertrauen der Mächtigkeiten des Wirtschaftsliberalismus; er überstand die 48er Revolution, machte die ersten Jahre des Neoabsolutismus nach 1848 mit und kam in den sechziger Jahren mit dem wiedererstarkten Liberalismus im Alter noch einmal hoch hinauf. Kriegsminister wurde, es war das eine nie dagewesene Sensation, ein *Bürgerlicher.* Ein mit dem Wörtchen »von« geschmückter Herr Zanini, ein echter Sesselreiter, in dessen Fall gewiß war, daß er kein Wässerchen der neuen Zeit mit irgendwelchen militärischen Taten trüben wird. Zur Zeit seiner Ministerschaft wäre in Italien die Armee Radetzky beinahe bei dem Mangel an Nachschub zugrunde gegangen.

Bestseller jener Frühlingstage war bei allen, die sich mit Politik ernsthaft beschäftigten, ein mehrbändiges Werk des Freiburger Universitätsprofessors Rotteck. Rotteck, ein Staatsrechtler von Rang und ein enragierter Altliberaler, brachte Formulierungen, die sich oft wortgetreu in den Anträgen wiederfinden, die sich im Verfassungsausschuß des späteren Reichstags von 1849 nachlesen lassen. Um diese Zeit war die Sezession Ungarns schon so weit gediehen, daß sich alle, die mit einem Verfassungsexperiment Unfug anrichteten, besser taten, dabei die ungarische Reichshälfte nicht einmal zu erwähnen. Die ungarischen Liberalen sind Ende März 1848 bei ihrem König Ferdinand V. in Wien erschienen und haben ihm abverlangt, was sie für ihren nahezu unabhängigen Staat brauchten: Ein Parlament, bestehend aus einem Ober- und einem Unterhaus nach westlichem Vorbild. Für das Unterhaus hatten die ungarischen Herren ein seltsames Modell einer parlamentarischen Demokratie. Es basierte auf dem Wahlrecht einer *Minorität im Volk*, nämlich aus den Anhängern Kossuths und ihren Parteigängern, die jedoch *im Unterhaus eine kompakte Mehrheit* unter dem künftigen Diktator Kossuth bildeten. Der gekrönte König, Ferdinand V., ernannte die Regierung, die im übrigen tat, was Kossuth für genehm hielt und was demnach dessen Parteigänger im Parlament beschlossen. Nachdem die ungarischen Herren diese Lösung im Frühjahr 1848 ihrem König in Wien abgerungen hatten, fingen sie an, alle noch bestehenden Bindungen und Verbindungen zu Wien, Österreich und der Gesamtmonarchie zu lösen. Im Ausland, vor allem in England, aber auch in Deutschland und nicht zuletzt in den USA fanden sie für dieses Vorhaben viel Verständnis und manche Hilfen in kritischen Situationen. Mit Wien als Mittelpunkt einer europäischen Großmacht rechnete man um diese Zeit nicht in den europäischen Staatskanzleien; die k.k. Regierung in Wien wurde weder mit den Problemen im Inneren noch mit den Konflikten in Italien fertig. Die Regierung Ficquelmont war schließlich so weit, die Vormachtstellung in Italien preiszugeben, wenn es nur dazu führte, dem dortigen Kriegsgeschehen ein Ende zu machen.

Im Mittelpunkt dieses Orkans über Österreich, in Wien, gelang es den Machern der Revolution, auch im Rathaus Tabula rasa zu machen. Der noch vom Kaiser ernannte Bürgermeister riß aus, als die Gefahr der gegen ihn aufgebotenen Demonstranten augenscheinlich wurde. So kam es, daß in diesem Jahr die Stadt keinen Bürgermeister hatte, als sie im Sommer in den offenen Krieg gegen das Militär schlitterte.

Bei den ersten sogenannten freien Wahlen, jenen in den Gemeinderat von Wien und in den Reichstag, bekamen an sich die Anhänger der *Reform* gegenüber den *Radikalen* und Revolutionären eine numerische Übermacht. In beiden Fällen blieb ja das Wahlrecht auf Kreise mit einem bestimmten Besitz – noch war die Grundsteuer das wichtigste Aufkommen – beschränkt. Das nun bedeutete nicht etwa, daß die Mandatare aus Kreisen mit Besitz und Bildung eher konservativen Ansichten zuneigten. Ganz im Gegenteil. So saß zum Beispiel im Wiener Gemeinderat auf dem linken Flügel der Linken ein Enkel des seinerzeitigen Leibarztes Franz' I., jenes Doktor Stifft, von dem der Volkswitz ging, er sei ein Nagel ohne Kopf gewesen. Der Sohn besagten Leibarztes gehörte als Unterstaatssekretär im k.k. Ministerium einer der 48er Regierungen an. Und doch war das im Frühjahr 1848 erstandene *Bündnis der Liberalen mit den Proletariern* schon wackelig. Wer konnte, verließ die Stadt, wo das politische Leben immer mehr unter die Pression der Straße kam; und in den Körperschaften die groben Klötze gegenüber den klugen Köpfen tonangebend wurden. Es kam der Tag, an dem ein im Frühjahr am Lokal des Lesevereins angebrachtes Plakat: *Hier sind gute Minister zu haben,* verschwunden war. Kurze Zeit nachher machten die Schreier von der Straße den Herren des Lesevereins eine der berüchtigten, diffamierenden und von allen honetten Bürgern gefürchteten Katzenmusiken.

Der nahe Kurort Baden bei Wien wurde eine Fluchtburg der Schwarz-gelben. Ein aus Czernowitz gekommener Journalist erfand für diese frühere Sommerresidenz Franz' I. den Spottnamen Schwarz-gelbowitz. In den renommierten Lokalen saßen jetzt die Neuen Herren, wie man überhaupt in Wien einen Umsturz am besten im Besucherraum eines Theaters oder eines Kaffeehauses oder Restaurants wahrnimmt. Der »Rote Igel« war im Vormärz ein Schlemmerlokal; der Wirt ein Schwarz-gelber und daher aus Wien geflüchtet. Das Geschäft überließ er seinem Oberkellner, der sich in der neuen Zeit einfach durch eine schwarz-rot-gelbe Schleife am Frack als zeitgemäß auswies. Das Publikum im »Roten Igel« machte jetzt die Haute volée der Revolutionsära aus. Die geeichten Volksmänner von der Basis, die Macher in den Demokratischen Klubs, hatten ihr Stabsquartier in der »Goldenen Ente«, daher vielfach die Entenmänner genannt. Schon vermied man es, an *einem* weißen Tisch zu tafeln.

In diesem Zwielicht verließ Franz am 24. April 1848 Wien, um sich zur italienischen Armee des Feldmarschalls Radetzky zu begeben.

3

KRIEG UND REVOLUTION

Die Reise des siebzehnjährigen Franz zur italienischen Armee Radetzkys war keine, auf der billiger Lorbeer zu holen war. Das habsburgische Königreich Lombardo-Venetien befand sich in den Händen der Truppen des Königs von Piemont/Sardinien und der zu den Revolutionären übergelaufenen Truppen der geflüchteten Herrscher der italienischen Kleinstaaten und der Freischaren. Die von den Alt-Liberalen gestellte k.k. Regierung in Wien konnte und wollte nichts tun, um die Lage Radetzkys zu erleichtern, der sich nur mehr auf das Festungsviereck Verona, wo er sein Stabsquartier hatte, Peschiera, Mantua und Legnago stützen konnte. Alles hing davon ab, ob eine Verstärkung, die sich vom Isonzo her durch partisanenverseuchtes Gebiet an das Festungsviereck herankämpfte, rechtzeitig genug eintraf, um die Truppen Radetzkys bei der Wiederaufnahme seiner Operationen zu verstärken. Aber gerade letzteres wollten die Regierungskreise in Wien nicht. Sie hofften, die in London zur Regierung gekommenen Liberalen würden ihnen helfen, aus der Misere in Italien, und sei es unter schweren Opfern, herauszukommen. In London führte das Außenressort Lord Palmerston, genannt Lord Firebrand. Er verdiente den Spitznamen Lord Brandstifter, denn er versäumte während seiner politischen Laufbahn keine Gelegenheit, um den konservativen Mächten Rußland, Österreich, zuweilen auch Preußen, Ungelegenheiten zu bereiten.
Der Sieg der 48er Revolution in *Paris* ist nicht ganz nach dem Geschmack der Liberalen ausgefallen; in der dortigen Koalitionsregierung saßen auch die Vorhuten des Sozialismus; Männer, die nicht auf *Reform* aus waren, sondern auf den totalen Umsturz der Gesellschaftsordnung, also auf *Revolution*. Besser sahen in den Augen der Liberalen die Dinge in *Deutschland* aus; in Berlin hatte

zwar die Armee die Revolution niedergeschlagen, aber diese Niederlage forderte erst recht die Untergrundkämpfer zu Aufständen in allen Teilen Deutschlands auf. Die Liberalen in der k.k. Regierung sahen zwar auf ihre siegreichen Gesinnungsgenossen in *Ungarn* mit Sympathie und Respekt, aber sie hatten Bedenken, als dort die Absicht, sich von Wien und Österreich ganz loszutrennen, immer deutlicher sichtbar wurde.

Franzens Reise nach dem Süden begann mit regennassen Tagen im Salzburgischen, wo er die Beharrlichkeit des berüchtigten Schnürlregens erlebte. Der Horizont war wolkenverhangen und im Brief an die Mama klagte Franz, daß er die über alles geliebten Ischler Berge nur der Richtung nach erahnen konnte. In der Stadt Salzburg begegnete er dem dortigen Fürsterzbischof Schwarzenberg. Seit 1842 Kardinal, konnte für ihn in Rom nur gegen einigen Widerstand die Würde eines Primas von Deutschland erreicht werden. Als Schüler des umstrittenen Theologieprofessors Günther bedeutete ihm die römische Scholastik wenig; wurde in Wien dem dortigen Kardinal-Erzbischof eine Katzenmusik dargebracht, so feierte man im Salzburgischen, wie in großen Teilen Deutschlands, den Anbruch einer scheinbar verheißungsvollen Zeit mit Dankgottesdiensten. Franz hat, so wie sein Großvater Franz I., seine unerschütterliche Frömmigkeit, die er bis in die Todesstunde bewahrte, aus allen oft rasch wechselnden Spekulationen der Theologen herausgehalten.

Reisen auf Straßen im Gebirge, die noch nicht nach der Methode *Mac Adams* verfestigt waren, bedeuteten damals ermüdende Strapazen. Körperliche Anstrengungen hat Franz bis ins hohe Alter, ohne auch nur ihrer Erwähnung zu tun, ertragen. Es gehörte zu den ersten Enttäuschungen am Wesen seines Sohnes Rudolf, daß sich dieser inmitten sonstiger Exzesse andererseits Schwachheiten gestattete, die sein Vater für un-männlich fand. Solche und verwandte Lebensenttäuschungen lagen aber noch tief unter dem Horizont der Aktualität des 48er Jahres, als Franz den Empfang durch seine Tiroler erlebte. Bei der Krise im Italienischen war Tirol, auch Welschtirol, ein Eckpfeiler in der Südwestfront der Monarchie. Die Kaiserjäger standen bei der italienischen Armee

Radetzkys, die Schützen verteidigten mit nur schwachen Verstärkungen seitens der Kaiserlichen die Grenzen des Landes erfolgreich gegen die Freischaren Garibaldis. Rührseligkeit war nie Franzens Sache. Aber der Zuspruch, den ihm die Tiroler in den Krisen des Revolutionsjahres erwiesen, rührte ihn dermaßen, daß er dieses ausdrücklich im Brief an die Mama erwähnte.

Für den Vorspann über den mit Schnee bedeckten Brenner standen für Franzens Reise nur abgetriebene Gäule zur Verfügung; die besseren hatte man für die etwas unfreiwillige Reise adeliger Macher ins österreichische Hinterland gespannt. Radetzky vermied es, seinen Konflikt mit diesen Herrschaften zu dramatisieren, wie das etwa während der Revolution in Ungarn mit Anhängern des Hauses Österreich geschah. Er schob sie ab. Und abgeschoben hat man auch, wohl nicht ohne tätige Mitwirkung Radetzkys, den bisherigen Vize-König des Lombardo-venetianischen Königreichs, Erzherzog Rainer. Franz traf den Erzherzog, der nie mehr in sein Amt zurückkehren sollte, in Bozen. Es war bekannt, daß der wenig tatkräftige Erzherzog neben Radetzky nicht viel zu reden, zu sagen und zu tun hatte, was seinem Wesen ziemlich entsprach. Rainer lobte das Gute Volk auf dem flachen Land, das den adeligen Grundbesitzern, die es am Hals hatte und für die es schuften mußte, mehr gram war als den Österreichern. Richtig war wohl auch die Ansicht des bisherigen Vizekönigs, daß die Revolution in Mailand nicht arme Teufel gemacht haben, sondern Angehörige der prominentesten Familien des Adels und des Bürgertums, zusammen mit einigen Professoren und deren Studenten. Dieser selbstausgewählten Elite aus Besitz und Bildung stellten sich jene Typen zur Verfügung, die bei jeder Unruhe und jedem Umsturz dabei sind; um das nächstemal jene zu bestehlen, denen sie das vorige Mal geholfen hatten. Von Sozialismus und dergleichen war, anders als in der 48er Revolution in Paris, nicht die Rede.

Die Lage des von Rainer mäßig geschätzten Radetzky schilderte dieser etwas genüßlich so: Alles Land südlich der Alpen war mehr oder weniger unter der Kontrolle der Truppen des Königs von Piemont/Sardinien und jener der geflüchteten Herrscher Toska-

nas, Parmas, Modenas, aber auch päpstlicher Truppen, die als
»Kreuzfahrer« gegen die Tedeschi mitmachten. Radetzky saß mit
zahlenmäßig schwachen Truppen im Festungsviereck. Und man
wußte im Moment nicht, ob letzteres unerschütterliche Fluchtburg oder die Mausefalle der Österreicher war.
Am 29. April 1848 meldete sich der k.k. Oberst Erzherzog Franz
in der Festungsstadt Verona bei Radetzky. Die Begeisterung des
Feldmarschalls über das Kommen eines weiteren Mitgliedes der
kaiserlichen Familie bei der Armee im Feld, noch dazu des künftigen Thronerbes, war keine reine Freude. Er hatte bereits ein halbes Dutzend Erzherzoge um sich, dazu junge Herren aus allen
besseren Familien, für die es eine Schande gewesen wäre, in solchen Zeiten nicht im Feld zu sein. Schon am Tag der Ankunft im
Stabsquartier Radetzkys durfte Franz an der Seite des Feldmarschalls einen Rekognoszierungsritt im Vorfeld der Festung mitmachen. Aber ah – der Feind war nur mit dem Fernrohr wahrzunehmen. Es fiel kein Schuß.
Vielleicht war es schon bei diesem Ritt, daß Radetzky dem noch
nicht achtzehnjährigen Erzherzog klagte, der bisherige k.k. Minister für den Krieg, Zanini, hätte so gut wie nichts getan, um den
von den Italienern heftig bedrängten k.k. Truppen in Italien genug Verstärkung und Nachschub zu verschaffen. Franz wußte,
was das für ihn bedeutete: Er schrieb der Mama, man möge doch
von oben dahin wirken, daß dem Abhilfe geleistet wird. Aber die
Regierung in Wien tat sich schwer bei der Erfüllung solcher Wünsche. Erstens störte der alte Radetzky die Friedensbemühungen
der Regierung; und zweitens mißtraute man seiner allzu kaisertreuen Gesinnung; drittens aber war kaum zu erwarten, daß der
demnächst in der Winterreitschule der Wiener Hofburg zusam-
mentretende Reichstag geneigt sein wird, die italienische Armee
Radetzkys gegen die italienischen Gesinnungsfreunde der Abgeordneten zu unterstützen.
Es war eine Erleichterung für Radetzky und für den jungen Franz
zu erfahren, daß nach der bei der Abreise Franzens noch bestehenden Regierungskrise Zanini zurückgetreten und an seine Stelle
der Feldzeugmeister Graf Latour in das nachfolgende Kabinett

befohlen worden ist. *Befohlen*. Denn Latour, in dessen Erinnerung die Exzesse der Großen Französischen Revolution zeitlebens haften blieben, erwartete sich von einer Revolution in Österreich nichts Gutes; inmitten von Ministerkollegen, die seine konservative Gesinnung verachteten, ja in ihren politischen Kreisen als gefährlich hinstellten, war er auf sich allein gestellt.

Wie immer die Ereignisse des sogenannten Sturmjahres waren: Immer war die Mama darauf bedacht, daß ihr Ältester auch im Feld bemüht blieb, etwas für seine Weiterbildung zu tun. Den Haufen Lehrer und Abrichter war Franz jetzt los, aber die Mama meinte, es müßte doch im Umgang mit seinen Offizierskameraden möglich sein, sein *Französisch* zu verbessern. Franz aber meldete mit einigem Stolz, das er im ständigen Umgang mit der Mannschaft Gelegenheit fände, sein *Böhmisch* und *Ungarisch* zu komplettieren; aus jenen Tagen in Verona dürfte wohl auch der *venetianische Akzent* im Italienischen stammen, den Kenner noch im hohen Lebensalter des Kaisers Franz Joseph heraushörten.

Am Abend des 6. Mai 1848 setzte sich der von den Ereignissen des Tages noch ganz echauffierte Franz hin und schrieb der Mama einige Zeilen. Er hätte an diesem Tag zum erstenmal im Feuer gestanden – und es habe sich ergeben, daß er nicht feuerscheu sei. Was selbst ein Mensch mit persönlichem Mut nicht unbedingt im voraus wissen kann, bevor er die ersten Kugeln um sich pfeifen gehört hat. Bei dieser Mutprobe Franzens hat es sich um das Gefecht bei Santa Lucia gehandelt. Die Piemontesen waren auf ihrem Vormarsch bis ins Vorfeld der Festung Verona gedrungen. Sie hofften auf einen Aufstand der Veronesen, um so die Armee in die Zange zu kriegen und aus dem Feld zu schlagen. Das wäre nicht nur der Sieg der Revolution in Italien gewesen, sondern wahrscheinlich der Anfang vom nahen Ende der Monarchie. Aber die Stadtbewohner taten nicht mit. Und sie taten gut daran; denn Radetzky besiegte mit kaum 20 000 Mann die doppelt so starken Piemontesen. Das war die Wende im Revolutionsjahr 1848. Der bisher unerschütterliche Glaube in den totalen Sieg der Revolution in Österreich brach da und dort zusammen. Der Umschwung begann, manche sagten: die Reaktion.

72

Freilich, ohne Rückschläge ging es nicht ab. Und das war gut für die Lebenserfahrungen Franzens. Denn von der Standhaftigkeit bei Rückschlägen hängt jeder dauerhafte Erfolg im Leben ab. Wenige Tage nach Santa Lucia erhoben sich auch die Slovaken und verlangten ihre Unabhängigkeit von Ungarn. Die Serben folgten dem Beispiel der Kroaten und schlugen gleich los. In Wien aber folgte dem blutigen März ein noch gefährlicherer Mai. Der k.k. Minister des Inneren Baron Pillersdorf hatte von seinen Beamten den Entwurf einer Verfassung ausarbeiten lassen, die der arme Ferdinand seinem Volke *schenken* sollte. Dieser Vorgang gefiel aber den Demokratischen Clubs, der Akademischen Legion und den Kämpfern aus den Vororten und Vorstädten Wiens ganz und gar nicht. Sie wollten keine geschenkte Verfassung, sondern eine, die sich das Volk selbst gibt. Daher mußte nach dem Operationskalender, der für jeden Umsturz gilt, die Einberufung einer Verfassungsgebenden Volksvertretung dem Beschluß vorausgehen, mit dem sich der Souverän Volk durch seine gewählten Vertreter die ihm zusagende Verfassung gibt. Pillersdorf gab sein Amt als Innenminister an einen Baron Wessenberg, Vertrauensmann des Erzherzogs Johann, ab und schied, nachdem er zuerst interimistisch, dann provisorisch das Amt des k.k. Ministerpräsidenten bekleidet hatte, zugunsten Wessenbergs aus der Regierung aus. Während dieser Unruhen in Wien erhoben sich in Siebenbürgen die dort lebenden Walachen, also die Rumänen, und verlangten, so wie vorher die Slovaken und Serben, eine möglichst große Unabhängigkeit ihres Landes von der Zentralregierung in Ungarn. In diesen Tagen befiel Franz Grillparzer eine düstere Ahnung. Es schien ihm, als fiele sein Österreich, das er insgeheim in Aphorismen karikierte, letzthin aber über alles liebte, in Trümmer. Rein äußerlich betrachtet, war das tatsächlich der Fall. In den Straßen verschwanden die schwarz-gelben Fahnen, letzte Erinnerung an das Schwarz und Gold des 1806 von Napoleon und seinen deutschen Verbündeten zerschlagenen Tausendjährigen Reichs. Fortan marschierten die meisten deutschfühlenden Österreicher hinter der Schwarz-rot-gelben (Goldstoff war zu teuer) her, die Tschechen hinter dem Weiß und Rot Böhmens, die Ungarn hatten und behielten für immer ihr Rot-weiß-grün und in Mailand wehte schon die nach französischem Vorbild gestaltete Trikolore des künftigen geeinten Italiens. Schwarz-gelber Hund war ein nicht ganz ungefährliches Schimpfwort jener Tage – und blieb es. Ehe noch Erzherzog Johann namens des Kaisers in Wien das erste gewählte Parlament eröffnen konnte, trat in Frankfurt am Main eine Deutsche Nationalversammlung zusammen. Sie wollte den bisherigen Deutschen Bund der *Fürsten* durch ein Reich des ganzen deutschen *Volkes* ersetzen, das von der Maas bis an die Memel, von der Etsch bis an den Belt, ein freier und von Freisinn geleiteter Staat werden sollte. Mit einem Reichsverweser, der zu werden Erzherzog Johann sich erwarten durfte. Der Kaiser, von fast allen bisherigen Stützen im Stich gelassen, schied aus dem politischen Leben mehr und mehr aus. Es entstand das Gerücht, die Hofkamarilla bereite seine Verbringung nach Innsbruck vor. Die gute alte »Wiener Zeitung«, in der 48er Revolution eines von deren Sprachrohren, warnte vor derlei Experimenten. Denn der *erste* Tag der Abwesenheit des Kaisers von Wien könnte leicht der *letzte* Tag seines Amtes sein. Bei Hof dachte man anders und die Regierung wurde erst gar nicht gefragt, als der ganze Hof, mit dem Kaiser an der Spitze, in der Nacht zum 17. Mai 1848 in aller Heimlichkeit Wien verließ, um sich nach Innsbruck zu begeben. Der Effekt der sogenannten Sturmpetition, mit der das Pillersdorfsche Verfassungsexperiment zu Fall gebracht worden war, hatte der k.k. Regierung bewiesen, daß der Motor aller Straßendemonstrationen und Drohungen die Akademische Legion war. In Regierungskreisen faßte man den unseligen Entschluß, die Legion aufzulösen und ihre Mitglieder auf die einzelnen Kompanien der Nationalgarde aufzuteilen. Aber die Studenten wollten nicht nur Wache schieben, sondern Politik machen; und genau zu diesem Zweck hatten sie auch ihren Platz im Operationskalender der Revolutionäre. Als die k.k. Regierung mit der Anforderung von Militär die Auflösung der Legion erzwingen wollte, brach der dritte Aufstand der 48er Revolution in Wien aus. Die Militärs taten gut, sich aus der Sache herauszuhalten, denn ansonsten wäre in diesem Jahr der Oktober, der Monat des blutigen Aufstands in

Wien, schon auf den Mai gefallen. Im übrigen zahlten die Macher der Revolution der Regierung ihren Anschlag auf die Legion heim: Die k.k. Regierung mußte es sich gefallen lassen, daß nach französischem Vorbild auch in Wien ein *Sicherheitsausschuß*, gestellt von den Formationen aus den Reihen des Guten Volks, gebildet wurde. Es war ein sehr bürgerlicher Sicherheitsausschuß, vor allem fehlte ihm der Schatten einer Guillotine, der den Pariser immer so effektiv macht.

In Italien schlug sich Radetzky schlecht und recht herum. Er schlug zwar die ehemaligen Truppen des geflüchteten Großherzogs von Toskana, aber gegen die Piemontesen erlitt er bei Goito eine Schlappe. Unter dem Eindruck dessen kapitulierte Peschiera, eine Ecke des Festungsvierecks. In der böhmischen Heimat Radetzkys trat um die gleiche Zeit der erste Slavenkongreß zusammen; es kamen nicht nur Slaven aus der Donaumonarchie, sondern bezeichnenderweise auch *Russen* zum Kongreß. Was Ungarn schon war, ein eigener Staat, wollten jetzt auch die Länder der Böhmischen Krone – Böhmen, Mähren, Schlesien – werden. In Prag trat eine Regierung zusammen.

Im Italienischen ließ sich Radetzky durch derlei Ereignisse nicht irre machen. Nachdem bei Goito der Übergang seiner Truppen aufs rechte Minio-Ufer gescheitert war, führte er diese in einem Gewaltmarsch über den Fluß zurück, um den im Rücken der Österreicher entstandenen Stützpunkt der Revolution in Vicenza zu erstürmen. Der 10. Juni war der große Tag derer vom 10. Feld-Jäger-Bataillon. Schon bei Santa Lucia hatten sie unter ihrem aus Iglau gebürtigen Oberst Kopal eine unnachahmliche Standfestigkeit gegen zahlenmäßig überlegene piemontesische Truppen bewiesen. Was sie bei Vicenza leisteten, das hielten Generationen von Kopal-Jägern bis 1918 im Lied fest:
»Es war am Berge / Am Berge der Madonna / Da war die welsche Garde stolz verschanzt. / Sie mußte weichen / Vor der Abendsonne / Der Jäger hat sein Bajonett gepflanzt ...«
Der so besungene Berg war eine Anhöhe des Monte Berico. Auf ihm erhob sich die Basilika Madonna del Monte. Die in und um die Basilika verschanzte Garde bestand nicht aus Italienern, es

waren die Deutschen der päpstlichen Schweizergarde. Gegen sie führte Oberst Kopal sein Bataillon. Es kämpften Deutsche gegen Deutsche und sie schenken einander nichts; wie das Deutsche untereinander gerne tun. Oberst Kopal wurde tödlich verwundet, aber der Tag gehörte den Österreichern. Nach Vicenza behielt Radetzky die Initiative bis zur Vertreibung aller Eindringlinge im Lombardo-venetianischen Königreich.

Hundertdreißig Jahre nach dem Tod des Obersten Kopal wurde in Vicenza der Friedhof der Deutschen zur Auflassung bestimmt. Die letzten überlebenden Kopal-Jäger des Ersten Weltkriegs machten sich auf, die sterblichen Überreste des Obersten Kopal und das ihm in Vicenza errichtete Denkmal in die niederösterreichische Heimat zu verbringen. Leider bestand der von ihnen zum Transport gemietete Wagen nicht die Fahrt. Da war es ein Italiener, der die alten Kopal-Jäger in ihrem Tun verstand und ihnen den Lastwagen seines Betriebs zur Verfügung stellte. Und so haben späte Nachfahren der Feinde von früher auf der Fahrt zur letzten Ruhestätte des k. k. Obersten zusammengefunden. Übrigens haben schon am Tag nach Vicenza die Kaiserlichen ihren Gegnern Reverenz erwiesen. Neben den Schweizern wehrten sich die Truppen des Königs Carl Albert von Sardinien/Piemont, als wüßten sie, daß ihre Niederlage das Schicksal der Revolution in Italien besiegeln könnte.

Weit hinter der Front ging der Wirrwarr weiter. Franz erlebte ihn jetzt bei Hof in Innsbruck, wohin ihn die Mama, sehr zum Ärger des jungen Erzherzogs, berufen hatte. Einen Trost nahm Franz mit aus dem Feld: Sein Drängen, die Mama möge doch sorgen, daß die Armee in Italien genügend Nachschub bekommt, hatte Erfolg. Und das nur deswegen, weil auf Befehl von oben der Feldzeugmeister Graf Latour die Leitung des Ministeriums für den Krieg übernommen hatte. Als Latour seine Unterstützung der in Italien und Ungarn kämpfenden Kaiserlichen am 6. Oktober 1848 mit dem Tod bezahlte, hat Radetzky bestätigt, daß ohne dessen Hilfe der Feldzug des Jahres 1848 in Italien nicht zu einem guten Ende gekommen wäre.

Der Wirrwarr im Innern ging weiter. In Innsbruck erschien eine

Delegation unter dem ungarischen Ministerpräsidenten Graf Bathyany und verlangte die Absetzung des Banus von Kroatien, des Generals Jellacić. Und Jellacić wurde von seinem Kaiser abgesetzt. Er verließ Innsbruck im Zorn, fest entschlossen, den Kampf seiner Kroaten im wohlverstandenen Interesse der Gesamtmonarchie weiterzuführen. Zu Pfingsten schlugen in Prag die Tschechen, unter diesen wohl nur eine Minorität, los; k.k. Truppen unter dem Befehl des Fürsten Windischgrätz wurden des Aufstandes Herr; aber die Gemahlin des Fürsten fand dabei den Tod. Für Franz tauchte die Gefahr auf, daß man womöglich ihn zum Stadthalter in Böhmen ernennen könnte und so dem vorgriff, was fast schicksalshaft auf ihn zukam: Die Thronbesteigung nach der Abdankung seines Onkels Ferdinand I., eine Lösung, die Metternich zu seiner Zeit dem jungen Erzherzog schon im Vormärz nach der von Franz erreichten Großjährigkeit zugedacht hat. In Wien regierten *die k.k. Regierung,* der *Sicherheitsausschuß* und die Permanenzausschüsse des *Reichstags* und des *Gemeinderats.* In allen Gremien war die Mehrheit der Mitglieder eher liberal, zum kleinen Teil sogar konservativ eingestellt; aber Motor im Politischen wurde jeweils die Minorität der unter sich uneinigen Radikalen, von denen schon viele auf eine Republik aus waren. Vorsitzender des Reichstags wurde ein Abgeordneter von oben, der Prager Advokat Dr. Anton Strobach. Aber im Präsidium führte nicht der Vorsitzende das große Wort, sondern dessen 1. Stellvertreter, ein Advokat aus Galizien namens Franz Smolka. Smolka war als Vorkämpfer des »Jungen Polen« 1845 in gefährliche Aktivitäten verwickelt; er wurde zum Tode verurteilt, aber selbstverständlich begnadigt; in der 48er Revolution wurde er Dirigent des Reichstags. Der Sicherheitsausschuß entwickelte sich zwar zu keinem machtvollen politischen Instrument, er schaffte es gerade noch, Pillersdorf zum Sturz zu bringen. Als Folge des Dritten Aufstands in Wien, im Mai 1848, löste er sich auf. Sein Vorsitzender, Doktor Fischhof, der einmal im März die Taufrede der Revolution gehalten hatte, zog sich für eine Weile aus der Politik zurück. Man machte ihn zum k.k. Ministerialrat und er verschwand aus Wien, um als Arzt, der er ja von Berufs wegen war, in einem Seuchengebiet in Galizien aufzutauchen und dort nach dem Rechten zu sehen.

Als ob es nicht eine ungeheure Misere im Hinterland gäbe, trieb Radetzky seine Offensive in Oberitalien voran. Am 23. Juli schlug er die Piemontesen bei Sommcampagna, zwei Tage später bei Custoza, dann bei Volta und Goito. Die Armee Carl Alberts fiel auf Mailand zurück, wo man den im Frühjahr als Befreier begrüßten König beschimpfte und verdächtigte. Carl Albert wollte Mailand die Zerstörung eines Straßenkampfes ersparen; und das wollte auch eine Abordnung von Adeligen der Stadt, die Fühlung mit dem Stab Radetzkys aufnahm und dort Verständnis fand. Kaiserjäger brachen einen letzten Widerstand an den Toren der Stadt. Als alles vorbei war, ist es kein Wunder gewesen, daß Leuten, denen noch die Angst vor revolutionären Exzessen in den Knochen saß, beim geordneten Einmarsch der Kaiserlichen in die Stadt aufatmeten:

»Jetzt kommen die *Unsrigen* ...«

Für den König von Piemont/Sardinien gab es nach dem Verlust Mailands nur mehr eines zu tun: die Lombardei zu räumen und raschest zu einem Waffenstillstand mit den Österreichern zu kommen. Den Waffenstillstand erreichte er und so konnte er sich im eigenen Land mit der dort drohenden Revolution leichter auseinandersetzen, anstatt in anderen Ländern die Revolution zu schüren. Der Vertreter Palmerstons am Hofe Carl Alberts hat sich buchstäblich bis zum letzten Schuß um die Sache der Revolution in Italien bemüht. In London war man über die eiserne Konsequenz, mit der Radetzky sein Handwerk betrieb, erstaunt und erzürnt. Denn in Italien hat man es nicht mit Österreichern vom Schlag jenes Hofrats Hummelauer zu tun bekommen, der winselnd nach London kam und bat, die dortige Regierung möge sich doch um Gottes Willen für ein sofortiges Ende der Kampfhandlungen in Italien einsetzen. Damals hat man den Hofrat aus Wien zuerst einmal warten lassen, bis die hinter seinem Rücken mit einer aus Italien gekommenen Delegation geführten geheimen Verhandlungen zu Rande kamen. Das Ergebnis letzterer Gespräche sagte Palmerston ungemein zu: Ein Staat in Oberitalien, dem neben Piemont/Sardinien, Parma und Modena auch die Lombardei und Venetien, überhaupt alle von Italienern bewohnten Gebiete Österreichs angehören sollten. Das hat Palmerston dem guten Hofrat nicht gerade angeboten, als aber der Hofrat nicht einmal Andeutungen zu den zwischen Palmerston und den Italienern getroffenen Vereinbarungen machen konnte, war es aus mit der Hummelauer aufgetragenen Mission. Palmerston war enttäuscht; aber er saß am längeren Arm des Hebels, mit dem man bei der nächsten Krise in Italien die dortige Vormachtstellung Österreichs aus den Angeln heben wird. Dann, wenn der steinalte Radetzky endlich tot sein wird.

So wie Radetzky während der Verhandlungen Hummelauers alle Ratschläge der Wiener Regierung, ja selbst eine Weisung seines Kaisers, in den Wind schlug, um aufs Ganze zu gehen, hielt es bald auch der Banus von Kroatien, der k.k. General Jellacić. Was Jellacić abging, das war ein Soldat seiner Truppen, der zugleich auch ein tüchtiger Diplomat war. Radetzky hatte einen solchen zur Hand: Felix Fürst Schwarzenberg, der bei Ausbruch der 48er Revolution in Neapel zur Armee Radetzkys einrückte und den der Feldmarschall mit einem Bericht zur Lage nach Wien schickte, als das Drängen, der Feldmarschall solle sich doch zu einem Waffenstillstand bequemen, lästig und schädlich wurde. Schwarzenberg trat mit der Reise nach Wien jenen Weg an, der ihn später auf den Posten des ersten und besten Ministerpräsidenten der Regierungszeit Franz Josephs führte. Die Regierung in Wien dachte aber nicht daran, auf Männer wie Radetzky oder Schwarzenberg zu hören. Im Juli 1848 übernahm der fünfundsiebzigjährige Baron Wessenberg, ein treuer Diener des kaiserlichen Ehepaars, aber ein politischer Vertrauter des Erzherzogs Johann, den Posten des k.k. Ministerpräsidenten. Unter ihm taumelte die Monarchie in die Katastrophe der Wiener Oktoberrevolution von 1848. Von allem Gerede und allen Beschlüssen des Reichstags blieb nur einer über alle Zeiten erhalten: Die auf Antrag des jüngsten Abgeordneten, des Schlesiers Hans Kudlich beschlossene Aufhebung der Erb-Untertänigkeit der Bauern unter die Grundherrschaft sowie jene von Robot und Zehent. Ferdinand I. konnte gerade noch diesen Gesetzesbeschluß sanktionieren, da brach der blutige Bürgerkrieg in Wien aus.

Am 11. September 1848 überschritt Jellacić mit den *Reserve*-Bataillonen der Grenzer-Regimenter die Drau. Die auf *Kriegsstärke* gebrachten Regimenter der Grenzer gehörten zur Armee Radetzkys, zum harten Kern der k.k. italienischen Armee. Wiederholt haben italienische und ungarische Agenten die in Italien stehenden Grenzer zur Desertion zu verleiten versucht; aber Jellacić ermahnte seine Grenzer, ihr Platz sei jetzt bei der Armee Radetzkys, für den Schutz der kroatischen Erde werde er auch ohne sie sorgen. Und so marschierten die Kroaten mit, hinein nach Parma und Modena, in den Kirchenstaat, überallhin, wo noch die Revolution in Italien aufflackerte in jenem Jahr.

Um einen Ausgleich mit den von Jellacić erhobenen Forderungen der Kroaten an die ungarische Zentralregierung haben sich nacheinander der ungarische Ministerpräsident Graf Batthyany und der Palatin Erzherzog Stephan vergebens bemüht. Bei den von Batthyany in Wien, in deutscher Sprache, geführten Unterredungen schaute für die Sache Jellacić fast nichts heraus. Und der Palatin war einfach nicht der Mann, der einem Jellacić gewachsen war. So demissionierten Batthyany und der Palatin. Der Palatin aber stürzte Ungarn vorher noch ins Chaos: Er bestellte den bisherigen Finanzminister Kossuth Lajos *provisorisch* zum Ministerpräsidenten, die eigentliche Ernennung Kossuths durch den gekrönten König Ferdinand V. von Ungarn ist nie erfolgt. Und Kossuth stieß gleich nach:

Obwohl nicht legaliter im Amt des Ministerpräsidenten, berief er die Männer seiner Wahl in die Regierung.

Bei Hof war man alarmiert, umso mehr, als auch in *Frankfurt* um diese Zeit Zentrum eines Aufstands wurde. Dort redeten die Sprecher der Linken im Parlament buchstäblich zum Fenster der Paulskirche, wo das Parlament tagte, hinaus. Sie diskutierten nicht *im* Parlament, sondern putschten die Radikalen, die *außerhalb* des Parlaments zuhörten, auf. In der Masse nahm man die grimmigen Drohungen der Linken aufs Wort und erschlug die Reaktion, indem man zwei konservative Abgeordnete auf grausa-

me Weise ums Leben brachte. Nachher hieß es, die beiden Ermordeten, nicht ihre Mörder, seien schuld an der Tat gewesen; die
beiden Herren hatten sich unterfangen, einen Ritt vor die Stadt zu
machen. Das war *Provokation.*
In Frankfurt hat es sich einmal mehr gezeigt, wie man mit Revolutionären umgeht. Als dort nach dem Mord an den beiden Abgeordneten Unruhen ausbrachen, blieb der Regierung des Reichsverwesers Erzherzog Johann nichts anderes übrig, als sich des Restes des verachteten Deutschen Bundes zu bedienen: Das waren
immerhin preußische und österreichische Truppen, die in der Festung Mainz des Deutschen Bundes lagen. Unter dem Schutz dieser Truppen konnte die Deutsche Nationalversammlung ihre parlamentarische Tätigkeit fortsetzen.
Die Hofpartei in Wien schickte kein Militär zur Bereinigung des
Zustands der Illegalität nach Ungarn; vielmehr folgte Ferdinand
einem auch früher geübten Brauch; er ernannte als Platzhalter für
den zurückgetretenen Palatin einen *königlichen Kommissär.* Dieser, ein Graf Lamberg, trug zwar keinen magyarischen Namen –
den hatten viele Anhänger Kossuths nicht –, er war aber immerhin
Mitglied des Oberhauses in Ungarn und also kein Landfremder.
Als Graf Lamberg in der ungarischen Hauptstadt eintraf, wurde
er unter den Augen der dortigen Regierung auf grausame Weise
ermordet, ehe er sein Amt antreten konnte.
Kossuth und seine Parteigänger waren vom Fleck weg recht ruppig mit Männern, die ihnen im Weg standen. Um die Zeit, als Graf
Lamberg in Ungarn ums Leben kam, ließ ein gewisser Görgey
Artur einen Grafen Zichy justifizieren. Zichy hatte es sich heraus-
genommen, einen Auftrag seines gekrönten Königs zu befolgen.
Dieser König war bis unlängst auch Oberster Kriegsherr Gör-
geys, ehe dieser quittierte, um sich im 48er Jahr sofort der Bewegung Kossuths anzuschließen. Binnen einem Jahr brachte er es so
vom ehemaligen Hauptmann zum Oberkommandanten der ungarischen Armee und Nachfolger Kossuths als Diktator im Lande. Und das Glück schien mit Kossuth zu sein: Während der erwähnten Gewalttaten der neuen Herren in Ungarn erlitt Jellacić
auf dem Marsch gegen die ungarische Hauptstadt eine Niederla-

ge. Sieger über seine Reserve-Bataillone waren größtenteils Verbände der in Ungarn garnisonierenden Kaiserlichen, die Kossuth jetzt einfach als seine Nationalarmee vereinnahmte, ehe er seine Honved-Truppen ins Feld brachte.

Jetzt schlug auch in Wien die Hofpartei zu: Ferdinand löste den ungarischen Landtag, neuestens Reichstag, auf, verhängte über Ungarn den Belagerungszustand und ernannte Jellacić zum Oberbefehlshaber über die in Ungarn stehenden Kaiserlichen sowie zum Statthalter. Kossuth brachte in einer dramatischen Sitzung des Reichstags diesen hinter sich. Die Verfügungen des Königs wurden für nicht-existierend betrachtet, da sie nicht vom jeweiligen Ressortminister des Kossuth-Regimes, das illegalerweise ins Amt gekommen war, gegengezeichnet waren. Und dann hielt Kossuth mit einer historisch gewordenen Rede nicht länger hinter dem Berg zurück. Kossuths Rede war Stichwort zum Losschlagen seiner Parteigänger und Agenten in Wien. Herr Pulszky sorgte für die Übersetzung der Rede Kossuths ins Deutsche und für die massenhafte Verbreitung des Textes. Tausenau, ein Landsmann Pulszkys, sollte tätig werden, damit von Ungarn jene Gefahr abgewendet wurde, die in Italien die Revolution erstickte: Ein Aufgebot verläßlicher regulärer k.k. Truppen. Aber gerade letzteres bereitete der k.k. Minister für den Krieg, Graf Latour, vor. Das wird ihn das Leben kosten.

Am 4. Oktober 1848 wurde ein Bataillon italienischer Grenadiere auf dem Wiener Nordbahnhof einwaggoniert und via Marchegg nach Preßburg instradiert. Unbeschadet der Dinge, die in Italien geschehen waren, gab es bei den Italienern keine Gehorsamsverweigerung. Das sollte im Falle des auch zur Entsendung nach Ungarn bestimmten Grenadier-Bataillons Richter anders werden. Die von Richter bestanden aus den Grenadier-Kompanien der Salzburger 59er, der Linzer 14er und der Sankt Pöltner 49er. Sie waren biedere Landsleute der Wiener und aus den Tagen des Biedermeier her wohlgelitten. Diese Grenadiere zur Befehlsverweigerung zu bringen war die Aufgabe Tausenaus und seiner Freunde aus den demokratischen Clubs. Am Abend des 5. Oktober geschahen in Wien zwei bemerkenswerte Zusammenkünfte: Unter der Ägide Pulszkys trat zum ersten Mal seit fünfzig Jahren wieder eine Freimaurer-Loge zu ihrer Arbeit zusammen. Und im »Odeon«, wo im Biedermeier die Tanzwut der Wiener sich austobte, wurde in einer Massenversammlung die Wut der Wiener geschürt: Sie sollten am Morgen des 6. Oktober 1848 unter allen Umständen verhindern, daß die vom Bataillon Richter gegen die Revolution in Ungarn geschickt werden.

Das Bataillon Richter hatte seine Ubikation in der Vorstadt Gumpendorf. Die dortigen Bürger hatten in der Nacht auf den 6. Oktober viel Lärm um die Ohren. In den Wirtshäusern wurden die Grenadiere mit Freibier versorgt und dazu gebracht, daß viele erklärten, sie täten lieber in Wien gut leben als in Ungarn sterben. Aus dem nahen Ratzenstadl holte man die Huren herauf; sie werden sich den Grenadieren an den Hals hängen und ihnen klar machen, daß es in der Liebe genüßlichere Erlebnisse gäbe als im Krieg. Ein Großteil der Teilnehmer an der Massenversammlung im ehemaligen »Odeon«, jetzt Volkshaus genannt, zog geschlossen von der Leopoldstadt nach Gumpendorf; zu ihnen stießen andere Haufen aus den meisten Vorstädten und Vororten Wiens; als in der Morgendämmerung k.k. Kavallerie anrückte, um denen von Richter Bahn zu brechen, war die Kaserne umstellt. Die erste Kompanie der Grenadiere kam mit gefälltem Bajonett aus der Kaserne und wurde sofort beschimpft. Umso mehr wurden die hinterdrein torkelnden Typen akklamiert. Zivilisten drängten sich in die Einteilung, Weiber hängten sich an die Hälser der Männer, andere stützten die Besoffenen. Immerhin kam der Haufen bis zum Nordbahnhof. Dort ergab es sich aber, daß die Truppe nicht einwaggoniert werden konnte, weil Arbeiter die Geleise und die Telegrafenleitung zerstört hatten.

Zwei weitere Haufen rückten jetzt heran: k.k. Infanterie, wobei sich die Galizier vom Regiment Nassau resolut gegen die Demonstranten stellten. Und ein gemischter Haufen, bestehend aus Nationalgarde, Studenten und Arbeitern. Zwei üble Typen haben viel Schuld an dem Geschehen des Tages: Der Kommandante der Akademischen Legion, ein Maler namens Aigner, der einige Kompanien Legionäre in geschlossenem Verband zum Bahnhof führte, dort stehen ließ und für den Rest der Ereignisse unsichtbar war. Und der an eben diesem Tag ernannte Oberkommandant der Wiener Nationalgarde, der Maulheld Scherzer, der überhaupt nichts tat, um die Nationalgarde in die Hand zu kriegen. Ein Schuß fiel. Im Feuerwechsel wurde der Generalmajor Bredy in den Rücken geschossen. Jubel ertönte, als er tot vom Pferd fiel. Sieger am Platz blieben die Angreifer. Das Bataillon Richter löste sich auf: Ein Teil marschierte mit den Siegern in die Innere Stadt. Die Besoffenen setzten den Suff der vergangenen Nacht in den nahen Praterlokalen fort, wo Spießbürger sie großzügig freihielten und als Freiheitskämpfer ehrten. Ein Großteil der Grenadiere sammelte sich im Verband des Bataillons und rückte ins Biwak der Wiener Garnison, ins Gelände des Sommerpalais des Fürsten Schwarzenberg ein. Die siegreichen Marschierer führten als Trophäe den Generalshut des ermordeten Bredy mit sich und eine Kanone, die von den Arbeitern den Kaiserlichen abgenommen werden konnte. Nächster Ort eines Kampfes war der Stephansplatz. Die Marschierer behaupteten nachher, es sei dort aus der Kirche und dem nahen Priesterseminar auf sie geschossen worden. Die Rache für diesen feigen Überfall der Klerikalen fiel dementsprechend aus, der Kampf endete teilweise an den Altären des Doms. Und dann überrannten die Marschierer die nächste gegen sie ins Treffen geführte Formation: Pioniere, die auf dem Graben nur kurzen Widerstand leisteten und selbst das beigegebene Geschütz im Stich ließen.

Jetzt war schon das Marschziel allen klar: Der Platz am Hof und dort das im ehemaligen Jesuitenkolleg untergebrachte k.k. Kriegsministerium. Drohrufe gegen den Kriegsminister Graf Latour übertönten alles Geschrei. Man wollte sich den Grafen ausborgen und die Rache an ihm vollziehen. Für das, was kam, trug der Minister selbst Schuld: Er widerrief den Schußbefehl und er zog die Wachmannschaft in die Höfe des Ministeriums zurück, verbot ihnen, sich weiter am Kampf zu beteiligen. Die Menge drang ins Ministerium ein, lachte über die Soldaten, die tatenlos zusehen mußten, wie das ganze Haus, Stockwerk für Stockwerk, geplündert wurde. Endlich ging ein Jubelschrei durch das Haus.

Man brachte den Kriegsminister die Stiege herunter. Es hagelte Schläge und Tritte. Dann aber schaffte sich ein Fremder Bahn, holte mit einem Vorschlaghammer aus und erschlug den Minister. Der Mörder wurde nie ausgeforscht. Es entstand der Verdacht, dieser sei weder ein Wiener noch ein Arbeiter gewesen, sondern ein gedungener Mörder im Sold der Ungarn oder Italiener. Letztere hatten allerdings Grund, dem Minister gram zu sein.

Tags darauf konnte Kossuths Generalbevollmächtigter in Wien, Herr Pulszky, seinem Chef melden:

»Gestern war in Wien Revolution. Die demokratische, durch und durch ungarisch gesinnte Partei hat glänzend gesiegt ... Das Kriegsministerium wurde erstürmt, der Kriegsminister gefangen und um 4 1/2 Uhr an einer Gaslaterne aufgehängt ... Von Wien bekommt er (der Jellacić) keine Hilfe ...«

Nach dem Mord im Kriegsministerium – der Graf war schon tot, als man ihn an die Laterne hängte – fing der Sturm der Sieger auf das k. k. Arsenal in der Renngasse an. Die dort lagernden Schießwaffen brauchte man, um den nächsten Programmpunkt einer Revolution nach Pariser Muster zu erfüllen: Die Aufstellung und Bewaffnung einer *Mobilgarde* neben dem Bürgermilitär, der Nationalgarde und der Akademischen Legion. Bis zum 7. Oktober wehrte sich die Besatzung des Arsenals, Deutschmeister und sohin Landsleute der Angreifer, gegen die Übermacht. Sie zogen in guter Ordnung ab, nachdem Politiker eine Kapitulation zustande gebracht hatten.

Franz erlebte den 6. Oktober nicht in der Wiener Hofburg, also nahe dem blutigen Geschehen des Tages. Seine Eltern konfinierten die Kinder in der elterlichen Wohnung im Obergeschoß des Schlosses Schönbrunn. Bei Hof war bekannt, was diesmal bevorstand: Der Generaladjutant des Kaisers, Generalmajor Lobkowitz, hatte Befehl, die Person des Monarchen unter keinen Umständen in die Hände der Revolutionäre fallen zu lassen. Es sollte Ferdinand nicht so geschehen wie Ludwig XVI. während der Großen Französischen Revolution, als dieser insgeheim aus Paris samt seiner Familie flüchtete, unterwegs aber von einem Postmeister erkannt und den Machern der Revolution ausgeliefert wurde, um die letzten Monate seiner Regierung als Popanz der Revolution und Geisel in seinem Palast zu verbringen. 1848 fürchtete man bei Hof in Wien nicht um das Leben des Kaisers. Viel größer war die alle bedrohende Gefahr, daß der hilflose Ferdinand in die Hände der Macher fiele und von diesen dem Volk vorgehalten wurde, während in Wirklichkeit der totale Umsturz im Lande erfolgt.

Franz hat nie den Aufbruch von Schönbrunn vergessen; als über Wien der Feuerschein der Brände lag, und ein ununterbrochener Gefechtslärm aus der Inneren Stadt in die Vorstädte und Vororte drang. Für den jetzt Achtzehnjährigen war die Reise nach oben kein taktisch klug gemeintes Ausweichen, sondern schmähliche Flucht, Angst vor der körperlichen Gefahr.

Während der Hof ins Mährische unterwegs war, blieb die *Monarchie ohne Regierung*. Graf Latour hatte den vor dem blutigen Geschehen im Kriegsministerium zur Beratung erschienenen liberalen Ministerkollegen geraten, sich jetzt nicht auf das Gute Volk zu verlassen. Einige dieser Minister haben denn auch das Gebäude in Verkleidungen verlassen, deren wirklichen Charakter sie nach der Revolution lieber unerwähnt ließen. Denn, in einer Revolution fällt einer im Bedientenfrack weniger auf als einer im Uniformfrack. Der k.k. Ministerpräsident war für die Revolutionäre ein altes Manderl und dermaßen unbekannt und unauffällig, daß er während des Mordgeschehens das Kriegsministerium durch das erbrochene Haupttor verlassen konnte. Seine erste Sorge galt seinen Akten, die er jedenfalls in geordneten Zustand bringen wollte, ehe er seine Arbeitsstätte am Ballhausplatz, wohin er sich vom Kriegsministerium zuerst begab, verließ. Einen Moment lang dachte er, sich nach Schönbrunn zu begeben, dann aber nahm er einen Fiaker und ließ sich nach Döbling hinausfahren, wo er bei einem früheren Kollegen Unterschlupf fand.

Erst als sich die Geschehnisse in Wien beruhigten, kroch der k.k. Ministerpräsident aus seinem Versteck hervor. Er ließ sich von einem Donaufischer über den Strom ans linke Ufer bringen. Dort suchte er die nächste Station der k.k. Kaiser Ferdinands-Nordbahn auf, um mit dem nächsten Zug nach oben zu reisen. In Prag suchte er vergebens nach seinem Kaiser. Dieser war inzwischen samt dem ganzen Hof nach Olmütz gereist. Vor der Stadt angekommen, erlebte Ferdinand, wie die Männer die Pferde ausspannten und den Wagen zum Ziel der Reise, zum fürsterzbischöflichen Palais zogen.

Franz ritt zur Seite der Reisekutsche seiner Eltern; er hätte sich gerne zu ihrer Verteidigung jeder Gefahr ausgesetzt. Aber derlei ereignete sich damals in Mähren nicht. Ganz im Gegenteil. Den guten Geist, den Franz im Vorjahr in Böhmen angetroffen hatte, fand er jetzt in Mähren wieder. Kotbespritzt und ein wenig lahm stieg Franz vom Pferd und suchte das ihm zugewiesene Logis auf: Das Haus eines der Domherren, wo er eine so fürsorgliche Aufnahme fand, daß er sich dessen unter den gegebenen allgemeinen Verhältnissen schämte. Mehr noch: Kaum in Olmütz angekommen, improvisierte die Mama einen Unterricht. Es waren zwar nicht die Herren des in Wien tätig gewesenen Lehrkörpers am Ort, aber in Olmütz gab es eine Fakultät und daraus ließ sich ein kleines Kollegium rekrutieren. Franz wußte, daß er in naher Zukunft seinem Onkel Ferdinand auf den Thron folgen wird. Aber der Unterrichtung bis zur letzten Stunde konnte er sich nicht entziehen. Es wäre gut gewesen für Österreich, wenn dem jungen Erzherzog vor seiner Thronbesteigung nicht nur ein übervolles Unterrichtsprogramm zuteil geworden wäre, sondern Zeit für die Lebenserfahrung eines künftigen Monarchen. Das so entstandene Manko hat Franz mit bitteren Lehren in der ersten Zeit seiner Regierungspraxis bezahlen müssen. Denn gute Veranlagungen und Arbeitsfleiß allein können den Mangel an Lebenserfahrung kaum ersetzen.

In Wien versäumten die Macher die Gunst der Stunde, während der die k.k. Regierung in alle Winde zerstreut und der Hof auf der Reise nach oben war. Wer hätte es in diesen Tagen gewagt, einer auf die bewaffneten Verbände gestützten Regierung entgegenzutreten? Wer ihr Programm im Reichstag abzulehnen? Wer konnte und wollte unter diesen Umständen die einzige intakte Autorität, die unsterbliche Autorität des Volkes, wie an Hochschulen gelehrt wurde, bestreiten? Ein solcher Umsturz wäre dem Regime

Kossuths sehr zupaß gekommen. Auch in Deutschland hätte er da und dort freudige Zustimmung erlangt. Endlich wäre Österreich nicht, wie auch Napoleon einmal meinte, um eine Idee zu spät gekommen.

Aber die Macher versagten. Und es versagte der als *Mann aus dem Volk* in Aussicht genommene künftige Ministerpräsident, der Prager Buchhändler Alois Borrosch.* Bis zum 22. November 1848 blieb Wessenberg k.k. Ministerpräsident. Er genoß vor allem das Vertrauen der Kaiserin Maria Anna. Und es dauerte einige Zeit, bis Fürst Schwarzenberg, der bis zu Allerheiligen die 48er Revolution in Wien niedergeschlagen hatte, auch Zeit und Muße fand, ein neues Regime auf die Beine zu stellen. Der Fürst selbst wollte nach dem Sieg über die Revolution in Prag und Wien auch Sieger über die in Ungarn werden. Als seinen Sachwalter auf dem Posten des k.k. Ministerpräsidenten sah er seinen Schwager Fürst Felix Schwarzenberg an. Ob der erprobte Diplomat und Militär auch mit der parlamentarischen Demokratie fertig werden wird? Denn jetzt tagte der nach Kremsier verlegte Reichstag in der Sommerresidenz des Fürsterzbischofs von Olmütz. Und man hörte, daß dessen Verfassungsausschuß fleißig am Werk sei, um dem Staatsbürger in der künftigen Verfassung jene Grundrechte für immer zu sichern, mittels derer er sich gegen ein bloßes *Regiertwerden* zur Wehr setzen kann. Wenn Demokratie zuallererst Diskussion sein soll, wie man damals schon sagte, dann brachte der designierte k.k. Ministerpräsident Schwarzenberg für derlei Aufgaben wenig Voraussetzungen, jedenfalls keine Fiduz mit.

So verging der Oktober 1848, der Monat der blutig verlaufenen Revolution in Wien. Und der November, während dem schon ein Raunen durch alle Räume der momentanen Residenz in Olmütz ging. Und Franz spürte, wie immer mehr Menschen ihm begegneten, als wollten sie sich gut stellen mit dem Achtzehnjährigen, der

---

* Hierzu: Heinrich Drimmel, Oktober Achtundvierzig; Wien 1978.

bald Kaiser von Österreich sein sollte. Ob Franz alle Masken, die um ihn auftauchten, durchschaute? Sein Obersthofmeister Graf Grünne, einer aus den Reihen der von Franz I. so sehr geschätzten allzeit getreuen Belgier, war kein Freund all dessen, was eine Revolution an die Oberfläche spült. Dieses sein Mißtrauen wird einmal um den jungen Kaiser ein Klima schaffen, dessen Folgen Franz Joseph während der langen Jahre seines Regierens nicht losbrachte.

DER ROTHOSETE

Maria Anna, die Kaiserin, hatte das Los einer Prinzessin ihrer
Zeit, die bei der Verheiratung mit dem Monarchen eines anderen
Landes die alte Heimat verlor; von der man aber erwartete, daß sie
als Gemahlin eine gute Landesmutter in ihrem neuen Vaterland
wird. Die Gemahlin Ferdinands I. wurde aber nach ihrer Verheiratung mit einem armen Kranken viel mehr. Als sie 1831 dem damaligen Kronprinzen, der bereits gekrönter König von Ungarn
und Böhmen war, angeheiratet wurde, war sie achtundzwanzig
Jahre alt, ihr Gemahl um zehn Jahre älter. Man kann sich nicht
vorstellen, was die arme Braut empfunden hat, als sie bei ihrem
Kommen nach Österreich zum ersten Mal ihren künftigen Gemahl zu Gesicht bekam. Aber die künftige Kaiserin von Österreich nahm nicht nur ihr Los tapfer auf sich, sie wurde ihrem
Mann vierundvierzig Jahre lang eine gütige Begleiterin auf einem
langen Schicksalsweg. Nach der Abdankung Ferdinands im Jahre
1848 verbrachte sie siebenundzwanzig Jahre zusammen mit ihrem
Gemahl auf dem Prager Hradschin, wo sich um Ferdinand, den
letzten gekrönten König von Böhmen, ein Mythos wand, den
ganz zu zerstören nicht einmal die Kommunisten nach 1945 auf
sich nahmen.
Maria Anna war nur eines der Opfer der Heiratspolitik Metternichs. So wie sein großer Vorgänger Kaunitz versuchte auch Metternich, mit einer ausgeklügelten *Heiratspolitik* risikoreiche
Machtkonstellationen zu verfestigen. Tat dies zu Zeiten Maria
Theresias Kaunitz in Verbindung mit dem französischen Haus
Bourbon, so versuchte es Metternich mit noch mäßigerem politischen Resultat im Verein mit dem Haus Savoyen. So wurde *Maria
Anna* als Prinzessin von Piemont/Sardinien Kaiserin von Öster-
reich; *Maria Elisabeth* die Gemahlin des Vize-Königs des Lom-

bardo-venetianischen Königreichs, Erzherzog Rainer; und Erzherzogin *Adelaide* dem künftigen König des geeinten Italiens, Viktor Emanuel II. angetraut.

Das Los dieser drei Frauen war nicht beneidenswert, das Jahr 1848 enthüllte vollends die Tragik ihrer Lebensschicksale. *Maria Anna* war eine nahe Verwandte jenes Königs Carl Albert von Piemont/Sardinien, der im März 1848 Österreich den Krieg erklärt hat und am Ende des Jahres noch immer auf eine siegreiche Fortsetzung und Beendigung dieses Angriffskrieges wartete. Und Maria Anna war zugleich eine jener Persönlichkeiten der österreichischen Geschichte, die zwar nicht in Österreich auf die Welt gekommen sind, die aber viele Österreicher in deren oft mäßig entwickeltem Österreichertum beschämten. Zwei Frauen waren es, die durch ihren Verzicht, Kaiserin von Österreich zu sein beziehungsweise zu werden, die Thronbesteigung des jungen Franz überhaupt ermöglichten. Maria Anna mußte dazu ihren Gemahl Kaiser Ferdinand I. zum Thronverzicht bewegen und Erzherzogin Sophie ihren Gemahl zum Verzicht auf die Anwartschaft nach einem Ende der Regierung Ferdinands des Gütigen. Damit verzichtete Sophie auf die sonst unbestreitbare Möglichkeit, im Falle einer Nachfolge ihres Gemahls selbst Kaiserin zu werden. Sophie tat das um der Sache willen und für ihren Franzi. Maria Anna, eine kinderlose Frau, war genauso der Sache verbunden, sie aber stieg vom Thron herab, um während der nächsten siebenundzwanzig Jahre nur die treubesorgte Gattin und Pflegerin ihres armen Ferdinands zu werden und zu bleiben.

Maria Elisabeth, Prinzessin von Savoyen, erlebte an der Seite ihres Gemahls Erzherzog Rainer, Vizekönig von Lombardo-Venetien, in Mailand den Ausbruch der 48er Revolution. Neben der überragenden Persönlichkeit des Feldmarschalls Radetzky war der Vizekönig nicht viel mehr als ein Figurant. Solange Friede herrschte, kaschierte die Mächtigkeit der Persönlichkeit Radetzkys und seiner Truppen diese Machtlosigkeit des Vizekönigs. Als aber im März 1848 in Mailand die Revolution ausbrach und Piemont/Sardinien Österreich den Krieg erklärte, war es für Rainer höchste Zeit, mit seiner Familie das Land zu verlassen, um nie mehr in sein Amt zurückzukehren. Dafür aber hinterließ Rainer eine andere Spur in der Geschichte Österreichs. Sein gleichnamiger Sohn wurde mit einiger Berechtigung zu den liberalen Mitgliedern des Hauses Österreich gerechnet. Und so wie in der 48er Revolution der liberale Erzherzog Johann seinem Neffen Ferdinand I. über die Mißlichkeiten der letzten Regierungszeit des Kranken hinweghalf, hat Erzherzog Rainer nach dem verlorenen Feldzug von 1859 dem jungen Franz Joseph in einem Übergangsstadium den Weg ins liberale Zeitalter erleichtert. Rainer starb als Kommandant der k.k. Landwehr im Jahre 1913, seine aus Italien stammende Gemahlin mußte noch 1915 den Übertritt des mit den Mittelmächten verbündeten Königreichs Italien ins Lager der Feinde der Monarchie erleben. So hat sie in ihrem Leben vier Kriege ihres Heimatlandes mit Österreich mitgemacht; als eine gute Österreicherin.

Und da war noch eine dritte Spange, von der sich Metternich zu seiner Zeit eine bessere Haltbarkeit einer freundnachbarlichen Einstellung des Königreichs Piemont/Sardinien zu Österreich erwartete: *Erzherzogin Adelaide* wurde mit dem künftigen ersten König jenes geeinten Italiens verheiratet, das über den Trümmern der Vormachtstellung Österreichs auf der Halbinsel entstanden ist. Ihr Gemahl Viktor Emanuel wird zwei Kriege gegen Österreich führen, und so nebenbei einen Lebenswandel, der den frommen Vorstellungen seiner Gemahlin von einer christlichen Ehe wenig entsprochen hat. Gott war Adelaide gnädig: Sie hat die Exkommunizierung ihres Gemahls, Folge der Zertrümmerung des letzten Restes des Kirchenstaates zur Zeit ihres Mannes, nicht mehr mitmachen müssen.

Das war das Schicksal vieler Menschen im Übergang vom patriarchalischen ins demokratische Zeitalter, auch wenn sie nicht Herrscher oder Herrscherinnen waren.

Franz war bei seinem Kommen nach Olmütz eingeweiht in das, was dort auf ihn zukam. Das hieß nicht, daß er Akteur in den geheimen Vorbereitungshandlungen des Thronwechsels war; vielmehr schickte ihn die Mama sofort in den durch die Revolutionsereignisse unterbrochenen Unterricht. Die Monate Oktober und

November waren für Franz Zeiten quälender Unruhe. Von der
Mama in die Schulstube verbannt, blieb er auf Nachrichten angewiesen, die der Bahntelegraf von Wien nach oben beförderte. So
erlebte er *fern vom Schuß* den anfänglichen militärischen Sieg der
Revolution in Wien; die Einschließung der Stadt durch die von
oben geschickten Truppen des Feldmarschalls Windischgrätz;
den versuchten Entsatz der Stadt durch die Revolutionsarmee
Kossuths; und den tragischen Wirrwarr zu Allerheiligen, die drohende Anarchie, welche die Macher der Revolution nach ihrer militärischen Niederlage hinterließen. Und – die Ankunft der Neu-
en Männer in Olmütz.

In Olmütz arbeitete während anderer Vorbereitungen für den
Thronwechsel der Legationssekretär Hübner, einer aus der Schule Metternichs, an der Lösung der juristischen Probleme, die mit
dem beabsichtigten Thronwechsel verbunden waren. Eine
Schwierigkeit, die Hübner wohl nicht genügend beachtete, war,
daß die Erbfolge im Haus Österreich gemäß dem Familienstatut
keineswegs konform ging mit den Voraussetzungen eines gleich-
zeitigen Thronwechsels im Königreich Ungarn. Unter dem
Zwang der Verhältnisse war aber der Thronwechsel unaufschieb-
bar, und der bereits in Olmütz anwesende designierte Nachfolger
des k.k. Ministerpräsidenten Wessenberg, Felix Fürst Schwarzenberg, tat mit bemerkenswerter Entschiedenheit einiges, um
seinerseits seine Aufgabe zu erfüllen: Er stellte eine noch von Ferdinand I. berufene Regierung auf, um diese dem Nachfolger am
Tag der Thronbesteigung vorzustellen. Diese Regierung anzu-
fechten war, vom rein staatsrechtlichen Standpunkt, selbst Kossuth und seiner Partei nicht möglich. Es war ja eine vom gekrönten ungarischen König Ferdinand V. ernannte.
Schwarzenberg war im wahrsten Sinne des Wortes ein Produkt
der 48er Revolution. Bis dahin hatte er eine recht abenteuerliche
Lebensweise bevorzugt. Als junger Diplomat dem k.k. Botschafter in Petersburg zugeteilt, ohne Salär natürlich, wie es sich für
seinen Stand schickte, hat er dort mit jenen Dekabristen sympa-
thisiert, und nach deren mißglücktem Putsch im Jahre 1825 einem
von ihnen, dem Obersten des meuternden Regiments Proebra-

senskij, Fürst Trubeckoj, das Asyl in der k.k. Botschaft ermöglicht. Die Affäre endete damit, daß der russische Fürst ausgeliefert und nach Sibirien deportiert wurde, der Österreicher, mit dem Vladimirorden dekoriert, dem Ballhausplatz zur anderweitigen Verwendung überlassen blieb. Man wird verstehen, daß der vom Putsch der Dekabristen betroffene Zar Nikolaus I. dem späteren k.k. Ministerpräsidenten Fürst Schwarzenberg diesen Zwischenfall lange nicht vergessen hat.

Schwarzenberg machte dann Dienst in Brasilien und lernte dort die Methode kennen, mit der die Regierung in London ein Kolonialland, das nicht eines der Krone Englands war, ungeniert ins Schlepptau seiner Südamerikapolitik nahm. Nach Europa zurückgekehrt, vertiefte sich dieser Eindruck. In Lissabon hatte Schwarzenberg jenes Portugal vor Augen, das seit Jahrhunderten Brückenkopf der Europapolitik Englands auf dem Kontinent und zugleich Sperrfort am Eingang vom Atlantik ins Mittelländische Meer war. Als der junge Fürst nach England kam, war die 1813 geschaffene Achse London–Wien bereits zerbrochen. Es war die Zeit, als der innere Zerfall der konservativen Torypartei den Machtaufstieg einer liberalen Partei begünstigte, die Österreich geradezu zur Zielscheibe ihrer Interventionspolitik auf dem Kontinent machte.

Schwarzenberg nahm diesen Eindruck fürs Leben mit. Aber noch war er nicht geneigt, seine Kavaliersallüren aufzugeben. Die Tochter des ersten Seelords und Gemahlin eines doppelt so alten Kabinettsmitglieds, Lady Ellenborough, ließ sich auf eine sensationelle Liaison mit dem österreichischen Fürsten ein. So wie in Petersburg verzichtete daraufhin auch der k.k. Botschafter in London auf seinen diesmal in einen gesellschaftlichen Skandal verwickelten Mitarbeiter. Metternich rettete die Karriere Schwarzenbergs. Er gab ihm in Paris eine Chance. Das war, als die Untergrundkämpfer der Pariser Julirevolution des Jahres 1830 hervortraten zum Sturz des Hauses Bourbon. Dieses Experiment nahm das Interesse Schwarzenbergs fast ausschließlich in Anspruch, als Lady Ellenborough in Paris erschien und dem Fürsten eröffnete, er werde bald Vater sein. Da die Dame schon geschieden war, kam ihre Tochter als uneheliches Kind zur Welt. Lady Jane erlebte das Schicksal einer von ihrem Liebhaber verlassenen Geliebten. Sie stürzte sich in ein an Liebesabenteuern überreiches Leben und fand erst im Harem eines arabischen Scheichs einen ihr zusagenden geruhsamen Lebensabend. Schwarzenberg setzte seine Tour an den Höfen Europas fort. Gleichzeitig avancierte er als Offizier. In Berlin war er schon Legationsrat. Familienereignisse okkupierten ihn zwischendurch. Ferdinand I. beförderte ihn zum Obersten. Die Jahre in Berlin brachten den Wandel. Der Intellektuelle siegte über den Kavalier. Schon war es eine verdiente Beförderung, als er nach den eindrucksvoll verlaufenen Jahren in Berlin Missionschef in Turin wurde; zugleich Vertreter im benachbarten Parma, wo noch Franzens Älteste Marie Louise umsichtig genug die Regierung führte. Carbonari blieb ein Stichwort im Katalog der Schlagwörter jener Jahre. Als der Fürst 1842 Turin verließ, stand er in den Ranglisten der k.k. Armee in der Reihe der Generalmajore. Als Diplomat hatte er schon den Geschmack der Feindseligkeit auf der Zunge, die in Italien von ganz oben bis in den Untergrund allem, was österreichisch war, entgegengebracht wurde. Sein Schicksal erfüllte sich am Hof des Königs beider Sizilien in Neapel.

Nach Portugal und Spanien hatte schon vor dem Kommen Schwarzenbergs England auch in diesem südlichsten Staat Italiens Posten bezogen. Zu Beginn des Jahres 1848 befiel den Fürsten eine schwere Krankheit: Aus dem charmanten Kavalier wurde ein weißhaariger Elegant, der von seinem früheren Leben nichts mitnahm als die Erfahrung, daß Österreich am Vorabend des Jahres 1848 so ziemlich keinen Freund, geschweige denn einen Verbündeten in Europa besaß.

Nach einem von den Westmächten abgestützten Putsch erlebte Schwarzenberg in Neapel aus nächster Nähe das seltsame Phänomen, daß dort zuletzt der Adel des Landes selbst mithalf, den Ast abzusägen, auf dem er bisher gesessen hatte. Einige seiner Standesgenossen traten der Putschregierung bei und wagten es nicht einmal, Österreich die übliche rein formelle Genugtuung dafür zu leisten, daß die Putschisten die Symbole der Habsburgermonarchie besudelten und zerstörten. Die Vertretung seines Landes bei einer Regierung, die unter dem Druck der Straße stand, konnte nicht Sache eines Schwarzenberg sein. Als er aber per Schiff das Land verließ und in Triest wieder an Land ging, erfuhr er, daß am 13. März des Jahres in Wien die Revolution ausgebrochen war. Der *Diplomat* machte die zeitgemäße und gehörige Rochade zum *Militär*, ging zu Radetzky und erwarb sich als Brigadier den Militär-Theresien-Orden. In der Krise des Spätfrühjahrs, als die Regierung in Wien daran war, den österreichischen Besitz Italiens preiszugeben, schickte Radetzky seinen Brigadier mit einem Memorandum zur Lage nach Wien.

In Olmütz trat der Fürst zunächst als der Mann des Feldmarschalls Fürst Windischgrätz, seines Schwagers, in Erscheinung. Windischgrätz war dort der Mann der Stunde. Daß er selbst an die Spitze einer neuen Regierung trat, wäre naheliegend gewesen. Aber der Feldmarschall wollte nach dem Sieg über die Revolution in Prag und Wien auch über jene in Ungarn siegen und die *alte Ordnung* wiederherstellen. So wurde Schwarzenberg als der Sachwalter Windischgrätz' k.k. Ministerpräsident.

Das Kabinett Schwarzenbergs war aber kein Antiquitätenladen voller Repräsentanten des konservativen Prinzips des Vormärz. Schwarzenberg hat den Vormärz gar nicht daheim erlebt. Was man später Biedermeier nannte, war seinem nüchternen Verstand unwichtig; er kam als Tatzeuge dessen, was aus dem revolutionären Prinzip werden kann, wenn die Theorie in Praxis umschlägt. Als *Realpolitiker* wählte sich Schwarzenberg seine Kabinettsmitglieder aus:

Innenminister wurde der geniale frühere Statthalter von Galizien, *Graf Stadion,* ein Verwaltungsfachmann in den Traditionen seines Vaters, der als Josephiner Franz I. diente. Bis zum Kommen des Unterrichtsministers Graf Thun-Hohenstein im Jahre 1849 war Stadion auch Ressortchef im Palais in der Wollzeile; ihm zur Seite der von oben stammende liberale Universitätsprofessor Helfert. Als Justizminister wagte es Schwarzenberg mit dem von Erzherzogin Sophie geförderten Bürgerlichen *Alexander Bach;* Bach, der es binnen einem halben Jahr von einem Revoluzzer im März zu einem unbedingten Parteigänger der Hofpartei brachte und zuletzt k.k. Botschafter beim Heiligen Stuhl wurde, ein ungemein versativer Mensch, ungemein arbeitstüchtig, aber von der Gefährlichkeit eines Rasiermessers. Einen Kriegsminister hat es nach der Ermordung des Grafen Latour monatelang nicht gegeben. Einen eigenwilligen Leiter dieses Ressorts hätten die militärischen Sieger über die Revolution, Windischgrätz, Radetzky und Jellacić auch nicht gemocht; unter Schwarzenberg trat ein rascher Wechsel in der Ressortleitung ein, es genügte ein Verwaltungsapparat im Gebäude am Platz am Hof. Die Finanzen blieben den Händen des Altliberalen *Philipp Kraus* anvertraut; er hat während der Oktoberrevolution sowohl die Truppen der Wiener Garnison, die gegen die Aufständischen kämpften, als auch die Kampftruppen der Revolution mit Geldmitteln ausgestattet; ein Mann, der im Neo-Absolutismus mitmachte, bis ihm seine politischen Freunde rieten, sich für die Wiederkehr der Macht der Liberalen aufzusparen. Handelsminister und ressortzuständig für verwandte Aufgaben wurde ein aus dem Rheinland stammender Buchdruckergehilfe evangelischer Konfession namens *Bruck*. Bruck, längst bewährt bei der Gründung des »Österreichischen Lloyd« und der Mann des Großhandels der Monarchie, hat dem Reich unvergeßliche Dienste geleistet; 1849 wird er in Mailand einen Frieden mit dem Königreich Piemont/Sardinien zustandebringen. Im Krimkrieg wird er in Konstantinopel jene Politik versuchen, die dann der Ballhausplatz zum Schaden der Monarchie verpatzte; zuletzt konnte er als Finanzminister seine letzten Kräfte und Möglichkeiten den nach dem Krimkrieg und dem von 1859 ruinierten Staatsfinanzen widmen. Ackerbauminister wurde ein Ritter von Thinnfeld, ein routinierter, zeitaufgeschlossener Agronom.

Bei der Auswahl der Mitglieder seines Kabinetts erwies sich Schwarzenberg als ein von allen Ideologien des damaligen Zeitgeistes freier Realpolitiker, der nur in einem, allerdings im wichtigsten Punkt, die Grundsatzpolitik Metternichs fortsetzte: Bei der Erhaltung der Großmacht Österreich, angesichts des wachsenden

Drucks der Flankenmächte, England im Westen und Rußland im Osten. Dazu brauchte er aber die Wiederherstellung der Großmachtstellung Österreichs in Italien, Deutschland und im Südosten. Das zu erreichen war unter Gebrauch des von Radetzky reparierten militärischen Renommées der Monarchie möglich. Die Zeit war kurz. Entscheidungen wurden unabweisbar. Ende November 1848 waren die Macher des Thronwechsels mit ihren Vorbereitungen fertig, die von Hübner getexteten Diplome angefertigt. Eine der Vorentscheidungen war es, daß Franz nicht als Kaiser Franz II. regieren sollte. Diesen allzu sinnfälligen Rückgriff auf die Zeit des Vormärz, auf die schon arg mißhandelte Erinnerung an Franz I., lag nicht in der Zeit. Erst der 1914 in Sarajevo ermordete Thronfolger Franz Ferdinand war entschlossen, als Kaiser den Namen Franz II. anzunehmen. Im Herbst 1848 schien es den Machern in Olmütz angemessen zu sein, für den künftigen Kaiser den Namen Franz Joseph zu wählen. Also einen Rückgriff auf die Zeit *vor* Franz I. anzudeuten. Als Franz Joseph war der junge Monarch unbestreitbar der erste dieses Namens, unbelastet von allen einseitig ausgerichteten Kombinationen über sein Regierungsvorhaben. Noch glaubten auch gebildete Menschen an die *Macht von Symbolen.*

Der 2. Dezember 1848 war ein trüber Tag. Der Akt der Thronentsagung Ferdinands I. und die Proklamierung der Thronbesteigung sollten im Großen Salon des fürsterzbischöflichen Palais vor sich gehen. Seit Wochen tagte der nach Kremsier verlegte Reichstag im nahen Sommerpalais des Fürsterzbischofs.

Der historische Akt fand sozusagen en famille statt, was die Revolutionäre in Ungarn sofort in ihrer Agitation hervorkehrten. Für sie war der Thronwechsel kein Staatsakt, sondern ein *Familienereignis* im Hause Habsburg-Lothringen.

Kaiser Ferdinand ließ seine Verzichtserklärung verlesen. Dann wurde die Verzichtserklärung seines nächstberufenen Nachfolgers, des Vaters Franzens, kundgemacht. Damit trat Franz ipso facto die Thronfolge an. Man unterzeichnete die Dokumente und dann geschah es:

Kaiser Franz Joseph I. kniete vor seinem Vorgänger nieder und küßte dem Abgedankten die Hand und bat um den Segen. Ferdinand hatte einen seiner guten Tage, an denen der durch seine Krankheit unverletzte Teil seines Wesens sich zeigen konnte. Er hob den Knienden zu sich empor und sagte zu ihm: »Gott segne Dich. Sei brav. Gott wird dich beschützen ... Es ist gern geschehen ...«

Gern geschehen. Typisch wienerisch. So als ob man jemandem eine Gefälligkeit erweist und Dankesbezeugungen abwehrt. Das Wort *brav* hatte noch nicht die Bedeutung, die für die Sittennote im Schulzeugnis von Bedeutung war. *Brav, Bravour.* Zwischen beiden Worten ereignete sich ein Bedeutungswandel, bis die Revolution brav nur mehr als die unausstehliche Zumutung der Konservativen und Reaktionäre hinstellte. Gott stand noch über allem, auf seinen Segen kam es an. Denn auch die ganze Mächtigkeit des jungen Kaisers Franz Joseph I. kam zeitlebens *nie von Volkes Gnaden,* wie das die Floskel im Titel moderner Monarchien war. Franz Joseph war bestimmt, der *letzte Monarch alter Schule* zu werden, den es 1914 bei Kriegsausbruch noch gab.

1848 war man noch mutig genug, Anzeichen einer inneren Regung nicht zu unterdrücken, um das Gesicht zu wahren, das zur reinen Sachlichkeit gehört. Und so war es an jenem Tag im Dezember 1848 in Palais zu Olmütz: Die Umstehenden waren gerührt. Ob Schwarzenberg nach den qualvollen Veränderungen seiner Wesensart noch Rührung verspürte? Niemand kann es bestätigen, niemand verneinen. Er hatte an diesem Tag eine ganz konkrete Aufgabe:

Nachdem sich die Rührung gelegt hatte und Franz Joseph, schon in der Feldmarschallsuniform, allein an der Frontseite des Salons stand, stellte der k.k. Ministerpräsident seinem Kaiser und Herrn dessen erstes Ministerium vor. Der Kaiser, Schwarzenberg und der Kriegsminister waren die einzigen in Uniform. Die anderen Herren erschienen im Festkleid des Bürgertums: im Frack. Aber in den Augen der Überlebenden der Revolution gab es bald zu viele in der Galauniform des jungen Kaisers zu sehen. Zur Gala gehörte die *rote Hose.* Die *Rothoseten* waren für jene, die unter der roten Fahne der Revolution im Untergrund weitermarschierten, die Feinde, mit denen es keine Versöhnung geben konnte: Die Generalität vor allem, welche die 48er Revolution niedergeschlagen hat. Vorbei waren bei Hof die Zeiten, da im letzten Lebensjahr Franz I. jenes Familienbild des Kaisers, seiner Brüder und ihrer Nachkommen sowie der Gemahlinnen und Kinder entstand, auf dem nicht ein Uniformstück zu sehen ist. Das erste Hervortreten des jungen Kaisers erfolgte dann auch auf dem Exerzierplatz der Festungsstadt Olmütz, wo ihm die Truppen en parade zuerst nach dem Reglement die Ehrenbezeugung erwiesen, dann aber zujubelten. Der Jubel war keine Mache. Franz Joseph war seit seinem Dienst in der Armee Radetzkys und anderen Anlässen als Soldat anerkannt und beliebt bei den Soldaten. So war die Begeisterung vom 2. Dezember 1848 keine Mache, denn aus Mache entsteht keine Armee, die dem standhält, dem die Kaiserlichen bis 1918 widerstanden haben.

Zwei Verabschiedungen gab es am Vormittag des 2. Dezember 1848: Das bisherige Kaiserpaar reiste nach Prag. Die Damen umarmten sich unter Tränen. Maria Anna wird in Prag viel zu tun bekommen, um die lange nicht mehr bewohnten Appartements auf dem Hradschin bewohnbar und gemütlich zu machen.

Schwarzenberg aber hatte alle Eile, rechtzeitig nach Kremsier zu kommen, um den am Morgen desselben Tages eiligst einberufenen Reichstag von dem erfolgten Thronwechsel in aller Form in Kenntnis zu setzen. Vom Präsidium des Reichstags übernahm es Smolka, die zur Session in Kremsier weilenden Herren einzuberufen. In der kleinen Stadt machte das keine allzu große Mühe. Es gab Abgeordnete, die schliefen zu zweit auf einem Bett in Untermiete. Eisenbahnverspätungen verzögerten das Eintreffen auswärtig logierender Abgeordneter sowie der Regierung. Es entstand Unruhe im großen Saal der fürsterzbischöflichen Sommerresidenz. Als Schwarzenberg endlich das Wort nahm, erwartete ihn höchste Spannung, aber auch Mißtrauen. Immerhin hat er bei der Vorstellung seiner noch von Kaiser Ferdinand I. ernannten Regierung versprochen:

»Wir wollen die konstitutionelle Monarchie aufrichtig und ohne Rückhalt.«

Die Spannung im Hohen Haus wich sichtlicher Bewegtheit, als der Ministerpräsident nach einleitenden Worten die Manifeste zum Thronwechsel verlas. Und dabei kam zum Ausdruck, daß auch Franz Joseph den lebhaften Wunsch hegte, es möge das Verfassungswerk bald zustande gebracht werden. Viele atmeten auf. Das Abschiedsmanifest Ferdinands wurde in der Stimmung aufgenommen, die dem Tag zukam. Das war der endgültige Abschied vom Alten Österreich aus der Zeit des Biedermeier. Die Revolution hatte ein Tor in eine Zukunft aufgeschlagen, in der kaum ein Hauch dieser Vergangenheit zu spüren war; niemand ahnte, wohin der Weg führen sollte. Smolka nützte jedenfalls die Stunde, um die momentane politische Aktualität im Hohen Haus ausdrücklich zu bestätigen: Das erste Hoch galt dem *konstitutionellen* Kaiser und König Franz Joseph. Der Rest der Sitzung ging unter in einer Flut von Reden, und Smolka hatte Mühe, das ihm notwendige Extrakt aus dem Gerede zu ziehen. Denn er wollte sofort mit einer Delegation bei Franz Joseph in Audienz vorsprechen. Bei Hof war man erschreckt über den drohenden Überfall, der unter der Führung eines Mannes stand, der erst vor wenigen Jahren wegen eines Staatsverbrechens zum Tode verurteilt und von Ferdinand dem Gütigen begnadigt worden war. Die Textierung der an den jungen Monarchen zu richtenden Adresse des Reichstags brauchte aber Zeit und so erschien denn auch erst am Tag darauf die Delegation unter der Führung Smolkas in Olmütz. Franz Joseph zeigte sich gelassen. Er überraschte die Parlamentarier mit dem Satz, daß er sich die baldige Vorlage eines Verfassungs*entwurfes* erwarte, damit er diesen prüfen und die *kaiserliche Sanktion* erteilen könne. Das war die erste Wende: Nicht der Reichstag als Souverän sollte die Verfassung schaffen, sondern der Kaiser. Die Frage nach der künftigen Souveränität im Kaiserreich war damit geklärt.

Nach den wenig ermunternden Eröffnungen, die der junge Kaiser der vor ihm erschienenen Reichstagsdelegationen gemacht hatte, hing das weitere Schicksal der parlamentarischen Demokratie vom Ergebnis der Arbeit des Ausschusses für den Entwurf einer Verfassung ab. Das starke Herz dieses Ausschusses war ein

Dreierausschuß, der die Allgemeinen Menschenrechte sehr rasch in einer ersten Fassung erarbeitet hat. In diesen Ausschuß hat die Rechte zwei, die Linke einen Abgeordneten entsandt, aber jener der Linken, der Landrechtsauskultant aus Korneuburg Ernst von Violand wog ein Dutzend politische Gegner auf. Er war erklärtermaßen Republikaner.

Nach der Verlegung des Reichstags nach Kremsier galt es, die noch in Wien in zahlreichen Sitzungen erarbeiteten Fassungen der Grundrechte für die Behandlung im Plenum fertigzustellen. Die Statuierung der Grundrechte bot tatsächlich einige Gewähr, der Souveränität des Monarchen auf fester Grundlage entgegentreten zu können. Am Tag vor Weihnachten lag die zweite Lesung des Entwurfs vor und ein Extrablatt der »Wiener Zeitung« brachte ihn zum Abdruck. Aber gleich zu Beginn des Neuen Jahres geschah es:

Die Generaldebatte im Plenum vom 4. Januar wurde mit einer Erklärung des Innenministers Graf Stadion eingeleitet, die sich mit größter Entschiedenheit gegen die Fassung des § 1 des Entwurfes wandte, dergemäß alle Staatsgewalt vom Volke ausgehen sollte. Nach heftigen Debatten wurde die von der k.k. Regierung als unannehmbar erklärte Fassung der doktrinären Bestimmung des § 1 eliminiert. Das bedeutet zwar eine Verletzung des Evangeliums der revolutionären Bestrebungen; aber damit wurden zugleich jene Grundrechte gewahrt, die bis 1918 alle Experimente mit dem Verfassungswesen der Monarchie überdauerten. Und somit im Kern der Verfassung der Republik von 1918 bestehen.

Die Frage blieb, wie weit der Verfassungsentwurf des Reichstags überhaupt geeignet war, den umfassenden Plänen des Ministerpräsidenten Fürst Schwarzenberg zu entsprechen. So wie er vorlag, widersprach er seinem Streben nach der Wiederherstellung des Gesamtstaates, also unter Miteinbeziehung Ungarns. Ein von Österreich losgelöstes, selbständiges Ungarn, wie es Kossuth zu schaffen im Begriffe war, hätte die Großmachtstellung Österreichs zerstört. Und der Verlust der Großmachtstellung der Donaumonarchie hätte das Ende der Ordnungsmacht Österreich in Deutschland, Italien und im Südosten nach sich gezogen. Die von seiten der sogenannten Hochkonservativen, also der Reaktionäre, wie die Radikalen sagten, ausgehende Kritik am Verfassungsentwurf des Reichstags ging viel weiter. Für Feldmarschall Windischgrätz war überhaupt nur ein Kaiser denkbar, dessen Macht ungeschmälert war und dem daher auch er, der Fürst, *dienen* *konnte*, ohne sich vor den Volksmännern und ihrer Macht verneigen zu müssen.

Radetzky hat nicht direkt in diese Auseinandersetzungen eingegriffen. Umso mehr aber Jellacić, der mit der Beschränkung des Wirkungskreises des in Kremsier erarbeiteten Entwurfs, also mit der Ausnahme Ungarns aus der künftigen Staatsordnung in der Monarchie, die Kroaten und die zum größten Teil im Königreich Ungarn ansässigen Südslaven aufs neue der Willkür des Kossuthregimes ausgeliefert sah. Andere Politiker in Agram verdächtigten die Hofpartei schon, sie betrage sich mit grobem Undank gegen die Kroaten, die in der Krise des Jahres 1848 die Monarchie vor dem Anschlag der Revolution in Ungarn gerettet haben.

Es nutzte nichts mehr, daß am 20. Jänner 1849 der Reichstag Beschluß faßte, der vorliegende Entwurf sollte zur Verfassung für ein *unteilbares*, konstitutionelles Erb-Kaiserreich gelten. Damit geriet der Reichstag in einen Frontalzusammenstoß mit dem in Ungarn. Die Liberalen in Kremsier haben die radikalen Magyaren in Ofen aufs äußerste gereizt. In Ungarn wurden nämlich bereits die beiden Olmützer Manifeste, die den Thronwechsel herbeiführten, für ungesetzlich, da nicht vom zuständigen ungarischen Ressortminister gegengezeichnet, angesehen. Jellacić wurde des Landesverrats beschuldigt, Windischgrätz vorweg aller erdenklichen Grausamkeiten beschuldigt. Und der Hofkamarilla legte man zur Last, sie allein habe die Serben in Südungarn zum Aufstand gegen die Zentralregierung in Ofen aufgehetzt. All das lief auf einen Krieg hinaus, den Feldmarschall Windischgrätz für unvermeidbar hielt. Seinem Schwager Fürst Schwarzenberg erklärte er, daß auf Grund der vom Reichstag erarbeiteten Verfassung die Gesamtmonarchie unregierbar würde.

Franz Joseph blieb in Olmütz. Mit der Mama, die Olmütz verließ, korrespondierte er. Die Briefe Franz Josephs an seine Mama bestätigen die Tatsache, daß es in der Beziehung zwischen Mutter und Sohn fortan nicht um Fragen der Politik ging, sondern um familiäre Angelegenheiten. Das vielfach geläufige Bild der damaligen Lage, wonach der junge Kaiser quasi unter der Fuchtel der Mama seine Regierungstätigkeit begann, ist eine der anti-habsburgischen Legenden.

Wien blieb monatelang eine Kaiserstadt ohne Kaiser. Und das war für die an sich dem Politisieren wenig zugetanen Wiener schmerzlicher als der Ausgang der Ereignisse der 48er Revolution in ihrer Stadt. Man mußte sich im Mittelpunkt des Reiches fürs erste mit den lebensgroßen Darstellungen des jugendlichen Franz Joseph begnügen, wie diese bis heute in den Zentralstellen des Staates zu sehen sind: Ein Leutnantskopf über der Kragendistinktion eines Feldmarschalls, ein schlanker Jüngling vor dem Hintergrund eines Feldlagers kaiserlicher Truppen. Die Lithographen machten mit ihren en masse hergestellten Bildern ein gutes Geschäft. Daguerreotypien des Kaisers aus dem ersten Jahr seiner Regierung gibt es offenbar keine. Das noch unfertige, fast jungenhafte Äußere des Kaisers täuschte über die Tatsache hinweg, daß Franz Joseph vom ersten bis zum letzten Tag seiner Regierung mit unbändigem Eifer an der Arbeit war. Manchmal war es ein Über-Eifer des jungen Menschen, an sich natürlich als Betätigungs- und Neuerungsdrang, aber nicht immer gut für den Staat. Ohne geradezu Militarist zu sein, gewöhnte er sich die guten Eigenschaften des Soldatischen an: Anspruchslosigkeit, Betätigung des persönlichen Muts und Pünktlichkeit in allem. Otto von Bismarck, der den blutjungen Franz Joseph zu Gesicht bekam, gab dem Kaiser von Österreich eine bemerkenswert gute Zensur. Das geschah allerdings, als sich Bismarck noch nicht von seinen politischen Freunden unter den Konservativen Preußens getrennt hatte.

Als Chef des Hauses Österreich beanspruchte der junge Kaiser ohne Selbstüberheblichkeit die Reglementierung jener Mitglieder der Familie, die sich in der 48er Revolution nicht eben ausgezeichnet hatten. So etwa jene Verwandten in Italien, die, anders als 1830 Herzogin Marie Louise, mit der Revolution schlecht fertig wurde und bei der ersten Gefahr für Leib und Leben davonlief.

Die Rüge Franz Josephs traf vor allem seinen Onkel, Großherzog Leopold II. von Toskana. Leopold war vor der Revolution der Meinung gewesen, er könnte mit einer Befriedungspolitik und mit den Leistungen seiner Regierung das Land auch in Krisen seiner Familie erhalten. Er hat sich schwer getäuscht. Der Großherzog erwies sich bei seinem Zusammentreffen mit dem jungen Kaiser weder als herzoglich noch als groß. Er war ein an Körper und Geist gealterter Typ, verbraucht; als Habsburger jener Typ derer des Hauses Österreich, den sich die Revolutionäre allerorts wünschten – um zu siegen. Was ihm der junge Franz Joseph entgegenhielt, ist bemerkenswert: »Wie groß auch immer der Umfang der Pflichten sein mag, die man aus *Ihrer* Stellung als Regent eines italienischen Staates abzuleiten bemüht war, nie hätte darüber vergessen werden sollen, daß Ihre Regierung allein in Ihrer Eigenschaft eines Mitgliedes unseres Hauses begründet ist. Es mußte mir daher wehe tun, daß der Drang der Zeiten einen Erzherzog von Österreich dahin bringen konnte, die Farben, ja selbst den Namen unseres glorreichen Hauses gleichsam zu verleugnen, gegen dasselbe die Waffen zu führen, als da wo die Bande des Blutes, die ehrwürdigen Erinnerungen, Sitte und Recht und Verträge einen Prinzen unseres Hauses hätten hinweisen sollen.«

Es gerieten die Zustände in der toskanischen Linie des Hauses Österreich nie mehr ganz gut. Leopold versagte nach der nächsten Krise in Italien neuerdings. Wieder floh er und in Bad Vöslau bei Wien leistete er in der Villa eines Weinhändlers den Verzicht zugunsten seines Sohnes Ferdinand. Die ersten Aussteiger des Hauses Österreich, die europäische Skandale erregten, waren Abkömmlinge Leopolds. Und in ihren Kreis geriet auch der Sohn Franz Josephs, Kronprinz Rudolf, in jungen Jahren.

Anfang März 1849 war Franz Joseph überzeugt, daß die Verfassung, die er zu geben bereit war, eine andere sein müsse, als jene, die im Reichstag erarbeitet worden war und die ihn seiner Möglichkeiten als Souverän einer Großmacht in der Krise entkleidet hätte. Am Tag, da in Kremsier der Entwurf der ersten Verfassung des Kaiserreichs fertiggestellt wurde, beschloß die k.k. Regierung in Olmütz, den Reichstag aufzulösen und dem Kaiser den von der Regierung umgearbeiteten Verfassungsentwurf zur Genehmigung vorzulegen. Graf Stadion tat ein übriges: Insgeheim warnte er jene Reichstagsabgeordneten, die sich in der Revolution durch gewisse Taten bloßgestellt hatten; so bekamen diese die Gelegenheit, rechtzeitig vor Verlust ihrer Immunität ins nahe Ausland nach Sachsen und Preußen zu fliehen.

Dieser Putsch von oben war, neben dem Drängen der Hochkonservativen, bedingt durch die geänderte innere und äußere Lage der Monarchie. Feldmarschall Windischgrätz' Truppen konnten am 5. Jänner 1849 in die *ungarische Hauptstadt Ofen* eindringen; das war nach Prag und Wien die dritte von Windischgrätz eroberte Hauptstadt. In *Paris* war es dem Vetter des verstorbenen Herzogs von Reichstadt, Louis, gelungen, die Revolution zu besiegen und nach dem Vorbild seines großen Oheims an die Spitze des Staates zu gelangen. Die Nationalversammlung in *Frankfurt am Main* mußte bald erkennen, daß die Regierung des Heimatlandes ihres Reichsverwesers Erzherzog Johann mit den dortigen Verfassungsexperimenten nicht einverstanden war; daß Wien sich anschickte, seiner traditionellen Pflicht als Ordnungsmacht in Deutschland aufs neue nachzukommen. In der Festung Gaerta, im Königreich beider Sizilien, erkannte der dahin aus Rom geflüchtete *Papst Pius IX.*, daß er im vergangenen Jahr denen nahegestanden war, die sich inzwischen des Kirchenstaates bemächtigt und in Rom eine Republik aufgerichtet hatten. Vor *England* war und blieb Schwarzenberg seit seiner dortigen dienstlichen Tätigkeit gewarnt; eine Politik, wie sie sein Vorgänger Wessenberg mit der Entsendung des Hofrats Hummelauer gemacht hat, wird der neue Ministerpräsident nicht machen. Das Manifest vom 4. März 1848, mit dem Franz Joseph die unterm 7. März publizierte, von ihm gegebene Verfassung ankündigte, enthält einen Satz, in dem die Politik Schwarzenbergs klar zum Ausdruck kommt. Demnach war es der Wille des Kaisers, *die Revolution zu schließen.* Man darf annehmen, daß Franz Joseph und seine Regierung vor allem alarmiert waren durch die *Minoritätsvoten der Radikalen,* die im Anhang zum Entwurf bekannt wurden. Sie bestätigen tatsächlich, daß die Väter des Entwurfs mit ihren Theorien in Widerspruch gerieten zu dringend notwendig gewordenen geordneten Rechtszuständen. Das Votum der Mehrheit wäre keine Gewähr für die Erhaltung der in der Revolution aufs äußerste gefährdeten Gesamt-Monarchie gewesen und die Wiedergeburt eines einheitlichen Österreich, wie das Franz Joseph vor Augen hatte; sondern der Anfang vom Ende, eines Endes, in dem jene das Sagen gehabt hätten, die anfangs 1849 *noch* eine Minorität im Reichstag waren.

Was Franz Joseph wollte und worin er einig mit seiner Regierung war, das ging die Schaffung eines Einheitsstaates an, mit einem allgemeinen Reichstag und einem gekrönten Kaiser von Österreich. Graf Stadion, unter dessen Augen die Verfassung vom 4. März 1848 erarbeitet wurde, wollte im Grund dasselbe wie der Kaiser; aber der Routinier in der Politik wie in der Verwaltung kleidete es in Worte, die eher imstande waren, einen Platz im Denken modern eingestellter Menschen zu erringen. »Parlamentarismus«, so Stadion »...als Ausdruck der wirtschaftlichen, sozialen und kulturellen Macht der höheren Mittelklasse, ihres Besitzes und ihrer Bildung.«

Also kein Streit um den Satz von der Souveränität im Staat; daher statt des Reichstags als Vertreter des souveränen Volkes vorerst ein vom Kaiser berufener Reichsrat, der dem Monarchen bei Ausübung der ihm zustehenden Vollziehungsgewalt an die Hand gehen soll; Grundrechte, die den Staatsbürgern in einem gesonderten Patent garantiert wurden; eine oktroyierte Verfassung, wie das Justizminister Bach als Erster sagte, aber eine, die in vielen Grundrechten mit dem Entwurf des Reichstags übereinstimmte: So die Freiheit der Meinungsäußerung, die Freiheit von Wissenschaft und Lehre, die Glaubensfreiheit, die Freiheit der Person, die Ehe als bürgerlicher Vertrag, die Unverletzlichkeit des Hausrechts und des Briefgeheimnisses, die Aufnahme des Eides auf die Verfassung in den Fahneneid. Dazu kam die Gleichberechtigung aller Nationalitäten und Sprachen, einer der Punkte, die das Experiment für die Regierung Kossuth unannehmbar machte. Dies umso mehr, als die Entwicklung dahin ging, die Königreiche Kroatien und Slavonien von Ofen unabhängig zu machen; ebenso die Woiwodschaft Serbien in Südungarn. Das Mehrvölkerland Siebenbürgen sollte die bereits im Verlauf seiner Geschichte besessene Eigenständigkeit zurückbekommen. Probleme, die in der Spätkrise der Donaumonarchie im Nationalitätenstreit eine ungeheure Sprengwirkung bekamen, wären dadurch in einer Zeit zum Teil vorweg entschärft worden, da es in Wien noch eine Zentralgewalt gab, die ein Vielvölkerreich zur vollen Entfaltung in der modernen Zeit übernatürlicher Ideen hätte bringen können.

Nichts kennzeichnet die Qualität der sogenannten oktroyierten Verfassung besser, als daß sie zugleich den härtesten Widerstand bei Hochkonservativen und Liberalen fand, oder, im Sprachgebrauch der Polemiken, der Reaktionäre wie der Revolutionäre. Damit stand aber das Experiment bei allen Fehlern und Risiken dort, wo die Reform stattzufinden hatte: Auf dem Boden des Heute, im Continuum von Gestern ins Morgen. Der spätere Bruch mit diesem Experiment war wohl der schwerste Fehler des jungen Kaisers, ein Sieg der Reaktion über eine Realpolitik im Sinne Schwarzenbergs. Was blieb trotzdem davon?

Eine Begradigung des Zivilisationsgefälles zwischen der West- und Ostgrenze der Monarchie, deren Nachwirkung in den sogenannten Nachfolgestaaten und heute noch in den Volksdemokratien erkennbar ist. Und, wie es ein Präsident der österreichischen Akademie der Wissenschaften in der Zeit der Republik ausdrückte: ein Goldenes Zeitalter für Wissenschaft und Kunst im franzisko-josephinischen Österreich. Die Wiedergeburt eines einheitlichen Österreichs, eines Großreiches in der Mitte, das stark genug war, um dem ständigen Drängen der Großmächte in Ost und West, gerichtet gegen die Mitte, standzuhalten, mißlang. Die tödliche Infektion holte sich Altösterreich im Endkampf gegen die Revolution in Ungarn. Dabei wären vor Ausbruch der Großkämpfe im ungarischen Raum, da wie dort Voraussetzungen für eine Einigung im Sachlichen, denkbar gewesen. Feldmarschall Windischgrätz wies derlei Möglichkeiten mit jenen verhängnisvollen fünf Worten zurück:

»Mit Rebellen verhandle ich nicht.«

Damit aber trieb er die letzten Anhänger Wiens und Österreichs in Ungarn in die Reihen Kossuths und in die Tragödie eines Verzweiflungskampfes derer in Ungarn. Und letztere waren nicht nur Magyaren.

Bei all dem muß Franz Joseph und seiner Regierung zugute gehalten werden, daß im März 1849 die Revolution nach der Schlappe des Vorjahres zu einem neuen Schub ansetzte. Um einer möglichen Revolution im eigenen Land zu entgehen, versuchte König *Carl Albert*, diese noch einmal ins Österreichische zu tragen: Am 14. März 1849 erschien der piemontesische Oberst Raffaele Cadorna, Vater des italienischen Generalstabschefs im Ersten Weltkrieg, in Mailand, um Radetzky die Kündigung des Waffenstillstandes vom Vorjahr und die Wiederaufnahme der Feindseligkeiten anzukündigen. Es geschah dies zu einer Zeit, in der die Verbindungen der Regierung in Ofen zu der in Turin besonders dicht und scheinbar erfolgversprechend waren. Radetzky ging sofort zur Offensive über und er erwies im Kampf die größte Wohltat, die es im Krieg gibt: Die rascheste Bereinigung der Kampflage. Hundert Stunden brauchten die Österreicher im März 1849 dazu. Radetzkys Sieg bei Novara war einer der Siege, die bis zuletzt in der Tradition des Heeres und der Marine Klang und Ansehen bewahrten. Carl Albert dankte ab, Viktor Emanuel II., verschwägert mit dem Haus Österreich, bestieg den Thron. Den Frieden zu Mailand, dessen Abschluß sich wegen der von Österreich geforderten Kriegsentschädigung verzögerte, hat Handelsminister Bruck mit großem Geschick ausgehandelt.

In *Ungarn* geriet der Winterfeldzug der Kaiserlichen bald in arge Schwierigkeiten. Der polnische Militärexperte Józef Bem, der sich in der Wiener Oktober-Revolution nicht gerade ausgezeichnet hatte, erwies sich unter Kossuth als der Mann, dem man später mit Recht in Budapest ein Denkmal gesetzt hat. Im März, just während des Hundert-Stunden-Feldzugs Radetzkys in Italien, eroberte er Siebenbürgen für die Regierung Kossuth zurück. Die Rache der Regierung in Ofen an den aufständischen Walachen war grausam; sie wurde vergessen gemacht, weil sie das in Schatten stellte, was den ungarischen Herren nach dem Zusammenbruch der Diktatur Kossuths durch die Österreicher angetan wurde. Gleichzeitig brach in der norditalienischen Stadt *Brescia*, in der hintersten Etappe der Armee Radetzkys, gestützt auf Hilfen aus der nahen *Schweiz*, ein Aufstand los. Das an der kleinen k. k. Garnison verübte Massaker der sogar von Geistlichen geführten Partisanen ist vergessen gemacht worden; was blieb, war die grausame Rache, die sich bei der Wiedereroberung Bescias ereignete, als die Salzburger 59er Leichen der von den Partisanen massakrierten Kameraden noch in den Straßen fanden.

Franz Joseph erlebte die erste militärische Krise seines langen Lebens. Ein völliger Umschwung der Lage erfolgte. Ofen ging verloren. Der Festungskommandant der Stadt, Generalmajor Hentzy, verteidigte mit Truppen aus fast allen Teilen der Monarchie den Festungsrayon; durch Verrat fiel die Festung am 21. Mai 1849. Hentzy fiel im Kampf. Das für Hentzy von der Armee in Budapest errichtete Denkmal gehört zu jenen, die später in Ungarn geschleift wurden.

Die Preisgabe Ofens war für den jungen Kaiser ein Schlag ins Gesicht. Wie mit einem Schlag schien der Erfolg Radetzkys vom Vormonat vom Tisch gefegt. In Mailand versteifte sich der Widerstand der piemontesischen Delegation gegen die Forderungen Brucks. Es war der Ministerpräsident Schwarzenberg selbst, der aus dem militärischen Versagen seines fürstlichen Schwagers Windischgrätz mit erschreckender Kaltblütigkeit die Konsequenz zog. Im Ministerrat vom 12. April eröffnete er Franz Joseph:

»Halbe Maßnahmen würden nichts nutzen; die Interessen der Monarchie dulden keine Rücksichten auf sonst hochachtbare Personen ...«

Hochachtbar, das bezog sich auf Feldmarschall Windischgrätz. Wenige Tage später wurde der Feldmarschall mitten in der Nacht geweckt. Ein Flügeladjutant des Kaisers war in seinem Hauptquartier erschienen. Er brachte das kaiserliche Handschreiben, mit dem der Feldmarschall seines Kommandos in Ungarn enthoben und nach Olmütz gebeten wurde. Man sagt, Windischgrätz hätte einen Augenblick gezögert, dem Befehl des Kaisers Folge zu leisten; um, so wie Jellacić im Vorjahr, durch den *Ungehorsam*

aus Loyalität die Sache aus dem Feuer zu reißen. Dann gehorchte er. Mit seiner Abreise aus Ungarn zerrissen die in Kreisen hochadeliger Familien bestehenden letzten Verbindungen über die Fronten. Was folgte, war das Versagen des Nachfolgers des Fürsten: Noch einmal tauchten ungarische Truppen, so wie 1848, in Westungarn auf. Für Franz Joseph folgten Tage, die mehr Gelegenheit zur Bewährung im Unglück boten, als der Monarchie gut tat. Im Mai kehrte er nach Schönbrunn zurück. Er kam so überraschend, daß ihn die Schloßverwaltung bitten mußte, sich im Parterre zu gedulden, bis die Jalousien geöffnet und die Möbelüberzüge in einigen wenigen Räumen weggezogen und diese bewohnbar wurden. Traurig ging der junge Kaiser durch die Zimmer, die einmal seine Eltern bewohnten, das Zimmer, in dem er auf die Welt kam. Im Salon der Mama fand er sein Bild aus Jugendtagen gegenüber dem Schreibtisch. Aber Zeit für Melancholie blieb Franz Joseph nicht. Schon am 9. Mai fuhr er mit einem Eilzug nach Preßburg. Er wollte selbst die Lage an der Front gesehen haben, ehe er die demütigende Reise nach Warschau antrat, um dort die Hilfe des Zaren für den Krieg in Ungarn zu bekommen. An sich standen um diese Zeit russische Truppen schon in Göding. Denn nicht weniger als der Kaiser von Österreich war der Zar von Rußland an der Überwindung der Revolution in Ungarn interessiert. Bitten mußte Franz Joseph aber dennoch. Und in diesen Tagen ereignet es sich:
Der ungarische Reichstag rief die Republik aus. Wieder einmal wurde das Haus Österreich des Erbrechts auf die Krone Ungarns für verlustig erklärt. Die Zeiten waren windig, die Revolution nicht eben lahm. In der Rheinpfalz ging es wild zu. Dort haben Soldaten ihre Offiziere erschossen; das war ein besonders weiter Fortschritt im Operationskalender, wie er für jede Revolution gilt. Kaum aus Ungarn zurückgekehrt, reiste Franz Joseph zum Besuch des Zaren nach Warschau. Was später in vielen Romanen beschrieben wurde, erlebte auch Franz Joseph: das komfortable Reisen auf russischen Eisenbahnen. Den Rahmen der Begegnung bot eine Truppenparade. Franz Joseph fand die russischen Trup-

pen magnifik. Und der Zar sagte seinem jugendlichen Gast die Hilfe zu, mit der er längst daran war, den Ungarn den Gnadenstoß zu geben.

Endlich bahnte sich ein neuer Umschwung in Ungarn an. Feldzeugmeister Baron Haynau, illegitimer Sohn des Landgrafen von Hessen und der Apothekerstochter Rebekka Ritter, bewies seine schon beim Kampf in Brescia bezeugte furchtbare Entschlossenheit. Im Verband der Offensivstreitkräfte Haynaus nahm Franz Joseph in vorderster Linie an der Eroberung von Raab teil. Die jungen Herren, und zu ihnen zählte der noch nicht neunzehnjährige Kaiser, ritten im Galopp ins Getümmel. Für diesen Tag verlieh der Zar Franz Joseph die für persönliche Tapferkeit verliehene Klasse des Sankt Georgs-Ordens.

In der Zange zwischen der aus Westen kommenden österreichischen Donauarmee und der von Norden einmarschierenden russischen Armee zerbrach der Widerstand der ungarischen Streitkräfte. Auf ungarischer Seite kommandierten Generale, die entweder vor 1848 als Subalternoffiziere quittiert hatten, oder, die als solche in die ungarische Armee übergegangen sind. So auch der Oberkommandant Artur Gördey und der standhafte Verteidiger von Komorn *Georg Klapka*.

Franz Joseph machte einen Sprung nach Ischl, beeilte sich aber dann, den nach Wien entsandten Großfürsten Konstantin zu begrüßen. Eifrig wurde mit der Mama korrespondiert, aber Politik und Krieg wurden nur als Rahmen des privaten Erlebens eines Kaisers genannt. Und dann folgte der Ausrufung der Republik in Ungarn der nächste Affront, gerichtet gegen Österreich und seinen Kaiser. Der Rest der ungarischen Armee kapitulierte und streckte auf freiem Feld vor den Russen die Waffen. Für Görgey und Klapka hat sich Nikolaus I., sonst im eigenen Land nicht eben zimperlich im Umgang mit Gegnern, die volle Begnadigung ausgebeten und sie von Franz Joseph zugesichert erhalten. Im übrigen folgte Schlag auf Schlag, um den Zusammenhalt zwischen Österreich und Ungarn zu erschüttern und die Beziehungen für immer zu vergiften. Die Zeitungen im Westen haben wenig über die Untaten des Kossuthregimes geschrieben. Umso ausführlicher verbreiteten sie sich über das Kriegsgericht, das über kaiserliche Subalternoffiziere gehalten wurde, die ihren dem Kaiser geleisteten Eid brachen, schon zu Zeiten Ferdinands I. bei der Aufstellung der Armee Kossuths mitmachten und es bei dieser zum General und einige zu Korpskommandanten brachten. Am 6. Oktober 1848 wurden in Arad nicht *k.k. Generale*, die im Wirrwarr der Revolutionszeit in das Unglück schlitterten, gegen die Kaiserlichen kämpfen zu müssen, sondern *k.k. Subalternoffiziere*, sowie zwei Stabsoffiziere, die in die Armee Kossuths unter Bruch des Fahneneids übertraten, abgeurteilt.

Der Major, ein Alexander von Rußland-Infanterie Aulich, unter Kossuth General und Korpskommandant; der Hauptmann bei Preußens-Infanterie Knezich, unter Kossuth Kommandant des III. Armeekorps; der Capitän-Lieutenant im 61. Linien-Infanterie-Regiment Damjanich, unter Kossuth Korpskommandant; der Major im 33. Linien-Infanterie-Regiment Lahner, unter Kossuth General; der überzählige Capitän-Lieutenant im 31. Linien-Infanterie-Regiment Graf Leinungen, ein Verwandter von Queen Victoria von England, unter Kossuth Korps-Kommandant; der nicht mehr in der Evidenz befindliche Joseph von Nagy-Sandor, unter Kossuth Kommandant des I. Korps; der Rittmeister bei Alexander-Husaren von Pöltenberg, unter Kossuth Kommandant des VII. Korps; der k.k. Oberstleutnant Török von Nemes-Csoo, unter Kossuth General; der Major bei Hannover-Husaren Graf Vecsey von Heajnatskö, unter Kossuth Kommandant des V. Korps. Gehenkt wurden vier Deutsche, zwei Kroaten, zwei Magyaren.

Erschossen wurde der Oberst von Hannover-Husaren Dessewffy, unter Kossuth Kommandant des X. Korps; der Major von Alexander-Husaren Schweidel, unter Kossuth General; der k.k. Oberst Kiss von Ellemar, unter Kossuth General; der General unter Kossuth Lazar. Drei Magyaren, ein Deutscher. Sie haben nach der Ausrufung der Republik unter dem Diktator Kossuth, an sich ein verfassungswidriger Akt, bis zum letzten Schuß gegen ihre früheren Kameraden gekämpft und das illegal ins Amt gekommene Regime Kossuth militärisch abzustützen versucht.

Mehr geschah: Gemäß dem Reglement wurde nach der Hinrichtung von Fahnenflüchtigen und Deserteuren, überhaupt Einbrüchigen, presente cadavere die ausgerückte Mannschaft auf drastische Weise an den von ihr geleisteten Fahneneid erinnert. Dazu präsentierte die Truppe, die Volkshymne wurde abgespielt, die Fahnen vor die Front getragen. Im Westen wurde aus diesem militärischen Brauch, der auch im freien Westen in ähnlich grausamer Manier praktiziert wurde, ein anderes Bild gemacht: Kaiserliche Generale, von ihrem Kaiser zum Tode verurteilt, seien unter unablässigem Abspielen des *Gott erhalte* hingerichtet worden. Wenn man bedenkt, wie fünfzehn Jahre später von der US-Army Rebellen aus den Südstaaten zuweilen behandelt oder in Vernichtungslagern zu Tode gequält wurden, dann ist die dortige und andernorts betriebene üble Nachrede nicht ganz verständlich. Hinter Schwarzenberg aber war das Gerücht her, er hätte zu den von Haynau herbeigeführten Hinrichtungen vorher gesagt, man werde Gnade walten lassen in Ungarn – vorher aber ein *bißl hinrichten lassen*. Haynau wurde nach einigen Jahren bei einem Besuch in England von einigen gedungenen Pülchern zusammengeschlagen; die dafür von Palmerston verlangte Genugtuung erfolgte in einer Form, die beweist, daß der Lord, der zwar nicht den Radetzky aus dem Feld schlagen konnte, wenigstens Freude daran hatte, daß einige Strolche in England einen k. k. General schlugen.

5.

VON DER ETSCH BIS AN DEN BELT

1841 schrieb der wegen seiner staatsfeindlichen Haltung in Preußen in Untersuchung gezogene Universitätsprofessor August Heinrich Hoffmann *aus* Fallersleben auf der damals von England besetzten Insel Helgoland den Text des Deutschlandliedes. Es umschreibt Deutschland geographisch: Von der Maas bis an die Memel, von der Etsch bis an den Belt. 1922, als das Memelland litauisch, das Etschland italienisch, die nördliche Grenze des Reiches vom Belt abgedrängt und die Maas fernab von der Reichsgrenze durch Frankreich floß, wurde dieser Text, gesungen nach der Melodie der in Österreich verpönten Volkshymne Joseph Haydns, Nationalhymne der Republik von Weimar.
In der 48er Revolution war nicht das Deutschlandlied das Sturmlied der in Aufruhr begriffenen Deutschen. In Wien schrieb damals Johann Strauß Vater den »Marsch des einigen Deutschland«.
Und dieser Komposition lag nicht eine geographisch beschriebene Vorstellung von Deutschland zugrunde, sondern die Antwort auf die Liedzeile: *Was ist des Deutschen Vaterland?* Und die Antwort darauf im Lied lautete: *So weit die deutsche Zunge reicht.*
Diese aber reicht weit über die Grenzen hinaus, die Fallersleben genügten: Überall dort im *Osten*, von wo nach 1945 die Volksdeutschen zu Hunderttausenden vertrieben wurden, und im *Westen* in Gebiete, wo heute kein deutsches Wort mehr gesprochen wird.
So weit die deutsche Zunge reicht – sie reichte weit nach Osten im Kaisertum Österreich. Und die Vorstellung von diesem weiten Land sowie die Farben der Ur-Burschenschaft von Jena aus 1815, schwarz-rot-gold (in der Webe gelb), boten dem Einigungsgedanken der Deutschen Raum zur Entfaltung.
In Wien wehte in der 48er Revolution auch von der Hofburg die

deutsche Fahne. Als Jellacić im Frühjahr mit einer Delegation seiner Landsleute nach Wien kam und von den Wienern – damals – enthusiastisch begrüßt wurde, bemerkte der Kroatenführer, daß an vielen Häusern der Stadt die deutsche Fahne wehte – aber fast nirgends mehr die schwarz-gelbe des Kaiserreiches. In der Wiener Oktoberrevolution wurden die Schwarz-gelben von denen unter der schwarz-rot-goldenen Fahne bis aufs Blut bekämpft. Damals tagte in Frankfurt am Main eine freigewählte Nationalversammlung, die aus allen Teilen des Deutschen Bundes von 1815 beschickt war; sie sollte den bisherigen Staatenbund der Deutschen aus 1815 ersetzen durch ein Reich unter einem gewählten Volkskaiser. Es war ein mit untauglichen Mitteln begonnener Reformversuch, der nicht gelang.

Zeiten innerer Reformen im Staatsleben sind immer Zeiten der Schwäche des betreffenden Staates, die sich andere Staaten gerne zunutze machen. 1848 benützte der König von Dänemark diesen Zustand in Deutschland, um die uralte Verbindung der Herzogtümer Holstein, das er im Bundestag zu Frankfurt vertrat, mit Schleswig zu lösen; und Schleswig in einer Real-Union mit dem Königreich Dänemark zu vereinen. Erbfolgestreitigkeiten in den Elbeherzogtümern erleichterten ihm dieses Vorhaben. Und wieder war es ein Lied, das die National-Liberalen in Deutschland gegen ihre Gesinnungsfreunde in Dänemark, die eigentliche Treiber des Unternehmens ihres Königs waren, gegeneinander aufzubringen imstande war. Unter dem Liedtext: *Schleswig-Holstein meerumschlungen* erhob sich in ganz Deutschland ein Begeisterungssturm, der sich gegen die Zerreißung beider Herzogtümer und die Vereinnahmung Schleswigs durch Dänemark wandte. Freiwillige, auch solche aus Österreich, taten sich zusammen, und wer im Frühjahr 1848 oben dabei war, stand für den Rest der Revolutionsära im Ruf, deren Vorkämpfer gewesen zu sein.

Die 48er Revolution konnte den armseligen Deutschen Bund außer Evidenz und das großartige Schauspiel der Nationalversammlung in der Frankfurter Paulskirche zur Aufführung bringen; der Behördenapparat des Deutschen Bundes werkelte weiter in den hintersten Winkeln seiner bisherigen Büros; und er wird in alter

Frische aufs neue hervortreten, so wie es aus sein wird mit der Nationalversammlung und die Bundesversammlung des Bundes aus 1815 wieder in Frankfurt zusammentreten wird. Insgeheim hoffte Erzherzog Johann, vorderhand Reichsverweser, daß ihn seine liberalen Anhänger in der Nationalversammlung zum künftigen Kaiser eines erneuerten Reiches der Deutschen wählen würden. Aber die Zeiten, da man in Deutschland einen Österreicher obenan haben wollte, waren vorbei. Nicht einmal der Reichskanzler Adolf Hitler war noch ein Österreicher, als er Reichskanzler wurde. Er hatte sich Jahre vor seinem Aufstieg zum Führer der Zugehörigkeit zu Österreich entledigt und lebte nachher lieber als Staatenloser, als einer, dem der Geruch des Österreichischen anhaftete.

Reif fiel auf die Blüten des vielbesungenen Völkerfrühlings des Jahres 1848. Auch in Frankfurt. Die politische Linke wollte in Frankfurt putschen, die National-liberalen im Parlament, die Regierung samt dem Reichsverweser mußte Zuflucht nehmen zu einem Rest des ansonsten nur mehr mit schmachvoller Erinnerung bedeckten Deutschen Bundes aus 1815: In einer Festung dieses Bundes, in Mainz, lagen preußische und österreichische Kontingente. Man rief sie herbei, und sie schlugen den Exzeß einer zahlenmäßig kleinen Fraktion der Radikalen nieder. Radikal, das hieß: Mehr Demokratie und keinen Kaiser.

Bei Hof in Wien sah man mit Mißtrauen auf das Experiment in Frankfurt, für das ein österreichischer Erzherzog herhalten mußte. Mehr noch: Ein gebürtiger Wiener, Anton von Schmerling, Sprecher der Großdeutschen in der Paulskirche, wurde im September 1848 Leiter eines sogenannten Reichs-Ministeriums und dessen Außenminister. Die Wende vom *Staatenbund* aus 1815 zum künftigen *Bundesstaat* schien da zu sein. Schmerling war jener Typ eines Österreichers, der jeden Deutschen von draußen überraschte: Verschlossen, ein wenig zynisch, kalt und nüchtern im Gesichtsausdruck, sohin genug un-österreichisch, um draußen zu reussieren. Er war von Anfang an unausstehlich für alle jene in der Paulskirche, die sich eher den ansonsten mäßig beliebten König von Preußen als künftigen Kaiser vorstellen konnten als einen Österreicher.

117

Auch in Frankfurt wurde, so wie in Wien, nach der Buchweisheit liberaler Staatsrechtler eine Verfassung des künftigen Reiches ausgearbeitet. Gescheite und redliche Männer arbeiteten an dem Vorhaben; was herauskam, war eine Utopie. Nämlich die Zerlegung des Kaisertums Österreich aus 1806 in zwei Teile, wovon die schon bisher dem Deutschen Bund angehörenden Länder der Habsburgermonarchie dem künftigen Reich der Deutschen angehören sollten. Der andere Teil mochte sehen, wie er weiterkam. Dieser Plan kam den Absichten des ungarischen Diktators Kossuth sehr entgegen. Mochten die Deutschen der Monarchie nach Frankfurt gravitieren; umso mehr wird Ungarn die bisherigen Zentralstellen in Wien vom Hals haben. Man sprach sich gut in Frankfurt, denn die dort tätigen Agenten Kossuths waren ebenso gute Liberale wie die Mehrheit der Abgeordneten in der Deutschen Nationalversammlung. Eine Schwierigkeit trat allerdings bei diesem Teilungsplan auf. Das Königreich Böhmen, die Markgrafschaft Mähren und der österreichisch verbliebene Teil Schlesiens waren zu einem Großteil auch von Tschechen bewohnt. Tschechen, die sich nicht mehr als Behm' fühlten, sondern immer mehr ihr Slaventum gegen die in den Ländern der Wenzelskrone lebenden Deutschen herauskehrten. Da nun 1848 die nationale Erneuerung des Tschechentums schon in die zweite Generation ging, dachten sie nicht daran, sich in Frankfurt neuerdings unter eine von den Deutschen gehandhabte Fuchtel zu begeben. Sie ließen einen ihrer geistreichsten Männer eine Absage an Frankfurt schreiben; aus der ging unter anderem hervor, daß die Tschechen die Existenz in einem slavisierten Österreich bei weitem einer Existenz in einem mit großer Mächtigkeit gedachten Reich aller Deutschen vorzogen. Dies umso mehr, als in der Habsburgermonarchie die Zahl der Nord- und Südslaven bald die der Deutschen übertreffen wird; und sich allein daraus im beginnenden Zeitalter der Demokratie, welches das bisherige patriarchalische Zeitalter ablösen sollte, einem gediegenen Austroslavismus eine großartige Chance im Kommunikationsraum der Donaumonarchie erwachsen konnte.

Die in Frankfurt aufkommende Reichsidee hatte im k.k. Ministerpräsidenten Schwarzenberg einen entschiedenen Gegner. Vor ihm lag der Plan eines 70-Millionen-Reiches, das gebietsmäßig die Donaumonarchie und den Deutschen Bund aus 1815 umfassen sollte. Für die in Berlin war das ein Alptraum, sie kontrierten mit ihrer Version eine machtvolle Mitte Europas: König Friedrich Wilhelm IV. von Preußen, ein Onkel Franz Josephs, hing romantischen Träumereien nach, in denen längst verblaßte Reichsideen des Mittelalters ihn faszinierten. Im Alltag folgte er der Politik seiner Regierung und die dachte nicht daran, sich auf das Konzept Schwarzenbergs einzulassen. Immerhin entstand auch in Berlin das Projekt einer mächtigen Konzentration im Bereich der europäischen Mitte: Eine UNION zwischen dem ganzen Deutschland im Umkreis des Deutschen Bundes und dem Kaisertum Österreich. Die Außenpolitik dieses Ganzen sollte in Wien gemacht werden, die bewaffnete Macht aber der König von Preußen kommandieren.

Franz Joseph war gut beraten von Schwarzenberg, als er diesen Plan, der scheinbar der seines Onkels in Berlin war, nicht schlankerhand ablehnte. Schwarzenberg hatte, wie man weiß, großzügig entworfene Konzepte einer Europapolitik vor Augen, als *Realpolitiker* wollte er aber damit erst herauskommen, wenn im Umkreis des Kaisertums auch die letzte Flamme der 48er Revolution erstickt war. Fürs erste ließ sich der k.k. Ministerpräsident auf das Experimentieren des Frankfurter Parlaments nicht ein. Dieses Getue bedeutete ihm gar nichts. Die Legalität war für ihn der durch internationale Verträge entstandene und noch immer in diesem Netz von Verträgen hängende Deutsche Bund aus 1815. Insgeheim war ihm recht, Erzherzog Johann als Platzhalter in Frankfurt zu wissen; denn wer nach einem Abzug des Österreichers dahin kommen sollte oder konnte, war nicht abzusehen. Sicher kein loyalerer Vertreter der Sache Österreichs, als der Steirische Prinz einer gewesen ist.

Im März 1848 schickte sich die Revolution nochmals an, das Kaisertum Österreich aus den Angeln zu heben. In Frankfurt verabschiedete eine Mehrheit der Nationalversammlung den Beschluß, nach dem in einer Reichsverfassung von morgen der König von Preußen Staatsoberhaupt sein sollte. Hinter diesem Beschluß standen die National-liberalen und alle anderen, die sich links von ihnen in der Paulskirche profilierten. Der Jammer war nur, daß Friedrich Wilhelm von Preußen diese, wie er es sah, Krone aus Dreck und Letten zurückstieß. In der altfränkischen Rede stand Letten für Lehm, für ein Produkt aus sumpfigem Gebiet. Berlin blieb bei seinem Plan: Die Union. Im Mai 1848 hielt die Krise in Ungarn an. Ungarn war eine selbständige Republik unter dem Diktator Kossuth, der mit dem im Krieg geschlagenen Piemont/ Sardinien noch immer nicht Friede geschlossen hat, und London eifrig dabei, Unruhen im Umkreis Wiens zu wecken und abzustützen. Da gelang Berlin scheinbar ein großer Wurf: Preußen schloß sich mit Sachsen und Hannover zu einem Drei-Königs-Bündnis der Sieger über die Revolution in Norddeutschland zusammen. Zugleich wollte Berlin Erzherzog Johann zur freiwilligen Niederlegung des Amtes eines Reichsverwesers bewegen. Schwarzenberg, sonst nicht eben ein Freund des Erzherzogs, tat alles, um Johann zum Bleiben zu bewegen.

Je rascher aber in Ungarn der militärische Zusammenbruch des Regimes Kossuths unausbleiblich wurde, desto mehr ließ Schwarzenberg von seinem Plan eines 70-Millionen-Reichs verlauten: Eine *neue* Großmacht, bestehend aus den Gebieten des Kaisertums Österreich und des Deutschen Bundes aus 1815. Dazu kein Bundestag, wie im alten Deutschen Bund, und schon gar nicht ein Volksparlament, sondern ein siebenköpfiges Direktorium an der Spitze: zwei Vertreter Österreichs, ein Vertreter Preußens und vier Vertreter für die deutschen Mittelstaaten. Im Direktorium sollten Beschlüsse nach dem Majorzsystem gefaßt werden, nur für Verfassungsänderungen war Einstimmigkeit vorgesehen.

Dieser Plan war nicht eben das Meisterstück des ansonsten so klug abwägenden Realpolitikers Schwarzenberg. Abgesehen davon, daß für eine solche Mächtigkeit in der Mitte des Kontinents England und Frankreich, beide Vertragspartner bei der Schaffung des deutschen Bundes von 1815, unter keinen Umständen zu haben gewesen wären, hätte die Verwirklichung des Planes Preußen weit hinter die Stellung zurückgeworfen, die schon Friedrich der Große in drei Kriegen den Habsburgern abgerungen hatte. Prompt kam der Einspruch aus Paris. Schwarzenberg wurde selbst skeptisch, vermeinte aber noch in seinem Kommentar zu dem in Westeuropa aufkommenden Widerstand gegen ein 70-Millionen-Reich:

»Das Projekt wird nicht am Veto Frankreichs scheitern; eher an der Beschränktheit und Kurzsichtigkeit mancher deutscher Fürsten.«

Das Wort *mancher* war eine unzutreffende Einschränkung. Denn *keiner* der Deutschen Fürsten, denen nach dem Zerfall des Tausendjährigen Reiches im Jahre 1806 die volle Souveränität zugefallen war, hätte diese jetzt, 1848, ganz oder zum Teil hergegeben. Am wenigsten natürlich Preußen, dem während des Wiener Kongresses von 1815 der minderwertige Deutsche Bund lieber war als jeder Gedanke an eine Wiedererrichtung des mittelalterlichen Reiches unter einem Habsburger.

Preußens Erfolg mit der Schaffung des Drei-Königs-Bundes in Norddeutschland erwies sich bald als ein Pyrrhussieg. Denn die Südstaaten Bayern und Württemberg schlossen sich dagegen zusammen und zogen Sachsen und Hannover zu sich herüber. Als ob man in Hannover und Dresden geahnt hätte, was 1866 bevorstand und geschah, als Preußen im Krieg gegen Österreich obenan kam in Deutschland. Im beginnenden Szenenwechsel geschah es, daß sich die Politiker der Richtung, die zuletzt in Frankfurt die Mehrheit bildete, in Gotha zusammentaten, um das in der Paulskirche begonnene Bemühen um einen von *unten* her aufgebauten Staat der Deutschen nochmals zu versuchen und womöglich den König von Preußen zu bewegen, seinen Namen denn doch für ihr Experiment herzugeben. Die sogenannten Gothaer waren ein buntscheckiger Haufen und damit war ihr Schicksal vorweg besiegelt: Einig war man sich nur, daß das reaktionäre Österreich unter keinen Umständen mehr in Deutschland an die Spitze kommen dürfe.

Ende 1849 trat Erzherzog Johann als Reichsverweser ab. Letzte

Nachhuten der Abgeordneten aus der Paulskirche wurden aus Frankfurt vertrieben. Ihrem Versuch, in Württemberg nochmals zusammenzutreten, machte die dortige Polizei ein Ende. Alles was blieb, war ein Berg von Akten, so schien es wenigstens jenen, die mit dem Ende der in der Paulskirche betriebenen Politik sehr einverstanden waren. Es zerfiel 1849 freilich nur das ohnedies bloß in Teilen gelungene *Verfassungsexperiment* derer in Frankfurt, die Idee der Einigung aller Deutschen in einem Staat oder doch des möglichst großen Teiles des Volkes blieb bestehen. Dieser Idee gegenüber nahm sich der 1849 erneuerte Deutsche Bund aus 1815 sehr miserabel aus.

Jene Abgeordneten, die einsahen, daß ein deutscher Staat unter Einbeziehung der von Deutschen bewohnten Gebiete der Habsburgermonarchie auf absehbare Zeit nur ein schöner Traum war, traten in der Lutherkirche zu Erfurt zusammen. Berlin war diesem Vorhaben, trotz des demokratischen Anstrichs, nicht vorweg abgeneigt. Ja man ging so weit, die deutschen Fürsten nach Berlin einzuladen und ihnen nahezulegen, sie sollten doch in ihren Ländern eine Wahl für eine neue, eine andere Nationalversammlung gestatten. Franz Joseph bekam für dieses Fürstentreffen in Berlin keine Einladung, und das besagte alles.

Es ergab sich, daß der Staat der *Kleindeutschen,* also derer, die sich von Erfurt nach Gotha verzogen, mit dem nach dem Konzept der Berliner Regierung fast deckungsgleich war. Das Spiel mit der Demokratie wollte man in Berlin so lange gewähren lassen, als es dienlich war in der Abwehr jener Pläne, die jetzt die sogenannten *Großdeutschen* verfolgten: Keine deutsche Einheit ohne die Deutschen aus Österreich. Noch gab es draußen Anhänger dieser umfassenderen Lösung der Deutschen Frage, aber letzthin wurden die Großdeutschen aus Österreich enttäuscht. Denn das kleindeutsche Programm der Gothaer, des Kerns der künftigen mächtigen Fraktion der National-liberalen im Reich von 1871, ging auf weiten Strecken konform mit den späteren Plänen Otto von Bismarcks, als dieser Wien zugleich mit dem Aufruhr der Demokraten an der Basis und der militärischen Überlegenheit Preußens in die Zwickmühle von 1866 trieb. 1849 war der in der Deutschen Frage entstandene Wirrwarr in Deutschland günstig für die Absichten Schwarzenbergs. Um die Dänen von ihren gegen Schleswig gerichteten Aggressionen abzubringen war es notwendig, die Signatarmächte des Wiener Kongresses von 1815 zu gewinnen. Die aber würden kein isoliertes Vorgehen Preußens gegen Dänemark dulden, sondern dazu den noch immer im internationalen Vertragswerk von 1815 hängenden Deutschen Bund berufen. Und ebenso war es im Falle Hessen-Kassel, wo der dortige Kurfürst, eine üble Type, die 1831 gegebene Verfassung aufhob und so in einem Streit mit seinen Beamten, Richtern und Offizieren, von den Politikern gar nicht zu reden, geriet. Auch in Hessen war der Deutsche Bund, dem das Land angehörte, zuständig für eine Intervention zur Wiederherstellung von Ruhe und Ordnung. Um diese Zeit schickten die deutschen Fürsten schon nach und nach wieder ihre Vertreter auf den Bundestag nach Frankfurt. Auch der Kurfürst von Hessen tat es, er bat sogar den Deutschen Bund, ihm gegen den Aufruhr im Land zu helfen. Hessen-Kassel hatte sich aber auch seinerzeit der unter Preußens Ägide geschaffenen UNION angeschlossen. Diese Mitgliedschaft bestand neben der zum Deutschen Bund ebenso wie alte Vertragsrechte, die Preußen gestatteten, Etappenstraßen, die durch Hessen ins preußische Rheinland führten, unter Kontrolle zu halten. Anders als 1864 ließ sich Schwarzenberg in dem Streit um die Elbeherzogtümer im Norden nicht von Preußen heiß machen. Dafür aber nahm der k.k. Ministerpräsident stärksten Anteil an den Ereignissen in Hessen-Kassel. Dort wollte er die Konfrontation mit Preußen austragen; Preußen zur Preisgabe seiner UNION zwingen; Preußen in dessen letzten Ausweg aus einer Kriegsgefahr, die Rückkehr nach Frankfurt, treiben. Endergebnis sollte ein reparierter Deutscher Bund sein, so wie er 1815 in Wien geschaffen worden ist; mit der Präsidialmacht Österreich. Schwarzenberg dachte nicht daran, Preußen im künftigen Deutschen Bund neben Österreich eine *Parität* in der Ausübung der Präsidialmacht einzuräumen. Der Bruder König Friedrich Wilhelms IV., Prinz Wilhelm von Preußen, nach 1871 Deutscher Kaiser, sah die Absichten Österreichs anders: Demnach wollte Schwarzenberg zuerst Preußen demütigen und dann demolieren. Das war ein Irrtum oder Hetze gegen Wien. Schwarzenberg wollte Preußen weder demütigen noch zerstören, er wollte es herauslösen aus dem Zusammentun mit Kleindeutschen – und Demokraten.

Was Schleswig-Holstein betraf, so war sich Schwarzenberg sicher, daß dort England dafür sorgen wird, daß nicht die Bäume Preußens in den Himmel wachsen. In Italien war Österreich wieder die Ordnungsmacht, die es 1813 mit der damaligen Unterstützung Englands wurde. Dort hatte es schon Rückenfreiheit. In Ungarn war es aus mit dem Experiment Kossuths. Nun konnte Schwarzenberg mit gesammelter Kraft nach Wiederherstellung der Ordnungsmacht in Italien und im Südosten auch in Deutschland auf die Ordnung losgehen, die 1815 auf dem Wiener Kongreß zustandegekommen ist und die den damaligen Staatsmännern Preußens viel lieber war als alle Pläne für eine Wiedererrichtung des Tausendjährigen Reiches Karls des Großen.

In Wien tagte am 26. und 27. September 1849 der Ministerrat unter dem Vorsitz Franz Josephs. Es wurde beschlossen, an Berlin eine geharnischte Note zu schicken, also eine, bei der hinter dem Papier die Drohung mit Waffengewalt sichtbar oder möglich ist. Preußens Weigerung, wieder in den Deutschen Bund von 1815 zurückzukehren, wurde scharf verurteilt. Jetzt wurde in Berlin sichtbar, daß Wien ein Ordnungmachen in Hessen durch ein einseitiges Vorgehen Preußens nicht hinnehmen würde. Bei all dem durfte sich Franz Joseph auf Nikolaus I. verlassen. So wenig der Zar für den Plan eines 70-Millionen-Reiches eingesprengt war, so wenig wollte er einen mächtigen Staat unter Preußens Vormacht. Für die Europäische Flankenmacht im Osten war und ist eine *möglichst schwache europäische Mitte* die optimale Lösung aller in Mitteleuropa denkbaren Probleme. Und dabei blieb es auch nach 1945. Nikolaus I. unterstützte also 1850 nicht seinen Schwager König Wilhelm IV. von Preußen, auch nicht in väterlicher Fürsorge den jungen Franz Joseph; vielmehr machte er Realpolitik in der geraden Linie, nach der Rußland mehr und mehr gegen die Mitte Europas vordrang. Das bedeutete letzten Endes: In

Deutschland durfte es kein geordnetes, mächtiges und modernes Staatswesen geben, sondern nur den Deutschen Bund aus 1815, für dessen Entstehen Rußland Signatarstaat auf dem Wiener Kongreß und daher zur Mitsprache berufen war. Der Zar riet seinem Schwager in Berlin, seinen Vertreter möglichst bald nach Frankfurt einrücken zu lassen und dem Deutschen Bund die Lösung der Probleme Schleswig-Holstein und Hessen zu überlassen. Dies in Rechnung gestellt, bekam Radetzky den Auftrag, in Böhmen die k.k. Truppen zu versammeln und für einen eventuellen Krieg gegen Preußen bereitzustellen. Radetzky, ein Behm', der sich immer bewußt war, daß der König von Böhmen jahrhundertelang Kurfürst des Reiches war, daß in Prag, im Veitsdom, einige der mächtigsten Kaiser des mittelalterlichen Reiches begraben sind; und der 1813/14 zusammen mit dem Preußen Gneisenau die Operationspläne für den Endkampf gegen Napoleon koordinierte, war nicht glücklich über diesen Auftrag. Aber die ultima ratio des k.k. Feldmarschalls war im Moment:
»Österreich wird sich eher von Deutschland als von Österreich trennen …«
Im Oktober nahm Franz Joseph die Sache des aufkommenden Konflikts mit Preußen selbst in die Hand. Es ging darum, im Konfliktsfall Bayern und Württemberg verläßlich auf der Seite Österreichs zu haben. Mit den Königen beider Länder wollte er sich in Bregenz treffen. Von dieser Reise in den äußersten Westen Österreichs, der schon näher zu Paris als zu Wien liegt, gibt es Briefe an die Mama. Wieder geht daraus hervor, daß Erzherzogin Sophie von ihrem Sohn zwar mit großer Genauigkeit über dessen persönliches Wohlergehen unterrichtet wurde, daß aber der Kaiser der Kaiserin-Mutter kein Wort schrieb, das seine momentanen politischen Aktivitäten enthüllt hätte.
Franz Joseph vergaß nicht eine Soirée dansante zu schildern, die in Salzburg die Witwe seines Großvaters Franz I. gab und auf der er sich fadisierte. Bei der Durchfahrt durch den Rupertizipfel, im Bayerischen, gefielen ihm die bayerischen Schützen besser als das Militär. In Reutte freute es den Oberstinhaber der Tiroler Kaiserjäger, daß ihm zu Ehren das Offizierskorps des Regiments einen

Ball gab, auf dem der Kaiser gern und fleißig tanzte. Kein Wort aber über den sachlichen Ertrag eines vorbereitenden Gesprächs in Hohenschwangau mit dem König von Bayern. Nur die Andeutung, wonach Schwarzenberg dort mit seinem Münchener Kollegen von der Pfordten gesprochen hat. In Bregenz hat Franz Joseph den über den Bodensee gekommenen König von Württemberg besonders herzlich begrüßt; dazu und zu anderen beschriebenen Details, aber über Politik kein Wort. Da konnte die Mama ja mehr den Gazetten entnehmen, zumal jenen, die man von draußen bezog.

Der Kaiser und die beiden Könige sprachen sich gut in Bregenz. Und ihre Minister wurden sich einig. Bevor aber Schwarzenberg seinen Kaiser bewog, gegen Preußen in aller Form mobil zu machen, ließ er nochmals beim Zaren nachfragen. Die zusagende Erklärung Nikolaus I. in Händen, erfolgte unterm 30. Oktober 1850 die Mobilmachung. Gleichzeitig marschierten Verbände im Auftrag des Deutschen Bundes in Hessen ein, um, so die geläufige Formel jener Tage, Ruhe und Ordnung wiederherzustellen. Es gibt Briefe von k.k. Offizieren aus jenen Tagen, in denen davon die Rede ist, daß sie zwar gegebenen Befehlen gehorchen würden; daß ihnen aber die Sache des hilfesuchenden Kurfürsten so miserabel zu sein schien, und daß es ihnen lieber gewesen wäre, ihn zum Teufel zu jagen, anstatt mit den Preußen zu raufen. Ehe die *Mechanisierung* des Kriegführens maßgebend wurde, sah man den Krieg noch als ein großes Raufen an. Wenn es Tote gab, dann immer mehr Offiziere als Mannschaftspersonen – im Verhältnis der Zahlen. Zu Allerheiligen stießen Österreicher vom 4. Jäger-Bataillon und Bayern im Hessischen vor. Am nächsten Tag, die Katholiken hatten den Tag Allerseelen, verlangte der k.k. Botschafter in Berlin den sofortigen Rückzug der preußischen Truppen aus Hessen. Dem entgegen bekam der in Hessen kommandierende preußische General von der Groeben Befehl, die Preußen zustehenden Nachschubstraßen unter Kontrolle zu nehmen. Anfangs war folgendes gedacht: Preußen sollte Österreich mit 200 000 Mann die Courage abkaufen. Aber – wie das oft im Politischen ist – ein körperlicher Schwächeanfall des amtierenden preußischen Ministerpräsidenten und Leiters der auswärtigen Politik wurde symptomatisch für die Schwäche der von Preußen in Hessen betriebenen UNIONs-Politik. Noch waren in Berlin nicht Männer wie Otto von Bismarck an der Spitze; oder Reichsfreiherr vom Stein im Widerstand gegen Napoleon; sondern Konservative, die bedauerliche Anzeichen einer körperlichen und geistigen Ermüdung an sich hatten, nachdem seit 1815 in Berlin das konservative Prinzip im Politischen tonangebend war. Das war der Anfang von einem Ende, das als die »Schmach von Olmütz« in die Geschichts- und Lesebücher des alten Preußen einging.

In der mährischen Stadt Olmütz, Hauptwiderstandsnest der Österreicher in den drei wegen Schlesien geführten Kriegen gegen das Preußen Friedrichs des Großen, trafen sich im November 1850 der k. k. Ministerpräsident Fürst Schwarzenberg und der königlich preußische Ministerpräsident Baron Manteuffel. Schwarzenberg bezog Quartier im fürsterzbischöflichen Palais, Stätte des Ereignisses vom 2. Dezember 1848. Dem protestantischen Preußen mutete man einen solchen Gastgeber nicht zu. Er logierte im ersten Gasthof am Ort. Die Karten waren gegeben, der Österreicher hatte das bessere Blatt. Und er hatte, ganz unerwartet, vor allem einen Trumpf im Blatt: Palmerston war zwar nicht für Österreich in diesem Konflikt, aber es genügte, daß er das momentan konservative Preußen verurteilte. Noch einen Stecher hatte der Österreicher im Blatt: In Paris war jetzt Louis Bonaparte Staatspräsident. Ihm gefiel eine Verstärkung der Präsenz Preußens in Westdeutschland, nahe dem Rhein, noch weniger als ein Erfolg Österreichs, dem er als Carbonari gram war und blieb. Und da war, wie erwähnt, der Zar. Für ihn wäre ein militärisches Eingreifen Preußens in Holstein fast so viel wie eine Kriegserklärung seines Schwagers Friedrich Wilhelm IV. von Preußen gewesen. Schwarzenbergs Politik im Konflikt hätte für seinen Nachfolger Buol-Schauenstein Vorbild sein sollen: Aber, während Buol im nächsten Großkonflikt in Europa Österreich in eine fatale Isolierung führte, trat Schwarzenberg zu seiner Zeit erst dann energisch auf, nachdem er den Gegner diplomatisch isoliert hatte. Es entstand ein Bild mit vertauschten Rollen: Der Preuße kam in

Zivil, der Österreicher in Generaluniform mit dem Theresienkreuz an der Brust. Baron Manteuffel war klein von Gestalt, wirkte gedrungen und sah eher einem standfesten Bauern als einem adeligen Staatsmann gleich. Der Österreicher war von hochaufgerichteter Gestalt, er gestattete der Ermüdung, die ihn öfters befiel, keinen Ausdruck im Äußeren und er gab sich als Diplomat *und* Militär, was er der Herkunft nach ja war. Nie hat sein preußisches Gegenüber herausbekommen, daß Schwarzenberg von seinem Kaiser nicht mit irgendeiner Gesprächsinstruktion oder gar einem Auftrag versehen war. Die Sicherheit im Betragen täuschte den Preußen, der seinerseits mit gebundener Marschroute kam: Krieg sollte es keinen geben.

Aber, anders als man später preußischen Geschichts- und Lesebüchern entnehmen konnte, war Olmütz keine *Schmach* eines gedemütigten Preußen. Im Gegenteil: Der momentane Erfolg Schwarzenbergs täuschte hinweg über günstige Möglichkeiten, die für Preußen in Olmütz für die Zukunft gewahrt blieben. In Olmütz läutete schon das Versehglöckchen für Schwarzenbergs Plan vom 70-Millionen-Reich. Je mehr sich Europa vom Wirrwarr der 48er Revolution entfernte, desto geringer wurden für Österreich die Chancen, einen derartigen Umsturz des Kräfteverhältnisses in Europa, das Entstehen einer mächtigen Wirtschaftsmacht ohnegleichen, zu verhindern. Mehr noch: Manteuffel schied aus Olmütz, nachdem er die Hessische Frage mit der einer künftigen Parität der beiden deutschen Großmächte im Deutschen Bund junktimierte.

Es war da nicht mehr so wichtig, was in Hessen geschah. Dort ist es nahe von Fulda, bei Bronzell, zu einem Kugelwechsel zwischen Preußen und Österreichern gekommen. Zum ersten Mal seit dem sogenannten Zwetschkenkrieg von 1778. Es gab Verwundete, die Preußen büßten den Schimmel des Stabstrompeters ein. Aber der Trompeter blieb heil und die Verhandlungen zur Feuereinstellung an Ort waren erfolgreich. In Olmütz versprach Manteuffel, Preußen werde demobilisieren; dafür konzedierte Schwarzenberg die Besetzung der Hauptstadt Kassel mit preußischen Truppen. Der elende Kurfürst von Hessen blieb auf seinem Thron, er versprach

Besserung. Anfangs 1851 wollten sich die beiden Ministerpräsidenten in Dresden wieder treffen.

Preußen ging nach Frankfurt. Dort wird einmal Otto von Bismarck dem österreichischen Vertreter beweisen, daß der Deutsche Bund zwar für Deutschland wenig von Nutzen war; Preußen aber die Bühne zu einer großartigen Schau bot, in der Bismarck Hauptakteur sein wird. In der Paulskirche wurden die Montagen für die Sitzungen der Nationalversammlung abgetragen. So das pompöse Bild der Germania, das während der Sitzungen die Kirchenorgel verdeckt hat und das nach 1871 Vorbild für die später geschmähten Darstellungen der siegreichen Germania wurde. Altar und Kanzel wurden für den kirchlichen Gebrauch hergerichtet. Und 1852 wurde in der Paulskirche wieder Gottesdienst gehalten. Im Zweiten Weltkrieg haben anglo-amerikanische Terrorangriffe auch dieses ehrwürdige Denkmal des Ursprungs einer modernen parlamentarischen Demokratie in Deutschland zerstört. Dann aber kehrten Wohlstand und Sicherheit ein in Westdeutschland, und eine Nachbildung der zerstörten Paulskirche wurde Mahnmal und Denkmal im Sinne der Demokratisierung der Deutschen, wie sie die Sieger von 1945 den Deutschen abverlangt haben.

Trotz des eher bescheidenen Erfolgs Schwarzenbergs in Olmütz bei der Verfolgung seines Planes für ein 70-Millionen-Reich in der Mitte Europas hoffte er noch immer, die dort vereinbarte nächste Beratung in Dresden würde mehr Erfolg für Österreich bringen. Dresden wurde die Grabstätte dieses Planes. Preußen war überhaupt nur mehr für ein wackeliges Defensivbündnis mit Österreich zu haben, das für den Zaren, der Franz Joseph an der Longe wähnte, so etwas wie eine Allianz der konservativen Mächte war; also westwärts gerichtet. Die beiden deutschen Großmächte waren sich nicht einig, *was gegen wen* geschützt werden sollte: Preußen verstand sein *ganzes Staatsgebiet* als nunmehr gegen Frankreich geschützt, war aber nur bereit, die österreichischen Länder des Deutschen Bundes sowie Lombardo-Venetien mit zu schützen. Im Falle innerer Unruhen wollte Preußen nur bei solchen im österreichischen Galizien eingreifen, dafür aber die Hilfe Österreichs für seine Gebiete Altpolens in Anspruch nehmen. Unruhen in Ungarn oder Italien wollte Berlin den Österreichern zur Bekämpfung überlassen. Die beiden Großmächte der Mitte haben sich in Dresden nicht gefunden, die Folgen dessen werden in der nächsten Großkrise auf dem Kontinent, im Krimkrieg 1853/56, zutage treten.

Franz Joseph spürte, wie die Mama froh war, daß die Sache mit Preußen so gut ausgegangen ist. Sophie und ihre Schwester in Berlin haben lange und schwer gebangt, es könnte aus dem Rencontre der beiden deutschen Großmächte ein Krieg werden. Man darf annehmen, daß Sophie, allerdings mit geringen Mitteln und Möglichkeiten, für eine friedliche Beilegung war. Der Kaiser trat noch im Frühjahr 1851 seine zweite Inspektionsreise im Italienischen an. In Triest erwartete ihn Feldmarschall Radetzky; man feierte den Jahrestag des entscheidenden Sieges über die Piemontesen bei Novara 1849; sein Bruder Max unternahm noch im selben Jahr auf dem k.k. Kriegsschiff »Novara« seine erste Seereise als Marineoffizier. Franz Joseph hat in seinem ganzen Leben nie eine Marineuniform getragen, es fand sich in seiner Garderobe nicht einmal eine für den Fall einer unabweisbaren Notwendigkeit. So fand Max in der k.k. Marine, die ihm viel verdankte, ein Betätigungsfeld, wo er nicht immer verspürte, daß er halt doch nur der zweite hinter seinem kaiserlichen Bruder war. Noch war Venedig *der* Handelshafen der Monarchie, das dortige Arsenal Stützpunkt ihrer Seemacht. Franz Joseph wollte im März 1851 selbst der alten Dogenstadt die Erhebung zum *Freihafen* verkünden und ihr so, als Großhafen der Donauländer, einiges von der alten Bedeutung der Seemacht Venedigs ersetzen. Aber die Venezianer waren nicht mit Österreich zu versöhnen, und so stieg im alten Österreich nach dem Abfall Venetiens Triest zu einer Bedeutung empor, die es nach 1918 nie mehr gewinnen konnte.

In Venedig besprach sich Franz Joseph mit allen in Italien kommandierenden Generalen – aber was besprochen wurde, schrieb er der Mama nicht. Die Mama las in den Briefen des Sohnes, daß dieser Truppenbesichtigungen abhielt, Theateraufführungen besuchte, Verwandte traf, viele Details, wie solche der Abfall von

Dienstreisen eines Monarchen waren; kein Wort von Politik. Dabei wäre es für sie interessant gewesen, *was* die, so wörtlich, vielen Schreibereien, die man dem Kaiser aus Wien per Kurier nachschickte, enthalten haben. Indessen wird der Mama nicht entgangen sein, was hinter der Floskel steckte, mit der ihr Sohn die Stimmung des Volkes in Venedig als recht gut qualifizierte. Wenn Franz Joseph schrieb, es wären sogar viele Adelige, die sich bisher aus italienischem Patriotismus ennuyierten, bei ihm aufgeschienen, dann besagte das Wort sogar ebensowenig genug Gutes wie der Hinweis, man habe Franz Joseph, wo er sich zeigte angejodelt, angebrüllt und beklatscht. Das sah denn doch aus, als hätten die Behörden ein wenig nachgeholfen und jene Typen aufgeboten, die man gegen Bezahlung für alles mögliche bekommt. Einen gewesenen k.k. Linienschiffskapitän, Leone Graziani, der 1848 in den k.k. Marinestationen die Revolution anzünden wollte und es so zu etwas brachte, hat Franz Joseph trotz mancher Bitten freilich nicht begnadigt. Nicht weil er ihm die Gesinnung nicht verzieh, sondern weil er ihn für einen Spitzbuben hielt, also für charakterlos.

Szenenwechsel. Nun war der Kaiser wieder in Wien, die Mama auswärts. Es war die Zeit, in welcher der junge Franz Joseph nicht ganz unempfindlich gewesen sein soll für weibliche Reize. Die unvergeßliche Fanny Elßler sah er bei zwei ihrer Auftritte; er bestätigt der nun schon Einundvierzigjährigen, sie sähe noch unglaublich gut aus. Noch hat er Töne der Konversation mit der Berliner Verwandtschaft im Ohr, wenn er ausdrücklich schreibt: Sie tanzt jottvoll. Dem zu Besuch kommenden Großherzog von Hessen weiß er nichts Schöneres zu bieten, als ein Auftreten der Elßler in »Esmeralda« und die Pferde- und Wagenproduzierung seiner Reitschule in der Hofburg.

Eher unversehens schlüpft in die Korrespondenz zwischen Mutter und Sohn ein Hinweis auf ein kleines, aber folgenschweres Ereignis: Im August 1851 erlitt Fürst Schwarzenberg einen Podagraanfall, den ersten seines Lebens, wie der kerngesunde Kaiser ausdrücklich feststellte. Und das just vor einer neuerlichen Begegnung mit seinem Vis-à-vis in Olmütz, Baron Manteuffel.

Um den entscheidenden Einfluß auf Entschlüsse des Monarchen konkurrierten schon mehr und mehr der 1849 geschaffene *Reichsrat* und die *Regierung* Schwarzenberg. Vielleicht war der erwähnte Podagraanfall Schwarzenbergs doch ein ernsteres Symptom; Enttäuschung darüber, daß sein in der Krisenzeit 1849/50 bestandener Einfluß zu schwinden begann. Einige seiner Minister gehörten zu den Typen, die immer ihr Segel nach dem Wind setzten, der *oben* weht. Die Praxis, wonach der Reichsrat im Wege des Ministerrats sein Votum an den Kaiser heranbrachte, wurde umstritten. Schwarzenberg erlebte die Stunde, da ein bisher Mächtiger sichtlich mehr und mehr seine Mächtigkeit einbüßt; zuletzt hatte Schwarzenberg überhaupt nur mehr den Ackerbauminister, den Kriegsminister und Baron Kulmer, einen Minister ohne Portefeuille, auf seiner Seite. Bach, der Revoluzzer vom 13. März 1848, der Schwarz-gelbe vom Herbst des Jahres, der Innenminister, der mit der Gendarmerie regierte, fiel im entscheidenden Moment von Schwarzenberg ab. Nach einer Audienz beim Kaiser erfloß die Entschließung Franz Josephs, mit welcher der Vorrang des Ministerrangs von dem Reichsrat aufgehoben und zwischen beiden Räten die Stellung eines – wörtlich – Nebeneinander bestimmt wurde. Die Liberalen in der Regierung fürchteten, daß die Zeit nahe war, in der k.k. Minister abgedrängt würden in die im Vormärz bestandene Funktion eines Präsidenten einer Hofstelle.

Was damals im Inneren des Kaisers vorging, das schilderte er als vollendete Tatsache im Brief an die Mama vom 26. August 1851. In dem in fliegender Hast hingeworfenen Brief betreffen alle Absätze des vier Seiten langen Schreibens belanglose Ereignisse. Ein kurzer Absatz aber zeigt eine schicksalsschwere Wendung in der Regierungszeit des Kaisers an. Merkwürdig genug verweist er dabei auch die Mama auf das, was diese ohnedies zuvor der Zeitung entnehmen konnte:

»Wir haben das Konstitutionelle über Bord geworfen und Österreich hat nur mehr einen Herrn.«

Bemerkenswert war, daß der Kaiser diesen Schritt in Zusammenhang mit der Auflösung der aus der 48er Revolution stammenden

Nationalgarde erwähnt. Was leitet Franz Joseph von diesem, wie er schrieb, großen Schritt für sich ab?

»Jetzt muß aber noch fleißig gearbeitet werden ...« Es muß für Franz Joseph im Moment so gewesen sein, als wäre ihm bei diesem Schritt ein Stein vom Herzen gefallen. Denn seinen Grüßen an die Mama schließt er ein Postskriptum an: Gott sei gelobt. Dazu zwei Rufzeichen. Eins folgte dem andern. Bald muß Schwarzenberg auch schon um die Rettung der bloß beratenden Funktion des Ministerrats in seinen Aufgaben gegenüber dem Monarchen kämpfen; er kämpft um die Rückgewinnung seiner ursprünglichen Macht. Und Franz Joseph spürt, daß er mit seinem Vorgehen seinen ersten Ministerpräsidenten nicht überzeugt, daß Schwarzenberg nur mehr loyalerweise gehorcht. Man ist der Bruchstelle in beider Beziehungen nahe gekommen, als der Kaiser feststellt, der Ministerrat sei keine Behörde, Beschwerden und Eingaben, die an ihn gerichtet werden, dürften nicht angenommen werden.

Ehe das Jahr 1851 zu Ende ging, tat Franz Joseph den letzten Schritt auf dem Weg in die Ära des Neo-Absolutismus. Mit dem sogenannten Sylvesterpatent 1851 hob er die Verfassungsurkunde vom 4. März 1849 auf. Es war die Zeit, in der Franz Joseph den ungeheuren Erfahrungsreichtum des noch aus der damaligen Großvätergeneration stammenden, nun schon zweiundsiebzigjährigen Baron Kübeck, einstens Ratgeber Franz I., sowie des mit über-großer Entschiedenheit tätigen Innenministers Bach weit über das stellte, was Schwarzenberg mit schwindender Kraft seinem jungen Kaiser und Herrn riet.

Das Protokoll der Ministerratssitzung vom 5. April 1852 vermerkt, an einer bestimmten Stelle:

»Hier verließ der Ministerpräsident Schwarzenberg den Ministerrat.«

Das geschah um Dreiviertel Fünf. Um diese Zeit machte Franz Joseph einen Spaziergang auf der Bastei. Als er über die Bellaria zurückging in die Hofburg, kam ihm sein Generaladjutant Graf Grünne mit der Nachricht entgegen, Fürst Schwarzenberg sei gestorben. Das Ministerratprotokoll des Tages endet mit dem Hinweis auf das Ableben des Ministerpräsidenten und den daraufhin erfolgten Schluß der Verhandlung.

Franz Joseph hat am Sterbebett seines toten Ministerpräsidenten wohl nicht nur ein Gefühl der Dankbarkeit verspürt, als er sich zum Gebet niederkniete. Bach war im Zimmer, kein Vorgang sollte dem früheren Vertrauten des Fürsten entgehen. Während der folgenden Trauerfeierlichkeiten, die in diesem Umfang keinem Nachfolger Schwarzenbergs zuteil wurden, hatte der junge Kaiser Zeit zum Nachdenken. War es wirklich so, wie er noch im August vorigen Jahres der Mama schrieb, daß man nämlich in den drei Jahren seit 1848 dahin gekommen, wohin man erst später kommen wollte? Was Schwarzenberg seinem Nachfolger hinterließ, war eine Mächtigkeit der Monarchie, die wahrzunehmen über die Kräfte seines Nachfolgers hinausging: Die aufs neue errungene erste Stellung in Deutschland, die Ordnungsmacht in Italien, die nach dem Sieg über die Revolution wieder bis an und in die Türkei erstreckte Einflußmöglichkeit der Monarchie im Südosten.

Wer Franz Joseph eingab, den k.k. Botschafter in London Graf Buol-Schauenstein zum Nachfolger zu ernennen, ist nicht mit Sicherheit zu ermitteln. Man könnte sich denken, daß das Vertrauen des Kaisers weniger der Persönlichkeit des Grafen galt, als dessen Erfahrungen, die dieser 1848/49 am Hof des Zaren und seit 1851 als Botschafter in London im Umgang mit den Monarchen und Staatskanzleien gewonnen hat, auf deren Politik es jetzt am meisten ankam. Buol entstammte einer Familie von draußen, einer, die auch nach dem Ende des Tausendjährigen Reiches ihre Dienste dem Haus Österreich zur Verfügung stellte.

Was Schwarzenberg nicht angetan werden sollte, das erlebte Buol nach seiner Berufung: Der bisherige Minister*rat* wurde in eine Minister*konferenz* umgewandelt und Buol war nicht mehr Präsident dieses Gremiums, sondern dessen Vorsitzender; also Leiter von Beratungen, die für den Kaiser eine der ihm zustehenden Entscheidungshilfen boten, nicht mehr Motor der großen Politik der Monarchie. Letztere machte jetzt der Kaiser selbst, er übernahm die schwere Last, zu präsidieren und zu disponieren; und er zog

Baron Kübeck den Sitzungen des Ministerrates bei. Unversehens wuchs im Schatten der Neuordnung eine bürokratische Neuerung, deren Bedeutung nicht hoch genug eingeschätzt werden kann: die Kanzlei des Ministerrats und der Typus des unpolitisch eingestellten Beamten, der so kennzeichnend für die franzisko-josephinischen Ära wurde. Un-politisch in jenem vom Liberalismus geforderten Charakter, wie er denn tatsächlich bis 1918 und zum Teil auch nachher in den Zentralstellen des Staates anzutreffen war in der Hochbürokratie. Also: Auf keinen Fall ein Eingehen auf eine parteipolitische Bindung. Der über-nationale Charakter des Vielvölkerreiches hatte in diesem Beamtenkorps, wie in der k.k. Armee, seine verläßliche, Franz Joseph genehme Stütze. In der Kanzlei des Ministerrats, im späteren Ministerratspräsidium, gab es keinen nationalen Proporz, keine Bevorzugung oder Diskriminierung wegen Anschauung und Herkunft des Betreffenden. Der Leiter der Kanzlei, Baron Ransonnet-Villez, gehörte zur letzten Nachhut jener Belgier, die einmal Kaiser Franz als brave Leut' angesprochen hat während der Krisen der napoleonischen Kriege. Der Protokollführer Wenzel Wacek war punkto Herkunft schon dem Namen nach ausgewiesen. In der Zeit, da in Ungarn die härteste Opposition gegen Wien und Österreich wütete, dienten ein Herr von Gáhy und ein Andrassy, während ein anderer Träger des letzten Namens noch im Auftrag Kossuths diplomatisch tätig war. Man darf auch annehmen, daß der Kabinettskonzipist von Kučera ein Behm' vom alten Schlag war. Deutsche Herren kamen aus den Statthaltereien, dazu wurde das Kanzleipersonal, Offiziale, Kanzleidiener, Adjunkten und Archivare meistens, den an Ort befindlichen Behörden entnommen. Fünf Konzipisten, manche nur Praktizierende Individuen, besorgten die für den Dienstgebrauch des Kaisers bestimmten Auszüge aus den diversen Geschäftsstücken, eine sehr verantwortungsvolle Arbeit. Um die Entstehungszeit des neo-absolutistischen Zeitalters wurden pro Jahr rund 4000 Seiten exzerpiert, gegen Ende des neo-absolutistischen Zeitalters wurden im Jahr 11090 Exzerpte dem Kaiser unterbreitet.

Späte Kritik, als das Jahr 2000 schon nahe war, hat den *bürokrati-*

schen Optimismus, mit dem man die in der Anfangszeit der Regierung Franz Josephs reformierte und mehr rationalisierte Führung der Verwaltung begrüßte, als zunächst berechtigt angesehen. Tatsache ist, daß die Monarchie in der nächsten großen internationalen Krise in Europa, in dem von Westmächten und der Türkei gegen Rußland geführten Krimkrieg 1853/56, eine leistungsfähige Verwaltung und eine zu Lebzeiten Radetzkys noch immer imponierende Armee besaß. Nicht die Beamtenschaft und das Militär waren schuld daran, daß Folge der total mißglückten Neutralitätspolitik des Ballhausplatzes ein Staat war, dessen Finanzen ruiniert, dessen Heer dezimiert und dessen Verwaltung überfordert war.

Die Frage blieb und bleibt: War es überhaupt möglich, das übernationale, in Parteienstreitigkeiten zerklüftete Großreich im Zeitalter des Überganges vom patriarchalischen ins demokratische Zeitalter mit den Methoden der parlamentarischen Demokratie zu regieren? Vieles spricht dafür, daß die damaligen Parteipolitiker der ersten Stunde das Parlament nur selten zur Ermittlung einer Resultante für das Gemeinwohl gebrauchten; viel öfters aber mißbrauchten, um im Hohen Haus ihre parteipolitischen Zwistigkeiten sowie die erbarmungslosen Kämpfe der nationalen und sozialen Revolution auszutragen. So gesehen waren Beamte und Militärs, bei manchen Mängeln, letzthin die einzigen Stützen, um den unersetzlichen Kommunikationsraum in der Mitte Europas vielleicht doch vor den Hochwässern zu retten, die Europa zugrunde richteten.

6.

Dreimal Unheil für Österreich

In den fünfziger Jahren traten drei Menschen in den Lebenskreis Franz Josephs, die jenes Unheil über ihn und die Monarchie brachten, das für das alte Österreich das Schicksal wurde. Drei Menschen seiner Wahl. 1852, nach dem Tod seines ersten und wohl besten Ministerpräsidenten Schwarzenberg, wurde *Graf Buol-Schauenstein* auf den Ballhausplatz berufen. Äußere Umstände schienen für diese Wahl zu sprechen. Buol hat 1848 als Gesandter in Turin den Überfall von Piemont/Sardinien auf die durch die Märzrevolution in Wien geschwächte Monarchie erlebt. Während der militärischen Intervention Rußlands gegen die Diktatur Kossuths war Buol Botschafter am Zarenhof. Nachher kam er an den Hof von St. James und wurde so Zeuge, wie die Italienpolitik Lord Palmerstons an der Widerstandskraft Radetzkys scheiterte. Leider brachte Buol von diesen drei Beobachtungspunkten ungute Erfahrungen mit: In Petersburg verscherzte er es sich mit Zar Nikolaus I. In London gewann er sichtlich die Überzeugung, es sei höchste Zeit, daß sich Österreich aus der einseitig ausgerichteten Bindung an die konservativen Mächte löse und eine Balance zwischen Ost und West, zwischen der konservativen und der liberalistischen Mächtegruppe in Europa versuche. Zu all dem kam, daß Buol bei seiner Berufung das hinnehmen mußte, was Franz Joseph schon seinem Vorgänger zugedacht hatte. Buol kam nicht mehr in den Rang eines *Ministerpräsidenten,* sondern mußte sich mit dem eines Ministers des kaiserlichen Hauses und des Äußeren, der zugleich *Vorsitzender* einer Ministerkonferenz war, begnügen. Sichtlich fühlte sich Franz Joseph in der letzten Zeit der Ära Schwarzenberg für politisch mündig und in der Lage, selbst jene Zügel zu führen, die kluge Vorgänger Männern wie Kaunitz und Metternich, zuletzt er selbst Schwarzenberg überlassen hatten.

1854, im Jahr als Österreich während des Krimkriegs ein gegen Rußland gerichtetes Bündnis mit den Westmächten einging, heiratete der Kaiser die bildschöne, aber kaum erwachsene Prinzessin *Elisabeth*. Bis heute einer unseligen Abhängigkeit von seiner Mutter Sophie bezichtigt, bewies Franz Joseph auch bei der Wahl seiner Gemahlin eine erklärte Widersetzlichkeit gegen den Wunsch seiner Mama und der Mutter der Braut, die zugleich Schwester seiner Mutter war. Umstritten, wie an sich Eheschließungen unter nahen Blutsverwandten sind, kam im Falle der Eheschließung Franz Josephs hinzu, daß seine junge Braut aus einer Familie kam, deren Vater alles an sich hatte, um seinen Töchtern es abzugewöhnen, eine gute Ehefrau und Mutter zu werden. Für die Lebensaufgabe einer Kaiserin von Österreich war Elisabeth überhaupt nicht vorbereitet.

Daß Franz Joseph Elisabeth und nicht die ihm zugedachte Schwester Helene als Braut wählte, haben damals die Zeitgenossen nur zu sehr zu verstehen geglaubt. Elisabeth geriet in den Ruhm, die schönste Frau Europas zu sein, und selbst Kavaliere, die Erfahrungen hinter sich hatten, verfielen hilflos dem Reiz und der Schönheit dieser Frau. Das Bild der Kaiserin geriet, sehr zur Freude ihres stets verliebten Gemahls, in derlei Erhabenheit, daß alles, worin die Kaiserin im Leben versagte, ihrem angeblich gefühllosen, ledernen, auf einem Aktenmeer dahintreibenden kaiserlichen Gemahl zur Last fiel. Ein an sich undankbares Amt für jeden Ehemann. Franz Joseph hat dieses Schicksal mit der Verschwiegenheit eines Kavaliers der alten Schule ertragen. Er ist nie irre geworden an der Liebe zu Elisabeth.

Elisabeth brachte das Blut ihres Vaters Herzog Max in Bayern mit. Der Papa liebte den Umgang mit Volkssängern, zumal mit Sängerinnen, deren Gesangskunst mäßig, deren Textwahl aber entschieden fortschrittlich war. Ebenso war er dem fahrenden Volk der Zirkusartisten zugetan. Und er war ein hochfürstlicher Kindermacher, wie es lange in diesen Kreisen keinen zweiten gab. Während die Mutter Elisabeths eine Serie ermüdender Schwangerschaften ertragen mußte und alle Mühseligkeiten des fürstlichen Haushalts und seiner Kinderstuben auf sich hatte, verlustierte sich Max in Kreisen von Damen, so als lebte er nicht in der ersten Hälfte des 19., sondern in der zweiten Hälfte des 20. Jahrhunderts. So gefiel es ihm, zuweilen dem Tisch im Kreise seiner Familie fernzubleiben, um in einem anderen Salon des Schlosses Possenhofen mit zwei seiner außer der Ehe erzeugten Töchter zu dinieren.

Elisabeth hatte Geschwister, auf die sie stolz sein konnte, insbesondere auf ihren Bruder Carl Theodor. Ihn bat sie zuweilen nach Wien zu kommen, wenn sie mit ihren seelischen Zuständen, für die kein Arzt jener Zeit körperliche Ursachen finden konnte, allein nicht zu Rande kam. Leider wurde aber eher das Vorbild des Vaters Max Leitbild im Leben der anderen Geschwister der Kaiserin: Der älteste Bruder heiratete eine Frau, deren Beruf in den Akten als Schauspielerin angegeben ist. Dieser Ehe entstammte die Tochter Marie. Sie hat als verehelichte Gräfin Larisch in der Tragödie von Mayerling die schmähliche Rolle einer Kupplerin gespielt und nach Serien von Männerbekanntschaften und Skandalen, geschehen an beiden Ufern des Atlantiks, noch die Zeit nach 1945 erlebt. Die Franz Joseph zugedachte älteste Schwester Elisabeths, Helene, war die Lieblingsschwester der Kaiserin. Auch sie ertrug, so wie Elisabeth, mit schwachen seelischen Kräften nur schwer die Überforderungen eines hochfürstlichen Daseins, das damals noch keine Ausflüchte gestattete, wie sie im demokratischen Zeitalter jedermann zustehen. Ob Franz Joseph mit dieser Frau, die ihm die Mama zugedacht hatte, glücklich geworden wäre? Und da war Elisabeths Schwester Maria, angetraut dem letzten König Beider Sizilien. Als 1860 die Revolution in Italien das Königreich ihres Gemahls hinwegfegte und die letzten Königstreuen in der Festung Gaeta aushielten, kam ihr der Name »Heldin von Gaeta« zu. Nachher suchte sie in Rom Trost und Erholung an der Seite eines Offiziers der päpstlichen Garde. Was ihr der Gemahl schuldig blieb, brachte sie aus Rom mit in die alte Heimat, wo im Kreis der hochfürstlichen Damen die Ankunft der Schwangeren ein großes Lamento auslöste. Wieder bewies Papa

Max seine weit über die Zeit hinaus gediehene Fortschrittlichkeit, indem er einfach sagte:

»Na ja, solche Sachen passieren nun einmal, wozu das Gegakker?«

Er mußte es ja wissen. Aber in Possenhofen schwoll das Gegacker der Damen schließlich dermaßen an, daß aus Wien Elisabeth herbeieilte. Denn in extremen Situationen fielen oft die Fesseln ihrer seelischen Krankheit ab und sie zeigte die unverwundeten Teile eines Charakters, der allen Anforderungen entsprach. Das Gegacker in Possenhofen konnte die Kaiserin freilich nicht beschwichtigen, denn außer der Ehe geschwängerte Exköniginnen hat es bisher nur in Frankreich gegeben. Derlei dem guten bayerischen Volk plausibel zu machen, war um diese Zeit, da man auf dem Land dem Klerikalismus noch nicht das Genick gebrochen hatte, nicht leicht. Schließlich ging besagtes Gegacker selbst dem Herzog Max auf die Nerven. Er warf das gesamte lamentierende Weibsvolk hinaus, samt der Kaiserin von Österreich.

Es macht Franz Joseph alle Ehre, daß er in Ischl die Ankunft dieser Kavalkade unglücklicher Frauen mit jener Benehmität ertragen hat, die er nur selten im Leben einbüßte. Sein Generaladjutant Graf Grünne, ausgestattet mit langjährigen kavalleristischen Erfahrungen im Umgang mit Damen, war der Belastung nicht gewachsen:

»Oh die Weiber, die Weiber!!! Mit oder ohne Krone, in Samt oder parcale (also mäßig bekleidet) haben capricen und wenige sind ausgenommen.«

Im Gefolge der aus Neapel geflüchteten Hoheiten befand sich Elisabeths Schwester Mathilde, verehelicht mit einem aus dem Hause Trani. Ihr Gemahl stand in einem Ruf, der es der Gemahlin zu gestatten schien, ihrerseits in Rom eine Liaison mit einem Spanier einzugehen. Kinder brachte sie keine mit nach Possenhofen. Und so zieht sich eine unzerreißbare Folge von Erbanlagen durch Generationen. Beginnend bei Herzog Max, fortgesetzt im tragischen Lebensverlauf seiner Tochter, der Kaiserin von Österreich, dann wieder im Unglück, das deren Sohn Rudolf widerfahren ist, bis zur letzten in dieser Reihe: Elisabeths gleichnamige Enkelin, die nach Serien von Männerbekanntschaften und Skandalen in der Öffentlichkeit in der bürgerlichen Ehe mit einem sozialistischen Großfunktionär der Republik den Hafen im Alter fand. Ohne die gewissen hochfürstlichen Allüren ihrer unmittelbaren Vorfahren – Franz Joseph ausgenommen – abzulegen. Kaiserin Elisabeth hat bis zu ihrem tragischen Tod die ihr als Kaiserin von Österreich zustehenden und zufließenden Mittel mit größter Selbstverständlichkeit in Anspruch genommen und aufgebraucht. Und doch wäre ihr schon kurz nach ihrer Vermählung ein *Schneider* lieber als Gemahl gewesen, als der Kaiser von Österreich. Allerdings ein Schneider mit den materiellen Möglichkeiten des Kaisers von Österreich. Der bedauerliche Umstand, daß die Kaiserin die Mittel und Möglichkeiten einer Kaiserin von Österreich reichlich in Anspruch nahm, sich aber den Pflichten ihres hohen Ranges immer mehr entzog, machte sie zu ihrer Zeit zu einer, wie man sagte, interessanten Frau. Symptomen der seelischen Krankheit, an der sie zeitlebens litt, kamen die Ärzte ihrer Zeit nie auf die Spur. Sie auch nur anzudeuten wäre Majestätsbeleidigung gewesen. Ihre gleichnamige Enkelin glich ihr in vielem. Vor allem bei der Inanspruchnahme des reichen Erbes, das ihr von ihrer Familie her zufiel. Ebenso wie die Großmutter hat sie sich den Pflichten, die ihr immerhin als Enkelin Franz Josephs auferlegt waren, entzogen. Sie entzog dem Mann die eheliche Gemeinschaft, sie vernachlässigte während Serien von Männerbekanntschaften die Obsorge über die Kinder. In einer bürgerlichen Ehe mit einem sozialistischen Großfunktionär erlebte sie ihre alten Tage in der Republik Österreich. Ihr Personal aber hat nie zu spüren bekommen, daß es eine aus der Arbeiterpartei war, die jetzt ihre harte Herrin war.

Und da war die dritte Fatalität der fünfziger Jahre. 1856 schied Radetzky nach einer mehr als 72jährigen Dienstzeit aus dem Kommando der II. Armee und der Zivilverwaltung des Lombardo-venetianischen Königreichs. Franz Joseph hat Radetzky noch zu dessen Dienstzeit den Nachfolger zunächst als Korpskommandanten beigegeben: Graf Gyulay. Ein k.k. General und Graf reinster magyarischer Herkunft war eine Herausforderung jener in Italien, die sich Magyaren überhaupt nur mehr als Verbündete der Italiener im Kampf gegen die Monarchie vorstellen konnten. Aber Gyulay brachte fast nichts mit, was ihn annähernd für die Nachfolge in die Funktionen Radetzkys geeignet erscheinen ließ. Gouverneur im Küstenland 1848, nachher im Kriegsministerium mit administrativen Agenden befaßt, kurze Zeit Korpskommandant unter Radetzky, wurde er in der Großkrise der Monarchie von 1859, im Krieg gegen Frankreich und Sardinien, das Schicksal für die Kaiserlichen. Er leitete die Serie von Niederlagen ein, welche die Monarchie fortan bis 1918 in allen Kriegen trotz aller Bewährung der Kaiserlichen verfolgt hat.

Zunächst schien Gyulay in Italien eine Atempause gegeben zu sein. Denn die nächste internationale Großkrise auf dem Kontinent brach im Südosten aus. Die Zeit zur Abhandlung der Verlassenschaft nach dem Kranken Mann am Bosporus, wie man die Türkei nannte, war nahe. Die Erbschleicher machten sich auf den Weg.

Seit Beginn des 19. Jahrhunderts fingen die meisten Kriege auf dem Kontinent mit Massakern auf dem Balkan an. Dort waren und sind immer Banden der verschiedenen Völker unterwegs. Banden, deren Angehörige das harte Dasein eines Bauern auf dem Balkan nicht auf sich nehmen wollen. Die sich lieber als Mörder, Räuber, Brandstifter und Schänder das holen wollen, was nach vollbrachter Tat als arbeitsloser Ertrag dem Sieger anheimfällt. So entstanden die berüchtigten *balkanesischen Zustände,* die als die sogenannten *mazedonischen* einen Höhepunkt der Brutalität im Kampf erreichten, wie er erst später von den Partisanen Titos bei weitem übertroffen worden ist. Um 1850 war die Türkei noch imstande, derlei Exzesse, die sich auf ihrem Gebiet ereigneten, einigermaßen unter Kontrolle zu bringen. War dabei das reguläre Militär des Sultans zu träge, dann taten sich die von Christen malträtierten Moslems ihrerseits zu Banden zusammen. Dann hing es vom Ausgang eines Gemetzels ab, ob die Zeitungen im Westen von neuen Anzeichen der Schwäche der türkischen Herrschaft schrieben, oder blutige Massaker, begangen an Christen, zum Anlaß nahmen, um Reformen der türkischen Verwaltung zu verlangen. So kam es immer wieder zu Aktionen der Großmächte, mit denen der Sultan zu Reformen in seinem Reich aufgefordert wurde, Reformen, die nur zu oft Amputationen an der türkischen Staatsmacht zugunsten eines anderen Staates wurden.

Am Vorabend des Krimkrieges 1853/56 fingen die Massaker im Bandenkrieg auf dem Balkan damit an, daß streunende Banden von Montenegrinern und Bosniern auf reguläres türkisches Militär stießen, das in diesem Fall von einem tüchtigen Paša des Sultans geführt wurde: Ömar Paša hieß von Geburt aus Mihailo Latas, wuchs als Getaufter im österreichischen Kroatien auf, kam in eine k.k. Kadettenschule, wurde von dort aber wegen gewisser Eigenheiten hinausgeschmissen. Er ging in die benachbarte Türkei (er selbst hat später gesagt, er sei desertiert), trat zum Islam über und in die türkische Armee ein und brachte es zu einem der erfolgreichsten Heerführer der einstens in aller Welt gefürchteten bewaffneten Macht des Sultans.

Ömar Paša machte es keine Schwierigkeiten, die Banden in Montenegro und Bosnien zu Paaren zu treiben, wie man damals sagte. Das gefiel den beiden Staatskanzleien in Wien und Petersburg nicht so ganz. Die Montenegriner wurden in ihrem bemerkenswerten Widerstand gegen Versuche, sie unter die Oberhoheit des Sultans zu bringen, von Österreich und Rußland unterstützt. 1853 unterstützte Österreich Montenegro sogar insgeheim mit Geld und Munition. Gleichzeitig drängte es in Konstantinopel auf die Beendigung des türkisch-montenegrinischen Konflikts. Dies nicht zuletzt deswegen, weil Rußland sich anschickte, den kleinen Nachbarstaat Österreichs für seine Balkanpolitik zu benutzen. Im Wettlauf mit der einschlägigen Balkanpolitik Rußlands schickte Franz Joseph anfangs 1853 einen Grafen Leiningen als Sondergesandten nach Konstantinopel. Er sollte Sultan Abdülmečid ein kaiserliches Handschreiben überbringen, in dem der Kaiser die Bereinigung anhängiger Streitfragen der Aufmerksamkeit des Sultans empfahl.

Die Türkei sollte die wegen der Unruhen in Bosnien nahe der Grenze zu Österreich versammelten Truppen auflösen; politische Flüchtlinge aus der Monarchie, vor allem Ungarn, sollten interniert werden. Montenegro sollte geräumt und der zum Vorteil Englands gestörte Handelsverkehr wieder intakt gebracht werden. Sofort legte sich die englische Politik quer.

Aber auch andere Mächtigkeiten traten auf den Plan, die ihre rein auf das Diesseits abgestellten Interessen mit kirchlich-religiösen Motiven zu tarnen versuchten: Frankreich und Rußland. In Paris regierte seit 1852 der Neffe Louis des Großen Napoleon als Kaiser Napoleon III. Die Religiosität dieses, des kleinen Napoleon war an sich noch kleiner als jene des verstorbenen größeren Onkels. Ein uralter Skandal in der christlichen Welt war und blieb der Streit der verschiedenen Kirchen um die Rechte an den Heiligen Stätten in Palästina. Frankreich übte dort zugunsten der Katholiken Schutzrechte aus. Napoleon III. hatte die französischen Katholiken bei seiner Wahlwerbung zugunsten der Wiedererrichtung des Kaisertums in Frankreich in schmählicher Weise ausgenützt. Jetzt trat er für die Erweiterung der Rechte der Katholiken an den Heiligen Stätten ein. Weder die Kirche noch der Vatikan und auch nicht Papst Pius IX. hatten ihn dazu gebeten. Es war der Versuch, die französische Stützpunktpolitik in der Levante auf diese Weise auszubauen und zugleich gewisse Ambitionen der Orthodoxen, die der Zar abstützte, zu konterkarieren.

Der Zar war seit Peter dem Großen Dienstvorgesetzter des von ihm berufenen Oberprokurators der Russisch-orthodoxen Kirche, zugleich aber angemaßter oder berufener Schirmherr der orthodoxen Kirchen und ihrer Gläubigen in der Türkei. Seit Katharina der Großen wurde diese Schutzherrschaft von der auswärtigen Politik Rußlands in oft schamloser Weise benutzt, um den *politischen* Einfluß auf die Balkanchristen und die politischen Zustände in der Türkei zu steuern. Nikolaus I., ein schöner Mann und Homme à femme, gab sich christlicher als Napoleon III. Nur wenige wußten, daß er seine vor Liebe blinde Gemahlin betrog und mit einer Dame im Konkubinat lebte, was an sich nicht recht zu dem Gebaren paßte, mit dem er sich umgab, um die französischen Einflüsse auf christliche Untertanen des Sultans durch eine übertrieben zur Schau getragene Christianität zu übertrumpfen. Jetzt, am Vorabend des Krimkriegs 1853/56, stellte Rußland an die Türkei in aller Form das Verlangen, ihm ein offizielles Protektorat über Ostkirchen in der Türkei und ihre Gläubigen zu überlassen. Gleichzeitig waren sich alle Mächte einig, daß die Sendung des österreichischen Grafen Leiningen nach Konstantinopel mißlingen mußte. Aber das Unwahrscheinliche geschah: Leiningen drang mit den Vorstellungen seines Kaisers in der türkischen Hauptstadt durch. Ömar Paša stellte die Kampfhandlungen gegen die Montenegriner ein. Die Entwicklung auf dem Balkan schien sich zu beruhigen. Franz Joseph war an der Erhaltung des Nachbars im Südosten interessiert, je mehr Unruhe in und um die Türkei entstand, desto mehr europäische Mächte pflegten sich in Dinge einzumischen, die Österreich, als Nachbar der Türkei, mehr betrafen als etwa Engländer oder Franzosen. Im übrigen vertrat Franz Joseph die Auffassung, es müßten sich die *konservativen Mächte* (neben Österreich, Rußland und Preußen) einig sein in der Verteidigung ihrer legitimierenden Staatsidee und Ordnung gegenüber den Anschlägen der Revolution. Anfangs 1853 bekam Franz Joseph die unerbittliche Feindschaft der Revolution am eigenen Leib zu spüren.

Von Exilpolitikern aufgestachelt, von ortsansässigen Terroristen angeführt, machten sich Banden von Messerstechern in Mailand bemerkbar, die einzelnen Österreichern das Stilett in den Rücken rannten. Dazu riefen sie EVVIVA L'UNITA und Tod den Deutschen. Zwischen 1848 und 1918 haben die Italiener vier Kriege gegen die Österreicher angefangen und bis 1914 befanden sich die meisten Gräber gefallener Österreicher auf italienischem Boden. Und doch: Jene unter den Kaiserlichen, die einmal unten gedient haben, erinnerten sich bis zum Tod an die Zeit im Italienischen. Es gab und gibt unausrottbare Gewohnheiten, vom Grüßen bis zum Genuß von Wein und Tabak, die Liebe nicht ausgenommen. Viele Italiener kamen ins Österreichische, als die Österreicher längst nicht mehr Herren in Italien waren. Es gab ganze Berufszweige, die blieben vorwiegend Italienern offen, etwa jener der Rauchfangkehrer oder jener der Steinmetzarbeiter. Die Zeit verging und es blieb eine Nachbarschaft, die umso ergiebiger wurde,

je mehr in späten Tagen die Gemeinsamkeiten im Kommunikationsraum der europäischen Kultur die Kriegs- und Kampferinnerungen übertrafen an Bedeutung. Die Messerstechereien von 1853 haben böses Blut erzeugt. Das und die damaligen Versuche, die Ungarn und Polen, die bei den Kaiserlichen dienten, zur Desertion zu verleiten. Je gemeiner die Kampfmethoden der Messerstecher, desto größer die Solidarität derer in der weißen Uniform der Kaiserlichen. Im übrigen wurde Radetzky nach dem Versagen der Zivilbehörden in Mailand der Vorgänge bald Herr. Aber es gab Todesurteile, die vollstreckt wurden, und so wurden andererseits Banditen und Messerhelden in den Rang von Märtyrern erhoben. Noch hatte sich die Erregung wegen der Vorfälle in Mailand nicht gelegt, da verübte am 18. Februar 1853 ein aus Ungarn nach Wien gekommener Schneidergeselle namens Libényi Janos mit dem Ruf:»Es lebe Kossuth«, hinterrücks ein Messerattentat auf den Kaiser, der gerade in der Begleitung eines Adjutanten einen Gang auf dem Glacis machte. Die Wunde war schmerzhaft, aber nicht gefährlich. Bezeichnend war die Reaktion des Kaisers: »Jetzt geht es mir wenigstens so wie meinen Soldaten, auf die man in Mailand auch losgegangen ist ...«
Libényi war kein Veteran der Kossutharmee. Das Kriegsgericht legte sichtlich mehr Gewicht auf die Aburteilung des Täters als auf die Erforschung der Hintergründe und Hintermänner. Nach Vollstreckung des Todesurteils wurde in Wien das Gerücht verbreitet, hinter der Tat sei eine hohe Persönlichkeit gestanden. Diese Deutung gestattete Kombinationen, die noch lange die Gemüter bewegten und die Anti-Habsburglegenden nährten. Der Zwischenfall kam Zar Nikolaus I. gerade recht, um zusammen mit seinen Genesungswünschen Fragen der Politik anzuschneiden. Die so entstandene detaillierte Korrespondenz der beiden Herrscher beweist, daß es dem Zaren im Moment weniger um die Gefahr seitens der Revolution ging, als um eine Gemeinsamkeit beider Regierungen in Petersburg und Wien in Fragen der Balkanpolitik. Der Hilfen gegen die Revolution im Jahre 1849 eingedenk und angesichts der Jugend und Unerfahrenheit Franz Josephs hoffte der Zar bei der Führung dieser Politik – ohne viel in Wien

nachzufragen – immer auch zugleich der Sachwalter Österreichs zu sein.

Was Franz Joseph betraf, so blieb er bei der Überzeugung, wonach die Revolution ein schlimmerer Erbfeind für die christliche Welt sei, als die Türken. Das nun trieb das Vehikel der vom Kaiser höchstpersönlich geleiteten Außenpolitik der Monarchie in die von seinem Außenminister Buol benützten Fahrspuren: Auch Buol war für die Erhaltung des Besitzstands der Türkei, auch er war für die Bekämpfung der Revolution, aber er war, und das war der Anfang des Verhängnisses in der Politik Buols, für ein vertrauensvolles Zusammengehen mit Paris. Mit Paris, wo der frühere Carbonaro und jetzige Kaiser Napoleon die vertrautesten Beziehungen zu unterschiedlichen Gruppen von Revolutionären in Italien hatte!

Der Konflikt des Kaisers mit dem Zaren war da, als Wien verlangte, der Sultan solle nicht nur seinen vom Zaren geschützten Orthodoxen die gesicherte religiöse und politische Freiheit geben, sondern *allen* Christen, gleichviel welcher Konfession diese angehören. Mit diesem Balanceakt hoffte Buol eine Vermittlerrolle zwischen den Westmächten und Rußland herstellen zu können und den Frieden auf dem Kontinent zu bewahren.

Wer weiß, wie die Dinge geraten wären, hätte nicht Nikolaus I., so wie zuvor Franz Joseph, einen Sonderbeauftragten nach Konstantinopel geschickt, dem zwei Eigenschaften anhingen: Man wußte, daß er das besondere Vertrauen des Zaren hatte und man bemerkte, daß er mit türkischen Diplomaten umsprang, wie später Sowjetdiplomaten an Orten, wo sie absolut Herr der Lage sind.

Ehe besagter Sonderbeauftragter des Zaren, Fürst Menšikov, sein Stück in Konstantinopel zur Aufführung brachte und den Türken seine ultima ratio zu erkennen gab, bahnte Rußland hinter dem Rücken Österreichs ein Gespräch mit England an: Das baldige Ableben des Kranken Mannes am Bosporus sei zu erwarten. London sondierte in Petersburg und die Russen tappten in die Falle: Rußland ging es im Moment weniger um die Heiligen Stätten und die dort den Orthodoxen zustehenden Vorrechte, als vielmehr um die Kontrolle der Meerengen bei Konstantinopel, den Ausgang vom Schwarzen Meer ins Mittelmeer und in die Weltmeere. Die von Griechen, Nutznießern ihrer Beziehungen zu Konstantinopel, verwalteten türkischen Fürstentümer Moldau und Walachei, später Kern des Königreiches Rumänien, sollten aufs engste Rußland verbunden werden. Für England sollten die Insel *Cypern* und *Ägypten* abfallen. London durfte beruhigt ablehnen. Es wird sich zeigen, daß Cypern und Ägypten ohne die Benevolenz des Zaren an Großbritannien fallen werden. Und was den russischen Einfluß in besagten Donaufürstentümern betraf, so schien ein bestehendes Ausmaß desselben den Herren in London genug zu sein.

Nun war es an Menšikow zu handeln. Und das tat er denn auch. Der Großvesir, der unlängst den Katholiken gewisse Vorrechte an den Heiligen Stätten eingeräumt hatte, mußte sein Amt abgeben. Gerade noch im rechten Augenblick traf der Viscount de Redcliffe in der türkischen Hauptstadt ein. Er ist viermal englischer Botschafter in der Türkei gewesen. Sein Einfluß geriet dort zu einer Mächtigkeit, die zur Frage berechtigte, ob der Botschafter der Britischen Majestät oder der Sultan Herr im Lande ist. Wie das im einzelnen geschah, bezeigte der Engländer damit, daß er der Türkei vorschlug, mit Rußland einen Vertrag auszuhandeln. In diesem Fall wäre faktisch er der Sachwalter der türkischen Interessen geworden, was bedeutet hätte, daß am Bosporus englische Politik unter türkischer Flagge betrieben worden wäre. Noch gab es Türken, die das Manöver durchschauten und es ablehnten, weil sie erkannten, daß am Ende kein Vertrag mit Rußland gestanden hätte, sondern ein neuerlicher Machtzuwachs Englands.

Man erzählte sich um diese Zeit vom wilden Gehaben des Fürsten Menšikov im Umgang mit türkischen Staatsmännern. Hinter diesem Theaterdonner geschah das Eigentliche der Stunde. Wieder einmal machte sich Rußland auf, die Donaufürstentümer Moldau und Walachei, Kern des künftigen Rumänien, zu besetzen, um Ruhe und Ordnung zu wahren. Franz Joseph schrieb an den Zaren einen Brief, in dem er versprach, alle österreichischerseits bestehenden Kräfte dafür einzusetzen, daß man im Westen einen Einmarsch russischer Truppen in die Donaufürstentümer *nicht* als Anfang eines Krieges ansehen sollte. Unklüger hätte Buol diesen Brief nicht konzipieren können. Denn die Worte des Kaisers waren in den Ohren des Zaren gradezu eine Aufmunterung, ohne weiteres Zögern einzumarschieren, während im Westen der Eindruck aufkommen mußte, Wien und Petersburg seien zu einem gemeinsamen Vorgehen bereit. Die Zwielichtigkeit, die Buols Politik während der Dauer des Krimkrieges überschattete, fand so ihren Anfang, das Ende war fatal für Österreich.

Tatsächlich marschierten die Russen am 2. Juli 1853 in die Donaufürstentümer ein. Man konnte sich an den fünf Fingern einer Hand abzählen, wann und welche Reaktion der Westen darauf tätigen würde. Frankreich zögerte nicht lange, England folgte nach: Dem Einmarsch russischer Truppen in die Donaufürstentümer folgte die Verlegung englischer und französischer Flotteneinheiten in die Beskidabucht, also vor die Mündung der Dardanellen ins Mittelmeer. In London und Paris war man sichtlich nicht der Meinung, wonach die Überschreitung der türkischen Grenze durch mobile russische Verbände nicht den Anfang eines Krieges bedeuten könnte. Napoleon III. benützte den Zeitpunkt, um an Österreich eine Erpressung zu versuchen: Sollte sich Österreich den Westmächten anschließen, dann würde er, der Kaiser der Franzosen, die in *Italien* und in der *Schweiz* bedrohten österreichischen Interessen abstützen. Solche Angebote machte Napoleon in der Folgezeit mehrmals. Leider hat man sich in Wien zu wenig um die Frage gekümmert, woher der legitime Monarch in Paris solche Beziehungen zu Untergrundkämpfern in Italien und der Schweiz besitze, um sie nach Belieben an der Kandare zu halten oder gegen Österreich loszulassen.

Franz Joseph machte *seine* Außenpolitik. Die Zeiten, in denen ein Schwarzenberg ohne erhaltene Gesprächssituation in Olmütz einen Streitfall mit Preußen, bei dem es um Krieg oder Frieden ging, nach seinem Gutdünken bereden konnte, waren vorbei. Buols Einfluß auf die Politik der Monarchie im Krimkrieg soll nicht unterschätzt werden. Er hat nolens volens Österreich aus dem Verband der konservativen Mächte gelöst und damit Paris und London einen unschätzbaren Dienst erwiesen. Er hat aber auch die Dinge so weit getrieben, daß sich das konservative Österreich zuletzt mit den kriegführenden Seemächten England und Frankreich verbündete. Eines trifft nicht zu. Daß etwa Franz Joseph in diesem Sommer 1853, es war der seiner Verlobung mit Elisabeth, um seiner Verliebtheit willen die pünktliche und eifrige Besorgung der ihm obliegenden Staatsgeschäfte auf die leichte Schulter genommen hätte. Wie das später oft gesagt wurde.

Im Hochsommer 1853 suchte Franz Joseph Ischl auf. Graf Grünne, der Generaladjutant des Kaisers und seit Februar 1853 Vertreter der Belange der k.k. Armee in der Ministerkonferenz, sorgte für die rascheste Befassung des in Ischl weilenden Monarchen. Schon in Ischl hat Elisabeth, 1853 noch als Braut, erleben müssen, daß ihrem Bräutigam, bei all seiner Verliebtheit nie die Schwachheit ankam, wegen Herzensangelegenheiten Staatsgeschäfte zu versäumen. Die Ereignisse rund um den 18. August 1853, den dreiundzwanzigsten Geburtstag Franz Josephs, sind seither oft, wohl zu oft, in Worten, Bild und Ton dargestellt worden. Franz Joseph hat bei der Wahl seiner Gemahlin bewiesen, daß er seit seiner Thronbesteigung nicht nur in politischen Dingen, sondern auch in familiären seine Rechte als Chef des Hauses unbedingt beanspruchte, was im gegebenen Fall der vollendete Widerspruch zur Brautwahl seiner Mama war. Was immer über die langen Jahre der Ehe Franz Josephs, die belastet waren durch die seelische Krankheit seiner Frau, gesagt werden kann und gesagt worden ist – eines widersteht jeder Mißdeutung: Franz Joseph liebte Elisabeth mit einer Innigkeit der Gefühle, die ihm erst die Kraft gab, tragische und dramatische Situationen im Eheleben ohne jeden Schaden an der Liebe zu Elisabeth durchzustehen. Wenn es stimmt, daß die Kaiserin zeitlebens auf *der Flucht vor sich selbst* war, dann hat ihr Gemahl jede dieser Fluchten mit einer Ritterlichkeit quittiert, zu der es im Falle des Mannes mehr bedurfte als guter Benehmität.

Bis zum letzten Tag seines Lebens erhob sich vor dem Schreibtisch des Kaisers in seinen Arbeitssalonen in Schönbrunn und in der Burg das Bild Elisabeths. Mögen moderne Psychogramme ihre wissenschaftlich kaum begründeten Spekulationen in derlei Gemütsäußerungen Franz Josephs projizieren – es prallen alle derartigen Diagnosen an der Tatsache ab, daß Franz Joseph das war, was man lange Zeit normal nannte. Normal und damit im verstärkten tragischen Gegensatz zu seiner seelisch kranken Frau, die nur in Extremsituationen jenen Persönlichkeitswert entfalten konnte, der ihr innewohnte, über dem aber im Alltag ein Film lag, der sie Zeitgenossen unverständlich, Nachfahren seltsam machte. Eines blieb vom 19. August 1853: Die Mama schenkte nachher dem jungen Paar die spätere sogenannte Kaiservilla, deren Ankauf vom Vorbesitzer, dem Salinenarzt Dr. Mastalier, sogleich nach der Verlobung des Paares im Winter auf 1854 angebahnt wurde. In diesem nachher durch Umbauten bedeutend vergrößerten Gebäude erlebte Franz Joseph die Tage der Endkrise vor Kriegsausbruch 1914. Hier genehmigte er den Vortrag seines k.k. Ministers des königlichen Hauses und des Äußeren, nach dem via Czernowitz – Bukarest – Niš die Kriegserklärung an die königlich serbische Regierung ergangen ist. Letzte und verheerendste Spätfolge der total mißglückten Neutralitätspolitik Österreichs im Krimkrieg 1853/56.

Noch ist die unverdiente Nachrede, Franz Joseph sei zeitlebens ein Schreibtischmensch, ein dürrer Bürokrat gewesen, nicht verstummt. Man versteht, daß dieser Zug zu einem Image gehört, das den sonst populären alten Herrn von Schönbrunn, wie Epigonen sagen, Sympathien kosten sollt. Und doch hat er 1853 die Rückkehr von Ischl nach Wien als den harten und schweren Sprung aus dem irdischen Himmel in die Wiener papierene Schreibtischexistenz mit ihren Sorgen und Mühen beschrieben. Sorgen und Mühen zeigte der Kaiser im Brief an die Mama auf. Dazu aber keinen politischen Kommentar. Dafür beschreibt der Kaiser en detail die Notwendigkeiten, die sich ergaben, als die Gemahlin seines Vorgängers, Kaiserin Maria Anna, beabsichtigte, in der Wiener Hofburg zu residieren und dazu die notwendigen Appartements von den üblichen Benützern geräumt werden mußten. Der Kaiser

151

wollte sich ins Turmzimmer umquartieren lassen, wohin er über eine Schneckenstiege gelangte. Und bei alldem: Unendliche Sehnsucht zieht den Kaiser nach Westen, der Dienst beordert ihn nach Norden. Zuerst aber bescherte das Glück einen auch politisch wertvollen Erfolg. Kossuth hatte 1849 vor seiner Flucht aus Ungarn die Kroninsignien am Berg Allion bei Orsova verstecken lassen. Jetzt, in der Krise des bevorstehenden Krimkrieges, wollte sich Kossuth dieser Symbole der königlichen Macht, die Franz Joseph noch abging, bemächtigen. Wer immer sie tragen sollte, Franz Joseph sollte es nie sein – so die Absicht Kossuths. Einer der Vertrauten, die Kossuth zur Abholung des Schatzes nach Ungarn schickte, deckte eine Spur auf. Ehe Franz Joseph nach Olmütz zum Treffen mit dem Zaren reiste, begab er sich nach Ungarn, wo im Rittersaal der königlichen Burg die Insignien von ihm in Empfang genommen wurden. Ungeheuer war der Zulauf des Volkes. Das und die ganze Stimmung im Lande bezeugte, daß das Volk, nicht aber manche seiner Politiker, froh waren, die geheiligten Insignien wieder im Lande zu haben. Und die Zeiten wilder parteipolitischer Kämpfe und blutigen Bürgerkriegs vorbei waren.

Franz Joseph beeilte sich, von der ungarischen Hauptstadt raschest hinauf nach Olmütz zu kommen. Anläßlich des Besuches des Zaren waren großartige Truppenparaden vorbereitet. Zur Kirchenparade rückten 40 000 Mann aus, die nachher defilierten. Franz Joseph genoß das Schauspiel, das ihm während zweier Stunden jene Truppen vor Augen führte, auf denen schon bald das Schicksal der Monarchie in einer schweren Krise ruhen wird. Dem Zaren aber führte er ein Monsterkonzert der berühmten k.k. Militärkapellen vor: 1500 Musiker. Dem Zaren wäre freilich ein einziger bewaffneter k.k. Soldat in den Reihen seiner mobilen, im Feld befindlichen Truppen lieber gewesen, das und ein fester militärischer Zusammenhalt beider Reiche.

Im Westen verbreitete die Propaganda freilich ein anderes Bild der Erwartungen: Ein türkischer Offizier trägt die rote Fahne mit Sichel und Halbmond; er wird flankiert und geschützt auf beiden Seiten von je einem französischen und einem englischen Infanteristen; sie gehen mit aufgepflanztem Bajonett auf die Russen los, von denen schon einige verwundet am Boden liegen. Und – hinter dem Franzosen taucht ein Österreicher auf, das Bajonett gefällt, sichtlich bereit mitzuhelfen, den Russen den Garaus zu machen. Gerade dieses kriegerische Engagement wollte Buol vermeiden. Aber seine Politik gewann eher den Ausdruck, als käme sie auf dieses hinaus. Und so enttäuschte er zuletzt den Westen, indem er verhinderte, daß die mobil gemachten drei k.k. Armeen tatsächlich auf die Russen losgingen. Daß dem nicht so war, sicherte Österreich für lange Zeit das Mißtrauen und die Feindseligkeit der westlichen Staatskanzleien. Daß aber andererseits die Politik Buols die Möglichkeit eines militärischen Konflikts mit Rußland an sich zu haben schien, das mußte die zornige Enttäuschung Nikolaus I. hervorrufen. Mit einem unvorstellbaren Leichtsinn stießen die diplomatischen Helfer der Monarchen die Völker in den Krieg.

Nachdem die sogenannte Wiener Note zur Beilegung des russisch-türkischen Konfliks von Rußland angenommen, von der Türkei verworfen worden war, gab es seit dem Allerheiligentag 1853 *Krieg* zwischen den beiden Reichen. Die längste Zeit wollte der Wiener Ballhausplatz diese Tatsache nicht zur Kenntnis nehmen, sofern bloß russische Truppen nicht die untere Donau nach Süden überschreiten. In England hetzte Lord Palmerston die Massen gegen die keineswegs kriegslüsterne konservative Regierung Lord Derbys auf zum Krieg. Palmerstons bevorstehende Rückkehr auf die Regierungsbank wird das noch glosende Feuer im Osten zum hellen Aufflammen bringen. Napoleon III. der »nommé par le peuple, l' armée & le *clergé*«, in Frankreich zum Staatsoberhaupt geworden war, glaubte dem Klerus etwas schuldig zu sein betreffs der Heiligen Stätten in Palästina; obwohl ihn kein Papst und kein Bischof dazu aufgerufen hatten.

Am 31. März 1854 gingen die ersten französischen Truppen auf der Halbinsel Gallipoli auf türkischem Gebiet an Land. Den 50000 Franzosen folgten 25000 Engländer. Der Plan der Westalliierten war, die Seefestung Sevastopol zu erobern, die russische Seemacht im Schwarzen Meer zu vernichten und, das ging vor allem England an, die Gefahr für die Meerengen bei Konstantinopel und die Ausdehnung der russischen Seemacht im Mittelmeer für immer zu beseitigen.

Franzosen, Engländer und Türken wurden von Varna aus über See auf die Krim verfrachtet. Sie hatten einen unheimlichen Gast an Bord: Die Cholera, die während des ganzen Krieges nie mehr zum Erlöschen kam. Mit mehr als vierfacher Überlegenheit griffen die Invasoren die Russen am Almafluß an und drängten sie in die Festung zurück. Die Tatsache, daß die *See*festung nach See hin, also nach Süden, bewehrt, nach Norden nur leicht befestigt war, kümmerte die kümmerlichen Strategen der Angreifer wenig. Vielmehr schwenkten sie im Süden um die Stadt. So bekamen die Russen Zeit, die Festung vollends zu armieren. Und das besorgte der Oberstleutnant Totleben, dessen Großvater noch Kleinhändler in Ostpreußen war. Seltsame Typen waren im Kommando: Lord Raglan, der noch 1815 bei Waterloo gestanden hat, wenig Kampferfahrung hatte und zum Teil Truppen ins Feld führte, die noch Uniformen im Schnitt der napoleonischen Zeit trugen; Ömar Paša, der Deserteur aus Österreich, kommandierte die Türken; die Franzosen verbrauchten in der Krim gleich drei Oberkommandierende. Nach Monaten geschah es: Die Russen machten einen Ausfall. Die zum Teil überraschten Engländer kamen ins Gedränge, eine Brigade leichter Kavallerie sollte die übel geratene Affaire aus dem Feuer reißen. 600 Reiter ritten mit blanken Säbeln und gesenkten Lanzen ins russische Artilleriefeuer. Einmal zur Attacke, dann nochmals dieselbe Strecke im Feindfeuer zurück. Vom 13. Dragonerregiment traten nachher 10 Mann an. Der französische General Fentons, der Zeuge dessen war, sagte: »C'est magnifique, mais ce n'est pas la guerre.«

Die Massaker dauerten das Jahr und den Winter auf 1855 an. Es entstand die Legende von dem einmaligen Heroismus der englischen Krankenschwester Florence Nightingale. Daß lange vor ihr die russische Großfürstin Helene Pavlovna als erste Frau eine weibliche Verwundetenfürsorge im Feld organisiert hat, ist vergessen gemacht worden. Immerhin war sie der Herkunft nach eine württembergische *Prinzessin*.

Und es kam die große Stunde des piemontesischen Ministerpräsidenten Cavour, dessen Land an die Seite der Westalliierten trat und 15 000 Mann auf die Krim schickte. Bisher hatte Napoleon III. die Österreicher gedrängt, in den Krieg einzugreifen; jetzt hatte er die Piemontesen, schon sagte man öfters Sarden, auf seiner Seite; man wird das Italien im Jahr 1859 nicht vergessen; auch nicht den Österreichern deren Absenz in der Krim. Franz Joseph geschah es, daß er einer Zeitungsente zum Opfer fiel und er Napoleon III. zur Eroberung Sevastopols gratulierte. Immer bissiger wurden die Bemerkungen des jungen Kaisers, der verneinte, man dürfe nicht seine *persönlichen* Beziehungen zu Nikolaus I. in einen Topf werfen mit den Notwendigkeiten der österreichischen Orientpolitik ...

Im Frühjahr 1855 machten die Westalliierten Ernst mit dem Angriff auf die Seefestung. Reserven wurden aus der Heimat nachgeschoben. Der Kampf konzentrierte sich mehr und mehr auf die turmartigen Kampfstellungen des Forts Malakov. Die guten Wiener lebten in Frieden und Freude und einer ihrer Konditoren schuf die unvergeßliche Malakov-Torte. Den ganzen Sommer über hielten die schweren Kampfhandlungen an, aber noch immer erlagen mehr Soldaten den Lagerseuchen als den Folgen des letzten, ohne mechanisierte Waffen geführten Kriegs.

Die von Totleben organisierte Verteidigung überstand jeden Einbruch der Angreifer und alle Bombardements. Mehr noch: Den Russen gelang es, die Stellungen der Engländer am Cornaia-Fluß in Gefahr zu bringen. Diesmal retteten Bersaglieri die Lage. Jetzt war auch London dem Grafen Cavour und seiner Italienpolitik moralisch im Debet. Der Sommer 1855 ging vorüber und eine weitere Schlamm- und Winterperiode in der Krim hielt nicht einmal Lord Palmerston an der Heimatfront seiner riskanten Politik aus. Im September brachten die Franzosen die Entscheidung. Das 1. Zuaven-Regiment der Brigade des späteren Marschalls Mac Mahon erstürmte das Malakovfort und hielt den Gewinn gegen verzweifelte Gegenstöße der Russen. Das war am 8. September. Tags darauf sprengten die Russen alle Kampfanlagen und Pulvermagazine, und die sogenannten Sieger zogen ein in ein Flammenmeer der Stadt. Im Feld war alles entschieden. Die Diplomaten aber brauchten noch sieben Monate, um in Paris zum Friedensschluß zu kommen.

Man muß sich das Bild dieses Kampfgeschehens, dessen literarische Beschreibung der später wegen seiner Humanität und Friedensgesinnung hoch gerühmte russische Dichter Leo Graf Tolstoi in seinen »Sevastopoler Erzählungen« mit dankenswertem Realismus beschrieben hat, vor Augen halten, um eines zu verstehen: Den Urgrund einer unauslöschlichen Feindschaft zwischen den beiden Reichen Rußland und Österreich. Am 2. März 1855, auf dem Höhepunkt der Kriegshandlungen, starb Zar Nikolaus I. Nie wird sein Sohn, Alexander II., dem Kaiser von Österreich und der Monarchie deren bemerkenswerte Undankbarkeit vergessen, die Wien bezeigte, nachdem Nikolaus I., gewiß nicht ohne Hintergedanken, dem jungen Franz Joseph 1849 im Endkampf um Ungarn Unterstützung erwiesen hat. Schwarzenbergs berüchtigter Satz, gesprochen nach der Wiedererlangung der Großmachtstellung Österreichs im Jahre 1849:
»Wir werden Europa (oder die Welt) mit unserer Undankbarkeit in Erstaunen versetzen«
erwies sich als eine Drachensaat. Während der grausamen Ereignisse auf der Krim schien es, so ein Dreiviertelhirn der Wiener Publizistik, als ob sich der alte Satz noch einmal bewährte: BELLA GERANT ALII, TU, FELIX AUSTRIA, NUBE ...
Am 24. April 1854 fand in der Hofkirche zu Wien die Vermählung Franz Josephs mit Prinzessin Elisabeth von Bayern statt. Inmitten all der Zeremonien und Feste fand der junge Kaiser immer wieder die Zeit, wichtige Entscheidungen von großer Tragweite unter seiner höchstpersönlichen Autorität zu treffen. So vier Tage nach der Hochzeit die Vereinbarung mit Preußen, *Rußland den Krieg zu machen*, sollte dieses die Donaufürstentümer annektieren oder auf Konstantinopel marschieren. Und mit großer Entschiedenheit genehmigte Franz Joseph im Juni 1854 ein Ultimatum (!) an Rußland, nach dem dieses die besetzten Donaufürstentümer räumen mußte. K.k. Truppen rückten anstelle der russischen in die Walachei und Moldau ein. Der dazu notwendige fi-

nanzielle Aufwand zur Mobilmachung dreier Armeen, die Unterhaltung der Besatzung in den Donaufürstentümern und alles Drum und Dran ruinierten die Staatsfinanzen, und zwar derart, daß noch *vor* der Kriegsentscheidung auf der Krim die Demobilisierung großer Teile der im Feld stehenden k.k. Truppen stattfinden mußte. Insgesamt kostete die verfehlte Neutralitätspolitik Buols der Monarchie mehr Geld und Menschenleben als jede andere kriegerisch geführte Aktion der Monarchie im 19. Jahrhundert. Die Armee, über der noch ein Glanz der Radetzkyzeit lag, war ruiniert. All das genügte Buol nicht. Denn am 2. Dezember 1854 trat Österreich dem Bündnis der Westmächte bei. Es trat nicht als kriegführende Macht auf, aber es stand erklärtermaßen im Lager der Feinde Rußlands. Preußen war klug genug, nicht nur diesen letzten Schritt für sich zu vermeiden, sondern dazu auch noch im Deutschen Bund der sogenannten Neutralitätspolitik Wiens den Weg zu versperren. Man wird das Preußen einmal sehr zugute halten – in Petersburg.

Am 15. März 1856 wurden in Paris, nicht wie erwartet in Wien, die Friedensverhandlungen aufgenommen. Napoleons III. Entree in eine Epoche großartiger Effekte in der internationalen Politik begann. Franz Joseph bewies erneut, daß seine junge Ehe ihm nie ein Hindernis sein konnte, Regierungsgeschäfte nach deren Notwendigkeit und nicht nach den eher bescheidenen Vorstellungen seiner jungen Frau zu führen. Da die österreichische Delegation bei den Verhandlungen in Paris Buol selbst führte, oblag dem Kaiser in Wien im Verein mit dem Rest der Ministerkonferenz die österreichische Außenpolitik in allen Details des Tages zu leiten; die Herren in Paris zu instruieren. Der sogenannte Pariser Kongreß, so die gewollte Kennzeichnung zum Unterschied vom Wiener Kongreß von 1815, nahm 23 Sitzungen in Anspruch. Den österreichischen Delegierten geschah es, daß ihre russischen Kollegen sie demonstrativ schnitten, während sie die Kollegen aus dem Lager der Feindmächte Frankreich und England nicht nur mit ausgesuchtester Höflichkeit, sondern bald freundschaftlich behandelten. Das unermeßliche Opfer, das die Neutralitätspolitik gekostet hat, zeitigte in Paris Ergebnisse, die

Österreich kaum angingen, außer daß man in Petersburg für alle dort verzeichneten Einbußen in erster Linie Wien verantwortlich machte. Was bedeutete es für Österreich, daß Rußland der Schutzherrschaft über die Orthodoxen in der Türkei entsagte, nachdem es diese Mächtigkeit ohnedies bei Kriegsausbruch nie besessen hatte? Was bedeutete für die Monarchie die Zerstörung der russischen Seemacht im Schwarzen Meer, die Neutralisierung dieses Meeres? Was machte es für Österreich aus, daß Rußland am Rand dieses Meeres keine Küstenbefestigungen errichten durfte? Und was bedeutete für die Donaumonarchie das Rußland betreffende Verbot, Befestigungen auf einer Insel in der Ostsee zu errichten? Franz Joseph bestand auf einem: Die Donauschiffahrt sollte in Zukunft frei sein und um das zu erreichen, mußte Rußland die am linken Ufer der Donaumündungen liegenden Gebietsteile abtreten.

Eines konnten die Österreicher auf dem Pariser Kongreß nicht verhindern und gerade damit nahm die dritte Fatalität der fünfziger Jahre ihren bedrohlichen Anfang. Auf der 22. Sitzung nahm der Chefdelegierte des Königreichs Sardinien, Graf Cavour, das Wort. Immerhin sprach er namens einer am Krieg beteiligten Macht. Er fing mit einem Lob für England und Frankreich an. Beide Staaten hätten unlängst zwar Teile Griechenlands besetzt, sich dann aber zurückgezogen, nachdem beide Länder dem König von Griechenland gute Ratschläge zur Bereinigung interner Schwierigkeiten gegeben hatten. Ganz anders ginge es in Italien zu: Frankreich, älteste Tochter der Kirche, und Österreich hätten Teile des Kirchenstaates besetzt, um den Heiligen Vater vor Anschlägen der Demagogie zu beschützen. Mit großem rednerischen Geschick verwob Cavour die italienische Frage mit der davon fernab liegenden Aufgabe des Kongresses, nämlich dem Krimkrieg ein Ende zu bereiten. Mit einigen Rößlsprüngen brachte er die Diskussion auf die politischen Zustände im Kirchenstaat und in Neapel. Um dann in scharfen Worten die Tatsache anzugreifen, daß der stets von Unruhen erschütterte Norden des Kirchenstaates seit acht Jahren von Österreich besetzt sei. Und die österreichischen Okkupationstruppen im Kirchenstaat bedrohten das *europäische Gleichgewicht.*

Noch gelang es Cavour nicht, den Kongreß dazu zu bringen, daß er den Regierungen in Rom und Neapel Vorstellungen von der Verbesserung der dortigen Zustände zur Kenntnis bringt. Frankreichs Sprecher, immerhin belastet durch die Anwesenheit französischer Truppen im Gebiet des Kirchenstaates, resümierte ex praesidio, daß sein Land und Österreich alsbald ihre Truppen aus dem Kirchenstaat zurückziehen würden. Den Vorschlag, den König von Neapel zu Gnadenakten gegenüber Revolutionären zu bewegen, brachte der Franzose nicht durch. Aber er ließ die von Cavour aufgeworfenen Fragen und die Diskussion darüber zum Protokoll des Kongresses nehmen.

Die Italienische Frage war damit nicht länger eine Frage, die zwischen Turin und Wien ausgetragen wurde, sie war mit einem Schlag *internationalisiert,* eine der großen europäischen Fragen. Vom Standpunkt der Westmächte wäre dieser Stand der Erörterung europäischer Probleme geeignet gewesen, auch die *Polnische Frage* aufs Tapet zu bringen. Dem ging der russische Vertreter mit einem kurzen, beschönigenden Hinweis auf einschlägige Bemühungen des Zaren erfolgreich aus dem Weg. Dazu kein weiteres Wort der Westmächte.

Im Bericht Buols an den Kaiser unterstrich der Graf, daß der englische Vertreter Lord Clarendon sich vom liberalen Standpunkt aus sehr interessiert zeigte für die England genehmen Tendenzen unter den Völkern Europas, daß aber er, Buol, sich dafür stark machte, die Einmischung einer Regierung in Angelegenheiten einer Regierung eines anderen Staates zu verhindern.

Noch einmal gerieten Buol und Cavour aneinander. Cavour blieb allein in dem Versuch, die Streichung der die italienische Frage betreffenden Passagen aus dem Protokoll zu verhindern. Immerhin erweckte er alte Ressentiments bei der Erinnerung an die österreichische Intervention in Neapel im Jahre 1821: Damals hätte Österreich eine Initiative und Spontaneität entwickelt, die es sich selbst gegenüber nicht gelten lassen möchte. Das war ein klarer Hinweis auf die Notwendigkeit einer Intervention der Großmächte bei Unruhen im Lombardo-venetianischen Königreich. Jetzt, nicht länger im *konservativen* Zeitalter Metternichs, vielmehr im Sinne einer Solidarität der *liberalen* Mächte ... Man applaudierte Buol, als er von humanitären Zielen in der Politik redete, aber Lord Clarendon bestätigte für seinen Teil, daß man jedenfalls nicht damit rechnen könnte, die englische Regierung für Dinge in Anspruch zu nehmen, die nicht ihren eigenen Doktrinen entsprechen. Das war ein Kranz auf das Grab der englisch-österreichischen Entente von 1813, auf der die 1856 schon aufs äußerste gefährdete Ordnungsmacht der Monarchie in Italien begründet war.

Mit einem *England,* das in Italien den Kräften des Umsturzes nicht länger entgegentreten wollte, einem *Frankreich,* das sich ungemein interessiert an den von Cavour aufgeworfenen Fragen zeigte, und einem zu allem bereiten und fähigen Sardinien gegen sich, verließ Buol Paris. Der Geheimvertrag Österreichs mit Frankreich und England zur Aufrechterhaltung der Beschlüsse des Pariser Kongresses war für Wien eine taube Nuß. Denn, wie gesagt, was in Paris beschlossen wurde, ging die Monarchie nur am Rande an.

Wien war isoliert, wie man am Ballhausplatz unangenehm betroffen feststellte. Der soliden Feindseligkeit Rußlands war man sicher. In Deutschland war man in der Krise des Krimkriegs nicht Österreich, sondern letzten Endes Preußen gefolgt. In Italien konnte sich Cavour seines effektvollen Auftretens in Paris freuen. Die am Cornaia-Fluß auf der Krim gefallenen Bersaglieri hatten nicht umsonst den Tod für eine Sache gefunden, die sie prima vista nichts anging. Die Einigung Italiens war nahe ...

Das waren die drei Fatalitäten der fünfziger Jahre für Österreich.

7.

DIE LIBERALEN SIEGEN 1859 BEI SOLFERINO

Die dramatischen Ereignisse der fünfziger Jahre, die wachsende innerpolitische Gegnerschaft zum System des Absolutismus und der schließliche Fall des Systems im Krieg von 1859 machten vergessen, was der junge Franz Joseph im ersten Jahrzehnt seiner Regierung Bleibendes geschaffen hat.

Wenige Tage nach Erscheinen der sogenannten oktroyierten Verfassung vom 4. März 1849 kam das neue Gemeindegesetz heraus, das die freie Gemeinde als Grundlage eines freien Staates Wirklichkeit werden ließ. Ein Pressegesetz lockerte die im Kriegsjahr 1848 auferlegte strenge Zensur, die Bildung von Vereinen wurde erstmals auf moderner Grundlage ermöglicht. Noch im selben Jahr wurden mit einer neuen Gerichtsverfassung die Bezirks-, Landes- und Oberlandesgerichte geschaffen und erst damit wurde die Gerichtsbarkeit, die bisher den Grundherrschaften zugestanden hatte, in unterster Instanz vollständig beseitigt. In der Verwaltung entstanden in den Ländern die Statthaltereien und die Bezirkshauptmannschaften als die zeitgemäßen Instanzen an Ort; sie überdauerten alle umstürzenden Ereignisse im Staat. Was dem Gesamtstaat an Einrichtungen der parlamentarischen Demokratie mit der Märzverfassung genommen wurde, das lebte umso mehr auf und blieb in den Landesverfassungen, mit denen zugleich die Landtagswahlordnungen ergingen. Die Hafenstadt Triest erhielt die Reichsunmittelbarkeit und geriet, zumal im Levantehandel, zu einer nach 1918 nie mehr erreichten Bedeutung.

Und da war vor allem die epochale Reform des Schulwesens: Das achtklassige Gymnasium anstatt des bisher sechsjährigen und die Neuschaffung von Realschulen. Die Universitäten wurden befreit von den bisherigen zweijährigen Vorbereitungslehrgängen für das

Fachstudium, diese Aufgabe ging an die Gymnasien über. Im übrigen erlangten die Universitäten eine Autonomie, die sie weitgehend von den seit Maria Theresia eingesetzten Verstaatlichungstendenzen befreite. Die modernisierte Universität, die Liberalität des Unterrichtsministers Graf Thun bei der Besetzung von Lehrkanzeln brachte Kapazitäten ins Land, wie solche lange nicht mehr an österreichische Universitäten gekommen waren.

Das Jahr darauf erging die provisorische Strafprozeßordnung und damit die Einführung von Geschworenengerichten für gemeine Verbrechen. Die Schaffung eines Obersten Gerichts- und Kassationsgerichtshofs komplettierte die Neuordnung. Das Besitzbürgertum, das sich nach den Erfahrungen im Revolutionsjahr eher von den revolutionären Methoden in der Politik absentiert hatte, bekam in den Handels- und Gewerbekammern nicht nur eine Interessenvertretung, sondern auch die erneute Möglichkeit, mit der Zeit verstärkten Einfluß auf die Führung der Staatsgeschäfte zu gewinnen. Neben die Grundsteuer, Fundament der Steuerpolitik des Staates, trat nunmehr die Einkommensteuer, deren volle gesetzliche Ausbildung zu den wichtigen Hinterlassenschaften der franzisko-josephinischen Ära gehört.

Schon zeigten sich als Folge der Industrialisierung und einer oft rasanten Entwicklung der Bauwirtschaft Nebenfolgen, die später auch auf dem Höhepunkt des Industriesystems *künftiger Zeiten* dem Land nicht erspart blieben: Die rücksichtslose Beseitigung von Baudenkmälern im Interesse einer raschen Ausbreitung des Fabrikwesens sowie der Schaffung von Wohnungen in den Ballungsräumen der Industrie. Zu Beginn des Jahres 1851 erfolgte daher die Errichtung einer Zentralkommission für die *Erforschung* und die *Erhaltung alter Baudenkmäler*. Die Berufung von Fachleuten, die später als Landeskonservatoren eine unvergeßliche Tätigkeit in der Hochgründerzeit entfalteten, fing an. Wissenschaft und Forschung sollten nicht bloß an Universitäten stattfinden. Neben den Universitätseinrichtungen wurden Institute und Seminare geschaffen. So die Meteorologische Zentralanstalt und das Institut für österreichische Geschichtsforschung, das vieles geleistet hat, aber fast nichts, was einer Reinigung der Geschichte Österreichs von Vorurteilen oder polemischen und politischen Einflüssen gedient hätte. Das Spannungsverhältnis zwischen Revolution und Reaktion ließ sich nicht und nie mehr vollends beseitigen. 1852 wurde ein Polizeiministerium geschaffen und damit ein Image, das gerade in der Presse des Auslands, wo etwa in Frankreich das Polizeiwesen in ganz andere Proportionen geriet und blieb, aufs krasseste bloßgestellt und als system-typisch hingestellt wurde. Das aus der Zeit des Josephinismus stammende Strafgesetz wurde in Teilen modernisiert und abgestellt auf Verbrechen, Vergehen und Übertretungen. Dieses Gesetz wurde erst in der Zweiten Republik durch ein dem nunmehr herrschenden Zeitgeist angepaßtes ersetzt.

Das lange vernachlässigte Verkehrswesen erfuhr mit der Verdichtung des Netzes der Eisenbahnlinien eine Bedeutung, die weit über das Verkehrstechnische hinausging. Wie bekannt, war der für den Bahnbetrieb notwendige Telegraf der erste, dessen Netz Wien mit fernab gelegenen Landesteilen verbunden hat. Nun war schon seit Jahren der Staatstelegraf für die Privatkorrespondenz freigegeben. Der noch unter Kaiser Ferdinand I. entstandenen ersten Strecke der Nordbahn folgten, radial von Wien ausgehend, jene Bahnlinien, deren Benennung die einmalige Lage und Funktion der Reichshaupt- und Residenzstadt kennzeichneten: Die Südbahn, die Westbahn, die Ostbahn, später eine Nordwestbahn und die Kaiser-Franz-Josephs-Bahn. Nichts kennzeichnet die Verstümmelung des alten Kommunikationsraums in der Mitte Europas mehr, als die Verstümmelung dieses Netzes nach 1918, ganz besonders nach 1945. Nur die Westbahn behielt einigermaßen ihr weit ausholendes Schienennetz. Die Nordbahn endet an der Staatsgrenze vor Lundenburg, die Südbahn wurde in ihrer Verästelung amputiert, niemand weiß mehr, daß die Brückenverbindung mit der Seestadt Venedig einmal von den Österreichern erbaut wurde. Vom Ostbahnhof, einmal Ankunft- und Abfahrtsstätte einer Haute Volée, Station des berühmten Orient-Expreßzuges, gehen die Züge jetzt bis Wulka-Prodersdorf. Nur mehr wenige internationale Züge durchqueren die Sperrzonen des Eisernen Vorhangs im Norden und Osten des Kleinstaates Österreich. Der in der Praxis eingetretene Zwang der Verhältnisse wurde symptomatisch für die Lage der Republik im Schnittbereich der zweigeteilten Welt von 1945.

Es entsprach der Denkungsart Franz Josephs, daß er der Schaffung eines Rechnungshofs für die Oberste Rechnungskontrolle jene Bedeutung zumaß, die leider Folge des Umgangs gewisser Typen der staatlichen Verwaltung mit fremdem Geld angemessen war und blieb. An die Spitze dieser Behörde zu gelangen, war im franzisko-josephinischen Österreich einer der Höhepunkte einer Beamtenlaufbahn, Ausdruck allerhöchsten Vertrauens und Wertschätzung.

Wie in militärischer und außenpolitischer Hinsicht hat auch in der Reform des Staates die mißglückte Außenpolitik des Ballhausplatzes während des Krimkriegs den Aufschwung in den ersten Regierungsjahren Franz Josephs unterbrochen. Die Erschütterung der staatsfinanziellen Lage brachte die noch von der Regierung Schwarzenberg ausgegangene Erneuerung der Monarchie zur Verlangsamung. Nicht daß die Initiativkraft des Kaisers, der Schaffensdrang der Unternehmer einfach gelähmt worden wären. Als junger Mensch erlebte der Kaiser, vielleicht zu spät, daß der Neuerungs- und Änderungssucht der Jugend Grenzen gesetzt sind; daß aber diesen ungezügelten und noch nicht von leidvollen Erfahrungen niedergedrückten Zeiten jene folgen, in denen sich so recht die wirkliche Manneskraft bewähren kann; wohl auch scheitert.

Im Jahr nach dem Ende des Krimkriegs 1857 erging jenes Allerhöchste Handschreiben Franz Josephs an seinen Innenminister, mit dem der mittelalterlichen Festungsstadt Wien ein Ende bereitet, die Bahn für die glanzvolle Ringstraßenära eröffnet wurde. 1846 schon wurde die innere Stadt vermessen. Durch das kaiserliche Handschreiben vom 20. Dezember 1857 wurden dazu Flächen zwischen der Stadt und den Vorstädten, bisher militärischem Interesse und Notwendigkeit unterworfen, revidiert. Binnen weniger Monate wurde den für die angeordnete Stadterweiterung befaßten Fachleuten ein genaues Hilfsmittel für weitere Planungen als Grundlage an die Hand gegeben. Für die Erstellung eines Grundplanes wurden die Ergebnisse eines Wettbewerbs von einer Kommission im Innenministerium zusammengefaßt. Der Kommission gehörten fast alle Größen aus den Reihen der Architekten der Ringstraßenära an. Es bedurfte aber der festen Hand des sonst mäßig beliebten Innenministers Bach, um ein Zerrinnen des Vorhabens in unzählige Varianten zu verhindern, ehe der Kaiser selbst den Grundplan genehmigen konnte. Es ist bezeichnend, daß sich Franz Joseph der letzteren Aufgabe inmitten der bedrängten Situation, die der militärischen Niederlage im Krieg von 1859 und der im Inneren auftretenden Umsturzbewegung wenige Monate nach Solferino 1859 folgte, unterwarf. Vieles an dem Grundplan wurde nachher in der Praxis anders ausgeführt. Was blieb war die Trassierung einer Ringstraße anstatt der früheren Befestigungsanlagen und Teilen des Glacis; die grandiose Achse Schwarzenbergplatz/Schwarzenbergpalais; die Lage des Neubaues für das k.k. Hofoperntheater; die Situierung des künftigen k.k. Hofburgtheaters; die Achse Schottentor/Votivkirche; und die forumähnliche Verbauung des Platzes vor der Hofburg.

Die Militärs bekamen eine Abfindung für die Schleifung der bisherigen militärischen Anlagen: Je eine sogenannte Defensionskaserne wurde an der Einmündung des Wienflusses in den Donaukanal sowie im Norden als Sperre am linken Donauufer konzediert. Wie symbolisch wirkt für den späten Betrachter die Tatsache, daß es der tote Radetzky war, dessen Leichnam in einem Trauerkondukt nie gekannten und nie wiederholten Ausmaßes noch einmal die alte Festung durch das Kärntnertor passierte, ehe eine neue Zeit über seine Hinterlassenschaft mit jener Gelassenheit hinwegging, die jede Modernität einer Ära kennzeichnet. Das ereignete sich am 18. Januar 1858. Es wurde ein Stichtag für höchst geheimnisvolle Aktivitäten, die sich zwischen Paris und Turin abspielten, nachdem der Mythos der Ära Radetzky erloschen schien.

Als Graf Cavour 1856 nach Abschluß der Pariser Konferenz die Stadt verließ, machte ihm Napoleon III. ein kostbares, aber zerbrechliches Geschenk: eine Sèvres-Porzellanvase. Nach Turin zurückgekommen stellte der Ministerpräsident die Vase in seinem Empfangssalon zur Schau. Alle Welt sollte beim Besuch sehen, welches Unterpfand der Freundschaft Frankreichs das Königreich Sardinien in Händen hatte. Cavour war ein Mann der Tat, er beließ es nicht bei symbolischen Andeutungen. Im Parlament stellte er in einer Rede von der Ministerbank aus klar heraus, was auf der Pariser Konferenz geschehen war und was für einen Sinn das Sterben der Bersaglieri auf der Krim hatte:

»Zum ersten Mal in der Geschichte wurde die italienische Frage einem Kongreß vorgelegt. Die Sache Italiens von heute wird vor das Tribunal der öffentlichen Meinung gebracht, dem nach dem denkwürdigen Ausspruch des Kaisers der Franzosen die letzte Entscheidung und der Endsieg gehört.«

Mit dem zweiten Satz wiederholte Cavour, was vor ihm längst der englische Konservative Disraeli gesagt hat:

»Jetzt ist die öffentliche Meinung souverän und die öffentliche Meinung spricht im Druck. Die Vertretung durch die Presse ist weit vollständiger als die Vertretung durch das Parlament.«

Die Mächtigkeit der Presse, der des Westens, bekam Österreich bald zu spüren. Was aber die erstmalige Befassung eines internationalen Kongresses mit der italienischen Frage betraf, so sagte Cavour die Unwahrheit. Der Wiener Kongreß von 1815 hat die Grundlagen der Ordnung in Italien geschaffen, wie sie Cavour vorfand. Neu war im Jahre 1856 nur, daß England, das 1813 im Verein mit Österreich die Ordnung in Italien begründete, 1859 längst nicht mehr mit Österreich zusammenging. Diese Tür hing nur mehr in einer Angel, sie hing schief.

Cavours Äußerungen in der Turiner Kammer forderten Nachfragen von Abgeordneten heraus. Einer wollte wissen, wie die Beziehungen Sardiniens zu Österreich seien. Darauf Cavour:

»Österreich und Piemont werden sich infolge der Unversöhnlichkeit ihrer Prinzipien niemals vertragen können.«

Diese Antwort Cavours nahm, fast aufs Wort, das vorweg, was vor Ausbruch des Ersten Weltkriegs ein serbischer Abgeordneter und Minister im Belgrader Parlament betreffs der Beziehungen Serbiens zu Österreich-Ungarn sagte.

In Wien hatte niemand eine Ahnung davon, daß Napoleon III., der während des Krimkriegs nicht aufgehört hat, Österreich für ein Bündnis mit den Westmächten zu gewinnen und dafür ein Appeasement in Italien versprach, gleichzeitig an einen italienischen Gewährsmann die Frage stellte:

»Was kann ich für Italien tun?«

Schon bei den Friedensverhandlungen in Paris 1856 zeigte es sich, daß der russische Delegierte Fürst Orlov die Österreicher schnitt, während er mit den Vertretern der bisherigen Kriegsgegner Rußlands in der freundschaftlichsten Manier Umgang pflegte. So auch mit Cavour. Die Zeit kam, da nahm sich Napoleon III. heraus, den Österreichern gute Ratschläge zu geben angesichts der im Verkehr mit Rußland entstandenen Feindschaft; am besten wäre es, wenn sich Österreich, nachdem die Freundschaft zum konservativen Rußland in die Brüche gegangen war, mit den liberalen Interessen der Westmächte arrangieren würde. Buol war schwer gekränkt über diese Bloßstellung seiner, wie er meinte, Neutralitätspolitik in der Zeit des Krimkrieges.

Aus Paris hat Cavour auch eine Benevolenz Londons heimgebracht. Die Österreicher werden das 1859/60 bei ihrer Italienpolitik zu verspüren bekommen. Ohne die seltsame Abschirmung gewisser Ereignisse zur See durch zufällig an Ort befindliche englische Flottenverbände wäre zum Beispiel die Eroberung des Königreiches Beider Sizilien keine so leichte Sache geworden, wie dies nach der erfolgten Landung der Freischar Garibaldis auf Sizilien wurde.

1857 erlebte Franz Joseph bei einem Besuch im Lombardo-venetianischen Königreich in den Städten den stummen Haß, die unüberbrückbare Distanzierung des Adels und des Besitzbürgertums. Und das ganz im Gegensatz zu dem unverändert freundlichen Empfang des Kaiserpaares seitens der bäuerlichen Bevölkerung der Lombardei. Turin leistete sich einen gekonnt durchgezogenen demonstrativen unfreundlichen Akt beim Besuch des Kaiserpaares: Es ignorierte dessen Anwesenheit; die übliche Entsendung eines Sondergesandten zu einem solchen Besuch unterblieb. Die Presse im Königreich verschwieg das Kommen. Um diese Zeit kamen andere Kundgebungen aus Turin in die benachbarte Lombardei:

»Werft Steine auf die österreichischen Wachposten, schreibt an die Mauern: Es lebe Italien. Laßt es dazu kommen, daß über Mailand der Belagerungszustand verhängt wird.«

Ein wenig wurde dem Gang der Dinge auch in Paris mit seltsamen Methoden nachgeholfen. 1857 wurde auf die Staatskarosse Napoleons III. und seiner Gemahlin ein Bombenanschlag verübt. Inmitten eines Blutbades entstieg das hohe Paar unverletzt dem Rest des Fahrzeugs, um den Weg ins Theater fortzusetzen. Hier war, wie man sagte, die *Vorsehung* am Werk, etwa wie am 20. Juli 1944 in Rastenburg in Ostpreußen. Haupttäter des Anschlags auf Napoleon war ein Italiener, Felice Graf Orsini. Er konnte seine Bande in London anwerben, dort alles vorbereiten, um dann auf den Tag genau über den Kanal an den Ort der Tat zu kommen. Also irrte sich der päpstliche Nuntius in Paris, als er sagte:

»Das ist die Frucht der Verschwörung Cavours.«

Oder hatte der Nuntius vielleicht doch recht? Aber wer hörte noch auf das Wort des Vertreters des Papstes. Napoleon III. gefiel sich nicht als der mit Gottes Hilfe aus Todesgefahr befreite Monarch, vielmehr machte er sich Orsini und dessen Tat politisch zunutze. Im offiziellen »Moniteur« wurde ein vor der Hinrichtung Orsinis an den Kaiser gerichteter sogenannter Abschiedsbrief im Wortlaut veröffentlicht. Darin stand der Satz:

»Es ist kein geringer Trost für mich, der ich mich zum Sterben anschicke, Eure Majestät von wahrhaft italienischen Gefühlen beseelt zu sehen.«

In Turin drückte die offizielle »Gazetta de Piemont« den Brieftext ab. Ein böses Gerücht verdächtigte den Kaiser der Franzosen, *er selbst*, als Zeitungsmann nicht ohne Erfahrung, hätte die imponierende Aktion der Zeitungen organisiert. Einige sagten *getextet*.

Nie hat Franz Joseph begriffen, welcher Natter er im Falle Napoleons III. immer wieder das Eindringen in so viele Bereiche seines Lebens gestattete. Sein Bruder Max, noch naiver als sein Kaiser, fiel vollends der Politik Napoleons III. zum Opfer und wurde als sogenannter Kaiser von Mexiko 1867 erschossen. Der Botschafter

Franz Josephs in Paris war ein gebildeter und schreibgewandter Mann. Er verfiel aber in jenen kritischen Zeiten vollends der Schauspielerei des Kaisers der Franzosen, der ihn zuerst bis zur Lästigkeit umwarb, um ihn dann, als es auf den Krieg zuging, wochenlang weder anzusprechen noch in Audienz zu empfangen. Man muß das verstehen. Denn in dieser Zeit überbrachte ein Ordonanzoffizier Napoleons III. dem Ministerpräsidenten Cavour einen Brief Napoleons III. Darin stand einiges zu lesen. Wichtiger war, was der ausländische Offizier unter Umgehung des diplomatischen Dienstes Cavour sagte:
»Seine Majestät beauftragt mich, Ihnen mitzuteilen, daß sie erfreut wäre, Sie in Plombières zu empfangen.«
Plombières les Bains liegt in den Vogesen. Seit uralten Zeiten suchen es ältere Herren auf, um Linderung jener Leiden zu finden, von denen man nicht spricht, die aber besagte Herren in den Augen von Damen inferior machen. Cavour war gesund, er kam nicht zur Kur nach Plombières, sondern um die Zustände in Italien zu kurieren. Was in Plombières zwischen dem Kaiser der Franzosen und dem sardischen Ministerpräsidenten ausgehandelt wurde, das kam weder in Paris noch in Turin zu den Akten. Erst nach Jahren, 1882, druckte die Mailänder Zeitung »Preseveranza« den Text jenes Briefes ab, in dem Cavour 1858 festgehalten hat, was in Plombières herausgekommen ist. 1882, das war, als Italien wieder einmal die Front wechselte; diesmal als künftiger Bundesgenosse im Dreibund mit Österreich, Ungarn und dem Deutschen Reich, um stärker gegen Frankreich auftreten zu können. Mißlichkeiten mit Italienern handelte sich Napoleon der Dritte zu seiner Zeit selbst ein, als er etwa versprach:
»Italien von den Alpen bis zur Adria frei von Österreich.«
Indessen war er anfangs klug genug, sich eines auszubedingen: Der Krieg gegen Österreich dürfte, anders als 1848/49, keinen revolutionären Charakter annehmen. Nach dem Vorbild des Deutschen Bundes sollten die Staaten Italiens zu einem Staatenbund zusammentreten, und zwar unter dem Ehrenvorsitz des Papstes. Das Ganze lief also auf ein Italien von den Alpen bis Sizilien hinaus; und wie dieses Italien in sich geordnet sein sollte, das wollte

Cavour im Moment nicht zum Gegenstand der Verhandlungen machen. Es hätten sich Streitpunkte ergeben. Der Italiener erschrak ohnedies, als der Kaiser der Franzosen seinen Preis für die Hilfen im Kampf gegen Österreich nannte: Nizza und Savoyen sollten französisch werden. Nizza war die Geburtsstadt des berühmten italienischen Freiheitshelden Garibaldi und Savoyen Stammland der in Turin regierenden Dynastie gleichen Namens. Napoleon stellte seine Forderung scheinbar nur en passant und schloß:

»Wir wollen später darüber sprechen ...«

Man müsse dem Feind Österreich das Schwert ins Herz stechen. Ein hartes Wort, aber nicht härter als jenes, das 1866 der preußische Vertreter am Hof des Königs des geeinten Italiens für angemessen fand: *Stoß ins Herz der Monarchie*. Zwischen Beiläufigkeiten ließ der Kaiser immer wieder Grundsätze einfließen, die er beachtet wissen wollte. So etwa, daß Sardinien um keinen Preis als der Kriegstreiber dastehen dürfte im Konfliktsfall; man müsse Österreich so lange haranguieren, bis denen in Wien die Nerven durchgingen und sie den Krieg an Sardinien erklären. *Wie das?*

Nun, meinte Napoleon, man könnte ja im Kirchenstaat eine Volkserhebung organisieren, dann würden die Österreicher dort einmarschieren und der Konflikt wäre fertig. Oder: Der Herzog von Modena hatte habsburgisches Blut, er war frech genug, Napoleon nicht als Kaiser der Franzosen anzuerkennen; man wird ihm in Massa und Carrara ein kleines Feuerchen anzünden und dann werden die dortigen honetten Bürger den König von Sardinien bitten, seine Truppen ins Land zu schicken, um Ruhe und Ordnung wiederherzustellen. Cavour hatte auch eine Idee: Wie wäre es, Garibaldi mit seinen Scharen von der Leine zu lassen?

»Der ist ein Rohling«,

erwiderte Napoleon, aber Cavour berichtigte: Roh, aber rechtschaffen. Nun irgendwie wird es schon gelingen, Buol zu einem Mißgriff zu verleiten, eine große Meinung hatte man ja weder in Paris noch in Turin vom k. k. Minister des Äußeren nach *der* Politik, welche dieser im Krimkrieg zusammengebastelt hatte.

Viktor Emanuel II. erfuhr von Napoleon kein Wort vom Inhalt

170

des Gesprächs in Plombières; nur die förmliche Bestätigung der Freude, die es bei besagtem Gespräch gegeben hätte. Kam Viktor Emanuel diesmal puncto Nizza und Savoyen noch ungeschoren davon, so traf ihn eine andere Forderung Napoleons persönlich umso schmerzlicher. Der Kaiser hatte einen Vetter, Prinz Jerôme, ein Ausbund der Lasterhaftigkeit, wie man in frommen Häusern sagte; und für diese Type verlangte der Kaiser der Franzosen die Tochter Viktor Emanuels zur Frau. Die so ins Auge gefaßte Prinzessin Clothilde war erst fünfzehn Jahre alt, von ihrer verstorbenen Mutter, einer sehr frommen Habsburgerin, erzogen, war sie um zwanzig Jahre jünger als der ihr zugedachte überreife Mann. Wie Cavour seinen König dazu brachte, sein Kind diesem Wüstling hinzugeben, ist nicht bekannt. Vielleicht hat er gesagt, die Einigung Italiens würde sehr viel italienisches Blut kosten und da müsse auch der künftige König von Italien das junge Blut seiner geliebten Tochter hingeben. Viktor Emanuel, selbst ein großer Frauenheld, ahnte, was seiner Tochter bevorstand und schrieb an seinen Vertreter am Hof zu Paris:

»Meine Tochter erwartet also das *Individuum*. Und der Vater wie auch der Minister werden es wie Pilatus machen: Sie werden sich die Hände in Unschuld waschen.«

Das Brautgeschenk Napoleons war grandios: Er sagte Österreich den Krieg an, und zwar gleich zu Beginn des Jahres 1859. An diesem Tag waren die bei Hof in Paris akkreditierten ausländischen Diplomaten unter Anführung des Nuntius erschienen, um Glückwünsche ihrer Souveräne auszusprechen und für diese andere einzuheimsen. Namens aller sprach der Nuntius und er redete vom Frieden, den alle Völker in Europa wünschen. Napoleon widersprach nicht, sondern nahm den Rundgang im Kreis der Diplomaten auf. Der k.k. Botschafter Baron Hübner war überglücklich, nach langer Zeit wieder Gelegenheit zu haben, den Kaiser zu sprechen. Ehe er noch ein von tiefster Befriedigung erfülltes Gesicht aufsetzen konnte, trafen ihn die Worte Napoleons wie ein Strahl eiskalten Wassers:

»Ich bedaure, daß unsere Beziehungen nicht mehr so sind, wie sie meinem Wunsche entsprechend sein sollten; jedoch bitte ich

Sie, in Wien mitzuteilen, daß meine persönlichen Gefühle für den Kaiser noch immer die gleichen sind.«

Der Österreicher traute seinen Ohren nicht. Als er die Fassung wiedererlangt hatte, war der Kaiser schon beim übernächsten Kollegen. Es blieb dem Baron keine Chance, auch nur ein Wort zur Aufklärung vom Kaiser zu erbitten. Um ihm entstand ein betretenes Schweigen der Kollegen und der Österreicher fragte stammelnd:

»Aber …aber …was wollte er damit sagen?«

Nichts erklärte man dem Unglücklichen. Unglücklich, weil er nicht vif genug war, um vom Fleck weg zu verstehen, was für eine Drohung in den Worten des Kaisers steckte. Anstatt sofort chiffriert Alarm nach Wien durchzugeben, sinnierte der hochgebildete Baron. Die Börse reagierte richtig: Sie wurde unruhig, wie man sagt. Die Börsianer rochen Pulverdampf. Wenn im Krieg Blut fließt, fließt in gewisse Taschen viel Geld. Um die Verwirrung Hübners und die Täuschung des Österreichers zu vollenden, erwiesen ihm alsbald der Kaiser und die Kaiserin die freundlichsten Gesten. Aber kein Wort von Politik. Die Kollegen trösteten den Unglücklichen, vermeinten, es könnte sein, daß an jenem Tag den Kaiser sein Leiden besonders arg gequält hat. Das ginge vorbei.

Drei Tage brauchte der Österreicher, um sich aufzurappeln und dem französischen Außenminister Graf Walewski Besuch zu machen. Der Graf war ein natürlicher Sohn Napoleons I., Frucht der Liaison, die der große Napoleon im Schloß Schönbrunn nach der Niederlage der Österreicher bei Wagram gepflegt hat. Er war im Gegensatz zu seinem Erzeuger ein Freund Österreichs und gegen den drohenden Krieg. Es war aber nicht so wichtig, was Walewski dem österreichischen Botschafter sagte. Vielmehr fiel auf, daß die von oben gelenkten Pariser Gazetten in der unverschämtesten Weise gegen Wien loszogen. Die Renten fielen um zwei Francs im Kurs. Der Pariser Vertreter des Hauses Rothschild suchte den Kaiser auf, verließ aber die Tuilerien noch verwirrter, als er ohnedies bei seinem Kommen gewesen war. Napoleon finassierte perfekt. In Frankreich konnte der Blinde mit dem Stock greifen, daß gerüstet wurde. Aber Marschall Pelissier redete Baron Hübner

ein, es gäbe keinen Krieg. Natürlich war die liberale Opposition im Land, geführt von dem berühmten Thiers, nicht eben ein Freund Österreichs, *gegen* den Krieg. Und Thiers sagte zu Baron Hübner, er hätte in diesem Sinne den Grafen Walewski gewarnt. Der Balanceakt Napoleons schien zu gelingen. Nur versäumte der Kaiser, jenen Satz aus dem Neuen Testament zu beherzigen, wonach niemand zwei Herren dienen kann. Und also der Kaiser der Franzosen nicht gleichzeitig der *Legitimität* der Monarchie und der *Volkssouveränität*, auf welche die *Revolutionäre* losgingen. Hübner mußte gewarnt sein, als er erfuhr, Napoleon habe sich geweigert, seinen ältesten Kampfgefährten und amtierenden Innenminister Persigny zu empfangen. Persigny war nämlich gegen den Krieg mit Österreich. Und gegen einen solchen Krieg war auch Queen Victoria, obwohl ihr Premierminister Palmerston ganz anders in dieser Sache dachte und handelte. Endlich fand Baron Hübner Gelegenheit, Napoleon daran zu erinnern, daß sich Italien tiefster Ruhe erfreute, als Österreich und Frankreich während des Krimkriegs Verbündete waren. Jetzt rede man von einer Störung dieser Beziehungen und schon käme in Italien Unruhe auf. Napoleon hielt nicht hinter dem Berg:
»Ganz recht, vollkommen recht haben Sie mit dem, was Sie sagen. Aber Sie, lieber Baron, werden mit mir übereinstimmen, daß bei alledem ein *nationales Bewußtsein* in Italien vorhanden ist.«
Und wie vereinbart, kam aus Turin der Kommentar dazu, getextet von Cavour, gesprochen von Viktor Emanuel II. in seiner Thronrede:
»Wir können nicht gefühllos bleiben gegen die Klagerufe, die aus allen Teilen Italiens zu uns dringen.«
Wie immer in solchen Zeiten waren es im Österreichischen die Italiener unter den Studenten, die das Thema aufgriffen. Sie demonstrierten in Mailand und Padua gegen Österreich. Und in der Mailänder k.k. »Scala« kam es bei der Aufführung der Oper »Norma« zu beifälliger Unterstützung des Chors, als dieser die Worte *Krieg, Krieg ...*sang. Selbst die Sterbenden machten mit: Just in diesen Tagen verstarb in Mailand einer der Vorkämpfer aus 1848/49. Der mit der Trikolore geschmückte Sarg war für die Po-

lizei ein Tabu, es wäre ein europäischer Skandal geworden, wenn sich die Schwarz-gelben an den Toten herangemacht hätten.

Um diese Zeit gab es einen Bestseller. Eine Broschüre unter dem Titel: »Napoleon III. et l'Italie«. Kein Autor war genannt, jeder sagte, Napoleon selbst habe diese Kampfschrift gegen Österreich verfaßt. Der Kaiser widersprach dem nicht. Die Broschüre enthielt freilich auch wenig schmackhafte Sentenzen für Italiener: »Die italienische Nation wird niemals das Ergebnis einer Revolution sein ...«

Dann war von dem absoluten Unvermögen einer italienischen Macht die Rede, ohne fremde Hilfe über einen Feind wie Österreich den Sieg davonzutragen. Bitter für alle, die einmal sagten, Italien werde es allein schaffen. Napoleons Initiative stieß auf verschiedene Widerstände. Der lästigste kam von seiner Frau, die ihrem Gemahl die Absichten Cavours viel richtiger deutete, als der Kaiser sie verstanden hat: Nicht um die bloße Vertreibung der Österreicher ginge es Cavour, sondern um ein geeintes Italien mit Rom als Hauptstadt. Cavour beauftragte seinen Gesandten in Paris, nur ja die Huld der Kaiserin zu erlangen. Hübner kannte sich nicht mehr aus:

»Wo hat man jemals gehört, daß ein Volk Krieg führt, bloß um die Pflicht der Erkenntlichkeit gegen ein anderes Volk zu erfüllen? Nie habe ich Sinnloseres gelesen.«

Das als Replik auf einen einschlägigen Satz in der Broschüre des Kaisers. Langsam kam die Zeit, in der man sich in Wien Klarheit darüber verschaffen mußte, wie diesmal die Karten im Spiel verteilt waren: Mit Frankreich und Sardinien würde es Krieg geben. London würde die Italienpolitik Napoleons nicht unterstützen, allerdings auch nicht länger die 1813/15 statuierte Ordnungsmacht Österreichs in Italien. Rußland würde, ginge es Österreich schlecht, keinen Finger zugunsten dieser konservativen Macht rühren, mochten die Liberalen in aller Welt die Rache für den Verrat im Krimkrieg vollziehen. Und Deutschland? Der 1855 zwischen Wien und Berlin abgeschlossene gegenseitige Garantievertrag war 1857 abgelaufen und seither nicht erneuert worden. Buol rechnete mit den Deutschen, sie würden auch ohne Ver-

pflichtung ihrer Staatskanzleien dem inneren Antrieb folgen und
Österreich nicht im Stich lassen. Dachte Buol.

England trat die Lawine ab. Es schlug vor, Napoleon sollte zwischen Turin und Wien verhandeln, so als wüßte man in London
nicht, daß dem Kaiser der Franzosen längst Sardinien als Kriegs-
verbündeter sicher war. Und Österreich müßte doch bei seiner
großen Ländermasse irgend etwas disponibel haben, um es Sardinien abzutreten. In Petersburg kam man mit dem Plan eines Kongresses heraus. Das war keine schlechte Idee, denn auf diesem
Kongreß stünde Österreich gegen Frankreich, England und Rußland isoliert da, mit Preußen als Zuschauer. Nicht einmal ein
Mann wie Buol tappte in diese Falle.

Mitte März 1859 lud Napoleon Cavour nach Paris ein. Vor der
Audienz beim Kaiser hatte der Italiener einen schweren Zusam-
menstoß mit dem französischen Außenminister Graf Walewski.
Der Minister nannte Cavour einen Intriganten, der Frankreich in
ein Abenteuer stürzen möchte. Für einen Moment gingen Cavour
die Nerven durch, er wollte auf und davonlaufen, dann aber siegte
in ihm die Dienstdisziplin, die er seinem Land schuldig war. Und
die Audienz beim Kaiser entschädigte ihn vollends für den Affront im Vorzimmer. Was Napoleon dem Italiener eröffnete, war
das Avertissementsignal für den Krieg gegen Österreich. Baron
Hübner kam nicht dahinter, was im Moment geschah, fragte seinen englischen Kollegen und der meinte, Napoleon habe den
Kopf verloren.

Weder Napoleon noch Cavour hatten den Kopf verloren. Es war
nur so, daß man ihr Gehabe für Mache hielt, während in Wirklichkeit auf kleiner Bühne große Politik gespielt wurde. In allen
Ländern brachten die liberalen Blätter Nachrichten von den Freiwilligen, die in Italien in Massen nach Sardinien strömten, um gegen die Österreicher in den Krieg zu ziehen. In Wirklichkeit kamen aus dem Österreichischen wohl die meisten, aber auch nicht
mehr als *einige hundert Mann*. Sie haben nachher im Krieg keine
Rolle gespielt. Danach fragte später auch niemand, aber man war
tief beeindruckt, wenn liberale Zeitungen schrieben, es gäbe in
Österreich bemitleidenswerte Staatsbürger, die in fremde

175

Armeen eintreten müßten, um für ihre Heimat die natürlichen Rechte jedes Menschen zu erkämpfen.

Baron Hübner kam jedenfalls zu spät hinter das Problem, das Napoleon eine Zeitlang davon abhielt, Cavour von der Leine zu lassen. Der Kaiser hatte Angst bekommen. Nicht vor den Österreichern, die er auch mehr fürchtete, als er Cavour zugab, sondern vor den Deutschen. Über den Rhein kamen nicht nur unfreundliche Pressestimmen, sondern Ausbrüche einer Volksstimmung, die Frankreich befürchten ließen, es mit einem Zweifrontenkrieg zu tun zu bekommen: Einen in Italien, einen am Rhein. Inzwischen begann man aber in Sardinien schon mit der Mobilmachung des regulären Heeres. Österreich hat bis Kriegsende seine Armee nicht auf Kriegsstand gebracht. Umso bedauernswerter die Sprache Buols:

Ja, man sei für einen internationalen Kongreß. Aber Sardinien dürfe nicht darauf vertreten sein. Und Sardinien müsse abrüsten, die sogenannten Freiwilligen entlassen. Im übrigen war man sich des Ernstes der Lage in Mailand bewußt. Erzherzog Maximilian, der ihr keineswegs gewachsen sein konnte, wurde abgezogen. Napoleon hielt eisern an seiner Taktik fest: Österreich muß den Krieg anfangen. Und Cavour war fest überzeugt, daß Österreich in das ihm entgegengehaltene offene Messer laufen würde. Und sie kamen, die Österreicher.

In Turin erschienen Baron Kellersberg und Baron Ceschi a Santa Croci, um Cavour das längst erwartete Ultimatum Buols zu überreichen. Der Ministerpräsident begrüßte die Herren mit einem Seufzer der Erleichterung. Die Herren wollten drei Tage in Turin bleiben, um die erwartete Zusage Sardiniens an Ort entgegenzunehmen. In Wien war man mit der Geduld am Ende. Franz Joseph wollte nicht den Krieg, aber, so im Ultimatum, er sähe sich gezwungen, sollte Sardinien nicht abrüsten und die Freiwilligen entlassen. Cavour las das Papier und sagte kurz:

»Also in drei Tagen, meine Herren.«

Nach drei Tagen erschienen die beiden Österreicher wieder vor dem Ministerpräsidenten und nahmen die totale Ablehnung des österreichischen Ultimatums entgegen. Das war der Krieg. Ca-

vour entließ die beiden Herren mit ausgesuchtester Höflichkeit:
»Herr Baron, ich hoffe, wir haben das Glück, uns unter besseren Umständen wiederzusehen.«
Bessere Umstände – wenn sie da sein werden, wird Baron Ceschi kein Büro mehr haben im Generalgouvernement Mailand. England erwies Sardinien einen winzigen, aber kriegsentscheidenden Dienst: Es erreichte in Wien, daß die k.k. Truppen ihre Operationen mit dreitägiger Verspätung aufnahm. Dabei kam es darauf an, daß die k.k. Truppen, 110000 Mann, die 75000 Sarden rechtzeitig *vor* Eintreffen der kriegsverbündeten Franzosen stellten, um sich dann auf die über See und zum geringsten Teil über die Alpen kommenden Truppen Napoleons zu werfen. Das Fiasko fing an, als in Wien der unselige Buol demissionierte. Der zweite Versager, Radetzkys Nachfolger Graf Gyulay, vertat nicht nur die drei Tage, die trickery Englands, er trödelte im Grenzgebiet herum, stieß bald da und bald dort vor, um gleich wieder hinter einem Fluß Schutz zu suchen. In Sardinien stand nur ein Korps, das VII., am Feind. Auch dieses wurde nach Überschreitung des Sesiaflusses zurückbeordert an den Grenzfluß Ticino. Dabei hatte der k.k. Korpskommandant die Nase dafür, daß jenseits der Sesia, bei Vercelli, das kriegsentscheidende Ereignis stattfinden würde: Die Vereinigung der französischen mit den sardischen Truppen. Zwei Kaiserjäger aus Welschtirol ließ man jenseits der Sesia zurück und sie brachten die Meldung, daß besagte Vereinigung im Gang sei. Die numerische Überlegenheit der Österreicher zu Kriegsbeginn war vertan.
Man glaubte den beiden simplen Jägern aus Welschtirol nicht und schickte den dem Generalstab zugeteilten Oberleutnant Baldissera, einen Italiener, in Begleitung zweier Husaren über die Sesia. Die Husaren brachten zwei gefangengenommene Piemontesen mit. Noch immer wollte man nicht glauben, daß das Fiasko geschehen war. Baldissera durchschwamm den Fluß und nahm einen Unteroffizier der sardischen Armee als Gefangenen mit. Jetzt gab es nach der Gefangenenaussage keinen Zweifel, daß just das geschehen war, wovor Militärfachleute in Wien gewarnt hat-

ten: Man hatte fortan eine überlegene Streitmacht des Gegners vor sich. Franzosen und Sarden, die seit dem Krimkrieg nicht nur Soldaten, sondern kriegserfahren waren. Baldissera diente bis zum Verlust Venetiens, 1866, bei den Kaiserlichen. Dann trat er, in Ehren entlassen, in die königlich italienische Armee über. 1896, nach der Katastrophe der Italiener bei ihrem Überfall auf Abessinien war er es, der als Generalleutnant die Reste der geschlagenen Armee in Eritrea sammelte. Im Dreibund war er dazu ausersehen, die für die Front in Lothringen bestimmten italienischen Truppen im Falle eines Krieges mit Frankreich zu führen. Gott ersparte ihm das Ereignis des Jahres 1915 und ein eventuelles hohes Kommando gegen die Österreicher.

Vor dem Bahnhof von Magenta hat man dem Marschall von Frankreich Mac Mahon, Abkömmling einer aus England geflüchteten katholischen Familie, ein Denkmal gesetzt. Dort entschied sich der Kampf, dessen Verlauf der Kaiser der Franzosen, außer Schußweite, durch ein ausgezeichnetes Fernrohr beobachtete.

Niederösterreicher vom Regiment 49 brachten an der Brücke über den Kanal, am Westufer des Ticino-Flusses den Angriff zum Stehen. Die Zuaven, die 1855 den Malakovturm erobert hatten, konnten die Österreicher nicht werfen.

Während Gyulay zwei in Griffweite befindliche k.k. Korps, das V. und das VIII., unnütz in Bereitschaft stehen ließ, führten die Marschälle Niel und Canrobert zwei französische Corps in die Schlacht. Der Kaisergarde blieb der Ruhm mit ihrem örtlichen Erfolg eine schon gewonnene Schlacht zum gloriosen Sieg zu machen. Gyulay gab in der Nacht den Befehl zum allgemeinen Rückzug. Die Lombardei war verloren. Napoleon aber proklamierte, als er das leere Schlachtfeld erblickte:

»Italiener! Heute seid ihr Soldaten. Morgen werdet ihr Bürger eines größeren Landes sein.«

Am 9. Juni 1859 zogen die Sieger in Mailand ein. Selbstverständlich jubelten die Milanesen den Siegern zu, so wie sie jedem Sieger zugejubelt haben, der Herr ihrer Stadt wurde. Die Franzosen vergaßen, daß ihre Väter 1815 mit Schimpf und Schande aus der Stadt gejagt worden waren. Und während die nicht eben frommen siegreichen Monarchen im Dom niederknieten und Gott dankten, daß sie nicht der Teufel geholt hat, schaute sich der Außenminister Sardiniens um und hörte, wie man beim guten Volk ankam. Und er kam zu einem seltsamen Schluß: »Mit dem Pfarrer wird man das Land regieren. Wenn aber nicht auf den Pfarrer gezählt werden kann, dann hilft uns der Carabinieri.« Nach den Gendarmen des k.k. Innenministers die Carabinieri des Königs von Italien.

Nach Magenta schienen die Österreicher in der Weite der Poebene verschwunden zu sein. Nur die 16. Kompanie des Mährischen Infanterie-Regiments Numero 11, ein Regiment mit einer Tradition aus der Zeit Wallensteins, leistete bei Malignano erbitterten Widerstand. Halt dickschädelige Behm oder, wie man in Paris lieber sagte, Tschechen, auf die man schon im Kampf gegen Österreich einige Hoffnung setzte. Jetzt reiste Franz Joseph zur Armee. Elisabeth wäre am liebsten mit in den Krieg gezogen. Die außergewöhnliche Situation, die Herausforderung in höchster Gefahr, vielleicht die Todesgefahr, reizte sie. Sie war sehr enttäuscht, als sie den Gemahl nur ein Stück Weges begleiten durfte, und sie weinte. Weinte wohl auch, weil jetzt bei Hof, in Abwesenheit ihres Mannes, niemand mehr da war, der ihre Allüren gegen die schon aufs äußerste alarmierte Tante und Schwiegermutter Sophie schützen wird. Nun war es schon nicht mehr bloß einer bösen Schwiegermutter, sondern vielen Menschen bewußt, daß die Kaiserin nicht die Eignung besaß, Ehefrau und Mutter zu sein; und daß sie als Kaiserin eigentlich nur die ungeheuren Möglichkeiten interessierten, die ihr der Gemahl, einer der reichsten Männer Europas, ohne je zu widersprechen zugewendet hat.

Mit dem Kaiser kam der uralte Hess, letztes Relikt der Radetzkyzeit, mit ins Feld. Aber man scheute sich, den Einundsiebzigjährigen dem Kaiser als Chef des Stabes beizugeben. Dafür war der viel jüngere Baron Kuhn, der bisher als Generalquartiermeister Gyulay nicht eben reüssiert hatte, ausersehen. Gyulay verschwand nach Magenta in der Versenkung; er war anständig genug, keine Memoiren zur Selbstrechtfertigung zu hinterlassen oder sich als Opfer einer Hofkamarilla auszugeben. Hess genoß die ungezügelte Feindseligkeit Kuhns. Die Rolle, die man ihm am Tag von Solferino zumutete, war eine Schande für die Armee.

Längst hatte man Hess belehrt, daß sein Vorschlag, mit der Armee weitausholend in die Flanke des Gegners zu stoßen, Unsinn wäre. Der Kaiser folgte dem Konzept Kuhns, der die Österreicher aus dem fast unangreifbaren Festungsviereck heraus und über den Mincio führte. Eine Schlacht mit einem Fluß im Rücken der Angreifer haben schon bessere Militärs verloren, als Kuhn einer war. Und das war der Tag von Magenta:

In einer hügeligen Landschaft läuft eine Zypressenallee bergauf und mündet in einem Friedhof, dessen Kirchturm weitum im Land sichtbar ist. Man genoß von ihm aus eine gute Fernsicht, nannte ihn also den *Spion Italiens*. Näher zum Gardasee ist ein anderer Hügel: *San Martino*. So wie bei Magenta boten die Österreicher auch bei Solferino dem Feind ein Gambit an: Kuhn ließ das II. und das X. Korps zur Deckung einer angeblichen Gefahr einer Umgehung der Kaiserlichen bei Ostiglia am Po abseits stehen. Franz Joseph hatte 1859 nicht einmal die militärischen Erfahrungen, die sein Großvater Franz I. hatte, der immerhin den letzten Türkenkrieg als Oberst mitgemacht hat und seither wußte, was eine Panik ist. Man sagte, Franz Joseph sei erschüttert gewesen, als er seine schönen Truppen in Desorder zurückfluten sah und er selbst zum Ordnungmachen an einem Brückenübergang einschritt. Und dann die *Massen der Toten,* die das Schlachtfeld bedeckten. Noch war nichts entschieden und schon gar nichts verloren, da gab Franz Joseph auf. Die k.k. Truppen zogen sich über den Mincio zurück. Der Feind wartete 12, in Worten zwölf, Tage und wußte nicht, woran er war. Es war Napoleons Spürsinn, der erfaßte, daß es sich hier nicht mehr um eine militärische Entscheidung handelte, sondern um die Frage: Wer gewinnt mit den Mitteln des Finassierens und Verhandelns. Und darin war und blieb er seinen Gegnern überlegen, bis ihn bei Sedan 1870 das Schicksal ereilte.

Am 7. Juli 1859 nahmen die Vorausabteilungen der Sieger von Solferino den Marsch ostwärts auf. Vor ihnen tauchte in einer Staubwolke der Straße eine Kalesche auf. Die Franzosen machten sich zum Schießen fertig, da erkannten sie im Wagen – einen französischen General, der von der Feindseite auf sie zufuhr. Es war der Generaladjutant Napoleons, General Fleury, der aus dem Hauptquartier Franz Josephs in Verona kam. Sofort flammte ein Gerücht auf: Waffenruhe, Waffenstillstand, Friede. Die Zeitungen in Paris, die vorweg alles besser und früher wußten, schrieben aber in großen Lettern:

»Der Waffenstillstand ist der endgültige Friede.«

In den dortigen Redaktionen wußte man, wie es im Hinterland des Feindes zuging und wie die Staatsfinanzen und die Kreditwürdigkeit der Monarchie beschaffen waren. Cavour aber erfuhr eine tödliche Verletzung seines ganzen Wesens: Von einem Staat, der sich von den Alpen bis zur Adria erstrecken sollte, war bei Napoleon nicht mehr die Rede. Und Cavour wird nicht den Tag erleben, an dem Rom Hauptstadt des geeinten Italiens sein wird. Auf der anderen Seite zeigte Franz Joseph eine arge, aber nicht ganz begründete Enttäuschung. In einem Brief an Mama stellte er Preußen als einen *schmählichen Auswurf* hin, hoffte er aber zugleich immer noch, daß es im letzten Augenblick Österreich nicht verlassen wird ...

Preußen wäre Österreich militärisch beigestanden. Aber um einen Preis, den zu zahlen Franz Joseph nicht bereit war: Nicht bloß den Gleichrang mit Österreich im Deutschen Bund erstrebte Berlin, sondern den Vorrang heute im Krieg, morgen in der Lösung der Deutschen Frage. Um der Aufrechterhaltung einer Vormachtstellung in Italien war Franz Joseph nicht bereit, Berlin gegenüber auch nur einen Schritt zurückzuweichen und aufzuhören, die erste Macht in Deutschland zu sein.

Die Art, in der Napoleon sich der Bedrohung am Rhein entledigte und Franz Joseph ausmanövrierte, zeigte die Überlegenheit, mit welcher der Kaiser der Franzosen eine Serie großartiger Erfolge erzielte, bis er an Preußen zerschellte. In Italien war 1859 für Österreich so ziemlich alles entschieden und vertan, als Franz Joseph das Friedensangebot, das ihm der Sieger stellte, in Diskussion nahm. Nach einer Begegnung mit Napoleon wäre die Wiederholung des Wortes fällig gewesen, das Kaiser Franz I. nach

Austerlitz zu seiner Umgebung sagte, nachdem er zum ersten Mal den großen Napoleon zu Gesicht bekommen hatte:

»Seit i' ihn g'seh'n hab', is' er mir no' unsympathischer.«

Diesen unverderbten Urinstinkt des Großvaters hatte Franz Joseph nicht. Mehr noch: Er fiel in den nächsten Jahren auf die Finessen der Franzosen herein, wandte dem Onkel in Berlin immer mehr die Erbitterung zu, die der Erfolglose oft so schwer losbekommt. Während der Turbulenzen in der Innenpolitik wurde in Zürich monatelang über den Friedensschluß verhandelt. Endlich zeigte Franz Joseph in der Behauptung des Reviers des österreichischen Festungsvierecks im Grenzgebiet zwischen der Lombardei und Venetien jene Entschiedenheit, die beweist, daß er persönlich Italien noch nicht ganz verloren gab. Die Lombardei, das reichste Land der Monarchie, viel länger habsburgisch als manche Gebietsteile der späteren Republik Österreich österreichisch waren, ging für immer verloren. Und dann führte Frankreich Wien eine Chimäre vor:

In Italien sollte, wie in Deutschland, ein Staatenbund entstehen. Die davongelaufenen Herrscher von Toskana, Modena und Parma sollten ihr Land zurückbekommen. Franz Joseph vermeinte: Wenn notwendig mit Waffeneinsatz. Aber die Gegner in Paris und Turin dachten nicht daran; dort ließ man die im Krieg entstandenen Revolutionsregime am Werk, bis sogenannte Volksabstimmungen ein überwältigendes JA für den Anschluß an Sardinien brachten. Sehr zum Ärger einiger Lokal-Revolutionäre, die hofften, fortan dort Macher zu sein, wo unlängst Verwandte des Kaisers von Österreich Herrscher selbständiger Staaten waren. Der Ehrenvorsitz im italienischen Staatenbund war Papst Pius IX. zugedacht, seit seinem Gesinnungswechsel in Sachen Liberalismus der bestgehaßte Souverän auf der ganzen Halbinsel. Napoleon III. war zusammen mit Cavour zu einem Kampf *ohne* die Anwendung der Methoden der Revolution ausgezogen. Aber ihm entglitt die Leitung einer solchen Aktion vollkommen.

1860 ging die revolutionäre Bewegung in Mittelitalien weiter; nur eine militärische Aktion Napoleons III. rettete dem Papst einen schmalen Rest des Kirchenstaates. Im selben Jahr brach Garibaldi mit tausend Mann zur Eroberung des Königreichs Beider Sizilien auf. Flotteneinheiten des so angegriffenen Staates versuchten die Landung der legendären 1000 Mann auf Sizilien zu verhindern. Aber zufällig schoben sich zwischen die Kriegsschiffe des Königs von Neapel und die Schaluppen der 1000 einige Einheiten der Royal Navy. Unter diesen Umständen auf die Eindringlinge zu schießen und dabei womöglich ein Kriegsschiff der Britischen Majestät zu treffen, das wagte kein neapolitanischer Schiffskommandant. Und so kamen die 1000 nicht als Ertrunkene auf den Meeresgrund, sondern an Land. Als sie auch den Festlandsbesitz des Königs von Neapel fast zur Gänze erobert hatten, kamen reguläre Truppen des Königs von Italien und nahmen dem maßlos erzürnten Garibaldi die ganze Beute ab. In Florenz etablierte sich ein Transitorium auf dem Marsch nach Rom: Ein aus dem geeinten Italien beschicktes Parlament, eine Regierung, ernannt vom nunmehrigen König von Italien. Zehn Jahre später werden die Italiener, so wie 1940, vom Sieg der Deutschen über die Franzosen Gebrauch machen; und diesmal Rom erobern.

Für Wien gab es keinen König von Italien. Man wird ihn aber anerkennen müssen. Wann? Wenn Napoleon nach einem weiteren Betrug anno 1866 Venetien den Österreichern abnehmen und dem König von Italien übertragen wird – zu dem 1858 in Plombières vereinbarten Kaufpreis: Nizza und Savoyen wurden französisch. Und es wird bei all dem kein Tropfen französischen Blutes fließen, für letzteres Ergebnis werden die Preußen bei Königgrätz sorgen.

ZWEITER TEIL

1.

ÖSTERREICH RÜSTET AB

Franz Joseph eilte nach dem Ende der Kampfhandlungen in Italien und dem Vertragsabschluß von Villafranca in die Zentrale seines Reichs. Die Familie erlebte die Sommertage 1865 auf dem großväterlichen Schloß Reichenau. Sie dort zu besuchen, brächte den Kaiser den lieben Bergen näher, freilich nicht den – wörtlich – lieben Bergen um Ischl. Und er beneidete die Mutter um den Séjour in Ischl, immer noch hoffend, das Jahr würde auch ihm einige Tage in Ischl bescheren. So schrieb er über die Kinder: Die Kinder fand er wohlbehalten und heiter. Der winzige Kronprinz Rudolf stehe schon mit großer Entschlossenheit aufrecht, ganz ohne Stütze, und wenn er dann zu Boden fällt, mache ihm das gar nichts aus. Für Gisela hat der Vater ein zahmes Reh bekommen, das dem Kind Freude macht. Kein Wort über Elisabeth in den Briefen an die Mutter. Die Kaiserin erlebte eben das Schicksal einer Frau, deren Mann mit seiner Sache Schiffbruch erlitten hat und an dessen Sache sie nie mehr in ihrem Leben so recht glauben wird. Manchmal flüchtete Franz Joseph in die Berge um Reichenau, einmal übernachtete er auf einer einsamen Jagdhütte. In politischen Dingen ging er auf Fragen der Mutter kaum ein, wenn diese etwa über bevorstehende Personalveränderungen in den Zentralstellen der Monarchie Andeutungen machte. Derlei tat er ab:

»Die Personalveränderungen, von denen Sie mir schreiben, sind alle unbegründet, überhaupt wird jetzt kolossal gelogen.«

Jetzt bebte im Kaiser auch der Zorn über Napoleon, er fühlte sich düpiert. Der Kaiser Napoleon sei ein Schuft und bleibe ein Schuft, schreibt er der Mama. Und trotz dieser Einsicht wird Franz Joseph diesem Schuft in der nächsten Großkrise, 1866, wieder auf den Leim gehen. Die Friedensverhandlungen in Zürich zogen sich

in die Länge; die Herrschaften aus Toskana, Parma und Modena schienen dem Kaiser ihrer Herrschaften ledig zu sein. Die Toskanas hatten sich sowieso auf ihre Güter in Böhmen zurückgezogen, das ersparte Franz Joseph Begegnungen, die seine verwandtschaftlichen Gefühle überstrapaziert hätten.
Ein einziger Satz deutete an, wo jetzt der Schwerpunkt des Geschehens lag:
»... *im Inneren* gibt es auch sehr viel zu tun und noch dabei die maßlose Reorganisations- und Über-den-Haufenwerfungs-Wut zu kalmieren.«
Der Nachfolger Buols, der aus Bayern stammende Graf Rechberg, war zwar noch nicht zum Leiter der Ministerkonferenz ernannt, aber schon kam er Franz Joseph mit einem Minister-Programm. Ein Programm, das *von oben* reformieren sollte, was *von unten* aus gewissen Kreisen an den Kaiser herangetragen wurde. Die Hochkonservativen kamen schlankerhand mit dem Ansinnen, die Lokalverwaltung wieder den Grundherren zurückzugeben; die Masse der Bevölkerung sei bäuerlicher Herkunft und nicht in der Lage, eine neue Ordnung zu tragen; zudem käme der eigentliche Widerwillen gegen die herrschenden Zustände von jener wörtlich höheren *Intelligenz*, welch letztere dem bäuerlichen Element ebensowenig freundlich gesinnt sei wie dem aristokratischen. Aus Kreisen des böhmischen Adels kam das Wort *Selfgovernment* und bei der Leitung der Ministerkonferenzen bekam Franz Joseph die verschiedenen Variationen dessen zu hören, was darunter zu verstehen war. Wenn in Zusammenhang damit von der Beschränkung des arg in die Halme geschossenen Bürokratismus die Rede war, dann hatten die Proponenten des Selfgovernments auf jeden Fall den Finanzminister auf ihrer Seite; dieser, Baron Bruck, wurde schwer mit der staatsfinanziellen Lage fertig. Das große Projekt Brucks, der riesige Wirtschaftsraum von der unteren Donau bis an die Nordsee, war zu Ende. Gescheitert zunächst an Preußen, das nicht daran dachte, dieses Kernstück des Schwarzenbergschen Plans eines 70-Millionenreiches auf sich zu nehmen; gescheitert an dem Widerstand *aller* Mitgliedsstaaten des seit 1834 bestehenden Deutschen Zollvereins, die absolut dagegen

waren, daß Österreich in diesen Handels- und Zollverband Aufnahme finde. Schon gab es aber auch unter den liberalen Großösterreichern solche, die es gar nicht für ratsam fanden, die Wirtschaft der Monarchie in den von Preußen dirigierten Zollverein hineinzuzwängen; Männer, die sehr auf schutzzöllnerische Maßnahmen für die erst in Entfaltung begriffene Industrialisierung im eigenen Land waren. Noch gab es nicht die nach 1867 zwischen Ungarn und Österreich aufgerichtete Zollschranke und der wirtschaftliche Kommunikationsraum der Donaumonarchie hatte kaum seinesgleichen in Europa. Die Sanierung der nach der mißglückten Intervention im Krimkrieg ruinierten Finanzen war jetzt dem früheren Handelsminister Bruck anvertraut. Die allgemeine Lage war miserabel. Die Staatspapiere sanken. Auf den Banknoten lastete ein hohes Disagio. Man mußte Staatsgüter veräußern, um kurrente Ausgaben leisten zu können. Noch schwerer wog der Verkauf der kaum verstaatlichten Eisenbahnen an private Gesellschaften. So kam es, daß im Krieg 1859 der Aufmarsch gegen die Franzosen und Italiener auf den Linien der Südbahn von einem französischen Staatsbürger dirigiert wurde. Schon während des Krimkrieges mußte die Monarchie ihr System einer bewaffneten Neutralität teilweise aufgeben und mit der Demobilisierung der drei im Osten aufmarschierten k.k. Armeen beginnen. Bruck war gezwungen zu tun, was später Routine wurde: Er genehmigte heimliche Überschreitungen des Budgets, einmal gleich um 100 Millionen. Für Bruck hatte das eine Einbuße des Ansehens in jenen Wirtschaftskreisen zur Folge, die bisher fest in seine Wirtschafts- und Finanzpolitik vertraut hatten. Noch ehe der Krieg von 1859 ausbrach, sank an der Frankfurter Börse der Kurs der Metallwerte von 81 auf 38 Gulden. Bruck hielt unter schwersten Bedingungen diese Krisenzeiten durch, vertraute letzten Endes in die reichen Rohstoffvorkommen in der Monarchie und den Unternehmersinn der Kreise, aus deren Reihen er kam. Die Front, an der Bruck fiel, war nicht eine Auseinandersetzung über die staatliche Finanzpolitik, sondern die unabweisbare Umorientierung der Innenpolitik von der absoluten Monarchie zum Parteienstaat.

Der mit großer Verve vorgetragene Angriff der Liberalen auf die Konservativen richtete sich seltsamerweise in erster Linie auf zwei Fachminister, von denen jeder auf seinem Fache Bedeutendes und Bleibendes hinterlassen hat: Auf den Unterrichtsminister Graf Thun, dessen Verdienste um die Schul-, namentlich um die Hochschulreform vergessen waren angesichts des während seiner Tätigkeit als Kultusminister mit Rom abgeschlossenen Konkordats von 1855. Bruck aber geriet in eine Malaise, in der man ihm zwar nicht Selbstbereicherung vorwerfen konnte, wohl aber ein Verschulden bei der Auswahl der Personen, die in üble Geschäftemacherei verwickelt waren.

Graf Thun war nicht länger Unterrichtsminister, er, der bei der Vergabe von Lehrkanzeln die leichte Hand hatte, die man ihm anfangs in liberalen Kreisen hoch anrechnete, hat in der Zeit des Neoabsolutismus dabei leider auch Professoren ins Land gebracht, die zwar fachlich einwandfrei, im übrigen aber ihre Lehrkanzel mit einer Kanzel zum Predigen der politischen Maxime des Liberalismus verwechselten. Das galt vor allem für das während seiner Zeit geschaffene Institut für österreichische Geschichtsforschung, dessen große Leistungen fernab von dem lagen, was im Interesse der Staatsgesinnung als Mindestmaß an Loyalität vom Leiter desselben, dem aus Sachsen stammenden Theodor Sickel, verlangt werden konnte. Je älter Thun wurde, desto mehr trat in seinem Wesen das konservative Lebensprinzip hervor, dessen Unvereinbarkeit mit dem liberalen Gegenstand seines politischen Wirkens als gewesener Minister offenbar wurde.

Was das Konkordat von 1855 anlangte, so bekam Bruck offenen Beifall in liberalen Kreisen, als man erfuhr, er habe in der Ministerkonferenz dagegen Stellung genommen; als Protestant aber vermieden, damit auch in die Öffentlichkeit zu gehen. Vieles in den Lebensprinzipien der Konservativen und der Liberalen erwies sich als unvereinbar in ein und derselben Person, wurde Gegenstand scharfer, jahrzehntelanger Auseinandersetzungen. *Das Konkordat* aber wurde das signifikante Angriffsziel der Liberalen, mit dem sie in den Kreisen glaubenslos gewordener Christen und Juden besonderen Effekt erzielten. Der 1855 unternommene

Versuch, bei dem damals mit Pius IX. abgeschlossenen Konkordat hinter das Staatskirchenrecht zurückzugehen, wie es die Urururgroßmutter Franz Josephs, Maria Theresia, hinterlassen hat, war zweifellos eine der Fatalitäten der fünfziger Jahre. Aber die von den Liberalen geforderte *Kündigung des Konkordats* brachte Franz Joseph in die Gefahr einer Ex-Kommunizierung, wie eine solche – aus anderen Ursachen – einen katholischen Herrschenden König von Italien, aus einem rein staatspolitischen Grund tatsächlich getroffen hat. Was ein solcher Exzeß außerhalb der Intelligenz in der noch immer glaubensfrommen Bevölkerung der Monarchie bedeutet hätte, erlebte Franz Joseph, als sein Sohn Mord und Selbstmord verübte.

Franz Joseph sah das politische Problem weniger in den Folgen der schlechten Politik des Ballhausplatzes, als in der ständigen Gefahr eines neuerlichen Hervorbrechens der Revolution, deren Organisationskomitees in Paris den Schutz Napoleons genossen. Es ging dort zu wie unter dem Diebsvolk: Beim Eigentümer des Hauses, in dem die Bande wohnt, wird nicht eingebrochen. Die Pressefreiheit war zwar noch nicht in uneingeschränkter Form ausgesprochen, aber die Gazetten in Österreich, vor allem die in Ungarn, schrieben, als bestünde sie. Wer genug Geld hatte, trat als Eigentümer einer Zeitung hervor, heuerte sich einen Herausgeber und einen Chefredakteur an und überließ es diesen, die Interessen des Geldgebers zu vertreten. So haben sich einmal die Liberalen im Rheinland den jungen Karl Marx angeheuert, in Österreich verlief es zwar nicht so dramatisch, aber gemessen am Temperament der Österreicher, stürmisch genug.

Jene, die hofften, der Niederlage von 1859 würde ein Umsturz, womöglich eine Revolution folgen, bekamen unrecht. Wo Generale wie der populäre Benedek bei San Martino k.k. Truppen ungarischer Regimenter ins Gefecht führten, bewährten sich diese durchaus; überhaupt gab es 1859 nicht solche zahlreiche Fälle des Versagens von Truppenteilen mit magyarischer Mannschaft wie 1866 vor und bei Königgrätz. Noch versuchte die Regierung *nach* 1859 das Pressewesen in den Griff zu bekommen, die gute »Wiener Zeitung«, die schon aus Gründen der Absatzförderung anfing mit den Wölfen zu heulen, wurde – dem Polizeiminister unterstellt. Dazu kam die strikte Handhabung der Sicherheitspolitik durch den Innenminister Bach, dessen Gendarmen als *Bachhusaren* beschimpft wurden. Da riß denn dem polnischen Grafen Goluchowski die Geduld und er erklärte:

»... daß, wenn sie (die Gendarmerie) auf ihre eigentliche Bestimmung, jene nämlich, ein *Wachkörper* und nicht ein *Polizeyorgan* zu seyn, zurückgeführt werde, ihr Dienst sich dadurch so vereinfachen werde, daß namhafte Reductionen in dem Stand derselben eintreten können.«

Das Wort *Reduktion* war momentan Schlagwort. Obenan sollte mit einer Reduktion begonnen werden, so mit der Auflassung einzelner Ministerien. Zuerst war von dem früher von Bruck geleiteten Handelsministerium die Rede, das schon immer und unter allen Umständen ein Dorn im Auge des Finanzministeriums war; die Herren des Finanzministeriums fanden Politiker und Journalisten, welche sich für diese Zusammenlegung einsetzten. Selbstverständlich drängten die Liberalen auf die Auflassung des Polizeiministeriums, des Innenministeriums und des Unterrichtsministeriums, verhaßt, wie letzteres wegen des Konkordatsabschlusses war. Wie wäre es, würde man anstatt der *drei* Ministerien ein *einziges* schaffen? Ideen, die auch nach 1918 aufkamen und zur Aufhebung des selbständigen Unterrichtsministeriums führten.

Die nicht-deutschen Nationalitäten würzten den Streit mit dem Problem der Abschaffung der deutschen Sprache in nicht-deutschen Teilen der Monarchie; oder mit der Einführung der Zweisprachigkeit in gemischtsprachigen Gebieten. Eine gerechte, aber kostspielige Lösung.

Noch einmal war Bruck ein großartiger Erfolg beschieden: Mit kaiserlichem Patent trat Ende 1859 eine moderne Gewerbeordnung in Kraft. Was für Bruck modern war, ist hundert Jahre später Relikt finsterer Reaktion gewesen. Mit der Sanierung der staatsfinanziellen Lage kam aber weder der Finanzminister Bruck noch die ganze Ministerkonferenz voran. Man nahm Zuflucht zu einem Mittelchen, das immer dann angewendet wird, wenn die momentane Lösung einer Schwierigkeit unmöglich ist oder man hofft, mit der Einsetzung einer Kommission die ärgsten Hitzen unter den Beteiligten abzukühlen.

Langsam zeigte sich das sogenannte *Minister-Programm* in Umrissen: Keine Änderung des Regierungssystems, sondern Änderung der Zustände in der staatlichen Verwaltung. Und dazu: Neue Männer für neue Aufgaben. Franz Joseph ging mit gutem Beispiel voran. Er trennte sich von Männern seiner nächsten Umgebung; einige davon baten selbst um die Enthebung, weil sie bemerkten, daß die auf sie gerichteten Angriffe der Liberalen eigentlich der Person des Monarchen galten; und es noch immer Männer gab, die loyalerweise dort Platz machten, wo sie ihrem Herrn einen Dienst erweisen konnten.

Im letzteren Sinne handelt der Erste Generaladjutant des Kaisers, Graf *Grünne,* der zuletzt auch die Agenden des Krieges in der Ministerkonferenz vertreten hat. Grünne, lange Zeit von der Kaiserin schon um der reiterlichen Qualitäten des Grafen geschätzt, verdarb es sich mit Elisabeth sofort, als sie dahinterkam, daß der Graf in erster Linie seinem Kaiser und Herrn diente. Schon im August 1859 schied der Polizeiminister Baron von *Kempen* aus dem Kabinett. Und, selbstverständlich, der Innenminister Bach. Nachher hat man gesagt, Franz Joseph hätte stets die Diensttreue ausscheidender Minister mit Undank belohnt. Gerade beim Umschwung nach Solferino trat klar zutage, daß der Kaiser politischen Notwendigkeiten Rechnung trug, die davon Betroffenen aber mit dem auszeichnete, was seiner Majestät zu tun verblieb: Bach wurde Botschafter beim Heiligen Stuhl, Grünne wurde, nicht zuletzt auf Drängen der Kaiserin, Oberstallmeister, was dem Kaiser viel Kritik eintrug; und der Polizeiminister Kempen wurde als General in Ehren verabschiedet.

Kurz nach Solferino hat Franz Joseph mit dem sogenannten *Laxenburger Manifest* Änderungen im System angedeutet. Im nächsten Monat ernannte er eine neue Regierung, an deren Spitze der Außenminister Graf Rechberg stand. Es war dies kein glücklicher Griff. Der Graf war ein feingebildeter Mann, hochsensibel und von einer Anständigkeit, wie sie rar wurde im Politischen. Mit diesen Eigenschaften hatte er vorher in Frankfurt als Vertreter seines Kaisers im Deutschen Bund gegenüber Bismarck versagt. Er wird leider auch in seinem neuen Amt Bismarck mehrmals und zum Schaden Österreichs auf den Leim gehen.

Das neugeschaffene *Staatsministerium* wurde zum Symbol der Einsparungen an der Spitze des Staates, in ihm wurden neben den Agenden des Inneren die des Unterrichts sowie der Justiz kommassiert. Die Leitung der neuen Behörde kam in die Hände des Polen Goluchowski, einer aus den loyalen Familien Galiziens, die bis zuletzt dem Kaiser dienten. Dem Polizeiministerium wollte man ausgerechnet den als Botschafter in Paris verunglückten Baron Hübner anhängen; der aber entschlug sich bald des Amtes und es fand sich eine der raren, aber um so loyaleren Typen aus Ungarn, die dem Kaiser zuliebe die Ressortleitung übernahm. Das Ministerium für Handel, Gewerbe und Bauten wurde tranchiert, die Kompetenzen teils dem Finanzministerium, teils dem Außenministerium zugeteilt. Der bisherige Handelsminister trat – wörtlich – infolge dieser Maßregel in den Stand der Disponibilität, er wurde über-flüssig, zumal er gewissen Kreisen nicht nur das zu sein schien.

Zwei Umstände kennzeichnen diesen Wandel: So wie unter nz I. die sogenannten *behmischen* Grafen, traten unter Franz Joseph die *polnischen* und überhaupt Polen mehr und mehr in den Vordergrund. Der Polen-Klub im späteren Reichsrat wurde eine im Gewoge des Parlamentarismus uneinnehmbare Festung; und, gegen mäßige Belohnung, eine der letzten Stützen der Monarchie im Nationalitätenstreit.

Ein zweites kam dazu: Die großen Hoffnungen, die fortschrittlich eingestellte Wirtschaftsfachleute in die *Rekonstruktion,* wo diese auch eine *Restriktion* im Staatlichen ist, setzten, erfüllten sich nicht. Man ließ Ministerien aus, pensionierte Minister – aber die Beamtenschaft verringerte sich nur für kurze Zeit im Stand und erreichte, als die Liberalen imstande waren, die Hochbürokratie mit ihren Schützlingen zu durchsetzen, einen nie gekannten Grad.

Langsam näherte sich die düsterste Stunde im Leben Brucks. Seine Gegner in der Regierung Rechberg forderten schon im Oktober 1859 während einer Sitzung des Ministerrats – nun mit mehr Konferenz – den Rücktritt des Ministers. Man warf ihm Mängel in der Kontrolle des Staatsschuldendienstes vor, rechnete ihm an, was seine Beamten und Vertrauten nicht eben in imponierender Form verrichteten. Es war Franz Joseph selbst, der Bruck bat, im Amt zu bleiben. Die Fabel, wonach bei der Jagd auf Bruck Franz Joseph die Meute geführt haben soll, gehört zum Reservoir der Anti-Habsburg-Legenden. Es war damals Graf Thun, der mit wünschenswerter Offenheit aussprach, was in den Salons hinter vorgehaltener Hand getuschelt wurde. Demnach sei die Belassung Brucks im Amt mit »... der Ehre der Regierung nicht verträglich ...«

Bruck hielt dem stand. Aber der Kampf um die Kompetenz in Sachen Staatsschuldendienst und die Zustände in diesem Dienstzweig gingen weiter. Thun erklärte, ihm ginge es nicht um Fragen der Kompetenz, sondern um das Ansehen der Regierung, das ohnedies momentan in der öffentlichen Meinung nicht gut dastehe. Und dann fiel das Schlagwort: *Mißwirtschaft*.

Wie in allen modernen Kriegen hat es auch im Krieg von 1859 im Nachschub für die k.k. Armee Unregelmäßigkeiten gegeben, wie man effektive Unterschleifungen diskret nannte. Der Chef des Heeresversorgungswesens, Feldmarschalleutnant Baron Eynatten, konnte die gegen ihn erhobenen Anschuldigungen nicht entkräften. Er verübte in der Untersuchungshaft Selbstmord. Man kann sich vorstellen, was das für die Zeitungen bedeutete. In der freigebigsten Weise wurden Verdächtigungen ausgestreut, auch Bruck kam nicht ganz ungeschoren davon. Die Untersuchung ergab, daß Eynatten Verbindungen zu gewissen Großhändlern und Armeelieferanten hatte, die auch zum Kreis um Bruck gehörten; die ihn einmal emporhoben und die jetzt zitterten, wenn Bruck fallen sollte.

Ganz konkret fielen Verdachtsmomente auf den Direktor der von Bruck ins Leben gerufenen Credit-Anstalt, einen Herrn mit dem bürgerlichen Namen Franz Richter. Inmitten solcher Verdächtigungen stehend, blieb es dem k. k. Minister Baron Bruck nicht erspart, selbst einvernommen zu werden. Die Untersuchung ergab keinen strafrechtlich relevanten Tatbestand. Nun beging Bruck einen schwerwiegenden Fehler:

Im franzisko-josephinischen Österreich ging ein Minister oder Politiker nicht erst dann, wenn der Verdacht einer strafbaren Handlung auf ihn fiel oder gar im Verfahren bestätigt wurde; es genügte, *im Schatten eines Skandals* zu stehen. Man nahm dann anständigerweise den Hut und ersparte dem Staat den Verdacht, wonach man die Kleinen hängt, die Großen aber laufen läßt.

Am 21. April 1860 empfing der Kaiser seinen Handelsminister Bruck in Audienz. Nie ist ein Wort von dem an die Öffentlichkeit gedrungen, was bei diesem Gespräch unter vier Augen behandelt wurde. Im übrigen gehörte es zur Richtschnur des Handelns des alten Kaisers, daß er über Dinge, die Dritte von Amts wegen nix angingen, auch nichts verlautete. So auch im Falle der letzten Audienz Brucks. Bruck selbst hinterließ von seiner Audienz kein Memorandum. Zwei Tage nachher besuchte Bruck das k. k. Hofopernttheater. Heimgekehrt, fand er auf seinem Schreibtisch das Kuvert, mit dem seine normalmäßige Entlassung aus dem Amt des k. k. Finanzministers vom Kaiser verfügt ist. Die Version, daß das Dekret in der Form den erklärten Ausdruck der Ungnade des Kaisers enthielt, ist eine Fabel. Jedermann kann das Konzept mit der Ausfertigung in den Archivbeständen vergleichen. Bruck öffnete sich die Pulsadern und starb rasch. Seine Witwe bekam die normalmäßige Pension des k. k. Ministers. Keine Extravaganzen allerhöchster Willkür umranken das tragische Ereignis. Aber der Tod Brucks brachte nach den sensationellen Nachrichten von den Untaten gewisser Großverdiener und Kriegsverdiener ein *anderes* Thema aufs Tapet. Nie hat es eine strafrechtliche Verfolgung Brucks gegeben; ihn traf als *politischen* Vorwurf die culpa in eligendo seiner vertrautesten Gehilfen, und dieser Verantwortung kann sich kein Politiker entschlagen.

Nicht wenige der engsten Mitarbeiter aus der Zeit des Neo-Absolutismus baten unter den geänderten Umständen aus eigenem um die Enthebung von politisch exponierten Stellungen. Etwa der ohnedies als reaktionär, klerikal und sachlich ganz inkompetent hingestellte Erzherzog Albrecht, der spätere eigentliche Sieger von Custuza 1866. So wie Radetzky General – und Zivilgouverneur in Lombardo-Venetien gewesen ist, war er es in Ungarn. Als seinen Nachfolger bestellte Franz Joseph den sogenannten Helden von San Maritino 1859, Feldzeugmeister Benedek: Benedek war aus Ungarn gebürtig, Protestant, und stand bei Liberalen in höchster Gunst. Daß eine üble Type wie Albrecht in Ungarn nicht reüssierte und daher gut tat, aus Ungarn zu verschwinden, war in den Augeń gewisser Politiker eine Selbstverständlichkeit; daß es nachher Benedek nicht besser erging, war aber Hinweis darauf, daß nicht der populäre General, sondern Franz Joseph und sein System versagt haben.

Verwaltungsreformen, Personalveränderungen, Experimentieren mit der Verfassung taten es nicht. Geändert werden mußte, so die Liberalen, die *legitimierende Staatsidee,* bisher ein konservatives Prinzip. Der Übergang ins Zeitalter des Liberalismus sollte möglichst signifikant vor sich gehen. Was aber war nach dem Tod Erzherzog Johanns, er starb im Kriegsjahr 1859 signifikanter, als ein liberaler Erzherzog an der Spitze der Regierung! Und so berief Franz Joseph den im Rufe eines Liberalen stehenden Erzherzog Rainer, unter dem die Geschäfte eines Ministerspräsidenten ein veritabler 48er Politiker führte: Der gebürtige Wiener Schmerling, er, der einmal vom Reichsverweser Erzherzog Johann an die Spitze einer Regierung in Frankfurt am Main berufen worden war. So lag ein Abglanz der Persönlichkeit des Steirischen Prinzen über dem jetzt ganz in seinem Sinne eingetretenen Wandel der Zeit.

Schmerling übernahm die Masse der Ressortaufgaben im neugeschaffenen Staatsministerium, also Inneres, Justiz und Unterricht. Er war so überbürdet und überfordert. Graf Rechberg führte das Äußere; die Finanzen ein Liberaler reinsten Wassers, nämlich der ältere Plener. Das wiedererrichtete Handelsministerium übernahm Graf Wickenbuerg, einer der steirischen Liberalen. Und zwei loyale ungarische Magnaten gaben sich dafür her, ihrem

König in Wien als Minister ohne Portefeuille und Hofkanzler bei den Versuchen eines Ausgleichs mit ihrem Heimatland dienlich zu sein.

Der Weg ins System der parlamentarischen Demokratie wurde nur zögernd und unter Vorbehalten angetreten. Jedes diesbezügliche Experiment konnte die ohnedies prekäre Lage in den *Beziehungen zu Ungarn* noch mehr belasten; dem *Nationalitätenstreit* ein großartiges Forum geben; und nur im gewissen Maße dem Demokratieverständnis dienen, nämlich soweit es den *Sonderinteressen des liberalen Besitzbürgertums* dienlich war.

Im März 1860 wurde ein verstärkter Reichsrat ex 1849 einberufen. Er bestand aus Vertretern der Länder und Mitgliedern, die der Kaiser auf Lebenszeit ernannte. Diesem Reichs*rat*, einen Reichs*tag* hat es bis 1918 dem Namen nach nie gegeben, oblag das Recht der Beschlußfassung über Steuern und Anleihen. Schwerpunkt der beginnenden Demokratisierung war also die Entwicklung in den Ländern. Was nicht namentlich dem Gesamtstaat vorbehalten blieb, war Ländersache. Aber – die erwartete Mitwirkung der nicht-deutschen Länder blieb zum Teil aus, der Rumpf taugte wenig. Also versuchte man im Februar 1861, das System auf den Kopf zu stellen: Dieses sogenannte Februarpatent enthielt zum erstenmal das Zweikammersystem, das bis 1918 typisch wurde: ein Herrenhaus und ein Abgeordnetenhaus. Es war unvermeidlich, daß der Streit darum entstand, wem das Wahlrecht für das Abgeordnetenhaus zustehen sollte. Die Herrenhausmitglieder waren entweder durch Geburt oder durch Ernennung vom Kaiser berufen. Im Gegensatz zum Oktoberdiplom wies das Februarpatent die Kompetenzen dem Reichstag zu, nur die namentlich aufgezählten Angelegenheiten verblieben der Kompetenz der Landtage.

Das faktische Ergebnis war blamabel für die Demokratie in Österreich: Ungarn, Venetien, Welschtirol, Siebenbürgen, Kroatien und Slovenien schickten keinen Abgeordneten in den Wiener Reichstag. Polen und Tschechen benützten den Anlaß, um für ihre Länder eine staatliche Eigenständigkeit zu erlangen. Das Parlament in Wien zu boykottieren wurde überhaupt eine der probaten außerparlamentarischen Methoden in der Vielvölkermonarchie, um dem Staat Schwierigkeiten zu machen; und sich für deren Preisgabe erhebliche Zugeständnisse zu erpressen.

Die »besitzlose Classe« existierte politisch weitab von den bescheidensten Möglichkeiten einer staatlichen Betätigung. In Wien und Budapest rückte die »besitzende Classe« in den Rang der regierenden ein. Die unlängst noch maßgebende Unterscheidung zwischen Gutsbesitzern, die man zulassen wollte beim Regieren, und Kapitalisten, die darin nichts zu suchen hatten, war gefallen. Money makes it, galt jetzt auch in Österreich. Besitz *und* Bildung allerdings.

Im quasi-parlamentarisch tagenden Reichsrat kamen die Liberalen in die Position der LINKEN. Links von ihnen existierte im Hohen Haus nichts. Aber die Linke war keine von Sekretären gesteuerte Partei, sie zerfiel in Fraktionen, wo man sich von Herr zu Herr sprach. Die *Großösterreicher* unter den Liberalen kamen größtenteils aus Wien und Niederösterreich; einige auch aus Mähren und von dort aus Brünn, wo die zur Prominenz geratenen Herren Giskra, Bürgermeister der Stadt, und dessen Nachfolger Skene besonderes Format hatten und zu großem Einfluß in Wien kamen.

Und da waren die *Unionisten,* an sich im Café UNION bei Tisch, mehr aber im Programm einer UNION der Nationen, zumal der Deutschen und Tschechen, geeint. Sie kamen meistens aus Böhmen, wo man bald nicht mehr Behm' sein wollte, sondern entweder Deutscher oder Tscheche. Der Zusammenhalt der Nationen wurde Lebensaufgabe großer liberaler Politiker wie Herbst oder Hasner, überhaupt Persönlichkeiten der Hoch-Gründerzeit in den bedeutendsten Industrieländern der Monarchie (nach dem Verlust der Lombardei), Böhmen und Mähren.

Scharf geschieden von beiden Gruppen waren die *Autonomisten,* unter ihnen hervorragend selbstbewußte Steirer wie Kaisersfeld, oder Ober-Österreicher.

Für alle Fraktionen war eine gewisse landsmannschaftliche Herkunft, so wie nach 1798 in Frankreich, Urzelle des Zusammenhalts in Clubs oder Kasinos. Es gab keinen Fraktionszwang in den

Fraktionen und es war keine Schande, von einer Fraktion in die andere zu übersiedeln und sich dort als Liberaler zu bewähren. Der im Liberalismus steckende Kosmopolitismus, durchaus veredelt in einem aufrichtig gemeinten *Österreichertum*, schien dem Vielvölkertum eine neue Gemeinsamkeit über den ausbrechenden Nationalitätenstreitigkeiten zu verleihen; die wirtschaftliche Bedeutung des Kommunikationsraumes der Donaumonarchie war für Liberale die frühe und bedeutendste Erkenntnis, die von Nationalisten und Sozialisten erst erkannt wurde, als die Monarchie nach 1918 in Trümmern lag.

Das Österreich-Programm der Jahrhundertmitte haben die Großösterreicher zustandegebracht und sich auch mit Entschiedenheit für seine Verwirklichung eingesetzt: Verfassungsleben, Ministerverantwortlichkeit gegenüber dem Parlament, Unverletzlichkeit der Person des Kaisers, Gleichheit als Ziel der Gleichstellung, Religionsfreiheit, gleiche Rechte für alle Nationalitäten, Pressefreiheit, Lehr- und Lernfreiheit, persönliche Freiheit, Wahrung der Grundrechte, Öffentlichkeit und Mündlichkeit des Gerichtsverfahrens, Schwurgerichte. Was nach Königgrätz gesatztes Recht wurde, dafür haben vorher die Liberalen unter Schmerling die breite Gasse gebahnt.

Das Protestantenpatent 1869 war der Anfang vom Ende einer Situation, in der sich in Deutschland Katholiken wie Protestanten nach dem unheimlichen Satz *Cuius regio, eius religio* befunden haben. Andererseits warfen es viele Liberale Schmerling und seiner Regierung vor, nicht zugleich das Konkordat aus 1855 aus den Angeln gehoben zu haben. Der Kampf gegen das Konkordat entfachte immer wieder die Angriffslust der Linken, der Kampfgeist schlug Brücken über Gegensätze in anderen politischen Belangen in den Reihen der Liberalen; schuf aber auch Situationen, die zuweilen hart an den Rand eines Kulturkampfes in Österreich führten, wie ein solcher nach 1871 in Preußen/Deutschland ausgebrochen ist.

In der Deutschen Frage ging Schmerling den deutschen Weg weiter, den er als Ministerpräsident unter dem Reichsverweser Erzherzog Johann gegangen ist. Sein großer Schmerz wurde es, als

ihn sein Kaiser 1863 nicht mitnahm zum Fürstentag, für den
Franz Joseph nach Frankfurt am Main alle deutschen Fürsten eingeladen hat. Alle Fürsten kamen nach Frankfurt, nur nicht der König von
Preußen. Es war der erste ganz große Erfolg des 1863 zum Ministerpräsidenten Preußens aufgerückten Otto von Bismarck in der
Deutschen Frage, zu verhindern, daß sich sein König dem Werben
Franz Josephs, aber auch der zweimaligen Einladung durch einen
aus Frankfurt gekommenen König – dem von Sachsen – ver-
schloß. Was nutzte es, daß Franz Joseph nach seiner Rückkehr
aus Frankfurt die fast uneingeschränkte Sympathie der Bewohner
seiner Residenz hatte, die eine alte, nun schon seit 1806 verbliche-
ne Kaiserherrlichkeit noch immer erhofften. Die Wichschargier-
ten der nationalliberalen Studentenverbindungen zogen zum
Empfang des Kaisers von Österreich auf, ein seltenes und merkwürdiges Ereignis jener Zeit, das in nationalen Kreisen Deutschlands einen besseren Klang bekam als in Österreich.

Umso tragischer war es, daß Franz Joseph sich 1864 dennoch vor
den Wagen spannen ließ, den Bismarck bei dem erneuten Streit
um die Herrschaft über die Herzogtümer Schleswig-Holstein am
Leitseil hatte. Was dem König von Dänemark mißlang, gelang in
fernerer Folge dem von Preußen dank des Geschicks Bismarcks:
Die Elbeherzogtümer wurden nach 1866 preußisch. Späte Nachfahren werden sich fragen, was Steirer vom Regiment König der
Belgier mit gelber Egalisierung und Oberösterreicher vom Regiment Hessen mit schwarzer Egalisierung, vereint in der legendären Schwarz-gelben Brigade, damals, 1864, auf dem Kriegsschauplatz im Dänischen verloren hatten; auch wenn ein Graf Auersperg mit dem Dichternamen Anastasius Grün diese Truppenent-
sendung gar nicht hoch genug preisen konnte.

Alle Liberalen der sechziger Jahre einte der Kampf gegen zwei An-
griffspunkte: der gegen das Konkordat von 1855 und der gegen die
Armee. Die Aufhebung des von Franz Joseph mit Papst Pius IX. geschlossenen Konkordats war für Menschen mit Besitz und moderner Bildung Voraussetzung dafür, daß auch in Österreich
Platz geschaffen wurde für die volle Ausbreitung der Lebensprin-

zipien, die nach Ansicht aller Antiklerikalen die einzigen menschenwürdigen waren. An sich war es eine eher kleine, selbstausgewählte Elite, die den Kampf im Parlament und in der Öffentlichkeit bis zum Bruch des Konkordats ausfechten wollte. Und an sich waren im Hohen Haus damals nur die Abgeordneten einer Minorität des Wählervolkes vertreten. Und das Wählervolk selbst machte wieder eine Minorität innerhalb der Gesamtbevölkerung des im Kern noch immer katholischen Österreich aus. Schließlich war auch die Kampfgruppe, die den Angriff gegen das Konkordat im Hohen Haus führte, keineswegs dessen kompakte Mehrheit. Aber es siegte eine Minderheit, die in sich von der Richtigkeit eines Prinzips überzeugt und willens sowie in der Lage war, ihre Ansicht der großen Mehrheit aufzuzwingen.

Einen Redner wie Dr. Mühlfeld, der in besagter Angriffsspitze führte, gab es in keiner anderen Fraktion. Mühlfeld war in Vielem eine umstrittene Persönlichkeit, wenn er aber im Hohen Haus seinem Antiklerikalismus die Zügel schießen ließ, faszinierte er nicht wenige Konservative mit der Brillanz seiner Ausführungen. Jenes konservative Österreich, das der Berliner Geschichtsprofessor Leopold von Ranke vor 1848 als die katholische, die deutsche, die militärisch stabile Macht bezeichnet hat, die Macht, die auf Prinzipien gegründet war und dadurch gleich den anderen Gliedern der europäischen Großstaaten-Gesellschaft war, wurde in den sechziger Jahren nolens volens für immer zerstört.

Mühlfeld griff bei seinen Ausfällen den Kaiser an, er nannte ihn nicht beim Namen, aber Franz Josephs Persönlichkeit und bisheriges Wirken standen unter Anklage, wenn der alte 48er und jetzige Rechtsanwalt Mühlfeld das Wort ergriff. Der Kaiser mußte es zulassen, daß seine Regierung den Weihbischof Feßler nach Rom schickte, um – wörtlich – über die Regelung der Verhältnisse zwischen Katholiken und den übrigen im Kaiserstaat vertretenen christlichen Religionsgesellschaften zu verhandeln. Es ging vor allem um Probleme, wie sie bei Mischehen entstanden, um die religiöse Erziehung der Schuljugend, um den Religionswechsel, für bloße Wirtschaftsliberale eher Randprobleme, die aber dennoch das Feuer entfachten, in dem eine alte Solidarität einschmolz.

Schmerling, gebürtiger Wiener und Alt-Liberaler von Rang, billigte keineswegs die Kampfmethoden Mühlfelds. Aber der Kampf gegen das Konkordat war nach 1859 eklatant geworden und er sollte nicht mehr ruhen, bis eine kaiserliche Regierung in Rom verlautete, dieses Konkordat sei erloschen.

Der *zweite Sieg der Liberalen*, der im Kampf um die Abrüstung, wurde ein Pyrrhussieg. Während Preußen aus den Kriegsereignissen des Jahres 1859 auf seine Manier den Schluß zog und aufrüstete, befleißigte man sich in Wien genau des Gegenteils, man ruinierte die k.k. Armee. Nachdem Franz Joseph schon 1861 dem Reichsrat das Recht eingeräumt hatte, den ausschlaggebenden Einfluß bei der Bewilligung von Steuern und bei der Aufnahme von Staatsanleihen an sich zu ziehen, machten die liberalen Abgeordneten im Hohen Haus von diesem Recht auf ihre Art ausgiebig Gebrauch. Vorbei waren die Zeiten, da jüdische Bankiers dem Kaiser von Österreich das Geld *schenkten*, das der Staat nicht hatte, um die Existenz der Monarchie in den Hochwässern der Revolution zu behaupten. Jetzt war es für viele Männer ein Jux, dem Kaiser eine Nase zu drehen und seinen Kriegsminister zum Gespött im Hohen Haus zu machen.

Franz Joseph konnte seinen Kriegsminister anweisen, sich im Hohen Haus kategorisch gegen die unzulängliche Finanzausstattung der Armee zur Wehr zu setzen. Die kompakte Mehrheit der Liberalen ging über derlei Einwände eines bloßen Fachmannes, der *kein gewählter Politiker* war, hinweg. So durfte der Finanzminister unter dem Beifall seiner Gesinnungsfreunde um diese Zeit im Hohen Haus erklären, man könne ruhig die Entwaffnung fortsetzen. Das geschah 1863, als in Preußen schon die Aufrüstung ohne Rücksicht auf den Widerstand der dortigen liberalen Mehrheit im Landtag dem Höhepunkt zustrebte. Für den Krieg gegen Dänemark bewilligte in Wien das Hohe Haus Geld, aber für Monturen für die während der kalten Jahreszeit im Feld stehenden k.k. Truppen wollte man erst im nächsten Jahr Budgetmittel bewilligen. Als der Feldzug gegen Dänemark erfolgreich bestanden war, vermeinte Schmerling selbst, er könne nicht verstehen, wie man in Österreich die Schlagfertigkeit der k.k. Armee in Zweifel ziehe.

Der Außenminister wieder riet, man möge sich mit Preußen alliieren, anstatt auf den Kriegsminister zu hören, der immer auf die militärische Gefahr Preußens weiter hinwies. Das geschah, als in Berlin der dortige Chef des Generalstabs von Moltke mit seinen Gehilfen die Pläne für die künftigen Operationen in Böhmen pro 1866 besprach. In einem großartigen Tour d'Horizont erhellte der Außenminister, man habe von Frankreich und Italien pro 1865 nichts zu befürchten. Und die in Venetien stehende Armee Benedeks vertrage sehr wohl eine Reduzierung ihres Standes. Das größte Verdienst um die Abrüstung der k.k. Armee am Vorabend von Königgrätz erwarb sich aber das sogenannte *Streichquartett,* das unter der Anleitung Giskras den Budgetentwurf restringierte. Giskra ging von der Überzeugung aus, die Konfliktmöglichkeiten im Umgang des seit 1860 bestehenden Königreichs Italien seien so weit ausgeräumt, daß alles andere auf diplomatischem Weg zu ordnen sei. So werde es tatsächlich möglich werden, die Armee Benedeks zu reduzieren. Die übrigen Mitglieder des Quartetts spielten ohnedies obligat nach der Tonart und dem Tempo, wie es Giskra angab.

Giskra kam auch zu dem bemerkenswerten Schluß, es sei besser, im Frieden Geld zu sparen, damit man es für den Kriegsfall bei der Hand hat. Und wer mit dem Volk gehe, sei überzeugt, daß auch unausgebildete Soldaten im Krieg zu tüchtigen Kriegern werden können. Der Abgeordnete Sadil kam angesichts der Niederlage von 1859 zu der originellen Idee, man bräuchte keine neuen Einrichtungen der Landesverteidigung, 1848 hätten sich die früheren doch auch besser bewährt als die neueren von 1859. Giskra spielte einen vielbeachteten Solopart: Österreich sei in der Verfassung, halb Europa in die Schranken zu rufen, wie man damals sagte, oder den Kampf mit halb Europa aufzunehmen. Um diese Zeit war in Wien die Regierungsmehrheit fest davon überzeugt, daß Österreich von keiner Seite irgendein Krieg droht. *Nach* 1866 hat die Öffentlichkeit freilich den Militärs vorgeworfen, sie seien schuld daran, daß die fällige Umbewaffnung der k.k. Infanterie auf ein modernes Hinterladegewehr unterblieben ist. Die Wahrheit ist, daß am 2. Mai 1865 Giskra auf der Herabsetzung der Mittel für die k.k. Armee bestand, denn – so hat man es am Vorabend von 1866 ausgedrückt – die Infanteriewaffen seien zum größten Teil ohnedies neu hergestellt. Wobei Giskra die Tatsache im Sinn hatte, daß um diese Zeit ein Teil der veralteten Vorderladegewehre auf wenig brauchbare Hinterlader umgearbeitet wurde. Giskras Worte aber hörten sich bei Uninformierten an, als sei ohnedies die Umbewaffnung der k.k. Infanterie in Gang gesetzt. Bravo, Bravo, Bravo rief man Giskra zu, der Redner wurde beglückwünscht und Fachleute konnten ohnedies darauf hinweisen, daß außer Preußen keine andere Militärmacht Hinterladegewehre eingeführt hätte. Nicht Frankreich, nicht England, nicht Rußland. Warum also Österreich?

Giskra und seine Freunde fanden es auf die Dauer für genant, wenn im Hohen Haus in sogenannten Fachgegenständen jemand, der nach seinem Beruf und seiner Vorbildung diesem Fachgegenstand nicht gewachsen ist, ständig von Fachleuten molestiert wird. So kam man zu der Meinung, man könne für das Schicksalsjahr 1866 ruhig 10 Millionen Gulden vom Heeresetat, wie man bei Preußens sagte, abstreichen. Und das ohne die Gefahr, von einem übermächtigen Gegner zugrunde gerichtet zu werden. Giskra hatte bei all dem den Vorteil, unter seinen Gesinnungsfreunden einen wirklichen Fachmann und gesinnungstüchtigen Liberalen zur Hand zu haben. Dieser hatte es zwar bei der leichten Kavallerie nur bis zum Oberleutnant gebracht und hatte dann, noch vor 1848, quittiert, um ins Erwerbsgeschäft einzusteigen. Leider hat man militärischerseits den Wunsch des Oberleutnants, im Rang eines Rittmeisters quittieren zu können, abschlägig beschieden. Nicht ahnend, daß der Betreffende, sein Name war Alfred Skene, das Zeug in sich hatte, was einen Großindustriellen ausmacht. Skene war der Herkunft nach Rheinländer, unter der Herrschaft des großen Napoleon dort geboren. Er kam erst dann groß ins Geschäft, als er sich mit einer Pragerin aus gutem Haus vermählte. Skene war eine Zeitlang Antimilitarist, bis er als Lieferant von Heeresutensilien, Waffen ausgenommen, wieder das k.k. Kriegsministerium kontaktierte. Man soll nicht sagen, im alten Österreich hätte die Erfahrung aus der Zeitgeschichte nicht gegolten.

Am Vorabend von 1866 erklärte der Kärntner Abgeordnete Tschabuschnigg, man habe doch in dem eben zu Ende gegangenen Bürgerkrieg in den USA die Erfahrung gemacht, daß es keiner Soldaten bedürfe, daß bewaffnete Bürger, also Bürger in Uniform, wie man später sagen wird, vollauf genügten. Wer anfange mit der Entwaffnung, werde der Klügste des Jahrhunderts sein. Tschabuschnigg sah großmütig über die Unfähigkeit amerikanischer Generäle und Offiziere hinweg, die jahrelang nur grausame Massaker organisierten, am Ende des Krieges dem Besiegten aber das Gesetz der Verbrannten Erde auferlegten. Und das nicht hinbrachten, was der Preuße von Moltke als die einzig mögliche Wohltat in Konflikten sah: deren rascheste Entscheidung unter geringsten Opfern. Aber da auch das Herrenhaus am Vorabend von 1866 mit den Wölfen im Abgeordnetenhaus heulte, hatten es jene reaktionären Elemente im Herrenhaus schwer, die sich nicht der Mehrheit anschlossen; welch letztere Herren unter sich vermeinten, man erfreue sich der Gewißheit eines europäischen Friedens. Aber es standen im Herrenhaus ohnedies nur drei Reaktionäre gegen dreiunddreißig fortschrittlich gesinnte Männer.

Man kann sich vorstellen, wie erfreut man in Berlin bei diesem Stand der politischen Anschauungen im Hohen Haus zu Wien war. Bismarck kümmerte sich den Teufel um die kompakte Mehrheit im Berliner Landtag, die seine und des Königs Heeresreform ablehnte. So wurden die Garde-, Infanterie- und Kavallerie-Regimenter auf das Doppelte vermehrt. Die zweijährige Dienstzeit um ein Jahr erhöht. Dazu kam die Vermehrung des Offizierskorps, der Neubau von Kasernen, die Schaffung von Militärschulen und die Anlage neuer Truppenübungsplätze. Die Landwehr, aus 1813, von der es in alten Lesebüchern hieß, sie und nicht die Militärs hätten Napoleon besiegt und Preußen befreit, sollte ihre jungen Jahrgänge an die aktive Truppe abgeben, die Alten waren vorgesehen als Besatzungstruppe. Per saldo bedeutete das, daß in Preußen in Zukunft nicht bloß 63 000 Rekruten pro Jahr zu Preußens, wie dort das Militär hieß, einrückten, sondern 80 000. Die Liberalen in Berlin jammerten um die gute alte Landwehr, aber der König von Preußen gab an die neuaufgestellten Regimenter am Sarkophag Friedrichs des Großen die neuen Fahnen und Standarten aus. Dem wollte der Landtag wehren, er schickte einen Abgeordneten zum Kriegsminister, um diesem klar zu machen, das ganze sei doch nicht legaliter zustandegekommen. Der Minister, Preuße und General, lehnte es ab, mit Leuten zu reden, die sagen, ihre Ansicht sei jene einer Anzahl von Leuten, die in einem Haus am Dönhoff-Platz zusammensitzen und reden. Er meinte den Landtag.

Eines muß man Schmerling und seiner Regierung zugute halten: Sie haben den Krieg von 1866 weder vorbereitet noch geplant und schon gar nicht im entferntesten gewollt. Die Liberalen in Wien vermeinten, ihre übernationale Idee würde nicht nur zu einer Solidarisierung der verschiedenen *Nationen der Monarchie* führen, sondern auch zu einer der *Staaten von ganz Europa*. Da hat man wohl nicht nur in Budapest in politisch gewöhnlich gut orientierten Kreisen gelacht und gemeint, es sei kein Wunder gewesen, daß das Experiment des Reichsverwesers Erzherzog Johann gescheitert sei; bei einem Ministerpräsidenten in Frankfurt von 1849, der nun Ministerpräsident in Wien war.

1864 schon mußte der Nachfolger des unglücklichen Außenministers der Ära des Krimkriegs, damals Buol, jetzt Graf Rechfeld, gehen. Er war Bismarck nicht bloß in der Behandlung der Deutschen Frage, worin Preußen anstatt Österreich an die Spitze kommen wollte, nicht gewachsen. Rechberg lief dem von Bismarck virtuos gelenkten Vehikel hinterher, ließ sich andererseits von Bismarck für eine Wegstrecke einspannen und verstand sich einfach nicht auf das Finassieren des Preußen. Nach Rechberg kam es noch schlimmer: Sein Nachfolger wurde Graf Mensdorff-Pouilly, einer jener Militärs, die im Dienst des Ballhausplatzes dort Hausherren geworden sind. Bei der Berufung Mensdorffs wurde Schmerling einfach nicht mehr gefragt. Schmerling überhörte diese Warnung und ging daran, die ungarischen Herren zu reizen, indem er die Einberufung des *kroatischen* Landtags, eventuell sogar des *ungarischen* Reichstags für den Herbst 1865 ins Auge faßte. Diese Aktivität paßte so gar nicht ins Konzept derer, die schon auf einen Ausgleich mit den ungarischen Herren aus waren und an diesem Werk bastelten. Natürlich auch nicht ungarischen Exilpolitikern.

Um diese Zeit begann seltsamerweise eine Einflußnahme seitens der Kaiserin auf die Ungarische Frage. Elisabeth hatte sich nie sehr um die Tatsache gekümmert, daß ihr Gemahl Kaiser von Österreich war, solange Franz Joseph ein geduldiger Vater und übergeduldiger Gemahl war. Jetzt schien die Tatsache, daß ihr Gemahl in Ungarn regierte, ohne – wie es Gewährsmänner aus Ungarn hinstellten – gekrönt zu sein, die Gemahlin des Erbkönigs von Ungarn zu beunruhigen. Um diese Zeit grassierte in der Tratschöffentlichkeit dieses und jenes über die Ehe des Kaiserpaares. Was immer später darüber geschrieben worden ist, es war immer so, daß Franz Joseph jede Skandalisierung des Verhältnisses verhinderte, indem er jedem Skandal aus dem Wege ging. Während die Kaiserin, als sie, wie manche ihrer Vorgängerinnen, dem Charme der ungarischen Herren erlag, die Skandalscheu des Gemahls benützte, um ihm in der Ungarischen Frage Zugeständnisse abzupressen, deren Folgen um 1866/67 noch nicht abzusehen waren. Gelogen ist, wenn nachher von ehebrecherischen Beziehungen des einen oder anderen Ehepartners gesprochen wurde. Die seelische Verfassung der Kaiserin war nach den Krisen der fünfziger Jahre an dem Punkt angelangt, wo sie *jede* Gelegenheit wahrnahm, um, wie sie vermeinte, dem Hof in Wien davonzulaufen. Aber die Kaiserin, unglücklich wie sie von Natur aus war, lief in Wirklichkeit vor sich selbst davon. Aber das wäre damals keinem Arzt in den Sinn gekommen.

Im Sommer 1865 weilte das Kaiserpaar in Ungarn. Dann fiel das erste Opfer auf dem Altar der Versöhnung des Königs von Ungarn mit den ungarischen Herren: Der ungarische Hofkanzler in Wien, Graf Zichy, dessen naher Verwandter seinerzeit in der ungarischen Revolution hingerichtet wurde, mußte gehen. Ebenso der Leiter der Siebenbürgischen Hofkanzlei Graf Nadasdy. Ein schwarz-gelber Ungar, das war bald jenseits der Leitha eine Art von Perversität.

Und jetzt demissionierte auch Schmerling. Sein Versuch, die Ungarische Frage von Agram aus, mit der Einberufung des dortigen

Landtags der Lösung näher zu bringen, war in Budapest unerwünscht. Man wollte sich ausgleichen. Nicht mit denen in Wien, sondern mit dem Erbkönig Franz Joseph I. Und dann wird in Wien das Hohe Haus zu dem Ausgleich und seinen Folgen JA UND AMEN zu sagen haben. Die Basis dieses Ausgleichs bestand seit 1848 unverrückbar: Alles, was man 1792 Leopold II. abgetrotzt hat, und alles, was man 1848 dem armen Ferdinand abgeschwätzt hat, also ein selbständiger Staat, der mit einem anderen Staat in gewissen Belangen die gleiche Geschäftsführung im Auswärtigen und im Heerwesen hat, samt der Aufbringung der für derlei Gemeinsamkeiten notwendigen Finanzen.

Schon zu Ostern 1865 hat Deak Ferencs, in Ungarn als der *Große Weise* über die Maßen gerühmt, die in Wien wissen lassen, man fühle sich mit ihnen nur in dem verbunden, was seit Kaiser Karl VI. die damalige Pragmatische Sanktion Ungarn auferlegt hat unter dem Haus Habsburg. Warum in dieser Situation Franz Joseph zum Nachfolger Schmerlings den bisherigen Statthalter von Böhmen zum k.k. Ministerpräsidenten ernannte, ist nie ganz geklärt worden. Vielleicht wollte man einen böhmischen Standesherren aufbieten gegen die ungarischen Angriffe auf die Gemeinsamkeiten der Monarchie. Aber der neue Ministerpräsident Graf Belcredi war den Liberalen in Wien und Budapest verhaßt, weil er als Klerikaler politisch zu Buch stand; in Budapest war man um keinen Preis bereit, etwa einem Ausgleich mit Ungarn einen mit Böhmen folgen zu lassen, so daß nach der Krönung Franz Josephs zum König von Ungarn jene zum König von Böhmen folgte. Belcredi hatte also zuerst die in Ungarn entstandene Aufregung zu befrieden: Die Einberufung des kroatischen Landtags wurde abgesagt, die letzte Chance, für die aufkommende *Südslavische Frage* in Agram einen Haltepunkt zu kriegen, vertan. Siebenbürgen, eben noch mit der Tatsache eines eigenen Hofkanzlers als selbständig evident gehalten, kam vorweg auf den Berg der Beiträge zum Kompromiß mit den ungarischen Herren. Den Kroaten wurde gesagt, die Majestät werde sie anhören, ehe Forderungen wie die ihrigen zur Entscheidung anstünden.

Im Hohen Haus zu Wien wurde die Zusicherung, Franz Joseph

werde sich *legitime* gleichwertige Ansprüche der Nationen anhören, alsbald wie Hohn empfunden. Denn am 20. September 1865
schickte die Regierung die Reichstagsabgeordneten nach Hause.
Fernere Basis der Entwicklung sollten die verschiedenen Landtage in der Monarchie werden. Die Tschechen vergaßen keineswegs
die Formen von *gleichwertigen Ansprüchen der Nationalitäten*
und wähnten sich im Kielwasser des flott vorankommenden ungarischen Staatsschiffes.

So ging das Jahr 1865 zu Ende. Die 343 Reichsratsabgeordneten
saßen zuhause in den Ländern, in denen sie gewählt worden sind.
Der ohnedies nahe der Unbedeutendheit existierende Staatsrat
von 1849 hatte keinen Präsidenten. In den k. k. Ministerien führten die im Dienststand befindlichen Sektionschefs und die perma-
nenten Unterstaatssekretäre das große Wort. Es gab aber auch
eine Graue Eminenz: Als solche wurde in liberalen Kreisen nicht
etwa der Kardinal-Erzbischof von Wien und ehemalige Lehrer
Franz Josephs, Othmar von Rauscher, genannt, sondern ein magyarischer Adeliger, der Minister ohne Portefeuille, Geheimer
Rat und Kämmerer Seiner Majestät Moritz Graf Esterhazy. Dieser Graf war schon einer jener künftigen Intellektuellen, die ihres
Verstandes nicht Herr werden und mit ihren genialen Anlagen zuweilen eher Unheil stiften im öffentlichen Leben.

2.

KÖNIGGRÄTZ 1866

Die Zustände im alten Königreich Polen waren schon immer gut für eine Serie europäischer Großkonflikte. Das tapfere Volk der Polen litt darunter, daß die rivalisierenden Parteien dieses Wahlkönigtums ihre Entscheidungen meistens dadurch ausfochten, daß sie benachbarte Großmächte für ihre Sache zu gewinnen trachteten: Schweden, Rußland, die Türkei, Preußen, vor allem Frankreich, am seltensten Österreich. Am Nachmittag des Tages, als 1763 der Friede zur Beendigung des dritten, des Siebenjährigen Krieges um Schlesien zwischen Österreich und Preußen unterzeichnet wurde, schrieb der Sieger, Friedrich der Große, einen Brief an seine als Frau mäßig geschätzte Kriegsverbündete Katharina die Große von Rußland: Der Preußenkönig bot der Zarin seine Dienste bei der Entscheidung der damaligen Königswahl in Polen zugunsten des Schützlings der Zarin an. 1772 erfolgte die erste Teilung Polens; auf Drängen Josephs II. entschloß sich Maria Theresia, mitzumachen bei dem Spiel, das Berlin und Petersburg arrangierten; sie hat den Schritt bis in die letzten Lebenstage bereut. Einer ihrer Generäle sagte zudem: Wer sich in die polnischen Wirren mischt, den holt der Teufel. 1793 scherte Preußen aus dem Bündnis gegen die Revolution in Paris aus, um hinter dem verbündeten Österreich eine zweite Teilung Polens abzumachen mit Rußland. 1795 geschah der Rest. Von all dem blieb nach den napoleonischen Wirren der Löwenanteil Rußland, das wertvollste Gebiet Preußens; für Österreich blieb Galizien, mit dem eine gegen Rußland kaum zu verteidigende offene Flanke der Monarchie entstand. Bismarck aber hat sich mit einer genialen Polenpolitik im Jahre 1863 die Rückendeckung Rußlands im Krieg gegen Österreich 1866 geholt:
Am 23. Jänner 1863 wurden in Russisch-Polen Garnisonen russi-

scher Truppen hinterrücks von Aufständischen überfallen. Hunderte Russen wurden umgebracht, Häuser, in denen Russen wohnten, gebrandschatzt, dann verschwanden die Täter in den Wäldern; sammelten sich in Partisanenverbänden und lieferten dem regulären Militär des Zaren einen blutigen Krieg. Sie vertrauten dabei auf Napoleon III., auch auf England. In Paris haben polnische Exilpolitiker immer Schutz und Zugang zum Königspalast, den Tuilerien, gehabt. Polen gehörte zur Zange, mit der Frankreich die Mitte Europas unter Druck hielt.

1863 entstand in Berlin die Sorge, Napoleon III. könnte sich diesmal mit dem Zaren zusammentun. Das hätte Preußen in die Zange gebracht. In dieser Situation *zwang* Bismarck Rußland geradezu ein Zusammengehen in der polnischen Frage auf. Mit einem Schlag entledigte sich Preußen so der Gefahr eines Griffes eines mit Rußland verbündeten Frankreichs auf das Rheinland; gleichzeitig gewann es den Zaren, Alexander II., zu den seltsamen Methoden, mit denen Bismarck 1866 Österreich aus Deutschland hinausschmiß.

1863 versuchte sich Franz Joseph selbst in der Deutschen Frage. Als Monarch der Präsidialmacht des Deutschen Bundes lud er alle deutschen Fürsten nach Frankfurt am Main ein, um der von *unten* betriebenen Einigung Deutschlands mit einer von *oben* erfolgreich zu begegnen. Sein Plan für ein mächtigeres Deutschland sah ein Bundesdirektorium, bestehend aus fünf Fürsten, vor; darin zwei Stimmen für Österreich, eine Stimme für Preußen, die übrigen für Mittelstaaten. Dazu ein von den Parlamenten der deutschen Staaten beschicktes Zentralparlament des ganzen Deutschland. Für Preußen war aber schon *jede* Lösung der Deutschen Frage, in der sich für Preußen nicht der Weg zur Gleichberechtigung mit Österreich und an die Spitze eröffnete, unannehmbar. Immerhin: Franz Joseph rief, und alle Fürsten kamen nach Frankfurt – außer dem König von Preußen, den Bismarck im benachbarten Baden-Baden zurückhielt. Es war ein seltsames Bild: Der Kaiser von Österreich im weißen Uniformrock inmitten der anderen Fürsten, die alle Uniformen trugen, die mehr oder weniger im preußischen Schnitt oder in preußisch-blau waren. Sinnfälliger hätte die schon vollzogene Isolierung Österreichs in Deutschland nicht vorgezeigt werden können. Zwar schickten die versammelten Fürsten einen der ihrigen zum König von Preußen, um ihn zu bitten, nach Frankfurt zu kommen. Aber der siebzigjährige, sonst recht muntere König, mußte laut Bismarck das Bett hüten. Als das Drängen derer in Frankfurt den alten König schon zu Schwachheiten zu verführen schien, pfauchte Bismarck den mit dem König von Sachsen gekommenen sächsischen Ministerpräsidenten Beust an:

»Sie haben mein Ehrenwort: Wenn morgen um sechs Uhr der Extrazug mit Ihrem König nicht abgefahren ist, lasse ich um acht Uhr ein Bataillon Preußen aus *Rastatt* (der nahen Festung des Deutschen Bundes) herüberkommen.«

Da gab Beust, da gaben die Fürsten in Frankfurt auf. Bismarck aber reagierte die Spannung der letzten Tage damit ab, daß er in seinem Logis ein ganzes Tablett mit Trinkgläsern zu Boden schmiß. Der sogenannte Frankfurter Fürstentag 1863 war zu Ende. In Wien war man dumm genug, sich im Jahr darauf von Bismarck einspannen zu lassen, um zusammen mit Preußen Truppen in den Norden zu schicken, wo Österreicher absolut nix verloren hatten. Nämlich um dem König von Dänemark die letzten Anwartschaftsrechte seiner Verwandtschaft auf die Elbeherzogtümer abzujagen. Mehr noch: In Holstein blieben k.k. Truppen als Besatzungsmacht namens des Deutschen Bundes. Wegen dieser fernab von Österreich entstandenen Frage, die auch die Großmächte, vor allem Rußland und England bewegte, geriet Österreich 1866 in den nächsten Krieg. Denn Bismarck hatte den Krieg von 1864 gegen Dänemark nicht Deutschlands wegen geführt, sondern zu dem Endziel, die beiden Herzogtümer für Preußen zu annektieren. 1866 war er so weit, daß der Zar in Rußland, sonst eher anders interessiert in der Frage, die preußische Lösung hinnahm.

Daheim in Berlin hatte Bismarck mehr Schwierigkeiten in der Frage der Annexion von Schleswig-Holstein als in den fremden Staatskanzleien, Österreich ausgenommen. Österreich, das schon seinen Besitzstand in Venetien bedroht sah, ließ sich in die fernab-

213

liegende Frage im deutschen Norden verheddern. Bismarck hinwieder holte sich in London bei dem gesinnungsverwandten Ministerpräsidenten Disraeli einigen Rückhalt; Disraeli, auf dem Papier ein Konservativer, in Wirklichkeit ein Realpolitiker wie Bismarck, hat sich im Politischen mehrmals gut mit Bismarck gesprochen. Der Preuße nannte beim Bier den Engländer den Jud', ohne dabei etwa abfällig über Disraeli zu denken. Juden gingen im Hause Bismarcks ein und aus und so tat es umgekehrt auch er. Disraeli und Bismarck durften sich mit einem Augurenlächeln begegnen. Gar nicht lächerlich kam die Lage dem Zaren von Rußland vor, als er erfuhr, Bismarck sei daran, die Österreicher mit Unterstützung der 48er Revolutionäre aus Deutschland hinauszuschmeißen. Und Bismarck scheute sich nicht, den guten Deutschen ein gesamtdeutsches Parlament auf Grund eines allgemeinen Wahlrechts zu geben; wo doch Preußen bis 1918 ein Klassen-Wahlrecht hatte und darin Österreich und seinem Wahlrecht von 1907 weit nachhinkte. Man darf aber annehmen, daß das Gesamtdeutsche Parlament und das 1866 versprochene Wahlrecht nur ein Köder Bismarcks war; einer, den allerdings viele bissen.
In Wien diskutierte man auf dem Convent der Burschenschaft »Silesia« über die Lösung der Deutschen Frage. Die Burschen fanden die preußische Sache gerecht, die Österreichs aber miserabel. Sollte es Krieg geben, wollten die von der »Silesia« lieber bei Preußen als mit Österreich mitmachen. Nicht nur derlei geschah. In Rußland schwenkte der Zar auf die Linie Bismarcks ein, obwohl ihn seine zahlreiche deutsche Verwandtschaft davor warnte, als absoluter Herrscher einer *konservativen* Macht jetzt mit *im Lager der 48er* zu stehen, an der Seite Preußens. In Florenz hatte der dortige preußische Vertreter ein gutes Entrée bei der Regierung des schon fast vollständig geeinten Italien: Preußen offerierte ein Kriegsbündnis, das dauern sollte, bis das österreichische Herzogtum Venetien in den Besitz Italiens übergegangen sein wird. In Berlin traf der Chef des Generalstabs der königlichen italienischen Armee ein und die Herren der dortigen k.k. Botschaft hatten das zweifelhafte Vergnügen zu sehen, wie dieser in den ersten Rängen der Berliner Gesellschaft herumgereicht wurde.

Nicht herumgereicht, aber insgeheim umworben waren in Berlin die *ungarischen* Exilpolitiker. Wenn schon Bismarck mit den 48ern zusammen gegen die Österreicher gehen wollte, dann gehörten natürlich die 1849 von den k.k. Truppen (auf die Hilfe Rußlands von damals vergaß man 1856) zu Boden geschmetterten Ungarn zur Partie.

Dummheit tut nicht weh, aber Dummheit kann schmerzliche Folgen haben.

1865 weilte Bismarck in Wien. Dort herrschte Jubel über die aus dem Krieg gegen Dänemark heimkehrenden k.k. Truppen. Die liberalen Politiker im Hohen Haus in Wien triumphierten: Hatten nicht die Österreicher neben den Preußen in diesem Krieg tadellos bestanden? Na also, wozu das Geschwätz der Generale, die den Volksvertretern einreden wollten, es sei nicht gut, wenn Preußen radikal *aufrüste,* Österreich aber ebenso radikal *abrüste.* Bismarck sah sich das merkwürdige Völkchen der Wiener bei seinem Spaziergang an. Im Volksgarten, nahe der kaiserlichen Burg, setzte er sich im dortigen Gartenrestaurant zu Tisch und trank ein Glas gutes Schwechater Bier. Und dann geschah es, Bismarck traute seinen Augen nicht. Die Musikkapelle des Gartenrestaurants intonierte:

»Ich bin ein Preuße, / Kennt ihr meine Farben? / Die Fahne weht mit schwarz und weiß voran ...«

Ungeheurer Jubel brach los, als so das Inkognito des preußischen Ministerpräsidenten, des Regierungschefs des im letzten Krieg verbündeten Preußen aufklang. Die Herren Studenten sangen den Text des Liedes mit. Schwarz-weiß und Schwarz-gelb, war sich das nicht schon in der Farbkombination nahe? Zwei konservative Staaten, zwei Staaten, von denen jede Großmacht in Deutschland war, zwei Staaten, die einmal zusammen den großen Napoleon niedergerungen haben. Den Onkel jenes Napoleon, der jetzt, 1866, mit einer Neutralitätspolitik anfing, bei der er Österreich nach dessen Niederlage von 1859 die Neutralität im nächsten Krieg versprach, wenn dieses bloß Venetien an Italien abtreten würde.

Alles kam anders, als im Volksgarten gedacht. In der Frage

Schleswig-Holstein wurden sich die beiden Besatzungsmächte uneinig. Die Besatzungsmacht Österreich zog sich auf das Faktum zurück, daß es nicht als das Kaiserreich Österreich in Holstein präsent war, sondern namens und auftrags des Deutschen Bundes. Also war man in Wien froh, dort oben in der exponierten Lage nicht mehr allein in Holstein zu sein, als Hannover und Sachsen seinerseits Truppen in Kiel einmarschieren ließen. Das hat Bismarck noch gefehlt. Er richtete an Hannover und Dresden scharfe Noten und verscheuchte die Truppen beider Staaten aus Holstein so wie eine Bäuerin Hühner aus ihrer Küche vertreibt. In Sachsen wäre Beust, nach 1866 in Wien k.k. Reichskanzler, geneigt gewesen, gleich jetzt loszuschlagen gegen Preußen. Aber der jetzige Herr des Ballhausplatzes, der General und Berufsdiplomat Graf Mensdorff-Pouilly, tat nicht mit. Mensdorff war eine jener Typen, von denen die Militärs sagen, als General tauge er ja nix, aber als Diplomat soll er gut sein; während die Diplomaten überzeugt waren, daß er in ihrem Geschäft eine Null war, aber als General vielleicht etwas taugen könnte.

Und während man die Österreicher noch immer beschwätzte, wurde Berlin mit den Italienern mehr und mehr handelseinig. Der preußische Gesandte in Florenz war dafür, den Kampf gegen die Österreicher mit einem Stoß ins Herz der Monarchie zu führen. In Berlin war man daran, eine ungarische Legion aufzustellen, die im Kriegsfall ausrücken, in Ungarn einfallen könnte, um dort die 1849 zusammengebrochene Revolution aufs neue zu entfachen. Bei diesem Vorhaben taten sich drei ehemalige k.k. Offiziere hervor: Anton von Vetter, letzter Oberkommandant des ungarischen Revolutionsheeres im Jahre 1849; Georg Klapka, Kriegsminister Kossuths, nach ihm wird die Legion von 1866 ihren Namen bekommen; und Stephan Türr, der es in der Armee Radetzky vom Offiziersdiener bis zum Leutnant brachte, Ende 1848 desertierte, im Krimkrieg versuchte, Landsleute unter der k.k. Besatzungstruppe zur Desertion zu verleiten. Damals wurde Türr zweimal gegriffen, das erste Mal rettete ihn die Regierung Palmerstons vor dem Tod wegen Desertion, das zweite Mal Napoleon III. Türr starb als königlich italienischer Generalleutnant.

Es braucht hier nicht näher ausgeführt werden, daß die Polizei des berüchtigten Polizeistaates Österreich sowie die militärische Abwehr in dieser Phase blind und taub zu sein schienen. Der Kaiser blieb bis zum Kriegsausbruch darüber im unklaren, wie weitgespannt das Netz war, das Bismarck seinem Reich überwerfen wollte.

In Deutschland gerieten die Dinge so, daß die Liberalen trotz der miserablen Behandlung im preußischen Landtag im übrigen Deutschland für Preußen waren; ging es ja gegen das klerikale Österreich. Die deutschen Fürsten traten im bayerischen Bamberg zusammen und wären im Falle eines österreichisch-preußischen Konflikts am liebsten neutral geblieben. Im bayerischen Regensburg versammelte der König von Preußen seine im Gegenstand befaßten auswärtigen Missionschefs und dort bekamen sie die Richtlinien für das, was kommen mußte: Man wird Österreich, so wie 1859 Napoleon III. und Cavour es taten, so lange haranguieren, bis die Wiener in die Falle tappen und mit Rüstungen anfangen; Rüstungen, die in Preußen, ohne daß es einer formalen Mobilmachungsorder bedurfte, mit gutem Geschick längst gründlich und pünktlich besorgt wurden. Als in Berlin der Chef des königlich italienischen Generalstabs reihum ging, war der Ballhausplatz so naiv, bei Preußen anzufragen, ob das etwa auf einen Krieg hindeute.

Schwierigkeiten hatte Bismarck letzten Endes nur bei seinen früheren Freunden im konservativen Lager seines Heimatlandes. Daß der König mit Bismarck ging und dieser mit den 48ern, wurde mit einem alten Kirchenlied quittiert:

»Verlasse Dich auf Fürsten nicht, / Sie sind wie eine Wiege. / Wer heute Hosiannah spricht, / Ruft morgen crucifige.«

Nicht daß die Konservativen die Fähigkeiten ihres früheren Parteigängers gering schätzten. Sie warfen ihm nur vor, Bismarck seien die 10 Gebote unerträglich. Aber – welcher Politiker trägt sie schon zusammen mit der übrigen Last seines Geschäftes? Ein geschaßter Kultusminister warf Bismarck vor, dieser hätte sich vom Christentum weit entfernt und gutem Zuspruch sei er unzugänglich. Keiner dieser Konservativen konnte 1866 ahnen, was ihnen

Bismarck nach 1871 im Kulturkampf aufgeigen wird. Bismarck waren diese Typen im Grunde schon Nullen, nicht einmal mehr lästig. Denn schon war er dabei, in Frankfurt, nach Berliner Gazetten ein Rattenloch, eine Bombe zu schleudern. Der dortige Preußische Vertreter wurde beauftragt, die Pläne für eine Bundesreform einzubringen: ein Gesamtdeutsches Parlament. Allgemeine, gleiche und geheime Wahlen (!). Weg mit dem Deutschen Bund von 1815. Denn in Zukunft sollte Preußen obenanstehen in Deutschland. Aus Petersburg kam die deutsche Verwandtschaft des Zaren heim an ihre Fürstenhöfe, um mit betrübter Miene zu erzählen, der Zar würde Bismarck und seinen 48ern nicht in den Arm fallen. Mehr verängstigt als alarmiert beschlossen die Betroffenen, für eine bewaffnete Neutralität 160 000 Mann zu stellen. Diese Truppen sollten vor allem Hannover helfen, wo Bismarck schon verlauten hat lassen, man sei dort in der Lage zu wählen: Entweder als Verbündeter Preußens die eigenen, ansonsten die preußischen Truppen im Land zu haben. Wer am meisten gefährdet war und das Ende der eigenen Staatlichkeit vor Augen hatte, riskierte ohnehin nichts mehr, wenn er erklärtermaßen mit Österreich ging: so Kur-Hessen. Sachsen sah das Unheil kommen. Käme es zum Krieg, dann würden die Preußen, so wie alle deutschen Truppen bis ins Jahr 1968 (zuletzt jene der DDR), elbeabwärts kommen; dann aber blieb Sachsen nichts anderes übrig, als mit Österreich zu gehen.

Alles in diesem Deutschland geriet nach der Ansicht Napoleons III. großartig: Die beiden deutschen Großmächte verfeindet; die Mittelstaaten schwächlich; ein Krieg, bei dem sich Deutsche gegenseitig die Schädel einschlagen werden – und der aus tausend Wunden blutende Sieger froh sein wird, gegen ein gewisses Entgelt Napoleon III. als Friedensvermittler auf seiner Seite zu haben. Italien wird für den Erwerb Venetiens Nizza und Savoyen an Frankreich abtreten; Deutschland wird am Rhein einiges von dem zurückgeben, was schon der große Napoleon in Händen hatte. Qui vivra, verra.

Franz Joseph war in einer schwierigen Lage. Er dachte nicht daran, Preußen den Krieg zu machen. Aber er sah, daß Venetien seitens Italien gefährdet war und also mußten dort k.k. Truppen für den Kriegsfall versammelt und bereitgestellt werden. Berlin wird diese Mobilmachung gegen den Feind der Monarchie *im Süden* als eine auch *gegen Preußen* gerichtete hinstellen und so wird Österreich, so wie 1859, der Kriegstreiber sein in den Augen der Welt; Preußen aber Verteidiger seiner Existenz. In Berlin war man mit der Mobilmachung so ziemlich fertig, als man beschloß, die erfolgte Mobilisierung erst dann formell zu machen, wenn Österreich seine allgemeine Mobilmachung herausbrächte; letztere lag im argen, wie man sehen wird.

Der Ballhausplatz trat, so wie 1859, das Schneebrett ab und die Kriegslawine ging zu Tal. In Frankfurt stellte nämlich die Präsidialmacht Österreich im Deutschen Bund den Antrag, der Streit in und um Schleswig-Holstein möge mit einem Schiedsspruch des Bundes ausgetragen werden. Der Vertreter Preußens protestierte dagegen, daß man sich einmenge in die Heimholung der dortigen Beute – die ja letzten Endes nur Preußen zustehen sollte. Zwei Tage nach dieser Kontroverse beantragte Österreich in Frankfurt die Mobilmachung der Truppenkontingente des Deutschen Bundes. Der in Holstein kommandierende k.k. General war klug genug, seine Truppen sofort südwärts zu instradieren, um einer Gefangennahme durch die mit Macht bereitstehenden Preußen rechtzeitig zu entgehen.

In Wien geriet die Dummheit des Ballhausplatzes über die Maßen. Dort genügten die 1859 im Umgang mit Napoleon gemachten Erfahrungen nicht. Man ließ sich wieder mit ihm ein: Demnach sollte Frankreich neutral bleiben, *wenn* Österreich Venetien preisgebe; und Frankreich würde neutral bleiben, wenn Österreich das 1763 verlorene Preußisch-Schlesien im Krieg mit Preußen zurückgewinnen würde. Diese Entente zwischen Paris und Wien war, wie man in Berlin sagt, pflaumenweich. Napoleon III. meinte es viel ernster mit seinen geheim geführten Verhandlungen mit Bismarck; Bismarck hielt dem Kaiser den Köder hin, Napoleon biß an – und das war der Anfang vom Ende seines Kaisertums. Die Monate Juni und Juli sind schlechte Monate für die Politik

Österreichs. Am 14. Juni 1866 beschloß der Bundestag in Frankfurt auf Antrag Österreichs die Mobilmachung gegen Preußen. Preußen war also, ganz wie geplant, der Angegriffene. Die Präpotenz Preußens im Deutschen Bund war sagenhaft: Nachdem die Mobilmachung beschlossen war, erklärte der Vertreter Preußens nicht etwa seine Abreise oder den Austritt Preußens, sondern die *Auflösung* des Deutschen Bundes von 1815. Die Signatarmächte von 1815, sonst immer betulich, wenn Österreich in Deutschland hervortrat, taten gar nichts. England, Frankreich und Rußland nahmen das Vorgehen Preußens hin.

Wo so viel Intriganz und Feigheit herrschten, mußte die Haltung des Königs von Hannover auffallen. Er ließ seine Truppen marschieren, errang tatsächlich einen beachtlichen Gefechtserfolg gegen die Preußen, unterlag aber nachher der Übermacht. Die Hannoveraner mußten im freien Feld kapitulieren, ihr König floh nach Wien. Die Sachsen redeten nicht viel. Sie räumten ihr Land, das sofort von den Preußen besetzt wurde, und rückten elbeaufwärts, um sich in Böhmen mit den k. k. Truppen zu vereinigen. Sie sollten die einzigen sein, die sich auf ein solches Risiko einließen in Deutschland; und sie werden bei den Österreichern bis zum bitteren Ende aushalten. Die Bayern verlauteten, sie dächten nicht daran, auch nur einen Soldaten an den Ort der Entscheidung, nach Böhmen, zu schicken. Italien aber erfüllte buchstabengetreu die in Berlin eingegangene militärische Verpflichtung. Um 1866 ging es noch nicht so zu, wie im 20. Jahrhundert, wo ein Staat den anderen überfällt, ihn als Kriegstreiber hinstellt, um nachher im Falle des Sieges dem Verlierer die Existenz oder die Souveränität namens der Menschlichkeit und des Friedens wegzunehmen. Mochten 1866 die Diplomaten ihre Noten im künftigen Feindstaat überreichen; die Militärs schossen erst dann aufeinander, nachdem sie im Feld, von Front zu Front, sich gegenseitig den Kampf ansagten. Die Italiener warteten damit absprachegemäß, bis die Preußen das Feuer eröffnet hatten. Das taten diese denn auch, aber erst nachdem sie an verschiedenen Stellen Parlamentäre unter der weißen Fahne zu den Kaiserlichen hinübergeschickt hatten, um anzusagen, daß fortan scharf geschossen wird.

Als erster im Krieg gegen Preußen fiel ein Zugführer in einem k.k. Husarenregiment namens Barta Imre. Ein Magyar also. Darauf geschah es im Süden. Am 20. Juni 1866 sah ein vom k.k. Grenzer-Regiment Numero 9 gestellter Doppelposten an der Grenzstation westlich Veronas eine herankommende Kavalkade. Die Kroaten machten sich zum Schießen fertig. Es war gut, daß eben ein Offizier die Runde machte und selbstverständlich darauf achtete, daß österreichischerseits die weiße Fahne respektiert wurde. Die Kroaten setzen die Gewehre ab. Hinter dem Fahnenträger und dem Trompeter sprengte ein königlich italienischer Stabsoffizier heran, saß ab und stellte sich dem österreichischen Kameraden vor:

»Oberst Cavaliere Pompeo Bariola, Souschef im Generalstab des königlich italienischen Hauptquartiers.«

Der Italiener sprach Deutsch wie ein Wiener. Kein Wunder, er war ja Abgänger der Wiener-Neustädter-Akademie und erst 1848 in piemontesische Dienste übergetreten. Die Zeit war da, in der man gut tat, sich als Österreicher über nix mehr zu wundern. Der k.k. Offizier nahm dem Kameraden von drüben den überbrachten Brief ab und versprach, das Schreiben sofort an den Oberkommandierenden der k.k. Südarmee, Erzherzog Albrecht, verbringen zu lassen. Im Brief stand die Kriegserklärung Italiens an Österreich, die vierte seit 1848. Feindseligkeiten sollten allerdings *erst nach drei Tagen* eröffnet werden, und das nur, wenn dies Seiner Kaiserlichen Hoheit genehm sei. Ob man in Italien immer noch hoffte, Venetien ohne Blutvergießen zu gewinnen, stand nicht im Brief. Immerhin hatte der König von Italien dem Kaiser von Österreich den Kauf Venetiens gegen ein gutes Entgelt angeboten. Eine arge Versuchung, bei der Finanzlage der Monarchie. Aber noch war man in Wien nicht so weit, sich mit einer im Abverkauf befindlichen Monarchie zufrieden zu geben.

In Italien fing der Krieg günstig für die Österreicher an. Schon am 23. Juni schlug Erzherzog Albrecht die Italiener bei Custoza. Weil aber der Erzherzog ein Klerikaler, ein Reaktionär und eine der übelsten Typen unter den Schwarz-gelben war, schrieb man in gewöhnlich gut informierten Kreisen den Sieg nicht ihm, sondern seinem Generalstabschef Baron John zu; John war einer der besten Militärs, die Österreich 1866 ins Feld stellen konnte – und er war kein Klerikaler. Daß nachher der Chef des preußischen Generalstabs von Moltke in einer sorgfältig ausgearbeiteten Studie dem unpopulären Erzherzog den Sieg zugeschrieben hat, wurde in Österreich lieber vergessen gemacht.

Populär als der beste Armeeführer der Monarchie war der Oberkommandant der Südarmee Ludwig Ritter von Benedek. Benedek war Ungar von Geburt, evangelisch und stand im Ruf, den Adel zu hassen. Er selbst wäre am liebsten im Süden geblieben, wo er 1864 Armeeoberkommandant in Venetien wurde. Vor dem Krieg wäre ein Sturm losgebrochen, hätte man nicht Benedek, sondern Albrecht das Oberkommando gegen die Preußen gegeben. Wo doch viele wußten, daß von allen Adeligen die Habsburger die am wenigsten befähigten waren. Nach dem Krieg kehrte man den Spieß um in den Medien; man beschuldigte die Hofkamarilla, Benedek den Preußen zum Fraß vorgeworfen zu haben, Albrecht aber den billigen Kriegsruhm im Süden.

Nein – im Norden fing es nicht gut an und es endete mit einer Katastrophe. Bei Hühnerwasser erlitt das Korps unter dem Grafen Clam-Gallas eine schmähliche Niederlage. Die k. k. Infanterie lief ins Feuer der Preußen, so wie man sie abgerichtet hatte, hoffend, mit dem Bajonett das Feuer der preußischen Hinterlader zu unterlaufen. Aber die Preußen schossen dreimal so schnell wie die Österreicher mit dem von ihrem Parlament so gut qualifizierten Gewehr. Das geschah bei Hühnerwasser in Böhmen, am gleichen Tag erlitten die Österreicher auch in Mähren, bei Podol, eine blutige Niederlage. Es fielen 32 Preußen und 111 Österreicher im Kampf. Das gleiche Verhältnis ergab sich bei der Abzählung der Verwundeten. Von den Herren des parlamentarischen Streichquartettes war niemand im Feld; momentan hielten sie den Mund; um ihn nach dem Krieg umso mehr aufzureißen gegen alles, was nicht links saß im Parlament zu Wien.

Franz Joseph wollte sich 1866 von jeder Einflußnahme auf die Operationen seiner beiden Armeen im Süden und Norden fernhalten. Erzherzog Albrecht relationierte fleißig und pünktlich, er war ja in der öffentlichen Meinung ohnedies ein schwer kurzsichtiger Salongeneral. Von oben hörte Franz Joseph wenig und was nach Wien kam, schien seltsam verschlüsselt zu sein. Es kam so weit, daß man bei Hof die Zeitungsartikel der Kriegsberichterstatter lesen mußte, um zu wissen, was oben los war.

Aber man vertraute Benedek, kannte seine Fähigkeiten als Korpskommandant bei San Martino 1859. Benedek beigegeben war Feldmarschalleutnant und Geheimer Rat Seiner Majestät Baron Henikstein, seit 1864 Chef des k.k. Generalstabs. Henikstein entstammte einer der schon unter Joseph II. geadelten jüdischen Familien, die mit seltener Treue Österreich und dem Haus Österreich gedient haben. Im Stab Benedek war er als Figurant gedacht, denn die Operationspläne sollte der unlängst reaktivierte Generalmajor Gideon Ritter von Krismanić, geschätzt als Lehrer an der Kriegsschule, entwerfen.

Krismanić ist als junger Offizier einer Freimaurerloge beigetreten. Henikstein wurde von weniger erfolgreichen Konkurrenten nur der Jud' genannt. Und Benedek war Protestant. Das war die Führung des schlecht beleumdeten katholischen Österreich im letzten Zweikampf um Deutschland. Alle drei Genannten waren besten Willens, dem Kaiser treu ergeben und Österreicher von der Art, wie sie nach 1866 seltener wurde.

In Tagen des Hangens und Bangens traf in Wien die Nachricht ein, die Österreicher hätten bei Trautenau das ostpreußische Korps des Gegners geworfen. Es war ein teurer Sieg: 5782 tote Österreicher blieben auf dem Platz, viermal soviel als die Verlierer, die Preußen, einbüßten. Schon verbreitete sich unter den Österreichern ein Horror von der überlegenen Infanteriewaffe der Preußen. Die Offiziere verfluchten die Parlamentarier, die nach dem letzten Krieg ihre Siege *gegen* die k.k. Armee suchten.

In London war man von diesem Gang der Dinge überrascht. Österreich hat dort nie einen guten Ruf gehabt, daß aber seine Armee von den Preußen in Serien von blutigen Gefechten geschlagen wurde, das überraschte sogar den Kriegsberichter der London »Times«. *Needlegun is king*, im Erfinden solcher Schlagworte ist die angelsächsische Presse groß.

223

Niederlagen, verbunden mit den Namen behmischer Dörfer, wie sie in Wien eher hinter dem Mond vermutet wurden, gingen durch die Weltpresse. Skalitz, Münchengrätz, Jičin... So kam der 3. Juli 1866 heran, der Tag von Königgrätz. Königgrätz, eine der unter Maria Theresia gegen Preußen erbauten Festungen, liegt am Oberlauf der Elbe. Der 3. Juli 1866 war der Tag, an dem Österreich, nachdem es 1859 die Vorherrschaft in Italien verloren hatte, nicht nur die in Deutschland verlor, sondern hinausgeworfen wurde.

In der Nacht auf den 2. Juli des Jahres kam von oben der Oberstleutnant Beck, zugeteilt der Militärkanzlei des Kaisers, nach Wien zurück, um sich um vier Uhr früh bei Franz Joseph zu melden. Der Kaiser stand unter dem erschütternden Eindruck eines Telegramms, das er an diesem Tag erhalten hatte. Darin hat Beck aus Pardubitz wissen lassen, es sei nur mehr möglich, einen Waffenstillstand oder Frieden mit den Preußen abzuschließen, weil ein Rückzug aus der unhaltbaren Lage bei Königgrätz kaum ausführbar sei.

»Das Herz bricht mir, aber ich muß die Wahrheit berichten«, schloß diese Unheilsnachricht. Unter dem Eindruck dessen stehend, empfing Franz Joseph in der Morgendämmerung des 2. Juli in Anwesenheit seines Kriegsministers den Oberstleutnant. Erstes Ergebnis dessen war, daß der Kaiser die Enthebung des Generalstabschefs Henikstein, des Leiters der Operationskanzlei Krismanić sowie des total unfähigen Kommandanten des I. Korps befahl. Benedek remonstrierte nach Erhalt dieser Verfügung, pochte darauf, *er* und nicht seine Stabsgehilfen oder Korpskommandanten seien schuld an den bisherigen Niederlagen. Aber der Kaiser blieb hart, überließ es Benedek, selbst die Nachfolger der drei Enthobenen auszusuchen. So rückte der General Baumgartner am Vorabend von Königgrätz als nächster Gehilfe Benedeks in den Stab des Armeekommandanten, um dort allerdings seinen Dienst erst am 3. Juli – auf dem Schlachtfeld von Königgrätz – anzutreten.

Henikstein versuchte Panikstimmungen in Wien zu vermeiden, depeschierte an den Generaladjutanten des Kaisers, Beck sei gerade im unglücklichsten Augenblick oben bei der Nordarmee gewesen. Alles könnte noch besser werden. Franz Joseph las das Telegramm und blieb weiter skeptisch. Im Verlaufe des Nachmittags des 2. Juli hob sich auch die Stimmung Benedeks. Er rechnete, auf einen Rückzug aus dem Vorfeld der Festung Königgrätz verzichten zu können. Würden die Truppen Zeit zur Ruhe und Erholung haben, werde man ja weiter sehen. Franz Joseph las die Depesche und schrieb auf das Formular: Miserabel.

Oberstleutnant Beck erkundigte sich, was man Benedek denn auf jenes Telegramm geantwortet habe, das am 1. Juni in seiner Gegenwart aus dem Hauptquartier nach Wien gesandt worden war – und worin Benedek zur Vermeidung einer Katastrophe den sofortigen Friedensschluß mit Preußen angeraten hat. Creneville reichte dem Frager das Konzept. Der Oberstleutnant las den Inhalt eines Uriasbriefes. Von der Hand des Kaisers geschrieben stand, es sei unmöglich, einen Frieden zu schließen. Wenn unausweichlich, sei der Rückzug anzutreten. Dem aber hatte Creneville beigefügt:

»Hat eine Schlacht stattgefunden?«

Beck ahnte, daß Benedek diese Frage als einen *Auftrag* zum Schlagen aufgefaßt hat; also ohne vorherige Schlacht nicht den Rückzug anzutreten.

Am Morgen des 3. Juli 1866 ritt Benedek mit einem Gefolge von etwa dreihundert Herren auf das Schlachtfeld. Der neue Generalstabschef Baumgartner war noch nicht zur Stelle und so haben Henikstein und Krismanić die Dispositionen für den Tag getroffen. Krismanić entschied sich richtigerweise für die Defensive: Eine Hakenstellung, in der die Masse der k.k. Artillerie gegen die aus Westen bergan angreifenden Preußen stand, für den Fall einer aus Norden drohenden Gefahr aber eine starke Armeereserve bereit gehalten wurde. Unaufhörlich spielte jetzt der Telegraf zwischen oben und Wien. Der Kaiser bekam im Verlauf des Vormittags den Eindruck, es sei bei Königgrätz ein großer Kampf entstanden. Schlechte Nachricht blieb aus und Franz Joseph benützte das Warten, um im Augartenpalais ein Verwundeten-Spital zu besuchen. Schon wollte ihm Creneville dahin eine optimistisch

gefaßte Nachricht zukommen lassen, da kam die Unheilsbotschaft. Nicht aus dem Stab der Nordarmee; ein Telegrafenbeamter in Königgrätz gab ein letztes Telegramm an das k.k. Hof-Telegraphenbüro auf:
»Kanonendonner kommt immer näher, meine Fensterscheiben zittern, ich packe meine Apparate ein und *flüchte.*«
Als der Kaiser vom Besuch der Verwundeten zurückkehrte, erwartete ihn die Kaiserin. Wie immer in außergewöhnlichen Situationen fand ihre Exaltiertheit auch diesmal jene Bestätigung, die ihrem Gemahl zugute kam. Sie schien ihm wie ein Schutzengel, wie ein tröstender Engel im Unglück.
Endlich kam eine Meldung von militärischer Seite. Der Festungskommandant von Königgrätz telegrafierte, wohl via Bahntelegraf:
»Ganze Armeekorps in wilder Flucht vor der Festung eingetroffen ... Verteidigung lahm gelegt.«
Creneville fragte zurück:
»Was ist über den Verlauf der Schlacht bekannt? Wo ist Hauptquartier (der Nordarmee)?«
Umgehend kam von oben die Meldung zurück:
»Bis 3 Uhr günstig, von da durch Überflügelung Niederlage. Hauptquartier *soll* in Sviniarek gegen Hohenfurt sein.«
Um diese Zeit befand sich Benedek nach Verlassen des Schlachtfeldes auf dem Ritt über Neu-Königgrätz nach Holič. Von den 300 Herren, die am Morgen mit ihm ausgeritten waren, befanden sich noch ganze vierzehn in seiner Umgebung. Der preußische Generalstabschef von Moltke beschrieb nach einem Ritt über das Schlachtfeld, was übrig geblieben ist: Daß tote Österreicher und Sachsen noch unbeerdigt waren; daß die Preußen daran waren, große Gruben zu graben und sie die Massen der Gefallenen zu diesen schleppten; daß die Brandstätten von sieben Dörfern noch rauchten; daß alle noch bestehenden Häuser voll waren mit Verwundeten; daß lange Wagenzüge die Leichtblessierten abtransportierten; daß mit der Zeit die Zahl der Toten geringer, umso größer die der von den geflüchteten Österreichern hingeworfenen Tornister, Kappen, Bandeliers und Säbel. Und daß der Komman-

dant der Festung Königgrätz auf die schneidige Aufforderung seitens eines preußischen Husarenoffiziers nach kurzem Bedenken kapituliert hätte ...

Aber – Königgrätz war keine Katastrophe wie Jena-Auerstedt 1806 für die Preußen oder Sedan 1870 für die Franzosen. Benedek im Verein mit Krismanić und Henikstein rettete dem Kaiser eine Armee, man stand nicht wehrlos da beim Friedensschluß mit dem Sieger. So war das einmal bei den Kaiserlichen. Schwer erkämpfte Siege wurden oft vertan mit der gewissen Lässigkeit, die in diesem Reich nie etwas perfekt geraten ließ; aber dafür bestand das Reich Katastrophen, die andere Länder und Dynastien über Nacht aus den Registern der Weltgeschichte gelöscht haben. Es geriet im alten Österreich nie so gut, wie es an sich geraten hätte können; aber auch nie so miserabel, wie man es zuweilen verdient hätte. Das Mirakel des Hauses Österreich war immer die Bewährung, die Standfestigkeit in äußerster Gefahr. Und mochten manche seiner Monarchen im Leben nicht eben den Griffel besessen haben, der ihren Namen für immer in die Tafeln der Weltgeschichte eintrug; im Sterben hat nicht ein Habsburger die Haltung verloren, die man von einem Mitglied des Erzhauses erwartete. Mochte es ein qualvoller Strohtod sein oder der Tod unter der Guillotine oder die Exekution durch einen Haufen Indianer. Wichtiger als das Vor-sterben war das Vor-leben.

Und darin bewährten sich die unglücklichen Drei von Königgrätz. Benedek rettete dem Kaiser die Armee; Henikstein hielt als abgesetzter Chef des Generalstabs aus, bis der Rückzug des geschlagenen Heeres in geordnete Bahnen gelenkt wurde; er hat 1866 Ehre und Reputation verloren, wie man damals sagte, aber die Heniksteins dienten bis zur letzten Stunde dem Hause Österreich mit der gleichen Treue und stummen Hingabe wie der unglückliche Vorfahre von 1866. Wegen des Südslaven Krismanić brauchte man sich keine Sorgen zu machen: Auch Krismanić stellte man, wie Benedek und Henikstein, vor eine Untersuchungskommission. Aber der kam den Militärs und Auditoren mit seinem Dickschädel bis zur Unausstehlichkeit. Man mußte ihm alles lassen, was er am Vorabend von Königgrätz hatte. Ja noch mehr: Er durfte als Festungskommandant ausdienen und wurde normalmäßig pensioniert. Ohne daß es eines Gnadenaktes bedurft hätte, wie in anderen Fällen jener, die 1866 mehr oder weniger versagten.

Erzherzog Albrecht wurde neben vielen anderen Vorwürfen auch mit dem eingedeckt, daß er Benedek in der Krise des Lebens verlassen hätte. Albrecht war in dem hart, als er verlangte, der Verlierer hätte im Interesse der k.k. *Armee* den Mund zu halten. Nicht bloß um des Kaisers willen.

Benedek führte seine Armee, in die Slovakei ausweichend, an die Donau. Dort gab er befehlsgemäß das Kommando ab und verfügte sich nach Wiener-Neustadt. Am linken Donauufer wurden Feldbefestigungen aufgeworfen. Aber der liberale Bürgermeister von Wien, Dr. Andreas Zelinka, bat den Kaiser, die Stadt nur ja nicht den Gefahren des Krieges auszusetzen. In dieser Stunde kam aus Prag eine Delegation tschechischer Vertreter, deren Versicherungen an den Kaiser schon besser klangen als jene des Bürgermeisters der Haupt- und Residenzstadt, den 1870/71 auch die belagerten Pariser arg beschämten.

Eiligst wurden, wie 1805 und 1809, Archive, die Schatzkammerbestände und anderes per Schiff abgeschoben nach (Buda)Pest. Die Kaiserin erwies sich im ganzen Verlauf dieser tragischen Ereignisse, als wär sie geboren, das für viele Unfaßbare des Geschehens auf sich zu nehmen. Als sie sich am Wiener Ostbahnhof vor der Menge von ihrem Gemahl verabschiedete, um ins Ungarische zu reisen, küßte sie dem im Moment arg verschrienen Gemahl vor aller Welt die Hand. Deutlich distanzierte sich Elisabeth von jenen, die jetzt auf der Bank der Spötter saßen. Manche bedauerten dümmlicherweise, daß des Kaisers jüngerer Bruder als Kaiser in Mexiko weilte, anstatt jetzt in Wien zu regieren.

Im Ungarischen geschah, was vorher einigen Kaiserinnen geschehen ist: Elisabeth erlag dem Charme der magyarischen Herren. Hier fand sie, was ihr bei Hof in Wien abging: Sie war in den Augen der ungarischen Herren nicht nur eine majestätische Erscheinung von unnennbarer Schönheit, sie bot sich an, den seit 1849 schwelenden Streit der Opposition in Ungarn mit Wien auf gleich zu bringen. Die Kaiserin bekam die Überzeugung, daß sie, indem sie den ungarischen Herren zur Erfüllung ihrer Verlangen verhalf, also den *eigenen* Staat im Verband mit einem Staat am anderen Ufer der Leitha, auch Österreich in der schwersten Krise rettete. Im Westen, weitab von Königgrätz, kämpften noch immer Kaiserliche um den Bestand des Deutschen Bundes, des letzten Restes des Tausendjährigen Reiches. Bei Aschaffenburg am Main griffen k.k. Jäger, Venetianer, in der Schloß-Fasanerie die Preußen mit dem Ruf an:

»Evviva l'Imperatore.«

Am Tor der Stadt, wo die Straße aus Richtung Würzburg kommt, organisierte ein Italiener, der k.k. Oberleutnant Belichi, beim Sandtor den letzten Widerstand, um den Abzug der geschlagenen Truppen des Deutschen Bundes über die Steinbrücke in Richtung Frankfurt zu decken. So wie im Süden Kaiserjäger aus Welschtirol sich die Goldene Tapferkeitsmedaille erwarben, waren es Venetianer und Niederösterreicher vom Regiment Heß, die als die letzten vor der Eroberung Frankfurts bei Aschaffenburg angriffen, um den Rückzug der anderen zu ermöglichen. Und dann marschierten die Preußen ein in das, wie in Berlin die Zeitungen schrieben, Rattennest, den Sitz des Deutschen Bundestags in Frankfurt.

Es war ein seltsames Jahr. In Wien haben Burschenschafter den Eintritt in eine gedachte akademische Legion abgelehnt, weil sie die Sache Preußens als die gerechte ansahen. Anders in Prag, wo tschechische Studenten an Kolin 1756 erinnerten und bereit waren, ins Feld auszurücken. Als alles entschieden war, geschah es aber:

In Wien trat ein Slavenkongreß zusammen. Da waren Tschechen wie Palacki, Kroaten wie der Bischof Strohmayr, Polen wie Graf Goluchowsky; keine Renegaten und keine Rebellen, Politiker, die ahnten, daß die Herren in Ungarn die Gunst der Stunde für sich nutzen würden, sie aber dabei unter die Räder kommen sollten.

Im Norden war seit dem 21. Juli Waffenruhe; am 26. Juli wurde in Nikolsburg ein Präliminarfriede abgeschlossen, mit dem alles aus und vorbei war: Österreich anerkannte die Auflösung des Deutschen Bundes und vorweg die von Preußen in Deutschland zu dessen Gunsten gemachten beträchtlichen Gebietserwerbungen; 20 Millionen Taler forderten die Preußen als Kriegskostenentschädigung und – merkwürdig – dafür war das Geld, das man vorher dem Verteidigungsbudget vorenthalten hat, gleich da in Wien. Als Preußen das Kriegführen gegen Österreich einstellte, durfte auch Italien einen Waffenstillstand mit den Österreichern eingehen. Venetien war dem Königreich Italien trotz der Niederlagen bei Custoza und zur See bei Lissa sicher. Nachdem Franz Joseph Venetien ohnedies schon am Tag nach Königgrätz dem Kaiser der Franzosen abgetreten hatte, dauerte es dennoch bis in den Oktober, ehe in Wien der Friedensvertrag zwischen Österreich und Italien zustande kam. Damit bekam Viktor Emanuel II. auch in Wien die Anerkennung als König von Italien.

Der Ausgang des Krieges von 1866 setzte auch den endgültigen Schlußstrich unter alle bisher aufrechterhaltenen Herrschaftsansprüche von ehedem in Italien regierenden Zweigen des Hauses Habsburg-Lothringen. Großherzog Ferdinand IV. von Toskana hat nach der Abdankungserklärung seines Vaters in Bad Vöslau ohnedies nie mehr die Toskana betreten. Er residierte teils auf seinen Gütern Brandeis und Schlackenwerth in Böhmen oder in Lindau in Bayern. Die Geschwister des nominellen Großherzogs und deren Kinder sollten dafür sorgen, daß der Name Toskana in Österreich nicht vergessen wurde, freilich geschah diese Unvergänglichkeit zuweilen aus unterschiedlichen Gründen. Als die Familie längst in Salzburg lebte, besuchte die Gemahlin des Exgroßherzogs auf einer Fahrt nach Rom die frühere Residenzstadt des Hauses, Florenz. Das Publikum akklamierte wie üblich; auch nach dem Anschluß Toskanas an Sardinien hat die dortige Bevölkerung gute Erinnerungen an das Haus Habsburg besser in Ehren gehalten, als große Teile der Bevölkerung Österreichs nach 1918. Der Name Modena klang lange nach, als das Herzogtum schon dem Königreich Italien anheimgefallen war. Der depossedierte Herzog Franz V. ließ rechtzeitig große Teile der wertvollen Sammlungen aus dem Land und in sein Palais nach Wien schaffen.

Später gab auch das Königreich Italien einige wertvolle Kunstschätze an den Herzog frei. Erbe dessen und des Namens *Este* wurde 1875 der spätere Erzherzog-Thronfolger Franz Ferdinand, zu seiner Zeit vielfach »der Este« genannt. Was der Thronfolger auf sein Schloß Konopišt in Böhmen verbrachte, konfiszierte 1918 die ČSR. Anderes kam in die Neue Hofburg.

Die Namen Este und Parma überdauerten im franzisko-josephinischen Österreich den Wandel der Zeit: Der Este wurde 1914 in Sarajevo ermordet; Prinzessin Zita von Bourbon-Parma wurde die Gemahlin des letzten Kaisers von Österreich, Karl I. Sie überlebte die Tragödie des Jahres 1918 und erreichte im hohen Alter das Ende des 20. Jahrhunderts, kehrte 1982, mehr als neunzig Jahre alt, zu Besuch nach Wien zurück. Eine junge Generation erwies der Kaiserin beim Empfang eine Sympathie, die in der greisen Frau wohl nur für einen Moment die Erinnerung an das schmachvolle Verhalten der Wiener im Jahre 1918 weckte; um dann umso mehr in Freude über die Gesinnung jetzt lebender Österreicher umzuschlagen. So kam es, daß das Haus Österreich, nachdem es auch nach dem Zusammenbruch der österreichischen Vormacht in Italien dort ein gutes Angedenken hinterlassen hat, zuletzt gerade dort den Sieg *historischer Wahrheiten* erlebte, wo diese 1918 zugrunde gegangen schienen.

3.

Die Donaumonarchie bricht entzwei

Das Spiel war für Bismarck gewonnen. Die Verlierer in Wien warfen die Karten auf den Spieltisch der Politik und zahlten. Aber Bismarck versuchte ein Spielchen. Er brauchte einen Bluff. Napoleon III. meldete in Berlin seine Beteiligung am Sieg der Preußen bei Sadova an. Schließlich hatte auch er dazu beigetragen, indem er mithalf, die Österreicher an der Nordfront durch eine Südfront zu schwächen. Und der Zar freute sich am Erfolg der von ihm über alles geliebten preußischen Armee, weniger über die Deutschlandpolitik Bismarcks. Nicht auszudenken, wenn Wien va banque spielen würde, um etwa zusammen mit Frankreich und Italien eine Front gegen Berlin zu bilden. Also spielte Bismarck sein letztes Spielchen, nachdem der Waffenstillstand mit Österreich in Nikolsburg schon geschlossen und alles entschieden war. Trumpfkarte im Blatt Bismarcks war ein *König*, der König von Ungarn. In Berlin ließ man die ungarischen Emigranten der 48er Revolution von der Leine und in Ungarn hieß es, man sei dort nicht länger auf die Habsburger angewiesen. Prinz Friedrich Karl von Preußen sei bereit, König von Ungarn zu werden. Auch ein Landfremder, aber immerhin kein Habsburger und kein Österreicher. Das Gerücht gehörte zum Bluff.

In Ungarn waren sich die Männer der Opposition und die zur Revolution bereiten Männer uneins. Das im Ausland tätige »Centrale Revolutions-Comitée« litt darunter, daß sein verständnisvoller Mentor, Ministerpräsident Cavour, gestorben war. Im Land machten jüngere Männer Politik, die dem großen Kossuth nicht gefielen. Und einige der unbedingten Gefolgsleute Kossuths im Kriegsjahr 1848/49 wurden uneins mit ihrem früheren Diktator. Herr von Pulszky, der 1848 mit den Hochwässern der Revolution in Wien die Mühlen Kossuths betrieben hat, trennte sich von Kossuth. Auch Klapka, Kriegsminister Kossuths und letzter erfolgreicher Verteidiger eines Stützpunkts der Revolution in Komorn, sagte sich von Kossuth los. Kossuth selbst machte eine Rochade: Geld und andere Hilfen waren von der italienischen Regierung nicht länger wie bisher zu haben. Dafür schien es ihm, als wäre unter den Südslaven diesseits und jenseits der schwarz-gelben Grenzpfähle die Stimmung so weit gediehen, daß man sich mit diesen Feinden aus der 48er Revolution gegen den Sieger von damals verbünden könnte. Dazu hatte Kossuth einen Fachmann für Konspirationen, nämlich den ehemaligen k.k. Offizier Türr István, der während des Krimkriegs zweimal von den Österreichern bei der Abwerbung von k.k. Truppen erwischt, zum Tode verurteilt, aber beide Male auf bedrohliche Interventionen der Regierungen in *London* und *Paris* freigekommen ist.

1859 kämpfte Türr bei den Partisanen Garibaldis, 1860 nahm er am Zug der 1000 nach Sizilien teil, 1866 arbeitete er für Bismarck. Aus Preußen kam ein neuer Kombattant für die Sache der Revolution in Ungarn: Graf Seherr-Thoss. Vielleicht aus einer Familie, die in Preußisch-Schlesien ansässig wurde, als das Land noch österreichisch war. Der Graf sprach kein Wort Magyarisch, gab sich aber, als ob sein Ahnherr schon im Gefolge Arpads an die Donau gekommen wäre. Als Bismarck vor dem 66er Krieg in Paris sondierte, machte sich der Graf an ihn heran, weil er gehört hatte, der preußische Ministerpräsident habe wenig für Österreich, aber sehr viel für Ungarn übrig. Paris ist zu allen Zeiten der Fuchsbau für Emigrantencliquen gewesen, deren Tun irgendwie nützlich war für die Sache Frankreichs. Deák Ferencz, später gerühmt als der Große Weise, schickt von Budapest seinen Neffen nach Paris, um sich dort mit Klapka zu treffen und nachher den großen Kossuth aufzusuchen. Kossuth versprach dem Emissär aus der Heimat schlankerhand 10000 Polen, die mitmachen würden im Kampf gegen Österreich, wenn erst die Ungarn eine kampfbereite Legion auf die Beine gebracht hätten. Ein letztes Mal ließ sich die italienische Regierung mit den Ungarn ein, als die am Vorabend des 66er Krieges versprachen, eine ungarische Freischar über die Adria nach Dalmatien zu überführen. Das war, als man in Italien noch nichts von dem Debakel ahnte, das 1866 die Kriegsflotte dieser alten Seefahrernation von den Österreichern bei Lissa einstecken mußte.

Loyale Männer in Ungarn warnten in Wien vor dem Feuerchen, mit dem gewisse Leute im Land spielten. So kamen einige der Verschwörer in Teufels Küche, sie wurden arretiert und streng bestraft wegen Verschwörung gegen den Staat. Natürlich wurden alle diese Strafen von Franz Joseph nachgesehen, so daß die in Freiheit gesetzten Herren keine Unterbrechung ihres Tuns hinnehmen mußten.

Die Perfidie erreichte im Kriegsjahr 1864 einen Höhepunkt. Während der preußische Ministerpräsident die Österreicher dazu brachte, im Krieg gegen Dänemark unnützerweise ihr Blut zu verspritzen, unterhandelte Bismarck mit den ungarischen Verschwörern schon über das nächste Spielchen. Diesmal hatte er einen Herrn von Adel und einen geschulten Diplomaten zur Hand, einen Grafen Csáky, an sich noch k.k. Offizier, aber gegen Karenz der Gebühren seit 1856 beurlaubt. Mit Seherr-Thoss, Csáky, Klapka und einem ungarischen Korpskommandanten aus der 48er Revolution, dem Deutschen Vetter, einmal Abrichter des jungen Erzherzog Franz, hatte Bismarck ein gutes Viergespann vor seinem Wagen.

Zu Ostern 1865 war es so weit, daß in Budapest ungeniert in Zeitungen geschrieben werden konnte, was man den Österreichern antun wollte und was man von der Donaumonarchie hielt. In seinem berühmt gewordenen Osterartikel schrieb Deák, die bisherige *Real*union mit Österreich sei aus und vorbei, was man äußerstenfalls hinnehmen könnte, wäre eine *Personal*union, in welcher der Kaiser von Österreich zufällig auch König von Ungarn ist. Sonst nix mehr.

Am Vorabend des 66er Kriegs ließ Bismarck wissen, er möchte, daß Türr nach Berlin käme. Türr kam, wurde von einem preußischen Obersten am Bahnhof abgeholt und in kameradschaftlicher Weise betreut. Türr erfuhr von Bismarck in einer Unterredung unter vier Augen, daß man in Berlin nicht länger auf Kossuth setze, sondern auf Klapka. Klapka, aus Mähren gebürtig, entstammte einer deutschen Offiziersfamilie, erlernte erst als Dreizehnjähriger die ungarische Sprache, den von der Muttersprache herrührenden Akzent brachte er zeitlebens nicht los. Unter Kaiser Ferdinand I. diente er bei der Ungarischen Garde bei Hof in Wien. In der Armee Kossuths brachte er es, wie gesagt, hoch hinauf. Klapka, Vetter und Türr waren deutscher Herkunft, so überhaupt die radikalen Vertreter des erwachenden Magyarentums deutscher Herkunft waren. Zuletzt Kardinal Mindszenty, eigentlich Josef Pehm.

Nach Ende der Kampfhandlungen im Krieg gegen Österreich befanden sich 11 500 Gefangene mehr oder weniger magyarischer Herkunft in den Lagern der preußischen Armee. Sie wurden bescheiden verpflegt und mußten hart arbeiten beim Schanzen in preußischen Festungen. Dem konnten sie entgehen, wenn sie den Werbungen nachgaben, die von Vetter und Klapka an sie herangetragen wurden. Honvédoffiziere aus 1848/49 wurden nach Preußen gebeten und in die Lager geschickt, um für ein Freikorps zur Befreiung Ungarns von Wien und Österreich zu kämpfen. Vetter erschien in der Uniform eines Generals aus 1849, was natürlich mehr Eindruck machte, als wenn er in der Hauptmannsuniform gekommen wäre, die er vorher bei den Kaiserlichen getragen hat. 1500 Mann ließen sich anwerben für die Freischar. Für die Fahne des Freikorps stiftete Gräfin Károly ein angeblich selbstgesticktes Fahnenband. Gute Nachricht kam aus Serbien: Türr konnte dort mit 20 000 Mann, Serben und Walachen, rechnen, um den Krieg gegen die Österreicher zu eröffnen.

Am 27. Juli 1866, nach Abschluß des Waffenstillstands mit Österreich, standen im Verband der preußischen Armee die Männer der *Legion Klapka* in Leobschütz, Ratibor und Oderberg, also nahe der Grenze zu Österreich. Befehlsmäßig unterstanden sie dem königlich preußischen General Stolberg. In der Nacht zum 2. August 1866 überschritt die Legion die Grenze zu Österreich, verblieb aber in dem von Preußen besetzten Gebiet der Monarchie. Ein böses Gerücht flammte auf unter den Legionären: Preußen hätte die Legion schon fallen gelassen, was, soweit es künftige Pläne Bismarcks betraf, keine Lüge war. Für Bismarck war die

Legion schon eine ausgepreßte Zitrone. Preußische Offiziere, von ungarischen Kameraden befragt, schämten sich und zuckten nur die Achseln. Und die Legion marschierte. Am 3. August betrat sie ungarischen Boden. Männer, die so lange fern der Heimat im Exil leben mußten, weinten, küßten den Boden der Heimaterde und hofften auf die Heimkehr.

Schon war man nicht mehr unter Schutz der preußischen Armee, den Truppen des Kaisers ausgeliefert. K.k. Ulanen machten sich hinter die Legion her, Seherr-Thoss fiel ihnen in die Hände. Man stellte ihn als Freischärler vor ein Kriegsgericht und verurteilte ihn zum Tode. Aber – solche Typen wurden im alten Österreich seit 1849 nicht gehenkt.

Bismarck klopfte den Österreichern auf die Finger. Er hatte eine Geisel in Händen. Nach der Niederlage bei Trautenau ertrug man in Preußen nur schlecht den Skandal, von Österreichern geschlagen zu werden. Man schob die Niederlage fälschlicherweise Hekkenschützen aus der Stadt Trautenau in die Schuhe und nahm den Bürgermeister der Stadt in Haft. Die Anklage erwies sich als unhaltbar, im Moment rettete sie Seherr-Thoss das Leben. Bismarck ließ in Wien verlauten, man würde den Bürgermeister von Trautenau hängen, geschähe Seherr-Thoss ein Leid. Da ließen die laschen Österreicher ihren Gefangenen laufen. In Preußen aber sang man bis 1918 das Moritatenlied von den armen Preußen, die 1866 in Trautenau hinterrücks von Österreichern umgebracht worden sein sollen.

Die Legion wurde nach Ratibor zurückgeholt und in Ehren von den Fahnen entlassen. So wie bei Preußens üblich, bekam dabei ein Oberst ein Handgeld von 1200 Talern, ein Gemeiner 20 Taler. Die preußischen Zahlmeister rieten den Legionären, nur ja nicht das gute preußische Geld etwa gegen wertlose österreichische Gulden einzutauschen. Um diese Zeit war Klapka schon aus familiären Gründen in Belgien. Die Fahne samt dem Band von der Hand der Gräfin kam in Paris in sichere Verwahrung – für den nächsten Anlaß.

Die meisten Legionäre wollten heim. Man ließ sie laufen; jene, die 1866 in der k.k. Armee gestanden hatten, mußten wieder zu ihrem Truppenteil einrücken. Offiziere und Unteroffiziere der Legion kamen vors Kriegsgericht. Man zog die Verfahren so lange hin, bis der sogenannte Ausgleich von 1867 auch ihnen zugute kam und die Führer und Unterführer entlassen wurden in die Heimat. Wo sie mit zum Kern der nach 1867 entstehenden königlich ungarischen Honvéd unter dem Befehl des Königs Franz Joseph wurden. Das ist jetzt eine alte Geschichte. Aber die Russen sind so wie die Ungarn ein gedächtnisstarkes Volk. Nach 1945 stellte man die 1849 der Kossutharmee im Krieg abgenommenen Fahnen der Volksrepublik Ungarn zurück. Nach 1918 wurde der preußische Generalfeldmarschall von Hindenburg Inhaber eines Honvéd-Infanterieregiments. Nach 1945 kamen ungarische Truppen im Verband der Sowjetischen Armee als Besatzungstruppen nach Niederösterreich. So wie sich 1867 Kaiserin Elisabeth im guten Glauben die Versöhnung zwischen Österreich und Ungarn vorgestellt hat, ist es nie geraten.

In Berlin war man richtig erbost, daß man in Wien die Sache mit der Legion so ernst nahm. Erzherzoge, die Inhaber preußischer Regimenter waren, legten diesen Ehrenrang zurück. Nur der Kaiser blieb stillschweigend Chef, wie man bei Preußens sagte, des Garde-Grenadier-Regiments Numero 2, in dem noch die Traditionen der Inhaberschaft des hochseligen Kaisers Franz aus der Zeit der Napoleonischen Kriege lebendig waren. So wie Franz Joseph auch nach seiner Diskriminierung als Folge der unseligen Politik im Krimkrieg die Brustdekoration des ihm 1849 von Nikolaus I. verliehenen Georgs-Kreuzes erst 1914 bei Kriegsausbruch mit Rußland ablegte. Bis zuletzt war im Kaiser die Erinnerung an das Drei-Kaiser-Bündnis und dessen Ursprung im Sieg über Napoleon lebendig.

Anders der uralte k.k. Feldmarschall *Hess*, der als Ritter des preußischen Ordens Pour le mérite der preußischen Armee besonders verbunden war. Ihm schrieb aus Berlin ein anderer Uralter, der preußische Generalfeldmarschall *Wrangel*, es sei doch ungehörig, wenn jetzt, da man sich ritterlich geschlagen habe, in Österreich ein böses Ressentiment gegen Preußen bestände. Sei es nicht unter

Kavalieren üblich, sich zu schlagen, nachher aber die Sache zu vergessen und eine alte Freundschaft zu erneuern.

Der Österreicher erwiderte, es sei jetzt besser, nicht von dem Duell unter Kavalieren zu reden, sondern davon, daß Preußen mit Hilfe der Revolutionäre, der Italiener und zuletzt mit der Legion Klapka ausgezogen sei, um den Deutschen Bund und die darin Österreich zustehenden Rechte zu vernichten, womöglich selbst ein Reich zu *usurpieren*. Deswegen mußten tausende Österreicher sterben, halb Böhmen sei verwüstet und von der eingeschleppten Cholera verseucht, viele Millionen Gulden hätte man Österreich abverlangt. Und:

»Nun ist aber die Revolution von *oben* durch Euch in Mode gekommen. Wehe Euch, ... wenn sie Euch nach hinweggespültem Rechtsgefühl in der Flut der Zeit einmal selbst ergreift! Dann seid Ihr verloren ...«

Bismarck hat sich über einschlägige Äußerungen eines Rechtsempfindens seiner konservativen Freunde von früher hinweggesetzt, was kümmerte ihn der alte Esel in Wien?

Bei Hof in Wien hatte man andere Sorgen als dem Sieger gegenüber sich in Vergeßlichkeit zu üben. Der Drang der Verhältnisse in Ungarn nahm die meiste Aufmerksamkeit Franz Josephs in Anspruch. Wo der Kaiser Hemmungen spürte, half ihm Elisabeth resolut darüber hinweg. Sie wußte, daß der Kaiser nichts mehr fürchtete, als einen um die Person der Kaiserin enstehenden Eklat. Etwa ihre neue Ausflucht auf irgendeine Insel. Und Elisabeth nützte diese Zwangssituation rücksichtslos zum Vorteil ihrer Freunde in Ungarn aus. Wo immer sie die Hofpartei in Wien in die Knie zwingen konnte beim Nachgeben gegenüber ungarischen Forderungen, bereitete es ihr eine Genugtuung für vermeintliche Bosheiten, die sie in Wien einmal hinnehmen mußte.

1867 bestand zwischen den in Wien am Ruder befindlichen Liberalen und ihren Gesinnungsgenossen in Budapest eine Stahlachse. Diesseits der Leitha gab es keine Freimaurerlogen, Brüder aus Österreich arbeiteten in ihren auf ungarischem Boden entstehenden sogenannten Grenzlosen. Und Großmeister der Großloge von Ungarn wurde 1870 jener Herr Pulszky, der 1848 die Revolution in Wien zum Vorteil des Kossuthregimes ins Werk gesetzt hat. Was in Wien die Politiker noch nicht konnten, das konnten ihre Freunde in Ungarn: Sie redeten mit Franz Joseph Fraktur, und wenn er nicht auf alles einging, nahm man Zuflucht bei der Kaiserin.

Den *Großösterreichern* unter den Wiener Liberalen war das, was als Ausgleich mit Ungarn gedacht war, nicht geheuer. Ihr Sprecher, der Großindustrielle und ehemalige k.k. Oberleutnant Skene versammelte seine Gesinnungsfreunde – aber er und die Seinen waren die ersten Verlierer im Ringen der Österreicher um ein großes Reich. Dazu kam, daß, niemand weiß auf welchen Einfluß hin Franz Joseph den seinerzeitigen sächsischen Ministerpräsidenten Beust auf den Ballhausplatz berief, 1867 auch zum Vorsitzenden des k.k. Ministerrats.

Man sagte, das wäre eine Kampfansage an Berlin und an Bismarck, denn Beust war tatsächlich einmal ein Gegner der Deutschlandpolitik Bismarcks. Aber eine Deutschlandpolitik wie ehedem gab es seit 1866 nicht mehr für den Ballhausplatz, man war ja jetzt selbst *draußen*. Und der Haß Beusts gegen Bismarck war Schnee von gestern. Ein Neuschnee wird sich bald über die politische Landschaft Österreichs senken.

Als erstes gefiel es dem Außenminister Beust, sich des k.k. Ministerpräsidenten Belcredi, böhmischer Herr von Adel, Katholik und loyaler Diener seines Kaisers, zu entledigen. Das gelang denn auch im Februar 1867. Nach ihm kam Beust obenan und damit ein kongenialer Partner der Liberalen in Ungarn. Man teilte sich die Aufgabe. In Ungarn wird man das bisherige System zu Fall bringen und ein anderes heranzwingen; das Ergebnis dessen wird das Hohe Haus in Wien kommentarlos, aber mit innerer Befriedigung der übergroßen Mehrheit der Liberalen akzeptieren.

Während am Ausgleich gebastelt wurde, richteten die Liberalen in Wien ihre Kampffront zur Beseitigung des Konkordats ein. In Wien brach, anders als draußen, nicht ein *Kulturkampf* aus, aber im Hohen Haus brillierten die Männer, die aus ihren Herzen keine Mördergrube machten. Wie etwa der ältere Plener:

»... der Mangel an Intelligenz und Festigkeit (in Österreich) des verrotteten Adels – und kirchliche Systeme, welches die Schuld gegen den Heiligen Geist ist ... (trägt) an allem Schuld ... Man ist hier (in Wien) im Ministerium so verblödet (sic), daß man den Erfolg Preußens seiner inneren, reaktionären Politik zuschiebt, dagegen unsere Mißerfolge der Ersparungsmanie des Reichsrats ...« Lauter ist im Haus des Gehenkten wohl nie vom Strick geredet worden. Noch mehr: Die Konservativen, denen jetzt das in den Beratungsprotokollen erliegende Material aus der Zeit vor Königgrätz für die Auseinandersetzung mit Typen wie Plener zur Verfügung gestanden wäre, hielten den Mund. Und sie schwiegen auch, als in Berlin die Liberalen dem Sieger von 1866, dem Ministerpräsidenten Bismarck nachträglich jene Gelder bewilligten, welche dessen Regierung vor 1866 gegen den Widerspruch der Mehrheit des preußischen Landtags ausgelegt hat; um gegen Österreich aufrüsten zu können.

1866 war Bismarck der bestgehaßte Politiker in Deutschland. Für eine Weile vergaß man dort in national-liberalen Kreisen, daß eigentlich Österreich den untersten Rang in ihren Sympathien einnahm. In den Reihen der Corpsbrüder Bismarck vom Göttinger Corps »Hannovera« schämte man sich dieses Mannes, der den König von Hannover um sein Land gebracht hat. In Süddeutschland riefen die Corpsburschen ihre Hunde mit dem Namen des preußischen Ministerpräsidenten. Aber nichts ist erfolgreicher als der Erfolg. Nach Königgrätz waren derlei Mißstimmungen wie weggezaubert. Der bayerische Ministerpräsident erklärte nach einem Besuch in Berlin, er habe dort nur Beutegeschütze österreichischer Herkunft, keine aus Beständen der bayerischen Armee gefunden. Und wenn Bismarck jetzt von der Einigung Deutschlands redete:

»... arbeiten wir rasch, setzen wir Deutschland sozusagen in den Sattel, reiten wird es schon können«,

dann merkten nur wenige, daß Deutschland nie die Zügel in die Hand bekommen wird, weil Bismarck es longieren wird. In der Donaumonarchie kamen die ungarischen Herren aufs hohe Roß. Man erzählte sich, daß auf dem Nachttisch der Kaiserin das Foto eines der Großen aus Budapest stünde; nicht das des Grafen Andrássy, von dem man nur in der Gosse sagte, er sei jetzt der Geliebte der Kaiserin. Am 27. Mai 1867 wurde in Budapest ein neugewählter Reichstag eröffnet. Das geschah, als in Wien die Kaiserinmutter Sophie in Angst war um ihren Sohn Max, den die Revolutionäre in Mexiko mit Unterstützung der USA besiegt haben und den sie erschießen wollten. Umso mehr Festfreude in der ungarischen Hauptstadt.

Nach 1867 mußte Franz Joseph mittels *dreier Regierungen* amtieren: Für die sogenannten Gemeinsamen Angelegenheiten der beiden nunmehrigen Reichshälften Ungarn und Österreich (letzterer Name wurde erst 1915 staatsoffiziell) gab es einen Ministerrat. Einen anderen im Königreich Ungarn. Und einen dritten für die im Wiener Reichsrat vertretenen Königreiche und Länder. Was die Konstrukteure dieses Systems nicht ahnen konnten, geschah: Diese Trias aus Unvereinbarkeiten förderte noch einmal die letzte und höchste Instanz des Kaisers. Auch als konstitutioneller Herrscher hatte Franz Joseph stets eine Letztentscheidung in Händen; und jene, die klug genug waren, die Donaumonarchie nicht ganz zu zerstören, waren froh, daß dem so war. Solange *er* lebte, der Kaiser Franz Joseph. Um den Zusammenhalt Ungarns mit dem, was nicht Österreich genannt wurde, außer im Namen der Monarchie Österreich-Ungarn, zu ermöglichen, haben die Tüftler in Budapest ein merkwürdiges System ausgearbeitet. Nolens volens hatte man in Ungarn eingesehen, daß es eine gemeinsame Außenpolitik der Doppelmonarchie geben sollte und eine Armee als Machtinstrument dessen. Dazu mußte man einen Finanzminister haben, der sich von den Parlamenten in Wien und Budapest das Geld für die Bestreitung der Kosten dieser gemeinsamen Angelegenheiten holen mußte.

Um aber die Form cines beiden Hälften gemeinsamen Parlaments zu vermeiden, wurde die Einrichtung der sogenannten *Delegationen* beschlossen; Ausschüsse, zwei streng gesonderte Ausschüsse, der Parlamente in Budapest und Ungarn. Von Franz Joseph einberufen, traf man sich jährlich zweimal: Einmal in Wien, einmal in Budapest. Und vor die Delegationen mußten die Minister für die Gemeinsamen Angelegenheiten, aber auch die der beiden

Regierungen treten, um den Rechten einer parlamentarischen Demokratie Genüge zu tun. Selbstverständlich war es in der von Budapest gestellten Delegation Pflicht, sich der magyarischen Sprache und keiner anderen zu bedienen; ein Nachteil für alle, die diese nicht eben weitverbreitete Sprache nicht, etwa beim Militär, einigermaßen erlernen konnten. In der Delegation der im Reichsrat zu Wien vertretenen Länder redete jeder, wie ihm daheim der Schnabel gewachsen war.

Um zu einem akzeptablen Ende zu kommen, mußten in beiden Delegationen konforme Beschlüsse gefaßt werden. Das war deswegen nicht leicht, weil die ungarischen Herren *jede* Möglichkeit benutzten, um anders als die anderen, die in Wien, aufzutreten. Nicht einmal der Text jener Gesetze, mit denen der Ausgleich von 1867 zustande kam, war konform. Derlei Diskrepanzen ermöglichten es ungarischen Politikern, alle noch unerfüllten Forderungen ihrerseits auf offenem Feuer zu halten und den Rest der Monarchie damit bis zu deren Untergang im Jahre 1918 zu tribulieren.

Ja, es gab auch den Fall, daß beide Delegationen gemeinsam tagten. Aber dann durfte nicht diskutiert werden, man wäre ja gezwungen gewesen, sich womöglich Ausführungen in deutscher Sprache anzuhören. Man stimmte nur ab. Basta. Und das konnte nur Franz Joseph herbeiführen. Man sage nicht, daß der Kaiser mit den gewöhnlichen Qualitäten eines Staatsmannes bei der Steuerung solcher diffiziler Verhältnisse ausgekommen wäre.

Während der Tagungen der Delegationen verkehrte man mittels sogenannter Nunzien schriftlich. Aber je weniger an Verhandlungstischen geredet wurde, desto mehr redete man an weißen Tischen. Denn die Tagungen der Delegationen waren garniert mit Gastereien allerhöchster Qualität. Und bei Tisch bestand kein Grund, daß sich ungarische Magnaten mit ihren Verwandten aus Wien nicht in deutscher Sprache unterhielten. Man war unter sich verwandt, man war Offizier, man war überhaupt Teil einer zwar zerstrittenen, aber im Grunde in einem Boot dahertreibenden letzten Nachhut der Vergangenheit. Und auch Abgeordnete, deren Namen nicht im Gotha zu finden waren, sprachen sich bei

Tisch gut. Es gab diesseits und jenseits der Leitha Weine von bester Qualität. Wenn es darauf ankam, redete sogar ein radikaler Jungtscheche mit einem Deutschnationalen auf Deutsch. Der spätere große Sprecher für alle Anlieger der slavischen Völker, der k.k. Universitätsprofessor und Abgeordnete zum Reichsrat in Wien, Masaryk, hat zeitlebens den verflachten deutschen Akzent in seiner Sprache nicht ganz wegbekommen. Immerhin hat er in Wien am Akademischen Gymnasium maturiert, nachher hat er sich an der Wiener Universität als Privatdozent habilitiert.

Es gab Situationen, in denen ging der entlang der Leitha hängende Vorhang hoch und man einigte sich im kleinen Komitee über das, was notwendig und für beide Teile günstig war. Nach 1867 wurde wieder an der Leitha eine Zollgrenze aufgerichtet. Trotzdem gelang es den Verwaltungen beider Staaten, eine Wirtschaftspolitik in Gang zu setzen, die Österreich-Ungarn am Vorabend des Ersten Weltkriegs zu den am meisten florierenden Ländern machte. Man hatte freilich keine Kolonien, keine billigen Rohstoffe aus Ländern, wo es keine Gewerkschaften gab, und keine Leerräume, in welche die landhungrigen armen Bauern abströmen konnten. Aber – aus dem heutigen Burgenland kamen zuletzt fast soviel Auswanderer aus USA heim, wie zuerst hinübergingen.

Und da war die Streitmacht Österreich-Ungarns. Auch sie war dreigeteilt. In allen drei Teilen war Franz Joseph Oberster Kriegsherr: Erstens in der gemeimsamen Armee, Trägerin der Tradition der unter Wallenstein errichteten Regimenter und des seither unterhaltenen stehenden Heeres. Zweitens entstanden in Ungarn noch einmal die Honvéd von 1848/49, streng geschieden vom k.k. Heer. Drittens rückten die Rekruten aus den im Wiener Reichsrat vertretenen Königreichen und Ländern in die nolens volens als Pendant zu den Honvéd geschaffene k.k. Landwehr ein. Die Armee, aus gutem Grund Herzensangelegenheit Franz Josephs, wurde für ungarische Politiker eine Möglichkeit, die Pressionspolitik auf die Spitze zu treiben. Man war in Budapest spendiös, wenn es um die Ausstattung der Honvéd ging; der gemeinsamen Armee hielt man viele Jahre lang die notwendige Höhe der jährlichen Rekrutenzahl vor. Erst als wenige Jahre vor 1914 in Budapest dämmerte, welche Gefahr der Monarchie drohte, gab man nach. Aber – es war zu spät. Österreich-Ungarn war daher 1914 die einzige kriegführende Macht, die als Folge der in Ungarn betriebenen Politik ohne Reservearmee ausrückte.

Bleibt nur mehr zu sagen, daß man im Reichsrat in Wien ohne viel Federlesens das für genehm hielt, was 1867 in Budapest den dortigen Herren konzediert wurde. In den Gesetzen vom Dezember 1867 ging aber auch viel von den Vorarbeiten auf, die alles Experimentieren mit der Verfassung nach 1848 überstanden hat. So die Grundrechte. Franz Joseph war jetzt gekrönter König von Ungarn, einen gekrönten Kaiser von Österreich hat es nie gegeben.

Je weniger in Wien über das Staatsgrundgesetz von 1867 debattiert wurde im Hohen Haus, umso mehr ergoß sich der Redeschwall über das Konkordat von 1855. 1867 war es ohnedies ein durchlöchertes Abkommen, aber es mußte vor allem in dem fallen, was für Liberale wie Sozialisten Kern ihrer Politik war und ist: die Schule sowie Ehe und Familie.

Man war meistens noch katholisch, aber es störte das in Österreich gültige Eherecht, die lebenslange Bindung an das bei der Trauung gesprochene Treuversprechen. Schon redeten moderne Juristen von einem rechtswidrigen Sexualmonopol zugunsten der Ehe. Wohlgemerkt vom Monopol, das Wort *Sex* war nicht in Gebrauch. Und der Zölibat war für witzige moderne Typen die einzige Art der Perversität. Die Durchbruchsschlacht ging daher um die Beseitigung des konkordatären Eherechts, die Rückkehr zu den von Franz 1811 statuierten Bestimmungen des Allgemeinen Bürgerlichen Gesetzbuches. Franz I. war sicher gut beraten, als er bis zu seinem Tod bei den Vorschriften aus 1811 blieb; sein Enkel eröffnete mit den Bestimmungen des Konkordats von 1855 eine Front, an der die Konservativen Niederlage auf Niederlage erlitten. Die Liberalen siegten, man ging zum Eherecht aus 1811 zurück.

Ein noch größerer Skandal war, wenn man den Debatten im Hohen Haus über die Schule zuhörte. Nachdem die Liberalen am Vorabend von Königgrätz die Armee verstümmelt hatten, sagten sie nachher, bei Königgrätz hätte nicht der geniale Chef des preußischen Generalstabs von Moltke gesiegt, sondern *der preußische Schulmeister.* Man müßte eben auch in Österreich die Schule den Pfaffen entreißen. Es wäre ein Skandal, daß in den Bauerndörfern der Lehrer nicht nur die Kirchenorgel spielen muß und den Kirchgang seiner Schüler kontrollieren; er müsse auch da und dort den Pfarrer – rasieren. Noch 1962 wurde das im Parlament zu Wien releviert als Hinweis auf düstere Zeiten der Vergangenheit. Die *Universitäten* der Monarchie hatten schon zum Teil Weltruf. Aus den USA kamen die ersten Studenten, sie errichteten später ihren Lehrern Gedenktafeln. Fernab war noch die Zeit, da Mediziner sich in den USA das Maximum an Wissen und Können holen mußten. Aber – Österreich war laut Parlamentsbericht im Zustand eines schlecht verhüllten Analphabetismus. Hundert Jahre später wies eine Statistik in den USA aus, daß dort 13 %, wahrscheinlich aber 20 % der erwachsenen Bevölkerung des Landes, rund 30 Millionen der über 20jährigen, entweder überhaupt nicht oder vollkommen unzureichend schreiben und lesen können. Aber dann wird das alte Österreich längst auf den Kehrichthaufen der Weltgeschichte gefegt sein.

Die Schule mußte den Pfaffen entwunden werden. Das Reichsvolksschulgesetz von 1869 ist eine der großartigen Hinterlassenschaften des alten Österreich. Der damalige liberale Unterrichtsminister Hasner war ein feingebildeter Mann, er bestand nicht auf die krasse ideologische Pointierung, mit welcher das Gesetz von der liberalen Mehrheit im Hohen Haus vorgetragen wurde. Die Hybris der Mehrheit reizte den Widerstand der Verlierer im gleichen Maß. Und so ging dieses große Ereignis unter im lauten Trommelschlag der Polemiken, die lange nachhallen sollten. Und doch war es nichts mehr als die Rückkehr zu dem Maria Theresia zugeschriebenen Grundsatz: *Das Schulwesen ist und bleibt allzeit ein Politikum,* also Sache des Staates.

So fiel eine Kampfansage an der Konkordatsfront nach der anderen. Aber es bestand noch der Vertrag zwischen Kaiser und Papst an sich. Schicksalstag für das Konkordat wurde der 8. Dezember 1869. In Wien demonstrierten 20000 Arbeiter für das Koalitionsrecht, also die Bildung freier Gewerkschaften. Aber in der Intelligenz erhob sich ein Sturm der Entrüstung über das, was der am selben Tag geschehenen Eröffnung des Vatikanischen Konzils folgte. Der k.k. Minister des Äußeren knüpfte Beziehungen zur italienischen Regierung an, der es darum ging, den Rest des Kirchenstaates zu liquidieren und Rom zur Hauptstadt des geeinten Italiens zu machen. Dieser vehemente Angriff, der sich von Florenz aus gegen den Vatikan richtete, schien Beust geeignet, auch Aufwind für seine Vorhaben zu sein: Das Konkordat von 1855 mußte so oder so weg. Beust war in dieser Frage schon längst in einen Widerspruch zum k.k. Ministerpräsidenten Graf Potocki geraten, einem überzeugten glaubenstreuen Katholiken. Der Pole weigerte sich, Beust quasi die Mauer zu machen für dessen Vorhaben. Ressortzuständig in Wien war nicht Beust, sondern der k.k. Minister für Kultus und Unterricht, ein Liberaler. Der aber versuchte seinerseits, das heiße Eisen nicht angreifen zu müssen. Da gab es nur ein Mittel: Der Kaiser mußte von Beust gezwungen werden, ein Handschreiben an den Kultusminister zu richten, wonach dieser dann das Konkordat für erloschen erklären sollte. So war das.

Der Kaiser geriet ins Gedränge der Einflüsse. Immerhin war er ein apostolischer König, wenn auch nur in Ungarn. Österreich war jahrhundertelang der Schwertarm der Kirche. Dem jetzt von Italien bedrohten bedrängten Rest des Kirchenstaates von Wien aus einen gefährlichen Stoß zu versetzen, war nicht die Art des Kaisers. Andererseits erinnerte man den Kaiser, daß 1848 die Truppen des Papstes, wenn auch ohne formelle Kriegserklärung Roms, gegen die Kaiserlichen gefochten haben. Und hat Österreich im mehrheitlich evangelischen Deutschland nicht deswegen sein Ansehen verloren, weil es sich so *ultramontan,* so *papistisch* gab? Wieviel Hilfen aber hat der Kaiser in seinen Kämpfen vom Klerus in Lombardo-Venetien oder in Ungarn bekommen, als er dort die Revolution bekämpfte?

Bismarck entschied alles. So wie er 1866 Österreich zum Krieg herausgefordert hat, forderte er 1870 Napoleon III. heraus zum Kampf gegen die Deutschen. Jetzt gerieten die Dinge in Fluß: Am 19. Juli 1870 erklärte Frankreich an Preußen den Krieg. Tags zuvor wurde in Rom auf dem Vatikanischen Konzil das Unfehlbarkeitsdogma verkündet; was bedeutet, daß der Papst, wenn er seines Amtes als Hirt und Lehrer aller Christen waltet und kraft seiner höchsten apostolischen Amtsgewalt endgültig entscheidet, eine Lehre über Glauben oder Sitte sei von der ganzen Kirche festzuhalten, unfehlbar ist. Die ganze Schärfe dieser Entscheidung trat in den momentanen Kriegswirren in Europa nicht zutage, sie wird aber ein Mittelpunkt aller kulturellen Auseinandersetzungen des Jahrhunderts sein. Napoleon III., der zuletzt den Rest des Kirchenstaates und Rom vor der Besetzung durch italienische Truppen militärisch abgeschirmt hatte, zog bei Ausbruch des Krieges mit Preußen und dessen deutschen Verbündeten diese Truppen ab. Am 18. Juli kündigte die k.k. Regierung mit einer einseitigen, umstrittenen Maßnahme das 1855 von Franz Joseph und Pius IX. geschlossene Konkordat. Am 2. September des Jahres brach das Kaiserreich Napoleons als Folge der Kapitulation seiner Truppen bei Sedan zusammen, in Frankreich flammte der Aufruhr der Linken und radikalen Linken auf. Die italienische Regierung benutzte den Wirrwarr und schickte im September ihre Truppen gegen den Kirchenstaat. Am 20. September erstürmten Bersaglieri die Porta Pia der Ewigen Stadt. Im Monat darauf wurde der zuletzt eroberte Teil des Kirchenstaates nach einer Volksabstimmung mit dem Königreich vereinigt, Rom war Hauptstadt des geeinten Italien. Es ergab sich in neuerer Zeit, daß eine Volksabstimmung, die einer bereits mit Waffengewalt erzwungenen Maßnahme und verfestigten neuen Lage die Zustimmung der betroffenen Bevölkerung geben soll, noch *nie* das verneint hat, was vorher die Waffen schufen.

Um diese Zeit lag in den Kanzleien des Vatikans ein seit Jahren nicht beantworteter Brief des Kaisers an den Papst, worin erklärt werden sollte, warum in der Monarchie das Konkordat von 1855 unhaltbar geworden war. Franz Joseph wies darin auf Königgrätz und dessen Auswirkungen hin; auf den Ausgleich mit Ungarn, wo das Konkordat mit den neuen Verhältnissen nicht mehr vereinbar war; sowie darauf, daß die ungarischen Bischöfe dem Konkordat ohnedies keine Rechtswirksamkeit zuerkennen wollten! Der Kaiser bat den Papst, doch zu helfen, in dieser Zwiespältigkeit in der Monarchie die Hand zu einer Bereinigung zu bieten. Nie hat Pius IX. Antwort auf diesen Brief gegeben. In den vatikanischen Archiven ruht das kaiserliche Schreiben aus Wien, versehen mit eigenhändig verfaßten Fußnoten des Papstes: Daß er, Pius IX., im Jahr 1848 Österreich nicht den Krieg erklärt hat, sondern es vorzog, ins Exil nach Gaeta zu gehen (die päpstlichen Truppen zogen freilich gegen Österreich); daß der junge Kaiser aus der *Unerfahrenheit des Jünglings* gewagt hätte, dem Papst (nach dessen Hervortreten in der 48er Revolution) einen vorwurfsvollen Brief nach Gaeta zu schicken; und jetzt, 20 Jahre später, schicke sich der Kaiser an, unveräußerliche Rechte der Kirche zu schmälern, da er selbst Gefahr laufe, daß ihm die Krone vom Haupt falle; noch dazu nach seinem Sieg bei Custoza.

Man wahrte die diplomatische Form im Umgang zwischen Wien und dem Vatikan. Aber das Donnerwetter aus dem Vatikan brach erst über Österreich herein, als 1874 von den Liberalen im Wiener Reichsrat die sogenannten *Maigesetze* durchgebracht wurden: Die Regelung des geänderten Verhältnisses des Staats zur katholischen Kirche; ein Aufsichtsrecht des Staates über die Klöster; die künftige Verwaltung des sogenannten Pfründenvermögens kirchlicher Einrichtungen; und die Anerkennung a-katholischer Religionsgesellschaften. Um diese Zeit erwartete der Papst auch, daß Franz Joseph keinen Botschafter an den Hof Viktor Emanuels II. nach Rom senden wird. Letzterer lebte als Exkommunizierter. Ein Hinweis Pius IX., es könnten auch Franz Joseph Kirchenstrafen treffen, löste geheime Befriedigung in liberalen Kreisen aus: Eine Exkommunizierung des Kaisers von Österreich wäre ja das non plus ultra gewesen.

Die zu Ende gehenden sechziger und die siebziger Jahre waren Zeiten, in denen der durch Leid und Niederlage geläuterte Kaiser erst die volle Bewährung seiner Persönlichkeit einsetzen konnte zur Behauptung seines Reiches in einer völlig geänderten Welt. Das 1871 in Versailles ausgerufene Zweite Reich der Deutschen mußte schwerwiegende Wirkungen auf den Vielvölkerstaat haben, Spannungen vermehren, neue hinzufügen im Nationalitätenstreit. Deutsche fingen an, eher an den Deutschen Kaiser in Berlin zu denken als an den in Wien, wenn sie von *unserem Kaiser* redeten. Die neue Mächtigkeit des Deutschen Reiches von 1871 wirkte auf die Tschechen in der Monarchie beängstigend; auch sie fingen an, sich Hilfe bei einem Kaiser zu holen, der nicht der in Wien war, beim Zaren. Immer mehr wurden die historischen Rechte der Länder der Wenzelskrone aufs neue hervorgeholt, unbeschadet des Umstandes, daß seit dem Verlust Schlesiens an Preußen dieser Verband habsburgischer Länder gar nicht mehr bestand.

Unter den Südslaven erinnerte man sich nicht nur der 1848/49 dem Kaiser in Wien erwiesenen opfervollen Treue, sondern neuerdings auch der von dort erwiesenen Undankbarkeit: der Auslieferung der im Königreich Ungarn ansässigen Slaven an den Zentralismus und Nationalismus der Herren in Budapest. Die uralte Formel, mit der einmal die Kroaten ihr Königreich der Krone Ungarns hingegeben hatten, sofern über allem der Kaiser in Wien die Hand hielt, war seit 1867 hinfällig. Der Kaiser in Wien und dessen Minister mußten es sich in Ungarn gefallen lassen, in rein ungarischen Fragen nicht mehr zu sein als *prominente Ausländer.*
Dafür machten die ungarischen Herren Furore in Wien. 1914 war es so weit, daß der Ballhausplatz fest in der Hand ungarischer Herren war. 1867 rückte der nach 1848 zum Tode verurteilte, längst begnadigte Graf Andrássy in den Rang eines ungarischen Ministerpräsidenten auf und nachher zum Hausherren des Ballhausplatzes. Nachdem sich Bismarck in der Affäre Klapka-Legion stark gemacht hatte, war es für ihn ein weiterer Erfolg, daß sein früherer erklärter Feind in der Deutschlandpolitik, der aus Sachsen gekommene Beust, ersetzt wurde durch einen Honvéd-offizier der Revolutionäre 1848/49. Andrássy stand nie gegen Preußen, ganz im Gegenteil.
Das Aussehen Franz Josephs, jetzt ein Vierziger, hat sich geändert. Das hübsche Blondhaar des kaiserlichen Jünglings von 1848 wich einer Glatze; das Gesicht war an Kinn und Wange von einem Bart umrankt – dem legendären Kaiser-Bart derer, die mit ihm

den Weg seiner Generation gingen. Aber die Kaiserin wahrte ihre Schönheit, wenngleich sie Fotografen nicht mehr an sich heranließ. Ihre nunmehr Älteste, Gisela, war daran sich zu verloben, als der Heirat die Nachricht folgte, die Kaiserin werde bald Großmutter sein, folgte dem ein Stimmungsumschwung, der beim Wesen der Hohen Frau zu erwarten war. Die bewunderte schlanke Gestalt der Kaiserin wurde ihr zur Pein; die Angst, dicklich zu werden, befiel sie und ließ sie nie mehr los. Abmagerungskuren, die oft dem Wesen eines Menschen schaden, schadeten auch dem Gemüt der Kaiserin. Saß sie zu Pferd, führte sie einen ledernen Fächer mit, den sie vors Gesicht hielt, wenn Gefahr bestand, es könnte unter den Gaffern ein Fotograf versteckt sein. Franz Joseph quittierte alle, wörtlich alle, Extravaganzen seiner über alles geliebten Frau; nicht das Gerücht, *er* hätte Liaisonen kränkte ihn, sondern der immer mehr hervortretende Drang der Gemahlin, der Aura des Hofes zu Wien zu entkommen. Um diese Verfremdung zu verstärken, umgab sie sich mit einem Hofstaat, in dem nicht die im Staatskalender aufgezeichneten Hofchargen etwas zu sagen hatten, sondern Damen und Herren aus Ungarn. Sie schrieb ihre Briefe in dieser in Wien kaum gekannten Sprache und fühlte sich so gewappnet gegen die Neugierde der Menschen, die oft einen Unglücklichen mit gnadenloser Neugier verfolgen.

Im Frühjahr 1872 verlor der Kaiser seine Mama. Seit seiner Thronbesteigung und dem ersten von ihm ernannten Ministerium war es aus mit den der Mama zugeschriebenen politischen Eingriffen. Sie war die Mutter, zu der sich der Kaiser allerdings immer mehr hingezogen fühlte, je mehr ihm die Weiblichkeit der Gemahlin von dieser entzogen wurde; und die Mama nach dem tragischen Tod ihres Max der verehrungswürdige Charakter einer großartigen, nur mehr dem Wohl der Familie dienenden Frau wurde. Längst gehörte die Kaiserin-Mutter trotzdem zu den Personen, die in liberalen Kreisen ein Image bekamen, wie man es immer mehr der sogenannten Hof-Kamarilla anhängte: bigottisch, finsteren Gemüts, hartherzig, eine Puppe in den Händen der Pfaffen.

Der aus dem Reich gekommene Universitätsprofessor und spätere k.k. Minister der liberalen Ära Schäffle wurde einer der wenigen, die der Wahrheit die Ehre gaben. Als er nach Österreich kam, hatte er das erwähnte Image der Kaiserin-Mutter vor Augen. Als er Österreich wieder verließ, blieb von ihm das Bild einer Frau in ihren letzten Lebensjahren, das freilich nicht zum Tratsch in Salons und weniger gehobenen Schichten paßte.

Es war für Franz Joseph nicht leicht, auszuharren zwischen einer *Gemahlin*, der wenig daran lag, des Kaisers Ehefrau zu sein; die nach dem Tod Rudolfs ihr ganzes Herz nur mehr der Jüngsten, Marie Valerie, schenkte; und einer *Mutter*, die ein langes Leben als Frau und Mutter in bewunderungswürdiger Manier durchgestanden hat. Aber Franz Joseph gestattete sich bei aller Verehrung der Mama kaum eine Vernachlässigung seiner Gemahlin in irgendeiner Hinsicht, sofern diese ihm nur eine Möglichkeit bot, sich ihr dienlich und liebevoll zu zeigen. Und doch geriet eine Wesensveränderung im Kaiser dermaßen, daß alte Freunde sie erkannten. König Albert von Sachsen, der Jugendfreund Franz Josephs, der Oberkommandierende des sächsischen Kontingents bei Königgrätz, zuletzt immer mehr der Brückenbauer zwischen Wien und Berlin, erkannte einen erschütternden Ernst in den Zügen des Kaisers. Der Tod des Bruders in Mexiko war eine zu sinnfällige Mahnung: Sic transit Gloria mundi.

Umso unverständlicher bleibt die Tatsache, daß Franz Joseph nach dem tragischen Ende der französischen Intervention in Mexiko und dem Tod des dortigen Kaisers Maximilian vor einem Hinrichtungskommando der Sieger einen – Kondolenzbesuch Napoleons in Salzburg annahm. Und das ein Jahr nach Königgrätz und in Paris letzten Endes nicht als Akt der Pietät gedacht, sondern als Versuch, Franz Joseph noch einmal zu hintergehen und ihn in einen Krieg gegen Preußen zu drängen. Revanche für Sadova war die Parole des letzten Regierungsjahres Napoleons III. Auch ihn hat 1866 Bismarck hinters Licht geführt und ihn mit nix abgespeist für die Neutralität Frankreichs im preußisch-österreichischen Krieg. 1873 starb Napoleon in England, im Exil an dem Leiden, dessentwegen er 1858 Plombières aufgesucht hat.

251

4.

MAUERN FALLEN UND ENTSTEHEN

Nach und nach wurde in Wien bekannt, was 1871 in Paris geschehen war. Dort ist das 1789 entstandene Bündnis der »besitzenden
Classe« mit der Masse derer in der »besitzlosen Classe« für immer
zerfallen. Die nach dem Sturz Napoleons ins Amt gekommene liberale Regierung Thiers konnte noch einmal das gute Volk von
Paris gewinnen, um die Konservativen aus der Stellung zu schießen. Dann aber zerbrach die alte, in vier Revolutionen bewährte
Kampfgemeinschaft. Was war geschehen?
In Paris war ein buntscheckiger Haufen, der von Linksliberalen
wie Clémenceau bis zu Anarchisten und Nihilisten reichte, mit
dem Ausgang der nach dem Krieg 1870/71 durchgeführten Wahl
in die Nationalversammlung nicht zufrieden; was der Stimmzettel
für diese Typen nicht einbrachte, das sollte die Gewalt heranzwingen. Thiers wich mit seiner Regierung nach Versailles aus. In
Paris etablierte sich das Terrorregime der Kommune, seit Karl
Marx das klassische Beispiel für die Machtergreifung der besitzlosen Klasse. An sich bildeten die sogenannten Kommunarden nur
eine Minorität innerhalb der Pariser Bevölkerung; aber sie besa-
ßen die Waffen; die Mehrheit hatte keine, die honetten Bürger
hätten nach den Massakern des eben zu Ende gegangenen Krieges
gar keine Lust gehabt, aufs neue zu schießen. Das war die Stunde
der gewerbsmäßigen Unruhestifter und Umstürzler, die der blin-
den Wut der Kommunarden und der Verzweiflung der nach einer
monatelangen Belagerung im Krieg zu allem Bereiten das Feindbild aufzeigten und die Zielansprache besorgten. Unter der roten
Fahne entfalteten die Kommunarden einen Terror, der durch die
von ihnen begangenen Geiselmorde die weitere Entwicklung der
Kämpfe in einen Abgrund menschlicher Verkommenheit lenkte.
Der Königspalast, die Tuilerien, dessen Eroberung jeweils den

Sieg in einer Revolution signalisiert hat, wurde gebrandschatzt und bis auf Reste niedergebrannt. Von der also siegreich gewordenen Roten Fahne haben Kosmonauten der Sowjetluftwaffe hundert Jahre später eine geheiligte Reliquie in den Weltraum mitgenommen. Das war, als die Kosmonauten nach ihrer Rückkehr zur Erde sagten, sie hätten am Himmel keine Engel gesehen. Bei der Auswahl der Geiseln ging man konsequent vor. In erster Linie griff man sich Pfaffen; und wie in fast allen Revolutionen in Paris wurde der Oberpfaffe, der Erzbischof, umgelegt. Es kamen aber auch arme Hunde dran, Gendarmen, die irgendein Verbrecher denunzierte, um Rache zu nehmen, und denen man das gleiche Schicksal bereitete. Und natürlich trat die Nachbarschaftshilfe in Tätigkeit; nach 1945 haben kommunistische Partisanen etwa 40 000 Klassenfeinde, die meisten keine Kollaborateure der Deutschen, umgelegt, um den Klassenfeind zu schwächen und zu erschrecken. 1871 waren es nicht Zehntausende, aber genug, um die liberale Regierung nach ihrem Sieg über die Kommunarden zu schauerlichen Vergeltungsmaßnahmen zu verführen. Thiers war ein guter Liberaler, er hatte für das Militär nicht viel übrig. Aber er heuerte sich einige Säbelhelden, die mit Resten der 1870/71 geschlagenen regulären Armee die Pariser Kommune ausrotteten. Dabei ging man in der Freien Welt des Westens konsequenter vor als 1848/49 im reaktionären Österreich. Nachdem den Massenerschießungen Einhalt geboten war, stopfte man den Rest der unerwünschten Pariser in jenen großen Sack, in den seit 1789 in Frankreich alle Unglücklichen gestopft werden, die vom Grundrecht der freien Meinungsbildung auf eine dem Regime nicht zusagende Weise Gebrauch machen. Solche Individuen werden in die berüchtigten Strafkolonien in Übersee deportiert; und nicht jeder derer von 1871 hatte das Glück wie später der Hauptmann Dreyfuß, der die Tortur einer solchen Strafhaft in Übersee gesundheitlich überstanden hat und steinalt wurde. Das Experiment der Kommune von 1871 ereignete sich halbwegs zwischen dem Regime mit der Guillotine von 1789 und dem nach 1917 an Millionen Russen vollzogenen größten Holocaust der Weltgeschichte unter Lenin und Trotzki sowie Stalin. Über letzteren Holocaust wird wenig gesprochen, er würde andere Anklagen gegen ähnliche Massentötungen vom Vordergrund der Szene in den Medien verdrängen.

Es war verständlich, daß nach dem Geschehen in Paris die Wirtschaftsliberalen in Österreich vorsichtiger wurden bei Auswahl ihrer Verbündeten im Kampf gegen die Konservativen. Und daß die Konservativen sich vorsahen, ehe sie womöglich auch in jene Situation kamen, die das Experiment Napoleons III. in Frankreich hinterlassen hat. So kam es dazu, daß die *drei Kaiser der konservativen Mächte* sich in Berlin trafen. Um zum Ort der Begegnung zu gelangen, mußten sie über Gräben und Gräber jüngster Vergangenheit schreiten: Franz Joseph trug zum ersten Mal seit Königgrätz 1866 die ihm zustehende preußische Uniform; der Zar, Alexander II., vergaß, was Franz Joseph seinem Vater Nikolaus I. im Krimkrieg angetan hat und erschien in der Uniform seines aus Ungarn rekrutierten k. k. Regiments. Epigonen werden darin nur Maskeraden erblicken; zu jener Zeit erkannte man jedenfalls im Westen, daß sich die konservativen Mächte Europas nach Irrungen und Wirrungen noch einmal, es war das letzte Mal, gefunden hatten.

Überflüssig zu sagen, daß bei dieser Aufführung in Berlin Bismarck Regie führte und der k. k. Minister des Äußeren Andrássy sein Assistent war. Indessen hat Zar Alexander II. dem Kaiser von Österreich nicht den nach fatalen Zerwürfnissen fällig gewordenen Gang nach Canossa erspart. Er lud Franz Joseph nach Petersburg ein. Der Besuch begann damit, daß der Zar den Kaiser durch die Gemächer führte, die einmal Nikolaus I. bewohnt hatte und in denen nicht ein Stück seit dem Tod des Zaren, man sprach von gebrochenem Herzen, verrückt worden war. Franz Joseph tat, was ihm angemessen schien: Er suchte die Begräbnisstätte Nikolaus I. auf, kniete nieder und betete. Damit wurde nicht der Riß in der Tiefe, der seit dem Krimkrieg 1853/56 trennte, geleimt; immerhin sagte man in der russischen Hauptstadt, der Kaiser von Österreich habe kniend Abbitte für seinen Undank gegenüber seinem Retter in der 48er Revolution bezeigt.

Die guten Demokraten im Westen des Kontinents interessierten derlei Gehaben weniger. Was ihnen nicht zusagte war, daß die konservativen Ostmächte trotz des Zerwürfnisses im Krimkrieg und trotz Königgrätz 1866 wieder einander näher kamen. Das Gespenst einer aus den Gräbern geholten Heiligen Allianz ex 1815 schien umzugehen. Davon war keine Rede: Die drei konservativen Mächte wollten nur einig sein, wenn *eine* von ihnen von einer *vierten* Großmacht angegriffen werden sollte. Die Achse des Ganzen war die von Bismarck aus gutem Grund sorgfältig instandgehaltene Achse Berlin/Petersburg.

In Österreich-Ungarn folgte den schweren materiellen Einbußen, die mit dem Krieg von 1866 verbunden waren, ein ins Auge fallender Aufschwung des Wirtschaftslebens. Herrschaften, die bisher ihren Domestiken das Geld für laufende Ausgaben überließen, um es nicht selbst *angreifen* zu müssen, scheuten es nicht, sich an der Börse an Spekulationsgeschäften zu beteiligen. So etwa auch der jüngste Bruder des Kaisers, Ludwig Viktor, in dessen fragwürdiger Lebenspraxis die Spekulationslust nicht das seinem Rang unwürdigste war. Der populäre Sieger über die Preußen bei Trautenau, General der Kavallerie Baron Gablenz, ließ sich in bedenkliche finanzielle Transaktionen ein; seine Verehelichung mit einer Tochter aus dem Haus Eskeles schützte ihn leider nicht vor Unvorsichtigkeiten. An sich war Militär derlei Gehaben verboten. Aber es spekulierte insgeheim oder geschäftsmäßig jedermann in Österreich. Das arbeitslose Gelderwerben durch Spekulationsgeschäfte schien für naive, aber auch für gefinkelte Typen das wahre Wunder der Moderne zu sein.

1873 fiel Wien die Ehre zu, die Weltausstellung in seinen Mauern abzuhalten. Ein glanzvolles Publikum aus aller Herren Länder gab dem ein nie wieder gesehenes Dekorum; leider kam auch ein ungebetener Gast, nämlich die Cholera mit in die Stadt. Die Cholera und eine Pleite des Börsengeschäfts verdüsterten das Bild jener Tage. Der seit 1848 schwelende, *politisch* instruierte Antisemitismus quoll auf, orientierte sich an einer schlimmen Verkörperung: dem jüdischen Börsianer, eine Wortprägung, die nach dem Börsenkrach von 1873 im Sprachgebrauch auch für den Anlaß blieb, wo es nicht um Börsengeschäfte ging.

Es folgte zwar nicht eine Selbstmordserie wie 1929 dem Börsenkrach in der Wallstreet in New York; dafür erregte es ungeheures Aufsehen, als sich General Gablenz wegen der erwähnten Transaktionen in Zürich den Tod gab. Der Selbstmord eines angesehenen Generals wegen Spekulationsverlusten erwies sich als noch eindrucksvoller als der des Generals Eynantten, der sich wegen Malversationen bei der Heeresversorgung im Krieg von 1859 in der Zelle den Tod gab.

Ins Leben Franz Josephs fiel in diesen umdüsterten Zeiten ein heller Lichtstrahl: Seine an den Hof in München verheiratete Tochter Gisela schenkte dem Papa das erste Enkelkind. Für die sechsunddreißigjährige Kaiserin war dieses Ereignis ein Schock. Nach dem Ende des Kaiserreichs in Frankreich und der Vereinsamung der dortigen Kaiserin Eugenie im Exil, war die Kaiserin von Österreich in der europäischen Öffentlichkeit unbestritten die schönste Dame. Aber – sie war jetzt Großmutter. Und Großmütter hatten damals noch nicht das attraktive Image, das sie hundert Jahre später bekamen und behielten. Mit dem Namen Großmutter verband sich die Vorstellung einer dunkel gekleideten Frau, die, meistens schon verwitwet, fernab von den Vergnügungen der Jugend in beschaulicher Abgeschiedenheit lebte. Den damals noch nicht vollends zu ersetzenden Zahnverlust kaschierte die Kaiserin mit Mundbewegungen, die nichts enthüllten; oder einfach durch Schweigen. Gesichtsfalten waren kein Problem. Die Haarfülle blieb der unvergleichlichen Frau. Die Haarwäsche war ein Ereignis bei Hof, bei dem ein Saal geräumt und für die Wäsche adaptiert werden mußte. Was immer im Zusammenhang mit Eigenheiten der Gemahlin geschah, es verleitete den Kaiser niemals zu einer unkontrollierten Äußerung oder gar zu einer Handlung, welche die Beweise seiner unerschütterlichen Liebe zu Elisabeth bloßgestellt hätten.

Nach dem Tod der Kaiserin-Mutter setzte es Elisabeth durch, daß die Erziehung ihrer Kinder, nicht nur ihres Lieblings Marie Valerie, sondern auch jene des Kronprinzen nach ihren Anordnungen erfolgte. Zu diesem Zweck verjagte sie den bisherigen Erzieher des Kronprinzen Graf Gondrecourt. Der Graf gehörte zur letzten

Nachhut derer, die einmal aus dem Westen ins kaiserliche Österreich kamen und deren Härte es bedurfte, um die schwersten Zeiten der Angriffe von Franzosen, Schweden, Preußen und Türken abzuwehren. Gondrecourt unterwarf seinen eigenen Lebensstil einer schon beispiellos gewordenen Härte und eben das forderte er von seinen Soldaten. 1848 war er der einzige Offizier, der sein Leben riskierte, um das des Kriegsministers Latour zu retten. Aber die Leute wollten damals nicht ihn, sondern den Latour umbringen; sie drängten ihn vom Minister ab und so endete ein Ministerleben. 1864 war er als Brigadier dabei. 1866 führte er einen letzten Angriff gegen die schon tief in die rechte Flanke bei Chlum eingedrungenen Preußen. Wegen seiner Führung kam er nachher vors Kriegsgericht. Anders als der zuweilen larmoyante Benedek nahm er schweigend sein Los auf sich: Er verlor den Rang und mußte die Uniform ausziehen. Letzteres sah ihm der Kaiser später nach. Gondrecourt bestätigte alles mit einem Satz:
»Ich sehe ein, daß ich unrecht gehandelt habe.«
Für Elisabeth waren die von Gondrecourt dem Kronprinzen zugemuteten Härteübungen eine Ungehörigkeit. Nachträglich betrachtet, hat Gondrecourt seinem Zögling nicht mehr abverlangt als das, was einmal in Florenz der sehr fortschrittlich orientierte spätere Kaiser Leopold II. seinem Sohn, dem Kaiser Franz, auferlegte. Statt Gondrecourt kam ein anderer General, welcher der Kaiserin zusagte. Er trug den Namen Latour, stand aber puncto Herkunft und Anschauung mit dem 1848 ermordeten Kriegsminister nicht auf gleichem Fuß. Eigentlich war dieser Latour ein Student, der unter Radetzky zur Armee ging, sich gut hielt, um dann Militär zu werden. Er blieb seiner Uniform nichts schuldig, seine Lebensprinzipien aber waren jene, die schon zu grassieren anfingen in der Armee, wo langsam die Tradition der Radetzkyära verflachte.
Wie gesagt, die Uniform des Erziehers störte die Kaiserin nicht. Maskierte sich doch auch ihr Vater zuweilen als Offizier, sehr zur Gaudi derer, denen es Spaß machte, die oft verschandelte Adjustierung des Prinzen zu belächeln. Nicht Latours Dienst um die

Person des Kronprinzen regte gewisse Typen auf, sondern Herkunft und Ansichten der Zivilisten, die, von der Kaiserin ausgewählt, den Lehrkörper zur Erziehung des Kronprinzen komplettierten.

Da war vor allem ein gewisser Josef Zhisman, kongenial dem berühmten Feldkaplan der Akademischen Legion von 1848, Professor Füster; und so wie dieser slovenischer Herkunft. Zhisman war der Gesinnung nach ein 48er Demokrat. Der von ihm erteilte Religionsunterricht war zweifellos originell, nur brachte er dem Kronprinzen eine Glaubenslehre bei, die nicht jene der katholischen Kirche war, sondern ein Absud eigener Glaubensansichten des Lehrers. Von ihm bezog Rudolf unter anderem die Ansicht, wonach ein Wesentliches des Christentums die Tatsache blieb, daß die ersten Christen die *ersten Sozialisten* waren. Franz Joseph, jetzt von seiner Gemahlin ausgeschlossen vom Besuch in der Schulstube des Thronerben, erfuhr von derlei Fundamenten der Geistesverfassung seines Nachfolgers erst dann, als alles zu spät war ...

Der früh aufkeimende Haß Rudolfs gegen die Pfaffen im allgemeinen und gegen kirchliche Gläubigkeit war keine Seltenheit in Kreisen der Intelligenz von damals. Es bereitete keine Schwierigkeit, Zhisman sogar eine Lehrtätigkeit an der Universität Wien zu beschaffen, mochten die Klerikalen und andere Finsterlinge noch so sehr darüber wettern.

Nach 1867, dem Ausgleich mit Ungarn, bezog die Kaiserin die Lehrer für den Kronprinzen meistens aus Ungarn. So einen gewissen Ronay Hayzinth, 1849 Feldkaplan in der Armee Kossuths, nachher nach England geflüchtet, um heimgekehrt einen Unterstand in einem Kloster der Benediktiner zu finden. Mit derlei Schutzanstrich versehen, konnten nicht einmal die übelsten Klerikalen etwas gegen diesen Erzieher des Thronfolgers sagen. Daß der hochwürdige Herr zugleich Freimaurer war, kam nicht an die Öffentlichkeit, für die Kaiserin war das ohne Belang.

Ronay weckte in Rudolf ein tiefes Verständnis für das revolutionäre Prinzip, wie dieses 1789 in Frankreich ausgebildet worden ist. Obwohl Magyar, lobte er die antiklerikale und progressive

Art Josephs II., dessen ansonsten jenseits der Leitha nie vergessene sogenannte Germanisierungstendenz nicht ins Unterrichtsfach gezogen wurde. Da nun einmal solche Grundfesten vorhanden waren, gab es für den protestantischen Mährer Gindely kaum mehr einen Lehrerfolg, wenn dieser versuchte, seinen auf das *Österreichische* an sich ausgerichteten Geschichtsunterricht auch dem Kronprinzen zuteil werden zu lassen. Als aber Gindely sich verstieg zu sagen, Glück und Anerkennung der *Leistung* des Menschen wären höher einzuschätzen als die Tätigkeit von zwanzig (!) Parlamenten, war er sichtlich fehl am Platz. Da war es nur gut, daß der Tscheche Hermengild Jireček in Rudolf ein anderes Bild des Austro-Slavismus erweckte. Nach Jireček waren die Slaven die ärmsten Menschen im Verlauf der Geschichte, weil sie im eigenen Land von einem eingedeutschten oder deutschen Adel viehisch behandelt wurden. Von dem einschlägigen Verhalten slavischer Großreiche der Russen, Polen, Litauer und anderer erfuhr Rudolf in solchen Zusammenhängen weniger. So richtig Pfeffer über dieses Ragout streute der sogenannte Geographielehrer Rudolfs Grün Dyonisius. Grün, Sohn jüdischer Eltern in Prag, ist dort Student gewesen, nachher nach Berlin ausgewichen. Dort wechselte er den Beruf, wurde einer der von Bismarck mäßig geschätzten Journalisten. Fernab vom Schuß, polemisierte er gegen das franzisko-josephinische Österreich, was ihm in Berlin gewiß keinen Tadel eintrug. Dann aber wechselte er die Konfession, um fortan in Österreich als Deutschliberaler aufzutreten. Im übrigen brachte er es zum Universitätsprofessor. Aber das geschah in einer Zeit, als im Kombinat Schönerer/Adler noch der *Antiklerikalismus* den aufkeimenden *Antisemitismus* überwog.
Latour war bei all dem ein großmütiger Inspektionsoffizier. Als es Zeit war, wurde Rudolf, wie man in besseren Häusern sagte, aufgeklärt. Heranwachsende Mädchen wurden nicht aufgeklärt. Kein Zweifel: Die Naturwissenschaften fesselten den genialisch veranlagten Rudolf mehr als alles andere, ehe er sich der Politik zuwandte. Das später unter seinem Protektorat herausgegebene Sammelwerk »Die Österreichisch-ungarische Monarchie« verrät

das, nicht nur im einleitenden Aufsatz über Niederösterreich. Halbwüchsig geworden, geriet sein Interesse an eine Art von Weiblichkeit, die ihn nicht immer hinanzog. Es war die Zeit, da Mütter anfingen, um ihre Söhne zu bangen, die ihr Einjährigenjahr bei bestimmten Regimentern, in bestimmten Garnisonen abdienten. Und eine damals noch unheilbare, unheimliche Krankheit einschleppten. Für Rudolf waren die Ansichten gemäß dem damaligen Stand der Naturwissenschaften maßgebend, wonach der Mensch ein Tier ist, bloß eines, das einer besonderen Entwicklung fähig wurde. Die von veralteten Moral- und Religionsbegriffen auferlegten Zwänge im Erotischen hat Rudolf frühzeitig mit Verachtung abgestreift. Er traf sich bei dieser Ungezügeltheit mit Verwandten und Bekannten seiner Generation, die vorwegnahm, was später Aufmacher der Boulevardpresse wurde – im Hinblick auf hohe und höchste Persönlichkeiten.

Drei Frauen haben im Leben des Kronprinzen eine überdurchschnittliche Rolle während einer bemerkenswerten Konsumtätigkeit ausgeübt: Unter diesen hat die ihm angetraute *Gemahlin Stephanie,* eine belgische Prinzessin, schließlich die geringste Rolle gespielt. Stephanie brachte aus ihrem Elternhaus in Brüssel Kindheits- und Jugenderlebnisse mit, die aufs Haar dem glichen, was vorher die blutjunge Elisabeth zu ihrer Zeit in Possenhofen erlebte. Freilich, der Vater Stephanies lebte auf größerem Fuß als der bayerische Herzog Max. Er war ungemein geschäftstüchtig, und bei der Ausbeutung der Reichtümer des Kongogebietes sorgte er für seinen Teil; über den sogenannten *Kongogreuel,* eine der düstersten Seiten des Kolonialismus, sah er eher gelassen hinweg. Die Geschäftsreisen führten Leopold häufig nach Paris. Dort richtete er sich eine zweite Menage ein, nachdem ihm jene in Brüssel, geleitet von einer frömmelnden Gemahlin, nicht behagte. Sonst ein Geizkragen, war Leopold im Falle seiner Hausfrau in Paris, Cléo de Mérode, ausgesprochen spendiös. Die beiden wurden Witzblattfiguren, und Leopold aquirierte sich dabei den Nebennamen Cléo-pold.

Mag die Tragik im Leben Stephanies nach Mayerling vergessen sein; die Exzesse ihrer in Österreich verheirateten Schwester überstiegen alles Dagewesene. Sie ging ihrem Gemahl mit einem Ulanenoffizier durch; als dem Paar das Geld ausging, gab es eine Wechselaffäre, bei der nicht näher erhoben wurde, wer auf dem Papier die Unterschrift der Kronprinzessin von Österreich Stephanie gefälscht hat. Die beiden Schwestern blieben sich treu und 1914 noch mußte sich Franz Joseph eine Intervention Stephanies zugunsten des Ulanenliebchens verbieten. Seltsam ins Gemüt gehend war die Bindung Rudolfs an die Edelkokotte *Mitzi Caspar*. Zusammen mit ihr genoß er die Ungebundenheit eines Kavaliers, der es sich leisten kann, eine solche Frau auszuhalten und zusammen mit ihr alle Grenzen der Konvention bedenkenlos zu überschreiten. Mit der Mitzi verlebte Rudolf Stunden beim Heurigen, dort lernte er die Schrammelmusik kennen und schätzen. Im Haus seines Leibfiakers Bratfisch genoß er die Köstlichkeiten der Wiener Hausmannskost. Und dem Hausmeister des Wohnhauses der Mitzi gab er fürs Aufsperren des Haustors beim Gehen 10 Gulden; wovon noch Jahrzehnte nach dem Tod der Mitzi, sie starb als bürgerliche Hausbesitzerin, im Kreis der Hausmeister von Margareten die Rede ging.

Und da war drittens, am öftesten genannt, aber beileibe nicht das Schicksal Rudolfs, *Mary Vetsera*. Sie war keine edle Jungfrau mehr, als sie die Liaison mit Rudolf einging und mitmachte bei dem schauerlichen Drama von Mayerling, das für viele Nachfahren das einzige Erwähnenswerte in der Geschichte des Hauses Habsburg wurde.

So geriet Rudolf in jene Entourage, die später Arthur Schnitzler im Stadium ihrer Todeskrankheit auf die Bühne brachte. Das war, ehe Thomas Mann in seinem Roman ZAUBERBERG den Liberalismus als die Tuberkuloseerkrankung des Bürgertums und dessen Zeitalter hinstellte.

Rudolf selbst wurde in guten Tagen weit über damalige Linksabgrenzungen des Liberalismus hinaus in die Nähe jenes Lebensprinzips geführt, das im Sozialismus seine Prägung erfahren hat. Der Nationalökonom Carl Menger hat ihm die unausweichliche Konsequenz im Übergang vom Liberalismus zum Sozialismus aufgezeigt. Rudolf wurde überzeugter *Republikaner*; sein einziges Kind, Erzherzogin Elisabeth, eingeschriebenes Mitglied der Sozialdemokratischen Partei Österreichs in der Zeit nach 1918. Ob die Kaiserin die Entwicklung und den Seelenzustand ihres Sohnes richtig erfaßt hat, mag bezweifelt werden. Man darf annehmen, daß ihr genügte, Rudolf zu einem *anderen Wesen* zu machen als ihr Gemahl Franz Joseph eines war. Der Vater war nach gewissen Exzessen des jungen Rudolf einigermaßen beruhigt in dem, daß sein Sohn ein brauchbarer, diensteifriger Offizier wurde, der diesen Dienst lange Zeit ernst nahm. Umso entsetzlicher war die Demaskierung für den Kaiser, als die Nachricht vom Geschehen in Mayerling bei ihm eintraf. Die Frage, warum Rudolf freiwillig in den Tod ging, ist nie einwandfrei beantwortet worden. Das angebliche Wort des Kaisers, wonach in Wirklichkeit das Geschehen in Mayerling viel furchtbarer gewesen sei, als man annahm, könnte Hinweise bieten, aber keine einwandfreie Deutung des erschütternden Geschehens. Filmemacher haben später in vielen Versionen dieses Ende sinnfällig gemacht für die Masse des Kinopublikums. So entstand eine Version, die für die Massen plausibel wurde: Ein gefühlloser, hartherziger, starr reaktionärer Vater. Eine von eben diesem Vater gequälte Kaiserin. Und ein Sohn, dessen Lebensfaden abreißen mußte bei den Verzerrungen, die das Elternpaar dem Erzherzog und Thronerben auferlegte. Mit der Zeit geriet das sogenannte Geheimnis von Mayerling in Proportionen, die mehr Interesse der Epigonen beanspruchten als das tragische Schicksal des Reiches, das zu regieren dem Kronprinzen erspart blieb.

Der Hof zu Wien geriet in den Mittelpunkt des Klatsches in ganz Europa und in allen Rängen des sozialen Lebens. Demgegenüber wurde vergessen gemacht, daß der älteste Enkel der Queen Victoria, der Sohn des auch als Lebemann hervorgetretenen englischen Königs Eduard VII., unter Umständen verstarb, denengegenüber die Tragödie von Mayerling harmlos war. Nachher mußte man den Kronprinzen von Serbien entmündigen und von der Thronfolge ausschließen; der aber überlebte in Belgrad den Zweiten Weltkrieg und die Anfänge der Tito-Ära. Was war es, daß Mayerling eine so singuläre Bedeutung bekam?

Wie immer die Zustände im Hohen Haus in Wien waren, das Volk in Österreich war damals in der Masse noch gut religiös. Das Geschehen in Mayerling riß in der Tiefe der Volksseele eine Wunde auf, die nie mehr geschlossen werden konnte. Man hat nach 1918 dem Landeshauptmann von Oberösterreich, Prälat Hauser, schwere Vorwürfe gemacht, daß seine Partei, die christlichsoziale, nicht der Linken den Umsturz verwehrte, ja ihn mitmachte. Heute weiß man um die frühen Beziehungen Viktor Adlers zu hohen und allerhöchsten Kreisen; Adler war es, der im November 1918 als ein dem Tod Geweihter nach Schönbrunn kam, und der Dynastie die letzte denkbare Unterstützung versagen mußte. Hauser war im Sterbejahr Rudolfs Priesterstudent. Später hat er im engen Kreis erzählt, welche Wirkung das Geschehen von Mayerling auf seine Studienkollegen und im Volk bekam. Man blieb gut österreichisch und kaisertreu; aber es war, als ob eine Eiche, vom Blitz getroffen, die Krone eingebüßt hätte und ein Symbol erstorben wäre.

Die Zeit des Todes des Kronprinzen war jene, in der die *Aufsteiger* im gesellschaftlichen und politischen Leben die *Aussteiger* auf halbem Weg trafen. Es bildete sich eine *amorphe* Masse, die typenbildend werden sollte in der Massengesellschaft des 20. Jahrhunderts. Rudolf muß zugute gehalten werden, daß sein Vater aus einer anderen Welt gekommen ist, daß Rudolf das alte Österreich, das eigentlich mit dem Tod Franz I. zu Ende ging, nicht erlebt hat; wohl nicht erleben hätte wollen.

Die Generation des Kronprinzen verließ die Beengtheiten jenes Wiens, in dem sein Vater seine Jugend erlebte. Die engen Gassen und Straßen der Inneren Stadt waren jahrhundertelang eingezwängt in die größte Festungsstadt des Abendlandes. An ihr brach sich der Türkensturm, für die Festung Wien zahlten die Prälaten in den Niederlanden und Reichsstände, die dem Haus Österreich nicht grün waren. Der Linienwall, einmal im Zweifrontenkrieg gegen Frankreich und die Aufständischen Ungarns zum Schutz der Vorstädte Wiens errichtet, war längst militärisch wertlos. Die Befestigungsanlagen der Inneren Stadt, in denen 1683 Europa gegen die Türkengefahr verteidigt worden war, sind schon zu Napoleons Zeiten keine brauchbaren Kampfanlagen gewesen. 1848 dienten sie als solche zum letzten Mal, aber, seltsamerweise, als Verteidigungsstellung der *Revolutionäre* gegen die Kaiserlichen.

Im Biedermeier näherte sich die Stadt nicht etwa der vielbesungenen Donau, vielmehr fraßen sich die Neubauten in die letzten Abhänge der Ostalpen ein; und entlang der Triesterstraße entstand ein großstadtnahes Industriezentrum. Licht, Luft und Wasser braucht der Mensch, wurde dem kleinen Rudolf gelehrt. Sein Vater gab zu Weihnachten 1857 Auftrag, die Umwallung und die Fortifikationen der Inneren Stadt zu demolieren, um für die *Erweiterung* seines Reichshaupt- und Residenzplatzes Raum zu schaffen.

Die Bautätigkeit der Ringstraßenära, hochgerühmt wie sie um das Jahr 2000 wurde, erregte bei den Zeitgenossen von damals zum Teil mäßige Begeisterung. Es war nicht zu übersehen, daß es eine große Zeit für üble Grundstücksspekulanten und allerlei Unternehmungen war, Typen, denen einfach die Kultiviertheit abging, Reichtum nicht bloß zu vergeuden. Diese Ära war eben keine Kulturepoche, es war eine letzte Kavalkade der Stilrichtungen, eine Reprise des Gewesenen, Vorspiel dessen, was man den Untergang des Abendlandes nennt. Franz Grillparzer störte das Ganze. Während einer Audienz beim Kaiser sagte er es offen heraus:

»Majestät, es wird jetzt viel gebaut in Wien. Aber die vielen Baustile der Ringstraße gefallen mir gar nicht. Es ist – wie eine steinerne Speisekarte.«

Franz Joseph hörte sich das an, wie er sich während seines langen Lebens die unzähligen Raunzereien anhörte, die zum geistigen Klima seiner Haupt- und Residenzstadt gehörten. Dem Dichter gegenüber nahm er sich der Architekten an; wie er überhaupt stets der Meinung war, es möge jeder Schuster bei seinem Leisten bleiben und nicht dort urteilen oder gar verurteilen, wo es nicht seine Berufung ist. Dann sagte er kurz:

»Das müssen die Künstler besser verstehen …«

Da war die ganze Freude des Dichters über den unlängst verliehenen hohen Orden, kein Künstler hat außer ihm je einen so hohen bekommen, futsch. Er ging verärgert heim, setzte sich an seinen Schreibtisch und brachte einen jener Aphorismen hin, deren Brillanz nur durch ihre Giftigkeit übertroffen wird. Auch die Bauten des Hofs waren nicht sicher vor der allgemeinen Kritik. Dem Neubau des k.k. Hofoperntheaters warf man vor, es sähe aus, als wäre das Gebäude mit einer Etage in den Boden gerutscht. Im k.k. Hofburgtheater war die Akustik so miserabel, daß man einen Umbau riskierte. Es nützte nicht einmal die Tatsache, daß man etwas zur Ermunterung des Stolzes der Zeitgenossen tat, indem daß man einen Ausländer, den gewesenen König Ludwig I. von Bayern, beigezogen hat, um etwa die Votivkirche mit dem anerkannten Kunstverständnis dieses Monarchen zu sichern. Aber die Notwendigkeiten der Zeit gingen hinweg über die Bedenken von Zeitgenossen; und wer Geld hatte, der baute sein Palais nach seinem Gutdünken und war nur bestrebt, eine der Koryphäen der Architektur für sein Vorhaben zu gewinnen.

Noch im Biedermeier haben viele Beamte der Zentralstellen der Monarchie in ihrer Privatwohnung, oft nur als Aftermieter, die Aktenarbeit erledigt; nur die Konferenzen der kollegial organisierten Behörden versammelten sie an Amtsstelle. Jetzt fing die Zeit an, in der die Adelspalais der Barockzeit oft Sitze dieser Zentralstellen wurden. In die Domestikenräume verbannte man das Konzeptpersonal, in der Bel Etage hatte der politische Ressortleiter seine Dienstwohnung; es entfaltete sich eine Art von Repräsentation, die freilich mit dem ursprünglichen Raumfunktionsprogramm wenig zu tun hatte.

Die Bürokratie des Staates und des Industriesystems verlangte moderne Büroräumlichkeiten und man baute dafür Gebäude nach den Erfordernissen der Zeit.

Das Entstehen der Ringstraße wurde für Kronprinz Rudolf ein bewegendes Kindheits- und Jugenderlebnis. Sein Vater war im Biedermeier herangewachsen. Dem Kronprinzen gefielen nicht seine Appartements im Schweizerhof, die einmal Teil der Wohnung des Kaisers Franz I. waren. Dieser Atmosphäre zu entfliehen, wurde mit ein Antrieb seiner unruhigen Lebensweise. Bis zu seinem Tod hat Franz Joseph es nicht gemocht, daß auch Erzherzöge jetzt Kaffeehäuser in der Stadt aufsuchten; und dort oft mehr Stunden der Nachtzeit verbrachten als in den ihnen zustehenden Appartements bei Hof. Noch weniger gefiel dem Kaiser der ungezwungene Umgang der jungen Mitglieder seiner Familie, Damen ausgeschlossen, mit dem Stammpersonal der Kaffeehäuser: Literaten, Journalisten, Politiker von oft bescheidener Qualität, großartige Raunzer, zu denen sich bald die scharfzüngigen jüdischen Zeitkritiker gesellten; die nach dem Verlassen des Ghettos nicht nur den dort genossenen Schutz verloren, sondern bemerkten, daß sie in eine Welt eintraten, mit der sie ganz und gar nichts anfangen konnten. Was sie vorfanden, war für viele von ihnen nicht nur veraltet und verderbt, sondern von allem Anfang an eine unglaubliche Verirrung.

Der Kronprinz und sein Kreis fühlten sich in dieser Atmosphäre eher wohl als zuhause in der Burg oder in Schönbrunn. Es öffneten sich den jungen Herren auch Salons, deren Inhaberinnen zwar nicht Zutritt bei Hof hatten, die indessen, oft in der kultiviertesten Manier, das ersetzten, was eine gewisse Fadesse bei Hof junge Menschen rebellisch machte. Am Ring gab es einen Punkt, auf den sich die oft nie erfüllten Sehnsüchte derer in fernab liegenden Behörden und Garnisonen des Reiches konzentrierten: *Die Sirk-Ecke* in dem 1892 adaptierten Gebäude des Hotel »Bristol«, Ecke Ring und Kärntnerstraße. An sich war ohne Bedeutung, was August Sirk in seinem Geschäft »Zum Touristen« zur Schau stellte. Die Sirk-Ecke war der *eine* Eckpunkt eines unvergleichlichen Geländes für Flaneure, dessen *anderes* Ende die Achse des Schwarzenbergplatzes war. Brennpunkt des Geschehens auf dieser Strecke des Sehens und Gesehenwerdens war die Gegend des »Grand Hotels«; demgegenüber das immer höher aufgetürmte »Hotel Imperial« noch einigen Rang aufzuholen hatte – bis nach 1945 das »Grand Hotel« weder grand noch Hotel war, sondern Unterbringungsstätte für Besatzungsbehörden und andere provisorisch bequartierte Büros.

Um den seit jener Zeit eingetretenen Rangverlust Wiens im internationalen gesellschaftlichen Leben abschätzen zu können, ist es am besten, an Hand eines alten Baedekers die Hotels abzuzählen, die damals von der Haute Volée der Monarchie und Europas frequentiert wurden; heute aber entweder zerstört oder in Behördenunterkünfte umfunktioniert wurden. Die scheußlichen Exzesse der modernen abendlichen Lichtreklame lassen den Epigonen überhaupt keine Vorstellung dessen gewinnen, wie das gesellschaftliche Leben in den Häusern der Ringstraßenära pulsierte und seinen Glanz hatte. Als es unausdenkbar war, daß eines dieser Ringstraßenpalais arabischen Ölscheichs zur Geschäftsstelle werden sollte; andere Häuser bis zum Dach vollgestopft sind mit Büros, Laden- und Verkaufsräumen. Nach 1918 verließen insgesamt 400 000 Menschen diese Stadt. Was das für das geistige und materielle Gefüge Wiens zu bedeuten hatte, wurde noch nie wissenschaftlich im Detail recherchiert. Man geht an den restaurierten Fassaden, der Haut, hinter der einmal Leben war, vorbei und sagt: Gewesen.

Gewesen ist das Leben im Palais Todesco, vis à vis dem Operngebäude im Häuserblock neben der Sirk-Ecke, die heute den Abgang zur U-Bahn kaschiert. Von den Brüdern Todesco war Eduard dominant in der Haute Juiverie der Ringstraßenära; Bankier, Großhändler, einflußreich, Freiherr. Der bei den Wienern als Lebemann ungemein populäre Bruder Moritz war natürlich kein Freiherr, aber es wäre unmöglich gewesen, ihn nicht mit Baron anzusprechen. Auch außerhalb der Kaffeehäuser: Er war auch *der* Todesco, was im Wienerischen entweder als Hervorhebung einer anerkannten Persönlichkeit verwendet wird oder als maßlose Geringschätzung im gegenteiligen Fall. Moritz war in einer Liaison mit der Schauspielerin Treffz, hatte Kinder mit ihr, die Treffz heiratete später Johann Strauß, den Walzerkönig. Hausfrau im Palais war aber eine gebürtige Gomperz, deren Familie in Brünn in einen anerkannten Rang gesellschaftlichen, wissenschaftlichen und politischen Lebens geriet. Das großartige Ensemble der Ringstraßenära entstand am Schwarzenbergplatz. Am Ring, Ecke Kolowratring, ließ sich der jüngste Bruder des Kaisers, Erzherzog Ludwig Viktor, nieder, bis er nach Salzburg in eine Art Verbannung gehen mußte. Heute gerät das Palais zu einer verstaubten Dependance des Burgtheaters, ist gekrönt durch die Leuchtschriftpropaganda eines ausländischen Bankunternehmens. Der Schwarzenbergplatz ist die architektonische Hinterlassenschaft eines der bedeutendsten Architekten jener Zeit: Heinrich, zuletzt Baron Ferstel. Er fixierte, ohne in eine starre Schematik zu geraten, die Symmetrie, die zwischen den beiden Seiten des Platzes – eher als eine grandiose Harmonie – blieb. Pendant zum Palais des Erzherzogs wurde am Opernring das Palais Wertheim.

Wertheim, das war im alten Österreich so viel wie: Geldkassen mit absoluter Sicherheit gegen Brand und Einbruch; zuletzt Aufzüge, wie solche der Kaiser auch im hohen Alter nicht benützte. 1848 wurde bei Wertheims eingebrochen. Die Erfahrung im Umgang mit solchen Risikofaktoren bewog den Chef des Hauses, zumal mit wachsendem Reichtum die Zahl der Risiken stieg, mit den Methoden moderner Technik den Kampf gegen die Kriminalität aufzunehmen. 1869 bekam Wertheim für sein Modell einer feuer- und einbruchsicheren Kassa das Patent. Als die Fabrik 20 000 solcher Kassen verkauft hatte, feierte man das Ereignis in den Sälen der Gartenbaugesellschaft, auch ein Objekt, das zu den Zahnlücken des Rings wurde. Johann Strauß komponierte die bekannte Polka »Feuerfest«. 1200 Gedecke waren aufgelegt. Und Wertheim selbst erhaschte, was fast allen Angehörigen seines Standes versagt blieb: Indem er zum *Truchseß* ernannt wurde, bekam er ein Entree bei Hof. Vieles war dank Wertheim sicher, niemand aber war vor Wertheim *sicher.*

Dem Kärntnerring schloß sich der Kolowratring an. Wer Rang und Macht im Hohen Haus und dort im Verband der Vereinigten Linken hatte, der hatte in dieser Region sein Palais. Dem Palais Erzherzog Ludwigs gegenüber war das Palais Kinsky. Eugen Kinsky, wohl das gelungenste Exemplar eines Kombinats aus altem Adel und modernem Besitzbürgertum, war Mitbegründer der Anglo-österreichischen Bank. Seine Unabhängigkeit gestattete ihm einen Lebensstil, der in anderen Fällen nicht toleriert wurde. Der Graf heiratete die Tochter eines Salinenarbeiters in Ebensee. Er schickte die junge Frau vorher in ein Pensionat in der Schweiz – und so entstand das, was als *Gräfin Mirzl* bei Hoch und Nieder anerkannt war.

In nächster Nähe zum Palais Kinsky ließ sich der gewesene k.k. Oberleutnant Alfred Skene nieder. Skene bekam der von 1848 vollzogene Berufswechsel, verbunden mit der Heirat eines Fräulein Rosenfeld aus Prag, ungemein gut. Die ihm versagt gebliebene militärische Karriere ersetzte ihm der Erfolg seiner wirtschaftlichen Begabung; er wurde Bürgermeister der Stadt Brünn, Reichsratsabgeordneter und zu Zeiten gefürchteter Gegner der k.k. Regierung, deren Politik nicht mit seiner kongruent war.

Ganz anders der Aufstieg der Familie Leitenberger. Ihr Palais am Ring erinnert an die Pionierzeit des Industriezeitalters, die erste Anerkennung des Familienbetriebes, man kam natürlich von oben, kam noch von Maria Theresia herab. Friedrich Leitenberger gehörte zu den feinsinnig und diskret bemühten Kunstmäzenen jener Tage. Kulturförderung war noch nicht Emballage von Parteipolitik, sondern Ausdruck persönlichen Geschmacks von Persönlichkeiten, die kein Lob der Medien beanspruchten für das, was sie aus eigenen Mitteln leisteten.

Man lebte im Palais Leitenberger sozusagen als Nachbarn einer erzherzoglichen Hofhaltung. Im Palais Hoch- und Deutschmeister – nicht genannt sein soll, was es jetzt ist – residierte der Hochmeister dieses mittelalterlichen Ordens. Man war nicht mehr sehr fromm und man war auch in historischen Fakten nicht ganz bewandert. Also galt für die Wiener mehr als diese geschichtlichen Proportionen die Tatsache, daß besagter Hochmeister Inhaber des Regiments der Wiener »Edelknaben« war, des Regiments Hoch- und Deutschmeister Numero 4. Zuerst von Erzherzog Wilhelm, als Artillerist 1866 bewährt, folgte als Herr des Hauses Erzherzog Eugen. Seine nach 1918 in Wien verlorene Popularität haben ihm im Exil die Bewohner von Basel reichlichst entgolten.

Nebenan entstand das Palais Colloredo. Ein fürstlicher Name, der auf vielen Seiten der vielhundertjährigen Geschichte des alten Österreich steht. Fürst Ferdinand war auf seine Art ein Novum: Er war Mitbegründer des Österreichischen Gewerbevereins, also jenes Kreises, der die Männer der ersten Stunde nach dem Umsturz im Jahre 1848 und dann wieder nach 1859 in der Hochblüte des Liberalismus stellte.

Ein Inhaber eines Palais am Ring verzichtete beharrlich auf die Nobilitierung: Nikolaus Dumba, Nachkomme einer der griechischen Familien, die einmal zum Kern der bedeutenden griechischen Gemeinde der Stadt gehörten. Er war als Liberaler Mitglied des Herrenhauses, in der Art seines kultivierten Lebensstils unübertrefflich. Ohne Aplomb kam er an die Spitze der Vereinigungen, die das kulturelle Leben jener Tage – und manche Fernwirkung in die Zukunft – bestimmten.

Die städtebauliche Bedeutung des Rings wurde dadurch vergrößert, daß parallel zu ihm das entstand, was im Zeitalter der Straßenbahn vulgär, aber doch mit tieferem Sinn, die 2er Linie genannt wurde. Nicht zweit-klassig nach Erstklassigem, sondern – anders in Anlage und Funktion. Das Ende der sechziger Jahre neu entstandene Musikvereinsgebäude wurde, mehr noch als das k.k. Hofoperntheater, zu einem wirklichen Mittelpunkt der musikalischen Welt. Die untrennbar mit dem Gebäude verbundene *gesellschaftliche* Funktion in der Reichshaupt- und Residenzstadt hat nie die in ihm entstandenen Heimstätten jener Gemeinschaften überlagert, die, wie etwa die Wiener Philharmoniker, seit ihrem Entstehen Maßstab und Rang ihrer künstlerischen Bedeutung wahren konnten.

Und im Anschluß daran entwickelte sich eine merkwürdige Trias: Das etwa gleichzeitig entstandene Künstlerhaus wahrte, auch nach Entlassung einiger Sezessionen der Moderne, eine Bedeutung, die erst in den Beengtheiten jüngster Vergangenheit und Gegenwart abbröckelte. Baugeschichtlich wie eine Fortsetzung einer Trias aus Zeiten, da Besitz und Bildung homogen sein konnten, entstand aus privater Initiative das Gebäude der Handelsakademie. Ihr Entstehen ist aufs engste verbunden mit dem Namen des Präsidenten der Gründungszeit des Vereines der Wiener Handelsakademie, des Bankiers Schey. Wie ein Stück Klassizismus überlappt das Gebäude trotz einer modernen Raumfunktion diese Bruchlinie des Jahres 1848 und die Zeit, als es schien, daß alles anders käme, wie es nach 1859 tatsächlich kam.

Schey baute sein Ringstraßenpalais gegenüber dem Burggarten. Die Jeunesse dorée alter Tage scheute sich nicht, dafür mit der

Wortprägung Scheys-Haus jene Geringschätzung anzudeuten, die eine künftige Generation aus voller Überzeugung den Relikten der Gründerzeit darbringen wird.

In allen diesen Räumen wirkt mit längst verwehten Spuren das persönliche Engagement des Kaisers. Verlangte sein Großvater, man müsse mit der Grundsteinlegung der Technik bis zu seiner Rückkehr aus dem letzten Franzosenkrieg warten, so ist Franz Joseph angereist, als die Grundsteinlegung des Künstlerhauses nach Planungen und der Geldbeschaffung heranstand.

Der Karlsplatz vereinigt die Hinterlassenschaft dreier *großer Epochen des alten Österreich:* Die monumentale Karlskirche, von Alfred Loos gedacht als das Ende einer Achse, die wie ein Pfeil vom Schottentor aus auf die Höhe des Kirchenbaues zielweisend geworden wäre; im Konzept der Ringstraße aber schon längst und für immer funktionell widerlegt. Neben der Karlskirche das in den Geldnöten der napoleonischen Kriege entstandene Gebäude der Technik; zu lange gering geschätzt als Relikt eines Beamtenklassizismus. Und – Franz Joseph selbst schenkte das Grundstück, der Ziegelrohbau der Evangelischen Schule, richtig am Ausweg aus den Beengtheiten der untergehenden mittelalterlichen Stadt postiert.

Und im Anschluß daran, wie verlorene Edelsteine auf einem Weg in die Zukunft, die geplante Bautätigkeit entlang des Wien-Flusses; mit einigen Mahnungen an die Größen des Jugendstils, dessen Zeit um war, als seine Jungen 1914 als Kriegsfreiwillige einrückten.

Man war nicht eben bescheiden, wenn es galt, sich in der Ringstraßenära den Ort zur Präsentierung von Ansehen und Besitz auszusuchen. Und so flankierte das k.k. Hofoperngebäude das Haus des Bierkönigs Anton Dreher. Aber Dreher machte aus dem Kontrast der Voisinage zur Oper eine Stätte von Ereignissen, die über den Ausschank des Volksgetränks Bier hinausgingen. Die originell und oft phantastisch ausgestalteten Lokalitäten dieses Palastes einer Weltfirma bargen eine Aura, die aufzusuchen durchaus vereinbar war mit der Beheimatung im Etablissement Sacher, hinter der Oper. Nun war man schon als Bürger dermaßen arriviert, daß man sich nicht mehr schämte, dort zuzukehren, wo an sich nur die Berufsgenossen des Großvaters angestammt waren. Jedes der erstklassigen Hotels hatte eine sogenannte Schwemm', an sich gedacht als Warteraum für die Kutscher und das Personal der hohen Gäste des Hauses. Aber nicht nur Kutscher, Dienstmänner und dienende Geister suchten diese Lokale auf; die Kenner schätzten das dort gebotene gesottene Rindfleisch ebenso wie einen Wein aus den Rieden entlang der Brünnerstraße. Der Tafelspitz im Sacher sowie die ersten im Land gezogenen Spitzenweine drückten nicht die Existenz hinter der Repräsentierfront. Im Gegenteil. Eins kam zum anderen.

Drehers Nachbar war Alexander von Schoeller. Metternich hat die Familie aus seiner Heimat am Rhein ins Österreichische geholt. Man müßte eine Karte Alt-Österreichs zur Hand nehmen, um annähernd die Betriebsstätten ausfindig zu machen, die Angehörige dieser Familie schufen, deren eines bei Kriegsausbruch 1914, seltsam vor dem Ende der Epoche, Präsident der Vereinigung Österreichischer Industrieller wurde. Einer Vereinigung mit dem Gebäude an der 2er Linie. In die Beengtheiten eines 1918 zerstückelten riesigen und sinnerfüllten Kommunikationsraums gedrängt, bleiben nur mehr Niederlassung wie Denkmäler in Orten wie: Berndorf, Ebenfurt, Ternitz, Vordernberg, Trofaiach, Turrach, Murau und Unzmarkt und jenseits der neuen Grenzen die Verlassenheit in einer Welt, über die sich 1945 der Eiserne Vorhang gesenkt hat.

Am Ring siedelte sich die *Haute Juiverie* an. Noch standen Reste des Schottentors der alten Stadtbefestigungen, da entstand gegenüber der Votivkirche das Palais *Ephrussi*. Palais einer Familie, die, aus Griechenland und Rußland stammend, eigentlich nicht zu dem Kreis gehörte, der einmal oben klein anfing, um dann in Wien in einer Mächtigkeit zu bestehen, die nach Ausdruck im Architektonischen verlangte. Der Bankier *Epstein* baute sein Palais vis à vis der Hofburg; ein Palais, das, so wie viele andere, das Schicksal teilt, das zuvor schon die Adelspalais betroffen hat, nämlich: Sitz einer Behörde im Zeitalter des Bürokratismus zu werden. *Königswarter* hatte sein Palais gegenüber der später ent-

standenen Sirk-Ecke. Unter Franz I. war das Bankhaus Königswarter im Rang bereits nahe der Prominenz der folgenden Epoche
des Großbürgertums. Eine lange Liste würde die Mitgliedschaft
des späteren Barons zu Firmen aufzeigen, wie sie kaum ein anderes Mitglied der Hochfinanz für sich gehabt hat. Es gehörte sich
einfach, in der privatisierten Kaiser-Ferdinand Nordbahn und in
der Donau-Dampf-Schiffahrts-Gesellschaft mehr als präsent zu
sein. Für Königswarter selbst wog mehr, daß er Präsident im Vorstand der Wiener Kultusgemeinde war. Im Zeitalter des Liberalismus haben die meisten Juden und Christen bisher bestandene
konfessionelle Bindungen gelockert, die Konfession, auch innerhalb der christlichen Kirchen, im Bedarfsfall bedenkenlos ge-
wechselt. Nicht alle: Die Familie Schoeller blieb ihrem evangelischen Glauben treu, und noch immer gab es jüdische Familien,
die nicht um des momentanen Vorteils willen den Taufakt über
sich ergehen ließen. Man respektierte das, aber man sah die näm-
liche Treue im Falle von Katholiken eher als Exzeß in Ultramon-
tanismus, Klerikalismus und blanker Reaktion an.
Als die Ringstraße entstand, waren Venedig und Mailand noch
österreichisch. Und was immer in Wien entstand, ging nachher
hinaus ins weite Land der Donaumonarchie. Während hier von
Wien die Rede ist, geht der Umblick in die einst bestandene Nachbarschaft und Verwandschaft, die Städtebilder prägte, die ferne
Enkelgenerationen auf Kriegsmärschen quer durch Europa als
merkwürdige Erinnerung an zuhause anstaunen sollten:
Der Graben in Prag, der Wenzelsplatz dieser Stadt, wie program-
miert ausgerichtet auf das Nationalmuseum und dessen baulichen
Verwandtschaften zu den Wiener Hofmuseen. Prag, das in mancher Hinsicht näher zu Wien lag als Salzburg und ungleich länger
schon Hauptstadt eines der Königreiche war, über dem es den
Kaiser gab. Die Andrássy-ut in Budapest von einer erstklassigen
Wiener Geschäftsstraße zu unterscheiden, ist dem Fremden im
Rückblick auf Vergangenes unmöglich. Budapest hatte und hat
Wien voraus, daß es räumlich gedacht die *echte Donaumetropole*
ist; dem Strom ist die Stadt und das einstige Königreich, nicht nur
die Burg, sondern erst recht das moderne Parlamentsgebäude zu-

273

gewandt. Und da war Lemberg, Wien nicht nur verwandt durch das Theater, eines aus der sogenannten Konfektion der Theaterarchitekten Helmer und Fellner. Viermal ging ein Weltkrieg über die Stadt hinweg, erschütterte er das Gefüge der Landschaft, in dem Lvov heute eine Stadt der Sowjetunion ist; und selbst unter diesen Belag lugt es da und dort franzisko-josephinisch hervor. Hervorlugt an so vielen Städten hinter dem Eisernen Vorhang, wie man nach 1945 zur Entschuldigung des Versagens eines siegreichen Westens plötzlich sagte. Aber nie mehr erwachte die europäische Bedeutung der böhmischen Bäder, die seinerzeitige »Karlsbader Wiese«, eine Wiener Fassade in höchster Eleganz, ist heruntergekommen, aber Zeugnis geblieben.

Nicht daß die Ringstraßenära, in der sich der Kosmopolitismus der Liberalen ausdrückt, *alles* überschwemmt hätte, was in nationaler Gewachsenheit bestand und besteht. Nicht in den Alpenländern, nicht in Agram, wo man das Jellečić-Denkmal wegschaffte, der Trg Jellečić aber die Aura behielt. Von Krakau gar nicht zu reden, das, so Metternich kurz vor 1848, bestimmt blieb, das *Feuer* einer großen, unglücklichen Nation zu hüten ... Und an allen Orten die Intimität, in der sich die nationale Tradition und Kultur erhielt. Nicht nur in Theatern.

Schon im Biedermeier entstand in Wien der Personenkult für die Sitzkassiererin, die sogenannte Kassandra, eines guten Kaffeehauses. Jede Nation hatte außer den gewissen Vergnügungsstätten Versammlungsplätze einer Männerwelt, der die Qualitäten des heimischen Herdes nicht genügten. Das Wiener Kaffeehaus geriet an sich weit über den Ausschank seiner Sorten des Gebräus hinaus, das man in der Stadt kannte, ehe nach der Türkenbelagerung 1683 um sein Entstehen ein Mythos entstand.

In Galizien zum Beispiel waren es Imbißstuben, man verzeihe den Ausdruck, wo »der Polin Reiz« einer Männerwelt zusammen mit Kanapkis einige der Schnaps- und Likörsorten kredenzte, die den Hausvater bei seiner Heimkehr an den Mittagstisch der Familie mit dem Alkoholgeruch des Nachgeschmacks demaskierten.

Was der Nationalitätenstreit mehr und mehr trennte und in ausweglose Gegnerschaften drängte, vereinigte aufs neue eine Bildung des Geschmacks, der gerade in Wien einer ganzen Industrie den Auftrag, der Kärntnerstraße aber eine repräsentative Auslage gab. Es waren weniger die grandiosen Garderoben, die typisch wurden, auch nicht bloße Accessoires, sondern Dinge, in denen bald aufblitzte, was in der Zeit des Jugendstils eine unersetzliche, freilich unvollendete Hinterlassenschaft wurde.

Geschmack und schmecken. Köche geben in aller Welt den Rang der Cuisine des Landes an, definieren die Raffinesse und Delikatesse der Tafelfreuden. In Wiener Herrschaftshäusern haben behmische Köchinnen das, was sie die Mutter lehrte, in einen Rang erhoben, daß aus einer wahren Melange aller Spitzenprodukte der Nationalprodukte die sogenannte Wiener Küche entstand. Sie ist so wenig bodenständig, wie der gute Wiener meistens kein gebürtiger Wiener war. Denn diese Stadt saugt ihre Eliten, eine nach der anderen aus, bis sie wesenlos werden und fast das werden, was Arthur Schnitzler auf die Bühne bringt. Das ist keine bloße Folge einer Decadence. Es ist Schicksal des ewig Unvollendeten: Das nie das Große werden ließ, wie es Größe an sich in sich hatte; freilich aber auch in tragischen Situationen den letzten Sturz ins Bodenlose aus unvorstellbarer Gnade Generation für Generation ersparte. Ein Mirakel.

KAMPF UM BOSNIEN

Die Zeit war da, in der in Europa Kriege meistens dadurch entstanden, daß Kleinstaaten wie Montenegro und Serbien der altersschwachen Großmacht Türkei den Krieg erklärten. Der Krimkrieg 1853/56 fing mit der Kriegserklärung Montenegros an die Türkei an. 1876 zündeten Serben das Feuer an, aus dem sich ein russisch-türkischer Krieg entwickelte. Die Balkankriege 1912/13, Proben für den Ersten Weltkrieg, begannen, indem König Nikita von Montenegro den ersten Kanonenschuß auf die Türken auslöste. Und der Erste Weltkrieg brach aus, als Österreich-Ungarn nach dem Mord in Sarajevo, hinter dem der serbische Spionagedienst stand, nicht mehr länger gewillt war, die jahrelangen, gezielten und ungeheuerlichen Herausforderungen Serbiens tatenlos hinzunehmen; und Serbien nicht eben kollaborativ war, den Mord vom 28. Juni 1914 aufklären zu helfen. Solche maßlosen Exzesse kleiner Balkanstaaten gegen benachbarte Großmächte waren überhaupt nur deswegen möglich, weil in *jedem* Fall eine der anderen Großmächte hinter den Kriegstreibern auf dem Balkan stand.

Um 1860 haben in Petersburg die letzten romantisch veranlagten *Slavophilen* noch einmal versucht, diese schon verstaubten Ideale zum Glänzen zu bringen. Sie wiesen, nicht ganz ohne Grund, auf die verderbte Lebensweise des Westens hin und predigten die Rückkehr zu *einfachem Leben*. Dabei war die Masse des russischen Volkes in derartig miserablen Verhältnissen, daß sie nur mit Mühe an der Grenze eines extrem einfachen Lebens existieren konnte. Fortschrittlich orientierte Kreise lachten über diesen Versuch eines Rückgriffs auf eine unwiederholbare Vergangenheit; sie interessierte weniger die Hinterlassenschaft uralter russischer Kulturtradition als vielmehr die Möglichkeit einer zukünftigen weitausholenden aggressiven Politik. Ehe es die nachher verfluchten *Pangermanisten* gab, waren in Rußland die *Panslavisten* rührig am Werk.

Einer meinte, man müsse entweder die Türkei und Österreich-Ungarn zertrümmern *oder* sich hinter den Dnjepr zurückziehen.

1876 wurde in Moskau eine Volkskundliche Ausstellung abgehalten. Alle slavischen Völker, zumal die in der Donaumonarchie beheimateten, kamen; nur nicht die Polen. Zu sehr schmerzten die Polen die Wunden, die sie in ihrem letzten Aufstand gegen den Zaren, 1863, erlitten hatten. Die Austro-Slaven versuchten, die beiden größten slavischen Völker miteinander zu versöhnen, aber die Polen taten nicht mit.

Mehr und mehr entstand in politischen Kreisen Rußlands die Überzeugung, es müßte mehr getan werden, als daß noble Damen Wohltätigkeitsveranstaltungen für die in Not lebenden slavischen Bürger auf dem Balkan veranstalteten. Seit Katharina der Großen, nicht eben eine fromme Frau, war es üblich, Stützpunkte der russischen Balkanpolitik am Ort dadurch zu unterstützen, daß man die dort existierenden Einrichtungen der Ostkirchen unterstützte. Dagegen konnte der Sultan bei der Schwäche seines Reiches nichts unternehmen; und der Kaiser von Österreich, apostolischer König von Ungarn, konnte nicht gut diese Art der russischen Propaganda bloßstellen oder gar einschreiten. Ein russischer General, Rostislav Andreević Fadeev, machte dem Gerede und frommen Getue ein Ende, indem er die Ziele des Panslavismus in der Praxis aufzeigte: Vernichtungskriege gegen die Türkei und Österreich-Ungarn, nachher ein Großslavisches Reich mit der Hauptstadt Konstantinopel. In Petersburger Regierungskreisen liebte man derlei kompromittierende Großsprechereien gar nicht. Man distanzierte sich offiziell von derlei Ideen; hörte aber nicht auf zu überlegen, wie man den Widerstand der anderen Großmächte, vor allem jenen Englands, beschwichtigen könnte, um tatsächlich einmal Konstantinopel zu erobern und die dortigen Meerengen, Zugang vom Schwarzen Meer ins Mittelmeer und in die Weltmeere unter Kontrolle zu nehmen.

Im Frühjahr 1875 besuchte Franz Joseph Dalmatien. Aus Montenegro kam der dort regierende Fürst Nikolaus herunter. Unter den Balkanslaven entstand der Eindruck, sie dürften in ihrem Kampf gegen die Türkei nicht bloß mit der Hilfe Rußlands, sondern auch jener der Donaumonarchie rechnen. Noch im selben Jahr begann wieder der Bandenkrieg, diesmal in Bosnien. Das waren nicht mehr die in Krieg und Frieden streunenden Banden, wie zur Zeit des Karadordević, sondern Partisanen, in deren Verbänden die Jungen vom Geheimbund Omladina die Richtung angaben. Im benachbarten Fürstentum Serbien wählten Gleichgesinnte mit der Kampfparole: Krieg der Türkei, jetzt oder nie. Es ging zu wie 1941, als nach dem Sturz einer mit Hitler verbündeten Regierung Jugoslaviens die Putschisten und ihre Anhänger riefen: *Kein Bündnis* – Krieg, Krieg, Krieg ...

1876 war Fürst von Serbien der lebenslustige, Österreich freundlich gesinnte Milan Obrenović. Er wollte keinen Krieg. Und er wußte, daß auch Zar Alexander keinen Krieg wollte. Aber – die Zeit war da, in der nicht mehr absolut regierende Monarchen Kriege machten, sondern die öffentliche Meinung im Volk, die am besten in den Zeitungen zum Ausdruck kommt. Für Milan bestand außerdem noch die Fatalität, daß unter den in Bosnien kämpfenden Partisanen bereits sein Rivale um die Herrschaft in Serbien kämpfte: Petar Karadordević, dessen Vater sich unterstanden hat, aus dem Exil in Österreich mitzumachen bei der Ermordung seines Nachfolgers Miloš Obrenović im Jahre 1860. Anders als 1914 nach dem Mord in Sarajevo, haben damals österreichische Behörden serbischen Kollegen gestattet, dabei zu sein, wie auf *österreichischem Boden* Untersuchungen gegen die Hintermänner des Mordes an Fürst Miloš geführt wurden.

Während Vater Alexander in derlei landesübliche Aktivitäten Serbiens verwickelt war, besuchte Petar mit dem Geld des Zaren die französische Militärakademie St. Cyr. Als Napoleon III. 1870 Preußen den Krieg erklärte, rückte der Serbe Petar Karadordević zur französischen Armee ein. Solche Jugenderinnerungen gaben ihm eine Anschauung, die er nach 1903, als König von Serbien, nicht vergessen hat.

Franz Joseph traf sich im Juli 1876 mit Zar Alexander II. in

Reichstadt in Böhmen. Beide Monarchen wollten sich für die Beilegung des aktuellen Balkankonflikts verwenden; sollte aber Rußland zum Krieg gegen die Türkei gelangen, dann wollte der Zar keinen Einwand dagegen erheben, daß Österreich-Ungarn die türkischen Provinzen Bosnien und Herzegovina besetzt. Es sprach sich herum, wovon in Reichstadt geredet worden ist. Und es entstand eine komplexe Situation, die jener vom Sommer 1914 gleicht. *1876* war Zar Alexander II. nicht für den Krieg und *1914* war sein Enkel, Nikolaus II., von Haus aus gegen einen Krieg. Aber in beiden Fällen machte in Belgrad ein Vertreter Rußlands Politik, der *nicht* mit jener seiner Regierung durchaus konform ging, dafür aber mit jener der Nationalisten beider Staaten. 1876 war der russische Reichskanzler Fürst Gorčakov uralt und in einem Überschwang der Gefühle zuletzt in den Kreis der Panslavisten getreten. So konnte eine doppelbödige russische Politik ins Tragen kommen. In Belgrad wähnte man sich nach dem Gehaben des russischen Gesandten der Hilfe Rußlands sicher; das kleine Serbien forderte die Türkei auf, zum Zweck der Herstellung eines Friedens auf dem Balkan die türkischen Provinzen Serbien und Montenegro abzutreten, widrigenfalls Serbien und Montenegro ihre Truppen in die Provinzen einrücken ließen, um dort Ruhe und Ordnung (!) herzustellen.

Die Türkei beantwortete die Note nicht. Serbien stürzte sich in den Krieg, sein König Milan erklärte am 16. Juni 1876 seinem Oberherrn, dem Sultan nolens volens den Krieg. In Belgrad ging es zu wie 1941. 1941 wurde in Belgrad geputscht, der Regent für abgesetzt erklärt und die Massen zogen mit dem Ruf: *Lieber Krieg als Bündnis mit Hitler* durch die Straßen – und in den Krieg mit Hitler. Milan riskierte 1876 nicht den Verlust seiner Herrschaft. Obwohl er die Aussichtslosigkeit seiner Sache erkannte, zog er an der Spitze von 70000 schlecht ausgebildeten und ausgerüsteten Soldaten gegen 410000 Türken. Der Jubel in Belgrad war ungeheuer, als serbische Pioniere das letzte Symbol der türkischen Oberherrschaft zerstörten: Sie kappten jenen Fahnenmast inmitten der Festung Belgrad, auf dem die türkische Fahne wehte. Petersburg erwarb sich keinen Ruhm:

Es schickte den tapferen Serben seltsame Typen zu Hilfe: Enttäuschte Liebhaber, wie Leo Tolstoi eine Type im Roman Anna Karenina beschreibt, andere Liebhaber, die vor einer Kindsmutter auf der Flucht waren, eben Offiziere, die nichts mehr an eine Fahne band; Glücksritter, die im Jeu kein Glück hatten, Offiziere, die aus der russischen Armeeliste gestrichen waren oder cum infamie chassiert. Solchen Offizieren wurden die tapferen Serben unterstellt.

Die Serben kämpften, aber es siegten die Türken. Im Westen warf man die Schuld dafür dem österreichfreundlichen Fürsten Milan vor; er war ein Freund Österreichs, und Rußland konnte man nicht gut beschuldigen, daß es Serbien im Stich ließ. Nichts war in besagten Blättern von dem zu lesen, was Serben in eroberten Ortschaften der moslemischen Bevölkerung anrichteten. Den Londoner Gazetten kam zu Hilfe, daß auch in Bulgarien ein Aufstand ausbrach. Da die regulären Truppen des Sultans im Feld standen gegen die Serben, schickte man gegen die Bulgaren die berüchtigten Bašibozkler, moslemische Freiwillige, Helden des grausamen Bandenkriegs, sowie ihre Kollegen, die im Zeichen des Kreuzes kämpften. Nun ist das so Brauch in der westlichen Presse, daß Niederlagen verbündeter Partisanen oder solcher, die sich der Sympathie des Westens erfreuen, niemals geschlagen werden, sondern einem *Massaker* zum Opfer fallen. Im jetzigen Fall waren es die Bulgaren, die mit solchen grausamen Bildern viel Sympathie im Westen erbeuteten.

Derweil verloren die Serben den Krieg. Am 31. Oktober 1876 schickte Alexander II. aus Livadia auf der Krim die Forderung nach Konstantinopel, den Kampf gegen die Serben sofort einzustellen. So kam ein Waffenstillstand zustande. Und während über einen Frieden verhandelt wurde, kam es Mitte Januar 1877 in Budapest zu einem Geheimvertrag zwischen Rußland und Österreich-Ungarn. Es war die Punktation der Abmachungen von Reichstadt, also auch ein Recht der Donaumonarchie, gegebenenfalls Bosnien zu besetzen. Um diese Zeit dachte man in Petersburg über diese Vertragsverpflichtung schon anders. Bis Kriegsausbruch 1914 wird Rußland der Donaumonarchie mehrmals Ansprüche auf Bosnien und Herzegovina zugestehen, aber noch öfters vor einer Realisierung der in Wien diesbezüglich bestehenden Absichten warnen.

In Konstantinopel war seit 1864 Graf Ignatiev Botschafter des Zaren. Ihm gefiel es, mit türkischen Kollegen umzuspringen, wie das später sowjetische Diplomaten in den ihnen 1945 zugesprochenen Teilen der Welt zuweilen tun. Andererseits gelang es Igantiev, die sogenannten Londoner Protokolle zuwege zu bringen, in denen unter anderem auch eine Souveränität für die türkischen Provinzen Bulgarien und Ost-Rumelien dem Sultan abverlangt wurde. Das nun lehnte der Sultan ab. Daraufhin erklärte der Zar den Krieg an die Türkei.

Der Kriegserklärung war eine geheime Absprache zwischen Petersburg und Bukarest vorausgegangen, nach der im Kriegsfall russische Truppen das unter türkischer Oberhoheit stehende Gebiet Rumäniens durchschreiten durften. Nicht das, sondern zwei einander widersprechende Entwicklungen beunruhigten den Zaren: In Reichstadt war für den Fall eines Krieges Rußlands mit der Türkei die *Okkupation Bosniens durch k.k. Truppen* zugesagt worden; andererseits ist es im Krieg gegen die Türkei, den die Serben mit einer gewissen Unterstützung durch Rußland versucht hatten, Serbien auch um Bosnien gegangen, allerdings um ein serbisch gewordenes Bosnien. Damit war das eine Land, Bosnien, *zweimal* als Köder benutzt worden. Mit Serbien hat Petersburg kein Wort über Bosnien im Zusammenhang mit den Österreich-Ungarn eröffneten Möglichkeiten gesprochen.

In London lag man auf der Lauer. Dieser Balkankonflikt schien in sich die Möglichkeit zu bergen, daß sich die konservativen Ostmächte, vor allem Rußland mit Österreich-Ungarn, uneins würden. Und für die Zersprengung des Drei-Kaiser-Bündnisses der Ostmächte war in London Ziel jeder Regierung, mochte sie von Liberalen oder Konservativen gestellt sein. Während der jetzigen Krise war der angeblich konservative Disraeli, mit kurzer Unterbrechung, Premierminister. Er wird sich nachher auf dem Berliner Kongreß sehr gut mit Bismarck sprechen. Disraeli interessierte Bosnien weniger, er sah die Gefahr, daß sich Rußland der Kontrolle über die Meerengen bei Konstantinopel bemächtigen und damit die Ausfahrt vom Schwarzen ins Mittelmeer erlangen könnte. Das zu verhindern war erstes Ziel der Londoner Politik im Kriegsjahr 1877/78. Flotteneinheiten im Hafen von Malta wurden für den Fall einer notwendigen Intervention im Bereich der Meerengen ausgerüstet.

Alexander Solschenizyn hat in seinem Werk über die Katastrophe einer russischen Armee bei Tannenberg 1914 rückschauend erinnert und gemahnt: Zwei, drei Niederlagen hintereinander und das Rückgrat einer tausendjährigen Nation ist für immer gekrümmt, die Nation erledigt. Und er nennt zwei solche Niederlagen Rußlands: den Krimkrieg und jenen gegen Japan zu Beginn des 20. Jahrhunderts. Den dazwischenliegenden Krieg gegen die Türkei, 1877/78, bezeichnet er als gar nicht ruhmreich und großartig. Und so war es auch, damals vor 100 Jahren.

Die russischen Truppen durchschritten rasch das insgeheim verbündete Rumänien und übersetzten die untere Donau. Dann aber traf sie auf dem Marsch zum Balkan eine gefährliche Bedrohung ihrer rechten Flanke: das befestigte Plevna, halbwegs zwischen der Donau und Sofia. Die Bedrohung auszuschalten mißlang, man mußte sich auf eine regelrechte Belagerung einrichten; auch an der Kaukasusfront bewies der Kranke Mann am Bosporus eine erstaunliche Standfestigkeit. Die Schlammperiode und der Winter kamen, aber Plevna hielt sich. Die Schmach geschah: Der Zar mußte den Fürsten von Rumänien bitten, ihm seine Truppen zur Eroberung Plevnas zu schicken. Endlich, im Dezember des Jahres, fiel Plevna.

Dann teilte sich die russische Heeresmasse: Eine umging die Höhen des Balkans im Westen und eroberte Sofia; eine andere stieß entlang des Ostufers des Schwarzen Meeres vor. Noch dauerten die grausamen Winterkämpfe um den Schipkapaß an. Erst als die türkische Front im Balkan zerbrach, stießen die Russen rasch auf Adrianopel vor und erreichten das Marmara-Meer. Eine englische Flotteneinheit, die man seit dem vergangenen Sommer in der Besika-Bucht, am Westausgang der Meerengen, in Bereitschaft gehalten hatte, fuhr gegen alle internationalen Abmachungen, ins

Marmara-Meer ein. Ignatiev aber verhandelte mit den Türken in San Stefano über einen Frieden so, als gäbe es keine Seemacht England. Er kümmerte sich auch nicht um die Abmachungen, die Rußland vor dem Krieg mit Österreich getroffen hatte. Damals war ausgemacht, daß im Falle eines Zusammenbruchs der türkischen Macht auf dem Balkan kein anderer Großstaat entstehen sollte. Genau das aber wollte Ignatiev und so entstand ein Groß-Bulgarien, das ganz Mazedonien mit Ausnahme Salonikis umfaßte, ferner Trazien und einen Zugang zur Ägäis hatte. Keine Silbe über Bosnien und die Herzegovina. Nichts über Reformen, die üblichermaßen in allen Verträgen dem Sultan so oder so auferlegt wurden. Kein Wunder, daß der Friede von San Stefano den Widerspruch Londons und Wiens erregte. Für die Russen entstand ein Image Österreichs, als ob dieses, so wie im Krimkrieg, immer der Feind Rußlands sei. Österreich aber durfte fragen, wie es dazu kommen konnte, daß entgegen seiner mit Rußland getroffenen Absprachen nun doch ein Großstaat auf dem Balkan, Bulgarien, entstand; von Bosnien aber mit keinem Wort die Rede war. Die an Wien gerichteten Vorwürfe, wonach dieses, wie im Krimkrieg, auch diesmal Rußland wieder in den Arm gefallen sein soll, wurden noch verschärft, als Ignatiev, der zu Verhandlungen nach Wien geschickt wurde, mit leeren Händen zurückkam.

Anders in London: Dort verhandelte der künftige Außenminister Shuvalov und er rettete wenigstens einiges; so einen gewissen Gebietszuwachs Rußlands im Kaukasus. Vom gedachten Großbulgarien blieb nur ein kleiner, noch dazu zweigeteilter Rest übrig: Das selbständige Fürstentum Bulgarien nördlich des Balkans; und die autonome Provinz Ost-Rumelien im Süden des Gebirgszugs unter einem christlichen Gouverneur des Sultans.

Nachher hat Bismarck seine Tätigkeit namens der Präsidialmacht des Berliner Kongresses von 1878 als die eines *ehrlichen Maklers* hingestellt. In Wirklichkeit waren die Weichen schon gestellt, als sich die europäischen Mächte in Berlin trafen. Denn London hatte in diesem Moment auch schon seinen Vertrag mit der Türkei in der Tasche und – die Okkupation der türkischen Insel Cypern.

Daß 1878 England Cypern okkupiert, Bosnien und Herzegovina aber für Österreich-Ungarn mit Erfolg reklamiert hat, wurde später, bei der Annexion Bosniens und der Herzegovina durch Österreich-Ungarn im Jahre 1908, in London gerne vergessen gemacht. Der Berliner Kongreß riß auch eine Kluft auf zwischen Rußland und dessen alten Verbündeten Preußen/Deutschland. Daß Österreich-Ungarn und England den Vertrag von San Stefano nicht hinnehmen würden, erwartete man in Petersburg eher. Von Bismarck, dem ehrlichen Makler, wurde man, so die in Rußland um sich greifende Ansicht, hintergangen. Der Berliner Kongreß von 1878 war der letzte Kongreß der europäischen Staatenfamilie. Nach den beiden nächsten Großkonflikten, 1918 und 1945, dominierten schon außereuropäische Mächtigkeiten das, was nach dem letzten Schuß im Krieg geschehen sollte. Andrássy hatte für den Berliner Kongreß eine konkrete Gesprächsinstruktion Franz Josephs: Er selbst sollte betreffs Bosnien und der Herzegovina *nicht* das Wort ergreifen. Mehr noch: Als im Verlauf des Kongresses eine Trias der Mächte, angeführt von Bismarck, die Frage im Sinne des tatsächlichen Interesses der Donaumonarchie aufs Tapet brachte, refüsierte Andrássy. Warum?

Andrássy mußte damit rechnen, daß in politischen Kreisen Österreich-Ungarns, anders als in der näheren Umgebung des Kaisers, kaum ein Interesse am Zuwachs neuer, von Slaven bewohnter Gebiete bestand. Darin waren sich die Nationalliberalen diesseits und die magyarischen Liberalen jenseits der Leitha einig. Und Andrássy wollte es vermeiden, den Zuspruch auf ein Wort Bismarcks hin zu bekommen. Dabei vertraute er auf Disraeli, der betreffs der beiden Provinzen Österreich-Ungarns im Wort bleiben wollte. Dazu ein Einschub: 1878 war es England, das Wien auf dem Marsch nach Sarajevo unterstützte, ja drängte; 1908 werden die Meinungskneter in London die Monarchie wegen der Annexion in Bosnien-Herzegovina diskreditieren und die Südslaven bis an den Rand einer Kriegsstimmung gegen Wien heranführen. Für Franz Joseph hat es 1878 keinen Sommerurlaub gegeben.

Während der Abwesenheit Andrássys von Wien führte er höchstpersönlich die Geschäfte der Außenpolitik; in der häufig geführten Korrespondenz zwischen Wien und Berlin, dem Kaiser und seinem Außenminister, trat weder ein Stau noch eine Mißhelligkeit auf. Am 15. Juli 1878 konnte Andrássy Franz Joseph melden, die Vertreter Englands würden in der Frage Bosnien-Herzegovina Österreich-Ungarn unterstützen. Frankreich und Italien würden nicht dagegen auftreten. Der türkische Vertreter suchte Zeit zu gewinnen, indem er mehrmals versicherte, ihm fehlten Gesprächsinstruktionen seiner Regierung. Man redete in Berlin von einer Unpäßlichkeit Bismarcks. Eine solche wäre im Falle der Nervosität des Kanzlers verständlich gewesen. Denn indem er die Sache Österreich-Ungarns förderte, erwarb er sich nicht eben Sympathien in Rußland; wäre er aber auf Rußlands Ansichten mehr eingegangen, wäre das ein Fehler im Hinblick auf eine angeblich schon während des Berliner Kongresses geplante Allianz mit Österreich geworden. Preußen/Deutschland stand an einer Wegegabelung.

Das Gerücht tauchte auf: Der Zar werde selbst nach Berlin kommen, um seinen Onkel, den Deutschen Kaiser, mehr für die Sache Rußlands zu engagieren. Das aber deutete darauf hin, daß Petersburg die Maklerqualitäten Bismarcks nicht mehr genügten. Der Besuch des Zaren blieb aus, der Widerstand Rußlands gegen die k. k. Garnisonen in Sandčak Novi Pasar blieb. Franz Joseph blieb, obwohl fernab dem Geschehen und nur auf Andrássy angewiesen, gelassen, auch wenn die Sache Österreichs zuweilen nicht günstig stand.

In der zweiten Hälfte Juli konnte Andrássy den Operationskalender für die Endphase der Verhandlungen nach Wien melden: Der Antrag auf *Okkupation* der fraglichen Gebiete durch Österreich-Ungarn mußte mit Rücksicht auf die Türkei von dritter Seite, aber nicht von Bismarck, gestellt werden. Keinesfalls wollte Andrássy die Monarchie in die Lage bringen, als sei sie in der Frage von Berlin *abhängig* oder mit Rußland in einer *Allianz*. Vor allem müßte das Wort ANNEXION vermieden werden. In Österreich-Ungarn würde damit der Streit über die Frage eröffnet, ob die fraglichen Gebiete zu Ungarn oder zu den in Wien im Reichsrat vertretenen Ländern geschlagen werden sollten. Um sich hierin nicht bloßzustellen, vermied Andrássy die gehörige Bezeichnung Österreich-Ungarn und sprach von Österreich, einem Staat, den es seit 1867 nicht gab. Mit dem Vorschlag, die Okkupation durch eine Volksabstimmung der Betroffenen zu festigen, erweckte Andrássy nur den Widerspruch Franz Josephs. Das hätte ähnliche Forderungen in Welschtirol geweckt. Der englische Antrag auf Okkupation von Bosnien und der Herzegovina sowie Errichtung von k.k. Garnisonen im türkisch verwalteten Sandčak Novi Pasar ging durch. Der französische Vertreter bezeichnete diesen Beschluß als eine Notwendigkeit zugunsten einer police européenne. Und England dankte der Türkei, einer europäischen Notwendigkeit die Zustimmung nicht ausdrücklich versagt zu haben, die dem Frieden diente.

Ob man sich im Sommer 1914 in den Staatskanzleien in Paris und London dieser Grundansicht in einer wichtigen europäischen Frage bewußt war? 1878 wäre es für Andrássy wohl möglich gewesen, anstatt einer bloßen *Okkupation* eine *Annexion* Bosniens und der Herzegovina auf dem Berliner Kongreß zu erreichen. Im Interesse der befreundeten Türkei hat Österreich-Ungarn den letzteren Schritt vermieden und so dem Sultan eine nominelle Souveränität auch in Bosnien und der Herzegovina gewahrt. Bis 1914 wurden *alle* derlei dem Sultan zugestandenen *formellen* Souveränitäten in Teilen des alten osmanischen Reiches zugunsten der vollen Unabhängigkeit der betroffenen Gebiete von Konstantinopel gestrichen. Nur im Falle Bosniens und der Herzegovina stieß derlei 1908, als die ANNEXION in Wien ausgesprochen wurde, auf den härtesten Widerstand; in dem vor allem *England* die Regierung in Petersburg auf die Gefahr eines europäischen Krieges bestärkte. Warum der Gesinnungswandel?

Lassen wir hier die Grundtatsache außer Ansatz, daß 1914 nicht die Tat von Sarajevo das Tor zum Krieg aufschlug, daß vielmehr ein Weltkrieg als Folge einer alsbald von England nicht mehr einholbaren wirtschaftlichen Entwicklung Deutschlands unausbleiblich wurde. Für Österreich-Ungarn ist bemerkenswert, daß schon 1908, bei der Annexion Bosniens und der Herzegovina, in den englischen Zeitungen ein unerhört aggressiver Ton gegen Wien angeschlagen wurde; den angestimmt zu haben das Verdienst des früheren Times-Korrespondenten Steed war. Nach Steed hat Seton Watson senior mit seinen beiden Ausgaben des Werkes »Die südslavische Frage im Habsburger Reiche« jene Saat gestreut, die nach 1914 Exilpolitiker aus der Monarchie zum Reifen und die Früchte in die Scheunen der Nachfolgestaaten brachte. Die Türkei zögerte nicht lange, mit Österreich-Ungarn zu einem Abkommen zu gelangen. Die Regierung in Konstantinopel versprach in Wien, der Okkupation ihrer beiden verlorenen Provinzen keinen organisierten Widerstand entgegenzusetzen. Insgeheim wurden aber Waffen, vor allem die aus den USA bezogenen Winchestergewehre, ein eigens für die Türkei angefertigtes Modell, den Partisanen geliefert. Teile des in den beiden Provinzen garnisonierten regulären türkischen Militärs schlossen sich dem Widerstand gegen die Okkupanten an. Das Ganze bekam einige Bedeutung, als den Moslems in der Person des später in Wien geradezu populären Hadji Loja ein tüchtiger Anführer zur Verfügung stand.

In Wien nährte Andrássy die gefährliche Fehlmeinung, es würde keines ins Gewicht fallenden militärischen Aufwands bedürfen, um die Landnahme gemäß den Beschlüssen des Berliner Kongresses durchzuführen. Naiv, wie man sich in dieser Stadt politischen Erwartungen hingibt, vermeinte man, das wichtigste bei der Okkupation wären einige der weltberühmten k. k. Militärmusikkapellen; Musik, nicht die Waffen würden jeden Widerstand bei der Okkupation überwinden; und endlich der gequälten Bevölkerung Ruhe und Ordnung sowie ein mehr erträgliches Dasein bringen. Am 12. Juli 1878 referierte Andrássy im Ministerrat für die gemeinsamen Angelegenheiten. Er glaubte, seinen Kollegen eine harmlose militärische Demonstration versprechen zu dürfen. Damit beruhigte er den Finanzminister für die Gemeinsamen Angelegenheiten, der vorweg erklärte, er habe für derlei Dinge kein Geld. Im übrigen war es aber die persönliche Meinung des Finanzministers, daß es bei der Okkupation nicht ganz so friedlich zugehen wird, wie es der Minister des Äußeren hingestellt hat. Für die Türkei hielt Andrássy ein Douceur bereit, um bei den Verhandlungen entgegenkommend zu sein. Der gleichfalls für die Okkupation freigegebene Sandčak Novi Pasar sollte unter türkischer Verwaltung bleiben, Österreich-Ungarn wollte sich nur das Recht vorbehalten, dort Garnisonen zu unterhalten.

Erst nach zwei Weltkriegen hat man einsehen müssen, daß die Beschlüsse des Berliner Kongresses Material für ein Dutzend Großkonflikte in Europa boten. Da war zunächst die alte Weisheit, daß es immer gefährlich ist, ein altes Großreich im Interesse des Fortschritts zu zerstören; solchen Zerstörungen folgen meistens Zeiten eines Wirrwarrs, in denen oft mehr Menschen umkommen als vorher in sogenannten konventionell geführten Kriegen. Im Falle der Türkei ist dann das auch prompt, zumal nach 1945 in *Europa*, in *Asien* und *Afrika* eingetreten.

Und da blieb der unauslöschliche Haß in vielen Kreisen Serbiens und Montenegros wegen der enttäuschten Hoffnungen auf Gebiete, die in Berlin Österreich-Ungarn zufielen. Mochten die Herrscher in Belgrad und Cetinje noch so lang Pfründen vom Hof zu Wien empfangen, das Volk dieser Länder wurde von klein auf in einem Haß auf die Österreicher erzogen; ein Haß, der sich vervielfältigte, als ihn nationalistisch instruierte Vereine diesseits und jenseits der Grenzen der Monarchie auf Ziele abstellten, deren Erreichung nur mit Gewalt und Blutvergießen möglich wurde.

Und da war der Gewinn für London, *die Sprengung des Drei-Kaiser-Bündnisses*, das 1881 nur mehr in vager Form erneuert wurde. Die Distanz Petersburgs zu Wien wurde im Vergleich zu jener im Krimkrieg entstandenen vergrößert. Und es kam ein Riß in die seit Friedrich dem Großen und Katharina der Großen entstandenen, nachher durch Familienbande verstärkten guten Beziehung beider Nachbarn im Norden. Mit Frankreich seit 1871 als unversöhnlichem Feind und Rußland seit 1878 als möglichem Gegner, wurde Bismarck geradezu zu dem am 7. Oktober 1879 geschlossenen Zweibund mit Österreich-Ungarn gedrängt. Er nahm vorweg, was 1914 die Lage erforderte: Ein Österreich-Ungarn, das im Verband mit dem Deutschen Reich die Ostfront zu halten hatte, bis das deutsche Heer den Westfeldzug gegen Frankreich durchgestanden hat. In diesem Sinne genügte Bismarck 1879 noch die bloße Neutralität der Monarchie im Falle eines Angriffs Frankreichs auf das Reich. Was im Herzen der alten Preußen dabei vorging, drückte Wilhelm I. bei Ratifizierung des Zweibundabkommens aus: »Meine ganze moralische Kraft ist gebrochen. Ich weiß nicht, was aus mir werden soll …« Werden soll, nach der Rochade vom Bündnis mit Rußland in das mit Österreich.

Bosnien, seine Hauptstadt Sarajevo, wurde 1914 für die Donaumonarchie das Schicksal. Der dort von Serben ermordete Erzherzog Ferdinand war nie für den Erwerb solcher Gebiete, die der Monarchie Geld bei der Zivilisierung kosteten und neue Konflikte eintrugen. Es war 1878 Franz Joseph, der die Okkupation genehm hielt, nachdem der Kongreß in Berlin der Monarchie einen Zivilisationsauftrag in Bosnien aufgezeigt hatte.

Am 29. Juli 1875, zwei Jahre vor dem Tod Rudolfs, marschierten die ersten k.k. Truppen in Bosnien ein. Die Zeitungen im benachbarten Fürstentum Serbien setzten eine jener Hetzkampagnen gegen Österreich-Ungarn ein, die sich bis 1914 wiederholten. Man lobte den Widerstand der Getreuen des Sultans gegen die Österreicher und wußte von Greueltaten der Truppen des Kaisers von Wien. Bald wurden in Wiener Spitälern die ersten Kriegsverletzten eingeliefert, denen nach altem Brauch die bosnischen Partisanen Nasen und Ohren abgeschnitten hatten. Wer nachher die Kampfmethoden der Tito-Partisanen erlebte, muß die Grausamkeiten von damals harmlos finden. Im Oktober 1878 erlosch der Widerstand gegen die Okkupation, freilich erst nach erheblichen finanziellen und militärischen Aufwendungen der Monarchie. Die k.k. Militärmusik ging den Bosniern sichtlich nicht in die Ohren.

Die Okkupation Bosniens und der Herzegovina wurde äußerer Anlaß, die Vereinigte Linke im Hohen Haus zu Wien dermaßen zu ver-uneinigen, daß die bisherige kompakte Mehrheit der sogenannten Verfassungstreuen Partei zerbrach. Es fing jene Zeit an, in der Reste der Verfassungstreuen, zuletzt allerdings auf den harten Bänken der Opposition, die einzig verläßlichen Verteidiger der Verfassungsgrundlagen von 1867 wurden. Nach einigen Versuchen mit interimistischen und provisorischen Lösungen ging 1879 die liberalistische Ära zu Ende. Es begann die vierzehnjährige Regierung des konservativen Grafen Taaffe, von allen Liberalen, Nationalen und Sozialdemokraten als die Ära des bloßen Fortwurschtelns weit über alle Grenzen sachlicher Kritik diskriminiert.

In der Vereinigten Linken konnte einmal der allen Fraktionen gemeinsame *Antiklerikalismus* wenigstens einen *ideologischen Zusammenhalt* gewähren, wo in Fragen der Realpolitik schon immer mehr die Divergenzen hervortraten. Der Georg von Schönerer und Viktor Adler gemeinsame Antiklerikalismus einigte 1882 noch einmal beide Routiniers in der Politik, um im Verein mit einer jungen Generation von Burschenschaftern das sogenannte *Linzer Programm* für eine Politik der Deutsch-Nationalen in Österreich zustandezubringen. Adler hat es auch nach der Trennung von Schönerer diesem zugute gehalten, daß dieser, später als Vorläufer Adolf Hitlers hingestellt, es gewesen ist, der Adler einmal *belehrt* und *bekehrt* hat, in den Reihen der fortgeschrittenen Elemente des Bürgertums kämpfend mitzumachen. Daher das unzerreißbare Stahlband beider Parteien bis dato.

Außerhalb dieses Kombinats Schönerer/Adler vollzog sich die Wandlung des Doktor Lueger von einem Demokraten in der Nachhut der 48er Männer zum Christlich-Sozialen: Der Bruch Luegers mit den National-Liberalen erfolgte am 1. Dezember 1870. Beim Gründungskommerz des »Akademischen Lesevereins« brachte der Festredner den Farben des künftigen Deutschen Reiches, schwarz-weiß-rot, einen begeisterten Willkommensgruß entgegen. Ihm trat der anwesende Doktor Lueger schärfstens entgegen, bezeichnete diese Farben als ein *Produkt beispielloser Willkür*. In der folgenden Saalschlacht mußten die Anhänger Luegers den Saal verlassen. Franz Joseph selbst befaßte sich mit diesem Vorfall, mahnte den amtierenden k.k. Ministerpräsidenten zur Entschiedenheit in der Sache; denn sonst gehe der Begriff, was *Hochverrat* sei, ganz verloren.

Man sagte nachher, Schönerer habe seine Ansichten, vor allem die Art seines Antisemitismus, in die Studentenverbindungen seiner Zeit getragen. Aber noch ehe Schönerer Ehrenbursche dieser oder jener Burschenschaft war, kommersierten um 1870 Wiener Studenten unter der Kampfparole: Schwarz ist die Hölle und gelb ist ihr Schein. / Schwarz-gelbe wollen wir nicht sein. Und schon kursierte der Reim: Ob Jud', ob Christ ist einerlei / In der Rasse liegt die Schweinerei. 1885 zerbrach die im Linzer Programm von 1882 noch einmal verfestigte Achse Schönerer/Adler. Auf Verlangen Schönerers wurde dieses Programm durch eine Forderung nach Beseitigung des jüdischen Einflusses auf allen Gebieten des öffentlichen Lebens erweitert. Als Folge dessen schieden Adler und der Publizist und Historiker Heinrich Friedjung aus der Gemeinschaft von Politikern wie Schönerer. Engelbert Pernerstorfer, um 1918 einer der großen Männer unter den deutschen Sozialdemokraten, zögerte, schied aber zuletzt doch und ging mit Adler den Weg zu den Vereinigten Sozialdemokraten. Wo der Antiklerikalismus als Bindemittel versagte, band der aufkeimende Antisemitismus. Doktor Lueger selbst, einmal Schützling des jüdischen Arztes und Gemeinderats Dr. Ignaz Mandl, geriet in die Welle des unter dem Mittelstand aufkommenden Antisemitismus, wo man sich weniger um eine politische Vereinigung von *Christen* kümmerte, als um die Abwehr der Konkurrenz jüdischer Handeltreibender. Die Zeit, da Pater Abel, der Wiener Apostel der Männer, Lueger zu dem längst verlorenen Glauben seiner Mutter zurückbrachte, lag damals noch weit ab. Nach dem Ende der liberalen Ära im Hohen Haus zu Wien hat es eine konservative Alternative nicht gegeben. Unter Graf Taaffe wurde es möglich, eine *Interessenten*-Gemeinschaft als Stütze der Regierung zu bilden: *Konservative* aus verschiedenen Nationen; *Klerikale,* wie bald alles hieß, was christlich war oder sich gab: und letzte Nachhuten des *Austro-Slavismus* unter Polen und Tschechen. Alles zusammen ein perfektes Feindbild für die Deutsch-Nationalen und die deutschen Sozialdemokraten, deren taktische Wahlgemeinschaften bis in die Zeit der Republik Österreich einigen Ertrag für beide Richtungen brachten.

Inmitten dieses Feindbildes erhob sich die Gestalt des Ministerpräsidenten Taaffe. Schon die Herkunft der Familie wirkte absto-
ßend bei seinen politischen Gegnern. Die Taaffes waren nämlich
katholische Iren, denen die angeblichen Freiheiten unter der Krone Englands wenig boten und die lieber dem Haus Österreich
dienten. Der Ministerpräsident war zudem ein Jugendfreund des
Kaisers, also mit all dem belastet, was man am Wesen des jungen
Franz Joseph beanstandete. Taaffe holte sich seine Erfahrungen
als Verwaltungsbeamter zuerst als Statthalter in Salzburg und in
Oberösterreich. Daß er 1867 unter dem ebenso diskriminierten
konservativen Grafen Belcredi k.k. Minister war, verschärfte den
unangenehmen Charakter seiner Persönlichkeit. Er schied aus der
Regierung und kam als k.k. Statthalter nach Tirol. Was man ihm
am meisten zum Schlechten anrechnete war, daß er sich in allen
Krisen vor die Person seines Kaisers stellte; notwendige, aber un-
populäre Maßnahmen im Interesse der Erhaltung der Monarchie
auf sich nahm; und nicht den Helden spielte, indem er um des Bei-
falls der Parteien willen demissionierte – wenn er die Chance eines
Abganges hatte, der ihm die Glorie des berüchtigten Dankes des
Hauses Habsburg verliehen hätte.
Die Ruhe, man höhnte: Friedhofsruhe, im Inneren, gestattete es
dem begabten Außenminister jener Zeit, Kálnoky, und seinem
Nachfolger Goluchowski ein letztes Mal, die Großmachtpolitik
der Monarchie in Anschlag zu bringen. Was einer dieser Minister für die Politik des Ballhausplatzes sagte: Man möge nicht
mit plombierten Zähnen versuchen Nüsse aufzuknacken, war
im übertragenen Sinne für die Ära Taaffes maßgebend. Nie
mehr erfreute sich nachher die Monarchie einer gleich langen
Zeit der ruhigeren Entwicklung, das Wachstum des Wohl-
stands, welch letztere Folge allerdings die Wirtschaftsliberalen
unter keinen Umständen dem klerikalen Grafen zum Guten an-
rechneten.
Um diese Zeit geschah es, daß ein nahendes Unheil sich mit un-
übersehbarer Deutlichkeit ankündigte. Gemeint ist hier nicht die
Ehe des Kronprinzen mit der belgischen Prinzessin Stephanie,
sondern – die Erweiterung des *Zweibunds* mit dem Deutschen

Reich durch die *Aufnahme Italiens*. Seit 1878 regierte dort als Nachfolger Viktor Emanuels II. dessen Sohn Humbert I., wohl der einzige König des geeinten Italiens, der Österreich-Ungarn mit Aufrichtigkeit begegnete. Aufrichtig, nicht ganz selbstlos. Denn 1881 hat sich Frankreich Tunesiens bemächtigt, jenes Gebietes Nordafrikas, auf das zu allen Zeiten Gebietsansprüche Italiens gerichtet waren. 1882 bemächtigte sich England Ägyptens. Nur in Lybien bestanden Reste der Oberhoheit des Sultans. Überhaupt hatten sich die Beziehungen Frankreichs zu Italien seit 1866 mehr und mehr verschlechtert. Ein Akkord mit England in der Mittelmeerpolitik stand noch weitab. Italien war isoliert, als sein sympathischer König Humbert und dessen Gemahlin im Herbst 1882 Wien besuchten.

Zur Parade auf der Schmelz fuhr der Gast an der Seite des Kaisers im Wagen. Auf dem Paradeplatz standen die Reitpferde für die Herren bereit. Das Merkwürdige geschah: Das für den hohen Gast ausgesuchte Pferd ließ den Reiter nicht an sich herankommen. Wich aus. Man versuchte dies und jenes, Franz Joseph selbst saß auf, bloß den König von Italien wollte das Pferd offenbar nicht tragen.

»Das Roß' hat mehr Verstand als unsere Staatsmänner«, meinte einer der Generale, die noch als Subalterne unter Radetzky unten gedient hatten und die den jetzigen Frontwechsel Italiens mit Mißmut zur Kenntnis nahmen. Aber ihrem Kaiser gehorsam waren.

»Das Pferd scheut sich bloß vor dem blitzenden Helm des Königs«,
belehrte ein Herr mit besserer Benehmität den alten Wojak. Richtig nahm der König den Helm ab, aber es gelang ihm nicht aufzusitzen, obwohl er als guter Reiter bekannt war. Man wechselte das Pferd für den Gast aus und schließlich konnte der König von Italien, der 1866 noch eine Division gegen die Kaiserlichen geführt hat, an der Seite des Kaisers die Parade abnehmen.

So fing die Sache mit dem Dreibund an, die 1915 unter dem Nachfolger Humberts I., Viktor Emanuel III., zu Ende ging, als Italien dem verbündeten Österreich-Ungarn den Krieg erklärte. Und was die Monarchen und ihre Minister auch ausklügelten und vereinbarten, es fiel in Italien ins Leere. Wie das italienische Volk in seiner Mehrheit *fühlte*, das hätte Franz Joseph bald nach der Begegnung mit König Humbert am eigenen Leib *zu spüren* bekommen. In Wien wunderte sich eine zu Besuch gekommene russische Großfürstin, daß Franz Joseph ohne schützendes Begleitkommando in die Stadt fuhr, eben anders, als es in Petersburg zum Schutz des Zaren notwendig war. Aber Franz Joseph wurde bald eines besseren belehrt: Als der Kaiser Triest besuchte, konnte er an den Wänden lesen: Pereat Francesco Giuseppe und Evviva Oberdan!

Wer war Oberdan, richtig Oberdank geschrieben? 1878 ist er während des Okkupationsfeldzugs als Einjährig-Freiwilliger davongelaufen und desertiert. In Italien fand er Aufnahme. Zum Besuch des Kaisers in Triest wollten er und ein italienischer Anarchist etwas beitragen: Nämlich den Kaiser ermorden. Als er zu diesem Zweck nach Österreich einreiste, wurde er verhaftet. Abgeurteilt wurde Oberdan, kein Italiener, zum Märtyrer für die Sache Italiens. In Gemeinden, die sich etwas auf ihre nationale Unerschütterlichkeit zugute halten wollten, wurden Oberdan-Denkmäler errichtet. Das ergab natürlich eine lebhafte Tätigkeit der Diplomaten beider Länder. Geändert hat sich in Italien an der Einstellung zur Tat Oberdans nie mehr etwas, bis 1915 der Krieg ausbrach.

Solche Vorfälle kennzeichnen aber nicht das Klima im aufflammenden Nationalitätenstreit in der Monarchie. Man war ja in Österreich. In Ungarn unterdrückten die magyarischen Herren derlei Versuche mit ihrer Übermächtigkeit im Politischen. Diesseits der Leitha ergriff die Hysterie der Stunde bald alle Nationen. Einen ersten Sieg errangen die Tschechen: Sie setzten durch, daß in Böhmen die Behörde Eingaben in jener Sprache zu beantworten hatte, in der die Eingabe mündlich oder schriftlich vorgetragen wurde. Nun war um diese Zeit noch jeder gebildete Tscheche der deutschen Sprache in Wort und Schrift so ziemlich mächtig. Es lohnte sich, diese Sprache zu erlernen. Was aber bot Tschechisch für einen k.k. Beamten, der einige Jahre in Böhmen diente,

um nachher etwa zur Statthalterei Lemberg versetzt zu werden?
Die Wirkung ging viel tiefer:
Noch nannte man die unzähligen Zuwanderer aus Böhmen und Mähren, zumal in Wien, unterschiedslos Behm'. Diejenigen, die man später unzutreffenderweise Sudetendeutsche nannte, hießen Ranftl-Behm', also Behm' aus den Randgebieten des Königreichs. Der Vater des späteren Bundeskanzlers Raab war der Herkunft nach Ranftlbehm.

Dann fing man an, die Tschechen von den übrigen Behm' abzusondern; und so wie die Tschechen ihre nationalistisch ausgerichtete Parteipolitik machten, sagte man allgemein: Ultra-Tschech, so wie man abfälligerweise nur Ultra-Konservative kannte.

Noch immer dienten Behm', die das unvergessene Deutsch in den von ihnen geführten Akten verwendeten, in den Zentralstellen der Monarchie. Einige auch als Minister. Je mehr sich gegen diese Tschechen der Widerstand der Deutsch-Nationalen richtete und je mehr die Jung-Tschechen anfingen, ihren Kampf gegen die Deutschen hart auf hart zu führen, desto mehr Mut und Einsichtsvermögen brauchte es, um als Tscheche noch seinem Kaiser zu dienen. Der letzte Präsident der ČSR von 1939, der sich nach 1945 als Kollaborateur der Deutschen zu verantworten hatte und lieber Selbstmord verübte, war Beamter des k.k. Verwaltungsgerichts. Wäre es wohl lieber geblieben, als in Prag das Bad ausgießen zu müssen, das Beneš und Konsorten eingegossen haben.

1880 wurde der Deutsche Schulverein gegründet. Engelbert Pernerstorfer war einer der hauptbeteiligten Gründer. Die Parole: Helft uns deutsche Schulen bauen / Burgen im bedrohten Land, zeigt auf, worum es im Kern im Volkstumskampf ging und geht; um die Schule. Historische Bedeutung bekam 1888 der Streit um die Einrichtung slovenischer Parallelklassen am Staatsgymnasium Cilli in der damaligen Untersteiermark. Taaffe, dessen Regierung die Unterstützung der katholischen Slovenen für sich hatte, gab kurz vor seinem Rücktritt eine diesbezügliche Zustimmung. Seinem Nachfolger Windischgrätz hing das Versprechen an. Cilli war noch eine Stadt mit einer mehrheitlich deutschen Einwohnerschaft; das umliegende Land war von Slovenen bewohnt. Die slovenischen Klassen in einer deutschen Stadt wurden zum Kampfobjekt, in dem es kein Nachgeben von irgendeiner Seite gab. Der Streit zog sich Jahre hin. Schließlich stimmte im Abgeordnetenhaus eine flache Mehrheit *für* den Budgetposten, auf Grund dessen die Parallelklassen geführt werden sollten. Das aber bedeutete zugleich das Ende der Koalitionsregierung Windischgrätz, dem nunmehr alle jene Fraktionen die Unterstützung versagten, die gegen die umstrittene Neueinführung waren.

Hundert Jahre später wird man dem alten Österreich wohl eher zugute halten müssen, daß man sich damals, oft freilich mit untauglichen Mitteln, um die Gesundung der nationalen Zustände diesseits der Leitha bemüht hat. Die Nationalitäten haben das den in immer rascherer Folge ins Amt kommenden und abtretenden k.k. Regierungen kaum je zugute gehalten, keine der Nationen im alten Österreich. Dieser Nationalitätenstreit wurde nicht Mittel zur Sprengung des Bestandes des übernationalen Reiches. Alle wilden Reden von damals dürfen nicht darüber hinwegtäuschen, daß sich die Redner keineswegs der Tatsache bewußt waren, wie sehr sie die KUNST DES MÖGLICHEN überforderten. Erst nach 1918, als Alt-Österreichs Nachfolgestaaten entstanden, die ebenso unter dem Nationalitätenstreit litten, hat man da und dort eingesehen – nie aber öffentlich bekannt –, daß man im alten Österreich nach bestem Wissen und Gewissen versuchte, womöglich allen Beteiligten gerecht zu bleiben. Eine Kunst, die bekanntlich niemand beherrscht. Aber es war zu spät. Und die grausame Austreibung der Jahrhunderte lang in der Donaumonarchie ansässigen sogenannten Volksdeutschen geriet wohl zur denkbar grausamsten Lösung im Nationalitätenstreit der 1918 aus dem Völkerkäfig des Multination Empire befreiten Nationen.

6.

FANALE

Ein Fanal, ein Feuerzeichen, ist seit jeher für Menschen ein sicheres Anzeichen dafür, daß sie bald Unheil zu gewärtigen haben. Am 8. Dezember 1889 brannte das Gebäude der Komischen Oper, eine der Zierden der Wiener Ringstraße, ab. Dieser Ringtheaterbrand signalisierte das Ende der Hochgründerzeit in Wien, der neuerdings wieder legendär gewordenen Ringstraßenära. Zwar baute man kurz vor 1914 auch noch den Stubering aus, aber es entstanden dort modern gedachte Wohnhäuser, in denen sich das Schicksal einer ermüdeten Elite vollendete. Das Gebäude für das k.k. Kriegsministerium mit den kommißigen Nachahmungen von Schinkels Masken am Berliner Zeughaus geriet, als gäbe es keine äußere Form mehr, um ein ungeheures und großartiges Erbe der Vergangenheit würdig zu umfassen. Umso besser taugt dieses Gebäude, um in der Republik, auf einem Höhepunkt des Bürokratismus, gleich einige Ministerien, eine riesige Tintenburg zu beherbergen.

Die vielen Todesopfer des Ringtheaterbrands von 1887 forderten den Volkszorn heraus. Es war beim besten Willen nicht möglich, den Hof zur Verantwortung zu ziehen, zumal Feldmarschall Erzherzog Albrecht bei seinem Eintreffen am Brandort sofort der voreiligen Losung: Alle gerettet, widersprach und Militär zur Hilfeleistung befahl. Die liberalen Zeitungen wehrten sich auch gegen die Beschuldigung der liberalen k.k. Regierung, der letzten dieser Richtung. Also mußten die kleinen Leute herhalten, denen die Polizei Nachlässigkeiten im Dienst und Fahrlässigkeiten bei Ausbruch der Katastrophe nachweisen konnte. Es gereicht dem damaligen liberalen Bürgermeister von Wien, Julius Newald, zur Ehre, daß er sich *vor* die so betroffenen Magistratsangestellten und -beamten stellte; wie das zu Kaisers Zeiten für anständige Minister und Bürgermeister, überhaupt für politische Ressortleiter noch eine Selbstverständlichkeit war.

Und so stand Newald vor Gericht. Man fing an, von einem *übersteigerten* Verantwortungsgefühl des Bürgermeisters zu sprechen. Die Zeiten waren halt auch nicht mehr das, was sie sein sollten. So sah auch das Gericht den Fall und der Bürgermeister der k.k. Haupt- und Residenzstadt wurde freigesprochen. Dafür fiel die Suada der Polemiken über den Bürgermeister her. Einige Gemeinderäte, die bar aller persönlicher Verantwortung waren, taten sich in der Rednerschlacht hervor. Die Vereinigte Linke im Wiener Gemeinderat ahnte, daß ein Abgang Newalds ein Anfang vom Ende der liberalen Ära in Wien sein könnte. Aber Newald folgte seinem Gewissen, nicht einer Parteiräson, und ging.

Jetzt begann die Zeit der Krakeler und zu ihnen zählte auch der junge Doktor Lueger, der die Zeiten seiner demagogischen Exzesse noch nicht ganz bewältigt hatte. In den Wählerversammlungen der Liberalen erschienen Typen, die offenbar kein Interesse an dem hatten, was gesagt wurde, sondern an dem, was sie anrichten sollten. Von den Galerien herunter grölten sie:
»Mit 'n Uhl is' 's Null – Mit 'n Prix is' 's nix ...«
Uhl und Prix waren die Führer in der Nachhut der liberalen Ära im Wiener Gemeinderat. Überhaupt kam in die lustigen Volkslieder, Nachklänge aus dem Biedermeier, ein larmoyanter Ton:
»And're G'sichter/And're Leut/Pfüat di Gott/Du alte Zeit ...«
Die nationale und soziale Revolution, Siegerinnen des Jahres 1918, waren im Aufbruch. Der Ministerpräsident Taaffe verstand es, die Vehikel dieser Revolutionen auf eine Kriechspur abzudrängen, was ihm bei den Betroffenen den Vorwurf eintrug, er täte nicht regieren, sondern nur fortwursteln.

Das sogenannte *Linzer Programm* der Deutsch-Nationalen in Österreich von 1881 erwies sich den Spannungen, die der Antisemitismus in den Reihen der vom Liberalismus abgeschwenkten Nationalen entfachte, nicht gewachsen. 1885 siegte der *Antisemitismus* über das vorher einigende Band des *Antiklerikalismus*, welch letzterer sich fortan in der Richtung Schönerers und unter der Sozialdemokratie Adlers ansiedelte. Heinrich Friedjung, den

Schönerer einmal gelobt hatte, dieser sollte nicht *Fried*-jung heißen, sondern *Streit*-jung, war jetzt für Schönerer nur mehr ein
Jud'. In solcher Umgebung war für Deutsch-Nationale wie Viktor Adler, Gustav Mahler, späterer Direktor des k.k. Hofoperntheaters, und den Burschenschafter Theodor Herzl kein Platz.
Die Generation von Burschenschaftern, die 1881 mit dabei war
bei der Schaffung des Linzer Programms, kam im politischen Leben der letzten Generation im alten Österreich zum Teil in hervorragende Ränge:
Der von der B!»Teutonia« gekommene Julius *Sylvester* wurde
nach dem Wahlsieg der Deutschnationalen und Sozialdemokraten
über die Wiener Christlichsozialen im Jahr nach dem Tode Luegers, 1911, Präsident des Abgeordnetenhauses; der deutsche Na-
tionalverband stellte die stärkste Fraktion des Hohen Hauses,
und so konnten auch die Sozialdemokraten und slavische Parteien
nicht umhin, einen Deutschnationalen zum, wie es sich erwies,
letzten Präsidenten des Hauses zu wählen. Otto Steinwender, B!
»Ostmark Wien«, wurde nach dem Umsturz politischer Ressortleiter für Finanzen, damals nicht unter der Bezeichnung Minister,
sondern Staatssekretär. Der zweiten und dritten Regierung Renner gehörten die Burschenschafter Franz Dinghofer und Alfred
Gürtler an. Raphael Pacher, B!»Teutonia-Prag«, wurde Staatssekretär für Unterricht, Julius Roller, B!»Bruna-Sudetia-Wien«,
Staatssekretär für Justiz. Dem Vollzugsausschuß, welcher von
der provisorischen Nationalversammlung 1919 gewählt wurde,
stand Franz Dinghofer, B!»Ostmark-Graz«, als einer der drei
Präsidenten an. Die Saat, die im Linzer Programm von 1881 beschlossen war, trug reiche Früchte.
Den Textern von damals folgten Männer jener Generation, die
nach 1918 den neuen Staat getragen haben. Bemerkenswert bleibt
der Beschluß des deutschen Nationalverbands in der Spätkrise der
Monarchie im Herbst 1918; demnach hatte der Verband die Absicht, an der konstitutionellen Monarchie festzuhalten, wozu sich
in diesen Tagen just nicht alle bisherigen Schwarz-gelben vor der
Öffentlichkeit bekannten. Auch sollte das Verhältnis zum Deutschen Reich und zu den anderen Nationen der Monarchie in freier

Selbstbestimmung erfolgen. Dieses Selbstbestimmungsrecht wurde bekanntlich der Republik Deutsch-Österreich 1919 von den siegreichen Ententemächten abgesprochen. Als nach 1918 in einzelnen Ländern Österreichs die Bevölkerung von sich aus zur Abstimmung schritt, intervenierten die Staatsvertragsmächte von 1919 allerurgentest in Wien, man möge derlei Anschlußkundgebungen abstellen. Tatsächlich haben sich damals alle im Nationalrat vertretenen politischen Parteien mehr oder weniger den Anschluß der Republik an das Deutsche Reich zum Prinzip gemacht. Am deutlichsten wohl die Sozialdemokratische Arbeiterpartei, wenn es bei ihr hieß, die Sozialdemokratie

»...betrachtet den Anschluß Deutsch-Österreichs an das Deutsche Reich als notwendigen Abschluß der *nationalen Revolution von 1918*.«

Der *Doktor Lueger* war nicht bei den Denkern und Textern des Linzer Programms von 1881. Nach Herkunft und Anschauung war der junge Politiker weder klerikal, noch konservativ und schon gar nicht liberal im Sinne eines Wirtschaftsliberalismus des Besitzbürgertums. In der Blütezeit der liberalen Ära in Österreich gebrach es den Konservativen an einem Programm und an Persönlichkeiten, wie das Schönerer für die Nationalen und Adler später für die Sozialisten wurden. Nach dem Ende der Konkordatsära hat der alternde Kardinal-Erzbischof von Wien, Rauscher, bis zu seinem Tod im Jahre 1875 versucht, in den Beziehungen zu den staatstragenden Kräften des Liberalismus eine Befriedung aufkeimender kulturkämpferischer Tendenzen zu erreichen.

Und darum mußten sich *alle* Bischöfe diesseits der Leitha bemühen. Denn ihre jungen Kooperatoren wurden angesichts der krassen Herausforderungen in den Medien von damals unruhig; sie wollten nicht stillhalten, wenn sie auf die eine Backe geschlagen wurden. Nach dem Ausbruch des Kulturkampfes im Deutschen Reich, 1871/72, taten dort viele Priester und Laien gut, nach Österreich auszuweichen. Man spricht von einigen hundert Priestern, die damals Deutschland verließen. Diese Emigranten fanden, daß ihre Glaubensgenossen in Österreich lasch seien und sich

Dinge gefallen ließen, die, wörtlich, in Deutschland die Katholiken auf die Barrikaden treiben könnten. Wellen des Unmuts ergossen sich über die Bischöfe, die ganz im Sinne ihres Kaisers so etwas wie einen Kulturkampf – der Ausdruck entstand erst später – in Österreich vermieden haben. Dafür mußten sie und ihre engsten Mitarbeiter manche herbe Kritik einstecken, etwa: »Solange unsere Domkapitel nur eine Veteranencompagnie invalider alter Landpfarrer sind, kann selbst ein erleuchteter Kirchenfürst schwer regieren, es sey denn ein Rudigier.« Franz Joseph Rudigier, Bischof von Linz, der Herkunft nach Vorarlberger, ist im Streit um das Konkordat dermaßen mit staatlichen Behörden in Konflik geraten, daß er vom Gericht zu einer 14tägigen Arreststrafe verurteilt wurde. Der Bischof wollte die Strafe antreten. Franz Joseph verhinderte das, nicht aus Sympathie für das Gehaben des streitbaren Bischofs, sondern zur Vermeidung dessen, daß im eklatanten Streit um das bald nachher von Wien gekündigte Konkordat von 1855 ein priesterlicher *Märtyrer* aufstand. Die adeligen Herren, die in der Zeit des Übergangs vom patriarchalischen zum demokratischen System, im werdenden Parteienstaat, ihrerseits eine politische Partei schaffen wollten, standen beim Kaiser nicht hoch im Ansehen. Franz Joseph ahnte frühzeitig, daß der Parteienstreit im Parlament und in der Öffentlichkeit den Nationalitätenstreit und den beginnenden Klassenkampf zu solcher Mächtigkeit bringen werden, daß dem der Staatskörper der Donaumonarchie nicht mehr gewachsen sein könnte. Eine trübe, leider wahre Vorsicht.

Der spätere Verfasser des Programms einer christlich-sozialen Partei und Führer der Partei nach Luegers Tod, Aloys Prinz von und zu Liechtenstein, schockierte bei seinem politischen Auftreten die honetten Leute samt dem Hof und dem hohen Klerus noch mehr als der junge Lueger. Es geschah, daß ein Anarchist einen Sicherheitswachmann hinterrücks ermordete. Das verhängte Todesurteil wurde vollstreckt. Daß der zuständige Pfarrer von Floridsdorf die Einsegnung der Leiche vornahm, wäre ja noch hingegangen; daß hinter dem Sarg aber ein Prinz von und zu Liechtenstein schritt, fand man degoutant, schien Zeichen bloßer

301

Effekthascherei zu sein. Der Prinz bekam den Beinamen: Der Rote Prinz.

Parteien entstanden damals im Kasino. Manche dieser Kasinos waren nicht mehr als ein Beisel. Nicht so das Adelskasino in Wien. Dort machte sich ein von draußen gekommener Baron bemerkbar; seine Familie stammte aus Mecklenburg, er selbst kam aus Preußisch-Schlesien. Die Quartseite seines Gesichts wies ihn als Angehörigen einer sogenannten schlagenden Verbindung aus. Und Baron Vogelsang ist tatsächlich draußen bei einem Corps aktiv gewesen. Das war, als er noch Protestant war.

Katholisch geworden, erschreckte der die konservativen Herren von Adel mit der Idee, wonach die gedachte konservative Partei nicht einfach Staat und Gesellschaft hüten, sondern eine *Sozialreform* anzubahnen hätte. Über letztere Aufgabe stritt man sich, bis Vogelsang sich durchsetzte und die Regierung Taaffe dank christlich-sozialer Forderungen die ersten sozialreformatorischen Maßnahmen von Staats wegen setzte. Kein geringerer als Otto Bauer hat diesen Vorrang der Christlichsozialen anerkannt. Epigonen der Luegerpartei reflektierten weniger auf derlei längst vergangene Taten.

1887 stieß der Doktor Lueger, der schöne Karl, wie Wiener Frauen den ewigen Junggesellen gerne nannten, zu den Christlichsozialen. Der Rechtsanwalt Lueger war überzeugt, daß ein konservatives Prinzip, das sich nur in der Erhaltung des Bestehenden bewähren will, naturwidrig in seiner Art sein muß. Lueger geriet denn auch in einen Zweifrontenkrieg: Einerseits hatte er jene gegen sich, denen die geschichtlich gewordenen Verhältnisse nicht zusagten und die daher in ein Gestern ausweichen wollten; und andererseits geriet er in einen immer schärferen Gegensatz zu einer politischen Linken, die nach der Schießlehre des Klassenkampfes operieren wollte. In dem zu allen Zeiten verzerrten Raster des Parteienwesens war der junge Lueger schwer unterzubringen, alt geworden brauchte er nicht derlei Halt, man war froh, den Doktor Lueger zu haben: Einen in der Kommunalpolitik groß gewordenen Realpolitiker ohne Ideologie, es sei denn, man rechnet die im Alter erfolgte Rückkehr zur Religiosität seiner Mutter als Ausdruck ideologischer Umorientierung.

In den Reihen der Schöpfer des Linzer Programms von 1881 hatte Lueger ebensowenig zu suchen wie unter den 1888/89 vom ehemaligen Parteigänger Schönerers Viktor Adler geeinten Sozialdemokraten. Als Schönerer nach einer Skandalszene zu einer Haftstrafe verurteilt wurde und nicht in der Öffentlichkeit wirkte, warf man in Nationalen Kreisen Lueger eine Erbschleicherei nach dem zur Untätigkeit verurteilten Schönerer vor. Andere wieder glaubten später ein einigendes Band zwischen Lueger und Schönerer in jenem Antisemitismus zu sehen, der für die Anhänger Schönerers rassisch bedingt war; während sich um Lueger die kleinen Geschäftsleute sammelten, die unter dem Andrang des nach Wien strömenden Ostjudentums in einen Konkurrenzkampf kamen, bei dem ein Teil dem anderen nichts ersparte. Nach dem Börsenkrach von 1873 war der jüdische Börsianer ohnehin ein Feindbild, das in politischen Polemiken, wie schon 1848, viel hergab. In Polizeiberichten aus jener Zeit wird Lueger in doppelter Hinsicht übel beleumundet: Wegen seiner Ausfälle gegen das liberale Regime, und andererseits dann, wenn er sich mit den kleinen Leuten solidarisierte, in denen aufquoll, was ihre Väter aus 1848 erzählten.

Erfolg hatte Lueger erst innerhalb der Partei, als er über die *Interessengenossenschaft* der Handwerker und Kleingewerbetreibenden, zu denen bald die Wählermassen des stärksten Standes, die Bauern, stießen, das Prinzip einer *klassenlosen Volkspartei* zustande brachte. Vogelsangs Ideen wären im Politischen Episode geblieben, wären sie nicht von der ersten Massenpartei in Österreich, der Partei des Doktor Lueger, aufgenommen und realpolitisch verwertet worden. Christlichsozial, das war nicht originär Luegerianisch. Den »Christlichsozialen Verein« gründete der aus Bozen stammende Ludwig Psenner. Psenner, zuerst kleiner Beamter, dann Fotograf, begann 1882 seine politische Tätigkeit und gründete 1887 besagten Verein. Im Kreis derer, die der Moraltheologe Franz Schindler in der »Goldenen Ente« auf den Enten-Abenden versammelte, stieß Psenner zu den Leuten Luegers. Schindler stammte von oben. Aber Lueger war gebürtiger Wiener, einer der wenigen vom Grund, der es in seiner Vaterstadt im Politischen zu etwas gebracht hat.

Lueger führte seinen Haufen zuerst als *Vereinigte Christen* ins politische Kampfgeschehen. Damit hatte er auch Nationale für sich, denen die forsche Art Luegers besser gefiel als die radikalisierte Unduldsamkeit Schönerers. So ergab sich die erste Kampffront:

Gegen die Deutschnationalen Schönerers; für die Gleichberechtigung aller durch das Privilegienwahlrecht aus der liberalen Ära in ihren staatsbürgerlichen Rechten verkürzten Staatsbürger; für soziale Reformen, jetzt schon gestützt auf die Soziallehre, die von Papst Leo XIII. nach Eingebungen englischer Bischöfe ergangen ist. Und: Treue zu Habsburg.

Ende 1890 fiel Baron Vogelsang einem Verkehrsunfall in Wien zum Opfer. Wenige Jahre nachher gründete der Hernalser Sattlergehilfe Leopold Kunschak einen Christlichsozialen Arbeiterverein. Schon ließen sich junge Kooperatoren trotz des bischöflichen Monitum nicht davon abhalten, bei den Christlichsozialen mitzumachen. Je mehr Schönerianer auf den Kurs: ›Los von Rom‹ einschwenkten und je mehr die Sozialdemokratie die Lehre Marxens verbreitete, wonach Religion nur Opium für das Volk sein soll, desto militanter wurde der junge Klerus.

Schönerer war aus dem Spiel: 1889, in den letzten Lebenstagen des Deutschen Kaisers Wilhelm I., hatte er sich hinreißen lassen, die Redaktion einer Wiener Tageszeitung, die mit einer verfrühten Todesanzeige ins Geschäft kommen wollte, aufzusuchen und dort einiges anzurichten, was ihm die Anklage wegen Hausfriedensbruch einbrachte. Schönerer nahm die Strafe an, Franz Joseph erließ ihm einen großen Teil des Haftvollzugs. Den durch die Verurteilung verlorenen Adel bekam Schönerer während des Ersten Weltkriegs von Kaiser Karl I. zurück. Es dauerte aber lange, bis der unter Lueger ausgebrochene Haßzustand zwischen Christlichsozialen und Deutschnationalen beseitigt wurde:

Vollzogen wurde die Sammlung in einer Einheitsfront gegen die marxistischen Parteien erst unter Bundeskanzler Seipel, angesichts der Gefahr eines Staatsbankrotts in der Republik. Die letzte bedeutende Nachhut des Liberalismus stellte an der Stätte ihres großartigen und nicht zu übersehenden Erfolgs ihre Fraktion im Wiener Gemeinderat. Auch dort ging es ums Letzte: Im Wiener Gemeinderat haben sich die Liberalen selbst ihr Grab geschaufelt, wie das eben zugeht in einer Partei, die zu lange an der Macht war, sich in ihren Initiativen verausgabt hat und von eher müden Typen geführt wird. Als Bürgermeister Uhl 1894 starb, versuchte ein Teil der liberalen Fraktion um jeden Preis den bisherigen Vizebürgermeister Doktor Richter zum Nachfolger zu machen. Aber das Image Richters paßte nicht in eine Zeit, in der immerhin die Mehrheit der Wiener kirchentreu war und daher einen Bürgermeister, der aus seiner Kirche demonstrativ ausgetreten war, um eine Jüdin zu heiraten, nicht mochten. Je mehr sichtbar wurde, daß Richter nicht anbringbar war, desto mehr wurde nach ihm ein Doktor Raimund Grübl kandidiert. Grübl war Angehöriger der diesseits der Leitha verbotenen Freimaurerei; seine Bestätigung im Amt hätte für den Kaiser zweifellos einige Schwierigkeiten mit sich gebracht.

Die beiden Rivalen im liberalen Lager enthüllten im Konkurrenzkampf um den Bürgermeisterstuhl Eigenschaften, die sie auch bei Liberalen in charakterlicher Hinsicht diskriminierten: Richter kehrte in die Kirche zurück, Grübl aber ließ sich im Kampf gegen den Doktor Lueger auf Bundesgenossen ein, die einem echten Liberalen nicht liegen, etwa auf hohe Militärs.

Immerhin, die letzte Nachhut der Liberalen in Wien säumte nicht, ihrem Kandidaten Mittel und Möglichkeiten zum Sieg zu schaffen. An Geld mangelte es nicht, man mußte nur das Image verbessern und neben Grübl Typen ins Bild bringen, die populärer waren als der eigentliche Kandidat. Theodor Gomperz, Angehöriger einer oben reich und angesehen gewordenen jüdischen Familie, vertrat in Wien an der Universität klassische Philologie; er war Repräsentant jener Haute Juiverie, die einmal den Liberalen und ihrer Ära einigen Glanz verschafft hat. Jetzt erlebte er in Wahlzeiten, wie das ist, wenn eine Partei, der man zeitlebens die Stimme gegeben hat, in ihre Endzeit kommt.

Am 12. April 1894 gab es ein Bankett für Grübls Kandidatur. Gomperz spürte gleich vom Anfang einen Hauch von *Banalität*,

305

der über der festlichen Corona lag, einer Trivialität; und er zögerte nicht, das nachher auf einer offenen Korrespondenzkarte einem Verwandten zu bestätigen. Andererseits war nicht zu übersehen, daß Grübl in dieser Stunde die moralische Unterstützung zweier Persönlichkeiten von Rang genoß; von Männern, die nicht anstanden, ihre Sympathie mit Kommersphrasen zu bestätigen:

So der k.k. Statthalter von Niederösterreich und gewesene k.k. Ministerpräsident Graf *Kielmansegg*, dessen Wort viel wog beim Kaiser. Der Graf kam von draußen, aus Hannover, und Hannoveraner hatten, seit ihr Land 1866 preußisch geworden war, ein gutes Entrée in Wien. Es machte dem Kaiser gar nichts aus, daß Kielmansegg Protestant war, übrigens der erste dieses Glaubens, der k.k. Ministerpräsident wurde. Als Student ist der Graf in Heidelberg beim hochfeudalen Corps »Saxo-Borussia« aktiv gewesen; politisch war er scharf antiklerikal eingestellt, ein verläßlicher Feind des Doktor Lueger unter allen Umständen. Luegers Kommen zu verhindern, war dem Grafen eine kecke Rede auf einer Wahlkundgebung wert; obwohl er wußte, daß der Kaiser derlei parteipolitisches Hervortreten der Herren der Hochbürokratie nicht schätzte. Der Graf bekam seinen Beifall, es konnte danach kein Zweifel im Saal herrschen, daß der Graf entschlossen war, einen gewählten Bürgermeister Lueger nicht ins Amt kommen zu lassen.

Nach dem Statthalter ergriff der Korps-Kommandant von Wien, Feldzeugmeister Baron Schönfeld, das Wort; Schönfeld, ein Name mit Unvergeßlichkeit, seit Michael Ziehrer dem General den Schönfeld-Marsch widmete. Der Exzellenzherr machte aus seinem Herzen keine Mördergrube:

»Sie können versichert sein, daß auch Sie *uns* hinter Ihrer Front finden werden ... wenn die Existenz der Gesellschaft, der Genuß des sauer erworbenen Besitzes bedroht wird!«

Das war ein scharfer Ausfall gegen die Sozialdemokraten, mehr noch gegen den Doktor Lueger, den viele in einer Reihe mit anderen Feinden des Besitzbürgertums sehen wollten.

Der Berichterstatter der »Neuen Freien Presse« beschrieb ausführlich den Beifall und den anhaltenden Eindruck, den die Reden der beiden Exzellenzherren hinterließen.

Professor Gomperz erlebte freilich eine arge Enttäuschung, über die er kaum hinweggekommen sein dürfte. Man hatte vom Anfang an den berühmten Gelehrten nicht richtig plaziert und ihn, so Gomperz, wie einen nobody neben dem Bürgermeister von Ober-Hollabrunn Platz nehmen lassen. Daß der Bürgermeister von Ober-Hollabrunn bei einer Wahl der liberalen Sache mehr Wähler zuführen konnte als ein k.k. Universitätsprofessor für klassische Philologie, war dem alten Herren nicht geläufig. Neben dem Bürgermeister fühlte er sich jedenfalls als nobody eingestuft. Es kam noch ärger: Am Ehrentisch entstand eine Bewegung. Die Blicke richteten sich auf jenen Teil der Tafel, wo Professor Gomperz saß. Im Professor glomm die Hoffnung auf, es sei der Moment gekommen, ihm die Ehre zu erweisen, ihn aus der Nachbarschaft eines nobody zu befreien und ihn an die Ehrentafel zu bitten. Aber ach – der Abgesandte des Präsidiums überbrachte die Einladung, doch an der Ehrentafel Platz zu nehmen, nicht dem Professor, sondern dem Bürgermeister von Ober-Hollabrunn. Kurz darauf konnte Professor Gomperz sich sagen, wenn einmal die Dinge so weit gediehen sind, dann kann es nicht ausbleiben, daß ein Doktor Lueger Bürgermeister der Haupt- und Residenzstadt Wien wird.

Bei der Gemeinderatswahl im September 1895 geriet das Ergebnis weit über die Erwartungen der Christlichsozialen; nicht bloß die relative, eine absolute Mehrheit war bereit, die Kandidatur des Doktor Lueger für den Bürgermeister zu tragen. Gegen dieses Risiko setzte sofort eine heftige Campagne ein, geführt von Persönlichkeiten des Hochadels, des hohen Klerus und des Großbürgertums. Resolute Beamte, wie der k.k. Statthalter Kielmansegg einer war, zeigten sich entschlossen zu verhindern, daß der Sohn eines Saaldieners der Technischen Hochschule in Wien Bürgermeister, eines Tages wohl gar Exzellenzherr wird. Im Oktober 1895 wurde Lueger zum ersten Mal zum Bürgermeister gewählt, nachdem die Liberalen eine niederschmetternde Wahlniederlage erlitten hatten. Die Bestätigung durch den Kaiser blieb aber aus.

Als im November des Jahres der Doktor Lueger zum zweiten Mal zum Bürgermeister gewählt wurde, ließ der Statthalter Graf Kielmansegg den Gemeinderat auflösen. In liberalen Kreisen wurde das als eine Niederlage des Doktor Lueger hingestellt. Neuwahlen im Frühjahr brachten den Christlichsozialen die Zweidrittelmehrheit im Gemeinderat. Zum dritten Mal wurde der Doktor Lueger gewählt, vom Kaiser aber nicht bestätigt. Vielmehr berief der Kaiser den Doktor Lueger in Audienz; nach der amtlicherseits verlautet wurde, Lueger hätte freiwillig auf die Annahme der Wahl verzichtet. Dermalen verzichtet, wie es im Amtsdeutsch hieß. So wurde denn dermalen der von oben gekommene Stadtrat Strohbach zum Bürgermeister gewählt. Und wieder ging ein Raunen durch die Salons, denn der jetzige Bürgermeister der Haupt- und Residenzstadt war der Herkunft nach noch weniger als der Doktor Lueger, immerhin ein Advokat, nämlich ein *Postler*. Es war offenkundig: Die Luegerpartei war nicht imstande, eine präsentable Person für das hohe Amt hervorzubringen. Erst 1897, nach der fünften Wahl des Doktor Lueger langte die allerhöchste Bestätigung herab. Man rätselt bis heute, *wer* wohl von den Feinden des Doktor Lueger am längsten diese Bestätigung verhindert hat. Graf Kielmansegg beteuert in seinen Erinnerungen, man beschuldige ihn in dieser Hinsicht ganz grundlos. Indessen bleibt die Frage offen, wie sich der k. k. Statthalter von Niederösterreich bei den diversen Entscheidungen des Kaisers verhalten hat; ging es doch um den Vorstand der größten dem Statthalter nachgeordneten Behörde.

Sigmund Freud ahnte bei der Wahl des Doktor Lueger Schlimmes. Indessen hat auch er bei der letzten Wahl vor dem Tod des Doktors dessen Partei seine Stimme gegeben.

Was auch geschah – es wirkte sich letzten Endes zum Vorteil Luegers aus. 1897 erließ der k. k. Ministerpräsident Graf Badeni eine berühmt-berüchtigt gewordene Sprachenverordnung für die Länder Böhmen und Mähren. Badeni ging dabei neue, *gefährliche* Wege.

Der Reichstag von Kremsier hat 1849 eine großartige *Utopie* hinterlassen: Die Devise: Gleichberechtigung aller Nationalitäten. Dafür erntete er unsterblichen Ruhm. Für die praktische Verwirklichung dieses Grundsatzes bot die Arbeit des damaligen Verfassungsausschusses auch nicht ein verwertbares Programm. In der liberalen Ära war es Stemayr, der sich vor allem in der Lösung des schwierigsten Problems, dem deutsch-tschechischen, versuchte; nachher hat Taaffe mit der ihm eigenen Methode, die von allen Ultras schwer diskriminiert wurde, eine Zeit der Beruhigung in die Problemstellung gebracht; er konnte sich dabei auf behmische Minister stützen, die bereit waren, um des Zusammenhalts im Staatsverband Verantwortung gegenüber ihren Konnationalen zu tragen; diese Männer haben ihre Loyalität schwer zu büßen gehabt, denn die nach ihnen kommenden Jung-Tschechen jagten sie davon. Letzteren genügte das unter Taaffe bestandene, beruhigend wirkende politische pactum de non petendo im Sprachenstreit nicht, sie zwangen den 1897 ins Amt gekommen k.k. Ministerpräsidenten Graf Badeni zu geheimen Verhandlungen, von denen die deutschen Vertreter aus Böhmen und Mähren nichts vissen durften.

Völlig überraschend erschienen im April 1897 zwei Sprachverordnungen Badenis, von denen die erste eine nie dagewesene und nie mehr erreichte Verschärfung im Nationalitätenstreit entfachte: Mit einem Schlag wurde die tschechische Sprache als Sprache im inneren Dienst im ganzen Umfang Böhmens und Mährens, also für die rein deutschen Gebiete, gleichberechtigt neben die deutsche gestellt. Die Gleichberechtigung in Verfolg der Utopie aus 1849 bedeutete für Deutsche, in Hinkunft vom öffentlichen Dienst in den beiden Ländern oftmals praktisch ausgeschlossen zu sein. Für sie war es ungleich schwerer, die tschechische Sprache zu erlernen, als für Tschechen, sich die deutsche Sprache anzueignen; praktisch war es um diese Zeit so, daß fast jeder gebildete Tscheche die Kenntnis der deutschen Sprache für ein Fortkommen (nicht nur in der Monarchie) brauchte, während für die Deutschen die Erlernung des Tschechischen nicht nur schwieriger, sondern für ein Fortkommen außerhalb Böhmens und Mährens wertlos war.

Der Angriff gegen die Sprachverordnungen wurde zuerst von den Deutschnationalen Parteien vorgetragen; die von ihnen erhobene Ministeranklage wurde mit einem parlamentarischen Trick in ihrer Wirkung illusorisch gemacht. Badeni goß Öl ins Feuer, als er mit einem Geheimerlaß die k. k Behörden in Böhmen und Mähren anwies, mit Methoden gegen die Deutschen vorzugehen, wie sie in Galizien von Polen seit jeher im Umgang mit Ruthenen üblich waren. Dem Hohen Haus wurde ein Maulkorb umgehängt: Unter tumultuösen Umständen, die jenen glichen, die Karl Renner im März 1933 im Nationalrat auslöste, wurde eine Geschäftsordnung beschlossen, die dem Präsidenten das Recht gab, nach zwei Ordnungsrufen den davon betroffenen Abgeordneten bei der dritten Beanstandung für drei Sitzungen auszuschließen. Unter diesen Umständen wollte der der Katholischen Volkspartei angehörige Präsident Kathrein die Praktiken des Präsidiums nicht länger mitmachen. Sein Rücktritt signalisierte den beginnenden Widerstand der beiden deutschen christlich orientierten Parteien, also auch der Luegers, gegen die Regierung. Badeni quittierte das damit, daß er anstatt des Tirolers Kathrein den Obmann des Polenklubs Abrahamovicz ins Präsidium bugsierte. Dort saß bereits der später berühmt-berüchtigt gewordene Führer der Jung-Tschechen Kramář als Vizepräsident. Kramář, der Herkunft nach Großkapitalist, machte von seinem Recht sofort Gebrauch und schloß vor allem Sozialdemokraten aus.

In Böhmen und Mähren mehrten sich die Zusammenstöße; in Wien wurde die Polizei der Straßendemonstrationen nicht Herr; ehe noch Sozialdemokraten die Straße für sich reklamierten, ereigneten sich im Nationalitätenstreit die ersten schweren Demonstrationsausschreitungen. Als aber die Polizei ins Hohe Haus gerufen wurde, um ex praesidio getroffene Maßnahmen zu exekutieren, war die Stunde des Doktor Lueger gekommen. Er hat die Masse der in Wien eingewanderten Tschechen mit seinem Spruch: *Laßt's ma' meine Behm' in Ruah'* soweit gebracht, daß sie sich an den von *oben* kommenden Feindseligkeiten der Jung-Tschechen nicht beteiligten.

Bei derlei politischen Skandalen in der Öffentlichkeit pflegte sich

Franz Joseph den zuständigen politischen Behördenvorstand kommen zu lassen, um ihm den kategorischen Auftrag zu geben: Machen Sie dem Skandal ein Ende! Badeni war gar nicht willens, das seine zur Beendigung des unter ihm entstandenen Skandals beizutragen, er wollte den Kampf durchstehen; der zuständige k.k. Landesstatthalter von Niederösterreich, Graf Kielmansegg, hatte mit dem Einsatz der Exekutive nur Öl ins Feuer gegossen; Lueger aber hatte nach der viermaligen Verweigerung seiner Bestätigung im Amt des Bürgermeisters der Haupt- und Residenzstadt Wien Gelegenheit, seine Entschiedenheit, aber auch seine Loyalität unter Beweis zu stellen: Er erklärte der Majestät, daß er bei Fortdauer des Regimes Badeni nicht länger für die Ordnung in Wien einstehen könnte. Das war eine indirekte Herausforderung des Kaisers, nämlich das Verlangen, die Regierung Badeni zu entlassen. Wie immer es war, der Ruhm für die Beseitigung der Methoden Badenis und den Sturz seiner Regierung kam dem Doktor Lueger und seiner Partei zugute. Aber:

Zum erstenmal seit der 48er Revolution hatte die Straße über die Regierung einen Sieg errungen. In dem ohnedies wackeligen System der parlamentarischen Demokratie in Österreich war ein Mißbrauch der Durchschlagskraft außer-parlamentarischer Methoden nicht eben eine Kräftigung des Parlamentarismus. Und so wird die Partei Luegers einmal den Tag erleben, an dem eine noch größere Massenpartei ihr das Heft aus der Hand und die Straße für sich in Besitz nehmen wird. Ein gefährliches perpetuum mobile war in Gang gesetzt.

Inmitten der ersten Anzeichen des Aufkommens einer nationalen und sozialen Revolution war es wie ein Wunder, daß das kulturelle Leben in der Monarchie, vor allem in Wien, einen neuen Aufschwung nahm. Der Glanz der Ringstraßenära verblaßte, hinter großartigen Fassaden ereignete sich vielfach jene Fadesse und Nichtsnutzigkeit, die Arthur Schnitzler auf die Bühne gebracht hat. Es war überhaupt merkwürdig, daß in jenen Tagen, da Politiker wie Schönerer, aber auch Lueger, eines verabscheuungswürdigen Antisemitismus verdächtigt wurden, die jüdische Intelligenz in Wien, Budapest, Prag, aber auch andernorts einen Rang

erreichte, der einmal Epigonen dermaßen faszinieren sollte, daß sie in ihrer Ruhmsucht andere Umstände der Zeit und die Lebensschicksale von damals erst gar nicht in Rechnung stellten; um nur ja nicht einen Schatten auf den hochberühmten Glanz fallen zu lassen. Daß das franzisko-josephinische Zeitalter an sich in der gesamten Monarchie ein Goldenes Zeitalter für Wissenschaft und Kunst wurde, macht man dabei vergessen. Noch hatten die österreichischen Hochschulen Weltruf, Wien war neben Berlin die weltbedeutendste im deutschen Sprachraum. Und doch studierten in Wien 1914 mehr Studenten slavischer Herkunft, unbeschadet des Ausgangs der mißglückten Badenischen Sprachenverordnungen. In der Musik fand das seit den Tagen Haydns bestehende Continuum in Wien seine Fortsetzung in den Werken Anton Bruckners und Gustav Mahlers; ersterer frommer Katholik, letzterer in seiner Hinneigung zu den Deutschnationalen enttäuscht, bei Hof aber anerkannt und zum Direktor des k.k. Hofoperntheaters gemacht. In der Dichtkunst brillierte eine Generation, in der vor allem die von oben kommenden jüdischen Literaten die innigste Verbindung ihres künstlerischen Wirkens mit dem Deutschtum der Hauptstadt Böhmens bekundeten. Ehe es Nacht wurde, erreichte die Ära des Jugendstils, Stil nach Serien kurzlebiger Modernismen, einen alle Lebensbereiche umfassenden Charakter. Aber es wuchs andernorts durchaus anderes empor:
In den Vororten der industriellen Ballungsräume, vor 1914 auch in Wien, schuf der ununterbrochene Zustrom von Massen aus der bäuerlichen Welt eine Elendssituation, die Antriebskraft und Vehikel von Machern der sozialen Revolution wurde. Im christlichsozialen Wien betrieb man keine Wohnbaupolitik wie nach 1918; es lag nicht im Prinzip, den Mittelstand, die später verachteten Bürger und Kleinbürger, auszupowern; der Wohnbau erhielt eine selten beachtete, aber ungemein wirksame Förderung dadurch, daß für Neubauten die damals ertragreiche Grundsteuer den Bauherrn für Jahrzehnte erlassen wurde. Im christlichsozialen Wien stieg die Zahl der Bevölkerung von 1,5 Millionen auf 2,2 Millionen, die Stadtplanung rechnete in den letzten Jahren vor

Kriegsausbruch 1914 mit einer künftigen Einwohnerzahl von vier Millionen. Das Schachbrettschema der Rasterviertel mit seinen Klein- und Kleinstwohnungen ist nachher in Grund und Boden verdammt worden. Für die Zuwanderer aus den unterentwickelten Gebieten der Monarchie und ihre Familien waren diese Wohnungen eine Erlösung aus einem Dasein, in dem oft genug Knecht und Magd in den Stallungen hinter Verschlägen die Bettstatt hatten. Die Standardgröße, Zimmer, Kabinett und Küche, Wasser und Toiletten in den Gängen, war für diese Menschen ein weiter Sprung nach vorwärts und nach oben. Es sollte hundert Jahre später eine Zeit kommen, da man die Kommunikationsmöglichkeiten in diesen Häusern in einer krankhaften nostalgischen Manier mit einem Schimmer von Romantik umgab; das geschah, als die *Bassena,* also der Wasserleitungshahn und dazu das Becken, Ort der Begegnung wurden; in einer Gesellschaft von damals, die zwar als Folge der Industrialisierung anfing, eine vater-lose Gesellschaft zu werden, die es aber den Kindern der Familie ersparte, ein eltern-loses Dasein führen zu müssen, wie das um das Jahr 2000 immer mehr Regelfall geworden ist. Slums wie jenseits des Atlantiks gab es nicht.

Staat und Gemeinde bauten keine Wohnhäuser; sie förderten aber die Wohnbautätigkeit in der großzügigsten Weise, indem sie den Bauherrn auf Jahre hinaus die schwerste Steuerlast abnahmen, die Grundsteuer. So wurde gebaut, ohne daß der Wohlstand des Mittelstands zerstört wurde, wie das nach 1918 nicht nur aus städtebaulichen Gründen geschehen sollte. Gewiß: Es kamen viele Zuwanderer als *Bettgeher* oder *Aftermieter* aus derlei Bedrängtheiten nie heraus. Aber – die Monarchie war die *einzige* europäische Großmacht, die am Kolonialismus und Imperialismus keinen Anteil nahm. Sie konnte den Bevölkerungsüberschuß nicht abschieben in Kolonien, wo nie erhoben worden ist, welchen Verelendungen viele Einwanderer im Vergleich zum Schicksal ihrer in der Monarchie verbliebenen Landsleute unterlegen sind.

Wer hätte am Beginn der Bürgermeistertätigkeit des Doktor Lueger gedacht, daß der Kaiser, der viermal dem Doktor Lueger im Wege stand, einmal höchstpersönlich zur Einsegnung des Leichnams des Toten in die Stephanskirche kommen wird? Doch das war das Bemerkenswerte an Franz Joseph: Er akkomodierte sich den Notwendigkeiten eines unablässig in Gang befindlichen Wandels der Verhältnisse, ohne seine Grundsätze einfach preiszugeben. Man hat dem Kaiser vorgeworfen, er hätte Politiker und Minister wie leere Zitronenschalen weggeworfen, wenn sie ihm nicht mehr dienlich zu sein schienen. Tatsache ist, daß sich der Kaiser selbst jeder Wandlung stellte und daß er von seinen Ministern verlangte, daß sie Zeiterfordernissen auf sachlich einwandfreie Weise gerecht wurden. Verbündeter einer Partei war Franz Joseph nie. Und er hat Angehörige seines Hauses, die sich in liberalen, dann in klerikalen, zuletzt in allerlei politischen Kreisen bewegten, scharf zurechtgewiesen und ihnen anbefohlen, derlei Ungehörigkeiten eines Erzherzogs zu unterlassen.

Wie der Doktor Lueger zur Kunst seiner Zeit stand, bezeugte etwa Otto Wagner, der es dem berüchtigten Bielohlawek und dem Doktor Lueger verdankte, daß die Kirche auf dem Steinhof, Juwel ihrer Zeit, entstand; und nicht aus budgetären Mitteln eine im Entwurf fertige Ersatzbauten Wagners. Und da war Luegers höchstpersönliches Interesse an der Gestaltung des Karlsplatzes; es bestand nicht nur, weil am Rand dieses Platzes sein Geburtshaus stand und der Pfarrheilige der Karlskirche sein Namenspatron war. Wie Lueger die später eher mäßig geglückte Lösung der Platzgestaltung sah, das hat Adolf Los beim Tod des Bürgermeisters, 1910, ausgesprochen:

»Mit Lueger wurde der Schutzherr der Karlskirche zu Grabe getragen. In ihm lebte die Idee Karls IV., der mit der Kirche einer großen breiten Avenue, die sich vom Schottentor über den Josephsplatz nach der Wieden erstrecken sollte, einen Abschluß geben sollte. Der Bau der Ringstraße hat diese Idee vereitelt.«

Während der schweren innerpolitischen Erschütterung der Badenizeit machte Franz Joseph seinen letzten Besuch beim Zaren, damals Alexander III., der Enkel Nikolaus I. Alexander III., verheiratet mit einer dänischen Prinzessin, die Deutschland haßte, war zur Zeit dieses Besuches schon der Verbündete jenes Frankreichs, das politisch-weltanschaulich bei den politischen Antipoden des

Zarismus angesiedelt war. Zar und Kaiser redeten 1897 über die von unablässigen Unruhen und Bluttaten erschütterten Zustände auf dem Balkan; es gab keine bindende Absprache, man war sich immerhin noch einig, dieser unglücklichen Halbinsel eine gewisse Befriedung zu bringen und, wo sie bestand, zu erhalten. Indessen war die Zeit nahe, in der Rußland darauf aus sein wird, auf dem Balkan eine andere Ordnung aufrichten zu helfen, eine, die für Österreich-Ungarn eine existentielle Bedrohung enthalten wird. Dies – und den Krieg.

Das Jahrhundert ging für Franz Joseph mit der denkbar schwersten Erschütterung seines Lebens zu Ende. Als sich Kronprinz Rudolf 1889 den Tod gab und damit wohl einer für ihn unausstehlichen, größtenteils selbstverschuldeten Existenzkrise entfloh, war die Erschütterung des Staates größer als der Schmerz des Vaters; damals ging das Wort, der Kaiser hätte angeblich gesagt, sein Sohn sei wie ein *Schneider* gestorben. Elisabeth hat sich kurz nach ihrer Verehelichung mit Franz Joseph gewünscht, ihr Gemahl hätte den Status eines *Schneiders* anstatt des für seine Gemahlin von allem Anfang an unausstehlichen Rangs des Kaisers von Österreich.

Bevor sich Rudolf den Tod gab, irrte er in dem, daß er sagte, er ginge mit der Zeit, sein Vater nicht. Aber im Todesjahr des Thronerben war der einmal herrschende Zeitgeist, der den jungen Erzherzog so faszinierte, der Liberalismus, schon passé. Und doch hat seine Mutter ihn für diesen Zeitgeist, und nur für diesen, mit Hilfe der von ihr ausgewählten Erzieher bilden lassen.

Rudolf glich in vielem der Mama: Für sich die Avantagen eines Kronprinzen samt den damit verbundenen Revenuen; nach außen hin aber die schärfste Ablehnung des Systems, dem er die reichliche Ausstattung seiner persönlichen Existenz verdankte. In diesem Sinn hat auch die Kaiserin *ja* zum Komfort ihres hohen Ranges gesagt, aber *nein* zu den Pflichten dieses Amtes; es sei denn, daß eine Extremsituation ihr die Möglichkeit bot, die Zwänge ihres seelischen Leidens zu brechen und mit einem wahrhaft königlichen Gehaben die Situation zu bestehen. Sie erwies sich inmitten der Katastrophe von Mayerling als die große Frau, die den

315

erschütterten Vater so weit aufrichtete, daß Franz Joseph dem, was sein Dienst der Stunde abverlangte, vollauf gerecht wurde. Elisabeth kam in unnachahmlich fraulicher Manier der Mutter der in Mayerling zu Tode gekommenen Mary Vetsera entgegen. Sie, im Schmerz zweier Mütter, die in einer Tragödie ohne gleichen ein Kind verloren haben, stand weit über dem, worin sogenannte Staatsnotwendigkeiten einen makabren Charakter annahmen. Einen unmenschlichen.

Hundert Jahre nach dem Tod Rudolfs kann sich niemand mehr vorstellen, was allein die Frage des kirchlichen Begräbnisses für den Thronfolger, er starb als Selbstmörder, dem Kaiser im Umgang mit dem Vatikan abverlangte. Die nur zum Teil ganz erhellte Prozedur, die schließlich die Beisetzung des Toten in der Kapuzinergruft ermöglichte, dauerte lange fort. Und erst etwa drei Wochen nach dem Ereignis in Mayerling gab Franz Joseph dem Papst Leo III. *offiziell* Nachricht vom Sterben seines Sohnes; eine Woche nachher kondolierte der Papst. Man kann sich vorstellen, welcher Bemühungen es bedurfte, um diese Korrespondenz so abzustimmen, bis mit der aus Rom kommenden Kondolenz von dort das letzte Wort zu dem furchtbaren Geschehen gesprochen wurde. Das aber geschah in einer Zeit, in der die uralten Beziehungen zwischen Kaiser und Papst schwerstens belastet waren, durch gesetzliche Maßnahmen, die das Parlament in Ungarn beschlossen, Franz Joseph als konstitutioneller König einfach zu ratifizieren hatte; gleichviel wie er selbst in diesen Fragen, als staatliches und Kirchenrecht schwerstens kollidierten, dachte.

Das von Geheimnissen und Legenden umwitterte Ereignis in Mayerling, der Schmerz der Eltern durchbrachen schließlich alle stählernen Schranken des Zeremoniells und der uralten Gewohnheiten. Elisabeth fehlte bei der Beisetzung, ebenso die Gemahlin Rudolfs. Es schien, als würde sich der Kaiser dem fügen, was alle seine Vorfahren beim Tod eines Kindes taten. Aber Franz Joseph war überwältigt. Er folgte dem von Kapuzinern getragenen Sarg in die Gruft. Dort geschah es, was ein sonst in seiner Berichterstattung seriöser Diplomat seiner Regierung berichtete: Franz Joseph verlor für einen Moment das Bewußtsein und brach zusam-

men. Mag sein, daß es Gerede war und ist. Gerede, wie die Erzäh-
lung, daß Tage nach der Beisetzung die Kaiserin in die Gruft stieg,
die Begleitung wegschickte, um dann mehrmals laut den Namen
ihres Sohnes zu rufen.

Elisabeth überlebte den Tod des einzigen Sohnes um fast zehn
Jahre. Jahre einer fast nie aufhörenden Flucht der Unglücklichen
vor sich selbst. Ein Jahr nach dem Tod des Sohnes verlor die Kaiserin ihr Lieblingskind Marie Valerie. Der Verlust des Kindes war
für dieses selbst der Gewinn einer glücklichen Ehe, wie eine solche für Elisabeth nie verständlich oder erstrebenswert war. Bei aller Hingabe an das Glück der Ehe der Tochter, quillt in der Kaiserin zugleich die furchtbare Enttäuschung des eigenen Lebens am
Vorabend der Hochzeit des Kindes auf:
»Ich kann nicht begreifen, wie man sich die Ehe so sehr wünschen
kann und sich so viel Gutes davon erwarten kann ...«
Und abschließend in dieser seltsamen Zwiesprache mit Marie Valerie:
» ... Wenn du aber glücklich wirst, opfere ich gern alles.«
Es sind solche Anlässe, mit denen die Erinnerung an Elisabeth die
heute üblichen Raster eines Psychogramms verwirrt. Und eine
Herzlichkeit im Wesen der Kaiserin zutage kommt, der man Ge-
walt antun müßte, um sie in den fraglichen Raster zu pressen.
Der Hochzeit der Tochter folgte der neuerliche Ausbruch des
Reisefiebers. In Possenhofen fand die Kaiserin wohl kaum mehr
einen Hauch dessen, was einmal das Glück der Jugendtage ausmachte. Unter gefahrvollen Umständen überquert sie den Kanal.
Schon erschlaffte zuweilen der Trieb, der früher die Kaiserin so
souverän erscheinen ließ in gefahrvollen Lagen. Sie verläßt nach
einer stürmischen Überfahrt das Schiff in Angst, mit der Absicht,
nie auf das Schiff zurückzukehren. In England tritt sie inkognito
als Mrs. Nicolson auf. Die Flucht führt weiter nach Spanien; mit
unglaublicher Hartnäckigkeit umgeht sie die Begegnung mit
höchsten und allerhöchsten Herrschaften, um dann in endlosen
Wanderungen die eigenen Kräfte bis zur Erschöpfung zu miß-
brauchen. Die Qual des Lebens vertraut sie Marie Valerie an:
»Das Leben ist mir eine so schwere Bürde ... oft ist es wie ein *kör-*

perlicher (!) Schmerz und mir wäre es weit lieber, ich wäre tot.«

Nur Figuranten tauchen in der Umgebung der Kaiserin auf. Griechen, denen sie das Geheimnis einer uralten Kultur entlocken will. Spanien, Portugal, Gibraltar, Tanger, alles kurze Stationen. Nach einem siebenstündigen Spaziergang auf afrikanischem Boden fragt die Kaiserin ihre Vertraute Gräfin Festetics, ob diese noch imstande sei, weiter zu gehen. Die Gräfin bejaht und es folgt die achte Stunde der unheimlichen Wanderung. Weiter geht es nach Algier, hinüber nach Korsika. Im Anblick des Geburtshauses Napoleons enthüllt die Kaiserin ihr Lebensprinzip: »Was das doch für ein großer Mann war! Schade nur, daß er eine Kaiserkrone angestrebt hat ...«

Wieder der unauslöschliche Trugschluß, daß die an die Macht des Monarchen gebundene Größe ein Nichts ist, ohne die Mächtigkeit – wie das denn auch die letzten Lebensjahre des entmachteten Napoleon beweisen. Mit dem Betreten des italienischen Festlands kündigt sich für Diplomaten eine Gefahr an: Wird die Kaiserin dem Papst Besuch machen und damit den verbündeten König von Italien, der mit dem Papst in Unfrieden lebt, vor den Kopf stoßen? Oder wird sie das Königspaar besuchen und damit eine Exkommunikation durch den Papst riskieren? Alles Kombinationen, die nichts zu tun haben mit dem Tun der Kaiserin; sie geht Papst und König aus dem Weg, besucht Capri und Pompeji. Und hofft auf der Insel Korfu einer unausstehlichen Gegenwart durch ein Versinken in Geist und Schönheit der Antike zu entkommen. Die Manie der Kaiserin bringt sie um sonst unerschöpfliche Zuneigungen, so in Ungarn, wo man im Parlament die lange Abwesenheit des Herrscherpaares von Budapest beanstandet; wobei das Interesse eigentlich mehr der Königin gilt. Aber die ungarischen Herren müssen warten. Elisabeth verweilt nur auf Schloß Miramar, immerhin auf dem Boden der Monarchie. Sie hat mit dem Gemahl eine Begegnung, die nach einer von der Kaiserin vorbereiteten Regieanweisung verläuft. Man kann sich ausdenken, was es dem Kaiser kostete, die Szenen eines wahren Theaters in guter Haltung durchzustehen. Dann Weihnachten in der Burg.

Eine Kaiserin in tiefer Trauer, umgeben von Damen, die ihrerseits der Trauerstimmung zum Opfer fallen. Aber Franz Joseph ist anders als sein Schwiegervater Max, der sich in solchen Situationen der larmoyanten weiblichen Umgebung in rüpelhafter Weise zu entledigen gestattete. Träume. Man erzählt der Kaiserin von den Schönheiten Tasmaniens. Ein denkbarer Ausflug. Er unterbleibt. Schon ist die Zeit gekommen, da Franz Joseph jeweils unter einem an *zwei* Damen zu scheiben hat: An die Kaiserin und, im Konzept säuberlich für den Telegrammtext geschieden, an Frau Schratt; Schratt, quasi Hinterlassenschaft der Kaiserin an den Gemahl, dem sie nun noch länger fern bleiben kann, da ja die Gnädige Frau, so die Rede bei Hof, Franz Joseph so etwas wie einen geordneten Haushalt zum Frühstück serviert.

Der Grieche Christomanis hat aus der Zeit, da er Sprachlehrer der Kaiserin war, Tagebuchblätter publiziert. Elisabeth schätzte den so gewonnenen Zugang zur geistigen Landschaft des Griechentums; und sie umsorgt in fraulicher Weise den Griechen, der nach schweren Lebenszeiten das Glück hat, die Kaiserin nur als einen bewundernswerten Engel zu sehen. Monate und Jahre sind jetzt erfüllt von sprunghaften Entschlüssen, ein Reiseprogramm zu fassen und es ebenso rasch umzuschmeißen. Auf Korfu hat die Kaiserin im Schloß »Achilleion« einen Rastplatz zu finden gehofft; ach – sie empfindet diese Bindung bald als lästig. Kaum fertiggestellt, wird der ganze Aufwand unnütz, so gelangt der Besitz zuletzt in die Hand des Deutschen Kaisers.

Es gibt Episoden, die in Wien nicht verborgen bleiben können. Auf Cap Martin nährt sich Elisabeth nur von Milch. Melkkühe werden angeschafft, sie treffen ein, aber da sind sie unnütz, die Milchdiät bekommt der Monarchin nicht.

Und dann, welcher Gegensatz: Die Königin von Ungarn auf der Milleniumsfeier in Budapest. Der Anblick der von schmerzlicher Trauer gequälten Königin ergreift die Zeugen des denkwürdigen Tages ebenso wie ehedem Tage des Glücks, da Elisabeth nach 1866 der Nation heraushalf aus den Beengtheiten nach der Revolution von 1848/49. Hinter dem Monument einer MATER DO-

LOROSA, wie man in Budapest schrieb, verbarg sich eine *arme Frau*, die an Hungerödemen litt. Eine Verzweifelte, für die selbst das Schreiben des Testaments eine Möglichkeit ist, sich aus einer bodenlosen Tristesse zu erheben. Franz Joseph ist in brennender Sorge. Er schickt seinen Leibarzt hinter der Kaiserin her, da diese allen schriftlichen Bitten und Mahnungen des Gemahls einfach nicht folgt, nicht folgen kann unter dem Druck ihrer seelischen Verfassung.

»Du solltest Dich nicht gar so in Deine traurige Stimmung vertiefen ...«

schreibt Franz Joseph; nicht ahnend, daß solche gutgemeinten Worte die Unglückliche erst recht in Tiefen stoßen, wo ihr kein Mensch helfen kann. Endlich 1897 weilt die Kaiserin daheim, es ist *nicht ihr Daheim*. Sie hat keines mehr in dieser Welt. Und bald verläßt sie Wien, reist nach Paris, weiter nach Biarritz, sie möchte nach dem Wallfahrtsort Lourdes, kommt nicht dazu. Ihr Reden ist voll Todessehnsucht, zugleich vermischt mit Angst vor dem dunklen Tor. Den Winter auf 1898 verbringt sie im Süden. Dann wieder entflieht sie der Sonnenpracht, flieht über die Alpen nach Kissingen. Ach, wie muß sie sich alt gefühlt haben, da sie erfährt, ihre Älteste feiere nach glücklichen Ehejahren die Silberhochzeit! Und etwas Furchtbares kommt auf die Unglückliche zu: Das fünfzigjährige Regierungsjubiläum ihres Gemahls. Vorweg ist entschieden, daß sie am Fest nicht teilnehmen wird.

Endlich bekommt der Kaiser ein ärztliches Parere in die Hand, das er der Öffentlichkeit vorzeigen kann, wo man anfängt, die bisher nur dem Gemahl zur Last gelegten Untulichkeiten einer Ehe mehr und mehr der seltsamen Frau zuzuwenden. In Ischl, wo sich Franz Joseph und Elisabeth einmal fanden, trafen sie sich im Juli 1898 ein letztes Mal in dieser Welt. Nichtsahnend schrieb der Kaiser der Enteilenden nach, sie ginge ihm so sehr ab und seine Gedanken seien immer bei ihr. Die leeren Räume der Kaiserin in der Villa zu Bad Ischl stimmten den Kaiser wehmütig. Wohl auch nur ein Teil des Habsburgermythos, denn Franz Joseph war, wie später erhoben, kalt und keiner Gefühlsregung fähig. Am 29. August 1898 avisierte das eidgenössische Justizdepartement in Bern die Kantonsbehörde in Lausanne, die österreichische Kaiserin beabsichtige in *Caux* einen längeren Aufenthalt zu nehmen. Man möge gegen eventuelle Belästigungen alle für notwendig erachteten Vorkehrungen treffen. Wäre die folgende Katastrophe in Österreich geschehen, dann hätte alle Welt von einer typisch österreichischen Schlamperei gesprochen. Das Unheil erreichte die Kaiserin nicht in Caux, sondern in *Genf*. Die dort wegen eventueller Belästigungen getroffenen Maßnahmen bestanden darin, daß man die Kaiserin und ihre Begleiterin *schutzlos* ließ und es so einem italienischen Anarchisten möglich machte, die Kaiserin zu erdolchen. An sich hatte der Mörder im Sinn, einen französischen Prinzen im Interesse der Sache des Anarchismus umzulegen; aber der Prinz entging ihm, so wurde die Kaiserin von Österreich quasi sein Ersatz-Opfer.

Am 10. September 1898 langte in Wien beim k.k. Hof-Telegraphen-Amt ein in Genf aufgegebenes Telegramm an den Generaladjutanten des Kaisers, Graf Paar, ein:

»Ihre Majestät die Kaiserin wurde schwer verwundet. Bitte dies Seiner Majestät dem Kaiser schonend mitzuteilen.«

Zugleich mit diesem von der Begleiterin der Kaiserin aufgegebenen Telegramm langten die amtlichen Verständigungen aus der Schweiz ein. So um zwei Uhr nachmittags am Tag des Attentats:

»Ihre Majestät die Kaiserin ist entschlummert.«

Graf Paar war eben damit beschäftigt, die Reise des Kaisers zu den Korpsmanövern in Kaschau vorzubereiten. Nun war es sein Amt, zusammen mit dem k.k. Minister des Allerhöchsten Hauses die Fahrt nach Schönbrunn anzutreten. Wie immer Franz Joseph die erschütternde Nachricht aufnahm, schandbar ist, daß im republikanischen Österreich der angeblich gesprochene Satz von gewissen Dreiviertelhirnen der Kabarettkunst als Ausdruck der gewissen läppischen Art gewisser Typen mißbraucht wurde. Wohl keinem Monarchen seiner Zeit hätte eher zugestanden, was der Kaiser angeblich oder wirklich in dieser Stunde, mehr zu sich, gesagt hat:

»Mir bleibt doch auch gar nichts erspart in dieser Welt.«

Später, als selbst Angehörige des Hauses Österreich sich am Weben der gewissen Legenden beteiligten, die wie ein Fangnetz über die Erinnerungen an jene Vergangenheit geworfen wurden, sind viele derartige Sätze dem Kaiser in den Mund gelegt worden. Indiskretionen, wie sie das Geschwätz in Salons und Beiseln nähren. Nur wer die Lebensgeschichte der unglücklichen Kaiserin kennt und danach abschätzt, was ihr Gemahl in seiner Ehe zu ertragen hatte, kann ermessen, welcher Liebe es bedarf, um neben einer solchen Kranken in Liebe auszuharren. Die Gnädige Frau, Katherina Schratt, ist einmal von Elisabeth selbst dazu ausersehen worden, jene Häuslichkeit dem Kaiser zu schenken, die zu geben die Kaiserin außerstande war. Dieser Frau schrieb Franz Joseph nach dem Mord in Genf:

»Theuerste Freundin, das ist schön von Ihnen, daß Sie gekommen sind. Mit wem kann ich besser von der Verklärten sprechen, als mit Ihnen ...«

Kein Wunder, daß auch die Gnädige Frau in das Netz der Legenden eingeflochten wurde in einer Zeit, da die meisten Österreicher am franzisko-josephinischen Österreich nur das Geschwätz interessierte. Und eine sogenannte Bühnen- und Filmkunst sowie die Fernseh-Dokumentation, wie man sagt, und die Schundliteratur ihre Erträge schöpft.

Der Mörder der Kaiserin wurde nach dem für den Tatort geltenden Gesetz zu lebenslanger Haft verurteilt. Er zog es aber vor, sich am 19. Oktober 1910 in seiner Zelle zu richten. Er erhängte sich.

7.

FORTWURSTELN ODER NÜSSEKNACKEN

Später, als alles vorbei und geschehen war, hat man verallgemeinernd gesagt, Franz Joseph habe zweimal in seinem Leben allein wegen der Umstände seines Lebensalters dem Reich, dessen Herrscher er war, geschadet: Als Achtzehnjähriger bei seinem Regierungsantritt, als er zu jung und zu unerfahren gewesen sei, um absoluter Herrscher einer Großmacht ersten Ranges zu sein. Und zuletzt als Greis in den letzten Jahrzehnten seiner langen Regierungszeit, als er nicht imstande oder nicht willens war, sich modernen Zeiterfordernissen hinzugeben.

Es gibt in diesem Zusammenhang Utopien: Was wäre anders geworden, wenn Kronprinz *Rudolf* schon vor der Jahrhundertwende seinem Vater gefolgt und Gelegenheit bekommen hätte, seiner fortschrittfreundlichen politischen Orientierung zu folgen? Was wäre anders geworden, wenn der Erzherzog-Thronfolger *Franz Ferdinand* seine Entschiedenheit nicht in einer unabsehbaren Wartezeit ersticken hätte müssen? Was wäre geschehen, wenn Doktor *Lueger* über seine kommunalpolitischen Leistungen hinauswachsend die Möglichkeit ergriffen hätte, als k. k. Ministerpräsident dieses Amt mit fester Hand zu führen? Was wäre geschehen, wenn die deutschen Sozialdemokraten dem Programm *Karl Renners* für die Erhaltung des unersetzlichen Kommunikationsraumes gefolgt wären und die Notwendigkeit einer Erhaltung dieser über-nationalen Ordnung über den Eintritt in den Klassenkampf gestellt hätten?

Kombinationen, die, so oder so, um die Möglichkeit einer Herrschaft des Kaisers Rudolf gestellt wurden, sind wohl nur bis zu dem Punkt zu führen, an dem die Unzulänglichkeit der seelisch-geistigen Grundveranlagung des genialen Kronprinzen nicht mehr übersehen werden darf. Und Rudolf als ein Intellektueller seiner Zeit seines Verstandes nicht mehr Herr werden konnte. Auch dürfen die Einsicht und der Typ Karl Renners nicht verwechselt werden mit jenem Prinzip der Aktion deutscher Sozialdemokraten, für welche der übernationale Kommunikationsraum der Donaumonarchie nicht mehr gewesen ist, als eine Ausbreitungsmöglichkeit ihrer im Anschluß an Marx entstandenen Aktionsprogramme.

Bleiben Franz Ferdinand und Doktor Lueger. Beide Persönlichkeiten, die markant aufragen um die Jahrhundertwende, unterschieden sich nicht nur kraß puncto Herkunft: Hier der Erbe uralter Kaiserherrlichkeit, dort der Emporkömmling aus einer Dienerwohnung im Gebäude der Technischen Hochschule Wien. Wahrscheinlich ist es sogar ein Glück für die Monarchie gewesen, daß Lueger *nicht* dem um die Person Franz Ferdinands bestandenen sogenannten Belvedere-Kreis angehört hat. Die *sozialpolitischen* Absichten des genialen Kommunalpolitikers, dem man zuweilen sogar einen Gemeinde-sozialismus zuschrieb, hätten sich mit den weitausholenden *staatspolitischen* Reformen, die Franz Ferdinand in petto hatte, kaum vertragen.

Und doch gab es zwischen beiden Persönlichkeiten Gemeinsamkeiten, die der Monarchie in ihrer Spätkrise zugute kamen. Thronfolger und Bürgermeister sind erst in ihren Mannesjahren zu dem Habitus gelangt, in dem sie um die Jahrhundertwende in der Geschichte stehen. Die beiden gemeinsame Religiosität und Katholizität war im Falle Luegers die späte Rückkehr zum Glauben seiner Mutter; entstanden unter dem Einfluß der machtvollen Männerbewegung in Wien, die der Jesuitenpater Heinrich Abel zu entfalten verstand. Franz Ferdinands Jugenderlebnisse im engsten Freundeskreis um Kronprinz Rudolf waren wohl kaum geeignet, in ihm jenen Katholizismus wachzuhalten oder wiederzuerwecken, der Signet seines Hauses auf dem Höhepunkt seiner Macht und Bedeutung seiner Weltgeltung gewesen ist. Erst das Glück seiner Ehe brachte den Thronfolger ganz zu einem tiefinnerst erfaßten Leben aus dem Glauben, der ihm auch letzten Endes den religiös-sittlichen Halt gab, der notwendig war, um die gegen ihn auftretenden Widerwärtigkeiten der Zeit zu bestehen – bis zum Tod.

Im Kreis einer Nachhut der 48er Demokraten hat Lueger wohl kaum einen Hauch dessen verspürt, was er einmal für sich und seine Freunde in Anspruch nahm: schwarz-gelb bis in die Knochen. Diese schwarz-gelbe Reichsgesinnung hat Franz Ferdinand bei maßgebenden Politikern seiner Zeit zu oft vermißt; ihn kränkte man, wenn man jenseits der Leitha die wenigen Schwarz-gelben mit der Bezeichnung Bécsi Mágyar verächtlich machte, also Magyaren, die es mit Wien hielten. Thronfolger und Bürgermeister war gemeinsam die zuweilen übersteigerte Alarmstimmung, die abgestellt war auf ein klar umrissenes Feindbild. Lueger hat es in seinen Reden öfters aufgezeigt, Franz Ferdinand in Äußerungen, die über den Kreis seiner Vertrauten hinausdrangen, angesprochen: Das in Budapest herrschende Judäo-Magyarentum. Wenn Lueger so redete, erwarb er sich das Vertrauen aller unterworfenen Nationen in Ungarn, insbesondere jenes der Rumänen, die mit dem Tod Luegers im Jahr 1910 jede Chance eines Halts innerhalb der Monarchie dahinschwinden sahen.

Die Feiern zum 60jährigen Regierungsjubiläum Franz Josephs im Jahre 1908 waren für Franz Ferdinand so etwas wie eine Stunde der Wahrheit. Im Königreich Ungarn wurden sie nicht bloß übergangen – man feierte sie sozusagen bei den Antipoden derer, die an den Feierlichkeiten in Wien teilnahmen. Was in jenem Jahr jenseits der Leitha zutage kam, mußte den gefürchteten Jähzorn Franz Ferdinands an einem empfindlichen Punkt treffen. Die Reaktion darauf drückte er in einem Brief an einen Vertrauten aus. Nie hat Franz Ferdinand das demonstrative Fehlen der Ungarn beim Festzug zum 60jährigen Regierungsjubiläum Franz Josephs vergessen; nie den Haß, der jene Magyaren daheim traf, die sich erkühnten, bei diesem Anlaß dem Kaiser und König in Wien zu huldigen – eben Bécsi Magyaren, minderwertiges Kroppzeug. Umso provozierender mußte es im Belvedere wirken, wenn in diesem Jahr ein Denkmal für Kossuth Ferencz senior errichtet und für diesen Zweck 700000 Kronen im Lande gesammelt wurden. Franz Ferdinand fährt in dem fraglichen Brief fort:

» ... der *Sohn* dieses Ehrenmannes (Kossuth senior) erhielt vor einigen Tagen das Großkreuz des Leopoldsordens.«

Also ein Großkreuz für den Führer der Unabhängigkeitspartei, der 1905 versucht hatte, malkontente Serbo-Kroaten in Ungarn aufzuputschen zu einem gemeinsamen Vorgehen gegen Wien und den Kaiser. Das im Auge, wird erst verständlich, was in diesem Zusammenhang Franz Ferdinand seinem früheren Lehrer, dem späteren k.k. Ministerpräsidenten Beck, vorwirft:

» ... Beck, der sich auf Sozialdemokraten, Juden, Freimaurer und Ungarn stützt, hat den Karren noch mehr verfahren. Aber das kann einen nicht wundern, wenn man, ein Mitglied der (Vereinigung) »Freie Schule«, diesen entsetzlichen Marchet, zum Cultus- und Unterrichtsminister macht.«

Man, wer war damit gemeint? Wer machte diesen Minister? Die ganze Distanz zur Politik des Kaisers quillt in diesem Wort des Thronfolgers auf. Er verzehrte sich in jener *stummen Schlacht,* die er als Konservativer nie bis zu dem Punkt gelangen lassen durfte, an der etwa Felonie gegen den Chef des Hauses manifest geworden wäre. 1908 hatte Franz Ferdinand schon jenes kaiserliche Monitum hinter sich, das ihm vor Jahren sein Eintreten für den »Katholischen Schulverein« eingetragen hat. Der Verein »Freie Schule« ging mit seinem Wirken weit über die von Schönerer um die Jahrhundertwende ausgelöste Los-von-Rom-Bewegung, den Abfall vom katholischen Österreich, hinaus. Hatten die Liberalen noch im Reichsvolksschulgesetz von 1869 eine sittlich-religiöse Erziehung im Zielparagraphen dieses Gesetzes postuliert, so gingen Marchet und seine Gesinnungsfreunde, vor allem Universitätsprofessor Friedrich Jodl, auf einen *areligiösen* Moralunterricht los.

Die Stunde war gekommen, in der sich die Schwarz-gelben gefallen lassen mußten, von jedem demonstrativen Hervortreten Abstand zu nehmen, um ja nicht die erklärten Feinde der Monarchie zu provozieren. Als 1907 die Gemahlin des Thronfolgers das Ehrenprotektorat über die Feier der Weihe einer Fahne für eine deutsche katholische Verbindung übernahm und zum Anlaß ein mit ihrem Wappen geschmücktes Fahnenband stiftete, mußte sie der

Feier fernbleiben. Gendarmerie reichte nicht aus, es mußte Militärassistenz angefordert werden, um die in der Bischofstadt Olmütz stattfindende Feier zu schützen vor den wütenden Angriffen derer, denen es gar nicht gefiel, daß sich unter den Deutschen noch Katholen befanden, deren Wahlspruch: Für Vaterland und *Kaiser* lautete.

Nur mit Mißmut nahm man bei Hof zur Kenntnis, daß Doktor Lueger dem prachtvollen, mit einem Rosarium geschmückten Park bei den Kopfstationen der Süd- und der Ostbahn den Namen Maria-Josepha-Park gab. Erzherzogin Maria Josepha war die Mutter des späteren Kaisers Karl. Ihr lebenslustiger Gemahl nahm ihre bigottische Art, wie man in Wien sagte, zum Anlaß, um sich von seinem Eheleben abzumelden. Die Erzherzogin aber wurde in Kreisen Luegers ungemein populär und der Mitzi-Pepi-Park wurde Symbol dafür, wie die Partei einmal zum Haus Österreich stand. Bis 1918 der Name des Parkes selbstverständlich verschwand.

Und da war die Skandalisierung jener konfessionellen Streitigkeiten unter den Deutschen der Monarchie. Die Parole der Schönerianer: Ohne Juda, ohne Rom / Woll'n wir bau'n Germaniens Dom. Und wenn auch die um die Jahrhundertwende im österreichischen Katholizismus versuchte Abfallbewegung eine Winzigkeit von dem erzeugte, was nach 1918 und 1970 im sozialistisch gewordenen Österreich geschah, so zeigte sie doch an, daß trotz jenes *Antisemitismus,* der 1885 Adler von Schönerer trennte, ein *Antiklerikalismus* Nationale und Sozialisten immer wieder zur taktischen Einheit gegen jene zusammenbrachte, die man der Einfachheit halber Klerikale, Ultramontane oder Römlinge nannte. Anläßlich der Reichsrats-Wahl des Jahres 1911, im Jahr nach dem Tod Luegers, zeigte das Zentralorgan der deutschen Sozialdemokraten, die »Arbeiter-Zeitung« auf, worum es ging: »Der österreichische Klerikalismus steht und fällt mit Wien. Deshalb muß für den *freisinnigen* Wähler wie für den *sozialdemokratischen* Arbeiter nur eine Aufgabe bleiben: Wien muß von den Römlingen befreit werden ...«
Dieser Kampfauftrag bestimmte denn auch das Wahlverhalten der

Deutschnationalen und der Sozialdemokraten im zweiten Wahlgang, als sie, je nach örtlicher Verbreitung ihres Anhangs, auf jeden Fall die mit der *relativen* Mehrheit ausgestatteten Christlichsozialen gemeinsam niederstimmten. So wurde in Wien die künftige Herrschaft der Linken, im Abgeordnetenhaus eine bis zum Jahr 1918 dauernde stärkste Fraktion der Deutschfreiheitlichen aller Richtungen begründet. In dieser politischen Konstellation, und nicht in der von Lueger 1910 hinterlassenen, vollzog sich der Umsturz des Jahres 1918 in Wien und in Deutsch-Österreich.

Das als klassisch und systemnotwendig erachtete Widerspiel von Regierung und Opposition, wie es angeblich die Wohltat der in anglo-sächsischen Ländern entstandenen Modelle einer parlamentarischen Demokratie sein soll, hat in Österreich vor 1914 längst nicht bestanden. Das Hohe Haus am Wiener Franzensring wurde vielmehr das Theater, in dem die nationale und soziale Revolution skandalisiert wurde. Dabei konnten die noch vorhandenen staatstragenden Kräfte nur mehr hinhaltenden Widerstand gegen jene leisten, die mehr oder weniger erklärtermaßen darauf aus waren, ihre Revolution auch um den Preis der Zerstörung des übervölkischen Reiches zum Sieg zu bringen. Die Presse tat ein übriges, um die in immer rascherer Folge einander abwechselnden k. k. Regierungen wegen politischer *Inkompetenz* verächtlich zu machen. Die ostensible Chronique scandaleuse der Demokratie in Österreich fand in den Salons wie unter dem Volk natürlich mehr Interesse, als die sachlichen Notwendigkeiten, denen gerecht zu werden der Kaiser seine Minister ins Feuer schickte.

Wo selbst innerhalb der Parteien die Uneinigkeit als Folge nationaler oder sozialer Differenzen intern sich austobte, bekam nach außen hin die Entschiedenheit und scheinbare Geschlossenheit des sogenannten *Polenklubs* jene Bedeutung, welche die Spielregeln einer parlamentarischen Demokratie öfters einer bloßen Minderheit zuspielen. Unter dem im Amt uralt gewordenen Obmann des Polenklubs David Abrahamovicz ließ sich der Polenklub jede Unterstützung einer Regierungsaktion richtig abkaufen. Der Nachfolger Abrahamovicz, der konservative Pole Dziedusycki, konnte es sich schon leisten, als k. k. Landsmannminister

für Galizien den Zusammenhalt im Verband der Monarchie, was polnisch besiedelte Gebiete betraf, in höchst geistreicher Manier in Frage zu stellen. Dem Präsidialisten des k.k. Ministerpräsidenten stellte er etwa die Frage, ob dieser wisse, wo das Land *Lodomerien* liege. Der Kaiser von Österreich führte in seinem Titel auch jenen eines Königs von Lodomerien. Im Moment war der Präsidialist überfragt. Der Graf wußte Bescheid:
»Seit zwei Monaten ist dieses Land meiner Obhut (als k.k. Minister) anvertraut und ich kann es nicht auf der Landkarte finden ... Man sagt, es sei eine Bezeichnung in Abwandlung von Wladimirien.«
Also für einen Landstrich, den einmal der polnische König Wladimir beherrscht hat. Der Graf, der ein perfektes Deutsch mit dem singenden Akzent der Polen sprach, legte sich besonders gerne mit den Deutschnationalen an. Einmal fiel aus dieser Fraktion ein besonders entehrender Spruch des Dichters Heine, der das alte Österreich betrifft. Darauf der Graf:
»Uns Polen würde es nie einfallen, all' das Abschätzige, das Heine über Deutschland und die Deutschen sagt, als bare Münze zu nehmen und zur Grundlage unseres Urteils zu machen.«
So kreuzten und überschnitten sich tausendfach die Linien, an denen die nationale Revolution im Nationalitätenstreit um sich griff. Die Polen lachten, wenn die Tschechen an den Deutschen ihr Mütchen kühlten; oder Jung-Tschechen die Schwächen der alternden Monarchie bloßstellten. Aber sie beteiligten sich eher selten an den Skandalszenen, die nur zu oft solchen Auseinandersetzungen folgten. Der Polenklub hatte an sich genug Möglichkeiten der Einflußnahme auf jede k.k. Regierung und es bedurfte nicht des Affentheaters, das manchmal im Hohen Haus seine Aufführungen machte. Es gibt hierzu verschiedene Beschreibungen ausländischer Beobachter dieser Szene:
Einem der ausländischen Reporter zeigte man insgeheim die in einem Klublokal bereitliegenden verschiedenen Instrumente, die das angebliche Prinzip der Demokratie, nämlich Diskussion, ad absurdum führten: Kindertrompeten, Cinellen, Schlagwerkzeug, auch Töpfe, auf die man mit einem Hammer schlug und so einen

höllischen Lärm erzeugte. Ein Obstruktionsredner las vierzehn Stunden lang eine vorbereitete Rede ab und forderte so andere oppositionelle Abgeordnete heraus, seinen Rekord zu brechen. Einem Besucher des Hohen Hauses am Franzensring schien es, als wohne er nicht einer Sitzung des Parlaments in Wien bei, sondern einer Sitzung der Duma in Petersburg, wobei der in Wien abgehörte Redner in der Duma zweifellos den Beifall der dortigen Nationalisten und Feinde der Monarchie für sich gehabt hätte.

So nahte der Tag heran, an dem es sich zum sechzigsten Male jährte, daß der junge Franz Joseph 1848 in Olmütz den Thron bestiegen hat. Höhepunkt der Gratulationen war zweifellos der Besuch aller deutschen Fürsten sowie eines Vertreters der freien Hansastädte, angeführt vom Deutschen Kaiser. Ein großartiger Festzug wurde über den Ring geführt, alle Nationalitäten waren darin vertreten, und zwar in ihren Nationaltrachten. Auch jene, die man daheim in Ungarn verachtete. Unter die bei der »Urania« aufgestellten südslavischen Gruppen mischten sich Agenten, die im letzten Moment ein Fernbleiben dieser Festzugteilnehmer arrangieren wollten. Sie fanden einigen Anhang, suchten aber zuletzt besser das Weite, ohne daß es eines polizeilichen Einschreitens bedurft hätte.

Zwei Jahre nachher, 1910, geriet der Besuch des Kaisers in den damals schon annektierten Ländern Bosnien und Herzegovina zum Besten. Die Slaven und die Mohammedaner hatten noch den urtümlichen Respekt vor dem greisen Monarchen. Kinder sangen die Volkshymne in ihrer Muttersprache. Und mohammedanische Frauen lüfteten für einen Moment den Gesichtsschleier vor dem vorbeifahrenden Souverän zum Zeichen des Respekts. Sicher war dieser Besuch aus Wien besser vorbereitet als jener, der vier Jahre später, 1914, erfolgen sollte.

In Sarajevo hat man auch alles getan, was notwendig zu sein schien, um böse Gerüchte vorweg zunichte zu machen. So etwa, daß man, war man beim Kaiser zu Tisch, hungrig aufstehen mußte. Um dem vorzubeugen, erlaubte man sich eine Großzügigkeit, die selbst die an üppige Gastereien gewohnten ungarischen Herren überforderte und einen von ihnen zu dem Ausspruch verleitete:

»Essen war gut ... aber Nötigung dazu schlecht ... hat sich über-
essen.«

Auf der Heimreise durchs Ungarische erlebte Franz Joseph einmal mehr, daß die Stimmung unter dem Volk doch eine ganz andere war als jene, die bei den Theateraufführungen im Reichstag
zu Budapest zuweilen zutage kam. Es war jene Einstellung des
Volkes, die dann 1914/18 nicht zuletzt beim Einsatz von Honvéd-
Verbänden überzeugend zutage getreten ist. Richtige Regenwol-
ken, nicht die Güsse schwerer Kritik von freisinniger Seite, waren
es denn auch, die 1912 über den Feiern des Eucharistischen Welt-
kongresses in Wien niedergingen. Und doch erlitt der Festzug
keinen Abbruch, hunderttausende hielten im strömenden Regen
stand.

Noch einmal, im Vierzehnerjahr, nahm der Hof am sogenannten
Stadtumgang, an der Fronleichnamsprozession von St. Stephan,
teil. Der Tag geriet wie zu einer Abschiedsvorstellung nach Jahrhunderten früherer Größe. Das dem Dom gegenüberliegende, in
der ganzen Monarchie renommierte Geschäft Rothberger, eine
Familie aus der Haute Juiverie der Stadt, stellte freundlicherweise
seine Fenster den zahlreichen, zum Teil von ferne gekommenen
Zuschauern zur Verfügung. Ein letztes Mal fuhren beim Riesen-
tor des Doms die Herrschaften der Hocharistokratie sechsspän-
nig vor in ihren heute musealen Gala-Staatswagen. Niemand ahnte, daß bald der Eiserne Vorhang heruntergelassen werden sollte ...

Im Zehnerjahr hat einer der Väter des US-Imperialismus, der gewesene Präsident Theodore Roosevelt Wien besucht. Die gewisse
Presse am Ort jubelte, daß es sich der Amerikaner herausnahm,
unter angeblicher Verletzung der bei Hof geltenden Anzugsvor-
schriften in Audienz beim Kaiser zu erscheinen. Roosevelt war als
Colonel Roosevelt angemeldet, und er ist sicher nicht der einzige
bei Franz Joseph in Audienz erschienene männliche Audienzbe-
werber gewesen, der nicht im Frack erschien, sondern im Gehrock. Auch k.k. Minister referierten dem Kaiser im Gehrock; und
die Story, wonach der Kaiser einen nicht im Frack erschienenen
Arzt zurückgewiesen haben soll, ist nicht einmal a good story.

Roosevelt gegenüber gebrauchte Franz Joseph den Satz, den sein Besucher für sehr bezeichnend hielt und niederschrieb: »Ich bin der letzte europäische Monarch alter Schule.« Für den Amerikaner ist die Ansicht, daß es mit derlei Typen in Europa zu Ende ging, kein Gegenstand der Sorge oder Trauer gewesen. Er nahm vom Besuch der k.k. Hoftheater weitgehend Abstand, war aber sehr interessiert an den Darbietungen der in der Wiener Breitenseer-Kavallerie-Kaserne garnisonierenden Kaiser-Husaren. Seit langem führte die US-Cavalry den vorher von den Husaren geführten Sattel. Dazu auch eine Abart jener als Kossuth-Hat bezeichneten Kopfbedeckung. Die US-Army hat zu Zeiten auch nach preußischem Vorbild selbst die berüchtigte Pickelhaube getragen. Die khakifarbene Uniform und die breitrandige Kopfbedeckung, mit der die Amerikaner 1917 an der Westfront in Europa auftauchten, war erst in Einführung. Weitab war die Zeit, in der die USA mächtigster Militärstaat der Welt wurden.

Franz Joseph hielt dem Deutschen Kaiser die Bündnistreue bis zum Tod. Aber gewisse Äußerungen, die aus dem Reich herüberdrangen, waren eher peinlich für Wien. Etwa, wenn einem Reich, unter dessen westlicher Reichshälfte die Slaven schon die Mehrheit ausmachten, eine Nibelungentreue versprochen wurde; zuletzt gar der Krieg als einer der Germanen gegen die Slaven hingestellt wurde. So die Staatsmänner in Berlin. Wilhelm II. sah mit Stolz auf die *schimmernde Wehr,* auch wenn er gar nicht gewillt war, diese prächtigen Truppen auf die Schlachtfelder zu schicken. Nur das Sprücheklopfen des hohen Verbündeten machte dem alten Herrn in Schönbrunn Sorge, etwa wenn Franz Joseph sagte: »Wenn nur dem Deutschen Kaiser nicht einmal sein Temperament durchgeht! Er ist zwar, genau so wie ich, auf eine Einhaltung des Friedens bedacht, aber in dieser Hervorhebung des deutschen Schwertes sehe ich eine Gefahr ...«

Was Franz Joseph auf seine Manier sagte, das drückte fast zur gleichen Zeit ein französischer Journalist keckerweise so aus: Wilhelm II. ließe sich Serien von Tritten in den Hintern versetzen ... nur müsse man fürchten, daß er sich *ein* Mal mit einem fürchterlichen Tritt revanchieren werde.

Zu den Fehlmeinungen, die über den alten Kaiser in Umlauf gesetzt wurden, gehört auch das Gerücht, für ihn hätte die Technisierung mit der Erfindung des Telegrafen den Höhepunkt erreicht; für das, was nachher kam, hätte der Kaiser keinen Sinn mehr aufbringen können. Man leitete das unter anderem von dem Verzicht auf modischen Wohnkomfort, demzufolge sein Wohnen, zumal in Bad Ischl, noch im Zuschnitt der Zeit seines hochseligen Großvaters gestaltet war. Aber der Kaiser war bis zuletzt *gesund an Leib und Seele*. Als Achtzigjähriger ging er mit seinen Jägern beim Pirschgang resolut bergan. Und eines der frühesten Filmdokumente zeigt den greisen Monarchen, wie er sich bei einer Jagd im Hochgebirge gewandt und ohne irgendwelche Hilfen auf seinen Haflinger schwingt. Die Paraden auf der Schmelz nahm er vor 1914 zu Pferd ab, immer wieder imponierte den jungen Herren der tadellose Sitz des alten Kaisers. 1913, zur Parade am Ring, am hundertsten Jahrestag der Völkerschlacht von Leipzig, hatte man am Defilierungspunkt, der Kaiser war zu Fuß ausgerückt, einen kleinen Teppich am Standort des Monarchen ausgebreitet. Derlei unmilitärische Usancen und Erleichterungen lehnte Franz Joseph ab. Er trat hinter den Teppich und nahm so die Defilierung der Truppen ab.

Flugzeuge wurden in der k. u. k. Armee schon 1906 erprobt. Man hielt darin Schritt mit den Deutschen, die selbst auf die österreichische Etrich-Taube von 1911 reflektierten. Als 1906 der berühmte Franzose Blériot über der Simmeringer Heide seine Künste vor 300 000 Menschen produzierte, ließ sich Franz Joseph das Schauspiel nicht entgehen. Der französische Botschafter stellte den berühmten Gast dem Kaiser vor und Franz Joseph honorierte die fliegerische Leistung, die ihm sehr imponierte, mit einer selten gewährten Anerkennung: Mit Handschlag. An so einem Tag wollte der Kaiser aber auch den österreichischen Pionier auf dem Gebiet der Flugzeugkonstruktion, den fast gleichaltrigen Kreß, nicht hintansetzen gegenüber dem Ausländer. Kreß ist im Einserjahr mit seinem Modell abgestürzt; der aus dem Ausland bezogene Motor war zu schwer. Franz Joseph hielt dem alten Herren die Leistung zugute, aber Kreß war sich angesichts seines Kaisers bewußt, daß er mit seiner Leistung auch neben einem Blériot bestehen konnte. Indem er auf Blériots Flugzeug deutete, das eben die Tribüne überflog, antwortete er:

»Majestät ... ich flieg' ja mit!«

Der letzte überlebende Maria-Theresien-Ordens-Ritter war ein Flieger; Baron Banfield, auch einer aus einer Emigrantenfamilie. Schon war die Zeit gekommen, in der das geheimnisvolle AEI-OU für alte Herren im Dienst die fatale Bedeutung bekam: *Alte Esel jubilieren ohne Unterlaß*. Aber es waren Jubiläen, wie man einmal *Pensionierungen* nannte. Also Endzeiten. Zum Jubilieren war immer weniger Anlaß. Wachsamen Auges verfolgte der Chef des k.u.k. Generalstabs Conrad von Hötzendorf, immer häufiger nach seinem Prädikat *der Hötzendorf* im Volk genannt, die Entwicklung an den Grenzen. Vom Deutschen Reich und der Schweiz abgesehen, hatte die Monarchie in den letzten Jahren vor 1914 nur mehr potentielle Kriegsgegner um sich, deren Absichten auf die Erwerbung von Gebieten der Doppelmonarchie abgestellt waren: Im Norden Rußland, das 1914 in Galizien als Befreier einmarschieren wird; im Osten das auf Siebenbürgen und Teile des Banats reflektierende Rumänien; im Süden Serbien, das alle von Südslaven bewohnten Gebiete einem König von Groß-Serbien untertan machen wollte; und im Südwesten Italien, das Gebietsansprüche in petto hatte, die vom Ortler bis zur Bocche di Cattaro reichten. Peinlich genug, daß Italien und Rumänien auf dem Papier Kriegsverbündete Österreich-Ungarns waren.

Hötzendorf widerfuhr es, daß der Kaiser ihn dahin belehrte, daß dessen Vorstellungen von rechtzeitigen Präventivkriegen nicht nur dem Ballhausplatz lästig wurden, sondern Franz Joseph höchstpersönlich. Ihn ärgerten die Memoranden, die sich um das Jahr 2000 denn doch anders lesen als 1914 in Schönbrunn. Es gab eine Zeit, als Hötzendorf für kurze Zeit das Amt des Chefs des k.u.k. Generalstabs abgeben mußte. Franz Ferdinand war, im totalen Gegensatz zu der von Belgrad aus verbreiteten Version, jedenfalls gegen einen Erwerb irgendwelcher von Südslaven bewohnter Gebiete. Und daher auch nur halbherzig für die Annexion Bosniens und der Herzegovina, umso mehr, als damit die Gefahr eines Krieges mit Rußland verbunden war.

Als 1914 der Krieg zwischen Österreich-Ungarn und Rußland ausbrach, hat *Lenin* dieses Ereignis mit Genugtuung begrüßt. Barg es doch die Möglichkeit, daß sich die beiden letzten konservativen Großmächte in Europa gegenseitig auf den Schlachtfeldern zerfleischen würden. Franz Joseph und die Männer des Belvedere-Kreises, Funder vor allem, versuchten mit allen Mitteln und Möglichkeiten, eine Entspannung in den Beziehungen zwischen Wien und Petersburg zu erreichen. Aber Serbien konnte nur mit Unterstützung Rußlands in den Rahmen eines Groß-Serbien geraten. Alle, die solchen Konflikten aus dem Wege gingen, standen daher den großserbischen Bestrebungen im Weg. Franz Ferdinand mußte erleben, wie das, was man später die Einkreisung des Deutschen Reiches nannte, bedrohlich wurde: 1892 schon hatte *Rußland* die Rochade in den Interessenbereich des liberalen Westens vollzogen, indem es eine Militärkonvention mit *Frankreich* einging. 1904 fanden sich Frankreich und *England* in einer Entente cordiale, es war dies ein großes Verdienst des englischen Königs Eduard VII. Und 1907 gelang es im Petersburger Abkommen, einige der wichtigsten Streitpunkte in den Beziehungen zwischen London und Petersburg zu beseitigen, bis 1914 wird es gelingen, diesem Abkommen ein militärisches Substrat zu geben. Indessen: So mörderisch die Auswirkung der Tat vom 28. Juni 1914, der Mord von Sarajevo, war, die *eigentliche Ursache eines Weltkriegs war der unausweichliche Interessenkonflikt zwischen England und dem Deutschen Reich* auf den Weltmärkten. Nach 1918 hat der letzte Vertreter der USA in Berlin vor dem Kriegseintritt der USA, James W. Gerard, erklärt, Deutschland hätte bis spätestens 1930 den Welthandel kontrolliert – *wenn der Krieg nicht gekommen wäre.* Das nun entsprach weder den Interessen der USA, noch weniger Englands, das sich wegen des Ausbaues der deutschen Kriegsflotte in einen mörderischen Konflikt mit dem Deutschen Reich hineinsteigerte. Um Serbiens willen hätte 1914 keine Macht einen Weltkrieg entfesselt, nicht einmal Serbiens Protektor Rußland. Auch in Petersburg war der gefährliche Nachbar nicht Österreich-Ungarn, sondern das Deutsche Reich von 1914. Die Donaumonarchie hat man erst im Verlauf des Ersten Weltkriegs umbringen wollen – vor 1914 durfte man in gewissen Staatskanzleien hoffen, daß dem Ende der Mächtigkeit des Kranken Mannes am Bosporus bald jenes des Kranken Mannes an der Donau folgen wird. Ohne katastrophale Kriege.

Selbst die in der Monarchie emporgekommenen Totengräber der Donaumonarchie, etwa die beiden Tschechen Masaryk und Beneš, haben nach 1918 eingestanden, es wäre seinerzeit für sie nicht ganz leicht gewesen, in die Reihen der Zerstörer des alternden Reiches zu treten. Und nach 1918 mußte Beneš als Außenminister der ČSR zugestehen, man habe in der Monarchie genug Freiheiten für den politischen Kampf gehabt; nur die Ausbeutung der böhmischen Länder sei unausstehlich geworden und daher hat man nach 1918 einen französischen Plan für eine wirtschaftliche Donau-Konföderation abgelehnt. Wie glücklich wäre man in der ČSSR von 1948 angesichts der Miserabilität unter der kommunistischen Kommandowirtschaft mit wirtschaftlichen Möglichkeiten, die vor 1914 im Lande bestanden haben. Selbst Journalisten in Prag, deren Gilde so viel zum Sterben der Donaumonarchie beigetragen hat, wären im Prager Frühling von 1968 froh gewesen, wenn ihnen – wörtlich – das unter Franz Joseph geltende Presserecht zur Verfügung gestanden wäre.

Von Ungarn, wo ein Ausfall gegen Wien und Österreich für aufgeregte Politiker geradezu eine Erleichterung unausstehlicher seelischer Spannungen brachte, gar nicht zu reden.

Aber: Seit 1911 stellten die deutschen Abgeordneten die stärkste Fraktion im Abgeordnetenhaus am Franzensring. 223 von 516 Sitzen. Die Deutschnationalen und die Deutschfreisinnigen beanspruchten für 104 Sitze den Posten des Ersten Präsidenten; und dieser Anspruch wurde sogar von einigen tschechischen Fraktionen unterstützt. Die nächststärkste Fraktion stellten die Tschechen. Nur 82 Sitze, aber nach außen hin geschlossen und diszipliniert, wenn es um nationale Belange ging. Die Luegerpartei ist 1911 dank der freisinnig-sozialistischen Wahlgemeinschaft auf 76 Sitze zusammengeschrumpft. Herren der Lage im Hohen Haus waren also die Verbündeten von 1911: Deutschnationale und – Freisinnige und Sozialdemokraten. Auf ihre Linie werden zuletzt die Christlichsozialen in den Umsturztagen einschwenken unter den Bedrohlichkeiten der sozialen und nationalen Revolution jener Tage und dem Versagen der k.k. Regierung.

Von 1879 bis 1893 ließen sich die Abgeordneten das sogenannte Fortwursteln unter dem Ministerpräsidenten Taaffe gefallen. Die Wirtschaft florierte, die Industrialisierung förderte die Bereitstellung der sogenannten *Reserve-Armee für den Klassenkampf*; die außerparlamentarische Opposition der Linken hielt sich in Grenzen. Die *Alt*-Tschechen stellten lange Zeit dem k.k. Ministerpräsidenten Ressortminister, die, dem Austro-Slavismus getreu, die Sache ihres eigenen Volkes nach Kräften an den Zentralstellen in Wien vertraten. 1863 spalteten sich von ihnen die *Jung*-Tschechen ab; unter der Führung des berüchtigten Kramař diffamierten sie die Alt-Tschechen im Land, zwischen 1890/1900 überflügelten sie diese. Damit verlor Wien eine der Abstützungen der ohnedies nach der Ära Taaffe in rascher Folge einander ablösenden k.k. Regierungen: Auf den unseligen Badeni folgten Gautsch, Thun-Hohenstein, Clary-Aldringen, Wittek, Koerber, Gautsch, Hohenlohe-Schillingfürst, Beck, Bienerth-Schmerling, Gautsch und 1911 der bisherige Unterrichtsminister Stürgkh.

An den vom Kaiser ernannten Regierungsmitgliedern konnten oppositionelle, zum Teil nur mehr einer Obstruktion fähige Abgeordnete ihre Wut gegen den Staat so richtig austoben. Wären derlei Abgeordnete tatsächlich Repräsentanten des Volkes und des Volkswillens gewesen, die Monarchie wäre lange vor 1918 in sich zusammengebrochen, ohne daß es eines zerstörenden Weltkriegs gegen sie bedurft hätte. Aber im Volk dachte man anders. Und wenn man etwas fürchtete, dann war es der Tod des alten Kaisers. Niemand konnte sich vorstellen, wie es nachher in dem ausbrechenden Pandämonium des Kampfes der Nationen und der Klassen weitergehen sollte.

Nach dem Abfall großer Teile der in Ungarn und Böhmen gestellten Politiker von Österreich und der Donaumonarchie geriet der Pivot, der jahrhundertelange Haltepunkt, nämlich die deutschsprachige Bevölkerung, in der Treue zum Haus Österreich ins Wanken. Schönerianer riefen oft sehnsuchtsvoll aus: »Ach – wenn wir doch schon zum Deutschen Reich gehören würden.«

Und 1908, im Kaiser-Jubiläumsjahr, stieß in Graz ein Student bei einer Demonstrationskundgebung die dümmlichen Worte hervor: »Ich weiß nicht, auf was ich Hoch! rufen sollte. Deswegen rufe ich Nieder!«

Politiker slavischer Herkunft jubilierten über die Erfolge slavischer Brüder in aller Welt; geriet deren Sache in Europa zuweilen nicht zum besten, dann gaben sie dafür Wien die Schuld. Slaven fürchteten die wachsende Macht des Deutschen Reiches und somit auch der Deutschen in der Monarchie; die Deutschen der Monarchie dagegen fürchteten den wachsenden Druck der Slaven diesseits und jenseits der Reichsgrenzen. Aus Angst wurde Haß, aus Haß ein Auseinanderstreben, das da und dort in offene Feindseligkeit umschlug. Aber all das machte nur ein *Image* Österreich-Ungarns aus. Gerade in den Jahren des sogenannten Fortwurstelns, der zum Teil geglückten Beruhigung des Nationalitätenstreits, war es Österreich-Ungarn möglich, noch ein letztes Mal die einer Großmacht ersten Ranges zustehende und obliegende Außenpolitik zu führen.

Dafür standen ihr von 1881 bis 1906 auch Persönlichkeiten zur Verfügung, die es verdienten, daß ihnen der Ballhausplatz anvertraut wurde: Zuerst und leider nur kurze Zeit Baron Haymerle, nach ihm Feldmarschalleutnant Gustav Graf Kalnoki von Köröspatak, der letzte Militär und Berufsdiplomat in der Führung der Außenpolitik; und als dritter in dieser Reihe der Pole Goluchowski. Von letztem stammt das Mahnwort, dessen Anwendung sich nicht bloß für die *auswärtige* Politik geschickt hätte: »Mit plombierten Zähnen soll man nicht Nüsse knacken ...« Aber in den Zentralstellen drängten junge Männer nach, die sich dessen schämten, was Dreiviertelhirne ihnen als bloßes Fortwursteln hingestellt haben; und die vermeinten, das Gebiß der Monarchie sei durchaus noch imstande, die harten Nüsse im Politischen zu knacken. Diese Jungen wollten nicht warten, bis sich die Feinde der Monarchie eines Staatskadavers bemächtigten, um ihn einzuscharren, sondern rechtzeitig einen Arzt herbeirufen, der im Stande war, die Lebenskräfte des Reiches zu kurieren. Höchste Zeit zum Handeln wurde es für diese *konservativen Revolutionäre von oben*, als sich 1905 in Fiume ein merkwürdiges Geschehen zutrug.

Fiume war eine königliche Freistadt im Königreich Ungarn. Dort versammelten sich unter den Augen der ungarischen Regierung malkontente südslavische Politiker und Abgeordnete, um ihre Gravamina vorzubringen. Diese Herren unterhielten direkte Verbindungen zum Führer der Unabhängigkeitspartei in Budapest, Kossuth Lajos junior. Letzterer redete ihnen ein, nicht das Regime in Budapest sei schuld an der Unterdrückung der Südslaven in der Monarchie, sondern Wien und Österreich, also die westliche Reichshälfte. Würden die in Fiume Versammelten zusammen mit der ungarischen Unabhängigkeitspartei vorgehen, dann würden sie in Wien jene Durchschlagskraft entfalten können, die der Freiheit in Ungarn und Kroatien zugute käme.

Die dabei in Budapest geübte Perfidie bestand darin, daß man eine Audienz der Abgeordneten aus Agram und anderen Landesteilen beim König von Ungarn verhinderte; und so den Kaiser von Österreich bei den Südslaven denunzierte, er sei nicht geneigt, sich die Klagen seiner Südslaven anzuhören.

Und also einigten sich die gewissen Herren in Agram und Budapest aufgrund der Fiumaner Resolution, *gemeinsam*

»... um die Erfüllung ihrer konstitutionellen Rechte und Freiheiten zu kämpfen.«

Kossuth versprach namens einer in Opposition befindlichen Unabhängigkeitspartei den Südslaven im Königreich Ungarn die Änderung des bisher geübten Regimes (der ungarischen Regierung!) und die Wiedervereinigung aller von Kroaten bewohnten Gebiete der Monarchie mit dem Königreich Ungarn. Aber ach – es fiel nur zu rasch ein Reif auf die Blüten der in Fiume gemachten Hoffnungen. Es fing damit an, daß im Landtag zu Agram die Umstürzler von Fiume in eine einflußlose Minorität abgedrängt wurden. Insbesondere die Bauernpartei war nicht willens, mitzumachen bei dem, was in Fiume unter *serbischem* Einfluß zustande gekommen war. Das Hohe Haus in Wien, selbst tschechische Abgeordnete, war mit dem, was in Fiume, nachher auch in Zara in Dalmatien, beschlossen wurde, nicht glücklich. Die Tschechen interessierte weniger das Schicksal der Südslaven, als das ihrer Brüder in der Slovakei, auf denen die Hand der ungarischen Herren schwer lastete. Was bei dem verunglückten Vorgehen in Fiume als Dauerbrenner immer höhere Flammen schlug, war die aus Serbien kommende These:

»Kroaten und Serben sind durch Blut und Sprache eine *Nation* ...«

Ein Axiom, das noch um das Jahr 2000 in Kroatien umstritten blieb.

Kossuth junior aber traf ein böses Schicksal. Nach seiner Übersiedlung auf die Regierungsbank oblag es ihm, als k. u. k. Handelsminister eine Dienstpragmatik für die Beamten der Eisenbahnen im Königreich dem Parlament vorzulegen. Darin wurde die magyarische Sprache als die einzige Dienstsprache des gesamten Eisenbahnnetzes jenseits der Leitha erklärt. Das verstieß aber gegen § 97 des bisher gegoltenen ungarisch-kroatischen Ausgleichs; wonach Kroatisch als Amtssprache innerhalb von Kroatien und Slovenien, auch für das Eisenbahnwesen, vorgeschrieben war.

Um diese Zeit kränkelte die parlamentarische Demokratie in *Budapest* nicht weniger als jene in Wien. Als dort eine Obstruktion alle Grenzen des Erträglichen überschritt, wurde das 1. Honvéd-Infanterie-Regiment eingesetzt. Der Regimentskommandant hinterlegte auf dem Tisch des Parlamentspräsidenten das Auflösungsdekret, die Abgeordneten traten angesichts der Gewalt der Tatsachen den geordneten Rückzug an. Im Landtag zu *Agram* kam die von serbischer Seite verbreitete Formel, wonach Kroaten und Serben ein und dieselbe Nation bildeten, zur Sprache; stieß aber auf den Widerspruch der kompakten Mehrheit des Hohen Hauses. Demnach wollten sich die Kroaten nicht dieser Formel beugen. Den Höhepunkt der in dieser Streitfrage ausgetragenen

Diskussion bildete die Bemerkung eines kroatischen Abgeordneten. Dieser nannte die Serben *walachische Schweine*, welche Feststellung zweifellos die Stimmung im Hohen Hause anheizte und überhaupt ein neues Motiv in die Beziehungen von Kroaten zu Serben brachte.

Seit 1903 war auch im Freien Westen die Sympathie für die Serben in deren Königreich fast erloschen. Im Juni 1903 haben nämlich königlich serbische Offiziere ihren obersten Befehlshaber, König Alexander I., und dessen Gemahlin Drage auf eine unbeschreibliche Weise ermordet. Damit war die zuletzt österreichfreundlich eingestellte Dynastie *Obrenović ausgerottet.* König von Serbien wurde Prinz Petar *Karadordević,* Sohn jenes Fürsten Alexander I., der einmal aus dem Exil bei der Ermordung des damals regierenden Obrenović mitgewirkt hat. Petar hatte auf Kosten des Zaren an der französischen Militärakademie St. Cyr seine Ausbildung genossen, 1870/71 in der Armee Napoleons III. gegen die Deutschen gekämpft. Man wird von ihm in Petersburg Treue und Dankbarkeit erwarten; in London wartete man zu, bis in Belgrad der Blutdunst nach dem letzten Mord sich verzogen hatte.

1903 war Herr am Ballhausplatz noch immer Goluchowski. Er führte die auswärtige Politik nach dem Grundsatz, wonach man mit plombierten Zähnen keine Nüsse knacken sollte. Dafür gelang es ihm, eine letzte Entente zwischen seinem Kaiser und dem Zaren, damals Nikolaus II., zu arrangieren. Man traf sich im steirischen Mürzsteg und wurde sich einig, auf dem Balkan den status quo, vor allem Ruhe und Ordnung zu erhalten, Gebietsansprüche der Balkanstaaten nicht zu fördern und in Mazedonien, wo die üblichen balkanesischen Zustände zu den unübertroffenen mazedonischen gerieten, eine internationale Polizeitruppe einzusetzen, um der dortigen Metzelei ein Ende zu machen. Schade nur, daß sich Goluchowski mit den Herren in Budapest anlegte und prompt einer von dort ausgehenden Intrige zum Opfer fiel. Sein Nachfolger wurde der bisherige k.u.k. Botschafter in Petersburg Aloys Lexa Freiherr von Aehrenthal, Abkömmling einer seit langem geadelten jüdischen Familie.

Aehrenthal fand nun tatsächlich einige harte Nüsse vor, die es zu

341

knacken gab, und er wollte der Nußknacker sein, denn in Petersburg war er vorher Zeuge der Schwachheiten gewesen, die das zaristische Rußland im Krieg gegen Japan, 1904/05, und nachher in der Revolution der Linken bewiesen hat. Leider traf er auf einen Kollegen in Petersburg, Izvolskij, der dem entgegen die Meinung hatte, es wäre gut, wenn Rußland nach den in Fernost gescheiterten Aktivitäten umso mehr seine alte Sendung auf dem Balkan aufnähme. Und der Russe war geneigt, sich in Dinge einzumischen, die Rußland nichts angingen: Die bosnisch-herzegovinische Landesverwaltung wollte um diese Zeit ihre Linien im Sandzak Novi Pasar ausbauen. Dazu war die Monarchie nach den Beschlüssen des Berliner Kongresses ermächtigt. Man erinnere sich an das in Wien begonnene Projekt einer Saloniki-Bahn, das allerdings, so wie einmal der Kanal zur Adria, versackte. Izvolskij nahm zuerst die Benachrichtigung von dem Bauprojekt ohne Widerspruch zur Kenntnis. Dann aber geriet er in die Kritik der Neo-slavisten, Nachfolger der Pan-slavisten, die den russischen Außenminister wegen dieses Nachgebens in einer Balkanangelegenheit in die Mangel nahmen. Das geschah merkwürdigerweise zur gleichen Zeit, als in England die bisher für das Bahnprojekt günstige öffentliche Meinung ins genaue Gegenteil umschlug.

Aehrenthal versuchte vergebens seinen russischen Kollegen davon zu überzeugen, daß Österreich-Ungarn bei dem verharre, was 1903 in Mürzsteg vereinbart wurde. Daß das fragliche Bahnprojekt dieser Vereinbarung keinen Schaden zufüge. Der k.u.k. Botschafter in Petersburg, jetzt der spätere Außenminister Graf Berchtold, wurde aber vom Zaren belehrt, daß dem nicht so sei. Es ginge dabei auch um Interessen Rußlands, und man dürfe nicht vergessen, sagte der Zar lächelnd:

»Moi aussi, je suis Russe.«

Da nun Petersburg und London einig waren in der Ablehnung des in Wien gedachten Vorgehens, entschlossen sie sich, gemeinsam auf dem Balkan aufzutreten. Der russische Ministerpräsident Stolypin nahm aber seinen Außenminister an die Leine und erklärte, wie notwendig das Reich den Frieden hätte; Abenteuer in der Außenpolitik seien, wörtlich, Fieberwahn; jede Initiative gefährlich, gefährlich für die *Dynastie*. Man versteht, daß dieser Ministerpräsident nicht der Mann der Radikalen sein konnte; also schoß man ihn über den Haufen. Nicht nur der Ministerpräsident, auch die russischen Militärs waren der Ansicht, die Armee sei nach der Niederlage gegen Japan noch nicht in Ordnung gebracht. Aber – Izvolskij kurbelte weiter. Selbst im liberalen Lager wurden in der russischen Regierung jene angegriffen, die nicht für die sogenannte historische Mission in Richtung Konstantinopel waren. Izvolskij verfiel einer Utopie: Die Meerengen bei Konstantinopel sollten bei Aufrechterhaltung der Schließung der Meerengen für Kriegsschiffe der Uferstaaten zur Passage freigegeben werden. Da Bulgarien und Rumänien keine Flotte hatten, wäre so der alte Traum Rußlands erfüllt worden. Dazu erwartete sich Izvolskij das Verständnis und die Zustimmung Englands und der übrigen Großmächte. Um dies zu erreichen, fing er mit einer Reisediplomatie an, die er unglücklicherweise in Österreich zuerst probierte. Während dieser in Bewegung geratenen internationalen Situation brach, von Kreisen in Westeuropa unterstützt, in der Türkei die Revolution der *Jungtürken* aus.

Die Jungtürken verfolgten, wie alle Revolutionäre, eine Utopie: nämlich die Einführung einer parlamentarischen Demokratie in der Türkei, etwas, das noch um das Jahr 2000 auf sich warten läßt. Für diesen Fall sollte die 1878 erfolgte Okkupation von Bosnien und der Herzegovina für erloschen erklärt und auch aus diesen Provinzen Abgeordnete ins fragliche Parlament nach Konstantinopel entsendet werden. Der für die beiden Länder der Monarchie zuständige k.u.k. Finanzminister Baron Burian stellte in der Sitzung des Ministerrats vom 19. August 1908 die Frage der *Annexion* anstatt der bisherigen bloßen *Okkupation* zur Debatte. Diese Annexion hat Petersburg seit Jahren bei mehreren Anlässen Österreich-Ungarn zugestanden; jetzt eröffnet Izvolskij der Regierung in Wien, man müsse darüber in Gespräche eintreten. Er hoffte, bei diesem Anlaß vorweg die Zustimmung Österreich-Ungarns zu seinem Vorhaben betreffs der Meerengen zu erlangen. Zugleich brachte er seinerseits ein Eisenbahnprojekt zur

Sprache, eine Donau-Adria-Bahn, was dem Drang Serbiens zur Adria entgegen kam.

Der k.u.k. Ministerrat für Gemeinsame Angelegenheiten vom 10. September 1908 erteilte Aehrenthal die Zustimmung zur Durchführung der Annexion Bosniens und der Herzegovina, bei gleichzeitigem Verzicht auf das Recht, in dem zwischen Serbien und Montenegro liegenden Sandzak Novi Pasar Garnisonen zu unterhalten. Um diese Zeit hielt sich König Edward VII. von England in den böhmischen Bädern auf. In Karlsbad hatte er eine Begegnung mit dem französischen Ministerpräsidenten Georges Clémenceau, einem Anhänger der Kommune von 1871 und scharfen Verfechter der am Deutschen Reich zu vollziehenden Revanche für 1870/71. Am 20. August machte sich auch Izvolskij auf, die böhmischen Bäder zu besuchen. Man kann sich vorstellen, was Gegenstand der Gespräche der Herrschaften aus den den Mittelmächten feindlichen Staaten der Triple Entente war.

DRITTER TEIL

1.

DER HAHN KRÄHT ZUM ERSTEN MAL

England ist in den großen europäischen Konflikten meistens auf seiten Österreichs gestanden. In den napoleonischen Kriegen war Österreich der Festlandsdegen, der aushielt, als andere Verbündete Londons längst ihre Sache mit Frankreich abgemacht hatten. Nur ein einziges Mal, im letzten Krieg um Schlesien, im Siebenjährigen Krieg, ließ sich Maria Theresia leider bewegen, ausgerechnet Frankreich zum Verbündeten zu wählen. Damit war der endgültige Verlust Schlesiens für Österreich und das tragische Geschick des Landes an der Oder nach 1945 besiegelt. Zu Lebzeiten Franz Josephs bestanden nicht immer gute Beziehungen zwischen dem Ballhausplatz und der Downing Street. Aber sowohl Queen Victoria als auch ihr Sohn und Nachfolger Edward VII. waren dem Kaiser von Österreich sehr gewogen. Edward VII. liebte es, während seiner Sommerreisen auf dem Kontinent, in Europa, wie man dort sagt, die böhmischen Bäder aufzusuchen. Dann besuchte er auch wohl Franz Joseph in Ischl und beide Monarchen genossen die mehr legere Art der Hofhaltung in der Kurstadt. Dabei folgten die beiden Monarchen gänzlich verschiedenen Lebensprinzipien: Edward liberalen, die bis in Exzesse von Libertinagen reichten, Franz Joseph in allem konservativen. Kam Edward auf Staatsbesuch nach Wien, dann trug er die Uniform seines k.u.k. Regiments. Bei Besuchen in Berlin strengte sich die britische Majestät sichtlich an, unter der Pickelhaube inmitten seiner preußischen Regimentskameraden einigermaßen militärisch auszusehen. In Österreich gab er sich wie ein pensionierter Oberst bei einem Leichenbegängnis, der halt noch einmal die Uniform trägt. Und Franz Joseph, in der Öffentlichkeit immer adrett in Uniform, störte dieses Auftreten des Gastes

aus London ebensowenig wie die läppische Art, in der sich einmal sein bayerischer Schwiegervater in Uniform gegeben hat. Franz Joseph und Edward hatten das Schicksal, daß beide ihren Kronprinzen auf tragische Weise verloren. Im Falle Rudolfs geriet das zur Story von Mayerling; über die viel tragischeren Umstände des Lebens und Sterbens des Duke of Clarence, des Ältesten Edwards, breitet sich ein Schweigen. Mit der Zeit bekamen die Visiten Edwards in Ischl einen anderen Charakter. Im Viererjahr schon, als sich die Monarchen oben, in Marienbad, trafen, war es Franz Joseph, als wollte sich sein Gast aus London ein wenig zwischen die Beziehungen drängen, die Wien und Berlin verbanden. Das Jahr darauf wurde in London die *konservative* Regierung Balfour durch eine *liberale* unter Campbell-Bannerman abgelöst. Und Edward wurde bei Besuchen in Ischl wohl deutlicher in seinen Äußerungen. Um nach außen hin jeden Verdacht einer staatspolitischen Begegnung auszuschließen, ist Edward 1906 nur in Begleitung seines Privatsekretärs sowie eines Kammerherrn gekommen. Nachher schien es dem Kaiser, als hätte ihn sein Gast wegen der Beziehungen zwischen Wien und Berlin aushören wollen. Sichtlich ging der Kaiser auf die Absichten und Ansichten seines Gastes nicht ein. Jedenfalls bemerkte Edward nach dem Besuch:
»We think the Emperor to be *a very old man.*«
Der Kaiser überlebte den König um Jahre. Und bei späterer Gelegenheit ergab es sich, daß Edward seine Unzufriedenheit mit der Außenpolitik der Monarchie dadurch zum Ausdruck brachte, daß er die von ihm aufs Korn genommene Persönlichkeit körperlicher Schwächen bezichtigte. Auch kam Aehrenthal an die Reihe.
Je mehr die Seemacht Englands mit jener des Deutschen Reiches kollidierte, und je mehr man sich in London Sorgen machte wegen des Fortbestandes der Übermacht im Welthandel, desto mehr versuchte Edward den Kaiser von Österreich zu benutzen, um auf diese Weise einen gewissen Einfluß auf Edwards leiblichen Vetter in Berlin auszuüben. Queen Victoria ist in den Armen ihres Enkels Wilhelm II. gestorben. Aber in den Beziehungen Edwards zu

Wilhelm kam die Verschiedenheit der Lebensprinzipien zutage; bloß bot Wilhelm II. seinem Vetter aus London keine der Chancen einer Verbesserung *menschlicher* Beziehungen, um die sich Franz Joseph vorweg bemühte. 1907 war Edward wieder in Ischl. Es ging ihm, der im Widerspruch zur Verfassung seines Königreichs, höchstpersönlich Außenpolitik betrieb, darum, den Ausbau der deutschen Kriegsflotte zu hemmen oder doch so zu verlangsamen. Später, als sich englische Autoren bemühten, Edward von dem Anschein zu befreien, er hätte bei Franz Joseph keinen Erfolg gehabt, schrieb man, von derlei sei gar nicht die Rede gewesen. Im Hotel Bauer in Ischl, wo die vornehmeren Gäste aus England und Amerika logierten und wo man sich überhaupt einem Modetrend nach englischen Vorbildern hingab, entschlüpfte Edward leider in der Hotelhalle eine Äußerung seines Unwillens:

»I suppose Aehrenthal to be *extremely shortsighted.*«

Gemeint war eine Kurzsichtigkeit im Politischen. Das Wort blieb nicht ungehört und nicht unverstanden. Edward bemühte sich, mit einem Nachsatz seine Bemerkung zu entschärfen:

»He wears *ponderous spectacles,* doesn't he?«

Aber der k.u.k. Minister des Äußeren war keineswegs auf besonders starke Brillengläser angewiesen. Was 's wiegt, dös hat's, sagten die Wiener, und die fragliche Kritik des Königs an der Politik des Ballhausplatzes war nun einmal gefallen. Leider hat man sie in Wien nicht für so schwerwiegend gehalten, wie es sich im nächsten Jahr, im Annexionsstreit wegen Bosnien-Herzegovina, herausstellen sollte. Im Achterjahr war die Lage in Europa von Grund auf gewandelt. Ehe diesmal Edward nach Ischl kam, hatte er in Reval die Zusammenkunft mit dem Zaren. Nikolaus II. wurde zum Admiral der britischen Flotte ernannt. In Reval erschien Edward nicht mit einem Privatsekretär und einem Kammerherrn, sondern in Begleitung seiner Experten für Fragen seiner Marine und seiner Landstreitkräfte. Das war, als der alte Gegensatz zwischen Petersburg und London schon ausgeräumt und der Abschluß eines englisch-russischen Abkommens am 31. August 1907 in Petersburg erfolgt war.

Noch mehr: Frankreich hat sich um diese Zeit bei der Eroberung *Marokkos* auf einer großangelegten Konferenz der Billigung aller europäischen Staaten und der USA versichern können; nur das Deutsche Reich und Österreich-Ungarn waren an die Seite des von der Kolonialmacht Frankreich bedrohten Sultans von Marokko getreten. Die Zeit war da, in der man es in Berlin und Wien besser vermied, die *Isolierung* beider Mächte nicht noch ein weiteres Mal vor aller Welt unter Beweis zu stellen. Aehrenthal wird derlei im Verlauf der Annexionskrise jedenfalls vermeiden. 1908 erreichte die Besuchspolitik Edwards den Höhepunkt ihrer Erfolge: Machtvoll stand die Bündnisgruppe Rußland-Frankreich-England vor Augen. Zuerst besuchte der französische Staatspräsident Edward in London. Nachher besuchte Edward den Zaren in Reval. Zwei Wochen nachher erschien im selben Kriegshafen der französische Staatspräsident an Bord eines Panzerkreuzers, der »Verité«. Nun, da die Szene gestellt war, suchte Edward seinen Cousin Wilhelm II. in Kronberg auf, wo einmal Edwards Schwester, die Mutter des Deutschen Kaisers, ihre letzten Tage verbracht hatte. Aber dort gelang es Edward nicht, dem Flottenbauprogramm des Deutschen Reiches Zügel anzulegen. Schon verärgert traf nachher der König am 13. August in Ischl ein.

Das Jahr zuvor hat Franz Joseph, Edward zu Ehren, zum ersten und einzigen Mal in Ischl ein Automobil bestiegen. Im Sommer 1908 hatten derlei Höflichkeitserweisungen keinen Sinn mehr. Die beiden Monarchen sahen sich nie mehr in diesem Leben. Angeblich soll Franz Joseph diesmal – oder war es im Jahr zuvor nach dem Erinnern eines Zeitgenossen – gesagt haben, Edward sei gar nicht mit ihm zufrieden gewesen. Da Franz Joseph solche Ausplaudereien an Personen, die *amtlich* nichts zu tun hatten mit dem Gegenstand, immer vermied, darf man annehmen, daß er den Fragern etwa so geantwortet hat:

»Der König versuchte es wie Sie. Er kam auf Dinge zu sprechen, die ihn nichts angingen.«

Man darf zweifeln, ob der Kaiser bei all seiner Unnahbarkeit einem Neugierigen wirklich eine so grobe verbale Abfuhr erteilt hat – wie man nachher erzählte. In diesem Jahr 1908 acquirierte sich jedenfalls die Monarchie eine konsequent geübte, weil auf absolutes Mißtrauen begründete, Feindschaft Großbritanniens, die sie auch bei den nächsten internationalen Krisen, 1912/13 während der Balkankriege, und 1914 zu spüren bekommen wird. Im Achterjahr machten in der Türkei die sogenannten *Jung-Türken* Revolution. Im Westen unterstützte man diese Bewegung, war sie doch gegen eine der letzten absoluten Monarchien Europas gerichtet. Die Jungtürken hatten den Vorteil, jung an Jahren zu sein, dafür hatten sie weder Erfahrung noch, als Militärs, politische Bildung. Was sie dachten, das haben sie aus ihrer Arbeit in Logen mitgebracht, insbesondere aus jenen in Saloniki, wo es gleich deren drei gab. Als vermeintliche Liberale lehnten sie den Nationalismus der erwachenden Balkanslaven ebenso ab wie den religiösen Charakter des Osmanischen Reiches und die Tradition, wonach der Sultan Beherrscher aller Gläubigen war. Der spätere Diktator Kemal Atatürk ging aus dieser Bewegung hervor. Er hat nach dem Ersten Weltkrieg den letzten Sultan abgesetzt, des Landes verwiesen und eine laizistische Ordnung nach westlichem Muster einführen wollen. Die Demokratie aber lenkte er eher auf eine Kriechspur ab. Die Jungtürken waren entschlossen, sich nie mehr auf die sogenannten Reformvorschläge auswärtiger Mächte einzulassen. Vielmehr wollten sie eine Selbstreinigung nach ihren Ideen durchführen. Für Österreich-Ungarn entstand das Problem, daß Bosnien und die Herzegovina zwar seit 1878 okkupiert, seither aber immer noch der Souveränität des Sultans unterstellt waren. Souverän sollte aber nach den Vorstellungen der Jungtürken in Hinkunft anstelle des Sultans das Volk und dessen Volksvertretung sein. Mehr noch: Auch aus Bosnien und der Herzegovina sollten Deputierte ins künftige Parlament nach Konstantinopel entsandt werden. Mit anderen Worten: Die Jungtürken hatten die 1878 auf dem Berliner Kongreß betreffs Bosnien und Herzegovina statuierte Ordnung umgeworfen. Die Westmächte hatten nichts dagegen einzuwenden. Man wird sich das merken, wenn die Rede davon ist, wie man im Westen reagierte, als Österreich-Ungarn 1908 seinerseits auf die von Grund auf gewandelte Lage reagieren wird: Statt Okkupation nunmehr Annexion.

In Petersburg gefiel die Malaise, in die Wien durch den Putsch der Jungtürken geriet. Hier gab es eine Handhabe, um sich einzuschalten. Und das tat denn auch der russische Außenminister Izvolskij, der das Problem Bosnien/Herzegovina benützen wollte, um Wien vor seinen Wagen zu spannen. Am 18. August 1908 hatte der k.k. Botschafter in Petersburg Graf Berchtold vor Urlaubsantritt noch eine Unterredung mit dem russischen Außenminister. Seit Mai des Jahres gingen die Gespräche zwischen Petersburg und Wien hin und her, Rußland war wieder einmal daran, die Öffnung der Meerengen für russische Kriegsschiffe zu erzwingen, Österreich-Ungarn wollte Gewißheit haben, wie man sich in Petersburg verhalten würde, wenn die auf dem Balkan schwelenden Unruhen zu einem Umsturz der dortigen Staatenordnung führen sollten. Der russische Außenminister kam dem Österreicher wie ein gereizter Eber vor. Dieser Eindruck war zutreffend. Denn einerseits hetzte die Presse im Land zu einer mehr resoluten Balkanpolitik; und andererseits war sich der Außenminister gar nicht so sicher, ob es ihm gelingen würde, den jahrhundertealten Drang Rußlands nach Öffnung der Meerengen bei Konstantinopel diesmal heranzuzwingen.

Am Tag nach dem Gespräch mit Berchtold reiste der Außenminister ab. Er hatte sich einiges vorgenommen für den Sommer, nämlich in den Hauptstädten der europäischen Großmächte für das Ziel seiner Balkanpolitik zu werben. Sieben Tage nach dem Beginn des Reisens des Außenministers am 7. August war Aehrenthal mit seinem Konzept fertig. Ein wenig scheinheilig war darin, so wie in allen der Türkei von allen Mächten zugemuteten Reformen, von einer Erhaltung des status quo der Türkei die Rede. Sollten aber gewisse Umstände Österreich-Ungarn zwingen, Bosnien und die Herzegovina zu annektieren, dann erwartete sich der Ballhausplatz in diesem Fall eine *wohlwollende* und *freundschaftliche* Politik Rußlands. Dafür würde die Monarchie ein Opfer bringen, nämlich das Recht, im Sandzak Novi Pasar Garnisonen zu unterhalten, aufgeben.

So wurde denn ein fatales Geschäft nach der Formel *do ut des* eingefädelt und Aehrenthal fing an, Nüsse zu knacken. Im Bezug auf die Meerengen versprach er nämlich Petersburg einen freundlichen und vertraulichen Gedankenaustausch, sobald der Fall aktuell werden sollte. Im August war der Umsturz in der Türkei eine Tatsache. Die Westmächte hatten den Umsturz nicht nur hingenommen, sondern gefördert. Das aber bedeutete, wie gesagt, auch den Umsturz der Ordnung betreffend Bosnien und der Herzegovina. Ob die Westmächte, die den Umsturz der Lage in der Türkei mit Wohlwollen verfolgt hatten, auch die daraus für Österreich-Ungarn und seine beiden Provinzen Bosnien und die Herzegovina notwendigen Veränderungen – Annexion statt Okkupation – stillschweigend zur Kenntnis nehmen würden?

In Petersburg war man der Ansicht, die Annexion dürfte nur unter Beiziehung der Signatarstaaten des Berliner Kongresses von 1878 erfolgen. In Wien durfte man sich der Meinung hingeben, 1908 sei, so wie 1870 im Falle des Konkordats, ein bisheriger Vertragspartner in Wegfall gekommen: nämlich der Sultan als damaliger Souverän. Den Vertrag hatte man mit dem Sultan, nicht mit dem neuen Souverän, dem sogenannten türkischen Volk und dessen Volksvertretung. Auf diese hätte man bis ins Jahr 2000 warten müssen.

Izvolskij ging wegen der Meerengenfrage zuerst die Österreicher an. An sich hätte er in den böhmischen Bädern Gelegenheit gehabt, diesbezüglich mit Edward VII. und dem französischen Ministerpräsidenten Clémenceau einen Meinungsaustausch herbeizuführen. Das nun tat er nicht. Es hätte dies ein sofortiges Ende seiner auf die Meerengen gerichteten Politik bedeutet, wie Izvolskij später bei seinen Besuchen in Paris und London zu seinem Leidwesen erfahren sollte.

Berchtold bekam die Denkschrift Aehrenthals am 27. August 1908 in Karlsbad. Sogleich suchte er den im »Hotel Savoy Western« logierenden russischen Außenminister auf. Prima vista erklärte der Russe dem Grafen, die nunmehrigen Ausführungen des Ballhausplatzes täten sich im großen ganzen auf seiner eigenen Linie bewegen. Ein Konsens sei nicht ausgeschlossen, zumal er, Izvolskij, der Meinung sei, die beiden *konservativen* Großmächte Rußland und Österreich-Ungarn seien aufeinander angewiesen.

353

Immerhin war der Eber noch so gereizt, daß er sich in Gegenwart des Österreichers über die unverschämte Schreibweise der Wiener Blätter beschwerte; wobei er annahm, diese Zeitungen würden nur das schreiben, was ihnen der Ballhausplatz eingibt.

Nachdem Graf Berchtold erkannt hatte, daß der Grimm des Russen verraucht war, und er wußte, daß Izvolskij sich den Tafelfreuden und dem Umgang mit schönen Frauen ergab, glaubte der Österreicher ein Experiment wagen zu können: nämlich den Russen auf seinen Besitz Buchlau einzuladen, um dort ein Gespräch Izvolskijs mit Aehrenthal, unter vier Augen, zu ermöglichen. Die Gemahlin des Grafen übernahm es, die Einladung für Izvolskij und dessen Begleitung auszusprechen. Es war also eine *informelle Begegnung.* Und sie geriet so informell, daß nachher Izvolskij und Aehrenthal gut taten, nichts davon den Akten anzuvertrauen. Sie vertrauten einander – obwohl sie sich gegenseitig hinters Licht geführt haben.

Der Oktober kam. In Serbien entstand eine gewaltige Aufregung, weil es durchsickerte, Wien sei daran, die Nachbarländer Bosnien und die Herzegovina zu annektieren und damit für immer Gebietsansprüche Serbiens zu vernichten. Daß die öffentliche Meinung in Belgrad von der Art war, die eine benachbarte Großmacht einfach nicht hinnehmen *durfte,* war nicht so gefährlich. Gefährlich war, daß Serbien die Reservisten einberief. Als Aehrenthal tatsächlich im Ministerrat für die Gemeinsamen Angelegenheiten die Annexion zur Sprache brachte, wurde zumal von ungarischer Seite eingewendet, derlei sei doch angesichts der Mobilmachung in Serbien ein gewagtes Unternehmen.

Aber nach dem, was der Außenminister über die Gesprächssituation in Buchlau sagte, war wohl kaum anzunehmen, daß sich Rußland hinter die rasanten Ausfälle Serbiens stellen würde. Sollte man jetzt nach dreißig Jahren opferreicher und kostspieliger Arbeit in den beiden Ländern diese einfach preisgeben? Womöglich serbischen Ansprüchen gegenüber und damit die ganze Südslaven bewohnte Südostflanke des Reiches sozusagen zum Tummelplatz großserbischer Agressionen machen? Man sagte, Franz Joseph wäre nach Verlust der reichen Provinzen Lombardei und

Venetien geradezu gestoßen worden auf die traditionelle Aufgabe, allzeit *Mehrer des Reiches* zu sein; allerdings eines anderen als jenes, das 1806 unter der Wucht napoleonischer Politik zusammenbrach. Tatsache ist, daß der Kaiser vorhersah, ein weiteres Zögern würde die Annexion nicht aus dem Wirrwarr europäischer Politik herausreißen, sondern *internationalisieren*. Aber nun schien es, als ob der Teufel die Hand im Spiel hätte oder als ob den unzuverlässigen Fürsten Ferdinand von Bulgarien der Teufel reiten würde. Am Tag, an dem in Wien mit Allerhöchsten Handschreiben vom 3. Oktober 1908 Kaiser Franz Joseph die bevorstehende Annexion Bosniens und der Herzegovina dem k.k. Minister des Äußeren annoncierte, faßte in Sofia Fürst Ferdinand den Entschluß, Bulgarien unter Einschluß des unter türkischer Oberhoheit stehenden Ost-Rumeliens zum *geeinten Königreich* zu erheben.

Das erfuhr die Welt unterm 5. Oktober und an eben diesem Tag sollten die Botschafter Österreich-Ungarns den Staatsoberhäuptern, an deren Hof sie akkreditiert waren, sowie dem Präsidenten der Republik Frankreich die Annexion beziehungsweise den Rückzug aus Novi Pasar in aller Form eröffnen. So mußte der Eindruck entstehen, das Vorgehen Wiens und Sofias sei als eine abgekartete Sache in Szene gesetzt worden. Wodurch sich der Widerstand der Großmächte gegen die Annexion, das Deutsche Reich ausgenommen, verdoppelte; und die Politik des Ballhausplatzes verständlicherweise das üble Image einer Doppelbödigkeit bekam.

In Petersburg mußte Graf Berchtold das für den Zaren bestimmte Handschreiben seines Kaisers an den Zaren dem Stellvertreter Izvolskijs anzeigen und bei diesem um die Audienz beim Zaren einkommen. Vor Rückkehr des Außenministers von seiner Rundreise, sie war eben in Paris angelangt, war eine offizielle Reaktion Petersburgs nicht zu erwarten.

In Paris aber ergab es sich, daß der dortige k.u.k. Botschafter zunächst keinen Vorsprachetermin beim Präsidenten der Republik bekommen konnte. Der Präsident war in Abreise begriffen. Den Vorgang bis zur Rückkehr des Präsidenten nach der Hauptstadt in Schwebe zu lassen, schien dem Botschafter nicht vertretbar zu sein. So besorgte er seinen Auftrag vor dem Termin am Quai d'Orsey mit dem Effekt, daß dieser sofort die Presse alarmierte. Das wieder hatte zur Folge, daß man in Berlin die Neuigkeit aus den Tageszeitungen erfuhr, noch ehe der einzige verläßliche Bundesgenosse der Monarchie offiziell von dem Geschehen Kenntnis erlangt hatte.

Und in Paris erfuhr der inzwischen dort eingetroffene russische Außenminister davon, daß Wien die nach seiner Ansicht noch umstrittene Annexion als eine vollendete Tatsache der Welt zumutete. Wien war sichtlich nicht bereit, die Signatarmächte des Berliner Kongresses von 1878 um die Annexion in aller Form anzugehen. Wien berief sich auf den Zivilisationsauftrag ex 1878. Verschwieg aber leider, daß Rußland seither *dreimal* die Annexion Wien eröffnet hat, einmal sogar zu jedem in Wien genehmen Zeitpunkt.

Eins kam zum anderen. Izvolskij bekam in Paris und London ein klares NEIN zu seinen die Meerengen betreffenden Absichten. In London kam man ihm sogar ziemlich unfreundlich; aber auch der militärische Verbündete Frankreich war alles eher als wohlwollend. Und wohlwollend war man sogar in Österreich der einschlägigen Absicht Rußlands begegnet. Obwohl also Frankreich und England die Aspirationen Rußlands auf die Meerengen viel unfreundlicher und weniger entgegenkommend aufgenommen haben als Österreich-Ungarn, machte Izvolskij jetzt die Monarchie und vor allem Aehrenthal zum *Prügelknaben*. Man versteht, daß er sich London und Paris gegenüber nicht jene Sprache erlauben konnte, die um diese Zeit Österreich-Ungarn zuweilen schon hinnehmen mußte. Indem Izvolskij Aehrenthal maßlos beschimpfte, hoffte er, derlei Tun als einen Schild gegen die russische Presse benützen zu können; die jetzt erst recht über den Außenminister herzog, da und dort schon das Ende seiner Ministerschaft in Erwägung zog.

Die Türkei reagierte mit einem Boykott des Levantehandels der Monarchie. Nichts enthüllt die wahre Mentalität Edwards VII. besser als der Kommentar, den er einer türkischen Delegation

gab, die nach London gekommen war und mit der er über den Boykott also sprach:
»Capital trick, your boykott. Go on.«
Go on, zum Nutzen des Levantehandels Englands, der einrückte, wo die Monarchie boykottiert wurde. Die englische Presse aber schoß sich ein für die nächsten Konflikte. 1912/13. Und 1914. Bisher war man in gebildeten Kreisen Englands immer der Meinung gewesen, das rückständige Österreich käme stets mit einer Idee oder einer Armee zu spät. Diesmal, höhnte der »Daily Graphic«, sei Österreich ein einziges Mal nicht zu spät gekommen, sondern ungehörigerweise vorgeprellt bei der Annexion. Man verschwieg allerdings den Lesern, daß 1878 England nicht eine Okkupation, sondern die sofortige Annexion vorgeschlagen hat, ein Angebot, auf das der damalige k.u.k. Außenminister mit Rücksicht auf den Sultan leider nicht eingegangen ist. Auch der »Standard« erwies sich als einseitig orientiert, was die Geschichte betraf. Er verglich die Haltung der Monarchie mit ihrem Verhalten bei der Teilung Polens; vermied es jedoch selbstverständlich, den Umstand, daß der damalige Hauptakteur und Hauptgewinner Rußland war, auch nur anzudeuten. Am übelsten betrug sich der »Daily Telegraph«. Er meinte, in England würden Herren, die sich im Privatleben derlei erlaubten, was österreichische Diplomaten bei ihren Geschäften praktizierten, aus ihren Clubs ausgeschlossen. In Wien gab es keine Zeitung, die abgedruckt hätte, wie oft englische Staatsmänner die Mitgliedschaft in ihren Clubs behielten, obwohl sie sich in der Politik einer schändlichen Trickery bedienten. Mehr noch:
Der Vertreter der britischen Majestät in Wien nahm sich heraus, den k.u.k. Außenminister, Aug' in Aug', zu beleidigen; Aehrenthal war leider kein Graf Tisza, der in einem solchen Falle dem fragwürdigen Gentleman auf Säbel die Antwort gegeben hätte. Und Izvolskij gab sich wie ein angeschossener Eber. Im alten Rußland lag der Getreidehandel meistens in den Händen von Juden, die Eltern des großen Trotzki sind in diesem Geschäft reich geworden. Solche Zustände vor Augen und im Hinblick auf das Adelsprädikat Aehrenthals verglich der Außenminister des Zaren

den k.u.k. Außenminister mit einem *jüdischen Getreidehändler.*
Überhaupt grassierte um diese Zeit, lange vor der Zeit Hitlers, ein
Antisemitismus, den nicht zuletzt die Reporter der »Times« in
Wien, Steed und Seton-Watson, in Schwung brachten. In Serbien
rügte die Presse die Umtriebe der Juden in Österreich noch mehr
als in Rußland.

Seltsam: Selbst nach der Heimkehr Izvolskijs nach Petersburg,
Ende Oktober 1908, war der Zorn der Russen gegen die Österreicher bei weitem nicht so nachhaltig und bösartig wie die Politik,
die in London der liberale Außenminister Sir Grey entfaltete.
Grey war es, der Petersburg anstiftete, ja nicht gegenüber Wien
nachzugeben. England werde notfalls als letzte und einzige Macht
zu Rußland stehen. Und die Monarchie müsse vor das Gericht einer Internationalen Konferenz, wo man den labbrigen Österreichern zeigen wollte, wer Herr der Lage war. Wien *und* Berlin.
Berchtolds große Zeit in Petersburg begann. Er mußte monatelang warten, bis er dem Zaren das Handschreiben Franz Josephs
selbst übergeben konnte. Izvolskij begrüßte nach seiner Heimkehr den Österreicher mit den eher gutmütigen Worten:
»Na – da sind wir in eine schöne Klemme geraten.«
Wir sagte der Russe. Das hörte sich anders an als das, was über den
Kanal auf Englisch in Wort und Schrift und in Taten kam. Mag
man Berchtold Vorwürfe machen wegen des Verhaltens in der
Spätkrise vor Kriegsausbruch 1914, im Herbst 1908 und im Winter auf 1909 verdiente er sich die hohe Anerkennung, die Franz
Joseph seinem Wirken in der russischen Hauptstadt erwies. Freilich, das, was Izvolskij wollte, nämlich eine Art Anerkennung der
Version, wonach er, Izvolskij, in Buchlau hinters Licht geführt
worden sein soll, konnte er von Berchtold nie bekommen. In diesen Gesprächen fiel der Vorwurf an Wien, es betreibe eine Politik
gemäß einer *attitude cassante* et intransigeante; die den Österreichern so ganz und gar abgehende Eigenschaft, *schroff, unnachgie-
big* und *unbeugsam zu sein,* bekam die Monarchie bis 1914 nicht
mehr vom Hals; diese Eigenschaften wurden von den Zeitungen
im Westen und in Rußland immer wieder in die Polemik geworfen.

Es kam der Tag, an dem Berchtold Izvolskij sagte, Wien werde, wenn man in dieser Art in Petersburg fortfahre, veröffentlichen, was Rußland betreffs Bosnien und der Herzegovina schon längst zugestanden hat. Izvolskij sah dem mit Unbehagen entgegen und meinte, es sei doch nicht üblich, Geheimdokumente zu veröffentlichen. Zudem wisse er gar nicht, um welche es sich dabei handle. Und im letzteren Punkt wollte Izvolskij Klarheit, bevor er seine Version dem russischen Parlament erzählte. Erzählen *wollte*.

Am 2. November 1908 wurde Graf Berchtold zur Audienz beim Zaren vorgelassen. Der Zar hatte noch immer nicht eine Antwort auf das Aviso der Annexion parat. Zu Berchtold aber sagte er: »Je vous comprends parfaitement. J'ai beaucoup pensé à vous.« (Während der vergangenen Wochen des Schweigens!)

Einen Monat nachher, am 2. Dezember 1908, durfte Berchtold dem Zaren eine Jubiläumsmedaille zum 60jährigen Regierungsjubiläum Franz Josephs überreichen. Wie immer im persönlichen Umgang erwies sich der Zar als ungemein aufrichtig und liebenswürdig, indem er dem Österreicher unter vier Augen sagte: »Nous pouvons en parler franchement, chèr Comte Berchtold, ni vous, ni moi sommes la cause si ça n'est pas ainsi...«

Was hätte der Zar ainsi, *also* sein sollen. Nikolaus II. verschwieg dem österreichischen Grafen nicht, was sonst in der internationalen Politik nicht mehr akzentuiert ausgesprochen wurde: »Les puissances monarchiques avoisinées ont des grands interêts communs à sauvegarder. Si elles ne tiennent pas ensemble *tout va mal*.«

Das war prophetisch gesprochen; denn als 1914 jene benachbarten Monarchien, denen das konservative Prinzip gemeinsam war, im Krieg aufeinander losgingen, freute sich der Bolschewist Lenin. Und alles ging schlecht aus – außer für die Sache Lenins.

Anders als der Zar von Rußland nannte die Petersburger Zeitung »Novije Vrema«, wörtlich, das Jubiläum des Kaisers von Österreich ein blutiges Jubiläum. Zehn Jahre später wird der Verfasser dieser Anklage schon für die an der Macht befindlichen Bolschewiken Artikel schreiben. 1908 war es für den k. u. k. Botschafter in Petersburg nicht leicht, den Außenminister des Zaren dazu zu bewegen, die immerhin offiziöse »Novije Vrema« zur Aufnahme einer Replik auf die Beleidigung des Kaisers von Österreich zu bringen. Die wegen der Annexion entstehenden Mißlichkeiten färbten schließlich leider auch auf die Einstellung des k.u.k. Botschafters am Hof zu Sankt Petersburg ab. In den Tagebuchaufzeichnungen des Grafen Berchtold finden sich unter den Daten jener Zeit sonst ungewohnte Ausdrücke, gerichtet gegen Izvolskij: Unverfrorenheit, lügen, ohne schamrot zu werden, Komödiantentum, verlogener Strick et cetera …

Dabei war Izvolskij bei allen seinen Mängeln nichts von dem, was der Österreicher seinem Tagebuch anvertraute. Ganz im Gegenteil. Aber ein Zornesausbruch des Russen war für den Österreicher nur Komödie; lügen, in der Diplomatie finassieren genannt, konnte der Russe ganz und gar nicht. Nur schwer wurde er seiner Gefühlswallungen Herr. Mit der Zeit verlor Izvolskij in Petersburg an Boden, er mußte sein Portefeuille an jenen Sasonov abgeben, der 1914 Nikolaus II. bewog, als erstes Staatsoberhaupt einer Großmacht die Generalmobilmachung anzuordnen, und so die letzte Chance einer Lokalisierung des Konflikts wegen des Mordes in Belgrad zerstörte. Dann aber wird Izvolskij als Botschafter des Zaren in Paris den Kriegsausbruch als den Ausbruch *seines* Krieges willkommen heißen; um nach 1917 als ein armer Mann in der Emigration zugrunde zu gehen.

Das Jahr 1908 ging zu Ende. Grey sorgte betulich, daß sein Feuerchen in Petersburg brannte. Je mehr Österreich-Ungarn und das Deutsche Reich engagiert waren in die Notwendigkeiten, die der Annexion folgten, desto weniger brauchte London sich Gedanken machen über andere Aktivitäten, die vielleicht England betroffen hätten. Und endlich war Grey am Ziel: Auf beiden Seiten der Nordgrenze Galiziens marschierten die Truppen des Zaren und des Kaisers auf. In der Monarchie und in Rußland wurden Reservisten einberufen. Der Neo-Slavismus aber schien zu ziehen:

Tschechische Reservisten zweier Infanterie-Regimenter meutern, ebenso solche des traditionsreichen Dragoner-Regiments Numero 8.

In Belgrad kamen zwei Hauptschreier obenauf: Der zum Wahn-
sinn neigende Kronprinz Georg und der Sektionschef im dortigen
Außenministerium Spalaiković; letzterer wird 1914 als serbischer
Gesandter in Petersburg einen erheblichen Beitrag zum Eintritt
Rußlands in den Krieg leisten. Das serbische Parlament, die Skupčina, trat am 3. Jänner 1909 zusammen. Während dieser Session
hat der serbische Abgeordnete, auch Minister, Stefan Protić ausgesprochen, worum es Serbien eigentlich in dem Konflikt mit
Österreich-Ungarn ging:
»Zwischen uns und Österreich-Ungarn, zwischen den Balkanstaaten und der Monarchie kann es nur dann einen Frieden und
gute Nachbarschaft geben, wenn Österreich-Ungarn darauf verzichtet, eine Großmacht zu sein, wenn es sich entschließt, die
Rolle einer östlichen Schweiz anzunehmen.«
Das waren auch prophetische Worte, obwohl auch die 1918 etwas
kleingeratene Alpenrepublik Österreich dem Staat der Südslaven
weder Frieden noch, nach 1938, gute Nachbarschaft gewährlei-
sten konnte.
In Wien hat Franz Joseph alle Mißlichkeiten der Annexionskrise
von seinem Standpunkt und nach seinen Möglichkeiten unter
Kontrolle gehalten. Und im Verein mit dem Thronfolger nichts
versäumt, einen Kriegsausbruch, an dessen Grenzen die diplomatischen Prozeduren sich manchmal bewegten, zu verhindern. Ehe
Graf Berchtold nach den Weihnachtsfeiertagen auf seinen Posten
in Petersburg einrückte, war er in Audienz beim Kaiser. Franz Josephs Ansichten zu der Lage sind bemerkenswert:
Er zweifelte trotz aller Mißlichkeiten und Mißverständnisse nicht
daran, daß es möglich war, die Beziehungen der Monarchie zu
Rußland zu verbessern; und bei dieser Ansicht blieb Franz Joseph
bis zum Kriegsausbruch 1914. Franz Joseph und der Thronfolger
zeigten sich einig in der Widerlegung des Standpunktes, den inmitten des Konflikts der Chef des k.k. Generalstabs Conrad von
Hötzendorf einnahm. Conrad versuchte vergebens darzulegen,
es sei momentan eine der letzten Chancen gegeben, mit Serbien
abzurechnen, *ohne daß Europa* in einen allgemeinen Krieg schlit-
tert (wie das 1914 geschah). Aber Franz Joseph ließ sich auch dann

nicht von seinem Standpunkt abbringen, als die Antwort Nikolaus II. auf das Handschreiben des Kaisers vom 29. September vorigen Herbstes bedrohliche und verletzende Passagen aufzeigte. Eine Antwort nach einer dreimonatigen Wartezeit.
Der Zar, der mit Graf Berchtold so begütigend redete, und jener, der dem Kaiser von Österreich brieflich antwortete, scheinen nicht ein und dieselbe Person zu sein. Jener gefährliche Wankelmut, der einmal Nikolaus, seine ganze Familie und Rußland ins Verderben stürzen sollte, zeigte sich schon in den wechselvollen Phasen der Annexionsstreitigkeiten. Im übrigen war es Franz Joseph, der hinter die Vermutung kam, es sei im Moment wohl *England*, das die Intransigenz Rußlands abstütze.
Und was England beträfe, meinte Franz Joseph, so müsse man sich dort nach dem wechselnden Zustand der öffentlichen Meinung orientieren – auch in der Außenpolitik. Daß aber die Macher der öffentlichen Meinung und jene, die angeblich eine Politik gemäß der öffentlichen Meinung führen, im demokratischen Zeitalter oft im selben Boot sitzen und von ein und demselben Steuermann die Kurse abgesteckt bekommen, auf diese Perfidie ist der Kaiser wohl sein Leben lang nicht gekommen. Sorgen machte sich in diesen Tagen Franz Joseph darüber, ob die Zustände in den von Südslaven bewohnten Teilen der Monarchie wohl von der Art seien, daß sie ein Attraktivum für die Serben in deren Königreich werden könnten; *was* zu letzterem Effekt zugunsten der Monarchie notwendig sei, darüber stritten sich die Parteipolitiker und die Macher der nationalen und sozialen Revolution dermaßen, daß der Kaiser wohl oft kluge Worte zu hören bekam; aber weder Männer noch Taten wahrnehmen konnte, die mehr waren als oratorische und publizistische Leistungen intelligenter Herren von Rang und Ansehen.
So kam der zwanzigste Todestag des Kronprinzen Rudolf heran. An diesem Tag eines jeden Jahres ehrte Wilhelm II. das Andenken des Mannes, der zu Lebzeiten wohl der entschiedenste Feind des nunmehrigen Deutschen Kaisers war. Wie immer trug der Deutsche Kaiser an diesem Tag österreichische Uniform; was er in dieser Kostümierung sagte, bewies aber, daß er so gar kein Verständ-

nis für die Existenzsorgen derer in der Vielvölkermonarchie besaß: Für Wilhelm II. war der obwaltende Konflikt nur ein erneuter Ausbruch des unvermeidlichen Antagonismus zwischen *Germanentum* und *Slavismus*. Was konnte Franz Joseph mit solchen Formeln anfangen, da doch die Slaven insgesamt die zahlenmäßig stärkste Gruppe in der Habsburgermonarchie diesseits der Leitha waren; das Deutschtum in Österreich seit 1866 im Mark getroffen, schwankend zwischen Loyalität zum angestammten Herrscherhaus und Hingabe an den Glanz des Hauses Hohenzollern, umspült von den Wellen der sozialen Revolution nach der von Karl Marx entworfenen Schießlehre für den Klassenkampf.

Langsam wurden in Wien und Petersburg die an den höchsten Masten wehenden Transparente mit den scharfen Formulierungen eingezogen. Izvolskij tat etwas für den Frieden, indem er verlautete, Österreich-Ungarn fürchte sich vor Rußland, richte also kein Unheil an. Das nahm man ihm in Rußland nicht ab, und er verlor vollends seinen politischen Kredit, als in Petersburg bekannt wurde, der Außenminister des mächtigen Zaren von Rußland hätte in Belgrad aufgetragen, Serbien möge seine nach der Annexion an Österreich-Ungarn gerichteten Gebietsforderungen aufgeben. Da gab es Aehrenthal auf, in Petersburg mit der Veröffentlichung gewisser Aktenstücke zu drohen.

Aber – wie nun einmal die Politik über doppeltem Boden Aehrenthals war: Er machte die fraglichen Aktenstücke dem mächtigen Regierungschef Izvolskijs, Ministerpräsident Stolypin, zugänglich. In Petersburg erfuhr Graf Berchtold von diesem neuen Gewaltstückel des Ballhausplatzes; es paßte nicht in die Gesprächssituation, um die Berchtold zumal am russischen Hof besorgt war. Trotzdem blieb Aehrenthal das Glück treu. Der durch die Annexion unmittelbar betroffene Staat, die Türkei, kam mit Österreich-Ungarn zu einem Arrangement, wonach man in Konstantinopel den Vorgang des Verlustes zweier ohnedies nur mehr formell beherrschter Provinzen zu den Akten nahm; *und* die Geldentschädigung der Monarchie zur Aufbesserung der völlig deroutierten Staatsfinanzen kassierte und benutzte.

Jetzt konnte Aehrenthal dem deutschen Reichskanzler Fürst Bülow ohne Umschweife erklären, die Monarchie betrachte die Aktion für abgeschlossen, Gebietsansprüche der Monarchie, die über die annektierten Gebiete im Südosten hinausgehen, bestünden nicht. Wien brauchte aber gerade jetzt die Mächtigkeit Berlins. Denn worauf es ankam war, daß Serbien die belliziose Haltung, wie sie Stefan Protić in der Skupčina gekennzeichnet hat, aufgab. Wenn nicht – dann drohte eine diesbezügliche ultimative Forderung des Ballhausplatzes neue Komplikationen in der internationalen Lage zu bringen. Das war die Stunde, da in Berlin das Wort von der Österreich-Ungarn gegenüber geübten *Nibelungentreue* für eine nochmalige Dramatisierung der ohnedies noch immer spannungsgeladenen Situation sorgte. Wie gut, daß Petersburg in Belgrad nicht nur serbische Gebietsansprüche an die Donaumonarchie unterband, sondern auch verlangte, man möge in Serbien die provozierenden Äußerungen gegen die benachbarte Großmacht im Norden des Landes aufgeben.

Der 3. März war eine Etappe auf dem Weg zur Sicherung des Friedens. In Petersburg war man der Einflußnahme Berlins nachgekommen. Der dortige deutsche Botschafter konnte nach Berlin berichten, Serbien beuge sich vor der von den Vertretern Englands, Frankreichs und Italiens unterstützten russischen Demarche; es werde keine Kompensationsansprüche stellen; und es wird die Rüstungen einstellen. Zwei Tage später meldete sich der Ballhausplatz in Belgrad mit einer Note, die freundnachbarliche Beziehungen anbahnen sollte. Aber Belgrad ging nicht darauf ein, auch die noch so ausgeklügelte Note des Ministerpräsidenten und Außenministers Pasič konnte diesmal nicht täuschen. Nun aber wollten auch die anderen Großmächte den Schluß des langwierigen Konflikts haben. Das gab Berlin die Chance, in Petersburg ein wenig pressanter aufzutreten und dort zweierlei zu verlangen: Erstens die Kenntnisnahme der Bereinigung des Konflikts, wie dies zwischen den zunächst Beteiligten, Türkei und Österreich, geschehen war. Und zweitens, die *Aufhebung* des Artikels 25 der Berliner-Kongreßakte von 1878, womit Aehrenthals Wunsch einer Annexion ohne Befassung der Kongreßmächte von 1878 zum vollen Durchbruch kam, die Rechte der Großmächte aber nicht einfach wegeskamotiert wurden. Man verhandelte jetzt in Berlin, für Rußland hatte der Botschafter Graf Osten-Sacken das Wort. Bis Ende März 1909 war man soweit, daß das Finale eine Begehrnote Wiens sein sollte, bei deren Textierung London die Hand im Spiel haben sollte. Die Note wurde in Wien dem serbischen Gesandten überreicht und dort langte auch am letzten Tag des März die verlangte *Wohlverhaltensbestätigung Serbiens* ein. Demnach anerkannte Serbien, daß es durch die in Bosnien und der Herzegovina geschaffene neue Tatsache in seinen Rechten nicht verkürzt wurde; daß es sich der Entschließung der Signatarmächte von 1878 fügen wird, wo diese den Artikel 25 des Berliner Vertrags als obsolet betrachteten; daß Serbien den Ratschlägen der Großmächte folgen und die Haltung des Protestes und des Widerstandes gegen die Tatsache der Annexion aufgibt; daß es sich verpflichtet, seine Politik gegenüber Österreich-Ungarn zu ändern; daß es künftighin mit der Donaumonarchie auf freundnachbarlichem Fuß leben wird; und daß es nicht nur seine Truppen auf Friedensstärke reduzieren, sondern den Rest in die Friedensgarnisonen abziehen, die Freiwilligen-Formationen entlassen und *irreguläre Banden* nicht zulassen wird auf seinem Territorium.

Das war es, was den Ballhausplatz dahin brachte, seinerseits die serbische Deklaration als genehm und genügend anzuerkennen; und Handelsbeziehungen zu Serbien durch erneute Verhandlungen in einen besseren Zustand bringen zu wollen.

In Wien vermeinte man Sieger zu sein, wenigstens aber gut aus der Affäre gekommen zu sein. Berchtold zögerte nicht, seinem Minister, dem nunmehrigen *Grafen* Aehrenthal, mit dessen Art der Ressortführung während der Annexionskrise er nicht immer einverstanden gewesen ist, in aller Form zu bestätigen: »Ich glaube, wir können zufrieden sein.«

Berchtold ahnte in dieser Stunde nicht, daß die Annexion jene Zündladung am Fundament der Monarchie angebracht hat, die 1914 hoch gehen sollte; und daß dann er, Berchtold, gerade stehen wird müssen. Vierzehn Tage nach diesem Meinungsaustausch des

Ministers mit dem Botschafter hatte letzterer Gelegenheit, dem Kaiser seine eher beruhigende Ansicht vorzutragen. Franz Joseph hörte sich alles an, dann schwieg er für eine Weile, um schließlich zu sagen: Man müsse auch die andere Seite der im Moment glänzenden Medaille sehen; er, der Kaiser, rechne damit, daß nach allem, was geschehen war und was zuletzt Petersburg auf sich nehmen mußte, dort ein *bitterer Bodensatz* zurückbleiben wird. Das war vorsichtig ausgedrückt. Denn nach der Annexionskrise bildete sich nicht bloß ein bitterer Bodensatz in der russischen Hauptstadt, sondern ein gefährliches Konzentrat ätzender Säuren, die bei nächstem Anlaß die Substanz der Donaumonarchie zu spüren bekommen wird.

Nachdem Rußland 1908/09, nicht zum ersten Mal in der Geschichte beider Staaten, Serbien hatte fallen lassen, versuchte man in Petersburg einen anderen, womöglich besseren Vorkämpfer der Idee des Neo-Panslavismus im Kampf gegen Österreich-Ungarn. Das Krisenjahr 1909 war noch nicht zu Ende, da entstand in Petersburg der Entwurf einer russisch-*bulgarischen* Militärkonvention. Artikel 5 der Konvention sah vor:

»... Die Verwirklichung der hohen Ideale der slavischen Völker auf der Balkanhalbinsel, die dem Herzen Rußlands so nahe stehen (ist nur) nach einem günstigen Ausgang des *Kampfes Rußlands mit dem Deutschen Reich und Österreich-Ungarn möglich.*«

Dazu bedurfte es aber eines verläßlichen und unerschütterlichen Stützpunktkommandanten der russischen Relaisstation auf dem Balkan. Als solcher rückte 1909 Nikolaus von Hartwig in Belgrad ein. Er wird im Zwölferjahr jenes Bündnis der kleinen Balkanstaaten zuwege bringen und die Aktivitäten der verbündeten Staaten leiten, die zur Zerstörung der Großmacht des sogenannten Kranken Mannes am Bosporus in Europa führen sollten. Nach der Art, wie die sogenannten Balkankriege 1912/13 geführt wurden, hat man dann auch gegen den sogenannten Kranken Mann an der Donau losgeschlagen.

Hartwig, deutscher Herkunft, sein Vater hieß Heinrich, war einer jener Renegaten, die nach ihrem Frontwechsel mit besonderer Hartnäckigkeit und Feindseligkeit jenen begegnen, bei denen sie

den stillen Vorwurf der Gesinnungslosigkeit vermuten müssen.
Das bekam denn auch Österreich-Ungarn, in der slavischen Welt
noch immer als Vorposten des Germanentums angesehen, in den
Jahren zwischen 1909 und 1914 zu spüren.

2.

DER ZWEITE HAHNENSCHREI

Der königlich serbische Ministerpräsident und Außenminister Milovanović wartete auf dem Belgrader Bahnhof mit Ungeduld auf den mit Verspätung angesagten Orient-Expreßzug. Der ihm bestens bekannte bulgarische Gesandte in Rom, Rizov, der es vom Bandenführer in Mazedonien zum Vertreter seines Landes in Rom gebracht hatte, war es, der die Durchfahrt seines Ministerpräsidenten Gešov avisiert hatte. Gešov hatte sich im Westen umgesehen – ein Kurgebrauch tarnt stets derlei Aktivitäten – und war nun willens, mit seinem serbischen Kollegen möglichst unauffällig zusammenzukommen. Was eignete sich dazu besser als eine Nachtfahrt in einem Schlafcoupé eines internationalen Zuges.

Die drei genannten Persönlichkeiten, herausragend aus der Menge der Balkanpolitiker jener Tage, verband ein und derselbe Lebensstil: Sie zogen die Gewalttätigkeit der Macht der Ideen vor. Der Serbe Milovanović hat 1903 zu den Mördern gehört, die damals den letzten König aus dem Hause Obrenović samt seiner Gemahlin auf eine kannibalische Weise umgebracht haben. Rizov hat sich, wie gesagt, als Bandenführer unter den in Mazedonien tätigen Terroristen ausgezeichnet. Gešov war ein Balkanpolitiker der alten Schule: Tief mußt du dich vor dem Türken verneigen, um ihm das Messer von unten her in die Weichteile zu stoßen. Um 1912 schrieb man im mehr zivilisierten Westen derlei Schändlichkeiten den Folgen der jahrhundertelangen Unterdrückung der Balkanvölker durch die Türken zu; sozusagen dem fälligen Abbau eines Aggressionsstaus. Aber noch viele Jahrzehnte nach dem Ende der türkischen Vorherrschaft auf dem Balkan haben sich die dortigen Völker aus verschiedenen Ursachen gegenseitig mit den ausgesuchtesten Grausamkeiten bekämpft. Ein Spezialist in dieser Art der Kampfesführung sollte der Kroate Josip Brož, genannt

Tito, werden. Und sein Gegenüber, ein gewisser Kvaternik, Sohn eines gewesenen Oberstleutnants im k.u.k. Generalsstab, nachher 1940 Kollaborateur Hitlers. Endlich fuhr der Orient-Expreßzug ein. Der Bahnhofsvorstand führte die serbische Exzellenz mit der ausgesuchtesten Höflichkeit und mit gekonnt geübter Diskretion zu dem Waggon, in dem der bulgarische Kollege des Serben wartete. Es war gesorgt, daß keine Neugierigen die Szene beobachten oder gar das Gespräch im Schlafcoupé störten. Die beiden slavischen Brüder umarmten und küßten sich und gingen, ehe noch der Zug abfuhr, gleich in medias res. Man hatte drei Stunden Fahrzeit bis zur bulgarischen Grenze, wo der Serbe den Zug verlassen wollte. Nötigenfalls konnte man auf der Fahrt ein Hindernis erzeugen, damit die beiden Exzellenzherren ihre Beratungen zu Ende führen konnten. Der Serbe und der Bulgare waren sich vorweg einig darüber, daß man der Türkei den Krieg erklären wird. Der Zeitpunkt für den Krieg zweier Kleinstaaten gegen ein alterndes Großreich war denkbar günstig gewählt. Im Vorjahr, 1911, hatte Italien von seinen nunmehrigen guten Beziehungen zu den Westmächten Gebrauch gemacht und die Türkei in Lybien angegriffen. Damit gehörte der Dreibundstaat Italien zum Interessenkreis der Westmächte. Seit dem Jahre 1909 durfte es sich nach einer Zusammenkunft des Zaren Nikolaus II. mit König Viktor Emanuel III. im italienischen Racconigi auch der wohlwollenden Förderung seitens Petersburgs erfreuen. Die militärischen Erfolge der italienischen Truppen im Landkrieg in Lybien waren bescheiden; die jungen Offiziere aus dem Kreis der Jungtürken organisierten ein letztes Mal einen Kampf der Beduinen gegen die ungläubigen Eindringlinge. Ein gewisser Enver, arabisch Anvar-Paša, wird sich im Ersten Weltkrieg im Kampf an der Seite der Mittelmächte hervortun; und zuletzt seinen abenteuerlichen Ideen von einem Pan-Turanismus zum Opfer fallen.

Nach der endlichen Eroberung Lybiens durch die Italiener, war die ganze Nordküste Afrikas, vom Suez-Kanal bis zum Atlantik, den europäischen Kolonialmächten unterworfen, die frühere Oberherrschaft des Sultans ausgeräumt. Ägypten kam schon 1882 unter englische Kontrolle, Lybien fiel an Italien, Tunesien wurde 1882, sehr zum Leid Italiens, französisch, Algerien und der größte Teil der Sahara wurden nach 1830 von den Franzosen erobert und Marokko wurde 1911 gegen den Widerstand seines Sultans und der Mittelmächte nach dem Willen der anderen Großmächte, die USA mit eingeschlossen, und der sogenannten Neutralen französisches Protektorat. Aus diesen Kolonien und Protektoraten schöpften im Ersten Weltkrieg die Ententemächte Truppenverbände, die im Kampf gegen die Mittelmächte die Erfahrung machten, daß es gar nicht so schwer ist, Europäer zu besiegen, wenn man nur entsprechend *gerüstet* ist.

Nachdem die Türkei seit 1911 durch den Krieg in Lybien auf *afrikanischem* Boden engagiert war, konnte es nach Ansicht Serbiens und Bulgariens nicht zu schwer sein, die ohnedies geschwächte Position der Türkei auf dem *Balkan* vollständig zu zertrümmern. Montenegro, lästig wie alle Zwergstaaten, wird man mit einem Teil jenes Sandzaks Novi Pasar abfinden, der 1909 von Österreich-Ungarn freiwillig geräumt worden ist. Mazedonien sollte, bis auf ein Sechstel dieses Gebietes, an Bulgarien fallen, nachdem die Bulgaren die Mazedonier ohnedies für verderbte Bulgaren hinstellten. Serbien wird das von Albanern bewohnte Gebiet von Kosovo Polje seinem Staatsgebiet einverleiben. Dort haben 1389 die Türken das mittelalterliche Großserbische Reich besiegt und es war nicht einzusehen, daß dieser geheiligte Boden etwa gar dem Sultan verblieb oder sonstwie zur Verteilung kam.

Die Balkanstaaten des 20. Jahrhunderts verfochten angeblich alle das Recht jeder Nation, einen eigenen Staat zu haben. Das bedeutet für Bulgaren und Serben aber nicht etwa, daß sie sich nicht auch andere Gebiete zu eigen machen wollten, die aus historischen oder strategischen oder wirtschaftlichen Gründen in das Konzept ihrer Staatsgründung und ihrer Eroberungspläne paßten. So gab es nach dem Ende der türkischen Herrschaft auf dem Balkan neuerdings Staaten, die keine Nationalstaaten waren, in denen aber die herrschende Nation ihren Nationalismus zügellos walten ließ. Und wehe dem, der sich dem entgegenstellte!

Bulgarien sollte einen Zugang zur Ägäis bekommen und dadurch nicht mehr abhängig sein von der Beherrschung der Meerengen, die jeden Verkehr ins und aus dem Schwarzen Meer türkischer Kontrolle vorbehielt. Und da war noch Griechenland. Im Falle eines Krieges gegen die Türkei war mit Sicherheit anzunehmen, daß der dortige König sich den Teufel um die Ratschläge seines Schwagers, des Deutschen Kaisers, kümmern wird; sondern Exekutor der nationalistischen Interessen seines Landes sein wird müssen. Griechenland reklamierte Mazedonien für sich. Und es wünschte keine Präsenz der Bulgaren an der Ägäis. So ergab sich folgende Situation: *Ein Beutetier*, die Türkei. Und *vier Jäger*, von denen anzunehmen war, daß sie sich nach Erlegung der Beute um deren Ausschlachtung streiten würden. Serbien und Bulgarien vereinbarten, daß für diesen Fall der *Zar Schiedsrichter* sein sollte und daß sie sich seinem Spruch unterwerfen wollten. Damit geriet Rußland mit in die Vorbereitungen eines allgemeinen Krieges auf dem Balkan und es war naiv, wenn man in Petersburg meinte, Wien würde die gedachten umstürzenden Veränderungen vor seiner Haustür hinnehmen, ohne sich um seine Interessen zu kümmern. Für Österreich-Ungarn bedeutete das Ende der türkischen Herrschaft auf dem Balkan den Verlust eines geschwächten und daher friedfertigen Nachbarn und das Entstehen gebietshungriger, äußerst aggressiver und kampfbereiter Nationalstaaten, deren Ambitionen nach dem Ende der türkischen Herrschaft noch längst nicht befriedigt waren. Die von Südslaven bewohnten Gebiete der Donaumonarchie waren ja für die Sieger über die Türkei die naheliegendsten Gebiete, um ihre Aggressionsgelüste zu befriedigen und so alten Träumen von mittelalterlichen Großreichen nachzuhängen.

Aber, da war noch *Rumänien*, das Anspruch auf Siebenbürgen und Gebiete im Banat hatte. Nach der Entrevue im Schlafwagen kam heraus:

»... wenn zur gleichen Zeit die Auflösung der Türkei und der Zerfall Österreich-Ungarns eintreten könnten, dann wäre die Lösung bedeutend vereinfacht und wir hätten keine Einmischung Rumäniens zu befürchten ...«

371

Rumänien war mit Österreich-Ungarn verbündet. Aber das zählte für Balkanpolitiker nicht. Die Hauptsache war zunächst, daß wieder eine Metzelei und danach ein Freiheitskampf ausbrach. Dafür wollte Rizov sorgen. Schon bemächtigte sich die Presse der zu allen Zeiten für Revolvergeschichten geeigneten sogenannten Mazedonischen Zustände. Harmlose Massaker, verglichen mit dem, was nach 1945 im Zeichen des Weltfriedens die Supermächte auf allen Kontinenten anrichten werden. Bulgarien sorgte dafür, daß 1911 die von ihm rekrutierten, ausgerüsteten und in den Kampf gegen die Türken geschickten Banden losschlugen. Die Türken nahmen derlei auf ihrem Staatsgebiet nicht hin. In der Stadt Istip entstand eine Metzelei, bei der Hunderte Menschen ums Leben kamen. Nun war es an der Zeit, Metzelei mit Metzelei zu quittieren, und darauf verstanden sich beide Kampfparteien. Von Sofia und Belgrad aus wurde kräftig in das Feuer geblasen, das in Mazedonien aufflackerte. Die sogenannte Volksmeinung in Serbien und Bulgarien verlangte den Schutz der Konnationalen jenseits der türkischen Grenze. Und die Politiker und Staatsmänner waren treue Söhne ihres Volkes.

Am 13. März 1912 wurde ein Bündnisvertrag zwischen Serbien und Bulgarien abgeschlossen. Sponsor des Unternehmens beider Staaten war der russische Gesandte in Belgrad. Man sagt, er hätte mehr ins Feuer geblasen, als dem an sich friedfertigen und unentschlossenen Zaren Nikolaus II. lieb war; aber die russische Exzellenz in Belgrad trabte an langer Longe und machte ihre Politik, mit der man sich in Petersburg abfand. Dolus superveniens wird man bei dem, was nachher kam, Rußland wohl kaum absprechen können. Immerhin steckte in den Chancen eines Balkankriegs auch für Rußland eine Chance. Je wackeliger und schwächer die europäische Türkei wurde, desto näher rückte der Tag, an dem die Kontrolle über die Meerengen bei Konstantinopel nicht mehr dem Sultan obliegt, sondern dem Zaren zufallen wird.

Milovanović erlebte den Kriegsausbruch nicht mehr im Amt; ihm nahm der Star unter den Balkanpolitikern jener Zeit, der Führer der radikalliberalen Partei Serbiens Nikola Pasić, die halbfertige Vorarbeit aus der Hand, um ganze Arbeit zu leisten. All das vollzog sich unter den Augen des Wiener Ballhausplatzes und seiner Gesandten in den Hauptstädten des Balkans. Die Warnungen, die die k.u.k. Militärattachés aus den Hauptstädten der Balkanstaaten einschickten, machten auf den Ballhausplatz wenig Eindruck; sie liefen ja über den Chef des k.u.k. Generalstabs Conrad von Hötzendorf und der sah bekanntlich immer Gespenster. Seine Kassandrarufe wurden schließlich auch seinem Gönner, Erzherzog-Thronfolger Franz Ferdinand, und erst recht dem Kaiser zuviel. Am 30. November 1911 befahl der Kaiser seinen Chef des Generalstabs zur Audienz. Dies, laut Conrad, der Verlauf des unter vier Augen geführten Gesprächs:

Der Generalstabschef: »Eure Majestät! Ich melde mich gehorsamst über Allerhöchsten Befehl.«

Der Kaiser: »Es tut mir leid, nach reiflicher Überlegung bin ich aber genötigt, Sie von Ihrem jetzigen Dienstposten zu entheben und Sie zum Armee-Inspektor zu ernennen. Die Gründe sind Ihnen ja bekannt, darüber ist es nicht notwendig zu reden.«

Nein, es war nicht notwendig zu reden, nachdem Franz Joseph alle Ausarbeitungen des Generalstabschefs, die einen Präventivkrieg betrafen, erregten und unausstehlich wurden. Auch in dieser Stunde verfehlte der Kaiser nicht, seinem bisherigen Generalstabschef für seine Dienstleistung, die ja nicht nur Präventivkrieg und deren Vorbereitung in sich schloß, zu danken. An der Wertschätzung, die der Kaiser Conrad entgegenbrachte, sollte sich nichts ändern.

Der Generalstabschef: »Ich danke Euerer Majestät gehorsamst! Auch ich bin immer den geraden Weg gegangen.«

Damit reflektierte Conrad auf einen Satz des Kaisers, in dem dieser es für das Beste gehalten hat, die Entlassung in *Anwesenheit* des Betroffenen auszusprechen. An sich war diese Vorgangsweise nicht die Regel. In den meisten Fallen pflegte der Kaiser einem von der Entlassung bedrohten Funktionär zu erkennen zu geben, daß es an der Zeit wäre, wenn der Betroffene selbst um die Enthebung einkäme. Im Falle Conrad lag ein Frontalzusammenstoß des Monarchen mit dem Chef seines Generalstabs vor, und das bestätigte denn auch der Kaiser abschließend:

»Da haben wir also beide das Gleiche getan und wir scheiden als *Freunde*.«

Freunde, daß hieß nicht, daß Conrad der Freund Franz Josephs war, es war die Formel, mit der man sich bestätigte, einander nicht gerade feindselig gestimmt zu sein. Wenige Wochen später bekam Conrad routinemäßig das Großkreuz des Leopoldsordens. Das war nicht viel, denn denselben Orden hatte ja einige Jahre zuvor auch der Führer der ungarischen Unabhängigkeitspartei Kossuth junior bekommen.

Die Entlassung Conrads war der letzte große Erfolg des todkranken Aehrenthal. Franz Joseph hielt dessen Politik, trotz der Erfahrungen im Annexionsstreit, für weniger riskant als die Folgen des von Conrad gedachten direkten Vorgehens gegen gefährliche Nachbarstaaten. Nachdem die Annexionskrise ausgestanden war, verzichtete Aehrenthal darauf, weitere Nüsse zu knacken, obwohl deren viele unter dem Baum der internationalen Politik herumlagen. Anfangs 1912 starb Aehrenthal in seiner Dienstwohnung am Ballhausplatz. Eher befohlen als berufen übernahm sein Amt der bisherige Botschafter in Petersburg Graf Berchtold. Die Balkanfürsten und – Politiker inszenierten aber am Vorabend ihrer Balkankriege am Hof zu Wien ein Schauspiel, das die wenig wachsamen Staatsmänner der Monarchie darüber hinwegtäuschen sollte, was man in petto hatte: nämlich Krieg.

Als erster kam König Ferdinand von Bulgarien, der Eigenschaften hatte, mit denen er selbst renommierte Balkanpolitiker übertraf. In seiner Tischrede pries er die weise Friedensgesinnung seines Gastgebers. Für sich nahm er zugleich in Anspruch, stets auf Ruhe und Frieden auf dem Balkan bedacht zu sein. Nach seiner Heimkehr ins Vaterland schloß Bulgarien eine Militärkonvention mit Serbien ab.

Als nächster trat der König von Montenegro auf. Dieser, die Wiener nannten ihn Nikita, war ungemein populär; denn in dieser Stadt hat man verschlampte und verschuldete Offiziere immer mehr gemocht als Typen wie Conrad. Zwei Töchter Nikitas waren in Rußland mit Großfürsten verheiratet und fanatische Feindinnen der Mittelmächte. Eine andere Tochter war mit dem König von Italien vermählt. Berchtold hatte, nachdem man die Annexionskrise mit einem blauen Auge bestanden hatte, dem Kaiser vorgeschlagen, die Balkanstaaten durch besondere Gunsterweisungen an Wien zu binden. Und obwohl Franz Joseph die Zustände unter seinen Südslaven nicht eben für ein Attraktivum in den Augen der Balkanslaven ansah, hatte er im Falle Nikitas den Rat befolgt: Dieser wurde Oberstinhaber des k. u. k. Infanterie-Regiments Numero 55.

Star in dieser Verkleidungskomödie war sicher der Präsident der bulgarischen Nationalversammlung, ein Intimus aller Bandenführer in Mazedonien. Er trat in Wien im Schafspelz auf und die an Ort befindlichen Schafe freuten sich über das Kommen ihres Artgenossen; rochen nicht den Wolf im Schafspelz. Die Zeit war gekommen, da in Wien jene, welche die Götter ohnedies schlagen wollten, mit Blindheit geschlagen wurden.

Auch der Zar, bereits verwickelt in die Kriegsvorbereitungen auf dem Balkan, machte mit bei dem Theater. Er traf sich auf der Jacht »Hohenzollern« mit dem Deutschen Kaiser. Wilhelm II. gefiel sich kolossal in der Uniform eines russischen Admirals. Man sprach über vieles, probte diese und jene Zigarrensorte; und kein Wort fiel über das, was als breite dunkle Gewitterfront über dem Balkan aufstieg. Es war die Zeit, in der sich das 1905 von Japan geschlagene Rußland in einen Geheimvertrag mit Japan einließ. England und Frankreich waren sich in einer Marinekonvention einig, daß im Kriegsfall die englische Flotte die Nordküste Frankreichs schützen sollte; so daß die französische Flotte mit ganzer Kraft im Mittelmeer, vorzugsweise in der Adria, auftreten konnte.

Alles spielte scheinbar für die Aggressoren. In Konstantinopel erlitten die Jung-Türken das Schicksal derer, die glauben, man könne mit der Waffe in der Hand Ordnung machen im Staat. Sie fielen den geschulten Intriganten, meistens gar keine Moslems, zum Opfer. Aber die kurze Zeit des Sieges der Jung-Türken hatte genügt, um die Türkei im Mark zu treffen. Bei der Heeresreform schien es den Jung-Türken vor allem wichtig zu sein, im nächsten Krieg die Imane nicht mehr mit ausrücken zu lassen. So ergab sich die seltsame Tatsache, daß nur in k.u.k. Regimentern aus Bosnien Feld-Imane mit ins Feld gingen. Als Folge der religiös-weltanschaulichen Umorientierung in Konstantinopel fanden die Scheichs Arabiens einen Grund mehr, sich von Konstantinopel zu distanzieren und auf die über das Rote Meer dringenden Lockungen Englands zu hören. Im Jemen probte man den Aufstand, der im Ersten Weltkrieg das Ende der türkischen Herrschaft im arabischen Raum und den Beginn dessen bedeutete, was sich dort um das Jahr 2000 an Greueltaten ereignen sollte.

Die Balkanchristen hielten es anscheinend mehr mit Gott als die Türken. Sie sprengten einen vorwiegend von Moslems besuchten Bazar in die Luft, siebenundvierzig Menschen kamen ums Leben; bei der folgenden Vergeltungsaktion kamen viermal so viele Menschen zu Tode. Jetzt hatten die Kriegstreiber in Sofia ihren Anlaß, mit Waffengewalt den Mazedonischen Zuständen, wie man vorgab, ein Ende zu machen.

Der gütige Graf Berchtold lud angesichts solcher Ereignisse die Vertreter der Großmächte zu einem Meinungsaustausch ein. Ergebnis dessen war die schon so oft gebrauchte Formel, wonach es die europäischen Mächte übernehmen sollten oder wollten, in Mazedonien Ruhe und Ordnung wieder herzustellen. Der Gebrauch des Wortes *wieder* war so etwas wie ein Schamtuch vor der nackten Kapitulation der Zivilisierten vor den Wilden in Europa. In dem von Mord und Brand durchwüteten Land sollte eine gewählte (!) Provinzialvertretung zusammentreten und einer auf diese vereidigten Miliz sollte es obliegen, Ruhe und Ordnung herzustellen. Als aber Italien am 18. Oktober 1912 in Lausanne die Türken zum Friedensschluß drängte, roch man in Konstantinopel schon den Balkankrieg, der in der Luft lag; und es war höchste Zeit für die Schützlinge des Zaren loszuschlagen, ehe die Türkei ihre Truppen aus Lybien und den arabischen Aufstandsgebieten auf den Balkankriegsschauplatz instradierte.

In Rußland blieb man auf dem Quivive. Im Ersten Weltkrieg erbeuteten die Deutschen nach der Eroberung Warschaus einen Geheimbefehl des Zaren an den Kommandierenden des Warschauer Armeekorps vom Herbst 1912, worin es hieß:

»... die Verkündigung der Mobilisierung ist auch die Ankündigung des Krieges gegen Deutschland ... Der Inhalt dieser Weisung ist streng geheim zu halten ...« So in Petersburg unterm 30. September 1912 anbefohlen. Am gleichen Tag machten die verbündeten Balkanstaaten mobil. Den ersten Schuß im Ersten Balkankrieg löste der Herrscher des winzigsten Staates: König Nikita von Montenegro. Und dann gingen die Verbündeten auf die Türken los. Bei Kirkilissi trafen die Türken auf die Bulgaren unter General Radko Dimitirev (er wird 1915 in russischen Diensten die österreichische Festung Przemyrl erobern). Nach anfänglichen Erfolgen brach in der Nacht auf den 23. Oktober 1912 eine Panik im türkischen Heer aus. Die Ursachen dessen sind nie einwandfrei festgestellt worden; es blieb ein Schatten auf dem Renommee der Jung-Türken, die angeblich ihren innerpolitischen Feinden einen Sieg nicht gönnten. Auch gegen die Serben errangen die Türken zunächst Erfolge, bis es den Angreifern gelang, bei Kumanovo an der Bahnlinie Belgrad-Saloniki den Widerstand der Türken zu brechen. Entscheidend für den Erfolg der Serben wurde deren artilleristische Überlegenheit; hier erprobten sie die von Frankreich gelieferten Feldgeschütze, die 1914 auch den Deutschen arg zu schaffen machten. Die Erfolge der Bulgaren und Serben riefen die Griechen auf den Plan. Ihnen ging es darum, auf jeden Fall vor den Bulgaren Saloniki in die Hand zu bekommen.

Unter den konzentrischen Angriffen der Feinde zerbrach die türkische Front in Mazedonien. Die Bulgaren kamen zu spät voran in Richtung Saloniki, die Griechen eroberten die Stadt; sie wurde im Ersten Weltkrieg noch einmal für die Bulgaren das Schicksal, als die Ententemächte die Neutralität Griechenlands unterdrückten und 1918 von dort den rasanten Stoß an die Donau ausführten und Bulgarien zur Kapitulation zwangen.

Noch gaben die Türken sich nicht geschlagen. Auf albanischem Gebiet konnten sie in einigen Städten Widerstand leisten, vor Konstantinopel bauten sie die Čatalza-Linie zur Verteidigung der Hauptstadt aus. Für die Sieger, die Christen, schien jetzt die Stunde der Rache gekommen zu sein. Man ließ sich einiges einfallen:

Partisanen unter der serbischen Fahne sperrten in einer von Moslems bewohnten Ortschaft letztere in die Moschee, um sie dem Feuertod preiszugeben. Es war üblich, bei Eroberung eines Ortes die Bevölkerung antreten zu lassen. Jedermann war befugt, zu denunzieren. Wurde so ein Moslem vorgerufen, dann wurde an den Umstand die Frage gestellt: »Gut oder schlimm?« Im letzteren Falle wurde der Unglückliche umgebracht. Vielerorts wurden Erinnerungen an die türkische Ära vernichtet. Man war modern und wollte nach dem Muster der westlichen Zivilisation die Zukunft gestalten.

In England, wo einmal ein liberaler Ministerpräsident gesagt hat, es gäbe keine Orte auf der Welt, wo man den Finger legen und sagen könnte: Hier hat Österreich Gutes getan, geschah Merkwürdiges. Die liberale »Westminster Gazette« fürchtete um den guten Ruf, den bisher englische Berichterstatter den Serben eingebracht hatten. Man sollte demnach Schluß machen mit der Schilderung von Grausamkeiten im Balkankrieg, die, wörtlich, *Grenze der Aufnahmefähigkeit* sei erreicht. Noch dazu, wo gleichzeitig die Welt erschüttert war von den Grausamkeiten, welche die mit England verbündeten Russen in Nordpersien anrichteten.

Wie sollte man auch die Deutschen und die Österreicher als die Urheber aller Übel hinstellen, wenn die Zeitungen immer aufs neue von Greueltaten der neuen Freunde Englands schrieben? Lord Grey lehnte es ab, von seiner hochgerühmten Humanität Gebrauch zu machen und Einhalt zu gebieten, wo *ein Wort an den Zaren* genügt hätte, um die Serben an die Kandare zu nehmen. In Frankreich war es nur Pierre Loti, der großartige Kenner und Schilderer des Orients, der für die Türken ein gutes Wort vor der Öffentlichkeit einlegen wollte. Es fand sich aber nicht eine Zeitung von Rang, die seinen Artikel angenommen hätte.

Und was tat Wien? Es stellte sich gegen den Anspruch der Serben, albanisches Gebiet in Besitz zu nehmen und so die Schaffung eines *albanischen Nationalstaates* zu verhindern. So sperrte Wien den von Serbien erstrebten Zugang zum Meer. Empörung rief auch in Belgrad hervor, als Wien darauf hinwies, daß die von Bulgarien

beanspruchten Teile der Dobruča auch von Rumänen bewohnt
waren, also zu einem Nationalstaat der letzteren gehörten.
Um diese Zeit, am 12. Dezember 1912, stimmte Italien noch einmal der Erneuerung des Dreibundvertrags zu. An sich wäre derlei
erst in zwei Jahren, 1914, fällig gewesen. In Rom war man aber an
einer Erweiterung des im Dreibundvertrag Italien gewährten Ge-
bietsschutzes interessiert. Dieser Schutz sollte in Hinkunft auch
den neueroberten Gebieten in Afrika zugute kommen. Wien zögerte, sich auf derlei einzulassen. Österreich-Ungarn war die einzige unter den damaligen Großmächten, die selbst keine Kolonialmacht war und sich am Imperialismus in Übersee nicht beteiligte. Warum also sollte es sich um der Italiener willen in Abenteuer in Übersee einlassen? Abenteuer, wozu denn auch im Verlauf der Geschichte die Kolonialpolitik Italiens tatsächlich geraten
ist. Aber der Ballhausplatz war letzten Endes froh, das Portefeuille seiner internationalen Verträge in guter Ordnung zu haben
und so wurde der Dreibund ein letztes Mal erneuert. Diesmal
sollte er bis 1920 laufen. 1920 aber wird Italien bereits als Sieger-
macht und Besatzungsmacht in der Republik Österreich fungie-
ren; und unter anderem die Kunstschätze des landesverwiesenen
Hauses Österreich leicht überplündert haben.
Sorgen bereitete in Wien die Politik Wilhelms II.: Der König von
Rumänien war nicht nur Verbündeter der Mittelmächte, er entstammte einer Linie des Hauses Hohenzollern. An der Treue dieses Königs zum Bündnis mit den Mittelmächten war nicht zu
zweifeln. Aber das mit diesen eingegangene Bündnis war von der
Art, daß man es im eigenen Land nicht publizierte. Rumänien
hielt zum Westen, nicht nur wegen der traditionellen Bindungen
zum kulturverwandten Frankreich. Da jetzt die Balkanstaaten aus
der Zertrümmerung der Macht der Türkei ihren Nutzen zogen,
wollte Rumänien, das nicht mehr an die Türkei grenzte, auch
einen Erfolg einheimsen. Wie die Dinge lagen, konnte es den nur
dem benachbarten Bulgarien abverlangen. Dieser Ausfall Rumäniens gegen Bulgarien gefiel dem Ballhausplatz nicht.
Auch in der Frage *Albanien* stieß die Monarchie auf Widerstand.
Es ergab sich, daß die sogenannten Nationalstaaten auf dem Bal-

kan keineswegs gewillt waren, den Albanern, den nunmehr ältesten Bewohnern der Halbinsel, auch ihren Nationalstaat einzuräumen. Griechenland aspirierte auf den Süden Albaniens, Serbien erhoffte im Norden des Landes den Zugang zur Adria zu gewinnen und – Italien rechnete mit einem Stützpunkt am Ostufer der Adria, etwa auf albanischem Gebiet. Wieder war es Rußland, das die Krise hervorrief: Am 6. November 1912 verlangte es in Wien kategorisch, Serbien müsse einen Adriahafen bekommen. Frankreich und England unterstützten diese Forderung. Das bedeutete nicht weniger, als daß entweder Österreich-Ungarn diesen einräumt (!) oder daß der Nationalstaat Albanien um diesen Zugang geschmälert wird. Beide Versionen lehnte Wien ab. Binnen Tagen flackerte das Gerücht auf, Rußland mobilisiere. Aus Petersburg kam ein Dementi, ein sehr merkwürdiges: Es handle sich um eine Probemobilmachung; ein gefährliches Vorhaben in einer gespannten internationalen Lage; eine Ausrede, die vom unmittelbar Bedrohten, Österreich-Ungarn, nicht ohne weiteres hingenommen werden konnte.

In Wien wurde man nervös, als bekannt wurde, der internationale Schnellzug Wien-Warschau sei ausgefallen, weil angeblich die Strecke in Russisch-Polen für Truppentransporte gesperrt wurde. Franz Ferdinand erkannte die düsteren Aspekte dieser Komplikationen. Anstatt der Entente der konservativen Mächte Europas brach hier ein Konflikt auf, dessen Gefährlichkeit weit über jene im Verlauf der Annexionkrise entstandenen hinausging.

Hatte Conrad mit seinen Warnungen nicht doch recht bekommen, war Serbien der mögliche Urheber eines Großkonflikts in Europa? Der k.u.k. Kriegsminister und der Nachfolger Conrads auf dem Posten des Chefs des k.u.k. Generalstabs verlangten Präventivmaßnahmen angesichts der Truppenkonzentration Rußlands entlang der Grenze zu Österreich-Ungarn. Schweren Herzens unterstützte Franz Ferdinand den gestellten Antrag auf Mobilmachung dreier Korps im Norden und Verstärkung der Artillerie. Mehr noch: Ende November rückte Conrad wieder auf den Posten des Chefs des k.u.k. Generalstabs ein. Nicht die Sympathie seines einstigen Förderers Franz Ferdinand hat ihn dahin gebracht; es war bittere Notwendigkeit, den Mann zum Generalstabschef zu machen, nach dem die Armee fast ausnahmslos verlangte, der ihr ganzes Vertrauen genoß. In Berlin sah offenbar der Horizont anders aus. Reichskanzler Bülow gratulierte Serbien zu den Siegen über die Türken, deren Armee zuletzt deutsche Instruktoren hatte. Die Albanienpolitik des Ballhausplatzes war für Berlin kein Anliegen. Auch nahm Wilhelm II. merkwürdig gelassen die Tatsache hin, daß ihn Nikolaus II. bei der letzten Begegnung in Baltisch-Port offensichtlich hinters Licht geführt hatte; daß der Zar dort die Erhaltung des status quo auf dem Balkan zwar für notwendig bezeichnete, sich aber gleichzeitig als Schiedsrichter zwischen den in den Krieg gegen die Türkei ziehenden Staaten anrufen ließ. Man hatte es als k.u.k. Botschafter nicht leicht in Berlin. Nachdem die Annexionskrise im Jahre 1909 durch eine massive Intervention des Deutschen Reiches in Petersburg zu einem Ende gebracht worden war, warf jetzt, drei Jahre später, Wilhelm der Monarchie vor, sie hätte einen Fehler begangen, als sie 1909 Serbien nicht mit einem – wörtlich – *wuchtigen Schlag niederstreckte.* 1909 hat Berlin Aehrenthals Aktivitäten gebremst und in Petersburg die Versprechen bekommen, Serbien werde sich fortan freund-nachbarlich zur Monarchie verhalten. Im Neunerjahr wäre nach Ansicht Conrads ein Präventivkrieg gegen das damalige Serbien so etwas wie ein Spiel mit aufgelegten Karten gewesen. Rußland wäre nach der Niederlage im Krieg gegen Japan und die darauffolgende Revolution im Land gar nicht in der Lage gewesen, sich auf die Gefahr eines Krieges einzulassen. Frankreich kämpfte damals im Inneren um die Ausdehnung der bisher *zwei*-jährigen Dienstpflicht in der Armee auf *drei Jahre.* England war zwar schon in einer Entente mit Frankreich und Rußland, aber noch immer bemüht, mit dem Deutschen Reich doch zu einem Arrangement puncto Kriegsflotte zu kommen. Die 1906 begonnene Umstellung auf den Bau der Dreadnoughs und damit die Verschärfung des Konflikts mit dem Deutschen Reich war erst im Anlaufen. Ebenso die Umstellung der Kohlefeuerung auf Ölfeuerung in der Schlachtflotte.

1912 war alles anders. Im Herbst des Jahres nahm Großfürst Nikolai Nikolaievic, Oberkommandierender der russischen Landstreitkräfte bei Kriegsausbruch 1914, als der Vertreter des russischen Verbündeten an den großen Manövern der französischen
Armee teil. Beim Bankett erhob er sein mit Champagner gefülltes
Glas und rief unter dem brausenden Beifall der französischen Kameraden die Parole aus:
»Ich trinke auf unsere gemeinsamen Siege und die Zukunft! Und –
auf Wiedersehen in Berlin.«
In eben diesem Jahr bewies der Besuch des englischen Kriegsministers Haldane bei seinen in Berlin geführten sogenannten Flotten-
besprechungen, daß London nur eine Konfliktlösung kannte:
Eine britische Kampfflotte, der die deutsche im Ernstfalle bis zur
Hilflosigkeit ausgeliefert gewesen wäre. Nur so konnte England
seiner seit den napoleonischen Kriegen geübten Praxis *to kopen-
hague* unter allen Umständen gewiß bleiben: Also die Möglichkeit zu haben, *jede* Rivalität zur See einfach durch eine Zertrümmerung einer im Wege stehenden Flotte und deren Stützpunkt für
sich zu entscheiden.
Der Erste Balkankrieg endete mit einem Waffenstillstand, um den
die Türkei nach ihrer Niederlage im Feld bitten mußte und der am
3. Dezember des Jahres geschlossen wurde. Dieses Datum war,
davon wird die Rede sein, der Anfang vom Ende der Donaumonarchie. Fortan war *sie* erklärtes Ziel der Gebietsaspirationen be-
nachbarter Balkanstaaten und Rumäniens. Für Österreich-Ungarn gab es nachher nur zwei Möglichkeiten: Entweder zuzuse-
hen, wie sich ein von den Westmächten geduldeter und geförder-
ter Schwall nationalistischer Propagandaideen über sie ergießt
und die Substanz des übernationalen Reiches vollends zersetzt;
oder unter immer ungünstigeren Voraussetzungen doch, wenn
auch zu spät, auf die Ideen Conrads zur Verhütung seines Unter-
gangs einzugehen.
Sowie auf dem Balkan die Waffen ruhten, zog das fernab liegende
London alles weitere an sich. Sir Grey berief dahin eine Botschafterkonferenz ein, die jedes Vorgehen der zunächst Betroffenen,
so auch Österreich-Ungarns, vorweg unterband. Neben dieser

Konferenz sollten in London die Friedensverhandlungen zwischen den am Ersten Balkankrieg beteiligten Staaten stattfinden. Berlin und Rom fanden das für genehm, und, also isoliert, mußte auch Österreich-Ungarn nach London gehen. Die Serben setzten ihr Täuschungsmanöver fort, versprachen, sich den Beschlüssen der Mächte zu unterwerfen, vor allem was die künftige staatliche Ordnung in Albanien betraf. Die Forderung Wiens, die drastischen Provokationen, gerichtet gegen die Albanienpolitik der Donaumonarchie, einzustellen, ignorierte man in Belgrad nicht einmal. Man berief sich auf die Freiheit der vom Regime unterhaltenen Zeitungen, die ihre Schreibweise unmittelbar aus der Umgebung Pasič bekamen. Auf der Botschafterkonferenz führte England zwar formell nur den Ehrenvorsitz, in Wahrheit war es der Lotse des Unternehmens.

Drei Städte und deren künftiges Schicksal markierten die Streitpunkte, die in dieser Zeit offen waren: *Adrianopel, Skutari* und *Janina*. Auf erstere Stadt erhob Bulgarien Anspruch; Skutari wünschte sich König Nikita, und zwar unbedingt; und Janina war Ziel der griechischen Ansprüche. Sir Grey und seine Helfer aus den anderen Staatskanzleien waren nicht imstande, wohl auch nicht willens, sich wegen einer fernab liegenden Stadt auf dem Balkan zu zerstreiten, zumal es im Verband der Entente *mit Rußland und Frankreich* divergierende Auffassungen gab. Als die Redereien in London zu langwierig wurden, griffen die Serben und Bulgaren zu den Waffen.

Man erzählte sich später, daß König Ferdinand von Bulgarien, der sich gerne Zar nannte, nunmehr auf das Erbe Byzanz reflektierte. Er habe sich bei einem Schneider die Robe eines Kaisers in Konstantinopel anfertigen lassen. *Rußland* wünschte keine Fortsetzung des Krieges auf dem Balkan, der nur zu einer Verfeindung der dortigen slavischen Brüder führen konnte. Und es wünschte noch weniger, daß sich Österreich-Ungarn in diese Streitigkeiten einmischte. Um letzteres zu verhindern, ließ der Zar etwa eine Million Mann an der Grenze gegen Österreich-Ungarn aufmarschieren. Franz Joseph schickte einen Sonderbotschafter zum Zaren, aber dessen Antwort war eher unwirsch. Nicht daß Nikolaus II. auf einen Krieg aus gewesen wäre; aber man erinnerte sich immer wieder, wie es seinem Urgroßvater Nikolaus I. in den Krisen des Krimkrieges ergangen ist, als dieser zu spät ein Doppelspiel des Ballhausplatzes erst dann durchschaute, als der damalige k.k. Minister des Äußeren auf ein Bündnis mit den Westmächten einschwenkte, die auf der Krim Krieg führten. Und da war die vermeintliche Unglaubwürdigkeit *jeder* Äußerung des Ballhausplatzes, seit Izvolskij seinem österreichischen Kollegen in der Annexionskrise in die Falle gegangen war.

Noch etwas hatte sich inzwischen ereignet, was um diese Zeit die auswärtige Politik der Monarchie in den Augen der Weltöffentlichkeit nicht glaubwürdig machte:

Im Februar 1909 hat Aehrenthal dem Publizisten und Historiker Heinrich Friedjung Material für einen Aufsatz in der »Neuen Freien Presse« zukommen lassen. Darin wurden Abgeordnete des kroatischen Landtags beschuldigt, gegen Bezahlung die Politik Belgrads im Kampf gegen die Monarchie zu unterstützen. Einige der Beschuldigten, so der im Ersten Weltkrieg als Exilpolitiker besonders scharf gegen die Monarchie aufgetretene Abgeordnete Franjo Supilo, strengten in Wien eine Ehrenbeleidigungsklage gegen Friedjung an. Auch der Herausgeber der »Reichspost«, Friedrich Funder, war angeklagt. Ehe die Angeklagten sich wagten, nach all dem, was sie angestellt hatten, Klage zu erheben, versicherten sie sich eines Zeugen: des Sektionschefs im königlich serbischen Ministerium des Äußeren, Miroslav Spalaiković. Dieser wird 1914 eine Schlüsselfigur bei Ausbruch des Weltkrieges werden. Spalaiković war in der Lage, die Papiere, die Friedjung benutzt hatte, größtenteils als Fälschungen zu entlarven. Was er nicht zu tun brauchte, war die Tatsache zu widerlegen, daß die in den Papieren aufgezeigten Fakten fast alle der Wahrheit entsprachen. Die fraglichen Papiere gaben nämlich ein zutreffendes Bild der serbischen Propaganda gegen Österreich-Ungarn, wie diese insbesonder in Bosnien zirkuliert wurde. Serbien hat damals Staatsgelder für derlei subversive Aktivitäten hergegeben und, entgegen dem Versprechen, das es nach der Annexionskrise gab, derartige betrieben und bis 1914 verstärkt fortgesetzt; und im

Krieg wurden dann nach der Eroberung Serbiens auch Quittungen der Empfänger solcher Gelder gefunden. Wer weiß, wie die Sache ausgegangen wäre, hätte nicht der tschechische Abgeordnete und k.k. Universitätsprofessor Masaryk den Kampfboden betreten, um unter dem Beifall aller Feinde der Monarchie die Fragwürdigkeit der im Prozeß vorgezeigten Papiere nachzuweisen. Also dessen, was dort schwarz auf weiß stand; nicht etwa die *Wirklichkeit*, die noch viel gefährlicher für die Monarchie war, als es die apokryphen Papiere aufzeigten. Der gewesene »Times« -Korrespondent Seton-Watson, der während des Ersten Weltkrieges in London die gegen Österreich-Ungarn gerichtete Kriegspropaganda betrieb, hat mit einer Publikation, die 1911 erschien, über der Friedjung-Affaire ein ganzes Gebäude von Feststellungen aufgebaut, das geeignet war, dem Ballhausplatz jede Glaubwürdigkeit in der internationalen Politik für immer zu bestreiten.

Seton-Watson und sein Freund Masaryk wurden in Belgrad als Helden im Kampf um die Wahrheit gefeiert. In Petersburg wurden der damalige k.u.k. Außenminister Graf Aehrenthal, der Friedjung die fraglichen Papiere abließ, und Moritz Benedikt, der als Herausgeber der »Neuen Freien Presse« den Abdruck des Artikels Friedjungs besorgte, als *Juden* der Öffentlichkeit vorgestellt. Und das wog nicht nur im Petersburg von damals, noch mehr in Belgrad und auch in England in jenen Kreisen, die wie Seton-Watson sich einem erklärten Antisemitismus hingaben. Friedjung wurde in London noch nach 1918 als ein, wörtlich, pangermanistischer Jude charakterisiert.

Die Erinnerung an die seit 1909 in gewissen Staatskanzleien als notorisch angesehene Lügenhaftigkeit der Politik des Ballhausplatzes brachte die Monarchie 1912/13 und erst recht 1914 in eine schwierige Lage. Ende 1912 war es dann doch Wilhelm II., der für die friedliche Beilegung des Konfliktes zwischen Österreich-Ungarn und Rußland sorgte.

In Wien bekam also Conrad unrecht. Die Friedensgesinnung Franz Josephs und Franz Ferdinands garantierten den Frieden, so wie die militärische Bedrohung an der Grenze zu Galizien wegfiel. Und darin erzielten Wien und Petersburg im März 1913 eine Einigung. Längst hatte Franz Joseph darauf gedrungen, doch wenigstens die einberufenen Reservisten, Berufstätige und Familienväter in seinen Augen, zu entlassen. In London ließ sich Sir Grey als *der Schöpfer* des unabhängigen Staates Albanien feiern. Die Freude kam zu früh:

Am 7. Jänner 1913 haben die Türken nochmals losgeschlagen. Das war ein Fehler, denn Bulgaren und Serben eroberten Adrianopel, die Griechen Janina. Nur Skutari hielt aus. Die Krise geriet aufs neue in europäische Dimensionen, als Serbien über See Truppen zur Unterstützung der montenegrinischen Belagerungstruppen vor Skutari schicken wollte. Weder König Nikita noch Serbien kümmerten sich um die danach von den Großmächten besorgten sogenannten Flottendemonstrationen vor der Küste Montenegros. In Wien stand der Kaiser unter dem Druck derer, die nach wie vor jede bewaffnete Intervention gegen Serbien vermieden wissen wollten. Ende 1912 war es nicht mehr zu verhindern, daß Conrad wieder auf den Posten des Chefs des k.k. Generalstabs einrückte. Da, zum ersten und einzigen Mal in seinem Leben, erkrankte Franz Joseph ernstlich während einer gefährlichen Krise in der internationalen Politik. Für Österreich-Ungarn ging es darum, den Durchbruch Serbiens zur Adria, den serbische Truppen in Nordalbanien antraten, zurückzudrängen; und dem in Bildung begriffenen Staat der Albaner Luft zu schaffen. Diese Luft nahm den unter sich wenig einigen Albanern sowohl Griechenland weg, das auf den Süden des Landes aspirierte, als auch Serbien, das seinen Adriahafen im nördlichen Siedlungsgebiet der Albaner wollte. Und Italien, das nicht zum letzten Mal am Ostufer seines »Mare nostro« einen Stützpunkt auf albanischem Gebiet erwerben wollte. König Viktor Emanuel III. war der Schwiegersohn des Königs Nikita; er und seine Regierung waren für jede Lösung des Albanienproblems, wenn nur für Italien etwas abfiel. Albanien ist ein Staat, den Österreich-Ungarn geschaffen hat, und der also noch heute besteht. Zum Schaden kam der Spott, der die Monarchie traf, als Skutari vor den Montenegrinern kapitulierte.

Noch immer waren sich über das, was notwendig war, die Hauptpersonen in Wien uneinig: Der Kaiser war marod. Franz Ferdinand gegen jede Machtanwendung, noch mehr der k.u.k. Außenminister Berchtold. Seltsamerweise war der k.u.k. Finanzminister für Gemeinsame Angelegenheiten, der Pole Bilinski, fürs Losschlagen; er war als k.u.k. Finanzminister nicht nur für gemeinsame Angelegenheiten der Doppelmonarchie zuständig, sondern auch politischer Ressortleiter für Bosnien und die Herzegovina. Spät, zu spät, raffte sich der Ballhausplatz zur Tat auf. Conrad bekam recht: Sowie Wien verlautete, es würde selbst in Albanien intervenieren, wenn nicht Montenegriner und Serben die in London abgesteckten Grenzen des neuen Staates respektierten, verschwanden die Gespenster. Nicht der Friedensbringer Sir Grey, sondern Conrad hat den Albanern in der Krise des Dreizehnerjahres den Staat gerettet.

Denn: Jetzt mahnte der Zar die Balkanfürsten zum Nachgeben. Italien zögerte, wegen Albanien in einen Frontalzusammenstoß mit dem »verbündeten« Österreich-Ungarn zu kommen. Skutari wurde von einer internationalen Streitmacht besetzt, es fand sich ein deutscher Fürst, der das Spiel als Fürst von Albanien wagen wollte. Er verlor am Vorabend von 1914 das Spiel. Aber Albanien überlebte, anders als Montenegro, den Ersten Weltkrieg, auch die Annexion durch Italien im Jahre 1939 und die Bedrohungen durch das Tito-Jugoslavien nach 1945.

In diesem Wirrwarr schlugen 1913 die Türken los. Die Jungtürken waren endlich vollends in Konstantinopel an die Macht gekommen. Sie nahmen den Bulgaren Adrianopel wieder ab, zu spät erkannten die Bulgaren, daß ihre Feinde nicht aus dem Süden drohten, sondern aus Norden und Osten: Rumänen und Serben. Rumänien konnte sicher sein, daß sein »Verbündeter« Österreich-Ungarn einem Aggressionsakt auf die Dobruča nicht in den Arm fallen würde: Serbien, nicht länger Bulgarien, war der Pivot der Balkanpolitik Rußlands. Bulgarien mußte in Bukarest als Geschlagener um Frieden *bitten*. Nach dem Verlust Adrianopels verlor es einen Gebietsteil der Dobruča an Rumänien, einen Großteil der im Vorjahr eroberten mazedonischen Gebiete an Serbien und

Griechenland; als Machtfaktor am Rand der Ägäis schied Bulgarien wieder aus.

In den zur Verwirklichung der Idee des Nationalstaates für jede Nation 1912/13 geführten Kriegen fanden Serien schwerster Verletzungen dieses Prinzips durch den jeweils Stärkeren statt. Serien von Kriegsursachen tauchten auf. Die Metzeleien, angeblich nur Methoden der Türken, gingen weiter und erreichten im Zweiten Weltkrieg in den mörderischen Bandenkriegen zwischen Kroaten und Serben einen Höhepunkt, dessen Nach-folgen in Terroranschlägen bis dato dauern.

Unendlich groß war der Jubel jener Minderheit unter den slavischen Bewohnern der Monarchie, die längst auf Serbien, letzten Endes auf Rußland setzte bei ihrem Ringen um die Sezession aus Österreich. Diesmal, 1912/13, hatten sich, anders als 1908, Meutereien unter den einberufenen tschechischen Reservisten nicht wiederholt. Aber die Unruhe war übergesprungen auf die Südslaven:

Das Offizierskorps des k.k. Landwehr-Regiments Numero 5, Ergänzungsbezirk Pola, setzte sich zum größten Teil aus Slaven zusammen. In der Offiziersmenage feierte man also die Siege der Serben in den Balkankriegen, und zwar ausgiebig. Der aus Innsbruck stammende k.k. Oberleutnant Alfred Enrich ließ die Kameraden gewähren, solange nicht sein Jähzorn ihn übermannte, wenn Kameraden es zu arg trieben. Etwa an jenem Tag, als sie nach einem in die Länge geratenen Umtrunk zum Wohl auf König Peter I. von Serbien aufforderten. Ein Leutnant tschechischer Herkunft und ein Oberleutnant-Rechnungsführer, ein Slovene, taten sich voll des Weines hervor. Der Tiroler kam in Rage:

»Halt! Jetzt geht's aber, ös serbische Hammel ...«

Das sollte eine Aufforderung zum Gehen sein. Die aber, die Feiernden, dachten nicht daran. Und während andere Kameraden den Tiroler besänftigen wollten, brüllte er über die Köpfe der anderen hinweg:

»Also *das* ist unsere slavische Kameradschaft.«

Das bezog sich vor allem auf slovenische Regimentskameraden. Man blieb dem Tiroler kein Schimpfwort schuldig. Und keine

Drohung. Was dann geschah, konnte in dem Verfahren vor dem
k.k. Landwehr-Gericht in Graz nie geklärt werden. Dort hielt die
Offizierskameradschaft eisern. Die Gerichtsakten liegen heute
unter Zentnern von Gerichtsakten in den Tiefen des Kriegsarchivs
in Wien. Aus Bezugsakten geht hervor, daß der Tiroler im Kampf
gegen seine Kameraden diesen einen Stuhl nachgeworfen und
einige Watschen gegeben hat. Die von ihm bezogenen Schmisse
sind aktenmäßig nicht nachweisbar.

Fest steht weiters, daß am Schluß der Contrahage der Tiroler
einen Flaschenhals samt dem Rest einer abgeschlagenen Flasche in
Händen hielt. Niemand konnte im Prozeß herausfinden, wo sich
in jener Nacht die Scherben dieser zerschlagenen Flasche befanden. Hingegen ist der Geldwert der aus Beständen der Offiziersmenage stammenden, zerschlagenen Flasche bekannt und aktenmäßig nachweisbar: 5 Kronen, 70 Heller. Das Gericht hielt dem
Tiroler zugute, daß er nur im Zorn jener Handlungen fähig war,
deretwegen er vor Gericht stand: Verstoß gegen die öffentliche
Sittlichkeit, was anno 1913 nichts mit Sex zu tun hatte; sowie Verstoß gegen die Sicherheit der Ehre seiner Kameraden. Letzteres
vor allem dadurch, daß der Tiroler leider Wert darauf legte, das
letzte Wort im Kampf zu haben:
»Serbische Schweine, windische Hund ...«
Das aber hörten Ordonnanzen und Offiziersdiener und sie glaubten es ihren Herren schuldig zu sein, ihnen dafür Genugtuung zu
verschaffen. Auf dem Balkan kämpften noch die Nachhuten der
Heere und in den Bergen die Banden, als im schwarz-gelben
Österreich der aktive Oberleutnant im Landwehr-Infanterie Regiment Numero 5 Alfred Enrich um die Charge, seine einzige
Existenzgrundlage, kämpfte. Man hielt ihm Trunkenheit zugute,
der Offiziersehrenrat schien schwerwiegendere Anschuldigungen
ausgegraben zu haben; jedenfalls mehr, als die nord- sowie südslavischen Regimentskameraden aufzeigten. Das Urteil war demnach: Der Tiroler verlor die Charge, kam außer Rang und Gebühr. Kam als Schütze bei Tiroler Landesschützen in die Papiere.
Am 1. Februar 1914 war alles vorbei und geschehen. Am 1. August 1914 rückte der gewesene Oberleutnant in Innsbruck als Ge-

meiner beim Tiroler-Landesschützen-Regiment Numero III ein. Er kam an die Front gegen Rußland. Im September hatte er schon die drei beinernen Sterne der Zugsführercharge am Kragen. Im Oktober war er Oberjäger. Die nächste Etappe des Wiederaufstiegs war ein Lazarett zur Ausheilung einer Kriegsverletzung. Im August 1915 stand er an einem Brennpunkt des Krieges, den die Italiener der Monarchie im Frühjahr erklärt hatten. Unterm 15. September 1915 unterschrieb Franz Joseph in Schönbrunn den Akt, mit dem dem Tiroler der Rang eines k. k. Oberleutnants der Reserve gnadenweise und anerkanntermaßen geschenkt wurde. Um diese Zeit besaß der nunmehrige Oberleutnant alle für Mannschaftspersonen erreichbaren Tapferkeitsauszeichnungen, die Goldene ausgenommen. Nun kamen die für Offiziere hinzu, zuletzt der Kronenorden, so etwas wie ein Ritterkreuz bei den Deutschen im Zweiten Weltkrieg. 1916 geschah das, was man im alten Österreich eine Theresienordenstat nannte. Und so hat denn auch nachher das Ordenskapitel stattgebend befunden.

Die Republik Österreich hat sich nach 1945 nicht entschließen können, den Trägern des Militär-Theresienordens einen Ehrensold zu gewähren. Weil der Bruder des berühmten Komponisten Franz Lehár, er schrieb für seinen Bruder, den Obersten Anton Lehár, den Marsch für dessen ungarisches Regiment Numero 106, weil also dieser Lehár auch nach 1918 zu seinem gekrönten König von Ungarn gehalten hat. In diesem Punkt konnte sich nicht einmal Julius Raab durchsetzen in der Koalitionsregierung ...

Auch den anderen Betroffenen von 1913 ging es nicht gut. Der tschechische Leutnant ging in der ČSR als Hauptmann in Pension; in dem 1939 geschaffenen Protektorat Böhmen und Mähren schlug man ihm die Majorspension ab, obwohl der gewesene Hauptmann nachweisen konnte, daß er schon zum Hauptmann anstand, als 1918 die Kaiserlichen zugrunde gingen.

Der Oberleutnant-Rechnungsführer slovenischer Herkunft ging am 3. November 1918 als Hauptmann im Feld-Artillerie-Regiment 103 in die fragwürdige italienische Gefangenschaft. Von der Möglichkeit, als Angehöriger des 1918 errichteten, mit den Ententemächten verbündeten Staates der Südslaven die bevorzugte Freilassung zu erlangen, hat er nicht Gebrauch gemacht. Noch im Krieg hat er in Wien, in der seither zerstörten legendären Rauchfangkehrerkirche, eine Wienerin geheiratet. 1920 langte in der Artillerie-Kaserne in Kaiser-Ebersdorf ein seltsames Einlaufstück an:

Es kam aus Laibach und war gerichtet an das Kommando der Ersatz-Batterie des k.u.k. Feld-Artillerie-Regiments 103 in Wien Kaiser-Ebersdorf. Dem als 50jährigen aus Italien gekommenen k.k. Hauptmann-Rechnungsführer wollte man in seinem Heimatstaat nicht den Majorsrang geben. Er konnte seine Vordienstzeiten nicht ausweisen. Und die Kriegsauszeichnungen mit den rot-weiß-roten Bändern zählten in Ljubljana rebus sic stantibus nicht, wogen nichts, gaben nichts her für eine höhere Gebühr.

Die Eingabe des Unglücklichen passierte im Jahre 1920 fast alle Instanzen des nunmehrigen Ressorts für Heerwesen der Bundesregierung, das damals unter der politischen Ressortleitung des früheren Rittmeisters beim Train, Carl Vaugion, stand. Der Gebührenakt des Unglücklichen war vorhanden, aber leider nicht evident. Und so hat sich nachher die Witwe des Unglücklichen, die gebürtige Wienerin, mit dem zufrieden geben müssen, was ihr angewiesen wurde – von der UPRAVA DRSKICH TOP NIS-KITZ DENALNOVE / Ljubljana.

3.

NOCH IST NICHT ALLES VERLOREN

Man mußte Courage haben, um erklärtermaßen dem sogenannten Belvedere-Kreis anzugehören, der sich um die Person des Erzherzog-Thronfolgers Franz Ferdinand gebildet hatte; um sich dessen Ideen, Plänen und Bemühungen gegenüber aufgeschlossen zu zeigen. In gewissen Kreisen, die Wert darauf legten, diesem Kreis gegenüber immun zu sein, scheute man sich nicht, hinter vorgehaltener Hand den Thronfolger einfach das *Scheusal* zu nennen. Von anderen, viel schändlicheren Namen abgesehen. Wie groß war daher die Freude in diesen Kreisen, als den Thronfolger zuletzt doch rechtzeitig in Sarajevo der Tod ereilte.

Manche Menschen von damals, die sich einen Staat nur mehr als einen Staat der politischen Parteien vorstellen konnten, sprachen nicht von einem Belvedere-*Kreis,* sondern von einer Belvedere-*Partei.* Als ob der Obere Belvedere, wo Franz Ferdinand bis zu seinem Tod wohnte, so etwas wie eine Partei-Zentrale gewesen wäre in jener Zeit. Andere, welche die scheinbar von Schönbrunn, der Residenz des greisen Kaisers, ausgehende *Ruhe* so lange wie möglich noch genießen wollten, störte die Un-ruhe, die sichtlich im Umkreis des Belvedere bestand; man konnte nur hoffen, daß Franz Joseph auch diesem Unheil, diesem Scheusal und seiner gefährlichen Frau, überlegen sein wird. Viele waren einfach Figuranten in dem Spiel vom Fin de siècle, wie es in Wien der Bühnenautor Arthur Schnitzler so sinnfällig auf die Bühne brachte; man hielt es womöglich mit noch mehr Dekadenz als jene, die hofften, die Sintflut werde erst nach ihrem Tod über Frankreich kommen, tatsächlich aber in der Großen Französischen Revolution von 1789 ein schauerliches Ende am eigenen Leib erlebten. Nicht wenige sahen derlei Einstellungen bestätigt und gerechtfertigt durch ein an allerhöchster und höchster Stelle bekundetes

Verhalten: Die unglückliche, seelisch kranke Kaiserin Elisabeth hat letztere Typen mit ihrem Verhalten geradezu bestärkt in ihrer in eine in Untergangsstimmung mündende Lebenspraxis; ihr Sohn ging erklärtermaßen weiter, stand am Ende seines von Tragik erfüllten Lebens nach dem konsequenten Durchschreiten der verschiedenen Regionen des Liberalismus von damals am Rand einer durchaus republikanischen Gesinnung – vielleicht des Anarchismus; seine Vetter und Altersgenossen aus der Linie Toskana, und nicht nur dieser, teilten oft aus purem Leichtsinn diese Haltung von Menschen, die den Ast absägen, auf dem sie ihr höchstpersönliches Dasein in dem größten Komfort genießen.

Es ist höchst bezeichnend, daß der Belvedere-Kreis mit einer Ausnahme aus Politikern bestand, die nicht im Hohen Haus zu Wien saßen, sondern meistens im prachtvollen Parlamentsgebäude am Ufer der Donau in Budapest. Genauer analysiert: Es waren Männer aus den im Königreich Ungarn bis 1918 unterprivilegiert gebliebenen Nationalitäten. Das galt vor allem für den Führer der Rumänischen Nationalpartei in Ungarn und Siebenbürgen Aurel *Popovici*. Popovici brachte 1906 seine Untersuchung der Möglichkeiten für die Existenz der »Vereinigten Staaten von Groß-Österreich« heraus; eine Arbeit, die ihm in Ungarn Verfolgung, in Wien nur abschätzige Kritiken oder heftiges Schweigen in der Tagespresse eintrug. Nach der Ansicht dieses Mitglieds des Belvedere-Kreises sollte das künftige Groß-Österreich fünfzehn Nationalstaaten umfassen, die auch geeignet sein sollten, für die Nationalstaaten außerhalb der Donaumonarchie Anziehungspunkt zu sein. Popovici hatte das Glück, daß er vor der Katastrophe, 1917, in Genf starb.

Gehörten die Politiker des Belvedere-Kreises verschiedenen Nationen an, so waren sie alle, und blieben es auch unter den ganz anders gearteten staatlichen Ordnungen nach 1918, *Föderalisten*. Das gilt auch für den Landsmann und Gesinnungsfreund Popovicis, Adrian *Maniu*. 1906/10 Abgeordneter im ungarischen Reichstag, ging er nach dem Tod Franz Ferdinands zu den Vorkämpfern des Anschlusses Siebenbürgens an Rumänien über; er trat im Königreich Rumänien an die Spitze der dortigen Bauern-

trat im Königreich Rumänien an die Spitze der dortigen Bauern-partei, wurde zweimal Ministerpräsident, geriet aber mit seinem von föderalistischen Ideen geleiteten Gedankengut in Konflikt mit der während des Zweiten Weltkriegs im Land aufgerichteten Diktatur. Die Kommunisten machten mit ihm kurzen Prozeß und verurteilten ihn zu lebenslanger Haft. Maniu starb unter un-geklärten Umständen in Gefangenschaft.

Föderalist war auch der Slovake Milan *Hodža*. An sich ein Gegner der in der Slovakei starken klerikalen Partei, gehörte er 1905/18 dem ungarischen Reichstag, nach 1918 dem Parlament der ČSR in Prag an. Nachdem die Westmächte 1938 die ČSR den Aggres-sionsabsichten Hitlers preisgegeben hatten, fiel es Hodža zu, die Konsequenz der Beneš-Politik: LIEBER HITLER ALS HABS-BURG nach dem sogenannten Münchner Schiedsspruch in der ČSR zur Ausführung zu bringen. Er dankte als Ministerpräsident ab, ging in die Emigration und starb 1944 in den USA. Er war wohl der einzige ČSR-Ministerpräsident, der auf eine konstrukti-ve Zusammen-Arbeit seines Landes mit Nachfolgestaaten der Monarchie aus gewesen ist. Der einzige Angehörige des Belvede-re-Kreises von Rang, der nicht dem ungarischen Reichstag, son-dern von 1906 bis 1918 dem Reichsrat in Wien als Abgeordneter angehörte, war der slovenische Priesterpolitiker Anton *Korošec*. Daß er dem Belvedere-Kreis nur deswegen angehörte, weil er so seine undurchsichtige Politik im alten Österreich mit umso grö-ßerer Gesichertheit verfolgen konnte, wird behauptet. Tatsache ist, daß er schon 1918 die slovenischen Bauern aufrief, keine Agrarprodukte abzuliefern, die der Armee der Monarchie im Feld zugute kämen. 1918 war Korošec jedenfalls führend beteiligt bei der Loslösung südslavischer Gebiete von Österreich. Seine an sich einem gewissen Föderalismus zuneigende Einstellung ver-suchte er nachher als Minister, 1928/29 auch als Ministerpräsident Jugoslaviens weiterzuverfolgen. Gegen die von Belgrad ausge-hende und an die Macht kommende Diktatur der letzten Vor-kriegsjahre hatte er keine Chance. Er starb im Jahr bevor man in Belgrad unter der Parole: *Lieber Krieg* den von der Regierung im Belvedere mit dem Deutschen Reich geschlossenen Pakt brach. So stürzte sich Jugoslawien 1940 in den Krieg, der in den schaurigen Bandenkämpfen der Ära Tito endete. Und da war der aus Debrecen stammende Führer der Ungarndeutschen Edmund *Steinakker*. 1875/88 gehörte er dem Reichstag in Budapest an. Auf dem Höhepunkt der Magyarisierungswelle in Ungarn, 1906, gründete er eine Ungarländische deutsche Volkspartei. Er überlebte das Jahr 1918 und starb in der Republik Österreich zu einer Zeit, als in Budapest ein Abgeordneter sagen durfte: Der beste Platz für einen Oppositionspolitiker ist ein Alleebaum – und ein Strick um den Hals. Letzter Überlebender des Belvedere-Kreises war der 1959 verstorbene Friedrich *Funder*. Er stieß als begeisterter junger Mensch zu diesem Kreis, verfocht, meistens in gefährlicher Vereinsamung, die Politik Franz Ferdinands in der Tageszeitung »Reichspost«, deren Herausgeber und Chefredakteur er wurde. Funder festigte mit den Weihnachtsartikeln Ignaz Seipels vom Jahr 1918 den erneuten Zusammenhalt der über dem Streit: Monarchie oder Republik in Österreich vom Zerfall bedrohten Christlich-sozialen Partei. Einen letzten Widerstand gegen Hitler vor 1938 bezahlte er mit KZ-Haft. Nach 1945 schwenkte er von der Tagespublizistik über zur Kulturpublizistik, um als Herausgeber der Wochenzeitschrift »Die Furche« noch einmal zu Ansehen zu kommen.

Nicht zum Belvedere-Kreis, aber zu den engsten Fachberatern Franz Ferdinands gehörte der letzte Vorstand der Militärkanzlei des Thronfolgers Carl Bardolff. Bardolff, deutschnational nach Herkunft und Anschauung, ließ sich als Grazer Student nach seiner Einjährigenzeit als Offizier aktivieren; er durchschritt zuletzt konsequent den Weg vom Nationalen zum Nationalsozialisten; seine während des Zweiten Weltkriegs erschienenen Erinnerungen »Soldat im alten Österreich« sind vor allem in dem interessant, wo er im Gegensatz zum damals herrschenden Zeitgeist den Kampf Franz Ferdinands um die Fortexistenz der *Monarchie* würdigt, und das Familienleben, das Ringen um jenen inneren Halt, den Franz Ferdinand als Jugendfreund des unglücklichen Kronprinzen Rudolf fast verloren hätte. Was aber entscheidend ist, bleibt für die Würdigung der Persönlichkeit des Ermordeten; dessen Kampf um die, wie man sagte, nicht ebenbürtige Frau, ein Familienleben, das Bardolff beschreiben mußte, um nicht den Verdacht zu erwecken, er würde nur einen Byzantinismus betreiben. Denn das Image, das zu Lebzeiten des Thronfolgers die Medien produzierten und nachher Historiker zu bestätigen glaubten, war nicht gut. Man nahm und nimmt sich einfach nicht die Mühe, dem Wahrheitsgehalt vieler Histörchen, die gewisse Zeitgenossen hinterließen, ernsthaft nachzugehen. Zudem vollzog sich die Entwicklung vom Jugendfreund Rudolfs zum Thronfolger des Jahres 1914 nicht mit einem Ruck; auch nicht nach der Verehelichung Franz Ferdinands mit der Gräfin Sophie Chotek.

Vier Jahre nach seiner Verheiratung, die die Kinder des Thronfolgers das Recht der Thronfolge kostete, schrieb Franz Ferdinand seiner über alles geliebten Stiefmutter, seine Eheverbindung sei das *Allergescheiteste* gewesen. Seine Frau stellt er als seinen Ratgeber heraus, als einen Doktor – die Gesundheit des scheinbar kraftstrotzenden Thronfolgers blieb auch nach Überwindung einer gefährlichen Lungenkrankheit labil; mit einem Wort: als sein *»ganzes Glück«*.

In einer Zeit, als Schlager sich mit der Frage beschäftigten, warum denn eine verheiratete Frau *kein* Verhältnis haben sollte, und erst recht der Mann, war die makellose Ehe des Thronfolgers für die einen eine maßlose *Heuchelei*, für andere Exzeß eines *leibfeindlichen Klerikalismus*. Was den inneren Wert dieses Ehelebens für die drei Kinder des Thronfolgers ausmachte, das bewiesen die Kinder später in Zeiten schwerster Bewährungsproben. Die beiden Söhne Max und Ernst kamen noch vor dem berüchtigten Prominententransport des Jahres 1938 von Wien ins KZ Dachau. Um die ohnedies 1919 von der Republik um ihre Fürstlichkeit gebrachten Häftlinge vollends in die Abgründe der Verachtung zu stoßen, übertrug man ihnen im KZ den Latrinendienst, die Reinigung der Senkgruben. Aber gerade das trug den beiden in den Augen der Mithäftlinge jenen Adel ein, der den von der Republik genommenen mehr als kompensierte. Die Nachkommen Franz Ferdinands erbrachten nach 1914 alle Opfer, die anständige österreichische Familien vielfach zu erbringen hatten. Sie verloren 1919 alles Hab und Gut in der ČSR; die dort verheiratete Tochter des Thronfolgers wurde aus ihrer Heimat in der ČSR ausgewiesen; deren Sohn Franz fiel 1945 in Ostpreußen, der andere Sohn, Erwein, starb in sowjetischer Kriegsgefangenschaft 1949.

Die Großmutter dieser Opfer des Zweiten Weltkriegs, Herzogin Sophie Hohenberg, fiel am 28. Juni 1914 als erstes Opfer des Ersten Weltkriegs in Sarajevo. Ihr stand ein unheimlicher Todfeind ihres Gemahls, an dessen Seite sie starb, gegenüber: Dragutin Dimitrijević, seit 1913 Leiter des Nachrichtendienstes des königlich serbischen Generalstabs, 1914 Oberst. Dimitrijević, mit dem nom de guerre *Apis*, ist unübertreffliches Vorbild bei der Verfechtung des *individuellen Terrors* gegen Persönlichkeiten, die der Verwirklichung der großserbischen Bewegung irgendwie im Wege standen.

1903, beim Sturm einer Verschwörerbande auf den Königspalast des letzten Obrenović Alexander I., schoß einer der wenigen Offiziere, die nicht eidbrüchig wurden, Apis in die Brust. Stundenlang bewußtlos, erlebte Apis nicht die Stunde des Sieges von damals, als man die Leichen des ermordeten Königspaares auf unbeschreibliche Weise behandelte. Der Steckschuß erwies sich als inoperabel und so blieb die Kugel Apis, nahe dem Herzen, als ein Memento dessen, daß es außer besagten Obrenović noch genug andere hohe und höchste Persönlichkeiten gab, die beseitigt werden sollten, wollte man sich nicht damit begnügen, daß Groß-Serbien nur ein Traum blieb.

So hat Apis 1912 ein Attentat auf den König Ferdinand von Rumänien geplant, als in Belgrad der Verdacht entstand, dieser *Deutsche* würde nicht mitmachen bei der Endabrechnung mit Bulgarien. Der Mord erübrigte sich und Apis hatte nachher viel Zeit, um den Mord in Sarajevo so vorzubereiten, wie Generalstabsoffiziere ansonsten eher militärische Aktionen gründlich vorzubereiten pflegen. Bei dieser Arbeit hatte Apis einen Bandenführer, zugleich Offizier der königlich serbischen Armee, namens Tankosić zur Seite. Einen Mord am König von Montenegro, auch ein Serbe, stellte Apis wegen dieser wichtigen Arbeiten zurück.

Der König der Schwarzen Berge wird sowieso von den Siegern von 1918 mit Geld abgefunden werden, den Rest seiner Tage ein angenehmes Leben an der Riviera führen und zusehen, wie fortan seine Montenegriner den Serben zeigen, daß es in den Schwarzen Bergen noch gefährlichere Typen gibt als in Belgrad. Während des Krieges, den der Mord von Sarajevo auslöste, diente Apis in der serbischen Armee als Generalstäbler. Noch immer gab es für ihn zu tun. Etwa als er erfuhr, sein Oberster Kriegsherr, der später in Marseille von Kroaten ermordete König Alexander I. Karadordević, hätte kein rechtes Vertrauen mehr in den Sieg der Westmächte gegen die Mittelmächte. Man hörte, es seien Verhandlungen in der Schweiz vorbereitet, nach denen Österreich-Ungarn Serbien einen Sonderfrieden und den ungeschmälerten Bestand seines Gebietes zu versprechen bereit war. Das galt es zu verhindern. Aber die Serben waren nicht so schläfrig wie die Österreicher 1914. Man kam Apis auf die Spur, stellte ihn vor ein Kriegsgericht und schoß ihn über den Haufen. Tito ließ zu seiner Zeit einen Schauprozeß führen, der neues Material zum Mord von Sarajevo zutage förderte. Übrigens hat Apis während des Ersten Weltkriegs auch den König von Griechenland ermorden lassen wollen, als dieser sich dem Bruch der Neutralität seines Landes durch die Westmächte nicht fügte; und zu lange zögerte, diesen Gewaltakt hinzunehmen und so auch an die Seite Serbiens zu treten. Ein *reicherfülltes Leben* durfte Apis an seinem Ende für sich reklamieren. Und das Schicksal hat ihn rein körperlich für seine Lebensaufgabe gekennzeichnet: die plumpe Figur eines Fleischhackers, dem die Schlankheit eines Serben, das scharfgeschnittene Gesicht durchaus abgeht.

Ausbrecher und Aussteiger gab es vor 1914 in allen europäischen Ländern. Es geschah ja einiges in jener Zeit, aber es passierte nicht das, was der Aufgeregtheit gewisser Männer und Frauen entsprochen hätte. Nicht alle Serben erwarteten sich Groß-Serbien auf den Wegen, die Apis vorschlug und mit seinen Mannen beschritt. Der serbische Ministerpräsident jener Zeit, Nikola Pasić, war mit Apis in der Zielsetzung einig; aber er war eine von Apis verschiedene Type, und seine Methoden verstand er den jeweiligen Notwendigkeiten anzupassen. Als junger Ingenieurstudent ist er in Zürich unter den Anarchisten gewesen. Heimgekehrt, beteiligte er sich an einem mörderischen Putsch gegen den damaligen Fürsten aus dem Haus Obrenović. Er dankte es einer Intervention Wiens, daß er nicht jenes Schicksal erlitt, das erleben zu müssen in Serbien zuzeiten ungemein leicht war. Zeitlebens dankte er das den Österreichern mit einem unüberbrückbaren Haß gegen sie und ihr Reich. Im übrigen vergaß Pasić auch nach dem Ende der Türkenherrschaft auf dem Balkan nicht, was sich dem übermächtigen Feind gegenüber unter allen Umständen als praktikabel erwies: Tief muß man sich bücken, um ihm das Messer in die Weichteile zu stoßen. Und das versuchte denn auch Pasić im Herbst 1913.

Viele Feinde Österreich-Ungarns wünschten der Monarchie den Tod, aber sie verbrachten nur zu gerne ihre Kuren in Heilbädern der Monarchie, vor allem in den böhmischen Bädern. So holten sie sich Kraft und Gesundheit, um die gastfreie Monarchie rascher zu Tode befördern zu können.

Die Kurzeit 1913 hat der serbische Ministerpräsident Nikola Pasić in einem der renommierten böhmischen Bäder zugebracht. Er hielt es für angemessen, auf der Heimreise dem k.u.k. Minister des Äußeren Graf Berchtold einen Besuch abzustatten. Der Besuchstag war just einer, an dem in Wien der k.u.k. Ministerrat für gemeinsame Angelegenheiten tagte. Aber der serbische Gast verdiente die ausgesuchteste Höflichkeit. Man änderte das Tagesprogramm und so ergab es sich, daß der Serbe mit den höchsten Funktionären der von ihm gehaßten Monarchie zu Tisch sitzen konnte. Pasić wurde am Ende seines Lebens er starb – erst 1926 – DER GLÜCKLICHE genannt. Und Glück hatte er dann auch an jenem Tag im September 1913.

Der österreichische Außenminister Graf Berchtold war ein feingebildeter Mann, gewiß aber kein Menschenkenner und also ein schlechter Politiker und Staatsmann. Ihm ging jedenfalls die später stets gerügte Voreingenommenheit des Konservativen ab. Pasić' Charakter war aber dermaßen ostensibel im Ausdruck seiner Persönlichkeit, daß dies nicht einmal dem unschuldigen Grafen

Berchtold entging. In seinen Tagebüchern beschreibt er den Serben als klein von Gestalt, ein Ausdruck falscher Bescheidenheit verdecke nur unvollkommen den Fanatismus, der in Pasić zeitlebens loderte. Der Hängebart könne nicht den Patriarchen vortäuschen und die zur Schau getragene Liebenswürdigkeit nicht die Falschheit. Merkwürdig, daß Berchtold gerade in diesem Fall den Feind demaskieren konnte, den Feind, in dessen vorgehaltenes Messer er mit seiner Diplomatie im Sommer 1914 lief.

Im September 1913 gab es noch ein offenes Problem in den Beziehungen Wiens zu Belgrad: Das endgültige Schicksal des neugeschaffenen Staates Albanien, über den die Monarchie die Hand hielt. Pasić versäumte nicht, in der unverbindlichsten Form immer wieder zu betonen, sein Land werde ganz gewiß nichts unternehmen, was die freundnachbarlichen Beziehungen zu Österreich-Ungarn gefährden könnte.

Es war eine unheimliche Heuchelei, als Pasić auf dem Höhepunkt solcher Loyalitätserklärungen an jenem Tag im Herbst 1913 den Österreichern wörtlich versicherte:

»Sie können den Kroaten und Serben mehr oder weniger Freiheiten geben, uns (in Belgrad) wird das nicht berühren und auch unsere Beziehungen zur Monarchie werden dadurch nicht tangiert werden.«

Besser hätte die *zweite* Intention des serbischen Ministerpräsidenten, welche die serbischen Aggressionen gegen die Donaumonarchie betraf, nicht vorgetragen werden können. Denn Serbien wird, wie immer es den Südslaven in der Monarchie geht, seine Politik Österreich-Ungarn gegenüber nie ändern – das heißt, auf deren Zerstörung losgehen. Und daran sollte auch die von Franz Ferdinand gedachte Triaspolitik als der Ersatz des zerstörenden Dualismus durch die Einbeziehung eines dritten Elements, des slavischen, nichts mehr ändern. Nie wird die von Belgrad betriebene und schon vielfach im Westen, vor allem in England, unterstützte Agitation gegen Österreich-Ungarn zum Stillstand kommen. Keine noch so strikte, Serbien auferlegte Wohlverhaltensversicherung der Donaumonarchie gegenüber wird Belgrads Politik in diesem Punkt auch nur um einen Grad in Ziel und Richtung ändern. Aber 1913 war die Stunde der Abrechnung mit Wien noch nicht gekommen. Immerhin: Je mehr die Herren in Ungarn die seit 1906 forcierte Magyarisierung betrieben, desto mehr orientierten sich die Hoffnungen der Südslaven auf Belgrad und dessen mächtige Fürsprecher unter den Großmächten. Berchtold sprach mit Pasić in einer Pause des am Besuchstag stattfindenden Ministerrats für die Gemeinsamen Angelegenheiten dies und jenes. Zufällig fiel just an diesem Tag der schon zu wiederholten Malen vorgetragene Wunsch Conrads erneut durch: Präventivmaßnahmen, bevor Frankreich mit der Aufrüstung seines Landheeres, England mit der Modernisierung und Verstärkung der Flotte, Rußland mit der Überwindung des im Krieg gegen Japan erhaltenen Rückschlags und den Folgen der Generalprobe der Revolution zu Rande gekommen sein werden. Wann aber war Fallfrist für die vorübergehenden Schwächen der anderen? 1915.

Und was wollte Conrad im Moment? Die Unterbindung des Vormarsches der Serben durch Nordalbanien zur Adria; wenn Conrad davon sprach, witzelte Franz Ferdinand von Produkten aus der Hexenküche der Chefs des k. u. k. Generalstabs.

Man gab Pasić ein Diner, während dem der Serbe Tischnachbar des k. u. Ministerpräsidenten Graf Tisza war. Der hohe Gast mit dem Patriarchenbart war eine männliche Sitzschönheit. Er machte auf den Polen Bilinski, k. u. k. Finanzminister und politischer Leiter der Zentralstelle für Angelegenheiten Bosniens und der Herzegovina, einen guten Eindruck: Ein weiser Alter des serbischen Volkes. Aber Pasić war nicht weise, sondern ein in lebenslangen Konspirationen und im Finassieren alt gewordener Typ. Wie gefinkelt war er? So gefinkelt, daß ihm nicht immer wohlgesinnten Wiener Journalisten, die bedeutendsten davon Juden, glatt die Versicherung abnahmen und sie abdrucken ließen, es werde in Hinkunft keine Mißhelligkeiten zwischen der Monarchie und Serbien geben, die zur Entzweiung beider Staaten führen könnten.

Abends saß der Serbe im k. k. Hofburgtheater, kehrte aber vorzeitig in sein Logis im Hotel »Meißl und Schadn« zurück, um sich zeitig zu Bett zu begeben, wie er beim Portier hinterließ. Für einen Anruf des Ballhausplatzes war er jedenfalls nicht mehr zu sprechen. Da blieb dem k.u.k. Minister des Äußeren nichts anderes übrig, als sich hinzusetzen und *eigenhändig* zu Papier zu bringen, was er denn doch noch dem Serben ins Gewissen reden wollte, ehe dieser Wien verließ. Am nächsten Morgen öffnete Pasić den Brief, ohne lesen zu können, was darin geschrieben stand; so seine Version. Demnach hat Berchtold den Brief in der damals an den deutschen Schulen der Monarchie gelehrten Kurrentschrift abgefaßt; Pasić beherrschte Deutsch einigermaßen in Wort und Schrift, bloß die von Berchtold gewählte Schrift konnte er nicht entziffern. Er nahm sich vor, das Papier in Belgrad transkribieren und übersetzen zu lassen.

In Belgrad beeilte sich Pasić, den dortigen k.u.k. Geschäftsträger, Herrn von Storck, per sofort wissen zu lassen, wie angenehm er von der freundschaftlichen Aufnahme in Wien berührt sei. Herr von Storck war ein in seinen Gefühlen wankender Herr, mehr betulich als fähig; wenn die Serben in den Balkankriegen einen militärischen Erfolg errungen hatten, zog er die Uniform seines österreichischen Ulanenregiments an. Dann machte er sich hinter den serbischen Thronfolger und Armeekommandanten her, um diesem zu den gloriosen Waffenerfolgen seiner Truppen zu gratulieren. Er war für Pasić der Richtige, dem er einen Bären aufbinden konnte. Nämlich die Lüge von den guten Beziehungen zu Wien in einem Zeitpunkt, da serbische Truppen schon albanisches Gebiet betreten hatten, um den Weg zur Adria zu nehmen.

Der k.u. Ministerpräsident Graf Tisza, der bei Franz Joseph stets im hohen Ansehen stand, war bei Beurteilung der Politik Serbiens und der daraus für Österreich-Ungarn sich ergebenden Notwendigkeiten eher abwägend und zurückhaltend. Nun ergrimmte es ihn, daß er unlängst bei Tisch der Heuchelei Pasić aufgesessen war und dessen Beteuerungen Glauben geschenkt hatte; während in Wirklichkeit der Serbe schon darauf aus war, die albanische Selbstständigkeit zu mißachten und durch nordalbanisches Gebiet serbische Truppen an die Adria zu schicken. Derlei stelle die Monarchie bloß, meinte jetzt Tisza, gäbe ihr vor der Welt das Bild des Zustands in einer *lächerlichen Dekadenz.* In Wirklichkeit machte damals die alternde Monarchie noch keineswegs jenen Eindruck, den um das Jahr 2000 zuweilen die moderne Supermacht USA hinterläßt bei dem Mangel an Entschiedenheit zur *rechten* Zeit.

Berchtold, ein Kavalier der alten Schule mit der später legendär gewordenen Vorkriegsbenehmität, geriet nun auch über die hinterhältige Art seines eben bewirteten Kollegen Pasić dermaßen in den Harnisch, daß er sich verleiten ließ zu sagen, jetzt müsse man Serbien *anrempeln.* In dieser Stimmung erreichte ihn ein weiterer Bericht des Herrn von Storck, der diesmal Enttäuschung, ja Empörung über die Hinterhältigkeit Pasić ausdrückte; hatte dieser doch den Österreichern Schönwetter vorgetäuscht, während die Serben ins Albanische ein schweres Gewitter brachten. Die Staatsmänner und Politiker waren im Moment dermaßen perplex, daß sie sich auf das einließen, was Conrad vorschlug: Und so ging die historisch gewordene *Note Pressante* nach Belgrad ab, Vorläuferin dessen, was im Sommer 1914 geschehen sollte, dergemäß die Serben Albanien binnen *acht* Tagen räumen sollten; widrigenfalls die Monarchie vor der Notwendigkeit stünde, eigene Mittel anzuwenden, um die Durchführung der Forderung zu verwirklichen.

Franz Joseph hatte sich nolens volens darein gefügt, diesen Schritt zu sanktionieren, Franz Ferdinand war voll Sorge, es könnte dies zu dem Konflikt führen, den er bis zum letzten Atemzug vermieden wissen wollte: den Krieg mit Rußland, dem Protektor des Königreichs Serbien und darin über Gebühr vertreten durch seinen Gesandten in Belgrad, Herrn von Hartwig.

Pasić gab sich traurig, vermied jeden Zorn angesichts der aus Wien gekommenen Drohung. Er wußte, daß das jetzige Zurückweichen den Haß seiner Landsleute gegen die Monarchie verstärken würde; und daß Rußland nach dem Zurückweichen anläßlich der Annexionskrise und dem jetzigen das nächste Mal, ein drittes Mal, der Monarchie sicher nicht Raum geben konnte. Er, Pasić, müsse jetzt wieder von vorne anfangen im Aufbau freundnachbarlicher Beziehungen zu Österreich-Ungarn. Ja – er versprach, diese Beziehungen so freundschaftlich wie möglich zu gestalten.

In Albanien müßten eben jetzt die Großmächte Ordnung schaffen. Berchtold hatte seine Balkanpolitik vor den Delegationen zu vertreten. Wieviel sie wert war, mag daraus hervorgehen, daß die slavischen Mitglieder in den Delegationen kein Wort der Kritik darüber verlauteten, daß der k. u. k. Außenminister den slavischen Brüdern in Belgrad ein *Ultimatum* ins Haus geschickt hatte. Und Belgrad klein beigeben mußte. Sie schwiegen nicht deswegen, weil sie mit Berchtolds Politik grundsätzlich einverstanden waren. Vielmehr begrüßten die Radikalen unter ihnen alles, was geeignet war, den Konflikt zu schüren und die Monarchie näher an den Rand einer Katastrophe zu bringen.

Die Wiener Presse verlangte den Rücktritt Berchtolds. Ein gewisser Heinrich Kanner, der nach 1918 die ärgste Besudelung Franz Josephs zu Papier bringen wird, nannte Berchtold einen Klein-Österreicher und einen Rückwärts-konzentrierer. Und weil die Monarchie nicht im Dreizehnerjahr wieder den Sandzak besetzt hat, ernannte ihn der Kanner zum *Minderer des Reiches*. Die als eher gentil geltende »Neue Freie Presse« griff Berchtold dermaßen bösartig an, daß der Graf demissionieren wollte. Das nun gestattete ihm Franz Joseph nicht; der Kaiser war heilfroh, daß es noch einmal so ausgegangen war, wie es ausgegangen ist.

Um diese Zeit machte der russische Gesandte in Belgrad, Herr von Hartwig, eine seltsame Bemerkung. Jedermann in der Stadt wußte, daß die Exzellenz Wien noch mehr haßte als Berlin. Er lebte von seiner Frau getrennt und brauchte also zuzeiten einen Auslauf. Was wäre näher gelegen, als daß die Exzellenz diesen in Richtung Paris unternommen hätte. Aber nein, just in diesem Moment versicherte er, er könnte sich an keinem anderen Ort besser unterhalten als in Wien; vielleicht meinte er in Wahrheit *über* keinen anderen Ort; oder vielleicht hatte der alte Kavalier die Fröhlichkeiten im Auge, die man sich in den Regionen der Dekadenz holt ...

Ivo Andrić, nach 1945 Nobelpreisträger für Literatur, erlebte jene Tage als Student an einem der in Bosnien von den Okkupanten und Unterdrückern geschaffenen Gymnasien. Er litt schrecklich unter den Österreichern. Als er nach 1914 Graz als Zwangsaufenthalt zugewiesen bekam, geriet die Unterdrückung dermaßen, daß er sich dort seinen Doktorhut holte, während andere Bosniaken am Isonzo ihr Blut verspritzten. Wien, Prag und Agram waren die Stätten der Verfolgung des Studiosus Andrić; nicht die dortigen Haftanstalten, sondern die Hochschulen.

Auf den Gymnasiasten Ivo in Bosnien haben die aus diesen Hochschulstädten auf Ferien kommenden Studenten einen gewaltigen Eindruck gemacht. Das waren keine blasssen, abgemagerten Typen in abgetragenen Kleidern und mit Haaren in Schulterlänge; auch keine jungen Menschen in der Tracht ihrer Heimat; vielmehr präsentable junge Herren, die ihre Intelligenz, mit der sie ihren Landsleuten voraus waren, à la mode zeigten: Man trug Anzüge in, wie man sagte, gedeckten Farben, Sakkos nach neuestem Schnitt. Als Kopfbedeckung den eben modern gewordenen Panama-Strohhut mit einem Band in allen Farben des Regenbogens. Die vordere Hutkrempe bog man herunter, was dem Träger einen unternehmungslustigen Eindruck verschaffte. Natürlich verabscheute man das landesübliche Schuhwerk, man bevorzugte, was in Amerika modern war: plumpe Schuhe mit extrem hohen Kappen. Statt des bis unlängst üblichen Bumlers trug man einen dicken Bambusstock, der sich auch gut dazu eignete, zusammen mit anderen Kommilitonen die verhaßten Schwarz-gelben und die Klerikalen bei einem Hochschulkrawall zu verprügeln. In solchen Fällen waren sich die Nationalisten aller Nationalitäten der Monarchie, von Antisemiten bis zu den Korporierten unter den Zionisten einig und so bekam man eine schöne Überlegenheit gegen die Wenigen, die noch *dumm* genug waren, um nicht aus Österreich-Ungarn wenigstens geistig auszuziehen. Im Knopfloch trugen diese intellektuellen Bosniaken das Sokol-Abzeichen oder das irgendeines anderen national eingestellten Bundes.

Nach 1878 gab es in Bosnien und in der Herzegovina Bosniaken, die stolz darauf waren, Reserveoffiziere bei den Kaiserlichen zu sein. Der eben amtierende Bürgermeister von Sarajevo, längst todkrank, war einer der ersten Bosniaken, die das Offiziersportepee trugen. Aber diese Typen, die nach dem Einjährigenjahr fleißig studierten und in den Staatsdienst gingen, waren in den Augen der Generation von 1914 verachtenswert. Sie dienten, auch als Ärzte oder Apotheker oder Techniker, einem System, dessen Früchte man genoß, dessen Fruchtplantagen man aber anzünden wollte, sowie die Zeit dazu gekommen sein wird. Dazu kam, daß nicht mehr nur junge Herren aus besseren Häusern auf Kosten ihrer Eltern studierten, sondern auch Söhne armer Kleinbauern und Handwerker; letztere auf Kosten von Studentenunterstützungsvereinen, die auch aus dem Ausland Geld bekamen; und von denen einer im Jahre 1910 eine Spende des Kaisers in Höhe von 10 000 Kronen angenommen hat; weil ihn diese Zuwendung *immun* machte gegen Verdächtigungen seitens der Polizei, die ja nicht alles über die Vereinstätigkeit zu wissen brauchte.

Diese und ähnlich ausgerichtete Vereine verachteten die alte Unterscheidung der Bewohner des Landes in Muselmanen, Orthodoxe und Katholiken. Alle diese Angehörigen von Religionsgesellschaften hatten in erster und letzter Linie darauf bedacht zu sein, daß sie *Serben* waren. Daß sie und ihr Volk Anspruch auf eine Freiheit hatten, die ihnen die Okkupanten beharrlich versagten.

Und bald wußten die jungen Leute, daß alles erlaubt, ja notwendig zu tun war, um diese Okkupanten aus dem Land zu verjagen. In Belgrad erschien für sie eine Zeitung mit dem Namen der italienischen Freiheits- und Einigungsbewegung des Risorgimento, wie sie damals von Piemont ausging. Serbien war ein Piemont. Großserbien sollte das geeinte Italien des Balkans werden. Wer so dachte, fand die Zustände in Bosnien und der Hezegovina miserabel. Noch ein halbes Jahrhundert später sah man darüber hinweg, daß jenseits der Grenzen, in Serbien, eine Miserabilität herrschte, die etwa auf der Stufe der ehedem unter den Türken bestandenen Verhältnisse war; aber *wenn* man dieses Manko einmal zugab, dann waren auch daran die Österreicher schuld. Nach 1945 kam in Österreich eine Ansicht auf, welche diese Beurteilung der serbischen Probleme, wie sie um 1914 bestanden, mit Film- und Fernsehproduktionen bestätigte oder quasi wissenschaftlich zur Bestätigung der Kriegsschuld Österreichs 1914 herausstellte.

Waren Ferien, dann genoß der junge Ivo jene Stunden, da die

Herren Studenten den an Ort anwesenden Kollegen früherer Jahrgänge die richtigen Flötentöne im Politischen beibrachten; wobei anwesende Handwerker und Geschäftsleute mit offenen Mündern zuhörten, wenn die *Jungen* die *Alten* fix und fertig machten. Demnach waren die Sachwalter der Okkupanten ex 1878 Kuferaschen; nicht nur, weil sie, anders als Serben, nicht mit Binkeln unterwegs waren, sondern mit Koffern; eher deswegen, weil sie mit Koffern und wenig Habe ins Land kamen, aber im Land die Bosniaken auspreßten, um als reiche Leute entweder heim und in Pension zu gehen. Oder gar als nichtstuende Alte den Lebensabend im Land verbrachten. Kuferaschen waren nicht nur die Österreicher, sondern noch mehr die Magyaren, mit denen nicht gut Kirschen essen war; und vor allem die Juden. Viele Juden, die in anderen Städten der Monarchie schon einen aufkommenden Antisemitismus erlebten, kamen herunter, um im Staatsdienst oder sonstwie in aller Ruhe und in einigem Wohlstand zu leben.

Ivo hat als erfolgreicher Schriftsteller dies und anderes genau beschrieben. Und in den skandinavischen Staaten, wo der Nobelpreis zur Auswahl und Vergebung kommt, hat man diese Bücher über die Maßen geschätzt und also wurde aus dem unbekannten Ivo ein weltbekannter Nobelpreisträger. Daß Ivo mit den Österreichern abrechnete, war dabei kein Hindernis; schließlich haben die Schweden im Dreißigjährigen Krieg lange genug den Kaiserlichen die Lust dazu verdorben, auch an der Ostsee des Kaisers Macht und Herrlichkeit aufzurichten. Sie haben die Lande zwischen dieser See, dem Bodensee und der Donau räubernd und plündernd durchzogen und kostbare Herrlichkeiten heimgebracht zum Schmuck ihrer Hauptstadt Stockholm.

Ivo ging vor 1914 aus den Reihen der Mlada-Bosna, dem radikalnationalen Bund JUNG BOSNIEN hervor. Dort lernte er, daß die gleichzeitige Existenz des größeren Serbien und jene Österreich-Ungarns unvereinbar sei. Und dem war durch Taten zur Befreiung Rechnung zu tragen. Wer in Wien erkannt hat, daß dieser Bund nicht bloß eine Vereinigung idealistisch gesinnter junger Serben war, sondern ein Kader von Revolutionären, auch Anarchisten, ist nicht bekannt. Jedenfalls hat diese Einsicht recht bekommen; Wien verlangte es und Serbien genügte dem: Die Mlada-Bosna wurde als Organisation aufgehoben, als Kampfgemeinschaft mit womöglich noch radikaleren Zielen setzte sie ihre Tätigkeit unter dem Namen SLOVENSKY JUG, also: *Der slavische Süden* fort. In den Statuten des letzteren Bundes wurde auch das Ziel klar angesprochen: Die Befreiung der Südslaven, zuerst vom türkischen Joch, nachher von jenem der Okkupanten ex 1878.

Als es soweit war, daß auch die Auflösung des Slovensk jug nicht mehr verhindert oder auch nur aufgeschoben werden konnte, schlüpfte dieses Gemeinwesen in das leergewordene Schneckenhaus der NARODNA OBBRANA. Es dauerte einige Zeit, bis man dahinter kam, daß in dieser sich harmlos gebenden Vereinigung die Kader jener militanten Gruppen sich tarnen konnten, die Serbien *so oder so* groß und frei machen wollten. Höchste Ehre für einen Angehörigen der Narodna Obbrana war es, für eine der von serbischen Offizieren gedrillten und kommandierten Komitači-Banden angeworben zu werden. Mochten vor 1914 Ideen noch so sehr vielfältig und oft widerstreitend in den Reihen der serbischen Jugend wehen, mehr als jede Idee galt die *Tat*. Taten, die zuerst die Türken, nachher die Österreicher so sehr herausfordern mußten, daß sie losschlugen und entweder den Terror der Komitačis zu spüren bekamen oder die noch wirksameren Taten der verschiedenen Verbündeten des Serbentums in Ost und West.

Es versteht sich, daß ein kluger Mann wie Pasić die Verwirklichung seines Traumes, Großserbien allerwege, nicht allein solchen radikalen Typen, mochten auch Intellektuelle darunter sein, überlassen konnte. Zumal die Jungen vermeinten, sie hätten mit ihren Taten des Terrors und des Partisanenkriegs den Kampf gegen die Türken entschieden; während es in Wirklichkeit doch so war, daß es das ausgezeichnet gedrillte und gut bewaffnete königlich serbische Heer war, das in den Balkankriegen Sieg auf Sieg erringen konnte. Diesen Stolz teilten aber nicht alle königlich serbischen Offiziere jener Zeit. Diejenigen, die den organisierten und zielführenden Terror als unerläßlichen Beitrag für die Einigung aller Südslaven in einem Staat wollten, verbündeten sich in einem unheimlichen Geheimbund.

Noch am Vorabend der Balkankriege, am 22. Mai 1911, traten die Männer der UJEDINJENJE ILI SMRT, also VEREINIGUNG ODER TOD, in Belgrad zusammen. Man hat diesen Bund nachher die SCHWARZE HAND, die Clique um den Ministerpräsidenten Pasić aber die WEISSE HAND genannt. Die Männer der ersten Stunde sind bekannt; nur wenige davon starben den Strohtod. Unter allen aber ragt der Offizier des königlich serbischen Generalstabs, Dragutin Dimitrijević, hervor. Der Mann, der die Arbeit der Staatsmänner und Diplomaten verachtete, weil er bekanntlich der Überzeugung war, daß man Meinungsverschiedenheiten in der internationalen Politik am besten dadurch löst, daß man den Gegner spezifisch serbischer Interessen umlegt.

Ob der 1914 von der Ausübung der Regierungsgewalt zurückgetretene serbische König Peter I., der Nutznießer des Königsmordes von 1903, und dessen Sohn und Nachfolger Alexander I. in engerer Verbindung zur Schwarzen Hand gestanden haben, ist umstritten, wurde und wird serbischerseits verständlicherweise bestritten. In Wien gab es nach dem Mord in Sarajevo, ja bis zum Ende der Monarchie und nachher genug Persönlichkeiten, die von den Aktivitäten der Schwarzen Hand keine Ahnung hatten. Ja, diese lange Zeit als eine Erfindung der Schwarz-gelben hinstellten; oder gar den von der Schwarzen Hand ausgeübten Terror als unvermeidliche Folge der von Österreich jahrhundertelang gegen Slaven ausgeübten Unterdrückung für genuin anerkannten. Selbst der nach dem Mord in Sarajevo zur Sammlung der Materialien an die Stätte der Tat geschickte Sektionsrat des k. u. k. Ministers des Äußeren, ein geschulter Völkerrechtler und gewesener Richter, hatte keine Ahnung von derlei Zusammenhängen.

Ein Dutzend Jahre und des prahlerischen Benehmens serbischer Kreise bedurfte es, um besagten Sektionsrat dreizehn Jahre nach Sarajevo wenigstens zu der folgenden Einsicht zu bringen, die er 1914 der k. u. k. Regierung leider schuldig blieb. Demnach wurden 1914 serbischerseits zwei Dreiergruppen auf den zu den Manövern in Bosnien gekommenen Erzherzog-Thronfolger Franz

Ferdinand angesetzt: Eine bestand aus dem Mörder des Thronfolgerpaares Princip, aus einem gewissen Grabeć und jenem Cabrinović, dessen Handgranatenwurf auf das Automobil Franz Ferdinands nicht das erwartete Ergebnis zeitigte. Dann die Männer der anderen Dreiergruppe: Der gewesene Lehrer Ilić, ein gewisser Cubrilović und der alle anderen am Mord Beteiligten überlebende Popović. Es war wichtig, daß sich unter den Attentätern neben den aus orthodoxen Kreisen stammenden Attentätern auch ein Moslem befand. Dieser, ein gewisser Muhamed Mehmed basić, entsprach diesem Erfordernis, allerdings hatte er mit den religiösen Ansichten im Elternhaus gebrochen. Immerhin war es dieser Moslem, der im Jahr vor dem Mord die Verbindung mit einer in Frankreich zusammengeholten Terrorgruppe herstellte; von wo aus Spuren in Kreise um Trotzki und zu anarchistischen Zirkeln und Kreisen der Loge führten. Spuren, an deren Aufdeckung man in Wien nach dem Mord nicht interessiert war; derlei hätte ja vom Hauptziel der Untersuchungen, Serbien und dessen politische und militärische Faktoren, abgelenkt.

Die meisten auf Franz Ferdinand angesetzten jungen Leute waren nach österreichischem Strafrecht insoweit nicht strafmündig, als man ihren Mord mit dem Tod bestrafen hätte können. Ihnen hat man eingeredet, man müsse Franz Ferdinand unbedingt umbringen, weil dieser der gefährliche Feind aller serbischen Interessen sei. Worin diese Gefährlichkeit bestanden hat, ist den Attentätern nie genau gesagt worden. Noch während des gegen sie geführten Prozesses waren sie bei dieser Zielansprache verschiedener Meinung. Einig war man sich in der Mordsache. So wenig glücklich die Nachforschungen in der Monarchie nach den Hintergründen des Mordes waren, in einem Fall wurden sie fündig:

Den Kontakt mit dem königlich serbischen Major Tanković stellte ein gewisser Milan Ciganović her; ein Bosnier, der in Serbien im Exil lebte und dort bei den serbischen Staatsbahnen einen Versorgungsposten bekam, wie sich das gegenüber tapferen Kämpfern gebührt. Diesem Ciganović händigte Takosić belgische Brownings aus. Sie kamen Ende 1913 in Belgien in den Handel, der erste Abnehmer konnte eruiert werden; die weitere Spur dieser

Waffenlieferung an die Mörder wurde, wohl wegen des alsbald erfolgten Kriegsausbruchs, nicht verfolgt. Die Angehörigen der Dreiergruppen bekamen Schießunterricht in der Nähe eines Schießplatzes der königlich serbischen Armee; aus Beständen dieser Armee stammten auch die Handgranaten, die in Sarajevo verwendet werden sollten.

Unter dem Geleit von Offizieren der serbischen Armee gingen die Attentäter los. Princip und Genossen fanden im serbischen Šabac Unterkunft beim Major Popović. Der ebnete den Weg zur Überschreitung der Grenze und das geheime Eindringen ins Bosnische, und zwar mit Hilfe seiner Kameraden bei der serbischen Grenzpolizei. Die Tarnung des Anmarsches der Mörder auf Sarajevo sowie der Waffentransport waren präzise vorbereitet und verliefen erwartungsgemäß. In Sarajevo war der Ilić Hauptorganisator. Er verteilte die über die Grenze geschmuggelten Waffen an die Täter, bestimmte deren Aufstellung, wobei Pistolenschützen den Handgranatenschützen helfen sollten, sofern der Wurf mißlang.

Seit der Niederlage der Serben gegen die Türken auf dem Amselfeld am Ende des 14. Jahrhunderts haben Guslaren mit ihren Gesängen beschrieben, wie damals das Unheil über die Serben hereinbrach. Und was dieses Ereignis in urgrauer Zeit in der Gegenwart für eine Bedeutung hat, hörte sich nach 1914 so an:

»Im Jahre 1914 war es, als der gewaltige Kaiser von Österreich vier Divisionen seines Heeres sammelte, lauter Magyaren, tüchtige Soldaten, und an der Spitze des Kaisers *Sohn*, der Thronfolger. Zar Franio schickte das Heer in das unglückliche Bosnien, es sollte das Land *Serbien überfallen* und ihm einen grauenhaften Untergang bereiten ... Die Herzen (der so Bedrohten) erzitterten und erstarrten ... Nachdem des Kaisers Sohn angekommen war ... rückten die Schwaben (so nannte man die Deutschen) ein in Sarajevo. Voran marschierte des *Kaisers Garde* ... und weiter ging die Parade, um den *jungen Ferdinand* zu schützen. Die Musik zog durch die Gassen ... und weiter ging die *Parade*. Da springt Gavrilo Princip auf, er fährt los wie ein Drache fürwahr ... Halt ein, Schwabe! Was hast Du hier zu marschieren? ...

411

Das ist nicht Dein Land ... Und Gavrilo reißt den Revolver hoch ... Hintereinander läßt er *zwei* Schüsse los. Einer durchbohrt die *Heldenbrust* des Kaisersohnes ... er wird in Ewigkeit nicht mehr erwachen.«

Zwei Schüsse und nur ein Toter? Die Serben sind ein tapferes Volk, sie sind grausam, aber sie morden nicht gerne Mütter. Und also durfte der Guslar nicht die ganze Wahrheit erzählen, sondern über das Ende der Gemahlin des Thronfolgers sagen:

»Seine Gattin Sophie wurde von *Raserei erfaßt* ... und fiel in Ohnmacht ... Neben ihrem Gemahl sinkt die Unglückliche tot zu Boden.«

Was waren die Epen der Guslaren, verglichen mit den Mythen, die nachher allerorts, vor allem auch in der Republik Österreich, über die Tat von Sarajevo verbreitet worden sind? Echte Fundstellen wurden weniger benützt, zuletzt außer Evidenz gebracht. Etwa das, was am 3. Dezember 1913 die in Chicago/USA erscheinende Zeitschrift für serbokroatische Einwanderer »Srbobran« wörtlich so formulierte:

»Der österreichische Thronfolger hat für das Frühjahr (1914) seinen Besuch in Sarajevo angesagt. Jeder Serbe möge sich das merken. Wenn der Thronfolger nach Bosnien will, bestreiten wir (Serben) die Kosten. ... Serben! Ergreift alles, was ihr könnt, Messer, Gewehre, Bomben und Dynamit. Nehmt heilige Rache! Tod der Habsburgerdynastie.«

Das Budget des k.u.k. Botschafters in Washington war sicher zu karg, um alle Käseblätter aus Emigrantenkreisen zu beziehen, sie auswerten zu lassen und dafür etwa gar einen Beamten einzusetzen. Einen Beamten für diesen Zweck gab es nicht einmal am Ballhausplatz, um die gewiß nicht zu verachtende Tendenzpresse der Südslaven diesseits und jenseits der Grenze zu verfolgen. Und im übrigen galt in den USA Pressefreiheit, to print everything that fits to print.

Ernster zu nehmen als der Gesang von Guslaren und Hetzartikel in Emigrantenzeitungen waren und sind Äußerungen von prominenten Staatsmännern. Wie etwa eine Fälschung des französischen Staatspräsidenten von 1914, Poincaré, der noch 13 Jahre nach der Tat in Sarajevo eine Falschmeldung der französischen Vertretung in Belgrad *vom Tag vor dem Mord* verifiziert hat. Demnach hieß es unterm 27. Juli 1914 in dem amtlichen Bericht an Paris:

»Seit einigen Tagen sind (österreichischerseits) militärische Maßnahmen an der serbischen Grenze getroffen worden. In Bosnien und Dalmatien sind 100 000 (in Worten einhunderttausend) Mann zusammengezogen und längs der Save und Donau ist eine Kette von Truppen und Gendarmen von Orsova bis Raca gezogen. Die (österreichische) Brücke Semlin-Sabadka wird militärisch bewacht ...«

Hier ist von einem Aufmarsch entlang einer Grenze in der Länge von fast 400 Kilometern die Rede. Und von 100 000 und mehr Mann. Es gäbe Fakten zu verfolgen: Mitte September 1913 verlautete Franz Ferdinand, er werde im Sommer 1914 an Korpsmanövern in Bosnien teilnehmen; damals erging keine Nachricht an die Presse, wieso kam dieses Aviso der Redaktion des »Srbobran« in Chicago/USA so rasch zu Ohren?

In Belgrad wußte man am Vorabend des Mordes vom Umfang der fraglichen Korpsmanöver. Im Kriegsarchiv kann man heute noch Einsicht nehmen in die Verpflegungslisten der dazu aufgebotenen Truppen: Verpflegungsstand 19 678 Mann. Davon 13 266 im Gelände. 171 Berittene, 80 Feldgeschütze, 11 Personenautos, 61 Motorräder, 51 Fahrräder, 16 – in Worten sechzehn – Lastautos. Im übrigen 63 Marode. Es ist undenkbar, daß der Leiter des Abwehrdienstes der königlich serbischen Armee, Oberst Dimitrijević *nicht* ziemlich genau Kenntnis hatte von diesen Zahlen. Seine Spione konnten sich im Gelände selbst überzeugen, ohne Behinderung durch die angeblich überall präsente Polizei. Woher aber bekam 1914 der Franzose die Daten seines Berichts an die Zentrale in Paris? Was bestärkte Poincaré, Tatzeugen jener Juni/Juli-Tage, dreizehn Jahre nach Sarajevo die Lügengeschichte aus 1914 nochmals aufzuwärmen? Und: In Tendenzblättern, die in der Monarchie in serbokroatischer Sprache vor dem Mord erschienen, konnte unzensiert abgedruckt werden, Franz Ferdinand sei mit 50 000 Mann gekommen, um zu zeigen, was es bei einer *bluti-*

gen Eventualität gäbe. Einer Eventualität, die wohl mit dem Besucher zusammenhing, nicht mit dem Land und seinen Bewohnern. Es ist bei all dem müßig zu unterstreichen, daß der Ermordete selbst unterm 1. Mai 1914 befohlen hat, es möge zu den Manövern in *Friedensstärke* und mit schlechten (weil verbrauchten) *Friedensuniformen* und wie *gewöhnlich* ausgerückt werden. Der unablässiger Aggressionsgelüste verdächtigte Chef des k.k. Generalstabs Conrad von Hötzendorf hatte es abgelehnt, daß neben den k.u.k. Truppenverbänden auch solche der k.k. Landwehr und der k.u.k. Honvéd teilnehmen. Die weit abseits des Manövergeländes in Ragusa, Tuzla, Cattaro und Banjaluka garnisonierenden Brigaden ließ man daheim; ihre Teilnahme hätte die disponiblen Budgetmittel überzogen. Wie hoch waren diese Mittel: 450 000 Kronen waren disponibel, das also soll Österreich-Ungarn investiert haben, um Serbien im Sommer 1914 zu erobern? Zwischen dem Manövergelände und der serbischen Grenze bestand eine Entfernung von 100 Kilometer Luftlinie, unwegsames Gelände, wie es sich 1914 erwiesen hat. Jenseits der Grenze betrug die Friedensstärke der serbischen Armee 170 000 Mann. Selbst die bewaffnete Macht des winzigen Montenegro war den ins Manöver ausgerückten Österreichern überlegen: 45 000 Mann gegen nicht ganz 20 000 Mann.

Aber, hat es nicht kurz vor Sarajevo wieder einmal eine jener gefahrbringenden Begegnungen zwischen Franz Ferdinand und Wilhelm II. gegeben? Gewiß, man tat sich schwer, eine Propaganda gegen eine angebliche Kriegslüsternheit des Thronfolgers zustandezubringen. Denn dieser hat in der Albanienkrise ausdrücklich betont:

»Nein. Nein – zu einem Krieg wird es nicht kommen.«

Nun gut, aber wer wußte schon, was oben ausgekocht wurde, als sich der Deutsche Kaiser mit dem österreichischen Thronfolger traf? Gewiß, Franz Joseph wollte schon gar keinen Krieg. Aber war es nicht denkbar, daß die beiden hohen Herren hinter dem Rücken des alten Kaisers einen Putsch vorbereitet haben? Man sprach davon, daß es sich um den Plan handelte, den ältesten Sohn Franz Ferdinands zum König von Ungarn zu machen; den

»Rest«, vor allem die von Deutschen bewohnten Gebiete der Monarchie, dem Deutschen Reich untertan zu machen. Und Wilhelm II. war doch ein Bösewicht. Nach Kriegsausbruch wird der liberale englische Ministerpräsident Lloyd George verlangen: hang the Kaiser. Wenn man aber im zivilisierten England den Deutschen Kaiser zu hängen bereit war, warum sollte man die tapferen Serben daran hindern, in ihrem Lebensbereich sich vorzusehen! Und so geschah es.

4.

MORD UND KRIEG

Das Ganze ereignete sich innerhalb einer Stunde und achtzehn Minuten. Am 28. Juni 1914 um 9 Uhr 42 fuhr der Hof-Sonderzug mit einer siebzehnminütigen Verspätung vom Bahnhof des bosnischen Kurortes Ilidža in Richtung Sarajevo ab. Das Thronfolgerehepaar hatte in der in einem Salon des Hotels eingerichteten Kapelle dem Sonntagsgottesdienst beigewohnt. Derlei klerikale Usancen verursachten im allerhöchsten Dienst immer wieder Verspätungen, die den Arrangeuren des öffentlichen Auftretens der Höchsten und Allerhöchsten Herrschaften Schwierigkeiten bereiteten und Unordnung in das Tagesprogramm brachten. Was die Begleitung des hohen Paares anging, so hätten Zivilisten und Militärs gerne auf die Erfüllung ihrer Sonntagspflicht verzichtet, zumal der Zelebrant mit seinen Ausführungen sichtlich keinen Schluß fand.

Die Hotelverwaltung war heilfroh, als die Herrschaften beim Tempel draußen waren. Schon im Februar 1914 hatte sie im Wege des Landeschefs, Feldzeugmeister Potiorek, in Wien dahingehend intervenieren lassen, daß man die Korpsmanöver *keineswegs über den 27. Juni 1914 hinaus* verzögern möge. Denn am 1. Juli des Jahres begänne der sommerliche Kurbetrieb und dann würde man jedes Zimmer für die Bewältigung des Gästezustroms benötigen. Der Landeschef hatte das eingesehen, schließlich war er ja auch für die Zivilverwaltung verantwortlich. Und was hatte es für einen Sinn, wegen eines Manövers den Kurbetrieb zu stören. So geschah es, daß die Brigade der Putzfrauen ins Hotel einrückte, als noch der Rauch des abdampfenden Hof-Zugs am Horizont zu sehen war.

Nachher hat man gesagt, der Besuch des Erzherzog-Thronfolgers in Sarajevo, ausgerechnet *am Tag des Heiligen Vitus*, sei eine ge-

416

wollte Herausforderung der nationalen Gefühle des serbischen Volkes gewesen. Die Orthodoxen feiern ihr Kirchenjahr noch nach dem Julianischen Kalender und demnach war der 28. Juni 1914 nicht der Vortag des Festes der Apostelfürsten Peter und Paul, wie bei den Katholiken, sondern erst der 15. Juni und sohin der Festtag des Heiligen Vitus. Der Vitus-Tag, der Vidov-Dan, war für Serben von einer düsteren Erinnerung umhüllt. Denn am Vidov-Dan des Jahres 1389 wurde das mittelalterliche Reich der Serben von den Türken bei Kosovo-Polie vernichtet. An einem solchen Trauertag gehörte es sich nicht, den Besuch des aus Wien kommenden Thronfolgers in der Stadt Sarajevo in der Öffentlichkeit zu feiern. Nun es aber trotzdem geschah, konnte es sich nur um eine freche Beleidigung heiligster Gefühle des serbischen Volkes handeln.

Vor dem Gebäude des Bahnhofs in Sarajevo stand eine Autokolonne zur Abholung des Thronfolger-Paares und deren Begleitung bereit. Das hohe Paar, der Landeschef Potiorek und der Besitzer des Austro Daimlers mit dem Wiener Kennzeichen A III 118, bestiegen den von einem gewissen Leopold Loyka gelenkten Wagen. Nach zehnminütiger Unterbrechung zwecks Orientierung fuhr die Wagenkolonne in Richtung Rathaus. Um 10 Uhr 17 erfolgte während der Fahrt entlang des Appelkais das erste Attentat. Der zuletzt in Belgrad wohnhafte Bosnier Nedeljko Cabrinović warf eine Handgranate serbischer Herkunft auf den Wagen des Thronfolgerpaares. In den Balkankriegen haben sich solche Handgranaten als sehr nützlich erwiesen im Kampf gegen die Türken. Aber die am 28. Juni 1914 auf den österreichischen Thronfolger geworfene verfehlte ihr Ziel. Sei es, daß dem Werfer die notwendige Geschicklichkeit abging, sei es, daß er in der Aufregung die Zündung nicht richtig tempierte. Anstatt den Thronfolger zu treffen, kollerte das Ding hinter dem Wagen des hohen Gastes her und detonierte zu spät. Splitter verletzten den Flügeladjutanten des Landeschefs schwer. Man brachte den Verletzten ins Garnisonsspital und dieser Umstand wird kurze Zeit nachher Franz Ferdinand zu seiner *Fahrt in den Tod* verleiten.

Der Besuch im Rathaus war eine Peinlichkeit. Der Bürgermeister, ein loyaler Mann und einer der ersten, der Reserveoffizier bei den Kaiserlichen wurde nach der Okkupation, kam mit seinem Gruß schlecht an. Der Thronfolger wurde seines Zornes nicht Herr. Er fuhr den Unglücklichen an, bis er die Hand seiner Frau spürte, die begütigend seinen Unterarm berührte. Der Thronfolger hatte sich sofort wieder in der Gewalt und er sah wohl ein, daß es besser war, die Besuchsprozedur über sich ergehen zu lassen. Nur zwanzig Minuten dauerte der Aufenthalt im Rathaus. Während dieser Zeit besuchte die Herzogin die im Obergeschoß auf sie wartenden muselmanischen Frauen, die sie – vergebens – baten, doch die gefährliche Fahrt durch die Stadt nicht zu wagen. Als die Herzogin wieder zu ihrem Gemahl stieß, war alles entschieden. Der Thronfolger fand es für selbstverständlich, daß er sich im Garnisonsspital um den Zustand des im Dienst um die Besucher verwundeten Oberstleutnant von Merizzi kümmerte.

»Schließlich hat er sich wegen mir einen blutigen Kopf geholt.« Es folgten weitere Fahrtdispositionen, wobei die Fahrt durch die engen Gassen der Stadt vermieden werden sollte. Vielmehr wollte man im raschen Tempo den Appelkai passieren, um so unangefochten in kürzester Zeit beim Spital einzutreffen, um nachher den Konak, den Sitz des Landeschefs, aufzusuchen, wo man in aller Ruhe bei Tafelmusik das Essen nehmen wollte. Im Konak stimmten schon die Männer einer Streicher-Besetzung einer Militärkapelle die Instrumente, um die Herrschaften bei Tisch mit moderner Operettenmusik von Strauß bis Leo Fall zu unterhalten. So geschah es, daß der Hahn zum drittenmal krähte.

Auf der Fahrt zum Spital fuhr an der Spitze der Wagen des für die Sicherheit der Besucher verantwortlichen Polizei-Inspektors Vladimir Glück, an dessen Seite der Detektiv-Inspektor Petar Maskimović, ein Serbe. Glück war einer der bei den Serben verachteten Kuferaschen. Fahrzeuglenker war ein im Polizeidienst tätiger *Einheimischer*. Warum dieser, anstatt den Appelkai entlang zu fahren, bei der damaligen Lateinerbrücke nach rechts abbog, um den Weg durch die Stadt zu nehmen, ist in den späteren Untersuchungen nie restlos geklärt worden. Vielleicht wäre herausgekommen, daß es eine Nachlässigkeit des Vorgesetzten des Chauffeurs war, die das Unglück als Folge des unrichtigen Abbiegens herbeiführte. Nicht nur der Wagen der Polizisten fuhr den verkehrten Weg, sondern auch der folgende, den auch ein einheimischer Fahrer lenkte, und in dem der unglückliche Bürgermeister der Stadt sowie der Polizeichef von Sarajevo Dr. Gerde fuhr. Erst dahinter kam der Wagen mit dem Thronfolgerpaar und dem Landeschef Potiorek, ein Privatfahrzeug des Grafen Harrach, der mit im Wagen saß.

Nach dem Abbiegen in Richtung Innenstadt ging der Ruf durch den Konvoi, man fahre ja in der verkehrten Richtung. Also hielt der Wagenzug an, damit die Fahrzeuge reversieren oder zurückschieben konnten. Eine Minute lang standen die Fahrzeuge an Ort. Blitzschnell erfaßte der nach dem mißglückten Handgranatenüberfall enttäuschte Mörder Gavrilo Princip seine Chance. Wäre der Wagenzug ohne die Kurve zu schneiden abgebogen, hätte der Schußabstand zwischen dem Mörder und dem Opfer *sechs* Meter betragen. So aber kam der Wagen mit dem Opfer nur im Abstand von *zwei* Metern zu dem am Straßenrand stehenden Princip zu stehen. Die Schußentfernung war optimal für die Ausführung der Tat. Der Mörder feuerte nur zwei Schüsse aus seiner belgischen Browning. Der erste Schuß war dem als gebürtiger Slovene besonders verhaßten Landeschef Potiorek zugedacht, traf aber die Gemahlin des Thronfolgers. Sterbend fiel die Frau vornüber und kam auf die Knie ihres Gemahls zu liegen. Der zweite Schuß galt dem Thronfolger und der traf. (Princip gehörte zu jenen Mitgliedern der Bande, die man ausgewählt hatte, weil sie als Strafunmündige nicht mit dem Tod bestraft werden konnten.)

Der auf den Tod getroffene Thronfolger verlor beim Sprechen Blut, aber er hörte nicht auf, zu seiner Frau zu sagen: »Sopherl! Sopherl! Stirb nicht. Bleib für unsere Kinder.«

Aber das gehört selbstverständlich zum Habsburgermythos der Schwarz-gelben. Graf Harrach fragte den Thronfolger, ob er große Schmerzen habe und Franz Ferdinand antwortete mehrmals mit brechender Stimme: Es ist nichts, es ist nichts …

In rascher Fahrt ging es zum Konak. Um 10 Uhr 54 hob man dort die verstorbene Herzogin aus dem Wagen. Herbeigerufene Ärzte hatten nur mehr die Möglichkeit, den Eintritt des Todes ihres Gemahls zu konstatieren. Die Todeszeit war 11.00 Uhr. Von da an gingen die Uhren in Europa anders.

Dem Obersthofmeister der Toten, Graf Rumerskirch, oblag es, den Text der telegrafischen Benachrichtigung des Allerhöchsten Hoflagers in Ischl zu Papier zu bringen. Man muß die herrschende Aufregung verstehen, um sich weniger mit den später ausgetüftelten Textfehlern zu beschäftigen, als mit der Tatsache, daß der Graf nicht zu jenen gehörte, die übergroße Freude am Sterben des *Este*, so die volkstümliche Bezeichnung Franz Ferdinands, empfanden. Zwanzig Minuten nach dem Sterben des Thronfolgers wurde das Telegramm abgefertigt, um 11 Uhr 45 traf es in Ischl ein. Wie durch Zauberei war um diese Zeit schon ein Gerücht vom Geschehen in Wien verbreitet. Eine Dame aus den besten Kreisen der Gesellschaft rief ihre Freundin an und erzählte ihr, was geschehen war, wobei sie bezeichnenderweise mit den Worten anfing:

»Das Scheusal ist tot.«

In Ischl fiel es dem Generaladjutanten des Kaisers Graf Paar zu, das Telegramm seinem Kaiser vorzulegen. Was dem folgte, ist Teil der Legendenbildung. Eine der Hoftratschen, die nicht Zeuge war, hinterließ die Version, wonach der Kaiser gesagt haben soll:

»Entsetzlich ... Der Allmächtige hat wieder jene Ordnung (in der Thronfolge) hergestellt, die ich leider nicht zu erhalten vermochte ...«

Was immer für Nachreden über den alten Kaiser verbreitet wurden, derlei *Pathos* war Franz Joseph nicht gegeben. Immerhin ist dieser überlieferte Text sehr wohl geeignet, zu beweisen, daß Franz Joseph tatsächlich keiner rein menschlichen Regung fähig war. Daß er, in seinem Gottesgnadentum befangen, dem Allerhöchsten die Ursache des Geschehens zuschob und nicht einer von königlich serbischen Offizieren angeführten Mörderbande. Richtig ist, daß es an jenem Sonntag im Juni 1914 viel Entsetzen wegen des Geschehens in Sarajevo gab, aber wenig Trauer. Um das Los der verwaisten Kinder der Ermordeten kümmerten sich, außer den nahen Verwandten, nur wenige. Ungeniert klang im Tenor mancher Zeitungen die Phrase auf: Nicht der Mörder, der Ermordete ist schuld.

Trauer und zwar staatsoffiziell angeordnete gab es an jenem Tag nur in Belgrad. Sie betraf nicht die Opfer des Mordes von Sarajevo, deren Sterben von einem Verschworenen in verschlüsselter Form eher telegrafisch ins Königreich abgefertigt wurde, als das Telegramm an Franz Joseph abging. Schließlich gehört es bei solchen Aktionen zum Kampfauftrag, die Erfüllung desselben ehestens an vorgesetzter Stelle, in diesem Fall die Spionageabteilung des königlich serbischen Generalstabs, sofort zu melden.

Die Staatstrauer in Belgrad brachte das dortige Amtsblatt vom 28. Juni 1914 durch den Abdruck eines Aufrufs der NARODNA ODBRANA zum Ausdruck. Anlaß zu dieser Trauer war die Wiederkehr jenes Vidov-Dan, der alle Serben in Ewigkeit an den Vidov-Dan des Jahres 1389 erinnert; an den Tag, da die Türken das große mittelalterliche serbische Reich militärisch besiegten und dessen Untergang einleiteten. Aber am Vidov-Dan 1914 überwog schon der nationale Stolz die Trauer. Denn am Vidov-Dan von 1389 hat ein serbischer Held die Niederlage seines Volkes am Sieger, dem Sultan, gerächt. Miloš Obilić gelangte ins Zelt des Siegers und er erdolchte ihn. Tief verbeugte er sich, um dem Türken das Messer in die Weichteile zu stoßen.

Trauer empfand die NARODNA ODBRANA am 28. Juni 1914 nur deswegen, weil jenseits der Grenzen des Königreichs Serbien noch serbische Brüder *Ketten* trugen. Solche Brüder in Ketten gab es an sich nur in Österreich-Ungarn. Und gemäß dieser Zielansprache war auch der Aufruf zum 28. Juni 1914 zu verstehen: »Serben und Serbinnen! Millionen unserer Brüder, Slovenen, Kroaten und Serben außerhalb der Landesgrenzen schauen heute auf uns ... unsere Brust wölbt sich in Freude und Hoffnung, indem sie unsere majestätische Manifestation für die nationale Sache betrachten ... Vorwärts alle! Es ruft uns derjenige Teil unserer geheiligten Aufgabe, der noch unerfüllt ist. Gegeben am Vitustag 1914 in Belgrad.«

Vidov-Dan, Vitus-Tag. Der Heilige Vitus, Märtyrer aus der Zeit der heidnischen Kaiser in Rom, ist kein Heiliger, der zu den nationalen Heiligen der Serben zählt. Letztere Verehrung wird nur jenen serbischen Herrschern und Kirchenfürsten erwiesen, die sich ein Verdienst um die Traditionen ihres Reiches erworben haben. Vor allem jenen, die sich nach dem Vidov-Dan 1389 bewährt haben im unerschütterlichen Glauben an die Unsterblichkeit des Reichsgedankens der Serben. Die Kalenderreform des Papstes Gregor XIII. haben die Ostkirchen und also auch die serbische nicht mitgemacht. Daher feierten die Orthodoxen diesseits und jenseits der Grenze Österreich-Ungarns am 28. Juni 1914 nicht den Tag des römischen Papstes Leo, sondern, unterm Datum 15. Juni, den Vidov-Dan. Seltsam waren die Evangelien, die an jenem Sonntag in den Kirchen der Orthodoxen wie der Katholiken in Sarajevo gelesen wurden. Für erstere galt der bekannte Text des Mathäusevangeliums, wonach »… niemand zwei Herren dienen (kann), denn er wird den einen hassen und den anderen lieben oder er wird dem einen anhängen und den anderen verachten.«
Die Mörder von Sarajevo waren keine Kirchgänger, aber sie wußten, wen sie zu hassen und zu verachten hatten und danach handelten sie am Vidov-Dan 1914. Die Katholiken hörten bei der Messe von der Berufung des Fischers Petrus zu jener Aufgabe, in deren Erfüllung er im heidnischen Rom als erster Papst gekreuzigt wurde.
Serben mögen wie andere Angehörige gewisser Balkanvölker zuweilen auch grausam sein. Aber sie haben nicht jene Niederträchtigkeit an sich, die Terroristen auszeichnet, die um das Jahr 2000 in Ost und West ihrem Geschäft nachgehen. Man *schämte* sich, daß am 28. Juni 1914 ein Serbe eine Frau und Mutter getötet hat. In der Haft hat der Mörder Princip die Kinder dieser Mutter um Vergebung gebeten. Um Christi willen haben es die Kinder getan. Und die Guslaren wissen überhaupt nichts von einem Mord an der Gemahlin des Thronfolgers. Sie besingen das Los der Gattin, die an der Leiche ihres erschossenen Gemahls tot zusammenbricht. Wie harmlos waren solche Adaptierungen der Wahrheit, verglichen mit der Propaganda, die nach 1914 von London und

Paris aus gegen Österreich-Ungarn ausgestrahlt worden ist. Die Untersuchung gegen die Attentäter wurde geführt, als handle es sich um einen Mord im Verlauf eines Wirtshausstreits. Das nicht eben mit erstklassigem Personal besetzte Kreisgericht Sarajevo griff den Fall auf. Unter den ohnedies nicht immer gut beschriebenen Beamten dieser Behörde wurde ein mehrmals schlecht beschriebener Funktionär namens Leon Pfeffer mit der Untersuchung betraut. Pfeffer hat sich im weiteren Verlauf seines Lebens als *Filou* erwiesen: 1914 entlockte er der Bande den Hinweis auf die Spur, die nach Belgrad führte. Nach 1918 erwies er sich als verschwiegener Beamter, seine früheren Hinweise, wonach 1914 der damalige serbische Regent Alexander bei dem Mord die Hand im Spiel gehabt hat, behielt er für sich. Nach der Eroberung Jugoslaviens durch die Deutsche Wehrmacht im Jahre 1941 war er den neuen Herren im Land dienlich. Am 24. Juni 1941 erschien in der Zeitung »Hrvatski Narod« ein Artikel Pfeffers, der einen düsteren Schatten auf Alexander, damals schon tot, wirft. Unter dem kommunistisch gewordenen Jugoslavien bezog er seine in einem arbeitsreichen Leben unter drei Regimen verdiente Pension.

In Wien nahm man die Fäden am Abend des 28. Juni auf. Am Ballhausplatz setzten sich die beiden obersten Sektionschefs zusammen, um das Notwendige zu erörtern. Notwendig schien im Moment zu sein, Ruhe und Ordnung in Sarajevo und Bosnien zu wahren. Zu den beiden Herren stieß der Kabinettschef des Ministers Alexander Graf Hoyos. Später kam auch der k. k. Ministerpräsident Graf Stürgkh und der Innenminister Baron Heinold, ein arger Nonvaleur in jener bewegten Zeit. Aus dem für Bosnien und die Herzegovina zuständigen k. u. k. Finanzministerium kam der für die beiden Länder zuständige Sektionschef Kuh, der 1918 die interessanten Materialien an Belgrad abließ. Der für Berlin designierte künftige k. u. k. Botschafter Prinz Hohenlohe tat gut zu kommen, denn alles weitere hing ja davon ab, wie man in Berlin auf den Mord und die aufgedeckten Hintergründe reagieren wird. Die Herren waren eher in Sorge als betroffen. Die Sorge galt den in Sarajevo ausgebrochenen Demonstrationen der Moslems und

Katholiken gegen die dortigen Serben. Ruhe war jetzt nicht nur erste Bürgerspflicht, sondern staatspolitische Notwendigkeit.

Nachher hat man arg bemängelt, daß in diesen Tagen das Hohe Haus am Franzensring nicht disponibel war. Dort hätte man, so nachträgliche Weisheit, die Volksmeinung der Österreicher in würdiger und eindrucksvoller Weise zum Ausdruck bringen können. Der k.k. Ministerpräsident Stürgkh hat aber, ganz im Sinne seines Kaisers, das zuletzt dort gespielte Affentheater im Frühjahr 1914 geschlossen; und so verhindert, daß in verdeckter Manier alle jene, die froh waren, daß das Scheusal tot war, ihre Absicht und Gesinnung unter dem Schutz der Immunität bekundeten.

Die am Abend des 28. Juni 1914 am Ballhausplatz gehaltene Besprechung löste sich mit der einmütig bekundeten Einsicht auf, daß es notwendig sein wird, den nunmehr zur Thronfolge heranstehenden Erzherzog Karl Franz Joseph raschest in das notwendige Wissen um sein künftiges Amt einzuführen; und ihm mehr Gelegenheit zu praktischer Erfahrung zu geben, als dies bisher der größtenteils in einem Dragonerregiment als Subalternoffizier geleistete Dienst ermöglichte. Im übrigen wartete man die Rückkehr des Kaisers aus Ischl und das Ergebnis der für den folgenden Tag anberaumten Sitzung des Ministerrats für Gemeinsame Angelegenheiten ab. Die Leistungsfähigkeit des vierundachtzigjährigen Kaisers war im Moment von unersetzlicher Bedeutung. Gott sei Dank hatte der Monarch eine unlängst erlebte ernste Warnung gesundheitlich gut überstanden. Und da war der Chef des k.u.k. Generalstabs, der Hötzendorf. Am 29. Juni, vor Beginn des Ministerrats, besprach der General die Lage mit dem Außenminister Graf Berchtold. Noch erwartete man ein Begräbnis, so wie eines 1889 nach dem Tod des Kronprinzen Rudolf stattgefunden hat; eine Beteiligung der Fürstlichkeiten aus der Alten Welt, die an sich gut getan hätten, ihre Solidarität angesichts der aufkommenden Methoden der Terrorpolitik zu bekunden. Der Hötzendorf dachte weniger an derlei Demonstrationen, als an sofortige *Schritte.* Ihm kam an sich im Moment eine Berufung von Reservisten, die dritte seit 1908, nicht gelegen. Wenn man aber derlei in Gang setzen sollte, dann ertrüge es die Armee nicht, wieder nach Hause geschickt zu werden, wie das angeblich beim Hornberger Schießen der Fall gewesen sein soll. Die Entgegnung Berchtolds war bezeichnend: Er war gegen derlei Schritte. Er fürchtete, in diesem Fall würde *in Böhmen eine Revolution* (!) ausbrechen. Der Hötzendorf erwiderte:

»Aber – lassen Sie sich doch nicht so etwas einreden!«

Aber Berchtold hatte schon das Maximum dessen, was ihm angemessen zu sein schien, im Sinn. Ein altes Rezept, das bisher nichts taugte, nämlich die Forderung an Serbien, gewisse Vereine aufzulösen und den dortigen Polizeiminister zu entlassen. Der Hötzendorf wandte ein, daß den Serben derlei halbherzig unternommene Maßnahmen der Monarchie nichts bedeuten würden, daß bei ihnen nur eins wirke: Gewalt mit Gewalt zurückzuweisen. Jetzt seien Moslems und Kroaten gegen die Serben. Und der Zar müßte doch einsehen, daß der Mord ein Anschlag gegen das Prinzip der Monarchie war. Auch Rumänien könnte nicht gut an jene Seite der Front treten, wo die Mörder ihr Zuhause hatten.

Nach 1918 hat man im Deutschen Reich den Österreichern vielfach vorgeworfen, sie hätten 1914 mit unangebrachten Maßnahmen Deutschland in den Krieg und in das Unglück des Kriegsendes *gezerrt*. Da ist wohl die Frage am Platz, was etwa geschehen wäre, wenn 1914 bei Manövern des deutschen Heeres in Lothringen ein Lothringer den Deutschen Kronprinzen ermordet und die Spuren des Attentats ins Spionage-Büro der französischen Armee geführt hätte. Und was hätte wohl die armen Iren betroffen, wenn der britische Kronprinz bei einem ähnlichen Anlaß von einem irischen Terroristen umgebracht worden wäre und die Untersuchung auf jene Kreise gestoßen wäre, die jetzt die IRA ausrüsten und ins Feuer schicken? Um was es im Juli 1914 für Wien ging, war, daß *österreichische* Funktionäre bei der Spurensuche ebenso die Tätigkeit serbischer Behörden überwachen konnten, wie 1868 Österreich-Ungarn *serbische* Beamte zuließ, um die auf seinem Gebiet befindlichen Hintermänner des Mordes am serbischen Fürsten Mihail zu entdecken. Das nun hat Serbien 1914 mit allen Mitteln verhindert.

Serbiens Presse machte es sich leicht. Die dortige Presse verlautete, die Urheber des Mordes in Sarajevo säßen nicht in Belgrad,
sondern in Wien. Das daraufhin in Wien ausgegebene Dementi
mißachtete man. Dem *Berliner* Nachrichtenbüro »Wolff« warf
man vor, es sei ein jüdisches Unternehmen und Juden täten lügen.
So wie 1908 der Wiener Jude Friedjung gelogen hat, als er mit ge-
fälschten Dokumenten geheime Umtriebe Serbiens gegen die Integrität Österreich-Ungarns in einem von der »Neuen Freien
Presse« abgedruckten Artikel aufzeigte. Im Pressekrieg bekam
Serbien vom Fleck weg Hilfe – aus London.
Eigentümer und Herausgeber der dort erscheinenden »Times«
war der später in der gegen die Mittelmächte gerichteten Kriegspropaganda berühmt gewordene Viscount Northcliffe. Unter
ihm war außenpolitischer Redakteur, später Direktor, der 1902/
05 in Wien tätige Steed, ein verläßlicher Feind der Habsburgermonarchie, auch Antisemit. Mitarbeiter Northcliffes wurde auch
der spätere »Times«-Korrespondent Seton-Watson, der als Fachmann in mitteleuropäischen Fragen galt. Seton-Watson und Steed
rückten nach Kriegsausbruch in die berüchtigte Northcliffe-Propaganda ein. In London wurde allen Ernstes das Gerücht verbreitet, der angeblich geisteskranke Franz Ferdinand sei einer in
Österreich ausgeheckten Verschwörung zum Opfer gefallen.
Und das deswegen, weil der Thronfolger im Verein mit dem
Deutschen Kaiser konspiriert habe, um seinem wegen der morga-
natischen Ehe nicht thronberechtigten Ältesten die Krone Ungarns (!) zu verschaffen. Die Erbländer wären dann unter die
Kontrolle Berlins gefallen.
Der Londoner Baron Rothschild suchte daraufhin die Redaktion
der »Times« auf. Ihn interessierte der Ursprung dieses Gerüchts.
Man sagte dem ungebetenen Frager, die Nachricht sei authentisch
– sie käme aus dem *Vatikan*. Rothschild ging und mußte sich
nachsagen lassen, man dächte nicht daran, einen dirty German-
Jewish financial attempt nachzugeben und sich in dem auf dem
Kontinent entstehenden Konflikt in eine unangebrachte *Neutralität* drängen zu lassen. Damals hatten es Juden aus den Ländern
der Mittelmächte nicht leicht in London. So wurde dort auch der

österreichische Publizist und Historiker Heinrich Friedjung als ein jüdischer Pan-Germanist hingestellt.

Die Mühlen des Ballhausplatzes mahlten nicht nur schrecklich langsam, sie ließen noch dazu das Gemahlene mulmig und ungenießbar werden. Owohl man seit der Annexionskrise 1908/09 in Wien wissen mußte, wie die Schußrichtung verlief und es am Ballhausplatz ein sogenanntes Literarisches Büro gab, gab es vor 1914 keinen Beamten des Hauses mit der Aufgabe, die Pressepolitik Belgrads zu verfolgen und zu dokumentieren. So kam es, daß man im Juli 1914 erst mühsam die Antezedenzien sammeln und ordnen mußte, ehe man darangehen konnte, die Großmächte mit einem sorgfältig ausgearbeiteten Dossier über die Hintergründe des Mordes in Sarajevo zu informieren. Als dann ein Dossier fertig war, fehlte schon die Zeit, die Arbeit ins Französische sowie Englische zu übersetzen. In dem Wirrwarr jener Tage machten sich die Staatskanzleien der späteren Feinde der Mittelmächte nicht mehr die Mühe, dieses aus Wien kommende Konvolut ausgiebig zu studieren.

Man hätte keinen fleißigeren Arbeiter für die Sammlung der Materialien dieses Dossiers auswählen können, als den Ministerialsekretär, alsbald Sektionsrat im k.u.k. Ministerium des Äußeren Friedrich von Wiesner. Wiesner war Sohn des renommierten Pflanzenphysiologen und Rektors der Universität Wien, dem der Verfasser der berüchtigten »Grundlagen des 20. Jahrhunderts« diese Arbeit widmete. Nicht wissend, daß der so Geehrte Jude war. Und so fiel auch ein Teil dieses Schattens auf besagten Ministerialsekretär, was in Belgrad und London nicht übersehen wurde. Der junge Wiesner hatte nach einer richterlichen Laufbahn die Einberufung in den Verwaltungs-, nicht in den diplomatischen Dienst am Ballhausplatz bekommen. Die im Richterstand verbrachte Vordienstzeit und seine gediegenen Kenntnisse im Völkerrecht schienen ihn dazu zu prädestinieren, das Dossier entsprechend aufzufüllen. Und doch hat gerade er den Siegern von 1918 ein fatales Dokument zugespielt:

Bei der Sammlung der Materialien weilte Wiesner um den 13. Juli 1914 in Sarajevo. Von dort erging sein berüchtigtes Telegramm, wonach »... eine Mitwisserschaft (der) serbischen Regierung an (der) Leitung des Attentats (in Sarajevo) oder deren Vorbereitung oder Beistellung von Waffen durch nichts erwiesen (ist). Die (Mitwisserschaft usw.) ist als ausgeschlossen anzunehmen.« Darum war Wiesner nicht gefragt. Er sollte Materialien für Entscheidungen sammeln, nicht Behauptungen vorwegnehmen, die er nach 1918 mit großer Betulichkeit ganz anders hingestellt hat, als es zu spät war und man den Verlierern von 1918 dieses Telegramm wie einen Skalp entgegenhielt bei den Friedensverhandlungen.

Am 2. Juli 1914 bat Franz Joseph seinen Außenminister zur Audienz nach Schönbrunn. An diesem Tag schien dem Kaiser jede *Aktion* als verfrüht. Dies deponiert, kehrte der Kaiser nach Ischl zurück. Im Moment teilte Franz Joseph die Einschätzung der Lage und der Notwendigkeiten, wie sie Tisza hegte. Selbst für diplomatische Aktionen gegen Serbien wollte Tisza ein vorheriges Einvernehmen mit den Großmächten. Das bedeutet, daß Italien, das schon in Lauerstellung lag, in einer Krise die Mitentscheidung in einer Balkanaffäre bekommen hätte; und die Monarchie neben Frankreich und England sowie Rußland Italien zum Gegner bekommen hätte.

Tisza durfte sich auf den Ballhausplatz verlassen, er war fest in ungarischer Hand: Der Minister selbst war Mitglied des Oberhauses in Budapest, die leitenden Beamten waren Magyaren oder in Ungarn geboren. Der Nachfolger Berchtolds, Burian, war 1914 als Sachwalter Tiszas k.u.k. Minister am Allerhöchsten Hoflager. Wiener hatten um diese Zeit in Wien nichts zu reden. Der k.u.k. Botschafter in Berlin war Magyar, ebenso der in Petersburg und in Rom amtierte ein aus Siebenbürgen gebürtiger Herr. Nichts konnte geschehen, ohne daß Tisza mit Argusaugen den Gang der Dinge beobachtete und vorentschied, was zu tun war.

Franz Joseph schrieb nach dem Geschehen in Sarajevo einen Brief an Wilhelm II. Nach dem Konzept des Ballhausplatzes sollte dieser Brief klären, *wie weit* und *wie sehr* das Deutsche Reich die Monarchie auf weiteren Strecken der in Wien geplanten Aktion begleiten wird. Der Kabinettschef Berchtolds, Graf Hoyos, war ausersehen, den Brief an den k. u. k. Botschafter in Berlin zu expedieren, damit letzterer das Schreiben an den Deutschen Kaiser heranbringe. Hoyos tat, was die sogenannten jungen Herren von damals erwarteten. Er verblieb nicht in der Rolle des Briefträgers, er griff in hochpolitische Akte der Willensbildung ein. Hoyos dachte nicht anders als der Herausgeber der »Reichspost« Friedrich Funder, der schon der Ansicht zuneigte, alle Geduld im Umgang mit Serbien müsse ein Ende haben. So auch der Hötzendorf, obwohl keiner der Jungen.

Die Antwort des Deutschen Kaisers an Franz Joseph fiel befriedigend aus. Man durfte in Wien nun schon einige resolute Schritte wagen. Von schicksalhafter Bedeutung wurde aber, was auf unterer Ebene Hoyos anbahnte. Er wird es am Ende seines Lebens tief bereuen. Hoyos sprach auf Beamtenebene mit Kollegen in Berlin und verlautete, am besten wäre ein überraschender Angriff auf Serbien. Und zwar ohne vorherige diplomatische Aktion. Man müsse Europa vor die *vollendete Tatsache* stellen. Ob ganz zutreffend oder nicht, es wurde jedenfalls nachher gesagt, diese *resolute* Sprache der Kabinettschefs des österreichischen Außenministers hätte in Berlin eine in der serbischen Frage bisher geübte eher zurückhaltende Politik verändert. Am 6. Juli 1914 hatte Hoyos Zutritt beim Reichskanzler Bethman-Hollweg. Von ihm schied der Österreicher in der Überzeugung, daß sich die Monarchie bei dem was kam, sicher nicht *allein* in einem von Kampfgefahr umwitterten Gelände befand.

In Wien kämpfte Hötzendorf um jenen Zeitvorteil, der im Falle eines Krieges mit Rußland entscheidend werden konnte. Hötzendorf war in der Lage, die Truppen früher zu versammeln, bereitzustellen und die Operationen zu beginnen als Rußland, das hierin schwerfälliger war. Mit dem Deutschen Reich als Rückendeckung schien es möglich zu sein, Serbien in die Schranken zu weisen, ehe ein Krieg mit Rußland ausbrach. Für derlei Ideen war aber vorerst Franz Joseph zu gewinnen, der in Ischl noch ganz anderen Vorstellungen nachhing. Es gibt keinen aktenmäßig belegten Beweis dafür, daß in jenen Tagen der Kaiser seinen Einfluß auf die sich in aller Welt tausendfach überschneidenden und kreuzenden Ideen und Vorstellungen in Richtung Krieg eingeschaltet hätte. Die Ratgeber des Monarchen erschienen nacheinander in Audienz und behielten davon jedenfalls den Eindruck, daß der Kaiser keineswegs von Schwäche befallen sei. Das aber ermutigte jene, die meinten, die *entschiedene Haltung* des Kaisers folge, unausgesprochen, ihrer Absicht. Man darf annehmen, daß Tisza, den Franz Joseph trotz vieler Verschiedenheiten schätzte, ab Mitte Juli mit seiner Politik maßgebend wurde. Und der ungarische Ministerpräsident fürchtete anfangs im Falle eines Krieges im Südosten den Einmarsch der Rumänen in Siebenbürgen.

Der Hötzendorf kannte diesen Vorbehalt. Er argumentierte, Rumänien würde nur dann gegen Österreich-Ungarn marschieren, wenn Rußland vorangehen täte. Das nun erwartete Hötzendorf nicht, solange Rußland nicht an der Grenze zu Galizien Truppen massierte. Graf Forgach, nach üblen Erfahrungen als k.u.k. Gesandter in Belgrad nunmehr Sektionschef am Ballhausplatz, rechnete längst damit, daß das Deutsche Reich mit Österreich-Ungarn gehen *müßte*. Und das in der zutreffenden Erwägung, daß ein *Welt*krieg nicht um Serbien willen geführt würde, sondern aus dem weltweiten Konflikt der Handelsmächte England und Deutschland. Also ging es nicht einfach um die Existenz der Donaumonarchie, sondern um die des Deutschen Reiches.

Am 7. Juli 1914 tagte wieder der Ministerrat für Gemeinsame Angelegenheiten. Im Inneren herrschte Ruhe, die Aufgeregtheit in Bosnien war abgeklungen. Tisza stellte an den anwesenden Chef des k.u.k. Generalstabs Fragen, deren Beantwortung nicht ins Protokoll kam; die Hötzendorf erst nach 1918 in seinen Erinnerungen aufgezeigt hat. So die Antworten des Generals an den Ministerpräsidenten vom 4. Juli 1914:

Ja, es sei möglich, zuerst nur gegen Serbien und erst nachher auch erforderlichenfalls gegen Rußland aufzumarschieren; dies ginge aber nur bis zum 5. Tag einer Mobilmachung in der Monarchie. Was den Schutz Siebenbürgens gegen einen Einfall rumänischer Truppen betraf, so war es möglich, bei dem relativ geringen Aufgebot gegen Serbien genug Truppen zur Verteidigung Siebenbürgens zur Hand zu haben. Käme es aber doch zu einem Krieg gegen

Rußland, dann wären Serbien und Montenegro in diesem Fall Nebenkriegsschauplätze. Würden die Großmächte in die Auseinandersetzung eingreifen, dann würde sich das eher *zum Nachteil der Monarchie* auswirken.

Tisza blieb bei seiner Haltung. Man versäumte Zeit und Möglichkeiten. Man verschob die Entscheidung zum Beispiel bis auf die Zeit, da die Ernte eingebracht sein wird wegen der Assentierung der Zugpferde. Trotzdem wurde der stilgewandte Kroate Musulin beauftragt, ein Ultimatum an Serbien zu verfassen, das aber um keinen Preis als solches deklariert werden durfte, sondern als *Begehrnote* die Forderungen der Monarchie ausdrücken sollte. Musulin war zwar längst nicht mehr Leiter des *orientalischen* Referats am Ballhausplatz, sondern jener des *kirchenpolitischen*, indessen war er als Stilist nach wie vor unübertroffen.

Am 8. Juli 1914 wollte Berchtold nach Ischl reisen. Schon waren hinter ihm die jungen Herren her, die ihm nachriefen: *Landgraf, bleibe hart.* Tisza traute dem Außenminister nicht zu, daß dieser die abweichenden Anschauungen des ungarischen Ministerpräsidenten vor dem Kaiser nachdrücklich vertreten würde; daher unterbreitete er seinem König ein votum separatum. Nicht zu übersehen war in diesen Tagen die Kehrtwendung des deutschen Botschafters in Wien; war dieser bisher ein *Bremser* im Vehikel der Politik des Ballhausplatzes, so geriet er jetzt in die Rolle eines *Antreibers*. Nur: Wußten die Österreicher selbst, woran sie waren und was sie wollten oder tun mußten?

Zusammen mit Hoyos traf Berchtold in Ischl ein. Franz Joseph erwies sich als guter Kenner der Lage. Er setzte sich sehr präzise mit dem Vortrag seines Außenministers auseinander. Von Senilität keine Spur. Dem votum separatum des ungarischen Ministerpräsidenten durfte der Kaiser ein gewisses Abweichen von der bisherigen starren Zurückhaltung Tiszas entnehmen. Hätte sich das Denken des Kaisers in die konfusen Meinungen und Vorschläge verstrickt, die ihn in diesen Tagen umschwirrten, dann wäre jede geordnete diplomatische Aktion der Monarchie in einen gefährlichen Zick-Zack-Kurs geschliddert. Für ihn war die Aktenlage und die internationale Lage nicht schlußfertig.

Auf dem Ballhausplatz waren noch zwei konkrete Arbeitsaufgaben zu bewältigen. Das war einerseits die Arbeit an jenem Dossier, das die serbischen Umtriebe bloßstellen sollte; und andererseits wurde am Text der fraglichen Begehrnote gefeilt. Jetzt kam in Berlin die Meinung auf, die schläfrigen Österreicher täten nicht weiter, wüßten nicht wohin und seien wieder einmal dabei den Schwanz einzuziehen.

Der pensionierte k.u.k. Botschafter Graf Lützov gehörte früher zu den anglophilen Herren des Ballhausplatzes. Er übernahm es, ob über Auftrag oder aus eigenem bleibt ungewiß, zu sondieren. So brachte er aus dem deutschen Botschafter heraus, daß dieser eine sogenannte Lokalisierung des Konflikts mit Serbien nicht erwartete; angesichts eines eher danach drohenden europäischen Konfliktes, rechnete der Vertreter des Deutschen Reiches, würde ein Einschreiten England erfolgen; nur England sei überhaupt in der Lage, einen allgemeinen Konflikt zu vermeiden. Was lag da für Lützov näher, als den Botschafter der Britischen Majestät auf sein Gut einzuladen? In diesem Gespräch vermied es der pensionierte Diplomat, dem Engländer den bedrohlichen Stand der Beziehungen der Monarchie zu Serbien zu beschönigen. Mit anderen Worten: Der Engländer erfuhr, daß die fragliche Begehrnote ein *Ultimatum* war, und zwar eines, das ziemlich scharf gefaßt sein dürfte.

Man kann den Akten entnehmen, daß der englische Botschafter in seinem Bericht an London diesen Ernst der Lage ohne Umschweife beschrieben hat. Lord Grey konnte sich also am Ende des Monats nicht darauf ausreden, daß er zu spät ins Vertrauen gezogen und daher mit seiner Vermittlungsaktion zu spät gekommen sei. Leider ließ Lord Grey viel Zeit verstreichen, bevor er in die Rolle eines Retters des europäischen Friedens schlüpfte.

Für den Chef des k.u.k. Generalstabs gab es ein Problem, das allen seinen Kollegen im Zeitalter der Eisenbahn oblag. Das Gelingen einer Mobilmachung hing nicht nur von der Qualität der Pläne für das operative Vorgehen ab, sondern vom Vermögen der Eisenbahnen, den Ansprüchen im Mob-Fall bestens gerecht zu werden. Dafür gab es Pläne und Fahrpläne, die jeweils jährlich auf den neuesten Stand gebracht wurden. Die Zeiten waren gekommen, in denen die besten Logistiker sich mit dem Eisenbahnverkehr bei Kriegsausbruch zu beschäftigen hatten. Sie mußten für die rechtzeitige Bereitstellung ausreichender Zuggarnituren sorgen, damit im Ernstfall die bewaffnete Macht des Staates raschest und ungehindert in die ihnen zugedachten Versammlungs- und Bereitstellungsräume gebracht werden konnte. Für die k.u.k. Truppen gab es Kriegsfahrpläne, nach denen es nicht viel mehr als zwei Wochen brauchte, bis die Truppen in der Lage waren, die Operation aufzunehmen. Rußland brauchte dazu um mehr als eine Woche mehr.

Hötzendorf hat da und dort darauf aufmerksam gemacht, daß die Truppen *vor dem 16. August 1914 nicht marschbereit* sein könnten. Danach möge man den Operationskalender der Diplomaten aufstellen. Leider gebrach es an der dazu notwendigen vertrauensvollen Zusammenarbeit zwischen dem Ballhausplatz und dem Generalstab. Wie immer es war, der von Lord Grey buchstäblich in letzter Minute vor Kriegsausbruch gemachte Vorschlag, wonach die Österreicher losschlagen und Serbien *züchtigen* sollten, war unausführbar, weil man mit Garnisontruppen, die nicht mobil sind, nicht marschieren und schlagen kann.

Für die Monarchie bestand nach Sarajevo noch ein viel gefährlicheres Risiko. Für den Fall *B*(alkan) mußte eine Teilmobilisierung erfolgen, die auf keinen Fall in Rußland den Verdacht erwecken durfte, es sei schon eine Mobilmachung für den Fall *R*(ußland) unterwegs. Um das zu vermeiden, wurden gegen Serbien Truppen aus dem Norden der Monarchie für eine Versammlung im Süden ausgewählt. Das Grazer Korps, das dem Kriegsschauplatz im Süden näher war, blieb von dieser Versammlung ausgeschlossen, weil bekannt war, daß es an sich für einen Einsatz gegen Rußland in Betracht kam!

Franz Joseph hat den Aktenvortrag betreffend die Begehrnote an Serbien in Ischl approbiert. Der k.k. Gesandte in Belgrad bekam von einem Spezialkurier vorweg den Text zum Studium. Am 23. Juli 1914 um 18 Uhr wurde die Note einem Mitglied der serbischen Regierung überreicht. Die bedingungslose Antwort wurde binnen 48 Stunden erwartet. Berlin war in Kenntnis des Schrittes, die übrigen Großmächte sollten am 24. Juli durch die k.u.k. Missionschefs in Kenntnis gesetzt werden.

Man weiß heute, daß der Botschafter Italiens, als des Verbündeten Österreich-Ungarns, *schon am 16. Juli 1914* in Petersburg vor dem gewarnt hat, was am 23. Juli tatsächlich geschah. Es ist anzunehmen, daß Petersburg dieses Wissen weder London noch Paris vorenthalten hat, zumal in dieser Zeit der französische Staatspräsident Poincaré dem Zaren einen von Glanz und Glorie überstrahlten Besuch machte. Als der k.u.k. Botschafter in Petersburg den Text der Begehrnote seiner Regierung notifizierte, traf er auf einen äußerst gereizten Außenminister Sasonov. Dieser war nämlich schon tags zuvor vom italienischen Botschaftsrat Fürst Montereale von dem verständigt worden, was österreichischerseits erst in aller Form am nächsten Tag verlautete. Dem Italiener gegenüber sagte Sasonov:

»C'est la guèrre européenne.«

Obwohl Telegramme und Kuriere den Kontinent überkreuzten, geriet die Befriedungsaktion Lord Greys sehr langsam in Schwung. Grey setzte dort an, wo für London der Hebelpunkt war: In Berlin. Demnach sollte die Monarchie einen Prestigeerfolg haben, dann aber vom Deutschen Reich zurückgepfiffen werden.

Am Morgen des 25. Juli 1914 reisten Graf Berchtold und Graf Hoyos nach Ischl. Sie wollten im Moment, da die Frist der Begehrnote am Abend dieses Tages ablief, an der Seite ihres Monarchen stehen. Während die beiden Grafen im Zug saßen, wurde ihnen in Linz ein Telegramm zugereicht, in dem der russische Geschäftsträger in Wien namens seiner Regierung bat, die Serbien gestellte Frist zur Beantwortung der Begehrnote zu erstrecken. Dieser Vorschlag diente freilich weniger der Erhaltung des Friedens, als vielmehr einem Interesse Rußlands, das noch zu erläutern sein wird.

Auf der kurzen Strecke von Linz bis Lambach konzipierten die Herren die Antwort auf den russischen Vorschlag. Demnach sollte der Ballhausplatz dem russischen Geschäftsträger eröffnen, daß eine Fristerstreckung nicht möglich sei. Sie sei auch gar nicht notwendig, denn es läge durchaus in den Möglichkeiten der serbischen Regierung, durch eine befriedigende Beantwortung der Begehrnote vom 23. Juli weitere Folgen zu verhindern. Und mit seiner Antwort ist Serbien denn auch wirklich rechtzeitig fertiggeworden.

Um diese Zeit hatte Tisza seinen bisherigen Standpunkt, also verhandeln et cetera, schon aufgegeben. Er war jetzt der Ansicht, daß eine Lokalisierung des Krieges nur dann möglich sei, wenn Österreich-Ungarn rasch und entschieden handelt; auf diesen Punkt der Möglichkeit einer Lokalisierung ging auch Grey los: Ein Handstreich auf Belgrad, die Besetzung der Stadt, eine »Züchtigung« Serbiens und weiter nichts.

In Ischl logierten die beiden aus Wien gekommenen Herren im Hotel Bauer. Es war der Treffpunkt aller Engländer und Amerikaner in der Kurstadt; dort fand man den Komfort, der eben letzter Schrei war. Sonntags wurde ein anglikanischer Gottesdienst gehalten, Küche und Service waren auf den Charakter der Gäste zugeschnitten. Berchtold und Hoyos dachten in dieser Hinsicht modern, liebten nicht die biedermeierliche Atmosphäre der Hotels in der Stadt. An jenem 25. Juli war Berchtold tagsüber zweimal im Gespräch mit dem Kaiser. Dieser hatte zu Mittag die hannoveranischen Herrschaften von Schloß Cumberland zu Gast. Kein Wort fiel bei Tisch über ein Thema der aktuellen Spannung. Ehe Berchtold sich in Gewärtigung der Ereignisse des Abends ins Hotel Bauer zurückzog, sprach er noch mit einem der Militärs, die zum Dienst um die Person des Monarchen eingeteilt waren. Man trennte sich in der Hoffnung:

»Heute kommt nichts mehr.«

Kaum war Berchtold gegangen, kam aus dem k. u. k. Kriegsministerium in Wien ein Anruf. Der Adjutant des Kriegsministers ließ wissen, in Semlin sei kurz nach Ablauf der Serbien gestellten Frist der k. k. Gesandte in Serbien eingetroffen. Die serbische Regierung habe die Antwort auf die Begehrnote in offener Frist überreicht. Der Gesandte habe sie an Ort als *unbefriedigend* befunden.

Der folgende Versuch, Berchtold im Hotel Bauer zu erreichen und in die Kaiservilla zu bestellen, scheiterte. Der Graf war unterwegs. Es blieb dem Militär nichts anderes übrig, als den Inhalt des Phonogramms zu notieren und sich sofort zur Meldung an den Kaiser in die Villa zu verfügen. Menschen drängten sich um die Residenz des Kaisers. In der Villa führte der Kammerdiener den Militär sogleich ins Arbeitszimmer Franz Josephs. Der Kaiser schaute erwartungsvoll auf, nahm das Papier zur Hand, las es und sagte dann mit belegter Stimme:

»Also doch ...«

Absolute Stille folgte. Durchs offene Fenster hörte man das Raunen der draußen Wartenden. Dann richtete sich der Kaiser auf und sagte, eher um sich selbst zu beruhigen:

»Nun, ein Abbruch der diplomatischen Beziehungen bedeutet *noch nicht den (kriegerischen) Konflikt.*«

Bei dieser Ansicht blieb der Kaiser, bis zur späteren Nachricht von der Generalmobilmachung Rußlands. Im übrigen befahl er:

»Der Minister des Äußeren soll sofort kommen.«

Das klang ungewöhnlich barsch. Aber der greise Monarch hatte sich sogleich wieder in der Gewalt und sagte zum Überbringer der Nachricht auf die freundlichste Weise:

»Adieu und vielen Dank, daß Sie sich gleich selbst heraufbemüht haben.«

Das bedeutete: Was folgt, geht die Diplomaten an, nicht die Militärs.

Niemand ahnte in Ischl, was in dieser Stunde in Petersburg geschah: Schon tags zuvor, zu Mittag, hat dort der Chef des Generalstabs Januskević seinem Chef der Mobilmachungsabteilung unter vier Augen gesagt, die Lage sei ernst. Wien habe Belgrad ein unannehmbares Ultimatum zugestellt. Und dann fragte Januskević den Obersten, ob alles vorbereitet sei für die *Mobilmachung der Armee.* Der Oberst bejahte die Frage und versprach seinem Chef binnen einer Stunde die diesbezüglichen Aufstellungen zu bringen. Ehe der Oberst ging, trug ihm sein Chef auf, es sei alles zu vermeiden, was auch nur den *Anschein der Vorbereitung eines Krieges gegen das Deutsche Reich* bedeuten könnte. In Wien war um die gleiche Stunde Conrad bedacht, bei einer für den B(alkan)-Fall vorbereiteten Mobilmachung keine Truppenverbände in Betracht zu ziehen, deren Mobilmachung Rußland auf den Plan rufen konnte.

Der Ballhausplatz mußte handeln. Die Missionschefs wurden vom Text der serbischen Antwortnote in Kenntnis gesetzt. Zugleich erhielten sie Ausfertigungen des von Sektionsrat Wiesner erarbeiteten Dossiers; letzteres war leider nur in deutscher Sprache im Wortlaut vorhanden. Bis es in den Staatskanzleien übersetzt sein wird, werden schon die ersten Toten des Krieges zu beklagen sein; niemand in den Reihen der Feindmächte wird sich dann noch um das kümmern, was angeblich die Serben jahrelang den Österreichern angetan haben. Seit der Annexionskrise galten die Methoden des Ballhausplatzes ohnehin als slippery, als Machwerk gerissener, unglaubwürdiger Personen.

Binnen Stunden tickte der Mechanismus der Katastrophe. In Petersburg erklärte der Chef des dortigen Generalstabs, eine *Teil*mobilisierung würde eine eventuell nachher notwendige *allgemeine* durcheinanderbringen. Statt einer schlagfertigen Armee hätte dann der Zar ein Chaos vor dem Feind. Erst in dieser Phase der Erörterung wurde im russischen Generalstab die Tatsache bekannt, daß für eine Teilmobilmachung keine Vorkehrungen zur Hand waren. Diese müßten erst ausgearbeitet werden. Da war man in Wien besser dran: Conrad hatte die Materialien für den Fall B(alkan) und für den Fall R(ußland) zur Hand.

In Petersburg eröffnete der dortige Leiter der Mobilmachungsabteilung seinem Chef, die Teilmobilmachung, also jene in den Militärbezirken, die für den Aufmarsch gegen Österreich-Ungarn gedacht waren, sei eine *Torheit*. So sei es, wollte man nicht Berlin auf den Platz rufen, unmöglich, im Bezirk Warschau, dessen Truppen man im Ernstfall gegen die Österreicher brauche, mobil zu machen. Unterließe man das aber im Bezirk Warschau, dann sei ein großer Bereich der Grenze gegen die Donaumonarchie *ungedeckt*.

Noch wußte Nikolaus II. nichts von diesem Dilemma. Er stand unter dem Eindruck der immer drängenderen Hilferufe aus Belgrad; diese wurden vom serbischen Gesandten in Petersburg erforderlichenfalls dramatisiert und Sasonov war im guten Glauben, daß die Serben nicht lügen. Im übrigen hielt man in Petersburg den wichtigsten Punkt der fraglichen Begehrnote für unannehmbar: nämlich die Mitwirkung von k.u.k. Funktionären bei den *Erhebungen in Serbien*, also bei der Ausfindigmachung der Ursachen und Verursacher des Mordes von Sarajevo. Dies sei eine ungeheuerliche Erniedrigung Serbiens, lamentierte der serbische Gesandte in der russischen Hauptstadt. Dabei vergaß er allerdings zu erwähnen, was seitens Österreich-Ungarn geschah, als in Belgrad im Jahre 1868 Fürst Mihailo von serbischen Terroristen ermordet wurde und die Spuren des Verbrechens auf österreichisch-ungarisches Gebiet, bis in die Nähe des dort im Exil lebenden Exfürsten Alexander aus dem Haus Karadordević – des Vaters des 1914 regierenden Königs von Serbien Peter I. – führten. Bei der Einvernahme der Verdächtigten auf dem Gebiet der Monarchie wurden damals auf Verlangen der serbischen Regierung die von dieser entsandten Gerichtsfunktionäre zugelassen.

In Frankreich, wo man über die fragliche Begehrnote entrüstet war, vergaß man, daß dort auf dem Höhepunkt des Terrors der Anarchisten in Paris eine *Zweigstelle der russischen Ochrana* tätig war, um bei der Abwehr von Mordanschlägen rechtzeitig zur Stelle zu sein, wenn sich diese gegen den Zaren oder dessen einflußreichsten Ratgeber richteten. Ob Sasonov all das überhaupt wußte? Hätte er es gewußt, er hätte wohl kaum den Wienern 1914 das zugestanden, was Serbien 1868 von Wien verlangte und bekam oder Rußland in Paris tentieren durfte. Sasonov *weinte*, hoffte, Pasić würde auch diese Krise durchstehen. Wie schon 1908/09 oder 1913. Im übrigen fand man nach Prüfung des erhaltenen Wiener Dossiers sowie des Textes der Begehrnote das Vorgehen Österreich-Ungarns für empörend. Und Sasonov brachte im Ministerrat einen auf Teilmobilisierung abzielenden Beschluß durch; sohin den Anfang eines militärischen Vorgehens gegen Österreich-Ungarn: Vier Militärbezirke, dazu die der Flotte, sollten mobilisiert werden. Noch immer wollte man Berlin gegenüber die Harmlosigkeit des eigenen Vorgehens herausstreichen und jeden Gedanken, es könnte das Deutsche Reich von russischen Kriegsvorbereitungen betroffen werden, vermeiden.

Nikolaus II. genehmigte am 25. Juli 1914 die vom Ministerrat beschlossene Teilmobilmachung. Auch wurden die Gardetruppen aus dem Sommerlager in die Hauptstadt zurückbeordert. Den Kommandeuren der Offiziersschulen wurde befohlen, die Ausmusterung der zum Leutnant anstehenden Fähnriche beschleunigt und vorzeitig zu besorgen. Ein Reglement für die kriegsmäßige Befehlsgebung sollte sogleich ausgearbeitet werden. Nikolaus II. wollte nicht den Krieg. Er war aber dennoch der erste Monarch, der, wie später das Wort lautete, in den *Weltkrieg* stolperte. Ob er wußte, daß seine Militärs in den Grenzbezirken in Gewärtigung ernster Entwicklungen sich in dem vorsahen, was nicht früh genug getan werden konnte für diesen Fall, auch wenn es nicht von oben angeordnet war?

Jetzt waren vier Wochen seit dem Mord in Sarajevo vergangen. In London häuften sich die Berichte über das, was in Europa vorging. Aber erst jetzt tat der friedfertige Lord Grey etwas. Es war höchste Zeit; Serbien hatte noch vor Ablehnung der Begehrnote die allgemeine Mobilmachung anbefohlen; die Regierung verlegte ihre Büros von Belgrad nach Niš im Süden des Landes. In Petersburg lag ein Mobilmachungsbefehl des Zaren vor. Franz Joseph ließ Conrad warten und auf Nadeln sitzen.

Der Friedensstifter Grey erfand etwas für den Augenblick, das soviel war, als gäbe man einem Leichnam einen warmen Umschlag. Statt in Petersburg der dortigen, gegen Österreich-Ungarn getroffenen Mobilmachung entgegen und für den Frieden zu wirken, bekniete er Berlin. Das von Grey gebrauchte Mittel, die »Züchtigung« Serbiens, hätte wohl kaum den Konflikt entschärft, in Serbien aber eine Steigerung des ohnedies vorhandenen Hasses gegen Österreich-Ungarn hervorgerufen, der bei nächstem Anlaß die Explosion des angehäuften Zündstoffes bewirkt hätte.

Wien ließ sich von der Antwort Serbiens nicht hinters Licht führen, von Grey nicht in eine Aktion hetzen, deren Vorbereitung nicht gegeben war, deren Ausführung ein kalkuliertes Risiko bedeuten mußte.

Wilhelm II. war freilich begeistert von der serbischen Antwort auf die Begehrnote Wiens; damit falle jeder Kriegsgrund weg, meinte er. Mit gewohnter Eilfertigkeit überlas er die Tatsache, daß sich Serbien bei der Spurensicherung und Verfolgung der auf seinem Gebiete befindlichen Mittäter nicht von Wien in die Karten schauen lassen wollte. Einen Kroaten aus der Monarchie, einen gewissen Malobabić, der eine Schlüsselfigur der Mordszene von Sarajevo war, arretierte man und hielt ihn später in Niš monatelang in Haft, damit dieser nicht etwas ausplaudere oder neugierige englische Journalisten ins Bild setze.

Am 28. Juli 1914 war Berchtold wieder in Ischl beim Referat. In seinem Portefeuille befand sich ein Aktenstück mit dem Entwurf einer folgenschweren Resolution des Kaisers. Nach dem Vortrag des Außenministers sah die Lage für Franz Joseph so aus:
Serbien hatte eine Mitwirkung von k.u.k. Funktionären bei der Spurensicherung und weiteren Erhebung im Falle des Mordes von Sarajevo entschieden abgelehnt. Serbien hatte noch vor erfolgter Ablehnung mobilisiert. Der Zar hatte eine Teilmobilmachung in den Grenzgebieten zu Österreich-Ungarn angeordnet. Von den Truppen Franz Josephs befand sich im Moment nicht ein Mann in der Verfassung, ins Feld zu rücken. Sollte man nach den Wohlverhaltensversprechen Serbiens in den Jahren 1909 und 1913, denen weitere, noch mehr herausfordernde Drohungen Serbiens folgten, ein drittes Mal zurückstecken; etwa mobil machen, um schließlich nach einer dritten Wohlverhaltenserklärung Belgrads einen noch mehr verfeindeten Nachbarstaat im Süden zu haben. Einen, der im Notfall immer wieder in Rußland Truppenbereitstellungen gegen Österreich-Ungarn provozieren konnte?
Schon war die serbische Regierung dabei, die Öffentlichkeit in Europa aufs neue zu betrügen: Sie verlautete, Österreich-Ungarn verlange eine Beteiligung bei Gerichtsverfahren gegen Tatverdächtige, während es nach dem Text der Begehrnote lediglich verlangte, ein Auge auf die *Vorerhebungen* in Serbien zu haben. Also: Kein Eingriff in Gerichtsverfahren, wie derlei in zivilisierten Staaten, nicht immer in Serbien, selbstverständlich war und ist. Alles, worin Belgrad Wien entgegenkam, war, daß man den

schwerbelasteten Major Tankosić, der den Mördern die Waffen lieferte, unter Hausarrest stellte. Der Arrest war von der Art, daß Tankosić die Mobilmachung in Serbien um keine Stunde versäumte, ins Feld rückte und bei den ersten Kämpfen gegen die Österreicher fiel.

Und da war der bei den serbischen Staatseisenbahnen beschäftigte Bosnier Ciganović. Er war Verbindungsmann zu Tankosić gewesen und mitbeteiligt beim Schmuggel der Waffen. Sein Name wurde österreichischerseits der serbischen Regierung genannt, aber die wußte angeblich nichts vom Verbleib dieses ihn ihren Lohnlisten stehenden Namens und dessen Träger. Später wurde erhoben, daß Ciganović, sowie die Nachricht vom Mord in Belgrad eintraf, formell aus dem Staatsdienst entlassen wurde. Das Datum der Entlassung mußte Mißtrauen wecken, denn es geschah dies an einem *Sonntag*. Just nicht der Tag, an dem Behörden amtieren.

Franz Joseph konnte über die serbische Antwort nicht so bummelwitzig hinweggehen, wie das Wilhelm II. getan hat. Die serbische Antwortsnote war ein *belletristisches* Meisterwerk. Eine Fülle von halben Zusagen und halben Vorbehalten rankte sich um den springenden Punkt des Ganzen. Nämlich um das Verlangen Österreich-Ungarns, daß die Untersuchungen auf serbischem Gebiet unter Beiziehung von k. k. Funktionären stattfinden sollten. Indem Serbien dies ablehnte, mußte es mit dem hinreichend begründeten Verdacht rechnen, daß es die Spur, die nach Belgrad führte, im eigenen Land verwischen, die Mittäter vor Bestrafung, das Land selbst vor dem Verdacht, eine Räuberhöhle zu sein, schützen wollte und mußte.

Von Pasić zu erwarten, daß er seine Feinde in der Innenpolitik, die Männer von der SCHWARZEN HAND, den Österreichern preisgeben würde, das war vom Master der WEISSEN HAND nicht zu erwarten. Der so schön drapierte Blumenstrauß der Antwortnote barg also einen giftigen Stachel, den abzubrechen Serbien sich nicht gefallen lassen wollte. Wir wissen nicht, wie das Gespräch an jenem 27. Juli 1914 zu Ende ging, als Franz Joseph sich zu dem letzten folgenschweren Schritt entschlossen hat. Man darf annehmen, daß der Kaiser nicht anders dachte, als es in diesen Stunden sein Botschafter in Petersburg zum Ausdruck brachte: Daß die Untergrabung der staatlichen *Existenz* der Monarchie durch die weitere Duldung der serbischen Umtriebe auch die Stellung Österreich-Ungarns als Großmacht und damit das europäische Gleichgewicht so sehr in Frage stellte, daß daraus eine Gefährdung des Weltfriedens erwachsen müßte. Bis zuletzt hat Österreich-Ungarn in Petersburg seine gegen Serbien gerichtete Aktion als eine durchaus *konservative*, also auf die *Erhaltung* seiner europäischen Stellung abzielende, herausgestrichen. Hatten solche Beteuerungen Rußland gegenüber noch einen Sinn? Schon war im Auftrag des Chefs des dortigen Generalstabs der Leiter der Mobilmachungsorder unterwegs, um bei den Ressortministern die Gegenzeichnung der Entschließung des Zaren zur *Generalmobilmachung* einzuholen. Einer der Minister bekreuzigte sich, ehe er unterschrieb. Alle befaßten Exzellenzen zögerten, denn sie stimmten dem Innenminister des Zaren zu, wenn dieser meinte, der Krieg werde die Revolution nach sich ziehen. Die Gegenzeichnung komplett in Händen verfügte sich der Oberst ins Haupttelegraphenamt in Petersburg, um die Abfertigung der Telegramme zu überwachen. Ehe die Telegraphistinnen mit ihrer Arbeit beginnen konnten, kam ein vom Chef des Generalstabs angekündigter Hauptmann, dessen Kommen vor Abfertigung abgewartet werden mußte. Der Hauptmann eröffnete, der Zar sei gegen die Generalmobilmachung, es werde nur die *Teilmobilisierung* erfolgen. Das geschah, als zwischen Petersburg und Berlin jene Telegramme hin- und hergingen, in denen sich *Niki* und *Willi* gegenseitig beschworen, nur ja den Frieden zu erhalten. Daher keine das Deutsche Reich bedrohende Generalmobilmachung, Aufmarsch nur gegen Österreich-Ungarn.

Während in Petersburg also die Teilmobilmachung beschlossene Sache zu sein schien, bekam Conrad die Nachricht von der erfolgten Kriegserklärung gegen Serbien und also den Befehl zur *Teilmobilmachung* für den Fall B(alkan).

Was jetzt folgte, geht auf das Konto Serbiens. Pasić ließ in den Hauptstädten der Großmächte verbreiten, Belgrad werde ununterbrochen von schwerer und schwerster Artillerie der Österreicher beschossen; ohne Rücksicht auf die Zivilbevölkerung; und obwohl die Stadt von der Regierung preisgegeben worden sei. Die Meldung machte in Paris, dort vor allem auf Poincaré, einen nie mehr beseitigten oder korrigierbaren Eindruck. Diese Beschießung, mit welcher Lügenmeldung auch der Zar alarmiert wurde, hat aber *nicht* stattgefunden! Aber das von Pasić nach Erhalt der Kriegserklärung ausgestreute falsche Gerücht genügte, um in Rußland schließlich doch die verhängnisvolle Wende herbeizuführen. Die Generalmobilmachung. Am 29. Juli 1914 erschien in Petersburg der deutsche Botschafter bei Sasonov. Er wies auf die bedrohliche Auswirkung einer Mobilmachung hin, die sich an den Grenzen des Deutschen Reiches bereits auswirke. Berlin müßte gegebenenfalls damit rechnen, wegen des Bündnisses Rußlands mit Frankreich in einen Zweifrontenkrieg verwickelt zu werden. Wie aber kam es zum Umschwung in den Entschließungen des Zaren?

Die Militärs, angeführt vom russischen Kriegsminister, drangen auf Sasonov ein, doch zuzugeben, daß eine Teilmobilmachung mit einer nachfolgenden Generalmobilmachung die Kriegsfahrpläne in totale Unordnung stürzen würde. Mit dieser sukzessiven Mobilmachung käme Rußland noch mehr in den Rückstand; es bleibe selbst auf die Gefahr eines Konflikts mit dem Deutschen Reich nichts anderes übrig als die Generalmobilmachung. Das sei ja noch keine Kriegserklärung. Der Zar wurde unter Anrufung seiner *heiligsten Pflicht* bewogen, dem zu entsprechen.

Nach der Audienz beim Zaren soll Sasonov dem Generalstabschef gesagt haben: »Alors, faites vos ordres, mon General, et ensuite disparessez pour toute la journée ...«

Am 30. Juli 1914 begab sich der Leiter der Mobilmachungsabteilung des russischen Generalstabs wieder ins Petersburger Haupttelegraphenamt. Diesmal hinderte niemand die Anfertigung der Telegramme.

Tags darauf brachte ein deutscher Spion aus Russisch-Polen eines der dort schon ausgehängten *roten* Plakate ins Ostpreußische hinüber. Im Gebäude des Generalstabs in Berlin wollte man das Original dieses Abdrucks der Mobilmachungsorder sehen, um danach die eigenen notwendigen Vorkehrungen zu treffen. In Galizien erweckte die Nachricht vom Ersatz der bisherigen *weißen* Plakate zur Verlautbarung des Kriegszustands in Rußland mit den *roten* Bestürzung, Angst, da und dort aber auch die Hoffnung auf das Kommen der Befreier. In Wien versuchte der schon vollends außer Kurs geratene ungarische Ministerpräsident Tisza zuletzt doch noch den Kurs der Außenpolitik umzuorientieren, um auf Parallelkurs mit Lord Grey zu kommen. Der Chef des k.u.k. Generalstabs saß nach Bekanntwerden der in Rußland erfolgten allgemeinen Mobilmachung auf Nadeln; schon lief die Teilmobilmachung für den Fall B(alkan) und gemäß letzterer rasselte der Kriegsfahrplan ab, der die mobilen Verbände nach Südosten gegen Serbien instradierte. Entlang der Nordgrenze zu Rußland, von Krakau bis Czernowitz war noch nicht ein Verband marschbereit.

In Berlin wirkten Nachrichten von Truppenbewegungen jenseits der Grenze zu Frankreich alarmierend; es hieß, das *neutrale* Belgien hätte seine Grenze zu Frankreich geöffnet; es bestünden zwischen London und Brüssel Generalstabsabmachungen, welche dem Neutralitätsstatus Belgiens widersprachen. Genaues wußte man in Berlin nicht. Man war aber entschlossen, von Belgien seinerseits ein Durchmarschrecht zu verlangen, um nicht die französischen Befestigungsanlagen in Ostfrankreich frontal angreifen zu müssen. So rannte man in das offene Messer, das Grey bereithielt, um sich im Kriegsfall mit Rußland und Frankreich zusammenzutun. Als das deutsche Heer in Belgien einmarschierte, erklärte England den Krieg. In diesem Moment waren schon die ersten englischen Truppenkontingente, die in Frankreich eingesetzt werden sollten, an Bord der Transporter.

Endlich, am späten Nachmittag des 31. Juli 1914, einen Tag später als Rußland, verfügte Franz Joseph die Allgemeine Mobilmachung, eine Kriegserklärung an den Zaren schob er noch immer hinaus. In Berlin führte die allgemeine Mobilmachung in Rußland zur Verkündung des »Zustandes drohender Kriegsgefahr«. In Berlin, Unter den Linden, sammelte sich um den Leutnant, der in

Begleitung von sechs Mann nach alter Gepflogenheit die Verkündigung verlas, eine riesige Masse. Der Geist von 1914 schlug hier noch höher als in Wien, fast so hoch wie in Paris, aber sicher nicht so hoch wie in Petersburg, wo sich in einer quasi religiösen Begeisterung die Menschen um den Zaren sammelten; Menschen, die in drei Jahren dem Bolschewismus nolens volens den Weg bahnen werden.

Die französische Regierung stand unter dem sozialistischen Ministerpräsidenten Vaviani. Mit größter Kaltblütigkeit wies sie ein deutsches Ultimatum zurück, das verlangte, Frankreich möge binnen 24 Stunden seine Truppenbewegungen gegenüber dem Deutschen Reich einstellen. Korrekt, wie in alten Zeiten, erklärte Berlin den Krieg, zum ersten Mal wieder seit den Tagen Napoleons, seit dessen Zeit Frankreich immer der Aggressor war.

Erst unterm 7. August, als längst der Krieg tobte, erklärte Österreich-Ungarn an Rußland den Krieg. Dies getan, legte Franz Joseph das ihm 1849 von Nikolaus I. verliehene Georgs-Kreuz, die einzige von ihm getragene Brustauszeichnung ab. Am Tage der Kriegserklärung Englands an Österreich-Ungarn tat der Kaiser, was man in längstvergangenen Zeiten tat: Franz Joseph war Inhaber des großbritannischen 1. Garde-Dragoner-Regiments. Immerhin haben England und Österreich nur während des Siebenjährigen Krieges als Feinde einander gegenübergestanden, das alte Österreich hat als verläßlicher Festlandsdegen für England dessen Interessen zu Land verteidigt. Jetzt, 1914, blieb für den Kaiser nur eins mehr zu tun zugunsten seines Regiments: Sollten Angehörige dieses englischen Regiments, wörtlich, das Mißgeschick haben, in Kriegsgefangenschaft zu kommen, dann versprach der bisherige Regimentsinhaber für diesen Fall, den Gefangenen nach Möglichkeit zu helfen.

Man erzählt, Wilhelm II. sei erschüttert gewesen, als er die Kriegserklärung Englands an das Deutsche Reich zu Gesicht bekam. Die Queen Victoria, seine Großmutter, ist in den Armen des Deutschen Kaisers gestorben. Der 1914 regierende König Georg V. war sein Neffe. War es nicht doch noch möglich, den Aufmarsch gegen Frankreich, vorgetragen über belgisches Gebiet, aufzuhalten und sich mit England zu arrangieren? Der Kaiser hat dann angeblich mit seinem Chef des Generalstabs, dem jüngeren Moltke, gesprochen. Der war, jetzt hatten die Eisenbahner das Geschehen unter Kontrolle, machtlos. Ein anbefohlener Stopp hätte anstatt des deutschen Feldheeres ein Chaos geschaffen. So auch die Antwort an den Kaiser:

»Ihr Onkel hätte mir eine andere Antwort gegeben«,

soll Wilhelm II. in Erinnerung an Königgrätz 1866 und Sedan 1870 gesagt haben. Der Kaiser wird mit dem Neffen des Moltke von damals noch bösere Überraschungen erleben. Einen Monat nach Kriegsausbruch wird dieser nahe von Paris, an der Marne, den Feldzug verlieren. Es wird aber dann noch vier Jahre dauern, bis man auch in Berlin einsehen wird, daß dieser Krieg total verloren war. Man wird einen seltsamen Zivilisten zum Feind hinüberschicken und der wird einen Waffenstillstand heimbringen; einen Waffenstillstand als Basis eines Friedensschlusses, der gleich ein halbes Dutzend Ursachen für den Ausbruch des Zweiten Weltkriegs im Jahre 1939 in sich barg.

5

FREIWILLIGE UND MUTWILLIGE

Das große Tor der Deutschmeisterkaserne am Wiener Rennweg Numero 93 stand weit offen. Davor standen die Wiener zu Hunderten, um nur ja dabei zu sein, wenn ihre *Edelknaben,* wie sie die Hoch- und Deutschmeister nannten, ins Feld marschierten. Mütter, Frauen und Bräute trachteten immer wieder, über die Menge hinwegzuschauen und den Ihrigen in der Masse der Hechtgrauen, die im Kasernenhof angetreten waren, zu Gesicht zu bekommen. Die Kasernenhuren interessierte diese von Rührung und Begeisterung getragene Szene kaum. Kalten Blickes musterten sie die durch ein Seitentor einrückenden Reservisten; das waren gesetztere Typen, mit Geld im Börsel, keine notigen Kunden, wie jene, die jetzt dastanden in ihrem Sterb'g'wandl.

Nach einigem Warten hörte man endlich Avertissements und Befehle aus dem Kasernhof. Derlei Ankündigung des Kommens der Langerwarteten ging unter in dem allgemeinen Scharren zahlreicher Kommißschuhe, dem Klatschen der Gewehrgriffe und dem alles übertönenden Signal:

»Doppelreihe – rechts-um! Marschieren Direktion …«

Aber schon verstand man wieder nicht, was befohlen war, denn jetzt wurde auf der Kleinen Trommel der Regimentsmusik das Signal für den Fußmarsch eingeschlagen. Die Große Trommel und die Cinellen fielen ein und dann war es soweit: Die Deutschmeister marschierten zur Einwaggonierung zum Frachtenbahnhof der Nordbahn.

Jedes Regiment hatte einen *Regimentsmarsch* laut Vorschrift. Aber es wäre eine Enttäuschung für die Wiener gewesen, wenn in dieser Stunde der Marsch laut Vorschrift abgespielt worden wäre. Und nicht jener, den einmal der Jurek Wolferl, als er selbst noch beim k.u.k. Infanterie-Regiment Hoch- und Deutschmeister Numero 4 als Korporal diente, komponiert hat. Sowie der Marsch aufklang, schrien die Gassenbuben, die auf die Gaslaternen geklettert waren:

»Sö kumman ...«

Und die Begeisterten riefen Hoch! und was dergleichen bei solchen Ausbrüchen momentaner Begeisterung die Wiener schreien. Freilich, so fesch uniformiert wie einmal in Friedenstagen waren die Edelknaben nicht mehr. Statt der dunkelblauen Röcke und der hellblauen Hosen trugen sie die einfärbigen hechtgrauen Felduniformen, von denen die Generalstäbler meinten, sie taugten nicht nur für die Jäger im Gebirgskrieg, sondern auch in der erdbraunen Umgebung des weiten Ostens. Warum hechtgrau, wußte niemand so recht zu erklären; die Russen kamen jedenfalls in Erdbraun, die Engländer in Khaki und die Franzosen trugen noch wie anno 1870 rote Hosen, die Kürassiere schwere Brustpanzer.

Gleich neben dem Kasernentor stand ein Alter: Wässrige Augen, die Nase tropfte, der Rücken war krumm und Tränen der Rührung fielen auf die grauen Wangen. Mit weinerlicher Stimme wiederholte er immer wieder den Satz:

»Dö kumman nimma ham ...«

Neben ihm stand ein Strizzi, ein eher harmloser Herumtreiber, der gerade seinen Tag mit patriotischer Stimmung hatte, und den das Gerede des Alten störte. Mit dem unnachahmlichen Dialekt eines Hutschenschleuderers vom Prater sagte er zu dem Alten:

»Halt' die Gosch'n. Natirlich kumman s' ham, unsare braven Vaterlandsverteidiger.«

Selbst zu den Vaterlandsverteidigern einzurücken oder gar an die Front auszurücken, davor konnte sich ein gewandter Wiener Strizzi schon verdrücken. Seine Belehrung machte auf den Alten keinen Eindruck, denn er fuhr fort mit seinem Gejammer:

»So san mir im Sechsundsechzigerjahr mit da Regimentsmusik a ins Schnellfeuer von de Preiß'n g'rennt ...«

Niemand achtete auf den Alten. Sein Gerede ging unter in dem Lärm der Marschmusik und im Lärm, der vom Tritt der genagelten Schuhe auf das Granitpflaster entstand. Einen ganzen Gulden hat einmal ein einziger dieser Granitpflastersteine gekostet.

Bald verklang die flotte Marschmusik in der Ferne. Nur mehr das Trompetensignal der Kompaniehornisten war zu hören und dazu sangen die Gassenbuben:
»Tatadara hast Äpfl g'stohl'n – Tatadara Birn' a …«
Nach 1945 hat einer der engsten Berater des US-Präsidenten Roosevelt verlangt, man müsse denen in Europa die Militärmusik verbieten. Ohne diese Musik käme die kriegerische Gesinnung dieser Völker der Alten Welt nicht auf. Der Mann hieß Henry Morgenthau und hatte auch die Idee, Deutschland nach 1945 zum Siedlungsgebiet eines nur mehr Ackerbau treibenden Volkes zu machen. Wie immer es war: Die Militärmusik blieb und jene der siegreichen Amerikaner übernahm auch Traditionen der Verlierer.

Alle Armeen der 1914 am Krieg beteiligten Nationen marschierten unter den Klängen der Militärmusik in den Krieg. Aber die Marschmusik der Kaiserlichen hatte nie jenen *klirrenden Heroismus* an sich, der etwa die Franzosen seit 1792 antrieb; und auch nicht die an Krieg und Sieg erinnernde Musik der Deutschen, vor allem der Preußen. Die österreichische Militärmusik schien nicht für Männer geschrieben zu sein, die in den Tod marschierten, sondern für jene, die sich an lustige Friedenszeiten, verbracht in lustigen Garnisonsstädten, bis ans Lebensende erinnerten. Jede Stadt, die etwas auf sich hielt, hatte eine Garnison, dafür sorgten schon die Politiker. Zumal die Kurorte wären ohne eine solche Garnison und die dazugehörige Militärmusik nicht ausgekommen.

Im Jahr 1914 gehörte es sich, nicht auf eine Einberufung zu warten, sondern *freiwillig* einzurücken, um dabei zu sein, ehe der Krieg aus war. Dabei taten sich Intellektuelle und Künstler, Schüler und Studenten hervor. Der Überschwang der Gefühle ging in Ungarn so weit, daß dort das seit 1849 perhorreszierte GOTT ERHALTE abgespielt und von der Menge gesungen wurde. Maßstäbe und Interessen von gestern galten nicht. Die Deutschnationalen stimmten die WACHT AM RHEIN an und die anderen sangen begeistert mit. Der tschechische Bürgermeister von Prag ließ sich hinreißen, ein Hoch auf den Deutschen

Kaiser auszurufen. Ihn pfiffen seine Landsleute allerdings zurück. Es gab ganz naive Typen, die summten mit, wenn eine Musikkapelle die Hymne des italienischen Verbündeten, die »Marcia Reale«, abspielte. Kein Wunder, wo es doch hieß, die Deutsche Reichsbahn hielte in Süddeutschland Zuggarnituren bereit, um die vom verbündeten Italien für die Front in Lothringen zu stellenden Armeekorps raschest an die Front in Frankreich zu befördern. Und die in Berlin mußten doch wissen, was sie taten. Dort ging alles wie am Schnürchen. Musik macht das Leben zuweilen lustiger, zuweilen die Trauer sentimentaler und also erträglicher. In Wien war sogar eine Leich' ohne Musik keine schöne Leich'.

Man hörte, auch bei den Feindmächten schlüge die Kriegsbegeisterung über die Stränge. In Petersburg sammelten sich die großstädtischen Massen, die schon 1905 die Revolution geprobt hatten, um den Zaren, und es kam zu einer fast religiösen Szene ernstester Besinnung auf die *nationale* Pflicht. In vier Jahren werden der Zar und seine Familie tot, die Überreste in einen aufgelassenen Bergschacht gestürzt sein. In Frankreich, vor allem in Paris, sollen die Weiber ganz verrückt gewesen sein und den feschen Kürassieren zugejubelt haben: A Berlin! In Österreich hat es 1914 nicht jene Ansätze von Meuterei gegeben, die dem k.k. Außenminister nach dem Mord in Sarajevo die Vorstellung eingaben, man dürfe keinen Krieg wagen, es würde in Böhmen die Revolution ausbrechen.

Im Vielvölkerreich Österreich-Ungarn entfielen im Durchschnitt auf je *100 Mann* 25 Deutsche, 23 aus dem Ungarischen, 13 Tschechen, 4 Slovaken, 8 Polen, 16 Kroaten, 2 Slovenen, 7 Rumänen und ein Italiener. Die meisten Kriegstoten waren nachher Deutsche, Tschechen und Kroaten. Es gab 1914 Kriegs*freiwillige* und Kriegs*mutwillige*. Zu letzteren zählte ganz bestimmt nicht der Maler Kokoschka, der erst Ruhe gab, als er 1915 in einem Gefecht mit Kosaken Schuß- und Stichwunden erlitt und es für ihn aus war, bei den Weißen Dragonern mitzumachen. Es rückte, freiwillig auch, der Philosoph Ludwig Wittgenstein ein, dem man ansah, daß er ein jüdischer Intellektueller war und der einmal als Philo-

450

soph zu weltweitem Ansehen gekommen ist. Der berühmte Architekt Loos war als Landsturmoffizier nicht mehr dienstpflichtig, aber er wollte dabei sein und rückte freiwillig ein. In München meldete sich der nach dem Krieg aus dem österreichischen Staatsverband ausgetretene Adolf Hitler freiwillig zur königlich bayerischen Armee; mußte aber zu seinem Ärger den Fahneneid nicht nur auf König Ludwig III. schwören, sondern auch auf Kaiser Franz Joseph.

1916 noch ließ sich Sigmund Freud als stolzer Vater zweier mit der Silbernen Tapferkeitsmedaille augezeichneter Leutnants fotografieren. Und die Söhne sehen auf dem Bild nicht aus, als litten sie unter Zwang, indem sie die schmucke Offiziersuniform einer berittenen Truppe trugen. 1914 schon bekam der spätere große Theoretiker des Austromarxismus, Otto Bauer, als stellvertretender Kompanie-Kommandant das Militärverdienstkreuz, eine Offiziersauszeichnung, die am Anfang des Krieges noch wog. Nachher geriet er in einem Abwehrgefecht, bei dem er zu lange in der Stellung aushielt, in russische Gefangenschaft; bei der Rückkehr, 1917, bekam er zur Kriegsdekoration des Militärverdienstkreuzes auch noch die Schwerter. Fast überall schwemmte der Geist von 1914 die Vorbehalte derer, die an sich schon für die nationale oder soziale Revolution in der Monarchie waren, weg. In *Welschtirol* rückten die Männer anstandslos ein; ein Leutnant der Reserve und sozialdemokratischer Abgeordneter aus Welschtirol, der nach 1915 desertierte und zu den Italienern überging, war eine Ausnahme. Man hat es den Österreichern später arg angelastet, daß sie diesen Unglücklichen, als er in italienischer Uniform in österreichische Gefangenschaft geriet, abgeurteilt und justifiziert haben. Was mit derlei Typen in anderen Armeen geschah, wird in der österreichischen Zeitgeschichte des Jahres 2000 in solchen Zusammenhängen weniger aufgezeigt. Unter den ersten Kaiserjägern, die im Kampf gegen Italien die höchste Tapferkeitsauszeichnung für Mannschaften, die Goldene, bekamen, waren der Oberjäger Caliari und der Jäger Covi vom 4. Regiment. Noch im Achtzehnerjahr erwarb sich der Fähnrich Delago als Sturmpatrouille-Kommandant diese nach wie vor selten verliehene Auszeichnung.

So wie das nachher in Lehrbüchern stand, ging es in Wirklichkeit bei den Kaiserlichen ebensowenig zu, wie es nicht immer zutraf, was 1914 gewisse Typen gegen Bezahlung oder aus momentanem Überschwang der Gefühle schrieben. Die Zweier-Kaiserjäger marschierten unter ihrem Regimentskommandanten Brosch aus. Brosch, der einmal Vorstand der Militärkanzlei Franz Ferdinands gewesen ist und sicher nichts von seiner Hingabe an die Sache seines ermordeten Chefs eingebüßt hatte, als er kurz nach dem Mord von Sarajevo einem Freund schrieb:

»... Unser Schicksal vollzieht sich mit brutaler Unabwendbarkeit. Die Riesenwalze, die *bei uns* alles vernichtet, schiebt sich immer näher heran und übermenschliche Kräfte würden nicht ausreichen, sie aufzuhalten.«

Brosch kapitulierte nicht angesichts des Schicksals. Wenn es stimmt, was Hötzendorf in seinen Erinnerungen an seine Dienstzeit nach 1918 als ultima ratio Franz Josephs schrieb, dann dachte Brosch 1914 wohl so wie sein Oberster Kriegsherr, wenn dieser bekannte:

»Wenn die Monarchie schon zugrunde gehen soll, dann soll sie anständig zugrunde gehen.«

Vielleicht erinnerte sich Franz Joseph 1914 an das, was ihm einmal sein Lehrer Metternich in der Krise der Monarchie während der Revolution von 1849 gesagt hat:

»Ein *System* zu stürzen ist ein unschuldiges Unternehmen, während ein *Reich* zu stürzen in allen Fällen ... etwas Bedenkliches ist.«

Lezteres haben nach 1918 und vor allem nach 1945 die Nachfolgestaaten Österreich-Ungarns erfahren müssen.

Männer wie Brosch starben lieber in der letzten Nachhut des geschichtlich Gewordenen, als daß sie sich auf Experimente mit einer Zukunft einließen, deren ungeheure Risiken 1914 noch gar nicht abzusehen waren. Einen Monat nach Kriegsausbruch, im September 1914, deckte Brosch mit seinen Kaiser-Jägern den Rückzug der k.u.k. Infanterie-Truppen-Division. Nur eine Kompanie entkam der ungeheuren Übermacht der Russen. 160

Mann gerieten in Gefangenschaft. Unter Bergen von Toten zogen die Sieger die Fahne des Regiments hervor, die in russischen Städten als Zeichen dafür zur Schau gestellt wurde, daß nicht einmal die besten Regimenter des Kaisers von Österreich den Truppen des Zaren standhalten konnten. Kriegsgefangenen Österreichern wurde diese Fahne gezeigt, um sie zu demoralisieren und slavische Mannschaften zum Abfall zu bewegen. Nach der Vertreibung der Russen fand man das Grab des Obersten Brosch. Der Leichnam war nur oberflächlich mit Sand bedeckt. Über den Oberst gebeugt fand man einen toten Unterjäger, der, wie es Brauch war in der Heimat, offenbar dem sterbenden Regimentskommandanten den Rosenkranz auf die Brust gelegt hat. Mythen, wie man später sagen wird.

Im September 1914 war freilich schon fast alles vorbei für die Schlachtenreiterei der Kaiserlichen, die einmal nicht ihresgleichen hatte. Die Dragoner, Husaren, Ulanen und Honvéd-Husaren rückten in ihrer bunten, sehr geschmackvoll geschneiderten Uniform aus zur Fernaufklärung ins Russisch-Polen. Die Russen vermieden derlei Wagnisse nach ihren Erfahrungen im Krieg gegen Japan. Sie zogen in Gewärtigung von Kavallerieangriffen Stolperdrähte vor ihre Stellungen und brachten ihre MGs in Stellung. In diesem ungleichen Kampf ging die Kaiserliche Reiterei so ziemlich zugrunde. Reste kämpften zu Fuß weiter, allerletzte Reste machten zu Pferd Dienst im Verband der Infanterie-Divisionen des Jahres 1918.

Niemand ahnte derlei im August 1914. Die Menschen blickten auf die in tadelloser Haltung ausmarschierenden Truppen und lauschten den vertrauten Klängen der Militärmusik. Die Branche der Militär-Musikkapellmeister hat einige der klangvollsten Namen im Buch der österreichischen Musikgeschichte hinterlassen. Meistens Behm' oder Ungarn und viele Deutsche. Das Prager Hausregiment, die Achtundzwanziger, die 1914 in Innsbruck in Garnison lagen, rückten unter dem Marsch aus, der einmal einem aus dem Italienischen gekommenen Regimentskommandanten gewidmet war, jenem Castaldo-Marsch, der auch nach 1918, ja selbst nach 1945 in der ČSR und in der ČSSR zu hören war. Das geschah, als der Inhaber des Regiments, König Viktor Emanuel III., schon seine bei Feindstaaten der Mittelmächte akkreditierten Missionschefs eruieren ließ, was im Falle eines Übertritts seines Landes ins Lager der Feinde Österreich-Ungarns für Italien zu holen war.

Schon im Herbst 1914 flammte in Wien das Gerücht auf, wonach die Tschechen samt und sonders unverläßlich seien im Kampf gegen die Feinde der Monarchie. Anlaß dafür war das totale Versagen des von Feldzeugmeister Potiorek (der schon am 28. Juni 1914 versagte) versuchten ersten Einfalls ins Serbische. Da man in diesem Fall nicht den Deutschbehm' eines Truppenverbands die Schuld an einem schweren Rückschlag in die Schuhe schieben wollte, ging die Schmach über auf den von Tschechen gestellten Truppenteil. Es war das nach 1918 erschienene Generalstabswerk über den Kampf der Serben im Krieg 1914/18, das diese Unrichtigkeit, besser: die Lüge, korrigierte und ausgerechnet den Tschechen das Ausharren in fast verlorener Situation zugute hielt. Aber wer hat sich nach 1918 in Wien oder Prag um derlei gekümmert, Und: Die Toten haben immer unrecht.

Aus der Festung Theresienstadt, unheimlicher Ort in späteren Zeiten, marschierte das 42. Infanterie-Regiment aus; seit Wagram 1809 behielt dieses Regiment als einziges das Vorrecht, den Grenadiermarsch zu schlagen und mit diesem Trommelschlag fängt denn auch ihr Marsch an. Die Egerländer vom Regiment 73, welche die meisten Kriegstoten hatten, marschierten mit dem von einem gewissen Kopetzky, wohl kaum ein Germane, komponierten Marsch aus. Ihre Söhne und Enkel werden 1945 die ersten Worte des Marschtextes: *Egerländer, halt's euch z'sam* mit in das Elend der Heimatvertriebenen nehmen.

Der Behm' Fučik schrieb für mehrere Regimenter Märsche, die noch heute abgespielt werden. Für Regimenter aus dem Ungarischen und solche mit tschechischer Mannschaft, wie die 92er aus Komotau. Lehár – der Name ist unsterblich. Vergessen ist, daß es einen Lehár *Vater* gab, der längst Militärmusik machte, ehe der Sohn Ferencz populär wurde. Lehár junior schrieb noch 1918 für das neuaufgestellte k.u.k. Infanterieregiment Numero 106 die

Musik zum Text in magyarischer Sprache. Dieser Oberst Lehár
war einer der schwarz-gelben Ungarn, denen man in der Republik
Österreich die Treue zum gekrönten König von Ungarn schlecht
gelohnt hat. Lehár Ferencz war, ehe er der weltbekannte Operettenkomponist wurde, Regimentskapellmeister mehrerer Infanterie-Regimenter und, einmalig, sogenannter »Kapellmeister Seiner
Majestät Kriegsmarine zu Land und zur See«. Die Ungarn in Losoncz und Estergon marschierten nach seinen Marschkomposi-
tionen bei der Defilierung. So wie früher die 50er in Losoncz nach
der Melodie der Marschkomposition seines Vaters.
Einmal war der Sieger bei Custoza, 1866, Erzherzog Albrecht, als
früherer Gouverneur in der spannungsgeladenen Situation vor
dem Ausgleich 1867 in Ungarn mäßig beliebt. 1914 marschierte
das Budapester Hausregiment, die 44er, aus der Ubikation der
dortigen *Albrechtskaserne* ins Feld; und zwar unter den Klängen
des Albrechts-Marsches. Den 83ern im ungarischen Komorn
schrieb der Behm' Dobeš den Marsch, dem populären Wiener
Korpskommandanten Baron Schönfeld der letzte Hofball-Mu-
sik-Direktor und frühere Regimentskapellmeister bei Deutschmeister Carl Michael Ziehrer. Ziehrer, der nach 1918 unter äußerst bedrängten Verhältnissen gestorben ist in Wien. Mochte
man oben auch noch so sehr darauf bedacht sein, daß bei gewissen
Anlässen nur der zugewiesene Regimentsmarsch abgespielt wurde – an Ort galt, was den Leuten gefiel. So wurde die ganze Mili-
tär-Musik aus der Zeit vor 1918 einer der letzten Reste jenes
Österreichertums, in dem Deutsche, Tschechen und auf diesem
Gebiet auch noch Magyaren und die anderen Nationen etwas von
der Aura des alt gewordenen Reiches mitbekamen. Die Österreicher-Ungarn sind 1914 nicht eskortiert von der Feldpolizei ausgezogen oder in der Angst vor Kriegsgerichten und Verfolgungen;
sie nahmen das unausweichliche Schicksal auf sich und standen
mehr als vier Jahre die konzentrischen Angriffe *aller* Weltmächte
(das Deutsche Reich ausgenommen) durch, bis die Armee einer
ungeheuren materiellen Übermacht erlag und ab dem Winter auf
1917 weite Teile der Monarchie, Ungarn ausgenommen, in der
Heimat dem Hunger verfielen.

Szenen, wie später im Heer des Zaren, wo hinter den Sturmtruppen Maschinengewehre aufgestellt waren, um die Stürmenden vor der Flucht zu erwischen, brauchte es bei den Kaiserlichen nicht. Nie hatte es beim Vielvölkerheer der Kaiserlichen Massenmeutereien und deren Folgen gegeben, wie sich solche ab Mai 1917 in der französischen Armee nach einem von deren Führung angerichteten Blutbad in den eigenen Reihen ereigneten. Bis Mitte Juni 1917 wurden damals nicht weniger als 115 Truppeneinheiten davon erfaßt; 75 Infanterieregimenter, 23 Elitebataillone, Jägerformationen und 12 Artillerieregimenter. Die Kolonialtruppen, voran Anamiten, jetzt nennt man sie Vietnamesen, sahen, daß es mit der Mächtigkeit des Weißen Mannes nicht weit her war; in Paris wandte sich die Wut einer Meute gegen sie, die Asiaten schossen in die Masse. Vorne in den Gräben ging das Gerücht: In Paris schießen sie auf unsere Frauen und Kinder. Das war ein Grund mehr, kehrt zu machen. Da und dort marschierten die Meuterer hinter der Roten Fahne, wollten sie Schluß machen. In Soissons wurde es ganz schlimm. Dann aber kämpften die zuverlässige Garde républicaine und einige verläßliche Kavallerieeinheiten die Massenmeuterei nieder.

Noch einmal wiederholte sich derlei, als die Reste eines russischen Truppenverbands, den noch der inzwischen abgesetzte Zar dem französischen Verbündeten geschickt hat, das Beispiel der Landsleute in der Heimat nachmachte. Ihr Kommandeur forderte französische Truppen an, Artillerie fuhr auf; nachdem die dreimalige Aufforderung an die Meuterer, sich zu ergeben, nur Hohn zur Folge hatte, feuerten die Geschütze auf die Russen. Kriegsgerichte traten zusammen, dann knatterten die MGs der Exekutionskommandos und die Überlebenden schaufelten die Toten in Massengräber. Dann aber machte sich Frankreich über die eigenen meuternden Söhne her. So wie bei Verdun war es auch diesmal schließlich Pétain – den man nach 1945 zum Tod verurteilte –, der die Männer zur Besinnung brachte, sich um sie kümmerte. Aber viele Franzosen erreichte der Tod vor einem Exekutionskommando.

Aber dann, am 13. Juni 1917, betritt der Mann des Schicksals europäischen Boden: John J. Pershing, Commander of the American Experiditionary Forces. Er hat seine Kampferfahrung gegen Sioux- und Cheyenne-Indianer und gegen Mexikaner erworben. Hinter ihm werden Regimenter, Divisionen, Armeekorps, Armeen von drüben kommen. Und unerschöpfliche Materialreserven, die ganze moralische Reserve eines Volkes, das over there Ordnung machen wollte, folgte. Die Weltgeschichte wurde fortan anders aufgefaßt und geschrieben .

In Frankreich kam Georges Clemenceau, genannt der Tiger, an die Macht; in Wien erschoß man den amtierenden k.k. Ministerpräsidenten Stürgkh, der sich vor seinen Kaiser stellte.

Seit den Tagen Josephs II. hat die Polizei in Österreich einen unverdient guten Ruf in dem Sinn, daß sie ein unzerreißbares Netz gewesen sein soll, in dem sich alles verfing, was für Freiheit und Menschenwürde war. 1914 zeigte besagte Polizei eine geradezu staatsgefährliche Naivität im Umgang mit Feinden. Damals befanden sich die beiden Macher der Machtergreifung des Jahres 1917, Lenin und Trotzki, auf österreichischem Staatsgebiet. Als Funktionäre der Sozialdemokratischen Arbeiterpartei Rußlands und Genossen der deutschen Sozialdemokraten vom Schlage Vik-. tor Adlers waren sie seit ihrem Aufenthalt in Wien polizeibekannt. Lenin und Trotzki verdanken im Grunde der Naivität des k.k. Innenministers die ihnen 1917 zukommende Chance, dem Rest der Welt die unablässige Bedrohung durch den Bolschewismus in Form des Marxismus-Leninismus aufzubürden.

Schon gab es Krieg, da fühlte sich Lenin in Galizien so sicher, daß er dabei war, seine Umtriebe in Zukunft über das neutrale Schweden zu lenken. Die österreichischen Behörden hätten ihn vielleicht gar nicht gestört, wenn nicht den Polen in Westgalizien diese Type unheimlich geworden wäre und sie die Gendarmerie um Hilfe angingen. Lenin war dem Paß nach ein *russischer Adeliger,* man konnte ihn nicht behandeln wie irgendeinen ärmlichen Unruhestifter. Und man ahnte nicht, daß 1914 die russische Polizei hinter Lenin her war und hoffte, seiner bei der Eroberung Galiziens habhaft zu werden. In diesem Sinn erging damals aus Petersburg eine Anweisung an General Alexiev, sich dieses »Adeligen«, der als Revolutionär gesucht war, zu bemächtigen.

457

Dank der Aufmerksamkeit polnischer Bauern nahm sich zuletzt die k.k. Gendarmerie des Falles an.

In dieser Gefahr wandte sich die Gemahlin Lenins an die ihr bekannte Genossin Adelheid Popp in Wien, bat sie, namhafte sozialdemokratische Politiker zugunsten Lenins aufzubieten. So kam die Sache an Viktor Adler heran. Es gab noch einen zweiten Draht, der zugunsten Lenins zwischen Galizien und Wien bestand. An diesem saß Genosse Diamand sowie ein gewisser Ignaz Daszinski, seit 1897 Abgeordneter zum Hohen Haus am Wiener Franzensring. Beide Genossen schalteten sich in die Hilfsaktion für Lenin ein, obwohl sie ihrem Mandat nach Abgeordnete eines *polnischen* Wahlkreises waren. Viktor Adler bemühte zugunsten Lenins zweimal den damaligen k.u.k. Minister des Innern, dessen Namen hier besser nicht genannt wird. Lenin hat einmal selbst gesagt, seine Feinde seien so dumm, daß sie selbst den Strick kaufen, an dem man sie aufhängt. Adler war derlei von Lenin nicht zugedacht. Als Genosse wog er wenig bei Lenin, noch weniger bei Trotzki, der überhaupt in seinen Lebenserinnerungen den österreichischen Abweichlern auf der Linken nur höhnische und abträgliche Urteile nachgerufen hat.

Adler erreichte zunächst, daß die gegen Lenin laufende Aktion der Exekutive eingestellt wurde. Nachher galt es, für ihn die Ausreisebewilligung für die Fahrt in die Schweiz zu bekommen. Der fragliche k.k. Innenminister zögerte, dem zuzustimmen. Die Zeit, in der Genossen und Aristokraten sich verbrüderten, war ja noch nicht da. Adler soll den Minister mit einer merkwürdigen Phrase hingekriegt haben:

»Lenin war schon ein *Feind des Zaren,* als man diesen noch in Wien eher als Gesinnungsfreund der hier regierenden Kreise ansah ...«

Schmählicher ist wohl kaum ein Konservativer von einem Gegner aufs Eis geführt worden – denn Lenin bekam die Ausreisebewilligung für sich und seine Frau. Den Rest besorgten im Exil die schweizerischen Genossen. Alles mußte sehr schnell gehen. Am 26. August durfte Lenin sein Domizil in Galizien verlassen. Am 28. August, die Russen nähern sich schon Lemberg, verließ er

Krakau. Am 5. September, als Lemberg schon russisch war, kamen er und seine Gemahlin in Bern an. Und Lenin machte sich gleich an die Arbeit und schrieb seine aufschlußreiche Untersuchung des Themas: »Aufgabe der revolutionären Demokratie im europäischen Krieg« Das war eine böse Verurteilung der Politik des Deutschen Reiches, vor allem der Junker und der Militaristen, eben jener Kreise, denen es Lenin 1917 zu verdanken haben wird, daß man ihn als *Angehörigen eines Feindstaates* quer durchs Deutsche Reich ins neutrale Schweden beförderte. Von wo aus anfing, was als eine Weltrevolution so prächtig gediehen ist. Lenin war ein Herr von Adel und hatte Benehmität: Er dankte Adler. Anders hielt es Trotzki.

Trotzki war keiner, der etwa aus der »besitzlosen Classe« kam; sein Vater war ein Großhändler und -grundbesitzer, der mit Getreide ein Vermögen machte. Und der so seinen Sohn, der damals noch Lev Bronstein hieß, die Annehmlichkeiten eines Intellektuellen schuf, der nicht zu arbeiten braucht und daher Zeit genug hat, um Revolution zu machen. Armut zu beschreiben, die er nie im Leben verspürt. Trotzki hat im Verein mit Lenin den *größten Holocaust der Weltgeschichte* gemacht: Die Ausrottung einer ganzen Klasse, wobei nicht nach Schuld und Verschulden gefragt wurde, sondern aus dem Weg geräumt wurde, wer dem Bolschewismus nicht paßte. In Wien erzählt man sich die Legende, wie Trotzki mit österreichischen Genossen im noblen »Cafe Central« Schach gespielt hat. 1914 war Trotzki für die k.k. Polizei weniger ein Begriff als Lenin. Trotzkij übernahm es nach seinem Kommen nach Wien, selbst im k. k. Ministerium des Inneren am Judenplatz vorzusprechen, um die Ausstellung seiner Ausreisebewilligung zu betreiben.

Man war nicht mißtrauisch am Judenplatz. Es war wohl eher ein wenig Schlamperei, die Trotzki um sein Anliegen zittern ließ. Zuletzt bekam er eine vage Zusicherung, wonach er schon die Genehmigung bekommen würde. Trotzki bohrte:
»Wann?«
Man sagte ihm so beiläufig:
»Morgen.«

Trotzkij ging aufs Ganze.

»Hm ... ich würde es vorziehen, Sie täten es heute!«

Und sie, die dümmlichen Österreicher, taten es. Am 18. Oktober 1914, als in Galizien die Heere des Kaisers und des Zaren sich gegenseitig massakrierten, verließ der Techniker des Holocausts in Rußland Wien.

Und da gab es noch einen alten Genossen aus der Sozialdemokratischen Arbeiterpartei Rußlands, Josef Pilsudski. Pilsudski entstammte einer Familie des Kleinadels in Litauen, hatte zur Zeit, als der ältere Bruder Lenins, Alexander, an einer Bombe zur Beseitigung des Zaren Alexander II. arbeitete, den Anhängern des *individuellen Terrors* in Rußland näher gestanden, als den ganz anders ausgerichteten *nationalen* Interessen seiner polnischen Landsleute. Es ist nicht genau bekannt, wie es dazu kam, daß 1914 ein Revolutionär mit einer derartigen Vergangenheit, der außerdem keine militärische Ausbildung besaß, an die Spitze der im Verband der k.u.k. Armee geschaffenen polnischen Freiwilligenverbände kam. Truppen, die 1917 größtenteils zur Armee der Bolschewiken in Ostgalizien übergingen, während der Rest dahin kam, woher er gekommen war: In die jeweiligen k.u.k. beziehungsweise k.k. Regimenter. Das aber geschah, als Pilsudski schon in Deutschland auf Festung in Ehrenhaft saß; weil er wieder einmal einen Gesinnungswechsel vollzogen und nun in den Feinden der Mittelmächte die wahren Freunde der Sache Polens erblickte.

Es ergibt sich, daß die *drei ersten großen Diktatoren* der Zeit zwischen den beiden Weltkriegen aus der sozialdemokratischen Bewegung hervorgegangen sind: Der Russe *Lenin*, der Pole *Pilsudski* und der Italiener *Mussolini*. Mussolini, der einmal die Bombe Cabrinović und die Pistole Princips als heilbringend nicht genug loben konnte.

Rückschauend betrachtet, scheint es so zu sein, als hätte der Geist des Jahres 1914 den Staatsmännern die Hirne vernebelt. Fürs erste gaben sie sich einschlägigen Geistesblitzen hin. Im Zentralorgan der deutschen Sozialdemokraten, der in Wien erscheinenden »Arbeiter-Zeitung«, schrieb bei Ausbruch des Weltkriegs der damalige Chefredakteur Austerlitz einen Artikel, der *alles* übertraf, was in jenen Tagen von merkwürdigen Typen geschrieben wurde. Man muß diesen Überschwang der Gefühle verstehen: Nicht nur *Lenin* setzte seine Hoffnung in den Krieg, in die Zerstörung der Macht des Zarismus und all dessen, was schon auf den Kehricht der Weltgeschichte gehörte. Auch Austerlitz war sich mit Genosse Lenin in dieser Zielansprache einig. Weg mit den absoluten Monarchien der Hohenzollern und jener des Sultans. Mochte die Habsburgermonarchie noch eine Art Denkmalschutz genießen. Der Tod Franz Josephs würde ohnedies auch bald ihr Ende bedeuten.

So kam es, daß die Kriegsbegeisterung des Sozialdemokraten Austerlitz zu Kriegsbeginn selbst jene des Herausgebers der »Reichspost«, Friedrich Funder, übertraf. Funder, der als Angehöriger des nach dem Tod Franz Ferdinands zerfallenden Belvedere-Kreises zwar nicht so pessimistisch eingestellt war wie Oberst Brosch aber im Verlauf des Krieges, zumal in der Endkrise, einige bemerkenswerte Schwenkungen auf das Ziel hin machte, daß nach dem Untergang der Habsburger-Monarchie aufging.

Man sagt, Revolutionen würden nicht in Geheimkonventikel von Berufsrevolutionären gemacht, sondern in Dichterstübchen. Auch der Geist von 1914 wurde in unterschiedlichen Hirnen aufbereitet und in Dichterstübchen zu Papier gebracht. Viele werden sich später dessen schämen, was sie 1914 geschrieben haben. So etwa der zuweilen als Arbeiterdichter gerühmte Alfons Petzold, der im Herbst 1914 ein Bändchen herausbrachte, in dem unter dem Titel KRIEG unvorstellbaren Grausamkeiten das Wort geredet wird. Petzold, der anfangs 1914 noch so begeistert Gedichte mit pazifistischen Tendenzen schrieb.

Für Zeitungsredakteure waren die ersten Kriegswochen eine harte Zeit in Österreich. Im Lande herrschte Siegeserwartung und die Hoffnung auf ein baldiges Kriegsende. Gerüchte von großartigen Heldentaten der eigenen Krieger kursierten. Die Zeitungen, die nichts Genaues aus dem AOK, dem k.u.k. Armee-Ober-Kommando, in Przemysl erfuhren, waren gezwungen, auch solche Histörchen zu bringen. Da war es ein Glück, daß gleich am Anfang, bei der Eroberung belgischer und französischer Festungen schwere und schwerste österreichische Artillerie eine wichtige Rolle gespielt hat. Das geschah, bevor der Kriegszustand zwischen Österreich-Ungarn und Frankreich eröffnet war. Man hat das in Paris nie vergessen und noch 1919 als Anzeichen der Kriegslüsternheit der Österreicher gebührend gebrandmarkt.

Die Mittelmächte hatten keine Kriegspropaganda von der Qualität, wie sie in London Viscount Northcliffe, hervorgegangen als Herausgeber der »Times«, produzierte. Da war von Kindern in Belgien die Rede, denen deutsche Soldaten, man nannte sie Hunnen, die Hände abgehackt haben. Man revanchierte sich mit Hinweisen auf das Tun der Kosaken, wobei es unter den in Ostpreußen einmarschierenden Russen nicht nur die Kosaken waren, die das Land grausam verwüsteten. Greuelpropaganda gehört zu den Entrée Arien der Kriegspropaganda. Wenn schon keine eigenen Siege, dann Greueltaten des Feindes.

Endlich ging Ende August 1914 ein heller Stern für die Mittelmächte auf. Bei Tannenberg, wo 1410 die Polen das Heer des Deutschen Ritterordens vernichtet haben (mit Hilfe von deutschen Verbündeten), konnte das deutsche Heer unter einem bisher eher unbekannten General namens Hindenburg einen gewaltigen Sieg erringen. Der Versuch der Russen, die deutsche Ostfront in Westpreußen bis hinter die Weichsel zurückzudrängen, mißlang ebenso wie der andere Plan, die in Ostpreußen stehende deutsche Armee einzukesseln. Vielmehr gingen Zehntausende Russen in die Kriegsgefangenschaft.

Und doch war es, als würden Hellhörige und Hellsichtige das Kommen der Katastrophe ahnen. Funder ahnte die Entscheidung, die in *Ostgalizien* heranreifte. Aber weder er noch die deutsche OHL, die Oberste Heeresleitung in Luxemburg, ahnten, daß in jenen Tagen die irreparable Vorentscheidung des Krieges zum Nachteil der Mittelmächte geriet. Dabei waren die schweren Rückschläge, welche die Österreicher vor aller Welt im Osten erlitten, weniger bedeutsam als das, was nachher als das WUNDER AN DER MARNE umstritten geblieben ist. Das vom russischen Generalstab mit Recht befürchtete und daher aus gutem Grund zuletzt ausgeschaltete *Risiko einer Teilmobilmachung mit nach-folgender Generalmobilmachung* erfüllte sich zum Nachteil der Österreicher. Da nun einmal die Mobilmachung für den Fall Balkan anbefohlen und unwiderrufen blieb, rollte trotz der im Norden drohenden russischen Gefahr die 2. k.u.k. Armee nach Süden ab; sie wurde in Kämpfe gegen die Serben verstrickt, ein wenig zerzaust und kam erst ab dem 18. August 1914 dahin, wohin sie gehörte. Gehörte und dringendst benötigt wurde, nämlich auf den rechten Flügel der in Ostgalizien gegen die russische Übermacht kämpfenden Kaiserlichen.

Dabei fing es im Osten so erfolgversprechend an: Aus Mittelgalizien nach Norden vorstoßend, erkämpften die 1. k.u.k. Armee unter General Dankl und die 4. unter General Auffenberg bei Krasnik und Komarov zwei Angriffserfolge. Dieser Angriffsdrang gegen Norden entwickelte sich leider zu einem Angriffswahn, dessen böse Folgen sich zeigten, als die Russen mit Übermacht in Ostgalizien einbrachen und scharf auf Lemberg stießen. So entstand für die 4. k.u.k. Armee die schwierige Aufgabe, auf dem Schlachtfeld kehrt zu machen und anstatt gegen Norden anzugreifen, den Russen in Richtung Süden in deren rechte Flanke zu fallen. Um das zu können, mußte sich eine moderne Armee durch den hinter ihr aufmarschierten riesigen Train zwängen, um der in Ostgalizien bedrängten 3. k.u.k. Armee zu Hilfe zu kommen.

Ein riesiger Flüchtlingsstrom ergoß sich nach dem Westen, vor allem waren es Juden, die fürchteten, ihnen würden jetzt die in Rußland üblichen Pogrome im Falle einer russischen Besetzung Galiziens drohen.

Für die »Reichspost« und Funder kamen schlimme Tage. Da war es ja ein in publizistischer Hinsicht auftretender Glücksfall, daß just in jenen Tagen die Wahl des Papstes Benedikt XV. erfolgte. An einem in Ost und West *für die Mittelmächte von Unheil* umwitterten Tag konnte die »Reichspost« mit dem Titel: HABEMUS PAPAM aufmachen. Die Mitteilungen aus dem AOK blieben dürftig. Es war der frühere aktive Offizier Friedrich Rosenfeld, der quittierte und als Dichter unter dem Namen Roda Roda

Dienst im österreichischen Kriegspressequartier machte, der mit wenigen Worten sagte, was offiziell noch nicht gesagt werden durfte. Nämlich, daß eine österreichische *Gegenoffensive* im Kampf um Lemberg Schritt für Schritt, aber erfolgreich herankam. Wer nachdachte, wußte, daß es um Lemberg ging. Tatsächlich kam die Gegenoffensive aber nur bis an die Grodeker Teiche. Dann war Halt.

Grodek ist der Titel eines Gedichtes, das einer der großen Lyriker jener Zeit, Georg Trakl, an Ort schrieb.

Trakl kam als Militär-Apotheker im Verband der 44. k.u.k. Infanterie-Truppen-Division an die Front in Galizien. Als die Fahrt in Innsbruck begann, hatte der Dichter keine Ahnung, welchem Pandämonium er entgegenfuhr. In Salzburg, auf der Durchfahrt, kümmerte er sich eher um die fällige Herausgabe eines seiner Gedichtbände. Je näher er der Front kam, desto schwerer fiel eine Bedrängnis auf seine an sich kranke Seele. Es war nicht Angst, sondern *Grauen*, was ihn an der Straße Grodek – Lemberg befiel.

Trakl, graduierter Apotheker, kein Arzt, bekam dort die *ärztliche* Obsorge über einen Sammelplatz Schwerstverwundeter und Sterbender. In einer Scheune waren die bar jeder ärztlichen Betreuung leidenden Soldaten untergebracht. Nicht einmal Sanitätssoldaten waren zur Stelle. Vor der Scheune baumelten an Ästen die Leichen einiger Unglücklicher, die wegen Spionage zugunsten der Russen abgeurteilt worden waren. Dann fiel in der Scheune ein Schuß. Ein Verwundeter war eines Revolvers habhaft geworden und hat sich so seiner unausstehlichen Schmerzen entledigt. Für Trakl war es das Schicksal. Auch er war fortan dem Tode nahe.

Anders als Trakl erlebte der Dichter Karl Kraus hunderte Kilometer hinter den Stellungen der Fernkampfartillerie an den Fleischtöpfen Böhmens und Mährens den von ihm beschriebenen Krieg. Er konnte auf adeligen Landsitzen den Abfall an Informationen sammeln, den geschaßte Exzellenzen, Generale, die nie mehr ein Kommando führen sollten, und Politiker deponierten. Daher der Unterschied im Bild des Grauens, wie es Trakl hinterließ, zur niederträchtigen Tendenz, die nachher aus Kraus' LETZTEN TAGEN DER MENSCHHEIT quillt. Trakl beschreibt die wilde

Klage, die aus zerbrochenen Mündern quoll. Er sieht am Himmel rotes Gewölk, darin ein zürnender Gott wohnt. Und er erlebt das Schicksal derer auf den Rückzugsstraßen in der Schlammperiode des Herbstes 1914. Auf Straßen, die in Verwesung führen. Und dennoch: Welcher Ausklang im Vergleich zum Absturz der Dichtung ins Bodenlose des Erdichteten:
Trakl hört inmitten des Gefechtslärms dennoch das Flöten des Herbstes. Und eine heiße Flamme des Geistes nährt einen gewaltigen Schmerz. *Schmerz – nicht Tendenz.*
Franz Joseph war 1859 angesichts der Massaker bei Solferino rasch entschlossen gewesen, sehr viel preiszugeben und Frieden zu machen. 1914 sah der Kaiser nicht, was der Apotheker in Hechtgrau in Galizien sah; aber er wußte darum. Seine letzten Ausgänge, ehe er nie mehr Schönbrunn verließ, führten ihn in die Reservelazarette in Wien. Schon hatte sich der Mechanismus der modernen Kriegsführung und der dazugehörigen Diplomatie der Entscheidungsgewalt bemächtigt. Vorbei waren die Zeiten, an denen sich, wie 1859, zwei feindliche absolute Monarchen halbwegs im Niemandsland begegneten und sich entschließen konnten, die Waffen ruhen zu lassen; einen Waffenstillstand zu vereinbaren; und einem Friedensschluß den Weg zu bahnen. Die Zeitungen auf beiden Seiten der Front unterstanden der Kriegszensur. Franz Joseph bekam täglich eine Lagemeldung aus dem AOK. Seine Militärkanzlei unterhielt daneben brieflichen Verkehr, vor allem mit Hötzendorf, der in diesen Tagen seinen Ältesten an der Front verloren hat. Krieg erklären konnte der Kaiser, ihn beendigen nicht.
Was Tagesneuigkeiten verschwiegen, das tauchte mit der Zeit unterm Strich in Form von Feuilletons auf. Etwa wenn der Mitarbeiter der »Arbeiter-Zeitung« in einem Organ des Kapitalismus, dem »Neuen Wiener Tagblatt«, schrieb:
»Das ist, wie noch nie die Würfel fielen/Aus der Könige kalten, bebenden Händen ...«
Hätte die »Arbeiter-Zeitung« das unter dem Titel »Der *letzte* Wurf« abgedruckt, es wäre eher der Zensur verfallen als im Falle eines Organs, dem man weniger Tendenz als Schöngeistigkeit zu-

mutete. Siegmund Salzmann schrieb unter seinem Dichternamen Felix Salten:

»Wenn dieses schwere Gewitter über uns hinweggegangen ist, dann wollen wir ... wieder von Zukunft sprechen, unsere tiefsten Wünsche hervorholen und sagen: Es *muß* sein.«

Was für ein Hoffen gegen die Hoffnung steckte noch in diesem von einer revolutionären Gesinnung hochgetriebenen Anspruch an die Zukunft. Dichter beschäftigten sich in unterschiedlicher Weise mit dem KRIEG nach 44 FRIEDENSJAHREN. Geschäftigkeit und Geschäft mischten sich in das Vorhaben derer mit der Feder. Im Erwerbsleben kam das Geschäft mit dem Tod schon im September 1914 schamlos zutage. Ein Textilienhändler inserierte seinen Bedarf an Vertretern, die *solvent* sein mußten. Sie sollten Arm-Trauerflore an den Mann bringen. Kriegsgewinnler, Schieber und Gauner schlichen sich ins Geschäft, trieben es bald in der unverschämtesten Weise, genossen nach dem Krieg die Gewinne aus der Zeit des großen Sterbens.

So wie 1866 nahm Franz Joseph keinen Einfluß auf die Operationen des Feldheeres. Wenn später Kaiserin Zita sagte, der Kaiser sei kein großer Generalstäbler gewesen, dann geht das an der Tatsache vorbei, daß Chef des k.u.k. Generalstabs Conrad von Hötzendorf war; und daß dieser im Feld den Schutz eines gentilen Oberkommandanten, Erzherzog Friedrich, genoß. Aber nicht einmal der Kaiser von Österreich erfuhr, was in den ersten Tagen des Monats September im Westen, in Frankreich geschah, und was wohl den ganzen, noch vier Jahre fortwährenden Krieg vorentschied. In den Ämtern der Hochbürokratie bekam man keine Zeitung aus den Feindländern zu Gesicht; wohl aber solche aus neutralen Ländern, die sowohl die Mitteilungen aus der deutschen OHL und dem österreichischen AOK brachten, als auch jene der Feindmächte.

Unterm 7. September 1914 kam aus Bordeaux, wohin die französische Regierung ausgewichen war, die Nachricht, daß die bisher auf dem *Rückzug* befindlichen französischen Truppen in guter Verfassung die Begegnung mit dem Feind, den Deutschen, wieder aufgenommen hätten. Vom selben Tag stammte die Nachricht, die noch um Mitternacht ausgegeben wurde, wonach die Alliierten im Vormarsch wären, ohne daß der Gegner Widerstand leistete. Das Telegramme Officielle vom 8. September erwähnte ausdrücklich die später als entscheidend gegoltenen Kämpfe am Ourthe-Fluß, vorgetragen von französischen Truppen, die aus Paris aufmarschierten. Der 9. September brachte den Eintritt des englischen Expeditionskorps in die Kämpfe um Paris.

Und da war die Nachricht vom *11. September:* Die Alliierten hätten den Marne-Fluß in *nördlicher* Richtung überschritten. Ortsbezeichnungen ließen keinen Zweifel über den Gang der Operationen. Noch am selben Tag faßte ein Communiqué zusammen, daß die bis nahe an Paris herangekommenen beiden deutschen Armeen sich zurückziehen. Tags darauf wurde der Rückzug der Deutschen zwischen Marne und Oise bekanntgegeben. Am selben Tag reklamierte ein in der Präfektur von Meurthe-et-Moselle ausgegebenes Telegramm den Rückzug dreier deutscher Armeen, *une victoire incontestable.* Kein Zweifel war mehr möglich: Der gedachte Sensenhieb, mit dem ein umfassender Angriff des Deutschen Heeres den Franzosen nahe der schweizerischen Grenze ein Cannae bereiten sollte, war gescheitert.

Berlin wurde schweigsam. Das AOK in Teschen tappte in Ungewißheit darüber, ob die deutsche OHL dieses französischerseits gezogene Resultat bestätigen oder, womöglich mit Erfolgen, widerlegen würde. Nichts wurde den Österreichern gesagt. Man beließ sie in ihrem Malheur auf dem Rückzug quer durch Galizien, der erst nahe von Krakau zum Stehen kam. Ein *Rückzug der Österreicher* war eben Folge ihres Unvermögens. Über solche des deutschen Heeres redete man nicht mit einem Verbündeten, der im Osten, wie man sagte, vollständig versagt hatte.

Versagt? Im Jahr 1914 verloren die Kaiserlichen in Galizien und Serbien zwei Drittel der aktiven Subalternoffiziere, also jene, die man vor dem Krieg nur mehr als Witzfiguren in Kabaretts sehen ließ. Ebensoviel betrug der Ausfall an Unteroffizieren und an jenen Aktiven, die den Kern der Armee von 1914 ausgemacht haben. Aktive Offiziere wurden ersetzt durch Reserveoffiziere; von denen einige ihre zersetzenden Ideologien in die Reihen der kämpfenden Truppe trugen, die allermeisten aber sich durchaus bewährten in den folgenden vier Jahren. Unteroffiziere führten Züge, Offiziersstellvertreter am Schluß des Krieges Kompanien der Sturmtruppen, wo es um ausgesuchte, erfahrene Führer ging.

Und da waren Landsturmbataillone. 1914 sind viele nicht mehr landsturmpflichtige Reserveoffiziere eingerückt und mit ihren Männern an die Front gegangen. Manche dieser Landsturmformationen dienten in Zivil, gekennzeichnet nur durch die schwarzgelben Armbinden. Solche Männer im Verein mit Gendarmen und schwachen regulären Verbänden verteidigten die Bukovina. Sie wurden nach dem Durchbruch an der Karpatenfront den gegen die ungarische Tiefebene vordringenden Russen entgegengeworfen. Im Winter auf 1915 kamen die Russen bis nahe an die untere Theiß heran. Dann kam die Schreckensnachricht, sie seien in Marmamossziget. Es war die Stunde, in welcher der Bundesgenosse mit einem Beskidenkorps zu Hilfe kam. Die deutschen Offiziere konnten sich anfangs über die Art, wie an Ort Krieg geführt wurde, nur wundern. Es dauerte eine Weile, bis sich das Wundern über die österreichischen Kameraden in Achtung verwandelte.

In Ostgalizien, vor der Festung Krakau, erzwangen die Österreicher selbst die Wende. Bei Limanova konnten sie die Russen aufhalten. Der Bau von Feldbefestigungen am linken Donauufer bei Wien konnte jetzt eingestellt werden. Die geheimen Hoffnungen der Jung-Tschechen in Böhmen und Mähren erstarben. Die Macher des Abfalls von Österreich gingen nicht nach Osten zu den Russen, sondern klugerweise nach Westen. So zuerst Masaryk, dann Beneš. Die Heimat dieser Exilpolitiker spürte bald den *Hunger,* Frauen und Kinder entbehrten den Vater, der Krieg wurde zu einer *unerträglichen Last*; aber die 1914 vom k.u.k. Außenminister befürchtete revolutionäre Gesinnung in Böhmen blieb aus. Was in letzterer Hinsicht gemacht wurde, besorgte die sogenannte MAFIA, die so geheim blieb, daß mancher Tscheche erst in der Zeit nach 1918, in der ČSR, von ihr und ihrem vielgerühmten Tun Kenntnis erlangte. Um es gleich hier zu sagen: Erst 1918, nachdem die Große Schlacht in Frankreich im Frühsommer für das deutsche Heer verloren ging, verlor die Monarchie auch Böhmen und Mähren an die von dort stammenden Exilpolitiker. Die so lange umstrittenen Honvéd bewiesen im Kampf, daß sie zwar nicht für den Kaiser von Österreich kämpften, daß sie aber auch nicht nur bei der Verteidigung ihrer engeren Heimat, sondern im Krieg in Italien kaum zu übertreffen waren an Verläßlichkeit. Dem Mörder von Sarajevo wäre in der Grausamkeit seiner Haft das Herz gebrochen, hätte er erfahren, daß just die *Bosniaken*-Regimenter die gefährdetsten Stellungen verteidigten, vor allem aber gegen Italiener nicht zu überbietende Abwehrerfolge erkämpften. Das Heer von Sommer 1914 hat es am Ende dieses Jahres nicht mehr gegeben. Um aber jenes Heer zu zerschlagen, das nachher Widerstand leistete, brauchte es Jahre. Es kämpfte gegen eine ungeheure materielle Übermacht aus Ost und West, hat aber mit seiner ärmlichen Ausstattung leistungsmäßig oft genug die stattlichen Regimenter übertroffen, die 1914 mit Sang und Klang ins Feld zogen. Der Kranke Mann an der Donau bereitete seinen Erben, die schon dastanden, um zu kassieren, viel Ärger und Mißlichkeiten.

DIE FRONTEN SCHEIDEN SICH

Der Krieg hatte noch gar nicht an den Fronten begonnen, da war die Parole der Feinde der Mittelmächte: *Friede ohne Annexionen* schon durch Taten widerlegt.

Daß *Frankreich* dem Deutschen Reich Elsaß und Lothringen abnehmen würde, das schien selbstverständlich zu sein, deswegen führten ja die Franzosen diesen Krieg. Und ebenso selbstverständlich war, daß England den Deutschen ihre Stellung auf den Weltmärkten abjagen, die Kolonien wegnehmen und die deutsche Flotte verstümmeln wird. Immerhin bestand danach für das Deutsche Reich die Chance, auch nach einem verlorenen Krieg als Staat weiterzubestehen, wenn auch mit bedeutenden Gebietseinbußen und Belastungen, die bis an das Jahr 2000 heranreichen sollten nach den Bestimmungen des 1919 erlassenen Friedensvertrages von Versailles.

Österreich-Ungarn aber war bald zur totalen Zerstückelung freigegeben. Noch hatte Rußland nicht mobilisiert, da sondierte *Italien* in Petersburg, welche Vorstellungen man dort von etwaigen Gebietsansprüchen dieses merkwürdigen Verbündeten Österreich-Ungarns an die Habsburgermonarchie hätte. Am 4. August 1914 verlautete der italienische Botschafter in Paris, Italien sei bereit, eine Hilfeleistung an »seine« Verbündeten, gemeint waren Frankreich und Rußland, in Erwägung zu ziehen, wenn vorher die Befriedigung italienischer Interessen in Tirol und Albanien verstanden würde. In Rom rechne man damit, daß man für solche Wünsche, über die in diesem Zeitpunkt weder mit Wien noch mit Berlin verhandelt worden war, bei Österreich-Ungarn und dem Deutschen Reich kein Verständnis finden werde. Bereits tags darauf berichtete der russische Botschafter in Paris, der frühere Außenminister Izvolskij, seiner Regierung, man sei in Paris der

Meinung, es mögen die Verhandlungen mit Italien durch die Vermittlung Rußlands aufgenommen werden, nachdem inzwischen diesbezüglich das Einvernehmen zwischen Frankreich und England erzielt worden wäre. Das ereignete sich, als zwischen Österreich-Ungarn und Rußland noch kein Kriegszustand herrschte. Und so ging es weiter.

Bei Ausbruch des Krieges mit Serbien versicherte in Bukarest der dortige Ministerpräsident, Rußland habe von dem (mit Österreich-Ungarn verbündeten) *Rumänien* kein feindliches Auftreten zu erwarten. Eine Woche später durfte der russische Botschafter in Rom seiner Regierung berichten, der italienische Außenminister habe ihn dahin verständigt, er sei vollkommen davon überzeugt, daß sich Rumänien mit Italien zusammentun werde, wenn es gegen Österreich geht. Dies geschah denn auch in einem Geheimabkommen der beiden sogenannten Verbündeten Österreich-Ungarns, das ihr gemeinsames Vorgehen gegen Österreich-Ungarn später regelte. Nach der Eroberung des größten Teiles der Bukovina durch russische Truppen machte Rußland Rumänien das Angebot, die von Rumänen bewohnten Teile des Landes sofort in Besitz zu nehmen. Um diese Zeit bot der russische Außenminister Rumänien für den Fall des Kriegseintritts Rumäniens an der Seite Rußlands auch den künftigen Siegespreis an: Bukovina *und* Siebenbürgen. Vom Banat redete man damals nicht, das hätte Konflikte mit dem auf seine Siegesbeute erpichten Serbien eingetragen.

Zar Nikolaus II. besuchte nach der Eroberung Ostgaliziens durch seine Truppen die Stadt Lemberg. Dort verkündete er vor aller Öffentlichkeit, Rußland werde niemals die von ihm eroberten Gebiete wieder herausgeben. Als Lemberg kurz nachher den Russen abgenommen wurde, klebten noch die Plakate mit dem Text dieser Erklärung des Zaren an den Wänden. Um diese Zeit erreichte Rußland seinen größten Erfolg vor dem Sieg des Bolschewismus: England versprach ihm die Kontrolle über die Meerengen bei Konstantinopel.

Diese und andere Gebietsveränderungen wurden in der Sprache der Feinde der Mittelmächte als sogenannte *Befreiungen* hingestellt. Und die Mittelstaaten, die nachher zusammen mit Rußland, Frankreich und England in den Kampf gegen die Mittelmächte traten, wurden dazu nach der offiziellen Version, wörtlich, *zugelassen;* so wie ein Tier ein anderes zum Fraß einer Beute zuläßt. Die nachher vom bolschewistischen Regime publizierten Dokumente aus den Staatsarchiven der zaristischen Zeit zeigen, daß von einer Befreiung im eigentlichen Sinne nie die Rede war. Auch die nach Kriegsausbruch von den am Krieg Beteiligten herausgegebenen sogenannten Farbbücher der Regierungen beweisen, daß es sich bei den fraglichen Befreiungsaktionen jeweils um eine aus rein materiellen Interessen betriebene Politik handelte. In diesen Aktenstücken tritt ungeschminkt und brutal *der Krieg als Geschäft* in Erscheinung.

Dabei war es oft Balkanpolitikern vorbehalten, mit einer natürlichen Offenheit das auszudrücken, was Berufsdiplomaten, zumal jene des Westens, in gewählten Worten, umrahmt von hehren Idealen, in Rede stellten. Als es galt, Bulgarien, das 1913 im letzten Balkankrieg unter den Augen des Zaren von Serben, Griechen, Rumänen und Türken ausgebeutet wurde, auf die Seite jenes Rußlands zu ziehen das 1913 Bulgarien im Stich ließ, gab es im Land verschiedene Strömungen. Einer der rußlandfreundlichen Politiker des Landes erinnerte einen Kollegen, der nicht bereit war, auf die Rache für 1913 zu verzichten, an die vielen Opfer, die Rußland einmal in Kriegen gegen die Türkei zur Befreiung Bulgariens erbracht hat. In diesem Sinne stellte er die verfängliche Frage:

»Was werden Sie (als jetziger Feind Rußlands) mit den Gräbern der 200 000 Russen machen, die ihr Leben für die Befreiung Bulgariens geopfert haben?«

Ungerührt sagte sein Gesprächspartner:

»Wir werden auf sie sch ...«

Der russische Diplomat, der Kenntnis von diesem Gespräch erlangte, war nobel genug, letzteres Tätigkeitswort im Bericht an seine Regierung nicht auszuschreiben und einen Teil des Wortes mit Punkten anzudeuten. Was *Serbien* anlangte, so war an sich alles klar. Es wird nach dem Sieg die von Südslaven bewohnten Gebiete Österreich-Ungarns dem Königreich Groß-Serbien einverleiben. Um zu diesem Ziel zu kommen, waren langwierige und oft vom Scheitern bedrohte Verhandlungen im Lager der Feinde der Mittelmächte notwendig. Denn das größtenteils von Slaven bewohnte Ostufer der Adria war erklärtes Ziel der Eroberungspolitik Italiens, das sich nach dem Kriegseintritt der USA den Teufel um das vom US-Präsidenten proklamierte *Selbstbestimmungsrecht der Nationen* kümmerte, sondern entschlossen war, sich zu nehmen, was es brauchte, um die Adria zum Mare nostro Italiens zu machen. Ungelöste Probleme von damals, der Zeit zwischen 1914 und 1918, reichten noch Ende der dreißiger Jahre aus, um den ausbrechenden Zweiten Weltkrieg anzuheizen. Viele dieser Probleme sind noch um das Jahr 2000 umstritten in Gebietsstreitigkeiten sogenannter Nationalstaaten.

Waren die Gebietsansprüche Rußlands, Rumäniens, Serbiens und Italiens von der Art, daß sie bedeutende Randgebiete Österreich-Ungarns den Aggressoren einbringen sollten, so war das Problem der Befreiung der *Tschechen* in den Ländern der Wenzelskrone und jene der Slovaken in Ungarn ganz anderer Natur. Diese Länder hatten keine staatlich organisierten Vaterländer jenseits der Grenzen der Monarchie, in die sie nach dem Sieg heimkehren konnten, wie man sagte. Um den gemeinsamen Staat der Tschechen und Slovaken zu schaffen, *mußte das Fundament der Donaumonarchie gesprengt werden*. Die alsbald gedachte Tschecho-Slovakei war nur denkbar, wenn Österreich-Ungarn zerstört wurde. War ein Separatfrieden der Donaumonarchie mit den Feindmächten schon deswegen nicht möglich, weil er an unerfüllbaren Gebietsansprüchen Italiens (von denen abzugehen Rom um keinen Preis bereit war), scheitern mußte, so war Österreich-Ungarn von den Feindmächten in dem Moment als Staat zum Tode verurteilt, als seine Feindstaaten nacheinander die in den Reihen der Entente-Truppen kämpfende Tschechische Legion als *Kriegsverbündete* anerkannten; von diesem Punkt führte ein kurzer und schnurgerader Weg zur Anerkennung eines unabhängigen Staates der Tschechen und Slovaken.

Es gehörte zur manchmal grenzenlosen Naivität der Politik

Österreich-Ungarns in der Endzeit des Bestandes der Donaumonarchie, daß es die Tätigkeit gewisser Exilpolitiker von Amts wegen ermöglichte. Man verhaftete zwar Radikale wie Kramař und machte ihnen auf die denkbar ungeschickteste Weise einen Prozeß vor einem Militärgericht; das 1916 gegen Kramař und Konsorten verhängte Todesurteil enthüllte aber in seiner Begründung eine schmähliche Unkenntnis der österreichischen Behörden von dem, was tatsächlich oben im Untergrund vor sich gegangen war und ging. Selbstverständlich wurden die über Kramař und Genossen verhängten Urteile, Tod durch den Strang, nie vollzogen; noch während des Bestands der Monarchie kam Kramař in Freiheit, er wurde nach dem Umsturz von 1918 der erste Ministerpräsident der von den Ententemächten geschaffenen ČSR.

Für die Tschechen im Untergrund ergab sich zunächst die Notwendigkeit einer Umorientierung ihrer Hoffnungen. Setzte man zunächst alle Hoffnungen auf Rußland, so brachte nicht zuletzt die Grundeinstellung Masaryks seine Landsleute dazu, dem Westen die Hoffnungen auf den eigenen Staat anzuvertrauen. Masaryk, unehelicher Sohn einer Deutschen, studierte mit Geldern eines unbekannten, aber vielgenannten Förderers in Wien am Akademischen Gymnasium. Nach seinem Hochschulstudium habilitierte er sich an der Wiener Universität und nicht etwa an der 1882 neu gegründeten tschechischen Universität in Prag. Sein Tschechisch war von der Art, daß er als Universitätsprofessor an der letzteren Universität den Spott seiner Studenten gegen sich hatte. Sie mokierten sich am Vortrag, der sich zuweilen anhörte, als versuche ein Deutscher Tschechisch zu reden.

Für Masaryks Abfall von Österreich-Ungarn war der Kriegseintritt Englands, wie dieser dem Einmarsch des deutschen Heeres in Belgien folgte, letzthin entscheidend: Er wollte nicht, daß die Tschechen bei Kriegsende auf der Seite der Verlierer stehen. Zum Westen hatte Masaryk längst Verbindungen, die im Krieg zum Tragen kommen sollten. Er war für Wickham Steed und Seton-Watson senior Gewährsmann in allen Nationalitätenproblemen. Als letzterer bei Kriegsausbruch die Maske abwarf, sich als Feind Österreich-Ungarns deklarierte und in der Kriegspropaganda bewährte, verdichteten sich die Beziehungen Masaryks zum Westen.

All das war den k.u.k. Behörden nicht ganz unbekannt, trotzdem gestatteten sie Masaryk nach Kriegsausbruch eine Reise in den Westen, die Masaryk als eine aus familiären Gründen unabweisbare Notwendigkeit hinstellte. Um diese Zeit wählte Masaryk Rotterdam als Stützpunkt; von dort korrespondierte er mit Steed und Seton-Watson; vor allem aber mit dem Slavisten der Universität Paris Ernest Denis, dessen Verdienste um die ideologische Zerstörung der Grundlagen der Donaumonarchie nicht hoch genug eingeschätzt werden können. 1915 gab Denis zusammen mit dem um diese Zeit schon als Exilpolitiker tätigen Masaryk die Zeitschrift »La Nation Tcheque« in Paris heraus. Erst hinterher sollten die in England produzierten einschlägigen Publikationen der englischen Kriegspropaganda gegen Österreich-Ungarn folgen.

Unbeanstandet kehrte Masaryk von seiner ersten Erkundungsreise in den Westen zurück. Um diese Zeit war die Zahl der Gebildeten, die *gegen* die Monarchie waren, nicht groß, jene aus diesen Kreisen, die zu Taten bereit waren, winzig. Mehr Mut hatten jene Tschechen an der Front, die zu den Russen überliefen oder sich widerstandslos gefangen gaben. Auch sie waren eine Winzigkeit in der großen Zahl der Tschechen, die bis zuletzt bei den Kaiserlichen dienten.

Die k.u.k. Behörden ermöglichten im Oktober 1914 eine weitere Ausreise Masaryks. Diesmal konnte er sich schon seinen englischen Freunden gegenüber als ein Sprecher der an sich noch uneinigen politischen Kreise im Untergrund seiner Heimat ausweisen. So bezeichnete er sich als Vertreter aller *bürgerlichen* Parteien, aber auch der Nationalen Sozialisten und der *Sozialisten* sowie der *jungen Generation* unter den Tschechen. Noch war Masaryk kein Republikaner, wie er in einer Denkschrift festhielt, die durch Seton-Watson der Regierung in London zugeleitet wurde. Hinter sich, in der Heimat, ließ Masaryk die sogenannte MAFIA.

In der MAFIA trat bald der anfangs gar nicht so prominente Handelsschullehrer Eduard Beneš hervor. Auch er bekam anfangs

1915 eine Ausreisemöglichkeit und konnte sich so in der Schweiz mit Masaryk treffen. Die Helden im Untergrundkampf der MA-FIA waren Kramář und Rašin, jene Politiker, die 1916 zum Tod verurteilt wurden; wobei in dem gegen sie geführten Verfahren einige der naivsten Staatsmänner und Politiker des kaiserlichen Österreich den beiden Angeklagten das beste Zeugnis ausstellten. Das Gericht kam selbstverständlich den umstürzlerischen Aktivitäten der MAFIA nicht auf die Spur.

Die Partisanen der MAFIA waren eine winzige Minorität im tschechischen Volk. Aber die MAFIA profitierte von jenem Gesetz der Revolutionsgeschichte, wonach Revolutionen nicht von den Massen spontan gemacht werden, sondern das Ergebnis einer mühevollen Arbeit von Verschwörern sind, die von der Richtigkeit ihres Vorhabens überzeugt und entschlossen sind, alles für dessen Verwirklichung zu wagen. Noch im Frühjahr 1917 galt aber für die meisten Tschechen, was die Sprecher der beiden Großparteien im Land aussagten. So die Führer der katholischen Partei, die für ihr Volk Sicherheit und Geborgenheit nur im Verband der Habsburgermonarchie sahen; den Westmächten aber die Absichten zur Zerstörung dieses Kommunikationsraums nicht nur übel nahmen, sondern derlei von Exilpolitikern unterstützte Pläne radikal zurückwiesen. Auch die tschechischen Sozialdemokraten setzten, länger als ihre deutschen Genossen in Wien, ihr Vertrauen in den internationalen Charakter des Donaureiches. Bezeichnenderweise sahen sie sich in der Lage des *Kleinen Mannes,* der gut beraten ist, wenn er nicht niederreißt, was am besten seinen Bedürfnissen dient.

Das druckte das Zentralorgan der tschechischen Sozialdemokraten PRAVO LUDU ab. Man kann sich die Enttäuschung der tschechischen Exilpolitiker und ihrer ausländischen Freunde vorstellen. Masaryk und Beneš siegten 1918 nicht in Prag, sondern weit hinter der Westfront in Europa, im Umgang mit gewissen Freunden, die ihrerseits schon immer mäßige Sympathie für Österreich gehabt haben. Erst das Scheitern der großen Schlacht in Frankreich, in der 1915 dem deutschen Heer der Sieg vor Ankunft der Masse der amerikanischen Truppen nicht mehr gelang, brachte einen gewissen

Umschwung im Denken der Bevölkerung in der Heimat mit sich. Man war dort unter allen Umständen gegen den Krieg, aber keineswegs unter allen Umständen für das, was Masaryk und Beneš sowie ihre Partisanen im Land im Sinn hatten.

Für *Franz Joseph* war Maßstab des Geschehens nicht das, was schwer erkennbar im Untergrund vor sich ging, sondern gewisse Ereignisse in seiner Armee. Im August 1914 haben sich nicht jene Meutereien wiederholt, die es 1908 bei der Einberufung von Reservisten des Regimentes 8 sowie eines Dragoner-Regiments gegeben hat. An sich haben die Tschechen in den schweren Kämpfen des Karpaten-Winters auf 1915 gut durchgehalten. Der Umschwung kam nach dem katastrophal hohen Ausfall an aktiven Offizieren und mit den aus der Heimat zum Regiment einrückenden gewissen Reserve-Offizieren tschechischer Herkunft und Anschauung im Sinne der MAFIA. Die später berüchtigten Prager 28er kämpften bis dahin in einem Verband zusammen mit den 4er Kaiserjägern und einem meistens aus Ruthenen gebildeten Feldjäger-Bataillon. Beim ersten Versuch, die Festung Przemysl, die von den Russen belagert wurde, zu entsetzen, gab es mit der betreffenden Infanterie-Division keine Anstände. Das war, als die 36er aus Jungbunzlau schon zuweilen unverläßlich waren.

Zu Ostern 1915 geschah es, daß die Russen fast kampflos eine von 28ern besetzte Stellung eroberten, die Masse keinen Widerstand leistete, nicht wenige den Russen entgegenliefen. Schweren Herzens verfügte Franz Joseph, daß das Regiment aufgelöst, die Fahne ins Kriegsmuseum kam. Seltsamerweise ereignete sich dieser Verrat fast zur gleichen Zeit, als Franz Josephs Verbündeter, Viktor Emanuel III., Inhaber der 28er, ins Lager der Entente überging. Kurz nach diesem Zwischenfall mußte auch das Jungbunzlauer Regiment aus der Heeresliste gestrichen werden. Diesmal traf es den Kaiser besonders hart: Das Regiment 36 hatte seine Tradition bei den Kaiserlichen und es hat alle Feldzüge der Vergangenheit mit Bravour bestanden. Auch im Falle der 36er ergab die Untersuchung, daß der Umschwung erst eintrat, als mit dem Nachersatz auch einige Offiziere mitkamen, deren sonderbare Geschäftigkeit vom Regimentskommando zu spät verfolgt wurde.

Solche Ereignisse ermunterten die Exilpolitiker aller Nationen
Österreich-Ungarns. Endlich konnten sie ihren englischen Hel-
fern facts bieten, waren diese nicht auf die bloße Fabrikation von
Images angewiesen. Weniger optimistisch waren die unmittelbaren Nutznießer der beiden Affären: die Russen. Ihre Truppen
standen tief im Österreichischen, zeitweise waren sie bis an den
Rand der ungarischen Tiefebene herangekommen; und trotzdem
konnten sie kaum erwarten, daß Italien endlich an die Seite der
Feinde der Ententemächte trat und den bis 1920 gültigen Dreibundvertrag damit brach. Und die Russen ahnten Unheil, es
braute sich etwas zusammen in Westgalizien, das bald mit furchtbarer Gewalt über die Heere des Zaren hereinbrechen sollte: Die
Durchbruchsschlacht der Armeen der Mittelmächte bei Gorlice/
Tarnov.
Die Exilpolitiker aber mußten zum Teil harte Enttäuschungen mit
dem Kriegseintritt Italiens erleben. Der erwartete Spaziergang der
Italiener über den Isonzo ins Laibacher Becken, kam am erwähnten Fluß zum Stehen. Mehr noch: Am 26. April 1915 hatten die
südslavischen Exilpolitiker in London ein Abkommen mit der
englischen und der französischen Regierung geschlossen, das
endlich ihre Zerstörungsabsichten gegen Österreich-Ungarn auf
den festen Boden der Allianz der Westmächte stellte. Und dann,
welche Enttäuschung nach den ersten Kampfhandlungen am
Isonzo!
»*Unsere* Regimenter kämpfen am Isonzo wie die Löwen«,
brach es aus einem der südslavischen Exilpolitiker heraus. Halb
wegen des *Stolzes*, den er wegen der »Unsrigen«, seiner Landsleute, in den Reihen der Österreicher-Ungarn empfand; teils aus
Enttäuschung, weil die den Westmächten zugesagte Zersetzung
dieser Truppenteile ausblieb. Es stand so schlecht um die Sache
der Feinde der Mittelmächte, daß der französische Staatspräsident
Poincaré den Zaren brieflich auf den dringenden Wunsch der
Oberbefehlshaber General Joffre sowie Großfürst Nikolai Niko-
laievič aufmerksam machte, man bräuchte die an sich wenig geschätzten italienischen Truppen ...
Nikolai Nikolaevič, der fähigste Heerführer Rußlands, mußte

mit einer Offensive der Mittelmächte in Ostgalizien rechnen. Und Frankreich befand sich momentan in keiner günstigen Lage. Poincaré kam dem Zaren mit dem nicht ganz zutreffenden Hinweis, wonach sich Frankreich angeblich schon bei Beginn des Krieges mit ganzem Herzen Rußland bei der Verteidigung der Interessen der slavischen Völker angeschlossen hätte. Die Wahrheit ist, daß die Russen in den Kämpfen im August 1914 die Sache der Franzosen aus dem Feuer gerissen und sich mit den Österreichern in Galizien in Massaker eingelassen haben, die den Kern und das Mark des russischen Heeres zerstörten. Man möge in Petersburg überzeugt sein, sagte Poincaré, daß die *momentan*, wegen der Ansprüche Italiens, umstrittenen Wünsche Serbiens und Montenegros nach dem Sieg befriedigt würden. Nikolaus tat sich schwer, den Serben gegenüber die Interessen Italiens verständlich zu machen; wo ihn doch Pasić wissen ließ, die Istrianer würden lieber Österreicher bleiben als Italiener werden. Aber Not bricht Eisen. Grollend ließ Serbien den Dingen ihren Lauf, um alsbald die völlige Verlassenheit eines Staates zu erleben, der vermeint, man könne sich im Krieg unter allen Umständen auf Paris verlassen. Und so wurde unterm 26. April die in London geschlossene Vereinbarung zwischen den Westmächten sowie Rußland und Italien verlautbart. Am 16. Mai 1915 wurde im Hauptquartier der russischen Armee die Militärkonvention zwischen den beiden jüngsten Verbündeten, Rußland und Italien, unterzeichnet. Aber um diese Zeit war das erwartete Unheil schon über die Zarenarmee hereingebrochen, Masaryk entfernte aus seinem Büro im Exil jene Karte, auf der die Ziele der groß-tschechischen Träume eingezeichnet waren. Unter anderem das von den Russen zu erobernde Preußisch-Schlesien, vielleicht gar ein Zugang zum Meer. Im übrigen hat Italien im Frühjahr 1915 mit einer Langsamkeit mobil gemacht, die man sonst nur den Österreichern zumutete. Ohne eine Mobilmachung kundzumachen, war man am 22. Mai immerhin so weit, daß praktisch nur mehr Pferde angefordert werden mußten. In der Mitternacht auf den 24. Mai sollte vereinbarungsgemäß der Angriff der italienischen Armee beginnen. Aber um diese Zeit befand sich fast die Hälfte der Feldarmee noch auf dem

Bahntransport, ein großer Teil der Reservisten an ihren Einberu-
fungsorten. Die Geduld der Verbündeten schlug bald in herbe
Enttäuschung um. Man hatte erwartet, die Italiener würden
gleich nach Kriegsbeginn den Isonzo überschreiten und ins Laibacher Becken vorstoßen. Kühne Planer hatten sogar gedacht, die
Italiener würden dort mit den siegreichen Serben zusammentreffen. Nichts von all dem geschah aber. Die von den Russen erwartete Hilfe, nämlich der Abzug der in Galizien bereitgestellten
Truppen der Mittelmächte an die Front gegen Italien, unterblieb.
In Galizien wurden die Russen geschlagen, sie traten einen Rückzug an, nach dem ihre Front zuletzt um mehr als 400 Kilometer
ostwärts von jener sein wird, an der sie im Mai in Ostgalizien standen. Serbien kam so unter die Räder. In völliger Verlassenheit
kämpfte sein Heer gegen die Truppen der Verbündeten bis zum
bitteren Ende ...
Unter den Verlierern dieser Monate befand sich auch der bisherige k.u.k. Außenminister Graf Berchtold. Seit August 1914 haben
er und seine Ratgeber, in Abständen auch der k.u.k. Ministerrat
für Gemeinsame Angelegenheiten beraten, was wohl geschehen
könnte, um den drohenden Übergang Italiens ins Lager der
Feindmächte hintanzuhalten. Einen Dreifrontenkrieg gegen
Rußland, Italien und Serbien glaubte man nicht aushalten zu können. Berlin riet zu Gebietsabtretungen an Italien; als man in Wien
zögerte, ernannte man in Berlin den früheren Reichskanzler Bülow zum Botschafter in Rom. Er hatte gute Konnexionen zur dortigen Gesellschaft und zu politischen Kreisen und er machte Italien Avancen, die Wien teuer bezahlen sollte.
Franz Joseph resümierte die längste Zeit in dem Sinne, man möge
sich bei Verhandlungen mit Italien eines ruhigen Tones befleißi-
gen; was sicher nicht allen im Gegenstand befaßten Österreichern
leicht fiel; andererseits aber sehr wohl dem italienischen Vertreter
in Wien, Herzog von Averno, der bis zuletzt bemüht blieb, den
Bruch im Dreibund zu verhindern. Der Weg der österreichischen
Politik in den Abgrund war aber bald betreten; dann nämlich, als
Wien anerkannte, es gelte für die jetzige internationale Lage, was
in Artikel VII des Berliner Vertrags festgelegt war: Keine Ände-

rungen »dans les régions des Balcans« ohne Kompensationen für Italien. Den Kompensationsausbruch sah Rom auch in dem Fall als gegeben, wenn die Monarchie zwar keine Balkangebiete annektiert, wohl aber im Verlauf von Kampfhandlungen in solche mit seinen Truppen einrückt.

Im November 1914 hat man in Wien endlich klar gesehen, woran man in Rom war. Man hatte in der Italienpolitik nicht nur die Feindmächte samt Rom gegen sich, sondern auch das Deutsche Reich. Eine aus dem Vatikan gekommene Warnung, wonach Italien im Moment der Schwäche der Monarchie den Revolver ziehen und das Vernichtungswerk vollenden werde, wurde als klerikale Intrige abgewertet. Dann mißlang Berchtolds Versuch, das in Berlin gedachte Revirement auf dem Botschafterposten in Rom zu verhindern. Bülow kam auf den Posten, von ihm ging die Rede, er würde à tout prix ein Eingreifen Italiens verhindern. Einwände Wiens wurden mit der Warnung Berlins widerlegt, man täte besser, sich der Erwartungen *Rumäniens* anzunehmen, anstatt Rom gegenüber intransigent zu sein. Aber schon krähte wieder der Hahn. Diesmal hatte er die Stimme des italienischen Ministerpräsidenten Salandra. In einer wohlvorbereiteten Rede vor der Römischen Kammer sprach er mit Nachdruck die Worte aus: »Italien hat vitale Interessen zu schützen, gerechte Ansprüche zu behaupten und aufrecht zu erhalten ...«

Ein Pandämonium entstand im Hohen Haus. Deputierte sowie die mit einem ausgesuchten Publikum besetzten Tribünen gerieten in Rage: Es lebe Italien! Sodann: »Viva Trieste.«

Von den Ansprüchen in Tirol redete man erst gar nicht mehr. Und es geschah, daß der k.u.k. Botschafter in Rom dem Ministerpräsidenten zu dem – wörtlich – *glänzenden Kammervotum* zugunsten der Regierung gratulierte. Was nur die Dummen unter den Italienern als dissimulazione, also als Heuchelei auffaßten, alle anderen als eine maßlose Dummheit des Österreichers. Dem Wort folgte die Tat: Rom ließ in Wien wissen, dort hätte man den Berliner Vertrag von 1878 mit der Kriegserklärung an Serbien verletzt; damit aber Kompensationsansprüche Italiens begründet. Berchtold konnte daraufhin mit Engelsstimmen zum italienischen

Botschafter reden und seine ganze, nicht unbeträchtliche Wissenschaft aufbieten, es war alles umsonst. Dies umso mehr, als der deutsche Botschafter in Wien den Ballhausplatz wissen ließ, Italien dürfe am Ende des Konflikts, gemeint war der Krieg, *nicht ohne Vorteil bleiben*. Das hat man den Deutschen in Rom ganz offen erklärt und dazu gesagt, es sei dieser Erfolg schließlich nicht nur für das Land, sondern auch für die Monarchie in Italien notwendig. Bei dieser Gelegenheit erfuhr man auch, der neue deutsche Botschafter in Rom hätte bei seinem Antrittsbesuch beim dortigen Außenminister angedeutet, Wien wäre bereit, in einen Gedankenaustausch über die fraglichen Kompensationen einzutreten. Vorerst ging es für Wien um den Verlust des Trentino, was sonst im Wunschkatalog Roms stand, hielt man dort im Umgang mit dem Bundesgenossen in Wien unter Verschluß.

Ende des Jahres 1914 legte der Sektionsrat Mitrofan Matschenko seinem Minister Graf Berchtold ein bemerkenswertes Memorandum vor. Er unternahm es, die anhängige Auseinandersetzung mit Rom aus dem Routinevorgang herauszuheben; es stünde nicht einfach ein Gebietsverlust zur Debatte, sondern die Frage, ob der Fortbestand der Monarchie nicht eine *europäische Notwendigkeit* sei. Ereigne sie sich doch in jenem Gebiet, in dem die großen europäischen Rassen – Germanen, Romanen und Slaven – in eine wechselseitige Durchdringung gerieten; wo zugunsten einer europäischen Notwendigkeit auf die völlige Realisierung *nationaler Ideale* verzichtet werden sollte. Und: Sei da nicht der Fortbestand der Monarchie auch für Italien auf lange Sicht gesehen wichtiger als die Erfüllung des momentanen Drangs nach einer Gebietserweiterung? Aber – für jeden Nicht-Österreicher und für österreichische Staatsbürger, die kaum noch ein Österreichertum an sich hatten, war das nur jene Intransigenz, die man Österreich seit dem Krimkrieg und erst recht seit den Tagen des verstorbenen Aehrenthal vorwarf.

Italien handelte, während man in Wien philosophierte. Am Weihnachtstag 1914 besetzte es das albanische Valona. Für Berchtold nicht mehr als ein Anlaß, dem Botschafter in Rom aufzutragen, die Pourparlers mit Italien auszugestalten. Das neue Jahr begann damit, daß Wien mit den Ansichten Bülows konfrontiert wurde: Österreich sei in Italien verhaßt; wegen der Verfolgung des italienischen Elements; wegen der *Slavisierung* (!) der Ostküste der Adria; wegen der Weigerung, für die Italiener eine eigene Universität zu schaffen. Und wegen der Ausschließung von Reichsitalienern im Dienst der Stadt Triest, nachdem es sich erwiesen hatte, daß diese italienischen Staatsbürger die Anstifter des Kampfes im Untergrund waren, der sich gegen Österreich richtete. Hätte man damals die in der Monarchie lebenden Italiener in diesen Punkten gefragt, sie wären ganz anderer Anschauung gewesen, als die Regierung in Rom.

Haben damals Istrier und Dalmatiner gesagt, sie würden lieber bei Österreich bleiben als unter italienische Herrschaft zu kommen, so hätten auch nicht wenige Italiener gesagt, sie blieben lieber bei Österreich – als unter die Krone Italiens zu gelangen. All das natürlich nur Meinung des gemeinen Volkes, nicht der Wissenden und Mächtigen.

Bülows Pfeil traf Berchtold. Der Preuße schlug in die Kerbe des Magyaren Tisza. Berchtold spürte das und erwog die Demission. Beim Vortrag über die Frage der Abtretung des Trentino, am 9. Jänner 1915, brachte Berchtold die Sprache auf sein Gefühl, wonach er sich außerstande fühle, die schwere Verantwortung in der italienischen Frage weiter zu tragen. Franz Joseph war absolut gegen die Abtretung und was die Demissionsabsichten seines Ministers betraf, sagte er mit freundlichem Lächeln:

»Sie werden es schon gut machen ...«

Jetzt aber zog Tisza vom Leder. Er, der unlängst die Besetzung Valonas durch Italien als Handhabe für Kompensationsverhandlungen sah, hielt jetzt Berchtold für zu weich; er beklagte die schlechte Lage an der Front in Galizien; und als k.u. Ministerpräsident fürchtete er vor allem einen Kriegseintritt Rumäniens, einen Einfall der Rumänen in Siebenbürgen. Tisza war dafür, Italien wegen des Trentino vor den Kopf zu stoßen. Denn Italien sei gar nicht kriegslüstern. Weder am grünen noch am weißen Tisch kamen Berchtold und Tisza einander näher in der Einschätzung von Möglichkeiten und *Notwendigkeiten*. Und dann kam die

Stunde, in der Tisza dem amtierenden Außenminister unter vier Augen sagte, er meinte, bei aller Sympathie für Berchtold, daß man jetzt eine entschlossenere Außenpolitik brauche. Wenn sich aber die Majestät dieser Ansicht verschließe, werde er, Tisza, bereitwillig weiter dienen. Da fiel Berchtold ein Stein vom Herzen: »Ich bin Dir sehr dankbar«, antwortete er, »wenn Du das (Franz Joseph) sagst. Ich sage es ja immerfort – aber mir glaubt er's nicht ...«

Am 11. Jänner 1915 war Berchtold beim Kaiser zum Vortrag. Man redete eine Weile um die aktuelle Malaise herum; dann fragte der Graf seinen Kaiser rundweg:

»Hat Tisza Eurer Majestät einen Kandidaten vorgeschlagen?«
und der Kaiser:

»Ja, den Burian, was halten Sie von dem?«

Also war das Changement abgesprochen zwischen dem Monarchen und Tisza. Burian schien Berchtold der Mann zu sein, der eine *eigene* Meinung hat; der zuweilen sogar auf Tisza Einfluß nähme und nicht bloß dessen Meinung zur seinen macht.

»Das wäre viel wert«,

warf der Kaiser ein. Und dann nach kurzer Pause:

»Ja – was denken Sie eigentlich? Halten Sie es für besser, wenn Sie *bleiben* oder wenn Sie *gehen*?«

Die unglaublich direkte Fragestellung entwaffnete den Grafen. Er lachte und der Kaiser stimmte in das Lachen ein. Und die Aufforderung des Monarchen, es sei doch jetzt wirklich am besten, ganz offen zu reden, quittierte Berchtold mit dem *Ersuchen um Enthebung*. Und also schied der Graf aus dem Amt, der 1914 den Entwurf der ersten Kriegserklärung des Ersten Weltkriegs an den Kaiser herangetragen hat. Stephan Burian, bisher k.u. Minister des Kaiserlichen Hauses, im übrigen ein Figurant im Spiel Tiszas, rückte nach. Aber auch die Männer mit den harten Gesichtern aus Ungarn kamen mit den Italienern nicht zu Rande.

Als man in Wien hinter die Geheimverhandlungen zwischen Italien und Rumänien kam, war dieser Erfolg eher eine Belastung der Situation als eine der Stärkung dienende Klarstellung. Der Kaiser präsidierte am 8. März 1915 in Schönbrunn den Kronrat, also die

Beratung im Kreis der Ressortleiter für die Gemeinsamen Angelegenheiten der Monarchie. Es war für den alten Herrn ein düsterer Tag im Leben. Er selbst gab nicht nach. Burian, der starke Mann aus Ungarn, redete; und ödete die Anwesenden in der Art an, die er, im Beruf als Advokat, sich angewöhnt hatte. Sein Nachfolger als k.u.k. Finanzminister, Koerber, hinter dessen Zeit als k.k. Ministerpräsident ein bis an sein Lebensende unzerstörbarer guter Ruf her war, hatte nichts zu sagen, was wog. Eine Karte hielt der Kaiser bis zuletzt im Blatt: Vor der Sitzung des Kronrates hatte er eine Unterredung mit Conrad. Mühsam rang sich dann der Kaiser die ultima ratio ab: Sollten die Italiener mehr verlangen als den Trentino, dann müßten sie es sich auf dem Schlachtfeld holen. Für mehr wollte Franz Joseph die ganze Monarchie aufs Spiel setzen und das Deutsche Reich auch, dessen Diplomaten eine so seltsame Rolle in den bisherigen Verhandlungen gespielt hatten. Als derlei Schlußfassungen in den Ausführungen des Kaisers erkennbar wurden, war es für alle Teilnehmer klar, daß es nur eine Lösung gab:
Das Trentino Italien anzubieten. Aber schon spielte Rom aus: Das Trentino genüge nicht; man verlangte Bozen, Ampezzo, Görz-Gradiska, die Insel; Triest sollte, angeblich nach Wunsch des dortigen Handels, internationalisiert werden. Burian testete die Stärke der Armee, Conrad sah mit Zuversicht auf die bald anhebende günstige Entwicklung im Norden. Stimmen kamen auf; so die aus Berlin, den gewesenen Außenminister Goluchowski als Pendant zu Bülow nach Rom zu schicken. Aber Rom hat Bülow herzlichst begrüßt, auf Goluchowski war niemand neugierig. Denn schon reifte in London eine reichere Ernte heran, als Wien bringen konnte. Eine winzige Hoffnung erwuchs: In Rom hatte Salandra die Demission angeboten. Viktor Emanuel III. nahm sie nicht an; das wurde von der Kriegspartei als Durchbruchs-Sieg empfunden. Der König rettete seine schwache Popularität; er, der persönlich gegen den Krieg war. Am 23. Mai 1915 erklärte Italien an Österreich-Ungarn den Krieg. Viel zu spät, um den russischen Verbündeten vor der bisher größten Niederlage in seiner Kriegsgeschichte zu bewahren. Langsam nur näherten sich die Italiener

der Kampflinie. Es war Zeit für die wenigen Österreicher, sich so zu verschanzen, wie das am Isonzo anbefohlen wurde: Man gräbt sich ein, so gut es das Gelände zuläßt. Man wirft davor Drahthindernisse auf. Man besetzt die so gezogene Linie. Man erwartet den Angreifer. Man wirft ihn zurück.

Am Tag der Kriegserklärung Italiens hatten die Truppen der Mittelmächte unter der Führung des preußischen Generaloberst von Mackensen die Russen schon aus dem Raum um Krakau verdrängt, sie standen am San vor Przemysl. So wie der Rückzug der Russen in Galizien sich beschleunigte, geriet an dessen Flanken die russische Front in den Karpaten ins Wanken. Am 4. Juni fiel Przemysl, nicht ganz drei Monate waren dort die Russen die Herren gewesen. Wenige Tage später ging der Angriff Richtung Lemberg los. Die Russen wehrten sich in Abständen mit Gegenangriffen, die noch immer Mächtigkeit und Entschiedenheit der Truppe wie der Führung bewiesen. Aber am 22. Juni mußten sie Lemberg räumen. Als die Österreicher-Ungarn in die Hauptstadt Galiziens einmarschierten, klebten an den Wänden noch die beim Besuch des Zaren ausgehängten Plakate, wonach dieser entschlossen war, dieses Land nie mehr preiszugeben. Es wird dreißig Jahre dauern, bis dieses Land in Ostgalizien für immer russisch werden wird. 1945 kam es nach der militärischen Eroberung bei der Grenzregulierung in Potsdam als Lwów an die UdSSR.

Mackensen bog nach der Einnahme Lembergs nach Norden ab. Noch einmal ging der Krieg über das Schlachtfeld von Krasnik hinweg. Bis Anfang August 1915 verloren die Russen weiter östlich davon Cholm, Lublin und Iwangorod.

Die Italiener kamen mit ihrem Kriegseintritt nicht nur zu spät, um ihrem russischen Verbündeten in der schweren Krise des Sommers 1915 zu helfen; sie *kamen die längste Zeit gar nicht,* um auch nur die dünn besetzten Abwehrstellungen der Österreicher am Isonzo zu überrennen und das strategische Ziel, Laibach, zu erreichen, wo man einmal auf die siegreichen Serben zu stoßen hoffte. Von Mai bis August wurden 450 km Fronttiefe, von Gorlice bis Brest-Litowsk und an den Rand der Wolhynischen Sümpfe erobert. Im Norden fiel Kurland an die Deutschen, südlich davon standen sie vor Wilna. Nur ein schmaler Streifen Galiziens zwischen Sereth und Zbrucz war noch nicht feindfrei. Die düsteren Prognosen des Oberst Brosch nach der Ermordung seines verehrten Chefs Franz Ferdinand schienen zerstört zu sein. Es sollte ein Jahr dauern, bis die Russen ein letztes Mal in der Lage waren, offensiv aufzutreten.

Conrad rechnete mit der Langsamkeit und dem Zögern der Italiener. Fast bis zuletzt kämpften die für den Einsatz in Tirol vorgesehenen Kaiserjäger im Osten.

Der unerhörte Schwung schien sich vielen Menschen mitzuteilen, die 1914 eher als Mut-willige und nicht um der Sache willen eingerückt waren. Oskar Kokoschka zum Beispiel machte die Offensive bei den Weißen Dragonern bis Luzk mit. Seine Verwundung im August 1915 bezeigt, daß er, wo immer er draufging, Gefahr nicht achtete. Nach einer Schußverletzung wurde er bei einer Attacke durch einen Stich vom Pferd gestoßen. Das war allerdings das Ende der kriegerischen Epoche des Künstlers. Als Schwerverwundeter kam er in die Heimat, zuletzt ins Rekonvaleszentenheim im Palais Palffy und dort vollzog sich ein Übergang in eine ganz andere Welt.

Für Franz Joseph wurde der 18. Juli 1915 einer jener Tage, dessen Erlebnis in die Serie jener gehört, über die man schreiben wird: zum letzten Mal. Zum letzten Mal nahm an diesem Tag der Kaiser eine Defilierung ab. Am ersten Tag seiner Regierung, am 2. Dezember 1848, hat er, noch in der Oberstenuniform seines Dragonerregiments, die erste abgenommen. An jenem kalten, klaren Dezembertag, als die Nebel wichen. Später hat er viele Defilierungen der Kaiserlichen in der Uniform eines k.u.k. Feldmarschalls abgenommen. Er ist in Rußland in der Uniform eines russischen Marschalls am Defilierungspunkt, in Deutschland in der eines preußischen Generalfeldmarschalls gestanden. Immer lag noch über solchen Szenen ein Abglanz der langsam zugrundegehenden Allianz der drei konservativen Mächte der alten Welt, die seit 1914 zum Teil in einen Krieg gegeneinander verwickelt waren, der sie alle drei zerstören wird. Paraden und Defilierungen, die jeweilige Wahl der Uniform des Monarchen waren keine bloßes Schaugepränge. Und wenn Franz Joseph in russischer oder preußischer Uniform dem Zaren oder dem Deutschen Kaiser begegnete, letztere aber ihrerseits in österreichischer Uniform erschienen, dann war das keine Mummenschanz, zu dem Militärschneider die Kostümierung lieferten. Noch war die Zeit, in der es allgemein üblich war, daß ein Monarch die Uniform einer anderen Monarchie trug. Der Kaiser von Österreich, der Zar und der Deutsche Kaiser aber verkörperten eine Trias, die bis 1914 bestand, wenngleich ihre Kabinette schon nicht mehr an die Allianz der Vorväter aus 1815 dachten, wenn sie internationale Politik machten.

Das alte Österreich war zuletzt keine Macht, die aufs Kriegführen ausgewesen wäre. Franz Joseph hat 1914 den Krieg an Serbien nicht in dem Sinn erklärt, den sich der englische Außenminister Lord Grey damals vorstellte: nämlich Serbien zu *züchtigen*. Längst war der unabwendbare Kampf des *Vielvölkerstaates* gegen das Prinzip des *Nationalstaates* hinausgediehen über die fragliche Züchtigung des Staates, der die moralische und politische Schuld am Mord in Sarajevo auf sich hatte. Was die Kaiserlichen seit den Tagen Radetzkys waren, das hat der Dichter des Textes der Volkshymne, Johann Gabriel Seidl, in der dritten Strophe des GOTT ERHALTE klar zum Ausdruck gebracht, und so hat es einmal der Kaiser approbiert:
»Was des Bürgers Fleiß geschaffen, / Schütze treu des Kriegers Kraft.«
Schutz, nicht Aggression. Österreich-Ungarn war und blieb die einzige europäische Großmacht, die sich nie an den Exzessen der anderen Mächte bei dem Erwerb von Kolonien in Übersee, deren Ausbeutung und Unterdrückung sowie an den fragwürdigen Taten des Imperialismus beteiligt hat.

Seit dem vorigen Frühjahr war er nicht mehr in die Stadt gekommen, als er am 18. Juli 1915 die Defilierung des 1. Regiments Tiroler Kaiserjäger im Park des Schlosses von Schönbrunn abnahm. Der Kaiser stand mit ganz kleinem Gefolge vor der Fassade des Schlosses und wartete darauf, daß vom Meidlinger Tor her durch die Trompetensignale das Anrücken der Tiroler avisiert wurde.

Zeitlebens blieb er den Kaiserjägern besonders verbunden. Das rührte vom Tag seiner eigenen Feuertaufe, wie man damals sagte, im Sommer 1848 bei Santa Lucia her, wo er die Tiroler Jäger im Gefecht sah. 1849 besuchte er das Biwak der Kaiserjäger, als diese auf dem Fußmarsch vom Ungarischen in die Heimat waren, in Wien. 1859 war er selbst Zeuge ihres Einsatzes, als sie den Turmhügel von Solferino verteidigten. Aus 1866 rührte die Erinnerung vieler, die noch 1914 als Standschützen ausrückten, her: Der Angriff auf Olioso beim letzten Sieg über die Italiener. 1878 haben Kaiserjäger sich gegen Bosniaken bei der Okkupation Bosniens bewährt. Jetzt, 1915, werden Bosniaken und Kaiserjäger die unerschütterlichen Haltepunkte der Front gegen Italien gemeinsam bilden. Niemand weiß, welche Erinnerungen an jenem Tag im Juli 1915 in Franz Joseph wach waren.

Wie es sich gehörte, hat sich der alte Herr, da nicht im Feld, nicht so kostümiert wie nachher der größte Feldherr aller Zeiten. Seine aus Friedenszeiten stammende Paradeuniform und die seiner Herren stand im seltsamen Gegensatz zur Felduniform der Jäger. Auch die Kaiserjäger entsprachen nicht mehr den Bildern, die man einmal von ihren Defilierungen in Friedenszeiten angefertigt hat und Generationen später von nostalgie-kranken Epigonen als Wandschmuck gesucht sein werden. Was da die Allee heranmarschierte zum Defilierungspunkt, waren keine lebenslustigen Jäger unter dem Hut mit den wehenden Hahnenfedern, in tadellos geschneiderten hechtgrauen Uniformen. Kaiserjäger trugen an sich diese Farbe längst vor der allgemeinen Einführung bei den Fußtruppen, 1915 sah man keine Offiziere in maßgeschneiderten Uniformen. Es war an der Truppe auch nichts von jenem klirrenden Heroismus, der unlängst im Bild einer Ausstellung der Werke von Kriegsmalern zu sehen war: Oberst Brosch zu Pferd, neben ihm ein Oberjäger als Fahnenführer und dahinter das Regiment beim Bajonettangriff. Die Zeit war gekommen, in der ein Tiroler Maler den Opfergang der Kaiserjäger im Osten immer mehr des Pathos entkleidete, mit dem einmal Schlachtenmaler das furchtbare Geschehen des Todes ausschmückten, um den Tod hinter einer Hybris des Stolzes zu ver-

bergen. Die Kaiserjäger, die im Juli 1915 auf dem Weg an die Südfront in Wien Halt machen, um vor dem Kaiser zu paradieren,
stecken in Uniformen, die von Regimentsschneidern und -schu-
stern mit einiger Mühe so zurecht gemacht wurden, daß die Tiroler nicht in zerschlissenen Felduniformen und bis aufs letzte getragenen Schuhen vorbeimarschierten. Leder und Stoffe waren
schon rar. Sicher ist dieser Zustand der Uniformen dem in Adju-
stierungsfragen streng auf das Ordentliche schauenden Kaiser
nicht entgangen. Er hat ihm die schuldige Ehrenbezeigung nicht
versagt.

Und so ist das Regiment in Doppelreihen, nicht in Kolonnen,
vorbeimarschiert. Keine Musik. Nur die Kompaniehornisten
bliesen der Reihe nach das Signal für den Fußmarsch der Infanterie. Für die Ferne war das Auge des alten Herren noch gut. Er
schaute in die Augen der Männer und war dankbar, daß es möglich war, *sein Regiment* noch ein letztes Mal zu sehen. So hat er
den Abmarschierenden nachgesehen, bis die letzten in Richtung
Hietzinger Tor den Schloßpark verließen. Man wird das Regiment auf dem Matzleinsdorfer Frachtenbahnhof der Südbahn ein-
waggonieren und, nach kurzem Einsatz in Südtirol, im Brückenkopf Tolmein an der Isonzofront verwenden.

Aber dann ging es an die Front in Tirol. Später hat man gesagt, die
Jahre mit ungeraden Zahlen wären die »guten« für die Mittelmächte gewesen. Und das traf wohl für 1915 und 1917 zu. Dem
Kriegseintritt Italiens folgte keineswegs der von Tisza gefürchtete
Einfall der Rumänen ins ungarische Siebenbürgen. Und das deswegen nicht, weil sich vor ihren Augen das Schicksal der mit ihnen im Balkankrieg verbündeten Serben erfüllte. Der Oberkommandierende der gegen Serbien angesetzten 3. k.u.k. und der 11.
deutschen Armee, der nunmehrige preußische Generalfeldmarschall von Mackensen, meldete sich vor Abgang an die Südost-
front beim Kaiser in Wien.

Dem alten Kaiser gefiel dieser Preuße, der noch das Eiserne Kreuz
von 1870 trug. Das klägliche Minderwertigkeitsgefühl, das manche Österreicher im Umgang mit Norddeutschen befiel und be-
fällt, war Franz Joseph zeitlebens fremd. Man redete nicht nur

über dies und das. Man *unterhielt* sich gut, wie nachher der Kaiser vergnügt sagte. Mehr als die phantastische Uniform der Danziger Leibhusaren gefiel dem Kaiser die Art des Gastes.

»Mit solchen Besuchern zu reden, ist halt eine Freude«, sagte der Kaiser nach dem Weggang Mackensens. Und die Freude, die Mackensen und seine Truppen der Sache des Kaisers erwiesen, übertraf noch bei weitem die Serie der Siege über die Russen im Sommer des Jahres. So wie alle großen Heerführer setzte Mackensen seine Angriffe bei Belgrad an. Es erwies sich bald, daß die Opfer der an sich verfehlten Operationen der Kaiserlichen vom Herbst 1914 denn doch nicht umsonst erbracht worden sind. Die nunmehrige Kampfkraft der Serben war ungleich schwächer als im vergangenen Herbst. Und jetzt kam das Verhängnis über sie: Die Bulgaren, denen die Serben im letzten Feldzug der Balkankriege 1913 in den Rücken gefallen waren, traten an die Seite der Mittelmächte. Sie bildeten jenen von Osten gegen Serbien angesetzten Zugriff, der zusammen mit dem von Norden kommenden jene Zange bildete, welche die Serben abdrängte: abdrängte von Saloniki, wo Engländer und Franzosen nach Bruch der Neutralität Griechenlands einen Brückenkopf gebildet hatten und von wo aus die Serben über See der drohenden Vernichtung zu entkommen hofften. Dies von den Bulgaren unterbunden, mußten die Serben im Spätherbst und im Winter auf 1916 über das Gebirge nach Nordalbanien und an die Adria ausweichen; wo sie die Hilfe der längst in Valona stehenden Italiener erhofften. Aber diese vermieden den Weg in die unheimlichen Berge. Wie in Urzeiten die Volkskönige auf Völkerwanderungen das Los ihres Volkes teilten, tat es auf diesem Rückzug auch der seit Juni 1914 den Regierungsgeschäften ferne König Peter von Serbien. Als Siebzigjähriger teilte er das grausame Schicksal seiner Soldaten, von denen viele starben, während dem König der ersehnte Tod im Feld versagt blieb. Im Zug der flüchtenden Reste der serbischen Armee suchten Verwundete mit letzter Kraft mitzuhalten, bis sie in einer der kalten Nächte ein gnädiger Tod im Schlaf von allem Leid befreite. Nicht nur Verwundete und Kranke trieb die als letzte Nachhut an den Verfolgern gebliebene serbische Feldpolizei gnadenlos weiter; auch 70 000 gefangene Österreicher-Ungarn erlitten im doppelten und dreifachen Ausmaß das Los der Geschlagenen. Oft nackt in der Kälte stehend, durften sie nur Haß ihrer Wachmannschaft erwarten; nur die Frauen kümmerten sich weder um Drohungen oder Kolbenhiebe, wenn sie sich der Unglücklichen annahmen.

Auf dem sagenumwobenen Amselfeld, also im Siedlungsgebiet der Albaner, schlugen sich die Serben noch einmal. Was dann geschah, kann kein Heldenepos beschreiben. Erst im Zweiten Weltkrieg wird es so ein Massensterben bei Freund und Feind in der Unwirtlichkeit des russischen Winters geben. Leichenhaufen. Sterbende, die um die Kugel baten, um erlöst zu sein.

Zuerst fielen die Transportautos aus. Dann die Pferde, zuletzt die Büffel. Drüben, in Albanien, waren die Moslems auf das Kommen der halb verhungerten Serben gar nicht neugierig. Auch auf die Österreicher, die im Dreizehnerjahr hergehalten haben, damit die Albanesen ihren eigenen Staat bekamen und behielten, waren sie nicht neugierig. Und schon gar nicht auf die Cholera, die mit dem Haufen mitging, bald diesen, bald jenen erlöste. Italienische Transporter nahmen die Reste der serbischen Armee und die mitgeschleppten Kriegsgefangenen an Bord. Ein Versuch der k.u.k. Marine, die Flucht über See zu verhindern und die Gefangenen zu befreien, mißlang. Zusammen mit den Männern ging die Cholera an Bord.

Für die Choleraleichen gab es kein christliches Begräbnis. Man warf die Toten ins Meer. Am Heck stand, in einen Militärmantel gehüllt, ein Pope, der die im Kielwasser abtreibenden Toten segnete. Die *Serben* kamen auf die Insel Korfu, nachher, als Kampftruppe in Stärke von 270 000 Mann neu formiert, nach Saloniki und an die Front. Die *Österreicher-Ungarn* kamen als Gefangene auf die Insel Arsenara. Bis dahin kamen etwa 500 auf der Überfahrt um. Von denen, die man in italienischer Gefangenschaft hielt, kamen zwei Drittel unter die Erde. Alles vergessene Gräber, unsägliche Opfer, vergessene Taten der Unmenschlichkeit, zwischen denen die wenigen Zeugnisse der Hilfe um Gottes Willen um so heller leuchten.

Nicht nur der serbische König mußte aus seinem Land flüchten. Auch der bei den Wienern trotz allem eher populäre König Nikita von Montenegro verließ sein kleines Königreich, ehe die Montenegriner als erste in diesem Krieg kapitulierten. Als man davon im Jänner 1916, im Todesjahr Franz Josephs, dem greisen Monarchen in Wien Meldung erstattete, blieb die erwartete Genugtuung des Siegers aus. Franz Joseph blieb stumm, um dann leise zu sagen:

»Heute dir ... morgen mir.«

Und er meinte, dem fünfundsiebzigjährigen Montenegriner würde das harte Brot eines Heimatvertriebenen nicht gut tun. Aber die Wirklichkeit war, daß dem durch die Sieger von 1918 um seinen Thron gekommenen Montenegriner seine Tage im Exil an der französischen Riviera, aller Geldsorgen ledig, sehr gut bekamen. Und er zuletzt fast den blutjungen letzten Kaiser von Österreich, Karl I., überlebte, der auf Madeira jene Härte bis zum Tod mitmachen mußte, die Staatsgefangene der englischen Regierung auf sich nehmen müssen.

7

DER KAISER UND SEIN REICH STERBEN

Ende 1915 machte der Deutsche Kaiser seinem Verbündeten in Schönbrunn Besuch. Es war das letzte Mal, daß sich die beiden Monarchen in dieser Welt trafen. Man verzichtete auf alles Gepränge, das sonst bei solchen Begegnungen üblich war. Rein privat gedacht war das Zusammentreffen geplant und verlaufen. In Wien sickerte kaum etwas durch von dem, was die Kaiser unter vier Augen beredeten. Bei Hof fiel der tiefe Ernst, ja eine Bedrücktheit auf, die den sonst so heiteren, ja zuweilen bummelwitzigen Deutschen Kaiser befallen hat. Dabei war das Jahr 1915 für die Mittelmächte doch mit guten Erfolgen an allen Fronten zu Ende gegangen. Die Herren der militärischen Umgebung Franz Josephs versuchten, die deutschen Kameraden zu bewegen, doch einmal das Thema Friedensbemühungen zu besprechen. Aber von einem Friedensangebot wollten die Gäste nichts wissen; ihr Chef des Generalstabs General Falkenhayn schien einen großartigen Schlag gegen die Feinde in Vorbereitung zu haben.

Für die Deutschen wie für die Österreicher war dieser Krieg noch immer einer, bei dem die *Diplomaten* und die *Militärs* an den Hebeln der Macht sitzen. Noch ahnten sie nicht, worum es wirklich ging. US-Präsident Wilson hat das nach der Niederlage der Mittelmächte und ihrer Verbündeten in einer Versammlung in St. Louis am 11. September 1919 mit der ihm eigenen brutalen Naivität erklärt:

»Meine Mitbürger, ist hier irgendein Mann oder irgendeine Frau – ich möchte sagen: irgendein *Kind* (!) – anwesend, die nicht wissen, daß der Ursprung des Krieges in der heutigen Welt *industrieller* und *kommerzieller* Rivalität entspringt? ... Dieser Krieg war von seinem Beginn an ein kommerzieller und industrieller Krieg. Es war *kein politischer* ...«

Das zu verstehen wäre Ende 1915 den Österreichern schwer gefallen. Sie traten nicht aus einer industriellen oder kommerziellen Rivalität in den Krieg; sie kämpften nicht um Rohstofflager in Übersee, um Kolonien; und sie beteiligten sich nicht an dem von den angel-sächsischen Mächten entfalteten Imperialismus des Weißen Mannes. Warum also nicht Schluß machen – noch stand keine der verfeindeten Machtgruppen am Rand einer Katastrophe, noch war Europa Mittelpunkt der Weltpolitik. Wurde man sich in *Europa* einig, dann konnte es keinen *Welt*-krieg geben. Und es stand nicht schlecht um diese Zeit für die Mittelmächte. 1915 wurden die Russen von Westgalizien bis an den Rand der Sarmatischen Ebene verjagt. Bulgarien war wegen des besseren Angebots an die Seite der Mittelmächte getreten; Serbien, unter den konzentrischen Angriffen österreichischer, deutscher und bulgarischer Verbände zusammengebrochen, schied als militärischer Machtfaktor für lange Zeit aus. Churchill hatte bei seinem Versuch, vom Territorium des neutralen Griechenland aus einen Angriff auf die Dardanellen zu unternehmen, ein blutiges Massaker angerichtet, das vor allem die Neuseeländer traf, zuletzt aber dem Ansehen Englands einen schweren Schlag eingehandelt hat. England, das 1914 wegen der vom Deutschen Reich verletzten Neutralität Belgiens in den Krieg eingetreten war, hatte sich nicht gescheut, beim Angriff auf die Dardanellen die Neutralität Griechenlands kraß zu verletzen; mehr noch, es war daran, in Athen einen Putsch zu unterstützen, der ein Regime von Kollaborateuren Englands an die Regierung bringen sollte. Ein vollständiger militärischer Versager war Italien. Hötzendorf hatte nach der Kriegserklärung Italiens hinter dem Isonzo mit schwachen Kräften eine Sicherung aufgebaut, er wollte erst dann mit den Operationen beginnen, wenn der erfolgreiche Sommerfeldzug gegen Rußland zu Ende war. Zur Überraschung bei Freund und Feind tasteten sich die Italiener nur zögernd gegen die Linie der Österreicher vor. In elf Isonzoschlachten versuchten die Italiener, die Front der Österreicher zu durchbrechen. Es gelang nicht. Franz

Joseph erlebte es nicht mehr, wie 1917 die Truppen der Mittelmächte die Italiener vom Isonzo bis an den Piave verjagten.
Noch einmal versuchten es im Herbst die Russen mit einem Angriff. Es gab Krisen und die deutsche OHL mußte wieder einige
der oft genannten Korsettstangen in die Front der Österreicher
einziehen. Dazu führte man in Berlin noch dumme Reden, nachdem man ohnedies einmal den Krieg als einen der *Germanen* gegen die *Slaven* hingestellt hatte. Und jetzt machten die Slaven unter den Österreichern nicht mehr recht mit im Kampf gegen ihre
slavischen Brüder in der Armee des Zaren. Aber Ende 1915 gelang
es dennoch, einen Massenangriff der Russen in Ostgalizien und in
der Bukovina zum Stehen zu bringen. Die Rumänen, die lauerten
und auf einen Zusammenbruch der Ostfront der Österreicher
warteten, um dann in Siebenbürgen einzumarschieren, taten gut,
es diesmal noch nicht zu tun.

Ob Friede, ob Krieg, für die Regierung in Budapest gab es keine
Pause in den Bemühungen einer Sezession von Wien und Österreich. Im Oktober 1915 setzte Tisza eine wohl nur symbolische,
im Prinzip aber vollständige Trennung Ungarns von Österreich
durch. Bisher hatte die Doppelmonarchie *ein* gemeinsames Wappen. Das wurde jetzt zerstückelt. Voneinander getrennt bestanden das mit der Stephanskrone gekennzeichnete Wappen des Königreichs Ungarn und, unter der Hauskrone der Habsburger, das
Wappen dessen, was man bisher als die im Reichsrat vertretenen
Königreiche und Länder bezeichnete. Als Abfall dieser Zerstük-
kelung bekam quasi in der Sterbestunde der Doppelmonarchie die
westliche Reichshälfte den historischen Namen ÖSTERREICH.
Das Hauswappen der Dynastie verband in etwa die beiden nunmehr vollständig separierten Wappen, wobei das Ungarns von
Engeln getragen wurde, während das Österreichs immerhin noch
unter den Schwingen des Doppeladlers bestand. Der Wappen-
spruch: *Indivisibiliter et inseparabiliter* war für die allermeisten
Angehörigen des zum Absterben bestimmten Reiches ohnedies
unaussprechlich; störte also niemanden in Ungarn, der ohnedies
nicht auf Untrennbarkeit und Ungeteiltheit aus war, sondern auf
endgültige Teilung und Trennung dessen, was nach 1867 noch üb-

rig war. Es wäre denkbar gewesen, den Wahlspruch Franz Josephs: *Viribus unitis* angesichts der Bewährung desselben an den Fronten zum Wahlspruch des neuen Wappens zu machen. Aber das hätte über Gebühr die Herren in Budapest verletzt; dieser Wahlspruch stammte ja aus dem Jahr, in dem Ungarn dem übrigen Österreich 1848/49 den Krieg gemacht hat. Die Verordnungsblätter bekamen viel Material zum Abdruck der nunmehrigen Symboländerungen. Aber die Materialschwierigkeiten in Kriegszeiten verhinderten es, daß die Monarchie unter diesem Monstrum zugrunde ging. *Das Heer behielt die alten Fahnen.*
Der Winter auf 1915 war der erste jener Hunger-Winter, deren Serie auch mit dem Ende des Krieges nicht abriß. Wer ihn als Kind erlebte, vergaß nicht das Mühen der Mütter, die stundenlang anstehen mußten, um die oft ausbleibenden Lebensmittelrationen zu bekommen; oder Petroleum für die möglichst kleine Zimmerlampe. Ungarn weigerte sich ganz entschieden, den Österreichern, so durften sich diese jetzt ja auch von Amts wegen nennen, in dieser Hungers-not zu Hilfe zu kommen. Es geschah, daß der k.k. Ministerpräsident Graf Stürgkh einen Bittbrief an den ungarischen, Graf Tisza, richtete – und sich eine Abfuhr holte. Wien waren gezwungen, in Berlin um Lebensmittel zu bitten und sich von den Deutschen sagen zu lassen, es sei doch ein Skandal, daß ein Land mit vorwiegender *Agrarwirtschaft* sein tägliches Brot bei einem *hochindustrialisierten Nachbarland* erbitten muß. Was die Ungarn hierin den Österreichern antaten, das wurde in Berlin nicht den dort als tüchtig im hohen Ansehen stehenden Ungarn abgerechnet, sondern den Österreichern. Die wieder einmal bewiesen, daß sie keine Ordnung halten können, daß sie an der Front wie im Hinterland versagten und überhaupt Bundesgenossen waren, die einem gestohlen werden könnten.
Daß letzterer Bundesgenosse an der Ostfront, die 1914/15 für das deutsche Heer nur ein Nebenkriegsschauplatz im Vergleich zur Westfront war, verblutete unter den Angriffen der weitaus überlegenen Truppenmacht der Russen, war und blieb vergessen. Man hätte sich mit diesen Brüdern in Wien überhaupt nicht einlassen sollen.

In den Städten Österreichs brachen im Winter auf 1916 die ersten Hungerrevolten aus. Als bei Kriegsausbruch der aus Ischl heimkehrende Kaiser in Begleitung des jungen Thronfolgers Erzherzog Karl durch die Arbeiterviertel nach Schönbrunn fuhr, brachten die Bewohner dieser Stadtteile eine Huldigung dar, wie man sie lange nicht erlebt hat – seit die ersten Massendemonstrationen die Straßen der Stadt durchwogten. Und just in besagten Vierteln kam es im März 1916 zu den ersten Geschäftsplünderungen durch Hausfrauen; Mütter, die sich von gewissen Praktiken gewisser Geschäftsinhaber nicht hinters Licht führen ließen. Franz Joseph geriet in Sorge wegen der vielen Kriegsgefangenen, die in russischer Hand waren. Praxis der Russen war es, Slaven auszusondern und den Rest der Kriegsgefangenen in die Hunger- und Vernichtungslager in Sibirien oder zum Bau der Murmanskbahn zu verbringen. Die Zahl derer, die entlang dieser Bahnlinie, über welche die Rüstungslieferungen der Westmächte an Rußland gingen, umgekommen sind, wurde nie bekannt. Der k.u.k. Botschafter in Washington, Constantin Dumba, übernahm es, den Präsidenten der noch einigermaßen neutralen USA, Woodrow Wilson, zu bitten, beim Zaren zugunsten der Unglücklichen in den sibirischen Lagern zu intervenieren. Dumba war der einzige Botschafter Österreich-Ungarns, der weder adeliger Herkunft war, noch auf eine solche Auszeichnung reflektierte. Man hoffte, Washington werde einen nicht mit dem Makel eines alten Adels befleckten Vertreter des Kaisers von Österreich eher akzeptieren. Dumba hatte in den Jahren seiner Tätigkeit in den USA insgesamt *zweimal* Gelegenheit, Wilson persönlich in amtlicher Eigenschaft sprechen zu können. Die dabei dem Österreicher geübte Mißachtung war schwer zu übersehen; Dumba war zu gut erzogen und zu loyal im Dienst, um derlei zu relevieren. Dumba also bat Wilson um Hilfe für die Österreicher in Sibirien. Er bekam überhaupt keine rechte Antwort in dieser Unterredung. Wilson hielt es seiner Humanität, nicht der Bitte des Österreichers zugute, daß er den Zaren auf die Zustände in den Gefangenenlagern Rußlands aufmerksam machte. Man sagte, Nikolaus II. sei selbst erschüttert gewesen, als er erfuhr, was geschehen war; und was geschehen war, das entsprach durchaus nicht seiner humanen Gesinnung. Er ordnete Abhilfe an – aber das Schicksal derer in Sibirien geriet in den Mahlstrom des unaufhaltsamen Umsturzes und der 1915 schon bestehenden Desorder des von Feinden im Inneren zerwühlten zaristischen Rußlands.

Masaryk hatte einen direkten Draht in die Umgebung Wilsons, der sich zuletzt als entscheidend erwies in der Endkrise der Monarchie. Im übrigen war *London Zentrum aller Exilpolitiker* aus den diversen Nationalitäten der Monarchie. Umschmeichelt wurden dabei von der Northcliffe-Propaganda und den Mitarbeitern Northcliffes Steed und Seton-Watson die Tschechen. Seton-Watson hat vor Kriegsausbruch so getan in Österreich, als ginge es ihm tatsächlich um die Lösung des Nationalitätenstreits *im Verband der Donaumonarchie.* Seine Informatoren waren damals Typen wie Masaryk sowie serbophile Politiker im Süden Österreich-Ungarns. 1913 hatte er noch den traurigen Mut, die zweite Auflage seiner Untersuchungen »Die südslavische Frage im Habsburgerreich« demjenigen österreichischen Staatsmann zu widmen, der »das Genius und den Mut besitzen wird, die südslavische Frage zu lösen«.

In zwölfter Stunde, wie Seton-Watson hinzufügte. Als es aber die zwölfte Stunde schlug und England in den Krieg eintrat, warf Seton-Watson die Maske ab und schrieb in einem Brief, *er müsse jetzt nicht mehr tun als ob ...*

Die Perfidie des Autors war dermaßen perfekt, daß sowohl vor 1914 als auch nach 1918 ein Publizist wie Friedrich Funder sich mit ihm einließ. Funder war wohl der einzige Gewährsmann des Autors in der Monarchie, der nicht zum Typ Masaryk und Genossen gehörte.

Dazu kam, daß die Medienlandschaft der Welt von damals von der Art war, daß die Mittelmächte vom Rest der Welt abgeschnitten waren; die von London und Paris ausgehende Propaganda aber, zumal in Übersee, eine *Monopolstellung* bekam. Gleich nach Kriegsausbruch kappte England das Überseekabel, das Deutschland mit dem Rest der neutralen Welt verband. Eine Zeitlang war es zum Beispiel deutschsprachigen Einwanderern in den

USA noch möglich, mit ihren Anschauungen, die nicht jene der europäischen Westmächte waren, vor die Öffentlichkeit zu treten. In New York fanden solche *Parades* der Deutschen statt. Nach und nach ertränkte aber die aus London und Paris kommende Kriegspropaganda dermaßen die öffentliche Meinung in den USA, aber auch in anderen neutralen Staaten, daß jeder, der ein Wort zugunsten der Mittelmächte sprach, in den Verdacht kam, ein *pan-germanistischer* »Neutralist« zu sein, ein *Anhänger der Hunnen-Methoden* der Deutschen oder gar ein *Verräter*. Über die Kriegs-Pressezensur in den Ländern der Mittelmächte und ihrer Verbündeten ist nachher viel geschrieben worden und die danach gefällten Urteile fielen kraß einseitig aus; daß in England und Frankreich, nachher insbesondere in den USA, die Freiheit der Presse restlos darin bestand, die eigenen Kriegsziele in den Himmel zu loben, alles andere aber mit Lügen in die Hölle zu verdammen, ist selten untersucht und entsprechend dokumentiert worden.

Mit Recht hat nach dem Krieg Wilson den Ersten Weltkrieg als einen bezeichnet, bei dem es nur um industrielle und kommerzielle Rivalitäten ging; in denen die Westmächte dem Deutschen Reich das Wasser abgraben wollten, müßte man im Nachsatz sagen. Schon 1813/14 kamen die USA wegen einer Handelsblockade in einen Krieg, nicht mit Frankreich wegen der von Napoleon verhängten Kontinentalsperre, sondern – mit *England*. England, das damals im Krieg gegen Napoleon den lukrativen Handel der USA mit Europa unterband. Und so wirkten sich denn auch nach 1914 die im Seekriegsgebiet um Europa entstehenden Blockademaßnahmen der am Krieg beteiligten Staaten zuletzt dahingehend aus, daß die USA in den Krieg eintreten *mußten*, um nicht gewisse handels- und industriepolitische Vorteile zu verlieren. 1914 war es England, das eine völkerrechtswidrige Blockade zum Nachteil des Handels der Mittelmächte und ihrer Verbündeten verhängte und damit einen unermeßlichen, niemals mehr bereinigten Konflikt heraufbeschwor.

Tatsache ist, daß nicht die Royal Navy eine effektive Blockade aufrechterhielt. Sie ist rechtzeitig abgedampft in die vielfach gegen

See gesicherten Buchten im Norden der Insel. Es war eine immer dichter werdende *Minensperre*, mit der England von seiner Küste aus bis an die Norwegens eine Sperre der Nordsee erreichte. Diese Art der Sperre hatte aber zur Folge, daß jedes Schiff, auch ein neutrales ohne Konterbande, Gefahr lief, ohne Warnung der Minensperre zum Opfer zu fallen. So wurde *jede* Lieferung an deutsche Häfen verhindert, dieser Handel der Neutralen zur See abgewürgt.

Deutscherseits übernahmen es zum ersten Mal in der Kriegsgeschichte *U-Boote* anstatt Überwasser-Kriegsschiffe, das Seegebiet um England unter Kontrolle zu nehmen, Konterbande aufzuspüren, die Versorgung der Insel über See möglichst zu verhindern. Im April 1915 ereignete sich ein Vorfall, der den U-Boot-Krieg gegen Konterbande in gefährlicher Weise dramatisierte.

Das deutsche Unterseeboot U 37 stieß auf ein unter *neutraler* Flagge fahrendes Handelsschiff. Ein Kommando wurde zur Untersuchung der Neutralität des Schiffes und der von diesem geführten Ladung fertig gemacht. Da ließ man an Bord des Handelsschiffes, es hieß »Baralong«, die Tarnung eines Bordgeschützes fallen, um auf das U-Boot ein gezieltes Feuer zu eröffnen. Einige Treffer genügten, um das Boot zum Sinken zu bringen. Männer der U-Boot-Besatzung, die dem Untergang entkamen und schwimmend Rettung suchten, wurden von der Besatzung der »Baralong« unter Gewehrfeuer genommen. Ein Schiff kam den Rettungssuchenden zu Hilfe. Aber die »Baralong« stoppte das Schiff, durchsuchte es nach deutschen Matrosen, um die so gestellten Feinde zu erschlagen.

Das Auftauchen eines U-Bootes angesichts eines unter neutraler Flagge fahrenden Schiffes wurde zum kalkulierten Risiko für die Deutschen. Das Risiko, das ein unter US-Flagge fahrendes Schiff mit Konterbande für England einging, verschärfte sich, als man in den USA anfing, solche Transportschiffe auch für *Personentransporte* zu verwenden, um so jeden Anschlag auf ein Schiff mit Konterbande als einen an Zivilisten verübten Terror hinzustellen. Damit erzielten die Interessenten an beiden Ufern des Atlantiks ihren ersten Erfolg im U-Boot-Krieg: Den U-Boot-Kommandanten wurde befohlen, vor jeder Versenkung eines Schiffes im Seekriegsgebiet, so wie im Falle »Baralong«, zuerst die Durchsuchung zu machen, ehe versenkt wurde. Man verschärfte noch diesen Befehl: Kleinere Passagierschiffe sollten überhaupt nicht angegriffen werden.

Alles, worin das Deutsche Reich zurücksteckte, geriet den USA und England zum Vorteil. Denn die Minensperre in der Nordsee blieb und Minen war ja nicht zuzumuten, Kommandos an Bord eines Frachters zu schicken, um nach Konterbande zu suchen; und, gegebenenfalls, erst nach erfolgreichem Suchen zu detonieren. 1914 lieferten die USA Kriegsmaterial im Werte von 40 Millionen $ an die Westmächte. 1916 stieg der Erlös aus diesem Geschäft schon auf 1 290 000 $. Die USA lieferten auf *Kredit*. Im guten Glauben, daß nach dem Sieg der Westmächte über die Mittelmächte der Westen seine Schulden an die USA aus den *Kriegsentschädigungen* abdecken wird, die den Verlierern auferlegt werden.

In den USA bildeten die Profitanten der Rüstungsproduzenten und -händler eine Pressure Group, über die der dortige Parlamentarismus und die Demokratie in Amerika nicht hinwegkamen.

Man setzte auf Sieg der Westmächte in den USA. Und man akzeptierte das kalkulierte Risiko, das darin bestand, daß man *Kriegsmaterial auf Handelsschiffen* unter der US-Flagge über den Atlantik lieferte, diese Schiffe aber zugleich mit hunderten Passagieren besetzte. Wurde so ein Schiff versenkt, dann war die Barbarei der Hunnen offenkundig. Und derlei ereignete sich im Mai 1915. Am 1. Mai dieses Jahres druckten Zeitungen in New York und in anderen Städten der Welt ein Inserat der englischen »Cunard Line« ab, wonach deren Schiff »Lusitania« demnächst nach Liverpool abgehen wird und Passagiere zur Mitreise auf dem Schiff geworben wurden. Gleichzeitig erschien in denselben amerikanischen Zeitungen eine Verlautbarung der Kaiserlich Deutschen Botschaft in Washington, wonach Reisende, die sich so per Schiff nach Europa begeben wollten, bedenken sollten, daß sie auf diesem *Weg ins Kriegsgebiet* rund um England führen. Und Schiffe, die im Kriegsgebiet um England angetroffen würden, Gefahr laufen, versenkt zu werden. Empfohlen wurde deutscherseits eine Europareise unter Umgehung des um England bestehenden Sperrgebiets.

Trotz der ausdrücklichen Warnung ging die »Lusitania« mit ihrer Ladung und mit über tausend Passagieren an Bord in See. Die längste Zeit wurde abgestritten, daß die »Lusitania« tatsächlich Kriegsmaterial für England mit an Bord hatte. Darüber besteht *jetzt* kein Streit mehr. Nur im Jahre 1916 bestritt man in London und Washington energisch, daß bei der Versenkung der »Lusitania« die Massenkatastrophe dadurch entstand, daß das Schiff *Munitions*lieferungen an Bord hatte.

128 US-Bürger fanden bei diesem Zwischenfall den Tod. Washington verlangte von Berlin die ausdrückliche Verurteilung der Torpedierung; schließlich wollte man ja mehr Sicherheit bei der Lieferung von Kriegsmaterial an die Westmächte haben. Dazu wurde der Ersatz aller durch die Torpedierung entstandenen materiellen Schäden verlangt. Und Berlin sollte versprechen, daß sich derlei nicht mehr wiederhole. Der diesbezügliche Notenwechsel zog sich hin bis in den Sommer 1915. Dann entschloß sich Washington, Berlin in ultimativer Form zu kommen. Über den Text des Ultimatums entstand im Kabinett Wilsons ein Streit, der amtierende Außenminister Bryan machte einen beachtenswerten, aber damals kaum beachteten Einwand:

»Deutschland ist berechtigt, feindlichen Alliierten Konterbande vorzuenthalten und ein Schiff, das Konterbande führt, darf sich nicht darauf verlassen, daß es durch seine Passagiere vor einem Angriff geschützt wird – das wäre geradezu, als wenn man Frauen und Kinder vor einer Armee aufstellen würde …«

Die Ereignisse gingen über Bryan hinweg. Immerhin passierte anfangs 1916 noch eine Entschließung das Kapitol in Washington, gemäß der US-Bürgern die Pässe verweigert werden sollten, wenn sie auf bewaffneten Schiffen der Kriegführenden reisen wollten. Gerade das paßte nicht ins Konzept des Weißen Hauses. Wilson brachte die Entschließung zu Fall, ehe ein Gesetz daraus wurde. Als nächstes kam, daß in den USA Schiffe mit Bordkanonen ausgestattet wurden. Deutscherseits wurden solche Schiffe so angegriffen wie Hilfs-Kriegsschiffe. Die Kriegstreiber hatten das Tor aufgestoßen, durch das die USA in den Krieg *over there* ziehen sollten.

In Wien war man über diese Entwicklung des U-Boot-Krieges nicht erbaut. Man war auf diese Weise zwar nicht in Kampfhandlungen verwickelt, denn die Adria war längst gegen das Mittelmeer zu versperrt. Was in Wien mehr Unruhe verursachte, war der Umstand, daß in den USA die Sympathie für Exilpolitiker aus Österreich-Ungarn immer mehr wuchs. Es entstanden Komitees und Pressure Groups und schließlich werden die USA nicht zögern, 1918 die Ausschlachtung der Donaumonarchie freizugeben. Die professionellen Totengräber der Donaumonarchie betrieben ihr Geschäft nicht in der Heimat, sondern in England, Frankreich und in den USA. Ungewollt haben nach 1945 Historiker aus den Ostblockländern erhoben, daß es so war. Und zwar unter anderem nach Sichtung der beschlagnahmten Feldpostsendungen, die sich diesseits und jenseits des Eisernen Vorhangs fanden. Millionen solcher Sendungen wurden während des Krieges zensuriert, und zwar in allen am Krieg beteiligten Ländern. Die übergroße Mehrzahl der Sendungen der k.k. Feldpost passierte anstandslos die Zensur. Was zensurierte man aber in Österreich-Ungarn? Nur wenige Briefe, in denen sich ein Anklang an die Politik Masaryks und Beneš oder der südslavischen Exilpolitiker Trumbić und Konsorten fand. Historiker glauben, daß etwa 3 % der zensurierten Post der Streichung verfielen. Die meisten der Briefe letzterer Art kamen von Serben, Italienern und Rumänen, die sich in russischer Kriegsgefangenschaft befanden; und auch diese Fälle waren vor Ausbruch der Revolution in Rußland gering an Zahl.

Was die Tschechen betraf, so schrieben sie bis 1917 kaum ein Wort *gegen* ihren Heimatstaat, soferne überhaupt in Briefen von Politik die Rede war. Etwa gleich viel, nämlich 13 %, könnte man nachträglich als geheime Gegner der Monarchie von damals reklamieren. Nationale Belange spielten in dieser Korrespondenz keine große Rolle. Was wog, waren die drückenden Erlebnisse des Krieges und der Gefangenschaft, der Hunger und die Sorge um die Angehörigen. Eine ganze Welt stand in Flammen, wo sollte da in Sibirien ein Gefangener Geborgenheit suchen, wo doch in Rußland dem Krieg schon die Revolution folgte, die noch mehr Menschen verschlungen hat und die zum größten *Holocaust* in Europa wurde, in dem ein Dutzend Millionen Menschen im Laufe der Jahre seit 1917 als Klassenfeinde ausgerottet wurden. Langsam wurde dem Ballhausplatz das Kriegsziel der Feindstaaten in Umrissen klar. Nach den bereits den Nachbarstaaten Rumänien, Serbien und Italien in Paris, London und Petersburg gegebenen Erklärungen, nach den vom Zaren beim Besuch im eroberten Lemberg verlauteten Annexionsabsichten und den Vorstellungen der aus der Monarchie geflüchteten Exilpolitiker sollte es nach dem Krieg einen durch gewaltige Gebietsabtrennungen verstümmelten Reststaat geben. Meerfern, ohne Industrie, ein Land im Gebirge, von dem man annehmen konnte, daß dieses Wesen eines Tages von sich aus *krepieren* wird. Die Frage bestand, was Österreich-Ungarn für eine Alternative als Kriegsziel, besser: als Grundlage für einen möglichst baldigen Frieden vor sich haben konnte. Am 7. Jänner 1916 tagte der k.u.k. Ministerrat für Gemeinsame Angelegenheiten.

Der Vorsitzende, Baron Burian, hatte einen Vorschlag, hinter dem wohl sein Mentor Graf Tisza stand. Die Lösung der südslavischen Frage auf dem Balkan sollte Bulgarien zufallen, dem auch ein Zugang zur Adria eröffnet werden sollte. Gewisse Grenzberichtigungen zugunsten Österreich-Ungarn wurden erörtert. In der polnischen Frage war man angewiesen auf die Vorstellungen Berlins, das nach der Eroberung von Russisch-Polen den größten Teil des im 18. Jahrhundert dreigeteilten Königreichs Polen erobert hatte. Es geschah in dieser Sitzung, daß Tisza unverhohlen zum Ausdruck brachte, die wahren Interessen der Gesamtmonarchie seien identisch mit jenen Ungarns; womit nicht gemeint war, daß Ungarn sich mit besagten Interessen der Gesamtmonarchie identifiziere, sondern daß vielmehr das, was bisher Österreich-Ungarn war, in Zukunft nach den Interessen Ungarns zu gestalten sei. Tisza überließ es Burian, in der polnischen Frage sich einig zu werden mit Berlin. Serbien bleibe ein Problem, denn ein Zuwachs an slavischen Bevölkerungsteilen brächte Schwierigkeiten für Ungarn. Die Serben seien absolut ungarnfeindlich. Die Einbeziehung des serbischen Staates in den Staatsverband der Monarchie würde für die ungarische *Nation* eine unausstehliche Situation schaffen. Sollten tatsächlich Gebiete des bisherigen Königreichs Serbien annektiert werden, dann müßte man diese – vorher mit deutschen und ungarischen Bauern besiedeln. Gewisse Visionen einer noch grausameren Zukunft tauchten im Denken des ungarischen Ministerpräsidenten auf. Ein Rest des Königreichs Serbien könnte unter ungarischer Kontrolle bestehen bleiben. Also ein Protektorat, modern formuliert.

Der österreichische Ministerpräsident fühlte sich bei all dem nicht wohl. Nach allem, was seit Jahrzehnten im Umgang mit Serbien geschehen war, mußte er damit rechnen, daß *jeder* serbische Staat der Motor gegen die Monarchie gerichteter Anschläge bleiben wird. Österreich sei dagegen, daß etwa Ungarn Nordserbien samt Belgrad annektiert. Der für Bosnien und die Herzegovina zuständige k.u.k. Finanzminister teilte zusammen mit dem k.u.k. Kriegsminister die Auffassung, Serbien müsse von der Landkarte verschwinden. Damit gingen sie konform mit der im AOK herrschenden Auffassung der Militärs, die es für unausstehlich hielten, alle zwei oder drei Jahre wegen Serbien zu mobilisieren und in gewissen Abständen womöglich Krieg zu führen. Damit trat in ungeschminkter Form das Existenz-Problem des Vielvölkerstaates hervor:

Das übernationale Großreich war *unvereinbar* mit den Aspirationen der umliegenden Nationalstaaten, die ihr nationalstaatliches Prinzip erst dann erfüllt sehen konnten, wenn sie dem Reich alle Gebiete abnahmen, die von Kon-nationalen bewohnt waren. Die Fortsetzung des Krieges war demnach für die Donaumonarchie ein Kampf gegen den Untergang, der ihr schon Anfang 1916 zugedacht war im Lager der Feinde, und nicht erst in den späteren berüchtigten 14 Punkten des US-Präsidenten Wilson.

Die Kriegsereignisse gaben 1916 zunächst den Berechnungen der Feindstaaten keinen Grund zu übertriebenen Hoffnungen. Am Isonzo kämpften Truppen aus den südslavischen Gebieten der Monarchie mit der gleichen Verbissenheit gegen die angreifenden

Italiener, mit der sich im Vorjahr Serben im Königreich bis zur totalen Niederlage gegen die Truppen der Mittelmächte gewehrt hatten. Das Wort des serbischen Ministerpräsidenten Pasič, gesprochen angesichts der Gebietsstreitigkeiten über Gebiete an der Ostküste der Adria, wonach die dort lebenden Slaven lieber Österreicher bleiben als Italiener werden möchten, stand im Raum. Und der gleiche Konflikt entstand zwischen den aus diesen südslavischen Gebieten Österreich-Ungarns stammenden Exilpolitikern und der Regierung in Rom. Selbst die Tschechen hielten am Isonzo besser aus als im Norden. Ein Bataillon von ihnen wurde das erste des wiederaufgestellten Prager Infanterieregiments Numero 28.

Die Zahl der den Russen in die Hände gefallenen Gefangenen ging bald in die Hunderttausende. Aber nur wenige davon waren auch bereit, noch einmal zur Waffe zu greifen und etwa in einer Tschechoslovakischen Legion gegen die Österreicher-Ungarn zu kämpfen. Die in den USA lebenden Slovaken machten Masaryk Schwierigkeiten bei der Verfassung seines Konzepts für einen tschechoslovakischen Einheitsstaat. So wie im Süden *Kroaten* sich beharrlich weigerten, mit *Serben* in einen Topf geworfen zu werden, ereignete sich ähnliches in den Beziehungen der *Tschechen* zu *Slovaken;* und dabei ist es auch in der 1918 entstandenen ČSR geblieben.

Also Krieg. Das große Geheimnis, das die deutschen Herren beim letzten Besuch ihres Kaisers in Schönbrunn Ende 1915 angedeutet hatten, enthüllte sich. Hindenburg und Ludendorff mit ihrem Vorschlag, zuerst Rußland vollends in die Knie zu zwingen und dann mit gesammelter Kraft die Entscheidung an der Westfront zu erzwingen, scheiterten am starren NEIN des Chefs des Generalstabs des deutschen Feldheeres General Falkenhayn. Er sah in Frankreich den Gegner, der zuerst aus dem Feld geschlagen werden sollte. Mochten sich die Österreicher inzwischen mit der zahlenmäßigen Übermacht der mit Kriegslieferungen Japans sowie der Westmächte aufs neue gerüsteten Russen schlagen – Falkenhayns Plan war tollkühn. Die Deutschen werden die Franzosen an dem Punkt angreifen, wo letztere kämpfen und stehen werden

müssen, bis ihre Armee *ausgeblutet* sein wird. Bei der Festungsstadt Verdun. Dort hat Falkenhayn ein, wie er es sah, nicht über-
mäßig starkes, dafür aber dauerhaftes Feuer angezündet, in dessen Glut das französische Heer langsam zugrunde gehen sollte.
Das Ganze war, anders betrachtet, als eine *Saugpumpe* gedacht,
mit der den Franzosen mit unheimlicher aber unaufhaltsamer
Langsamkeit das Blut aus den Adern gepumpt werden sollte. Im
letzten Drittel des Februar 1916 fing die Pumpe zu arbeiten
an. Den Österreichern war Falkenhayn gram, weil sie sich mit ihren
eigenen Existenzproblemen beschäftigten. Mit dem Kampf am
Isonzo, von dessen Charakter der ehemalige preußische Kriegsminister keine Ahnung hatte. Von den Kämpfen gegen die *Russen,* die sichtlich mit neuen Waffen und neuen Verbänden daran
waren, in Galizien und in Russisch-Polen die Österreicher anzugreifen. Von der *Balkanfront,* wo die sogenannte Saloniki-Armee
der Franzosen und Engländer eine Bedrohung war und die Bulgaren, die seit 1912 ununterbrochen im Feld standen, langsam ermüdeten im Widerstand gegen diese Bedrohung. Und da war die
nicht mehr zu übersehende Gefahr eines Kriegseintritts *Rumäniens.* Der Mißmut, mit dem Falkenhayn den Österreichern begegnete, verwandelte sich in Zorn, als Hötzendorf daranging, seinen Lieblingsplan zu verwirklichen, solange Franzosen und Engländer nicht den Italienern zu Hilfe kommen konnten: der Stoß
aus Südtirol zur Adria, ein riesiges Cannae für die Masse des am
Isonzo stehenden italienischen Heeres. Das Oberkommando
über dieses Unternehmen wurde dem Erzherzog-Thronfolger
Karl zugedacht. Am 15. Mai 1916 schlugen die Österreicher an
der Front in Tirol los. Langsam drang der Angriff gegen die Ebene
vor, für den letzten entscheidenden Stoß wären allerdings Verstärkungen notwendig gewesen. Die Italiener hatten ihrerseits
Truppen vom Isonzo an die Gebirgsfront abgezogen. Ihre Hoffnungen klammerten sich an eine bevorstehende Offensive der
Russen. Und da – am 4. Juni 1916, brach im Osten die Entla-
stungsoffensive der Russen los. Anstatt den Kampf gegen Italien
mit letzter Kraft zum Erfolg zu bringen, mußte der noch disponi-

ble Nachersatz an die Ostfront abgeschoben werden. Bald sollten die Italiener bemerken, daß ihr Gegner ohne Reserven kämpfte, ja sogar Truppen von der Südwestfront an die Ostfront abziehen mußte. So wie 1914 die Russen die Franzosen vor einer Katastrophe durch ihren Opfergang gerettet haben, kam diesmal ihre Hilfe Italien zugute.

Was im Sommer an der Ostfront geschah, ist unlösbar mit dem Namen des russischen Generals Brussilov verbunden. Brussilov, der seine soldatischen Fähigkeiten Rußland zur Verfügung stellte, gleichgültig, welches Regime in Petersburg (seit 1914 nur mehr Petrograd) am Ruder war. Demnach hat er sich selbstverständlich auch dem Sowjetregime zur Verfügung gestellt und dieses 1920 beim Angriff auf Polen beraten; 1926 starb Brussilov, der zuletzt Vorsitzender des Militärrates der UdSSR war.

1916 sollte der Hauptangriff der Russen Wilna gelten. Die Armee Brussilov war nur für ein Begleitunternehmen gedacht, das die Aufmerksamkeit ablenken sollte vom Hauptangriff. Im Westen sollten die Deutschen zugleich an der Somme in eine Materialschlacht von nie gekannten Ausmaßen verwickelt werden. Brussilov gelang es am sechsten Kampftag, die Linien der k.u.k. 4. Armee bei Luck im südlichen Russisch-Polen zu durchbrechen. Auch die südlich davon stehende 1. k.u.k. Armee kam ins Wanken. Wieder war es notwendig, die deutsche OHL um Korsettstangen anzugehen, und so gelang es, wenigstens in Südpolen den Kampf zum Stehen zu bringen. Wäre Brussilov am Höhepunkt seines Angriffs scharf nach Süden gestoßen, wäre Lemberg in seine Hände gefallen, wären seine Truppen im Rücken der noch in Ostgalizien stehenden Österreicher vorgedrungen.

So aber schlugen die Russen mit starker Übermacht in der Bukovina los. Die ganze Bukovina ging verloren, dort mußte die Front bis auf die Höhenkämme der Karpaten zurückgenommen werden. Die von der Südwestfront herangeholte 3. k.u.k. Armee konnte eine entstandene Frontlücke nicht mehr ganz schließen. Ende Juli fiel die Front in Galizien bis auf Kolomea zurück. Brody und Stanislau gingen verloren, ein neuer Strom jüdischer Flüchtlinge langte in Wien ein.

Die Verluste der Österreicher waren furchtbar: 475 000 Mann. Darunter 265 000 Gefangene. Den zu Hilfe eilenden Deutschen schien es, als ob die slavischen Truppenteile ihrer Verbündeten überhaupt nur mehr auf seiten der Feinde mitzumachen bereit wären. Hötzendorf mußte sich dem fügen, wogegen er sich lange, wohl auch zu lange, gewehrt hatte: Die ganze Ostfront der Mittelmächte, die Heeresgruppe Erzherzog Karl ausgenommen, kam unter die oberste Leitung Hindenburgs.

Franz Joseph erlebte in Schönbrunn die wochenlang andauernde Krise mit wachsender Besorgnis. Zu allem kam noch ein Erfolg der Italiener, der erste in diesem Krieg: Im August 1916 konnten sie das total zerstörte Görz besetzen, die blutigen Höhen des Doberdo mußten geräumt werden, der Durchbruch auf Triest war nun mehr als ein Plan des italienischen Oberkommandos. Waren die Verluste der Österreicher-Ungarn bei Luck enorm, so waren jene des deutschen Heeres bei Verdun quasi *vorsätzlich* riskierter Einsatz. Bei Verdun hatten die beiden gegeneinander kämpfenden Heere insgesamt eine Million Verluste, davon 250 000 Tote. Nur eine einzige Höhe blieb nach dem Versagen der berüchtigten Blutpumpe als Eroberung in deutscher Hand. Noch dazu ging die Initiative an der Westfront an die verbündeten Engländer und Franzosen über. An der *Somme,* in der Picardie, wollten sie nach einer ganz neuen Angriffsmethode die Westfront der Deutschen zermalmen. Nur 80 Kilometer Angriffsbreite. Stundenlanges Trommelfeuer auf die deutschen Stellungen. Massenverwendung überlegener Luftstreitkräfte. Und Masseneinsatz von Gasmunition. 80 Angriffsdivisionen. Die Kämpfe dauerten vom Juli bis in den November 1916. In viereinhalb Monaten büßten die Truppen der Westmächte 1 250 000 Mann ein. Die Verluste der Deutschen waren gleichfalls schwer. An der Somme verloren sie so viele Geschütze wie die Österreicher bei Luck. Aber es gelang den 75 deutschen Divisionen, den erhofften Durchbruch von zuletzt 107 Divisionen der Angreifer in der Tiefe des Kampffeldes, also unter Geländeverlust, aufzuhalten. Nach der Sommeschlacht waren die Westmächte auf den Kriegseintritt der USA angewiesen, allein konnten sie die Deutschen nicht niederringen.

Franz Joseph trug unausbleiblichen Notwendigkeiten bewußt Rechnung. Angesichts des zu erwartenden Kriegseintritts Rumäniens stimmte er zu, daß die Mittelmächte und ihre Verbündeten eine *gemeinsame Oberste Kriegsleitung* schufen. Höchste Befehlsstelle war der Deutsche Kaiser, sein ausführendes Organ der Chef des Generalstabs des deutschen Feldheeres. Falkenhayn wurde durch Hindenburg ersetzt, diesem General Ludendorff als 1. Generalquartiermeister beigegeben. Nun hing alles davon ab, wie das neugeschaffene System, das nicht nur für die Front, sondern auch für das Hinterland seine Bedeutung bekam, funktionierte. Franz Joseph war von deutscher Seite zugesagt, daß der Deutsche Kaiser in allen Fällen, die ganz besonders die Monarchie betrafen, *vorher* mit Schönbrunn das Einvernehmen herstellen würde. Hötzendorfs Zeit ging zu Ende.

Gegen die 1916 mit Übermacht in Siebenbürgen hereinbrechenden Rumänen konnten die Österreich-Ungarn 34 000 Mann ins Feld stellen. Die Angreifer waren um das Zehnfache überlegen. In Nord-Siebenbürgen kommandierte General Arz, im Lande geboren und wie keiner geschaffen, den hinhaltenden Widerstand zu leiten. Die Rumänen hofften am 39. Kriegstag im ungarischen Debreczin zu sein, aber sie waren nach vier Wochen noch fernab von diesem Ziel und auf dem Rückzug. Inzwischen hatte sich über ihnen ein furchtbares Gewitter zusammengebraut. In Siebenbürgen sollte Arz die Rumänen in die Moldau zurückdrängen. Südlich davon, Richtung Walachei, hatte Falkenhayn eine Gelegenheit, seine *operative* Begabung voll einzusetzen. Von Süden, über die Donau, kam Mackensen mit einem gemischten Verband aus Österreichern, Bulgaren und Türken. Die Masse aller Truppen stellte Österreich-Ungarn.

Franz Joseph war es nicht mehr gegönnt, die Auswertung der Siege der Verbündeten und die Eroberung von Bukarest, das am 6. Dezember 1916 fiel, zu erleben. Rumänien wird als Kriegsfaktor ausscheiden, eine letzte Front nur mehr mit russischer Hilfe aufbauen und so in den Sog der Katastrophe Rußlands im Jahre 1917 gezogen werden.

In Wien hatten inzwischen ehrenwerte, gebildete Herren andere

Sorgen. Sie vermißten die sogenannte parlamentarische Arbeit, sie versprachen sich von einem Zusammentreten des im Frühjahr 1914 vom k.k. Ministerpräsidenten heimgeschickten Hohen Hauses eine letzte Chance. Schon kursierte die Version, die Feindmächte würden nie mit einem *absolutistisch* regierten Österreich-Ungarn Frieden schließen; würde man aber dieses in Wien und Budapest amtierende System durch eines nach den Gesetzen der *parlamentarischen Demokratie* ersetzen, dann werde dem nicht nur eine Befriedung des Nationalitätenkampfes im Innern, sondern auch der Friede dem Krieg folgen. In zahlreichen Konventikeln wurde dieses Thema erörtert. Daß Franz Joseph seine Arbeitszeit nicht dem Anhören der Projektemacher, die als Politiker vor und nach 1918 fast alle versagten, schenkte, wurde ihm später arg angerechnet.

Anfangs November ergriffen drei ehrenwerte Männer die Initiative: Gab die Regierung nicht den Ideen besagter Konventikel nach, dann sollte eben die Öffentlichkeit, mitten im Krieg, alarmiert werden. Das geschah um die gleiche Zeit, da man in Frankreich sich anschickte, die Demokratie eine zeitlang in den Winkel zu stellen und dem Tiger, wie man Georges Clémenceau nannte, eine faktisch ausgeübte Diktatur zu ermöglichen. Bei den drei in Wien tätigen Herren handelte es sich um einen Professor für Völkerrecht von internationalem Ruf, einen Vertreter des Faches Strafrecht und einen Privat-Dozenten, der sich vor dem Krieg mit einer bemerkenswerten Arbeit über die byzantinische Verfassung im Italien um die Zeit von 540–750 habilitiert hatte. Die von den drei Herren gedachte Versammlung zugunsten der Aktivierung der parlamentarischen Demokratie in Österreich wurde untersagt von den Behörden. Das geschah im letzten Lebensmonat Franz Josephs. Das Verbot der Kundgebung sollte gerächt werden:

Am 21. Oktober 1916 ging der k.k. Ministerpräsident Graf Stürgkh seinen gewohnten Weg zum Mittagstisch ins Hotel »Meißl und Schadn«. Dort sollte das stattfinden, was man später ein *Arbeitsessen* nennen wird, denn der Ministerpräsident war mit dem in diplomatischen Diensten stehenden Bruder des seinerzeitigen Ministers Aehrenthal sowie dem Statthalter von Tirol verabredet. Auf dem Weg vom Büro im Palais Modena in der Herrengasse zum Hotel auf dem Neuen Markt schlenderte hinter dem Ministerpräsidenten der diesem von der k.k. Polizei-Direktion Wien zum Schutz vor Belästigungen beigegebene Kriminalbeamte her. Der Graf setzte sich mit den beiden Herren zu Tisch, der Kriminalbeamte musterte nicht erst die Gäste des Lokals, sondern trachtete, in der sogenannten Schwemme des Hotels ein gutes, billiges Essen zu kriegen.

Als der Ministerpräsident bei Tisch saß, bemerkte er einen jüngeren Mann, der auf ihn zukam. Es war der ihm per Renommee bekannte Sohn des Führers der deutschen Sozialdemokraten Doktor Adler. Dieser war Gegenstand des Stolzes seines Vaters und zugleich Ursache mancher Sorgen. Denn Friedrich Adler hatte in Zürich eine aussichtsreiche wissenschaftliche Karriere begonnen, war hochbegabt in seinem Fach, in politicis aber ein exaltierter Wirrkopf. Der Graf erhob sich höflicherweise, um den Ankommenden zu begrüßen, aber dieser schoß den Grafen auf kürzeste Distanz nieder.

Was folgte, übertraf noch die betulich geübte *Unauffälligkeit*, die nach dem Mord in Sarajevo geübt wurde. Nur kein Aufsehen, das könnte unruhige Elemente auf den Plan rufen. Es wäre denkbar gewesen, daß dem Tun der Professoren und dem Mord am Ministerpräsidenten eine patriotische Kundgebung gefolgt wäre, wie das in Paris oder London zur Bestärkung der nationalen Solidarität üblich ist. Das zustande zu bringen wäre dem christlichsozialen Bürgermeister von Wien nicht unmöglich gewesen. Aber es geschah nichts dergleichen. Vielmehr wurde das falsche Gerücht verbreitet, Franz Joseph hätte die Nachricht vom Tod seines k.k. Ministerpräsidenten, der doch für das gerade stand in der Öffentlichkeit, was Maxime des Kaisers war, gesagt:
»Wieder einer, der mich *hintergangen* hat ...«
Als ob es nicht des Kaisers unwiderlegbare Einsicht gewesen wäre, daß in der Endzeit seines Reiches dieses weder in Wien noch in Budapest nach den Spielregeln der parlamentarischen Demokratie zu regieren war. Graf Stürgkh war weder ein Klerikaler noch ein penetranter Schwarz-gelber, schon gar kein Diktator. Der Her-

kunft nach war er wohl einer der steirischen Liberalen, die in diesem Land nach den von Erzherzog Johann hinterlassenen Traditionen heranwachsen. Seit 1891 ist er, mit einer kurzen Unterbrechung, Abgeordneter zum Reichsrat in Wien gewesen, zuerst im Abgeordnetenhaus, nachher als Mitglied des Herrenhauses; jeweils im Verband der Vereinigten Linken, der Liberalen. Vor der Berufung zum k.k. Ministerpräsidenten im Jahre 1911 hat er das k.k. Ministerium für Kultus und Unterricht geleitet. Man wird ihm zugute halten müssen, daß er als jahrzehntelanger Tatzeuge des im Hohen Haus am Franzensring aufgeführten Theaters nur wenig Zuversicht in die Fähigkeiten und den Willen der Parlamentarier hatte, die Monarchie zu retten.

Franz Joseph überstand diese Katastrophe ohne jene Schockwirkung, die später streßgeplagten Jungpolitikern soviel zu schaffen machte. Er ernannte einen Routinier zum zweiten Mal zum Ministerpräsidenten, wissend, daß nicht dessen Regierungen, sondern nur mehr *er* die Last der Regierung bewältigen konnten nach der berühmten Formel: Solange er lebt. Er, der alte Kaiser.

Am 10. November 1916 erreichte den bei der Armee an der Front gegen Rumänien befindlichen Erzherzog-Thronfolger ein Hoftelegramm, das allerurgentest die Rückkehr des Erzherzogs und Armeekommandanten nach Wien anregte. In Wien angekommen, fand der Thronfolger einen von Bronchitis geplagten Großonkel, der anstandslos den täglichen Dienst als Kaiser von Österreich besorgte und, im Gegensatz zu vielen seiner Beamten, keine Aktenrückstände auf seinem Schreibtisch in Schönbrunn duldete, es seinen Ministern sagte, was er von ihnen erwarte und darüber Rapport verlangte.

Das einzige in Österreich lebende Kind des greisen Monarchen, Marie Valerie, Mutter seiner Enkel, teilte den noch da und dort vorhandenen Glauben in die unzerstörbare Gesundheit ihres Vaters nicht mehr ganz. Es war noch jene Zeit, da Großfunktionäre in Staat und Kirche nicht im vorgerückten Alter die Möglichkeiten eines Pensionsalters genossen, sondern, wie man sagte, in den Sielen starben. An der Front in Tirol standen uralte Standschützen, an denen sich der Kaiser ein Vorbild nahm und für die der greise Franz Joseph Vorbild blieb. So kam es, daß der Tag, an dem Franz Joseph zum letzten Mal Dienst machte, sein Sterbetag wurde. Tag eines Sterbens ohne jene Dramatik und Aufgeregtheit, die später das natürliche Ende eines Menschen umgeben werden. Fiebernd saß der Kaiser am 21. November 1916 an seinem Schreibtisch in Schönbrunn. Manchmal nickte er ein, dann schreckte ihn der Gedanke auf, daß er sein Tagespensum noch nicht erledigt hatte. Der Leibarzt erschien im Gehrock und der Kaiser tat nicht der Legende Genüge, wonach er ärztliche Hilfe, die ihm nicht vom Arzt im Frack erwiesen wurde, zurückgewiesen hat.

Franz Joseph erwartete nicht den Tod, der schon die Stiegen heraufkam ins Schloß. Noch herrschte die veraltete, barbarische Sitte, einem Sterbenden die Sakramente zu verleihen. Franz Joseph hätte es nicht zugegeben, daß es für ihn an der Zeit war, sich *versehen* zu lassen, wie man sagte. Man versuchte es mit einem Trick, der gelang. Es seien die Segenswünsche des Papstes angekommen und es sei üblich, daß der Empfänger vorher kommuniziere.

Man holte den Burgpfarrer. Der erschrak, als er den Zustand seines Kaisers sah. Der Kaiser beichtete und empfing die Kommunion. Nachher setzte er sich an seinen Schreibtisch. Manchmal duldete er es, daß der diensthabende Flügeladjutant bei der Approbation manipulierte. Und so geschah es, daß der Kaiser zuletzt etwas tat, was er sich ansonsten nie erlaubt hätte: Er erbat einen Rat von einem Unzuständigen. Der Adjutant sollte ihm sagen, ob es anginge, einer Kindsmörderin die Todesstrafe nachzusehen.

Die Mama hat einmal die Kinder gelehrt, das Nachtgebet kniend zu verrichten; im Bett gingen die Bitten in die Tuchent. Nur an seinem Todestag unterließ es Franz Joseph, sich niederzuknien. Aber – er betete. Schon gebettet, sagte er:

»Morgen um *halb vier* wecken ...«

Wecken war in seinem Fall um *vier Uhr.* Aber es lagen unerledigte Geschäftsstücke auf dem Schreibtisch und die sollten erledigt sein, wenn am 22. November 1916 die Akten aus der Stadt kamen und der Kaiser seine Erledigungen ablieferte.

Das Schlafzimmer füllte sich mit Menschen, Menschen, die dem Kaiser nahestanden, die ihm aber so fremd bleiben mußten, wie einem Menschen, der in seinem Kreis *als einziger seiner Generation überlebt,* die Mitlebenden auf Distanz bleiben. Leise kam der Tod. Der Arzt erwies dem Nachfolger mit der Todesmeldung zugleich die erste Ehrenbezeigung, die einem Kaiser gebührte. Marie Valerie drückte dem Vater die Augen zu. Das Zimmer leerte sich und die alt und müde gewordenen Bediensteten der Kammer blieben um ihren toten Herrn. Auf der Brust des Toten lag eine Rose. Der junge Monarch, Kaiser Karl I., hatte die ins Schloß gekommene Gnädige Frau, Katherina Schratt, ans Totenbett geleitet. Von ihr stammte der Blumengruß.

Nun lebte er nicht mehr. Die Uhren gingen nicht mehr lange Zeit wie ehedem. Einige gingen nicht mehr. Ein unheimliche Einsamkeit umfing den Rest des uralten Reiches, bei dessen Verteidigung sich der Nachfolger Karl I. verzehrte. Um im letzten Kampf um die Monarchie zu fallen. Nicht vor dem Feind, sondern in einem Exil, dessen Ärmlichkeit die völlige Bedeutungslosigkeit des untergegangenen Reiches und seines letzten Monarchen vor der Welt der Sieger und ihrer neuen Mitläufer sichtbar machen sollte.

An einer Wand des alten Marinefriedhofs in Pola befindet sich eine Gedenktafel für den k.u.k. Linienschiffskapitän Janko Vuković de Podkapelski, womit dessen Witwe bestätigt, dieser hätte am 1. November 1918 als Kommandant SMS »Viribus Unitis« im Hafen von Pola den Heldentod gefunden. Bei allem Respekt vor der Trauer und der Loyalität der Witwe muß dem Text der Inschrift entgegengehalten werden, daß er nicht der Wahrheit entspricht. Denn zu Allerheiligen 1918 ertrank im Hafen von Pola kein k.u.k. Linienschiffskapitän der bestandenen k.u.k. Marine; es sank auch nicht SMS »Viribus Unitis«; vielmehr wurde das Flaggschiff des in Gründung befindlichen Staates der Serben, Kroaten und Slovenen »Jugoslavija« von einem Sprengkommando des mit dem neuen Staat verbündeten Italien vernichtet. Dabei wurde der provisorische Oberkommandant der dem fraglichen neuen Staat von Kaiser Karl I. überlassenen k.u.k. Marine, besagter Vuković, im Wasser schwimmend von einem der Trümmer des vernichteten Schlachtschiffes so schwer getroffen, daß er sich nicht länger über Wasser halten konnte. Das so zugrunde gegangene Schiff hieß, wie gesagt, »Jugoslavija«, allerdings nicht einmal einen Tag lang.

Am Allerheiligentag 1918 kämpften noch da und dort kleine Nachhuten der Kaiserlichen gegen die Feinde des im Untergang befindlichen Reiches Österreich-Ungarn. Es ging ihnen dabei nicht um die Erfüllung der Parole: Siegen oder Sterben. Sie wollten sich mit den ihnen verbliebenen Waffen gegen die Gefangennahme durch die Truppen der sogenannten Alliierten und assoziierten Mächte wappnen. Noch bestand im völkerrechtlichen Sinne der alte Staat, da begannen schon die Nachfolgestaaten und Erbschleicher desselben ihre nie bereinigten gegenseitigen Ansprüche mit Waffengewalt untereinander auszutragen. Die Italiener, denen die Präsenz eines Staates der Südslaven am Ostufer der Adria nie genehm war und noch weniger eine Flotte dieses Staates in der Stärke der bisherigen k.u.k. Marine, führten den ersten Streich. Und während in Padua die italienische Heeresleitung noch namens besagter alliierten und assoziierten Staaten mit der vom österreichischen AOK entsandten Waffenstillstandsdelegation verhandelte, fielen die ersten Opfer in den Kämpfen der Erben des alten Österreich. Was geschah am Allerheiligentag 1918 in Pola?

Am Tag vorher liefen aus dem Arsenalhafen von Venedig das italienische Torpedoboot 65 PN und das MAS 65 aus. Sie sollten den erstmaligen Einsatz eines von zwei Marineuren gelenkten Spezialtorpedos ausführen. Die italienische Seekriegsleitung wollte nämlich unter allen Umständen verhindern, daß sich der in Gründung befindliche Staat der Südslaven der k.u.k. Marine bemächtigt. Daß diese Marine an eben diesem Tag von Kaiser Karl I. besagtem Staat geschenkt wurde, war in Italien freilich noch nicht bekannt.

Den *erstmaligen,* unerhört kühnen Anschlag führten der Marine-Genie-Oberstleutnant Raffaele Rosetti und der Marine-Fregattenarzt Raffaele Paolucci aus. Sie sollten von den im Kriegshafen Pola vor Anker liegenden Schiffen durch die Anbringung von Sprengladungen unter der Wasserlinie möglichst viele zugrunde befördern. Nach Erfüllung des Kampfauftrags sollten die beiden Marineure an Land gehen, und das womöglich in den von den Italienern eroberten Küstengebieten.

Der Anschlag gelang dank der beispiellosen Kühnheit der Angreifer. Es war ihnen allerdings leicht, das bisherige Flaggschiff der k.u.k. Marine »Viribus Unitis« auszunehmen, da dieses friedensmäßig hell erleuchtet war. Andere Kriegsschiffe lagen abgedunkelt in der nebeligen Finsternis des Hafens. Nachdem die beiden Angreifer die Sprengladung an der vermeintlichen »Viribus Unitis« unter Wasser angebracht hatten, wurden sie beim Auftauchen von Scheinwerfern des Schiffes erfaßt. Eine Barkasse brachte sie an Bord des Schiffes, wo die Besatzung die Offiziere einer assoziierten Macht freudig begrüßte. Die Italiener waren erstaunt, an den Mützen der Besatzung Kokarden in den serbischen Farben zu erblicken. Sie beeilten sich, ihre Waffenbrüder davon in Kenntnis zu setzen, daß das Schiff binnen zwei Stunden untergehen würde.

Darauf befahl der Schiffskommandant, besagter Vuković de Podkapelski, in deutscher Sprache:

»Schiff verlassen.«

Die beiden Angreifer legten ihre Gummianzüge ab und wiesen sich mit ihrer Uniform als königlich italienische Offiziere aus. Sie sagten, es befänden sich in der Stadt Pola Kollaborateure ihres Unternehmens. Die von Bord gegangenen Besatzungsmitglieder nahm ein Schiff auf, das bisher SMS »Tegethoff« hieß. Als nach zwei Stunden auf dem verlassenen Schiff noch immer keine Explosion erfolgt war, gingen Offiziere und Mannschaft wieder an Bord. Nun wußten die beiden Italiener schon, daß sie nicht die »Viribus Unitis« angegriffen hatten, sondern ein Schiff, das »Jugoslavija« hieß, ein Kriegsschiff eines kriegsverbündeten Staates. Die Mannschaft des vom Untergang bedrohten Schiffes hatte inzwischen die in der Nacht erworbene Weinlaune eingebüßt. Sie wollten die beiden Italiener in eine Kabine sperren, damit sie zusammen mit dem Schiff untergehen. Der Schiffskommandant verhinderte diesen Mord, er ließ zum zweiten Mal räumen. Der Allerseelentag 1918 brach an und die Besatzungen der im Kriegshafen Pola befindlichen Schiffe sahen, wie nach 06 Uhr 40 das Flaggschiff mit wehender serbischer Flagge versank.

Der Nachfolgestaat der Südslaven sollte überhaupt keine Freude mit seiner Seemacht an der Adria haben. Alsbald erschienen italienische Kriegsschiffe in Pola und auf allen Schiffen der bestandenen k.u.k. Marine wurde die Flagge des Königreichs Italien gesetzt. Schließlich wurden nach einiger Zeit die Schiffe nach Malta geleitet. Den Südslaven und ihrem neuen Staat verblieben nur einige *bereits kampfunfähige* Torpedoboote und andere Schiffe, mit denen der neue Staat keinen Staat machen konnte zur See. Das war der erste Kampf der Italiener mit den Jugoslaven auf dem Gebiet der bestandenen Donaumonarchie.

Nicht nur die Marineure, auch Angehörige des Landheeres fanden nach Eintritt des in Padua am 3. November 1918 endlich ausgehandelten Waffenstillstands keine Gelegenheit, die Waffen niederzulegen. Als erste rückten Kampfverbände des nachher, am 1. Dezember 1918, ausgerufenen Königreichs der Serben, Kroaten und Slovenen in Österreich ein. In Deutsch-Österreich, wie dessen erster Kanzler den im übrigen zum Teil der Deutschen Republik erklärten Nachfolgestaat der Deutschen der Donaumonarchie nannte. Einen Staat mit der Bezeichnung Deutsche Republik, der in der Gründungsurkunde Deutsch-Österreichs nach der Formulierung Karl Renners genannt wird, hat es nie gegeben. Etwa 14 Tage nach der Tragödie im Kriegshafen Pola, bei der viele ehemalige k.u.k. Marineure den Tod fanden, rückten Truppen des in Gründung begriffenen Königreichs der Südslaven in Steiermark und Kärnten ein. Unter ihnen befanden sich nur wenige in den Uniformen der serbischen Armee; die meisten trugen Uniformen und Waffen der bestandenen Kaiserlichen, allerdings mit anderen Kokarden und sonstigen Symbolen. Ihr Kampfauftrag lautete: gegen die Österreicher.

Mit diesem Kampfauftrag griffen Angehörige des bisherigen k.u.k. Infanterie-Regiments Numero 17 an; letzter Inhaber des Regiments ist Kronprinz Otto gewesen, daher damals die Bezeichnung Carevica polk. Hinzu kamen Teile der früheren 97er aus Belovar, der 26er aus Marburg und Angehörige diverser Schützen- und Jägereinheiten der Kaiserlichen. Auch längst abgesessene Dragoner taten mit. Und natürlich Artillerie, die bis unlängst den Tag von Königgrätz 1866 als gemeinsamen Regimentstag feierte.

Nicht anders war es bei den Deutsch-Österreichern. Als erste kämpften Angehörige des Gebirgsschützenregiments 1, von dem (wie es Franz Coskor in seinem Bühnenstück 3. NOVEMBER 1918 beschreibt) einige beim nunmehrigen Feind mitmachten. Und da war das Kärntner Regiment Numero 7, als Khevenhüller eines der unersetzlichen Traditionsregimenter der Kaiserlichen. Dazu Männer vom Feld-Jäger-Bataillon 8; Artilleristen mit ihren Geschützen; Freiwillige und Mutwillige, die noch nicht dabei waren im Krieg; Heimatwehren.

Und es standen, auf beiden Seiten, neben Mannschaften und Subaltern-Offizieren, Stabsoffiziere, Generale und Angehörige des k.u.k. Generalstabs von ehedem. Die Deutsch-Österreicher, unter denen sich keine Volkswehr befand, nachdem sich die aus

Wien geschickten Formationen bald entfernten, kommandierte der bisherige k.u.k. Oberstleutnant Hülgerth, jetzt bald Landesbefehlshaber in Kärnten. Drüben erschien zur allgemeinen Überraschung der gewesene Oberstleutnant im bestandenen k.u.k. Generalstab Kvaternik, Träger vieler Kriegsauszeichnungen, darunter des EK I von 1914.

Hinter Kvaternik war ein von Linksradikalen verbreitetes Gerücht her, wonach er sich nach 1915, während der Besetzung Serbiens, in grausamer Weise gegen Serben betragen haben soll. Mag das unzutreffend sein, es wird später seinem Sohn vorbehalten sein, im Kampf mit Tito-Partisanen den Kommunisten keine Grausamkeit schuldig zu bleiben. Kroaten hatten in Jugoslavien nach 1918 keine gute Zeit. Die These, wonach Kroaten und Serben ein und dieselbe Nation bildeten, kam in Kroatien nicht an. In Kroatien und Serbien, vor allem im Parlament in Belgrad, wurden die Auseinandersetzungen zwischen Kroaten und Serben mit jenen Methoden ausgefochten, die man vor 1918 in Wien die balkanischen hieß. 1928 wurde der Führer der Kroatischen Bauernpartei während einer Sitzung der Skučina von einem fanatisierten Serben erschossen. Im selben Jahr eröffneten die Kroaten in Agram ihr eigenes Parlament, worauf der König in Belgrad die Verfassung brach und fortan als Diktator regierte. Kroaten rächten sich an ihm, indem sie ihn 1934 während eines Staatsbesuchs in Frankreich erschossen. Um diese Zeit gab es schon in Kroatien die ersten Ustaša-Verbände, Banden, die mit den auf dem Balkan üblichen Methoden gegen die Feinde eines eigenständigen Kroatien kämpften. Belgrad hatte es mit seinem angeblichen Nationalstaat, der sich als ein von wüsten Nationalitätenstreitigkeiten erfülltes Gefüge erwies, noch schwerer als ehedem Österreich-Ungarn; wo unter Franz Joseph derlei blutige Auseinandersetzungen auf einzelne Terrorakte unter verfeindeten slavischen Brüdern beschränkt blieben. Vom Mord in Sarajevo abgesehen.

Im Mai 1919 machte das XXIII. italienische Korps in Kärnten den Kämpfen der Kameraden von Gestern ein Ende. Es schob sich zwischen die Kampflinien und machte so einen Weg frei für die Ausübung des berühmten Selbstbestimmungsrechtes in Teilen

Südkärntens. Große Teile von Südkärnten und Südsteiermark waren freilich schon einkorporiert in den neuen Staat der Südslaven. Die in Südkärnten nachher erfolgte Abstimmung betrog die Erwartungen Belgrads ebenso, wie der erhoffte Besitz der k.u.k. Marine ausblieb. Italien übernahm es, die Mächtigkeit der Staatswesen am Ostufer der Adria, Jugoslavien, Albanien und Griechenland, in engen Grenzen zu halten. In Rom träumte man vom Mare nostro.

Während im Süden mit dem Schießen aufgehört wurde, erwies es sich im Norden, daß die Schöpfer der ČSR von 1918 mit dem Unsinn vom Selbstbestimmungsrecht der Völker, wie sie vielfach das Geschenk der USA an Europa ansahen, nicht fertig wurden. Im Mai 1918 gelang es Masaryk, einen Vertrag mit den in den USA lebenden Slovaken, besser mit ihren Politikern, zu schließen; dieser Vertrag sicherte den Slovaken eine gewisse Autonomie im Verband der künftigen ČSR zu. Nach Ausrufung der ČSR, am 28. Oktober 1918, wurde dieser Vertrag von der Regierung in Prag unter Masaryk und Beneš gebrochen. Gelöst war damit das Problem einer Autonomie für die Slovakei nicht.

Noch übler erging es den Deutschen in der ČSR. Karl Renner hat sie für eine im Jänner 1919 anberaumte Wahl zur Konstitutionierenden Nationalversammlung Deutsch-Österreichs aufgerufen und dabei auf das von Wilson versprochene Selbstbestimmungsrecht der Völker verwiesen. Die Regierung in Prag gestattete in Böhmen, Mähren und Schlesien derlei Wahlbeteiligungen selbstverständlich nicht. Auch in Tirol südlich des Brenners, seit 1918 von Italien besetzt, aber noch nicht annektiert, kam es nicht zu der von Karl Renner gedachten Wahlbeteiligung. Die Südtiroler konnten unter der schweren Last der militärischen Besetzung durch italienische Truppen keinen Widerstand leisten. Die Deutschen in der ČSR, immer mehr nannte man sie unzutreffenderweise Sudetendeutsche, glaubten mit ihrer Millionenbevölkerung den Kampf aufnehmen zu können.

Ein Versuch sudetendeutscher Führer, mit der Regierung in Prag zu verhandeln, wurde von einem der Herren mit den Worten: »Mit Rebellen verhandeln wir nicht«, schroff zurückgewiesen. Also gingen die Sudetendeutschen in die in einer Demokratie als Stätte politischer Willensbezeigung und -bildung anerkannte *Öffentlichkeit*. Als Tag dafür war der 4. März 1919 ausersehen.

Im böhmischen Kaaden und im mährischen Sternberg sowie in Kaplitz rückte das Militär der ČSR gegen die Demonstranten aus. Noch immer trug dieses Militär die alten Uniformen, sie schossen aus österreichischen Mannlicher-Gewehren auf die Demonstranten. 54 Deutsche fielen an jenem Tag im März 1919, das damals vergossene Blut hinterließ eine Spur, die nie mehr gelöscht werden konnte in der ČSR von 1918. Im Heer der ČSR ist ein Drittel der Offiziere ehedem bei den Kaiserlichen gewesen. Ohne dieses geschulte Offizierskorps wäre es der ČSR gar nicht möglich gewesen, dem Staat von 1918 jene bewaffnete Macht zur Seite zu stellen, die sich bald als dringend notwendig erweisen sollte im Kampf mit Ungarn. Generalstabschef dieser Armee war, bis das von Paris abgestellt wurde, der frühere k.u.k. General Franz Podhaysky.

Ein anderer *dies ater* in der ČSR brach an. Auf dem Wenzelsplatz in Prag standen Kinder mit Verbänden an den Köpfen. Gefragt, was ihnen geschehen sei, sagten sie, ihnen wären in der Stadt Eger von Deutschen die Ohren abgeschnitten worden. So wie im Falle der angeblich belgischen Kindern von deutschen Soldaten abgehackten Finger, geschehen 1914, erwies sich fünf Jahre später diese schauerliche Propaganda auch in der ČSR als wirksam. *Es sollte sich etwas tun* und der Volkszorn sollte jeden Widerstand der Betroffenen vorweg ausschalten:

Die Tore des Deutschen Theaters in Prag wurden aufgebrochen. Lastwagen fuhren vor und brachten die Ausstattung für die Aufführung der tschechischen Nationaloper »Die verkaufte Braut«. Und mit der Aufführung dieses Werkes wurde die Eroberung des Theaters sinnfällig gemacht. Wo waren die Zeiten, da im Auftrag Kaiser Karls I. am Wiener k.k. Hofoperntheater Janáčeks Oper »Jenufa« mit der aus Brünn gekommenen Jeritza, recte Maria Jedlitzka, aufgeführt wurde; um der Musikalität des tschechischen Volkes inmitten von Nationalitätenstreitigkeiten am Hoftheater Reverenz zu erweisen?

Es dauerte nicht lange und die Regierung der ČSR mußte auf jene Sudetendeutschen reflektieren, auf die man unlängst geschossen hat. In Budapest gelang es nach Kriegsschluß dem in Rußland von Bolschewisten geschulten Bela Kun eine Diktatur im Sinne Lenins aufzurichten. So wie in Petersburg der liberale Ministerpräsident Kerensky den Kommunisten den Weg freigegeben hat, hat es in Budapest der noch von Kaiser Karl berufene liberale Graf Karoly getan. Unter ihm wurde am 16. November 1918 die Republik Ungarn ausgerufen. Das Volk wurde, wie bei solchen Anlässen üblich, nicht viel gefragt. Im März tat Karoly gut, sein Regime aufzugeben. Angeblich tat er das aus Protest dagegen, daß Rumänien Siebenbürgen – auch ohne Volksabstimmung – annektiert hat. In Wirklichkeit lief der Graf vor Bela Kun davon. Und so wie 1792 das deroutierte Frankreich mit einer in Wien überreichten Kriegserklärung den Unmut der Hungernden ablenkte und in Haß gegen die Österreicher verkehrte, geschah es 1919 im kommunistischen Ungarn. Bela Kun erklärte der ČSR den Krieg. In Rußland hat der kaiserliche General Brussolov nach 1917 seine Fähigkeiten den Bolschewiken zum Kampf gegen äußere Feinde geliehen; gleiches taten viele Offiziere in Ungarn; *sie waren keine Kommunisten,* aber sie haßten die Tschechen und wollten an ihnen Rache nehmen für den verlorenen Krieg. Regimentskommissar in der Bolschewistenarmee Bela Kuns war der später über die Maßen gerühmte Vertreter eines angeblich humanen Kommunismus, Lukács György. 1919 störte ihn der unter Bela Kun in der Heimat geübte Terror an Landsleuten nicht so sehr wie später, nach 1945, die Zustände in der damaligen Freien Welt des Westens. In der ČSR waren es die Sudetendeutschen, die Einberufungsbefehlen Folge leisteten, während Kommunisten vom Typ des legendären Schwejk diese meistens nur als Toilettenpapier verwendeten. Genossen schießen nicht auf Genossen.

Alle Aufrufe, alle Beschwörungen des Rebellensinns der Magyaren nutzten Bela Kun nichts. Denn im April 1919 marschierten die Rumänen. Der Traum von der Rückeroberung der Slovakei für Ungarn blieb unerfüllt, bis ihn Adolf Hitler 1938 aufnahm und zum Teil erfüllte.

Wer weiß, ob die 1917 total im Feld besiegten Rumänen 1919 bis Budapest gelangt wären. Die Beschreibung ihrer Operationen hörten sich an wie eine Schwejkiade auf Rumänisch. Immerhin waren aber noch Teile der 1918 am Piave eingesetzten 7. k.u.k. Infanterie-Division in Siebenbürgen intakt oder greifbar. Als königlich rumänisches Infanterie-Regiment Numero 90 wurde der Haufen vorwärts beordert. Es brauchte Monate, bis man im November 1919, Bela Kun war schon über alle Berge, in Budapest einrückte. Auch in Rumänien gab es eine Legion so wie die Tschechoslowakische; eine, die in Kriegszeiten vor 1918 im bescheidenen Ausmaß geriet. Diese rumänischen Legionäre – Überläufer vom Piave – trugen sehr zum Leidwesen der italienischen Alpini deren Uniform.

Heiß umstritten lag die ČSR inmitten der Nachfolgestaaten. Den Anspruch Wiens auf die Sudetenländer taten die Sieger von 1918 mit einem Federstrich ab. Der bolschewistischen Ungarn konnte man sich erwehren. Aber dem Anspruch Polens auf den Ostteil des ehemaligen, bis 1918 österreichischen Herzogtums Schlesien war schwer zu widerstehen.

Polen blieb unterwegs, um weit über die Grenzen des im 18. Jahrhundert untergegangenen Königreichs hinausgreifend das Gebiet seiner Republik abzustecken. So richteten sie in Oberschlesien, bis 1763 österreichisch, nachher preußisch, mit Hilfe der aus Ostpolen herbeigeholten Partisanen einen blutigen Kampf an. Im großen ganzen konnten die von Deutschen gestellten Freikorps den Polen widerstehen. Letzten Endes machten die Sieger von 1918 der Sache ein Ende. Im umstrittenen Gebiet gab es keine Selbstbestimmung der Bevölkerung. Hier galten zugunsten der ČSR die historischen Grenzen von 1763. Polen ging leer aus. Man wird sich in Warschau an den Anspruch auf dieses Gebiet im Jahr 1938 erinnern; dann im Bund mit Hitler.

Für die 1919 mit der Republik Österreich in St. Germain geführten Friedensverhandlungen fiel den Alliierten und assoziierten Mächten ein Kniff ein; er sollte dazu führen, daß anstatt der langen Gemeinsamkeiten, die in der Geschichte zwischen Österreich und Ungarn bestanden, nur mehr Mißtrauen und Feindseligkeit bestehen sollten. Zwar wurde auch in diesem Zusammenhang nicht das gerühmte Selbstbestimmungsrecht der Völker in Anwendung gebracht; immerhin wurden vorwiegend von Deutschen bewohnte Gebiete in Westungarn der Republik Österreich zugeschlagen. Diese Erwerbung wurde später dem Staatskanzler Karl Renner als sein Verdienst angerechnet. Immerhin brachte er als einziger Regierungschef im Lager der Verlierer einen Gebietsgewinn mit nach Hause.

Ansonsten verfuhr man mit der nach St. Germain gekommenen und dort konfinierten österreichischen Delegation eher ruppig. Vorweg hat man ihr abgewöhnt, sich als Delegation Deutsch-Österreichs auszugeben; so als wäre die Republik schon rechtens auf dem Weg, Teil des Deutschen Reichs zu sein; oder als ob es neben einem Deutsch-Österreich womöglich noch einen anderen Rest des alten Österreich gäbe. Als später in Tirol und Salzburg Volksabstimmungen stattfanden, in denen sich eine überwältigende Mehrheit für den Anschluß Österreichs an das Deutsche Reich aussprach, erzwangen die Herren in Paris in ultimativer Form den sofortigen Abbruch der Kampagne; andernfalls würde man die Lebensmittellieferungen nach Österreich einstellen. Das System der kriegsbedingten Hungerblockade der Westmächte hatte noch lange nicht seinen Schrecken verloren.

Man legte der österreichischen Delegation im Schloß von St. Germain, wo einmal Ludwig XIV., ehe er den Glanz von Versailles erlebte, die Pläne zum Kampf gegen das Haus Österreich verfaßte, ein dickes Buch vor. Darin stand alles, was die Österreicher fortan zu tun versprechen mußten, um den Frieden zu bekommen und nicht weiter ein im Kriegszustand befindlicher Feindstaat zu sein. Denn Österreich wurde so wie Ungarn mit der Rechtsnachfolge der 1918 zerstörten Donaumonarchie erklärt und, so wie das Deutsche Reich, mit der Schuld am Kriegsausbruch belastet; von welch letzterer Schuld sich die Westmächte selbst freisprachen.

Bei der Grenzziehung für das neue Österreich wurde jeweils jenes Prinzip angewendet, das den Gebietserwerbern zum Nachteil Österreichs die beste Lösung einbrachte. So wurde in Tirol die Grenze nicht entlang der Volkstumsgrenze gezogen, sondern bis an den Brenner nach Norden verlegt; dies aus *strategischen Gründen*. Die Grenze zur ČSR folgte im allgemeinen den *historischen Grenzen* Böhmens und Mährens, aber auch in diesem Fall wurde höchst willkürlich niederösterreichisches Gebiet zur ČSR geschlagen. Südkärnten und die Steiermark hatte Belgrad längst *okkupiert und annektiert,* ehe der Friede geschlossen war, darüber redete man erst gar nicht in St. Germain; jene, die später die Volksdeutschen genannt wurden, sind in den abgetretenen Gebieten selbstverständlich nicht einmal angehört worden. Das war die Verwirklichung von Wilsons Selbstbestimmungsrecht. Die Brennergrenze hat der US-Präsident schon vor Beginn der Friedensverhandlungen im April 1919 Italien zugeschlagen, als Douceur inmitten ausbrechender Streitigkeiten unter den Siegern. Nach solchen Verlusten kam der Gebietserwerb Österreichs im Osten, Teile westungarischer Komitate, das spätere Burgenland. Man nahm es den Ungarn weg, schlug es zu Österreich.

Aber die Magyaren sind keine Österreicher, die zuweilen froh sind, statt eines harten Schlags nur einen Tritt zu bekommen. Sie nahmen die ihnen zum Vorteil Österreichs zugemuteten Gebietsverluste nicht hin. Als österreichische Gendarmen ins sogenannte Burgenland kamen, verjagte man sie; so wie eine Bäuerin die in ihre Küche gekommenen Hühner wegjagt. Das im Streit um Burgenland entscheidende Jahr 1921 war in Ungarn ein von heftigen innenpolitischen Erschütterungen erfülltes. Aber, ob Horthy als Reichsverweser eine verdeckte Diktatur ausübte oder der aus dem Exil zurückgekehrte gekrönte König, Karl IV., ins Land kam, nie wurde in diesen bewegten Monaten der Widerstand Ungarns gegen den Verlust des späteren Burgenlands aufgegeben.

Ungarn war auch nach 1918, nach Widerruf der 1919 proklamierten Republik, ein Königreich. Der gekrönte König lebte seit 1919 im Exil. An sich hatte das Land, wie jedes andere das Recht, seine Verfassung selbst zu bestimmen und danach auch ein Staatsoberhaupt zu besitzen. Als aber König Karl IV. im März und Oktober 1921 ins Land zurückkehrte, um die von ihm vertretenen Herrschaftsansprüche zu verwirklichen, stießen diese Unternehmungen auf härtesten Widerstand des *Auslands.* Das dazu entfachte

Feuer wurde zunächst jeweils von der Kleinen Entente (ČSR, Jugoslavien, Rumänien) gelegt und insbesonders von Beneš unterhalten. Letzthin entschied aber die in Paris tagende Botschafterkonferenz der Sieger, die darüber wachte, daß die 1919 neu geschaffene Ordnung intakt blieb, die Verlierer sich ihrer Ordnungsmacht fügten. Von letzter Instanz bekam denn auch im Oktober 1921 die ungarische Regierung ein bemerkenswertes Dokument zugestellt. Danach sollte man in Budapest *ohne jeden Verzug* »... die notwendigen Maßnahmen ... ergreifen, um den Exkönig aus seinen früheren Staaten von neuem zu entfernen.« Dabei wurde auf einen schon im April des Jahres erteilten Auftrag hingewiesen. Derlei Bestrebungen mündeten etwa in der ČSR in die Parole, die Beneš in den dreißiger Jahren ausgab: Lieber Hitler als Habsburg. In Österreich geschah es nach 1945, daß bei Aushandlung des Staatsvertrags von 1955 die sozialistische Regierungsfraktion darauf bestand, daß die Bestimmungen des Anti-Habsburggesetzes der Republik von 1919 nur ja in Artikel 10 des Staatsvertrags aufgenommen wurden.

Bei der im Kampf um das Burgenland in Wien zu lange geübten Schwäche war es nicht zu verwundern, daß im September 1921 die Ungarn ihren Kampf auf niederösterreichisches Gebiet vortrugen. Am 5. September dieses Jahres fand bei Kirchschlag ein Abwehrgefecht statt. Das später mit Vorwürfen belastete Bundesheer, wonach dieses nur auf Arbeiter und Arbeiterwohnungen geschossen haben soll, erlitt seine ersten Verluste. Die Toten von damals liegen in verschollenen Gräbern des Friedhofs von Kirchschlag. Österreichischerseits kommandierte der ressortzuständige Heeresminister, der gewesene k.u.k. Rittmeister Vaugoin; die Gefechtsdispositionen traf der spätere Bundespräsident, der Generalstabschef der Isonzoarmee im Krieg, Theodor Körner. Ungarischerseits führte im Gefecht der Ritter des Militär-Maria-Theresien-Ordens Toth. Es ging zu, wie ehedem auf Manövern der Kaiserlichen, bloß wurde scharf geschossen. Zwei Angehörige des Bundesheeres, die in ungarischer Gefangenschaft in die Hände von Freischärlern gerieten, wurden umgebracht. Die Zeiten hatten sich eben sehr geändert.

Was vom alten Österreich außer einem zwischen dem Oberrhein und dem Dniestr begradigten Kulturgefälle und den großartigen Hinterlassenschaften der franzisko-josephinischen Ära verblieb, waren Waffen und Uniformen, die mehr oder weniger von allen Nachfolgestaaten aufgetragen und verbraucht wurden. Die Republik Österreich selbst distanzierte sich von den Kaiserlichen am deutlichsten, indem sie jeden Anklang an Uniformen der Kaiserlichen bei der Uniformierung ihres Bundesheeres vermied; und Uniformen nach dem Schnitt der deutschen Reichswehr ausgab. Aber ganz kamen die Nachfolgestaaten ohne den Restbestand der alten Armee nicht aus. In der ČSR wurde Franz Podhaysky Generalstabschef, in Polen Jordan-Rozwadowsky, in Rumänien Josef von Jacobich, in Albanien (!) Gustav Myrdacz. Und der gewesene Oberstleutnant Kraternik, der in Kärnten gegen die Österreicher führte, avancierte nicht nur in der königlich jugoslavischen Armee, er wurde nach 1941 Marschall von Kroatien. In allen Staaten, die teil hatten am Gebiet der Donaumonarchie, brachten es aber nicht nur Träger des Offiziersportepees zu hohen und höchsten Rängen, auch aus dem Mannschaftsstand kamen nicht wenige der alten Armee noch bis in die siebziger Jahre hoch hinaus; als Politiker und Staatsmänner, im diplomatischen Dienst und auch noch als Militärs unter Umständen, die man 1918 nicht ahnen konnte, die nach 1945 aber um so selbstverständlicher hingenommen wurden in Europa. Die Herren, die einmal das goldene Offiziersportepee getragen haben, redeten sich meistens bis zuletzt mit dem kameradschaftlichen Du im privaten Verkehr an. Aber das alte Band war zerrissen.

In der Republik Österreich wiederholte sich ein seltsamer Vorgang aus Zeiten der Monarchie. Als damals die Liberalen aus der k.k. Regierung in Wien ausschieden und die Macht in andere Hände überging, waren die *Oppositionell-Liberalen* treueste Hüter des Verfassungsstaates von 1867. Nach 1920 gerieten die Abgeordneten der Sozialdemokratischen Arbeiterpartei von den Regierungssesseln auf die Bänke der Opposition im Wiener Nationalrat. Sie mißtrauten fortan den Regierungen, in denen sie nicht mehr vertreten waren. Ihre Partei gründete daher zum Schutz des von ihr reklamierten Staates von 1918/19 einen Schutzbund, der als Wehrverband eine Zeit lang die Betreuung des Militärfachmannes Theodor Körner genoß; Körner, der nie Pazifist war, und im Klassenkampf, solange er teilnahm, die Waffe als ultima ratio in Form der Levée en masse ins Auge faßte.

Im Februar 1934 schlug der Schutzbund gegen die Bundesregierung los. Auf seiten der *Linken* kommandierten zwei ehemalige Offiziere der Kaiserlichen, nämlich der Infanterieoffizier Otto Bauer und der Artillerist Julius Deutsch. Ihnen gegenüber standen die staatliche Exekutive und die ihr beigegebenen Wehrverbände, die aus den Heimatwehren des Jahres 1919 *nach* dem Entstehen des Schutzbundes hervorgegangen sind. In ihren Reihen ragte der gewesene Hauptmann bei Hoch- und Deutschmeister und Major des Bundesheeres Emil Fey hervor; Fey erwarb sich am Isonzo den Militär-Maria-Theresien-Orden, um den einzukommen Theodor Körner seinerzeit abgelehnt hat. Wieder schoß man aus Mannlichergewehren auf einander, aus Maschinengewehren System M 7/12 und aus Geschützen auf verdeckte Kampfstände in Wohnhäusern. Die junge Generation der Zwischenkriegszeit setzte meistens wenig Vertrauen in die Entwicklung der parlamentarischen *Demokratie* in einem Land; zumal im Klassenkampf von der Linken, nachher auch rechts, das Wort DIKTATUR zu oft gebraucht wurde.

Als 1922 der damalige Bundeskanzler Seipel das völlig deroutierte Währungssystem und den Staatshaushalt sanieren wollte, bekam er es nicht nur mit der Opposition der Linken im *Inneren* zu tun, sondern auch mit den *Absichten gewisser Nachbarstaaten*, sich beim Zusammenbruch der Republik von 1919 einiges von ihrem Gebiet anzueignen: In der ČSR war noch immer die Idee wach, einen Korridor zu Jugoslavien zu schaffen, dazu hätte ein Anteil am Erbe der Nachbarrepublik entlang der ungarischen Grenze genügt. In Ungarn wurde der Wunsch, den Österreichern beim Zusammenbruch ihres Staatswesens das Burgenland wieder abzunehmen, stets aktuell. In Belgrad dachte man sich das in Kärnten zu holen, was die Volksabstimmung nach dem Krieg dem Königreich der Südslaven versagte. Nur Italien nahm nicht teil an solchen Kombinationen; es erhoffte sich, eines Tages die Ordnungsmacht im ganzen Donauraum zu sein, ausgehend vom Schutz der beiden Kleinstaaten Österreich und Ungarn.

1919, auf der Heimreise aus St. Germain, hat Karl Renner in Linz vor Zeitungsleuten erklärt, die junge Republik sei ohne fremde Hilfe nicht existenzfähig. So bekam der Staat, den Nationale und Legitimisten nicht wollten, noch das Signet: lebensunfähig. Umso mehr überraschte es, als 1922 gerade Karl Renner die von der Regierung Seipel beim Völkerbund in Genf erwirkte Sanierung der finanziellen Lage der Republik scharf angriff. Im Nationalrat hat Otto Bauer von *Landesverrat* gesprochen, weil 1922 die auch im Völkerbund maßgebenden Machtfaktoren des Jahres 1919 auf der Wiederholung des Anschlußverbots bestanden hatten und Österreich das auf sich nahm. Auf sich nahm, was 1919 in St. Germain auferlegt wurde, nämlich daß ohne Zustimmung des Völkerbunds Österreich nichts zum Schaden seiner Souveränität und Unabhängigkeit unternehmen durfte. Nachher eilte Renner noch nach Prag, um die in der Regierung Beneš sitzenden Sozialdemokraten gegen ihren Regierungschef aufzubringen; Beneš unterstützte nämlich die Genfer Sanierung, sie schien ihm das Mittel zu sein, um Österreich nicht letzten Endes den Hilfen und Einflüssen des Deutschen Reiches auszuliefern. Aber die Prager Sozialdemokraten saßen lieber in der Regierung als nach einer Absage an Beneš in Opposition und so geriet 1922 die Sanierung. Umstritten, wie sie im Land war und blieb.

The Golden Twenties, von denen in der Nähe des Jahres 2000 die Fans schwärmen sollten, waren nicht einmal in den USA so golden, wie sie aussahen. Sie gingen zu Ende, ehe das Jahr 1929 zu Ende ging, nämlich an einem Schwarzen Freitag im Herbst 1929, als ein Börsenkrach nie dagewesenen Ausmaßes die berüchtigte Weltwirtschaftskrise hervorrief. Zwei Politiker profitierten von dieser Krise und dem von ihr hervorgerufenen Massenelend: In den USA, wo F.D. *Roosevelt* mit seinem New Deal kam, dessen Gesetze nachher größtenteils als verfassungswidrig aufgehoben wurden; und im Deutschen Reich *Adolf Hitler*, der 1933 in buchstabengetreuer Erfüllung der Weimarer Verfassung von 1919 die

Macht im Staate erlangte. In Österreich widerstand man bis 1938 dem Hitlerismus, mit welchem nach dem Untergang des Staates von 1918 im Jahre 1938 die *Konservativen* in England, die *Liberalen* in Frankreich und die *Bolschewisten* in Rußland paktierten. In Mitteleuropa entstand um die ČSR eine unheimliche Umgebung: Im Norden das mit dem Deutschen Reich verbündete Polen unter der Diktatur des aus der dortigen Sozialdemokratischen Partei hervorgegangenen Pilsudski. Im Süden Ungarn, wo ein Revisionismus immer heftiger gegen die 1919 gezogenen Grenzen drängte. Im Westen das Dritte Reich. Im Süden die Kleriko-Faschisten Österreichs, momentan die letzten mit der Waffe am Feind. Und inmitten dessen Beneš, der nicht aufhörte zu rufen: Lieber Hitler als Habsburg ...

Als 1932 der französische Plan einer Zusammenfassung des Wirtschaftsraums im Umkreis der alten Donaumonarchie entstand, war es vor allem Beneš, der wütend dagegen aufbegehrte. Diese wirtschaftlich gedachte Neueröffnung des alten Kommunikationsraums an der Donau kontrierte er wörtlich.

»... Die Tschechen haben nicht um *politische* Freiheit gerungen, denn dieser erfreuten sie sich bis zu einem gewissen Ausmaß vor dem (Ersten Welt-)Krieg; sondern um ihre *wirtschaftliche* Unabhängigkeit und deswegen wäre eine Konföderation der Donaustaaten oder auch nur eine Zollunion für die ČSR indiskutabel ...«

Am 11. März 1938 gab die konservative Regierung der Britischen Majestät Österreich den Gnadenstoß. An jenem dies ater langte um 16 Uhr 30 in der englischen Gesandtschaft in Wien ein Telegramm ein, womit aufgetragen war, die österreichische Regierung vor Abwehrmaßnahmen gegenüber Hitler zu warnen, für die »Seiner Britischen Majestät (Regierung) keine Verantwortung ... übernehmen könnte«.

Paris hatte just wieder einmal eine Regierungskrise, Washington schwieg, und nach vollzogenem Anschluß eröffnete der Schweizerische Bundespräsident dem dortigen deutschen Gesandten, er *bewundere* die Art und Weise des vollzogenen Anschlusses. Er sei das größte weltgeschichtliche Ereignis seit dem (Ersten Welt-)

Krieg. Eine Konfliktsgefahr, auch für später, bestünde nicht. Das hatten die Österreicher dafür, daß sie um diese Zeit nicht dachten wie in England der Grand Old Man der Liberalen, Lloyd George oder der Konservative Churchill; die beide fürs erste vermeinten, es wäre gut, wenn England in schweren Zeiten einen Mann wie Hitler bekäme ...

Nach dem Fall Österreichs fielen in rascher Folge alle Nachfolgestaaten Hitler in die Hände. In Prag hatte 1938 ein ehemaliges Mitglied des Belvedere-Kreises, Milan Hodža, die traurige Aufgabe, in der Sudetenfrage dem *Auftrag der Westmächte* nachzugeben. Im Jahr darauf eilte der Staatspräsident des Restes der ČSR, Hacha, nach Berlin, um vom Bestand des Staates zu retten, was noch zu retten war. Und während in Mährisch-Ostrau schon Deutsche Polizei in der ČSR auf Ordnung sah, bekannte das frühere Mitglied des k.k. Verwaltungsgerichtshofs in Wien, er sei so sehr an den Ideen des Führers interessiert. Da bedurfte es nur noch eines kleinen Stoßes, um den alten Mann dazu zu bringen, daß er Hitler bat, die ČSR unter seinen Schutz zu nehmen. Das Reichsprotektorat Bähmen und Mähren war fertig. Denn der Rest der ČSR von 1918, die Slovakei und die Karpatho-Ukraine hatten ihre 1938 gewonnene teilweise Autonomie von Prag in eine Unabhängigkeit unter der Schutzmacht des Dritten Reiches umgewandelt.

Wo Aas ist, sammeln sich die Geier. Nach einem am Allerseelentag 1938 in Wien gefällten Schiedsspruch gemäß den Intentionen Hitlers, einigte sich die damalige Rest-ČSR mit Ungarn über Gebietsabtretungen an Ungarn im Gebiet der Slovakei. Anläßlich der Liquidierung der ČSR im März 1939 okkupierte Ungarn die Karpatho-Ukraine. Nicht nur Ungarn, auch das 1938 noch mit dem Deutschen Reich verbündete Polen beteiligte sich an der Ausschlachtung der ČSR: Es verlangte und bekam das 1919 umsonst begehrte Olsa-Gebiet im ehemaligen österreichischen Schlesien.

Albanien aber, wegen dessen Selbständigkeit Österreich-Ungarn 1913 die Gefahr eines Krieges mit Rußland auf sich genommen hatte, wurde leichte Beute für Mussolini. Das dortige Gute Volk vertrieb seinen König und bat den König von Italien, nunmehr auch schon Kaiser (von Äthiopien), er möge die Krone ihres Landes gnädigst in Empfang nehmen. Am Ostufer der Adria entstand eine für Belgrad unheimliche Lage: Italien war seit 1919 im Raum des ehemaligen *Dalmatien* präsent, nun verlängerte es den dortigen Küstenbesitz bis an die Grenze Griechenlands. Auch Polen hatte Grund zu zittern um den Erwerb *Galiziens*, dessen von Ruthenen besetzter Teil Ziel der Ansprüche Moskaus war.

Man lebte als Deutscher im Gebiet der Republik Polen nicht gut. Nach 1919 sind Hunderttausende Deutsche aus dem neuen Staat ausgewandert, um als sogenannte Optanten im Deutschen Reich zu leben. Im Olsagebiet hat Polen die aus der Zeit der Monarchie stammenden Schuleinrichtungen der Deutschen, die in der ČSR größtenteils gewahrt blieben, binnen einem Jahr, also noch vor Ausbruch des Zweiten Weltkriegs, ruiniert.

Als im Zweiten Weltkrieg der *Kreuzzug gegen den Bolschewismus* ausgerufen wurde, folgten viele tausend Franzosen, Flamen, Niederländer, Dänen, Spanier, kurz: Europäer, diesem Ruf. Hitler bemängelte nur die Absenz zweier Freiwilligenkontingente, jener aus der Schweiz und aus Schweden. In Rußland kämpfte 1942 die 2. Ungarische Armee mit Truppen, deren Ausrüstung einem Feldzug in Rußland längst nicht mehr gewachsen war. Die *Ungarn* erlitten denn auch im Winter auf 1943 eine schauerliche Niederlage, Ungarn schied als militärischer Machtfaktor auf der Seite Hitlers aus. Es kämpfte im Osten eine von *der Slovakei* gestellte Schnelle Division im Deutschen Heer. Aus *Kroatien* dienten Marineure auf deutscher Seite im Schwarzen Meer. Zuletzt gelang es sogar, *Bosniaken* in die SS-Uniform zu stecken. Aber nie ist es Hitler gelungen, was dem greisen Franz Joseph 1914 gelang, als er die Mobilmachung anbefahl. Denn die 1919 zerschlagene Mitte war eine Schüttzone; man konnte sie nach 1938 beherrschen, ausbeuten, aber nie mehr revitalisieren. Beneš hatte buchstabengetreu sein Programm verwirklichen geholfen.

1945 hatte Österreich vielerlei Besatzungstruppen im Land. So auch solche aus *Kroatien*, Teile der Partisanen Titos, und selbst *Ungarn* rückten im Gefolge der Roten Armee in Niederösterreich ein. In der ČSR umriß Beneš nach seiner Rückkehr das Programm für die Endlösung des Nationalitäten-Streites in diesem Raum: Man wird die Deutschen aussiedeln und ihnen nur das Sacktuch lassen, mit dem sie ihre Tränen trocknen können. Der Greuel in der wiedererrichteten ČSR geriet da und dort dermaßen, daß russische Offiziere dem Einhalt gebieten mußten.

Eine *Völkerwanderung,* winzig im Vergleich mit jener am Ausgang der Antike, ergoß sich aus dem Osten. Mit großem Geschick erfand man in den USA die Bezeichnung DISPLACED PERSONS für die Massen der Flüchtlinge. So als ob es sich um Verschleppte der Hitlerära handelte, die man wieder richtig am Ort ihres Herkommens placieren müßte. Aber diese DP weigerten sich, mit wenigen Ausnahmen, dorthin zurückzukehren, wo der Bolschewismus hinter dem sogenannten EISERNEN VORHANG sich in Befreiung umtat. Ein Grauen vor dem, was sich in Osteuropa tat, lief hinter den Flüchtlingen her.

Erst Alexander Solschenizyn wagte es, im Westen zu beschreiben, was geschehen ist. Als dieses Werk herauskam, lieferte Moskau den Dichter an Washington aus, und seither lebt der zum Schweigen Verurteilte wohlgeschützt im Goldenen Westen. Stumm gemacht.

Auch Stalin gelang es nicht, ein geordnetes und spannungsfreies Nebeneinander der kommunistisch gewordenen Nachfolgestaaten Altösterreichs zu erzwingen. Wohl hat er in Fortsetzung der großartigen Hinterlassenschaft Lenins und Trotzkis den *größten Holocaust der Weltgeschichte,* die Ausrottung einer Klasse, in der UdSSR vollendet, aber – die Autorität des Kremls wurde wankend. Davor hat sein Außenminister Molotov schon gewarnt, als er bei gewissen Anlässen darauf hinwies:

»Der Mann wäre unter Stalin einfach erschossen worden.«

Das Ziel blieb, die Methode wurde differenzierter. Der Donauraum wurde von einem Kommunismus kontrolliert, für welchen der Einjährig-Freiwillige von 1918 und Offizierssohn Ernst Fischer die Kennzeichnung *Panzerkommunismus* prägte. Fischer, Alt-Stalinist, gestorben angesichts dessen, was der Panzerkommunismus 1968 in Prag anrichtete; nachdem Kommunisten in

Ungarn 1956, so wie 1919 die Konservativen unter Bela Kun, in nationaler Disziplin gegen den äußeren Feind kämpften.

Nun war schon die Zeit gekommen, in der nur mehr letzte Nachhuten der Kaiserlichen da oder dort mitmachten. Als 1968 die Truppen des Warschauer-Paktes in die ČSSR einmarschierten, kamen die aus Ostdeutschland, so wie ehedem stets die Preußen, elbabwärts nach Böhmen. Da geschah es, daß ein alter Behm', der noch bei den Kaiserlichen im ersten Krieg gedient hat, einem Deutschen, der sich jetzt als Tscheche ausgab, im Vertrauen gesagt hat, beim Anblick strammer Ostdeutscher:

»Die hab'n 's noch allerweil den alte Zwirn. Aber sie werden 's auch nicht aushalten ...«

Wer weiß? Wo doch der Barras im ostdeutschen Heer und das Paradieren alles übertrifft, was jemals bei Preußens geübt wurde. Und hinter dem eine der größten Militärmächte der Weltgeschichte, die UdSSR, steht. Man fügt sich als Mitteleuropäer. Die Österreicher erfüllten nolens volens den Wunsch der Serben aus 1908 und wurden ein neutraler Kleinstaat nach dem Muster der Schweiz. In der Reihe der von den Sozialisten gestellten Bundespräsidenten erfüllte Franz Jonas, der sich als Junge freiwillig zur k.u.k. Marine meldete, aber Infanterist wurde, pflichtgetreu seinen Auftrag im Amalientrakt der kaiserlichen Burg. Um diese Zeit war in Belgrad noch der gewesene Korporal, oder Zugsführer, der Kaiserlichen Josip Brož, genannt Tito, Diktator. Abgenutzt und scheinbar von Moskau abgefallen, war er in jeder Großkrise verläßlich auf der Seite des Ostens. Und in Prag residierte auf dem Hradschin der gewesene Einjährig-Freiwillige der Kaiserlichen, Ludwik Svoboda, dort, wo früher der liberale Beneš regiert hat. Die drei Staatsoberhäupter starben. Ihr Nachersatz blieb da und dort umstritten.

In der Zeit nach dem Krieg holte man im Hafen von Pola, jetzt auf Serbo-kroatisch Pula, Teile der 1918 versenkten VIRIBUS UNITIS herauf. Schrott. Vorher haben Italiener Anker versenkter Schiffe der k.u.k. Kriegsmarine vor Amtsgebäuden aufgestellt, als Symbole von Siegen zur See, die noch zu orten wären. Vieles geschah nach 1918, um aus Trümmern Zusammenpassendes zu machen. Nichts geriet. 1968 riefen die Schriftsteller in der ČSR voller Verzweiflung, man möge ihnen wenigstens das Presserecht des franzisko-josephinischen Österreich zurückgeben. Sie haben es nicht bekommen. Über der Mitte Europas hängt der Vorhang. Und an der Elbe, wo sich 1945 zum ersten Mal Truppen der US Army mit denen der UdSSR trafen, scheidet sich die Welt. Österreich blieb durch Gottes Barmherzigkeit von dieser Zerstückelung ausgenommen. Es atmet schwer im Schnittbereich der zweigeteilten Welt. Der Sieg der Friedensbringer von 1945 hat eine dem totalen Krieg im Atomzeitalter ausgesetzte Welt hinterlassen. In der die Menschen angsterfüllt zuweilen den Atem anhalten. Zwei Generationen sind seit 1914 vergangen.

Das Chaos geriet zum Pandämonium ...

PERSONEN- UND SACHVERZEICHNIS

Abkürzungen:
k.k.   Abkürzung für kaiserlich-königlich,
          nach 1867 Abkürzung für Behörden und Einrichtungen
          der *westlichen* Reichshälfte der Doppelmonarchie
          Österreich-Ungarn (also die im Reichsrat vertretenen
          Königreiche und Länder, vulgär Cisleithanien genannt,
          seit 1915 offiziell Österreich).
k.u.   Abkürzung für Behörden und Einrichtungen der *östli-
          chen* Reichshälfte der Doppelmonarchie (offiziell Kö-
          nigreich Ungarn).
k.u.k.   Abkürzung für kaiserlich *und* königlich, zuletzt für so-
          genannte »gemeinsame Angelegenheiten« bestehende
          Behörden und Einrichtungen (Äußeres, Krieg und Fi-
          nanzen) der Doppelmonarchie.
MöAH   = Mitglied des österreichischen Abgeordnetenhauses in
          Wien,
MöHH   = Mitglied des österreichischen Herrenhauses in Wien,
MuAH   = Mitglied des ungarischen Abgeordnetenhauses in Bu-
          dapest,
MöHH   = Mitglied des ungarischen Magnatenhauses in Buda-
          pest.

Abdülmecid,
* 1823, † 1861,
regierte als Sultan 1839/61, führte Verwaltungsreform d. Vaters
fort, widersetzte sich ausl. »Reformvorschlägen«, verteidigte als
Verbündeter d. Westmächte zum letzten Mal Grenzen d. europ.
Türkei gegen Rußland, erreicht auf Pariser (Friedens)-Konferenz
1856 Neutralisierung d. Schwarzen Meeres zum Nachteil Rußlands.

Abel, Heinrich,
* 1843 Passau, † 1926,
Jesuitenpater, 1891 in Wien, Prediger, Führer d. katholischen
Männerbewegung, brachte Lueger von urspr. demokratisch-so-
zialen zu christlich-sozialen Ansichten.

Adler, Viktor,
* 1852 Prag, † 1918,
nach Matura am Wr. Schottengymnasium, stud. med. in Wien,
Burschenschaft »Arminia«, schuf zusammen m. Schönerer und
anderen 1881 Linzer Programm d. Deutschnationalen, nachher
wegen Antisemitismus Ziehung nach links, Einiger u. Führer d.
deutschen Sozialdemokraten, 1888/89, 1905/18 MöAH, 31. 10./
11. 11. 1918 Staatssekretär d. Äußeren unter Karl Renner.

Adler, Dr. Friedrich,
* 1879 Wien, † 1960,
Sohn Viktor A. begabt auf wissenschaftl. Gebiet, Publizist, nach
1914 im Gegensatz z. Vater Linksabschwenkung, ermordete 1916
k.k. Ministerpräsident Stürgkh, Todesurteil in Kerkerhaft umgewandelt, unter Kaiser Karl I. begnadigt, nach 1923 Sekretär der
soz.dem. Internationale, gestorben im Exil.

Alexander I. (Karadordević),
* 1806 Topola, † 1885,
1842/58 Fürst von Serbien, am Mord d. Nachfolgers Mihail
Obrenović beteiligt, verdient um Hebung kulturellen Lebens in
Serbien, Justiz- und Schulreform nach österr. Vorbildern, Beziehungen zu Wiener Kunsthandwerk.

Aehrenthal, Aloys Lexa von (Graf),
* 1854 Böhmen, † 1912,
im k.u.k. Dipl. Dienst Spezialist f. Ost- und Balkanpolitik, 1899
Botschafter in Petersburg, 1906/12 k.u.k. Minister d. Äußeren,
nach Annexionskrise 1908/09 Verfechter einer Friedenspolitik,
widersprach Hötzendorfs Ideen von Präventivkriegen gegen Serbien und Italien; trug zu zeitweiliger Entlassung als Chef d. k.u.k.
Generalstabs bei, starkes Vertrauen bei Franz Joseph.

Aksakov, Ivan Sergeević,
* 1823 Gvt. Ufa, † 1886,
Publizist, Vorkämpfer d. »Panslavistischen Bewegung« 1858/98,
(»Messianismus« Rußlands angesichts verderbtem Westen, zuletzt Umschwung zu soz. Tendenzen).

Albert,
* 1828 Dresden, † 1902,
König von Sachsen 1873/1902, Cousin u. enger Jugendfreund
Franz Josephs, 1866 Kommandant d. sächs. Kontingents d.
österr. Nordarmee, 1870/71 erfolgreicher deutscher Armeeführer
(Sedan), lebenslang bemüht um Ebnung d. Beziehungen Wien/
Berlin.

Albrecht,
* 1817 Wien, † 1895,
ältester Sohn d. Siegers v. Aspern, in k.k. Armee zuletzt Feldmarschall, Sieger bei Custozza 1866, Reformator und Generalinspek-
tor der k.k. Armee nach 1866, als Verkörperung von Klerikalismus, Reaktion u. Intoleranz, in lib. Kreisen verhaßt.

Alexander (II.) Nikolaiević,
* 1818 Moskau, † 1881 Petersburg,
folgte 1855 seinem Vater Nikolaus I. während Krise im Krimkrieg, beendete Krieg angesichts d. aus Wien gekommenen Ultimatums (!), Mißgunst wegen »Undankbarkeit« bei ihm und in
Rußland gegen Österreich bis 1914 nie mehr erloschen, Bauern-
befreier in Rußland (1917 von Bolschewisten wieder ruiniert), Erfolge im Türkenkrieg 1877/78, Opfer individuellen Terrors seiner
Zeit.

Alexander (III.) Alexandrović,
* 1845 Petersburg, † 1894,
regierte 1881/94, verfestigte ein letztes Mal absolutistisches Regime in Rußland, entging zahlreichen Mordanschlägen, förderte Beschleunigung d. Industrialisierung, schwenkte endgültig vom Drei-Kaiser-Bündnis ab zum Bündnis mit Frankreich (Militärkonvention), ambivalente Haltung gegenüber Österreich-Ungarn.

Amerling, Friedrich (von),
* 1803 Wien, † 1887
seit d. Biedermeier gesuchter Porträtmaler.

Andrássy, Julius (senior),
* 1823 Kaschau, † 1890,
1847 als »Liberaler« in ung. Landtag gewählt, 1848/49 Offizier i.d. Armee Kossuths, Agent Kossuths in der Türkei und im Westen, 1849 in Abwesenheit zum Tod verurteilt, 1858 nach Pardon Franz Josephs Rückkehr, schloß sich mittlerer Linie der gegen Wien gerichteten Aktion Franz Deáks an, 1861 ins Parlament gewählt, die »Delegationen« als Instanzen zur quasi-parlamentarischen Behandlung »Gemeinsamer« Angelegenheiten Österreich-Ungarns seine Schöpfung, 1867 k.u. Ministerpräsident, 1871/79 k.k. Minister d. Äußeren, erwirkte 1878 auf Berliner Kongreß Mandat z. Okkupation Bosniens, der Herzegovina und des Sandčaks Novi Pasar. Mitschöpfer des Zweibunds gemäß seiner Devise, Deutschland als Schutz für Ungarn gegen Österreich. Dessen Sohn:

Andrássy Julius Graf (junior),
* 1860 Budapest, † 1929,
1885 MuAH, 1893 Staatssekretär, 1894 k.u. Minister am allerhöchsten Hoflager in Wien, Gegner Tiszas, 1906/10 k.u. Innenminister, 24. 10./ 2. 11. 1918 letzter k.u.k. Minister d. Äußeren, bot 28. 10. 1918 Entente »Sonderfrieden« Österreich-Ungarns an; kündigte den von seinem Vater mit Berlin geschlossenen Vertrag.

Andrian-Werburg, Viktor Freih. v.,
* 1813 Görz, † 1858,
1834/46 Beamter der Ära Metternich, Altliberaler im Vormärz u. Verfasser von Kampfschriften gegen das System, 1848 Abgeordneter zum Frankfurter Parlament, Gesandter in London, nach 48er Revolution nicht mehr im öffentlichen Leben.

Anzengruber, Ludwig,
* 1839 Wien, † 1889,
Buchhändler, Schauspieler, erfolgreicher Romanschriftsteller, bis 1869 Polizeibeamter, Herausgeber des satirischen Blattes »Figaro«

ARBEITERBEWEGUNG: 1848 Arbeiterkomitees, große Teile der Arbeiterschaft in d. Mobilgarde, erstmaliges Erscheinen d. »Arbeiter-Zeitung«, Arbeiter als Sturmtruppe der Umsturzbewegung des Besitzbürgertums; Staatsgrundgesetz bahnte Freiheiten für Versammlungen und Vereinsgründungen an. Langsames Übernehmen der Lehren von Marx und Engels. Christlicher Arbeiterverein 1892 von Leopold Kunschak gegründet. 1869 Kampf um Koalitionsfreiheit, »Volksstimme« als Kampforgan, 1870 Reichsrat beschließt Koalitionsgesetz, 1888/89 Einigung der meisten Arbeiterorganisationen der pol. Linken (Viktor Adler) In der Ära Taaffe ist christlich-sozial inspirierte Sozialgesetzgebung (Vogelsang!) bahnbrechend.
1907 ermöglichte allgemeines, gleiches, geheimes und direktes Wahlrecht der nach Nationen getrennten Arbeiterparteien den Durchbruch zur Macht im Staate.

Arthaber, Rudolf von,
* 1795 Wien, † 1867,
Fabrikant, erwirkte zusammen mit anderen Altliberalen (Hornbostel, Bach u.v.a.) im März 1848 die Heranziehung des Bürgermilitärs zum Wachdienst (anstatt des k.k. Militärs); Straßenkämpfe in der Wiener Innenstadt, Fabrikenplünderungen und - Brandstiftungen; Bürgermilitär schoß auf Arbeiter; Beginn des Endes des Zusammenwirkens der »besitzenden Classe« mit der »besitzlosen« im Kampf gegen konservative Ordnung im Staat.

Arz, Arthur Freih. v.,
* 1857 Hermannstadt, † 1935,
Jusstudent, nachher als Offizier aktiviert, zuletzt Generaloberst,
Nachfolger Hötzendorfs als Chef des k.u.k. Generalstabs unter
Kaiser Karl I.

Auersperg, Adolf Fürst,
* 1821, † 1885,
Altliberaler, 1870 Landespräsident von Salzburg, 1871/79 letzter
k.k. Ministerpräsident d. liberalen Ära, brachte 1873 mit der das
Besitzbürgertum begünstigenden Wahlreform in diesem Umfang
parlamentarische Demokratie in Wien zustande, 1879/85 Präsident d. Obersten Rechnungshofs.

Auersperg, Anton Graf,
* 1806 Laibach, † 1876,
unter Pseudonym Anastasius Grün Altliberaler im Vormärz, st.
1848 öffentlicher Betätigung, 1848/49 Abg. z. Frankfurter Parlament, 1881 MöHH, bedeutendster Dichter und Publizist der liberalen Ära in Österreich nach Grillparzer.

Auersperg Carlos, Fürst, Herzog,
* 1814 Prag, † 1890,
Altliberaler, 1861 Präsident des Herrenhauses, 1867/68 k.k. Ministerpräsident d.»Bürgerministeriums«, 1872/83 Oberstlandmarschall von Böhmen.

AUSGLEICH 1867:
Bereinigung der st. 1848 (und vorher) schwelenden Konflikte
zwischen der Krone und oppositionellen Kreisen in Ungarn;
Zweiteilung des bisherigen Kaisertums Österreich, Entstehen einer Doppelmonarchie: Zwei Staaten, geeint in einer Realunion,
(Äußeres, Krieg und hierzu ressortierende Finanzen gemeinsam),
Erfolg der ungarischen 48er Politiker Deák, Andrássy und Genossen, die sich der stark emotional bedingten Hilfe d. Kaiserin
Elisabeth erfreuten. Nationalitätenproblem blieb, vor allem in
Ungarn, ungelöst. Realteilung der Doppelmonarchie aus 1867

wäre auch gekommen, wenn Doppelmonarchie nicht 1914/18 von den Alliierten und assoziierten Mächten militärisch zerstört worden wäre. Dahinlaufendes Drängen in Ungarn unaufhaltsam und unablässig.

Austerlitz, Friedrich,
* 1862 Hochlieben, † 1931,
in Wien zum Sozialdemokraten geworden, hervorgetreten als Journalist und Politiker sowie als Redner, 1895 Chefredakteur der »Arbeiter-Zeitung«, schrieb 1914 den später sehr umstrittenen Leitartikel zum Kriegsausbruch im Sinne des Geistes von 1914; bis zuletzt temperamentvoll in allen Polemiken. (1927, Brand des Justizpalastes!)

Bach, Alexander (Freih. von),
* 1813 Loosdorf, † 1893,
im Vormärz k.k. Hof- und Gerichtsadvokat, am 13. März 1848 drohend gegen Metternich vorgegangen, nachher zur Hofpartei übergegangen, 1848/49 Justizminister, 1849/59 Innenminister, Organisator der Zentralstellen im Neoabsolutismus, führte Grundentlastung durch, hob Patrimonialgerichtsbarkeit auf, tat viel zur Modernisierung der Verwaltung; fiel nach Solferino 1859 als einer der Ersten unter dem Druck der liberalen Reaktion auf, milit. Niederlage in Italien. Zuletzt k.k. Botschafter beim Vatikan.

Badeni, Kasimir Graf,
* 1846 Galizien, † 1909,
1888 Statthalter in Galizien, 1895/97 k.k. Ministerpräsident, reformierte das Wahlrecht durch Einführung einer »allgemeinen Wählerklasse«, scheiterte unter dramatischen Umständen beim Versuch, den Nationalitätenstreit in Böhmen und Mähren am Widerstand der Deutschen.

Batisti, Cesare,
* 1875 Trient, † 1916,
entschiedener Vertreter des Irredentismus in Österreich, 1911 MöAH (Sozialdemokrat, Hospitant b. deutschen Sozialdemo-

kraten), k.u.k. Reserveoffizier, 1914 in die italienische Armee eingetreten, propagierte den Kriegseintritt Italiens, als italienischer Offizier in Gefangenschaft geraten und wegen Desertion, Landesverrat und anderem abgeurteilt und justifiziert.

Batthyany, Ludwig Graf,
* 1809 Preßburg, † 1849,
Altliberaler im Vormärz in Ungarn. 1848 erster k.u. Ministerpräsident, bemüht um Ausgleich zwischen Wien und den verschiedenen Nationen Ungarns; scheiterte am Widerstand der Hochkonservativen bei Hof und an unüberbrückbarer Gegnerschaft zum Radikalismus Kossuths, trat 1848 zurück, wurde 1849 wegen Hochverrat (?) abgeurteilt und hingerichtet. Sein Bruder;

Batthyany, Kasimir Graf,
* 1807, † 1854,
im Vormärz für eine Bauernberfreiung in Ungarn (!), 1848/49 am Aufstand beteiligt, nach Absetzung des Hauses Habsburg in Ungarn (1849), Außenminister unter Kossuth, starb im Exil.

Bauer, Otto,
* 1881 Wien, † 1938,
aus wohlhabender jüdischer Familie; bedeutendster Vertreter des sog. Austromarxismus, 1914 als Reserveoffizier an die Front, Tapferkeitsauszeichnungen, in russischer Gefangenschaft; nach Entlassung (1917) für Alternative zum Bolschewismus in Österreich; 1918 Nachfolger Adlers als Staatssekretär für Äußeres; verfocht nationale Revolution (Anschluß!) als Vollendung der sozialen; in unüberbrückbarer Feindschaft mit Bundeskanzler Prälat Seipel; 1934 zusammen mit Julius Deutsch mil. Führer des Aufstands des Republikanischen Schutzbunds in Österreich. Im Exil bis zuletzt Vertreter der Anschlußidee.

Bauernfeld, Eduard von,
* 1802 Wien, † 1890,
im Vormärz entschiedener Gegner des Systems, scharf antiklerikal, erfolgreich als Bühnenautor seiner Zeit, Hausdichter am k.k. Hofburgtheater.

Beck, Max Vladimir Freih. v.,
* 1854 Wien, † 1943,
Lehrer Erzherzog Franz Ferdinands, 1880/1906 im k.k. Acker-
bauministerium zuletzt polit. Ressortleiter, 1906/08 k.k. Ministerpräsident, brachte die Modernisierung des Wahlrechts durch
(Sanktion 1907) 1915/34 Präsident des (k.k.) Rechnungshofs und
der Gesellschaft vom Roten Kreuz.

Beck-Rzikowsky, Friedrich (Graf),
* 1830 Freiburg/Breisgau, † 1920
Als Badenser 1846 in die k.k. Armee eingetreten, zuletzt Generaloberst und Kapitän der Aricèren-Leibgarde; seit seiner Sendung
als Oberstleutnant zur k.k. Nordarmee 1866 genoß er lebenslang
besonderes Vertrauen Franz Josephs; Vorstand der Militärkanzlei
des Kaisers, 1881/1906 Chef d. k.u.k. Generalstabs.

Belcredi, Richard Graf,
* 1823 Mähren, † 1902,
1865/67 Ministerpräsident im liberalen Drei-Grafen-Ministe-
rium, für Ausgleich zwischen Deutschen und Tschechen in Böhmen tätig (Zweisprachigkeit in Elementarschulen), Versuch einer
Lösung des Nationalitätenproblems auf föderalistischer Basis in
der Gesamtmonarchie; Ungarn und Liberale bereiten Sturz vor,
1881/95 Präsident des k.k. Verwaltungsgerichtshofs. Sein *Bruder
Ekbert* Präsident d. 1. Katholikentags in Österreich (1877). Der
Ruf der Brüder im liberalen Lager war demnach bestimmt.

Bem, Josef,
* 1794 Tarnov/Österreich, † 1850 Aleppo,
1812 im Feldzug Napoleons gegen Rußland, nachher als Militär-
fachmann in verschiedenen Revolutionen führend, 1848 in Wien,
1849 in Ungarn; 1849 Flucht in die Türkei, Übertritt zum Islam;
erfolgreich bei der Niederschlagung eines Araberaufstands, dafür: Paša.

Benedek, Ludwig von,
* 1804 Ödenburg, † 1881,
1818 Kadett, zuletzt Feldzeugmeister in der k.k. Armee, schlug

1846 Aufstand in Galizien nieder; nachher in allen Feldzügen bis 1866 (Königgrätz!) 1860 Militärgouverneur in Ungarn, 1860/66 k.k. Armeekommandant in Verona. Galt als Opfer der Hofkamarilla, die ihn und nicht den ranghöheren Erzherzog Albrecht 1866 gegen die gefährlichen Preußen schicken wollte.

Berchtold, Graf Leopold,
* 1863 Wien, † 1942,
1906/11 Botschafter in Petersburg (Annexionskrise!), 1912/15 auf ausdrücklichen Wunsch Franz Josephs k.u.k. Minister d. Äußeren, 1915 unter dem Druck Tiszas zurückgetreten, um energischerer Politik Platz zu machen; unter Kaiser Karl I. Obersthofmeister, zuletzt Oberstkämmerer. Verantwortlich für Ressortleitung am Vorabend der Kriegserklärung an Serbien 1914.

Berger, Johann Nepomuk,
* 1816 Proßnitz, † 1870,
Altliberaler, Advokat, Schriftsteller, 1848 Abgeordneter z. Frankfurter Parlament (Linke), nach 1859 wieder hervorgetreten, 1867 Minister ohne Portefeuille, 1870 mit seinem Minoritätsvotum im Nationalitätenstreit gescheitert.

Beust, Friedrich (Graf),
* 1809 Dresden, † 1886,
in sächs. dipl. Diensten, seit 1848 verschiedene Ministerposten, trat Preußen entgegen, 1867 Übertritt in k.k. Dienste, Ministerpräsident, im Bunde mit Liberalen in Ungarn für Ausgleich 1867; als »Reichskanzler« in Ungarn nie anerkannt, 1867/71 k.k. Minister des Äußeren, erreichte Aufhebung d. Konkordats von 1855, zuletzt Botschafter in London und Paris.

Bismarck-Schönhausen, Otto (zuletzt Herzog),
* 1815 Schönhausen, † 1898,
Student u. Corpsier (»Hannovera«) in Göttingen/Hannover, nachher im preuß. Staatsdienst, Gesandter beim Bundestag in Frankfurt, Petersburg, Paris; 1862 Ministerpräsident; je weiter von seiner konservativen Anschauung und Herkunft entfernt, desto konsequenter als Gegner Österreichs in Deutschland- und

Europapolitik. 1866 Zerschlagung des Deutschen Bunds aus 1815, 1871 Gründung des Deutschen Reichs, 1871/90 Reichskanzler, »Ehrlicher Makler« auf Berliner Kongreß 1878, im Konflikt mit Wilhelm II. 1890 aus dem Amt geschieden.

Bleckmann, Johann Heinrich,
* 1826 Solingen, † 1891,
Gründer d. Stahlwerke in Mürzzuschlag, erster Tiegelguß, 1874 erste Martinsöfen, insgesamt 3 Walzwerke in d. Obersteiermark.

Blum, Robert,
* 1804 Köln/Frankreich, † 1848,
zuerst im Deutsch-Katholizismus hervorgetreten, dann Linksliberaler und Radikaler in 48er Revolution; im Oktober mit einer Delegation der Linken nach Wien geschickt; nahm er an Kämpfen der Oktober-Revolution mit der Waffe teil; daher abgeurteilt und justifiziert, nachdem er selbst durch Eintritt in d. Kampfgeschehen behauptete Immunität brach.

Bolfras, Artur Freih. v.,
* 1838 Sachsenhausen, † 1922,
in k.k. Dienste getreten, zuletzt Generaloberst und Generaladjutant sowie Leiter der Militärkanzlei Franz Josephs.

Böhler, Albert,
* 1845 Frankfurt/Main, † 1899,
Industrieller, gründete mit Bruder Friedrich 1849 spätere Böhlerwerke in Kapfenberg, erfand »Böhler-Stahl« (Verstaatlichung nach 1945).

Boroević, Svetozar von,
* 1856 Ustic/Kroatien, † 1920,
Verteidiger der Karpaten im Winter auf 1915 und des Isonzo 1915/17, Feldmarschall, versuchte im November 1918 mit Fronttruppen Monarchie zu retten.

Breuner, August Graf,
* 1796 Wien, † 1877,
Altliberaler im Vormärz mit Gesinnungsfreunden um einen »or-

ganisch-vernunftsmäßigen Fortschritt« als »feste Stütze des Staatsverbands« bemüht, am 13. März 1848 in Delegation, die Metternich zum Rücktritt zwang, im Sommer 1848 Vorsitzender d. (einflußlosen) bürgerlichen Sicherheitsausschusses, trat nach Radikalisierung der Verhältnisse zurück, starb als Hofrat in Pension.

Brosch, Alexander von,
* 1870 Temesvar, † 1914,
in der k.k. Armee zuletzt Oberst und Regimentskommandant, 1906/11 Vorstand d. Militärkanzlei Franz Ferdinands, als Kommandant 3. Regts. Tiroler Kaiserjäger 1914 gefallen.

Bruck, Karl Ludwig (Freih. von)
* Elberfeld, † 1860,
Handlungsgehilfe, nach Österreich gekommen, Gründer d. Triester Börse und d. Österr. Lloyd; 1848/51 k.k. Handelsminister, dann in diplomatischen Missionen, 1855/60 k.k. Finanzminister, Verfasser d. Wirtschaftskonzepts für Schwarzenbergs Plan eines 70-Millionen-Reichs.

Buol-Schauenstein, Karl Graf,
* 1797 Regensburg, † 1869,
in k.k. Diensten Gesandter in Karlsruhe, Darmstadt, Stuttgart, Turin, wo er 1848 Kriegserklärung erhält, Petersburg (1849 Waffenhilfe gegen Ungarn), Minister d. Äußeren 1852/59, umstrittene Neutralitätspolitik im Krimkrieg 1854/46 sowie bei ultimativem Vorgehen gegen Piemont 1859.

Burg, Ferdinand,
* 1868 Wien, † 1915,
jüngster Bruder Franz Ferdinands, einziger Erzherzog mit Berufsausbildung im k.u.k. Generalstab, als Militär begabt, verlor er nach Ehelichung einer Bürgerlichen Rechte und Rang.

Burián, Stephan (Graf),
* 1851 b. Preßburg, † 1922,
anfangs Advokat, 1897/03 k.u. Finanzminister, 1903/12 k.u. Finanzminister, 1913/15 k.u. Minister am Allerhöchsten Hoflager (Beobachter Tiszas), 1915/16 k.k. Minister d. Äußeren, 1916

k.u.k. Finanzminister, unter Kaiser Karl I. 1918 k.u.k. Minister des Äußeren.

Cabrinović, Nedeljko,
* 1895, † 20. (23.?) 1. 1915,
Buchdruckergehilfe, unternahm am Vormittag des 28. Juni 1914 in Sarajevo ein mißglücktes Handgranatenattentat auf den österreichischen Thronfolger Franz Ferdinand; zu 20 Jahren schweren Kerkers verurteilt, starb in Festung Theresienstadt.

Caspar, Maria
* 1864 Graz, † 1907
Soubrette, Tänzerin (?), 1882 nach Wien gekommen, nachher liiert m. Kronprinzen, zuletzt wohlhabend gestorben (Tabes dorsalis), Grab in Mödling verschollen.

Cavour, Camillo Benso Conte di,
* Turin 1810, † 1861,
französischer Herkunft, Soldat, Publizist (Mitgründer der Zeitschrift IL RISORGIMENTO), Politiker, nach 1848 mehrmals Minister, 1852 Ministerpräsident von Piemont/Sardinien; bereitete insgeheim mit Napoleon III. Krieg gegen Österreich von 1859 vor; danach auf verschiedenen Wegen den Erwerb Mittelitaliens und des Königreichs Beider Sizilien.

Charlotte,
* 1840 Laecken, † 1920,
Prinzessin von Belgien; mit Erzherzog Maximilian verheiratet; ehrgeizig unterstützte sie Kampf ihres Gemahls um die Krone eines »Kaiserreichs Mexiko«; nach Zusammenbruch der dazu von Napoleon gewährten Unterstützung hilfesuchend an den Höfen Europas, in Rom dem Wahnsinn verfallen.

Chotek, Sophie Gräfin,
* 1868 Stuttgart, † 1914 Sarajevo,
Hofdame der Gemahlin Erzherzog Friedrichs, 1900 morgan. vermählt mit Erzherzog-Thronfolger Franz Ferdinand, seither Fürstin Hohenberg, nachher Herzogin, am 28. Juni 1914 von serbischen Terroristen ermordet.

Ciganović, Milan,
* 1888 Bosn. Petrovac, † 1927,
im Berufsleben gescheitert, ging er 1908 nach Serbien, dort An-
stellung bei Verwaltung der Staatsbahnen; als Komitači ausgebildet; Verbindungsmann zwischen Terroristen von Sarajevo und
serbischen Generalstabsoffizieren.

Clam-Martinic, Heinrich, Graf,
* 1863 Wien, † 1932,
Offizier, nachher Politiker, im Belvedere-Kreis, 1902 MöHH,
1916 k.k. Ackerbauminister, 1916/17 k.k. Ministerpräsident,
dann Ackerbauminister, zuletzt Militärgouverneur in Montenegro; Versuch eines Ausgleichs scheiterte an tschechischen Partei-
führern.

Clary-Aldringen, Manfred, Graf,
* 1852 Wien, † 1928,
1896/97 Landespräsident von Schlesien, 1899 k.k. Ministerpräsident, hob umstrittene Badeni-Sprachverordnungen auf, letzter
k.k. Statthalter in Steiermark; führte im Krieg sozial-politisches
Referat ein.

Colloredo-Mannsfeld, Ferdinand, Graf,
* 1777 Wien, † 1848,
bis 1808 in dipl. Diensten, Landwehrmajor, 1814/15 im Hauptquartier Schwarzenbergs, 1822 wieder im Staatsdienst, Ref. f.
Steuerwesen in NÖ, 1825 Präsident von Sparkassen- und Versi-
cherungsanstalten. 1848 erster Kommandant der Akademischen
Legion; als Mitgründer des Gewerbevereins von 1839 einer der
hervorragendsten Altliberalen des Vormärz.

CONCORDIA
gegründet 1840 als Vereinigung in Wien für Schriftsteller, Künstler und Schauspieler, einer der geistigen Mittelpunkte der Altliberalen des Vormärz.

Conrad von Hötzendorf, Franz (Graf),
* 1852 Penzing/Wien, † 1925,
seit 1871 in der k.k. Armee, zuletzt Feldmarschall u. Komman-

dant aller Garden, genoß das Vertrauen Franz Ferdinands, 1906 Chef d. k.u.k. Generalstabs, überwarf sich wegen event. Präventivkriege gegen Serbien und Italien mit Aehrenthal, 1911 entlassen, 1912 zurückgeholt; zog praktische Folgerungen aus dem russ./jap. Krieg 1904/05 für Gefechtsausbildung; als Logistiker genial.

Coronini-Cronberg, Alexius, Graf,
* 1794 Görz, † 1880,
seit den Franzosenkriegen in d. k.k. Armee, 1837 Erzieher Franz Josephs, 1850 Gouverneur des Banats, 1854 Korpskommandant, 1861/65 Kommandierender General in Ungarn, zuletzt Feldzeugmeister.

Czernin, Ottokar, Graf,
* 1872 Böhmen, † 1932,
im Belvedere-Kreis; als künftiger »Reichskanzler« angesehen, 1913 auf Wunsch des Thronfolgers Gesandter in Bukarest, 1916/ 17 k.u.k. Minister des Äußeren (Sixtus-Affäre!), betrieb 1917 »Brotfrieden« mit bolschewistischer Regierung in Rußland; wegen Bemühungen des Kaisers um Sonderfrieden von Clemenceau bloßgestellt, schied er aus dem Amt.

Dankl, Viktor Freih. von,
* 1854 Udine, † 1941,
in Armee zuletzt Generaloberst, siegte 1914 bei Krasnik über Russen, 1915 Landes-Verteidigungs-Kommandant in Tirol.

Daszinski, Ignaz,
* 1866 Galizien, † 1936,
zusammen mit Pilsudski führend in poln. Sozialdemokratie, 1897/1918 MöAH, Anhänger einer Austro-polnischen Lösung, 1918 Präsident d. provisorischen poln. Regierung in Lublin, 1921 stellv. Ministerpräsident, 1921/34 Vorsitzender d. Poln. Soz.-dem. Partei; unter Pilsudski zurückgetreten. Half 1914 Lenin zur Ausreise aus Österreich.

Deák, Franz von,
* 1803 Söjtör, † 1876,
1833/36 und 1839/40 Liberaler im ungarischen Landtag, mitbeteiligt am Zustandekommen der Ferdinand dem Gütigen im Frühjahr 1848 abgezwungenen 48er Gesetze (Grundlage künftiger Sezessionsbestrebungen Ungarns), trennte sich von Kossuth, meldete noch vor Königgrätz ungarische Ansprüche an, erzwang im ungarischen Reichstag Ausgleich von 1867 (zusammen mit Andrássy), wurde Idol der Gemahlin Franz Josephs.

DELEGATIONEN
nach dem Ausgleich von 1867 Ausschüsse der beiden Parlamente in Wien und Budapest (je 60 Mitglieder) zur Beratung der GEMEINSAMEN ANGELEGENHEITEN der Doppelmonarchie; 1868 erstmals zusammengetreten, tagten sie jedes Jahr einmal in Wien, Budapest, kein gemeinsames Parlament Österreich-Ungarn; gemeinsame Abstimmung nur im Ausnahmefall, Ressortminister mußten in Wien und Budapest für Gesetzwerdung der schriftlich ausgehandelten Einigungen beider Delegationen sorgen; Tagung der Delegationen bevorzugtes Forum für oppositionelle Politiker, vor allem auch für sezessionistisch eingestellte Sprecher im Nationalitätenstreit.

Deutsch, Julius,
* 1884 Ungarn, † 1961,
Artillerieleutnant im Ersten Weltkrieg, sorgte er 1918 für Zersetzung d. Militärmacht d. Monarchie, 1919/20 Staatssekretär f. Heerwesen, 1920/32 Sprecher der soz.-dem. Opposition in der »Heereskommission«, 1934 Schutzbund-Kommandant im Februaraufstand in Wien, im Spanischen Bürgerkrieg General bei den Roten, nach 1945 Leiter der Verlagsanstalten d. SPÖ, nach parteiinternen Auseinandersetzungen aus d. Politik geschieden.

DEUTSCHER BUND
entstanden auf Wiener Kongreß 1815 mit Beschluß der »Bundesakte«; als bloßer Staatenbund wahrte er die von den deutschen Fürsten unter Napoleon erlangte Souveränität der Mitgliedstaaten; NÖ, OÖ, Salzburg, Tirol (auch Liechtenstein), Kärnten,

Küstenland, Krain (bis 1849), Steiermark, Böhmen, Mähren, Schlesien und seit 1818 Herzogtum Auschwitz im Deutschen Bund; Könige von Dänemark, Hannover und der Niederlande für Teile ihres Herrschaftsgebiets im Deutschen Bund vertreten; Österreich Präsidialmacht der Bundesversammlung; Bundesversammlung tagte in Frankfurt/Main als Gremium d. beamteten Vertreter der Mitgliedsstaaten; Reformversuche 1848/49 scheiterten (Reichsverweser Erzherzog Johann), Schwarzenberg zwang 1850 Preußen in Deutschen Bund zurückzukehren und engere UNION in Deutschland unter Preußens Führung aufzugeben; Bismarck zerschlug 1866 nach Königgrätz Deutschen Bund.

DEUTSCHER KLUB
Als deutscher Leseverein der deutsch-nationalen Bewegung in Österreich; unter Schönerer »Deutscher Klub«, Stamm für Gründung d. Deutschen Schulvereines von 1880, Klub überdauerte 1918, zuletzt unter dem früheren Vorstand d. Militär-Kanzlei Franz Ferdinands, Feldmarschalleutnant a.D. Bardolff; vor 1938 Sammelpunkt der sog. »Betont Nationalen«.

DEUTSCHLIBERALE PARTEI
Relikt der bürgerlichen 48erBewegung, nach Solferino 1859 wieder als bestimmender Machtfaktor hervorgetreten; 1867/78 kompakte Mehrheit im Reichsrat, gesichert durch Privilegienwahlrecht d. Besitzbürgertums; kein Kulturkampf in Österreich nach Erlöschen des Konkordats; Leistungen einer Minorität, die den auf Wien zentrierten Staat gegen d. zumal von Slaven vertretenen Föderalismus verteidigte, sicherte wirtschaftlichen Aufstieg, kulturelle Leistungen und Bewahrung der Verfassung von 1867; Konflikt mit d. Krone wegen der von der Fraktion abgelehnten Okkupation Bosniens und der Herzegovina leitet Niedergang ein.

Diamand, Hermann,
* 1860 Lemberg, † ?,
mosaisch, Landesadvokat in Lemberg, bis 1918 MöAH, polnischer Sozialdemokrat, Feldwebel d. Reserve im I.R. 30; half 1914 Lenin zum Entkommen aus Galizien.

Dimitrievič, Dragutin, genannt Apis,
* 1876 Belgrad, † 1917,
1892 Eintritt in serb. Militärakademie, 1903 führend bei Ermordung des letzten Obrenović Alexander I., dabei verwundet, nachher Organisator von Terroranschlägen gegen Persönlichkeiten, die sich der groß-serbischen Idee nicht als dienlich erwiesen; führend in Geheimorganisation SCHWARZE HAND, 1913 Oberst und Leiter der Spionage und Spionageabwehr im serbischen Generalstab, Organisator des Mordes vom 28. Juni 1914 in Sarajevo; nachher in Konflikten mit WEISSER HAND (Pasić), 1917 wegen angebl. Mordanschlag auf d. Prinz-Regenten Alexander Karadordevič abgeurteilt und erschossen; im Tito-Regime mit Schauprozeß rehabilitiert und dabei Verdienste um Mord vom 28. Juni 1918 erneut gebührend herausgestrichen.

Dittes, Friedrich,
* 1829, Sachsen, † 1896,
nach Wien berufener Pädagoge zur Realisierung der Ziele des Reichsvolksschulgesetzes, setzte sich für kirchenfreie Schule ein, hierin Vorgänger der Idee eines areligiösen Moralunterrichts im Sinne des 1896 aus München berufenen Philosophieprofessors Friedrich Jodl.

Doblhoff-Dier, Anton Freih. von,
* 1800 Görz, † 1872,
Altliberaler im Vormärz, 1848 beim Sturz d. Systems hervorgetreten, nachher k.k. Minister für Handel, auch für Inneres und für Unterricht, während Oktoberrevolution 1848 schwankend in seiner Haltung; wurde 1849 Gesandter in Den Haag. Als Grundbesitzer mit agrarpolitischen Schriften bedeutend in seiner Zeit.

Domes, Franz,
* 1863 Wien, † 1930,
Schlossergehilfe, Mitbegründer, dann Sekretär d. schlagkräftigen Metallarbeiter-Verbandes, 1906 Mitglied d. Wr. Gemeinderats, 1911/18 MöAH, 1918 Obmann d. Metall-Arbeiterverbands.

Dreher, Anton (junior),
* 1849, † 1912,
Großindustrieller, Bier-Exporteur von Weltruf; Unternehmen ging später auf in Fa. Mautner-Markhof, jetzt nur mehr in Italien Birra Dreher.

Dumba, Constantin, Freih. von,
* 1856, † 1947,
jahrelang Attaché ohne Honorar, Legationssekretär in Petersburg, Rom, Leg. Rat Bukarest, Botschaftsrat Paris, Gesandter 1903/05 Belgrad (Mordszene von 1903), 1907/09 Ballhausplatz, 1908/09 delegiert z. Seerechtskonferenz in London, 1909/12 Gesandter in Stockholm, reichste Erfahrungen als Diplomat und Experte f. Internat. Recht bestimmten 1913 Ernennung z. Botschafter in Washington; entwürdigende Behandlung unter Wilson-Administration, 1915 als persona ingrata abgeschoben, zuletzt Präsident der Österreich. Völkerbundliga.

Dumreicher, Armand (Freih. von),
* 1845 Wien, † 1908,
als Student aktiv in Burschenschaft Silesia (1866!), schuf erste »Staats-Gewerbe-Schulen« u. unterstellte sie Unterrichtsministerium, 1886 MöAH, bis 1895 Partei-Vorstand d. Vereinigten Linken, im Streit um serb. Gymnasium in Cilli zurückgetreten, Pionier des Berufsbildenden Schulwesens.

Ebenhoch, Alfred,
* 1855 Bregenz, † 1912,
studierte in Innsbruck, hervorgetreten bei CV-Austria, 1888/ 1912 MöAH, führte konservative Katholische Volkspartei zur Vereinigung mit Partei Luegers, 1898/07 Landeshauptmann von OÖ, 1905/06 u. 1907/08 Ackerbauminister.

Edward VII.,
* 1841 London, † 1910,
Thronfolger d. Queen Mary, regierte 1901/10, persönlich verfeindet mit seinem Vetter Wilhelm II., trug er viel bei zur Vertiefung der Rivalität Englands mit wachsender See- und Handels-

macht Deutschland, Versuche, Franz Joseph für seine gegen Berlin gerichtete Politik einzusetzen, scheiterten, seit Annexionsstreit 1908 in ausgesprochenem Gegensatz zu Franz Joseph, seine Kavaliersreisen in Europa wirkten selbst inmitten d. allg. Dekadenz sensationell.

Elisabeth, Herzogin in Bayern,
* 1837 Possenhofen, † 1898,
Familienskandale im Elternhaus und in Kreisen von Geschwistern schufen Trauma, das sich im Verlauf des eigenen Ehe- und Familienlebens der Kaiserin verstärkte; für Franz Joseph boten Serien menschlicher Krisen im Leben der Gemahlin Gelegenheit, seine unverbrüchliche Liebe zu Elisabeth stets aufs neue zu bestätigen; Elisabeths einziger Sohn Rudolf und ihre Enkelin Elisabeth zeigten ihrerseits Anlagen, die in vieler Hinsicht der Tragik im Lebensverlauf der »seltsamen Frau« gleichen; diesem Bild gehört aber auch die Größe, die Elisabeth in Notzeiten ihres kaiserlichen Gemahls und bei anderen Anlässen bewies und auch die Liebe zur Jüngsten, Maria Valerie. In Ungarn blieb Bild dieser Königin d. Landes unversehrt für alle Zukunft. Die Kaiserin wurde das Opfer eines italienischen Anarchisten, der an sich hinter einem anderen Mordopfer in Genf aus war.

Elisabeth,
* 1883 Laxenburg, † 1963,
einziges ehelich geborenes Kind des Kronprinzen Rudolf; Lieblingsenkel Franz Josephs; 1902 Liebesheirat mit gutaussehendem fürstlichen Kavallerieoffizier scheiterte; sie vernachlässigte Ehe- und Familienleben, war vor 1918 mehrmals liiert; nach 1918 führte sie ein zum Teil abenteuerliches Leben, zu dem ihr das reiche Erbe nach dem kaiserlichen Großvater die Mittel lieferte; nach Scheidung ihrer ersten Ehe ging sie nach 1918 standesamtliche Ehe mit sozialdemokratischem Politiker und Schutzbundführer ein; sie selbst wurde Mitglied der Partei ihres zweiten Gemahls; nach 1945 war sie so Gemahlin eines der höchsten Funktionäre der Zweiten Republik, zu welchem Amt ihr Mann nach politischen Verfolgungen aufstieg.

Engel, August, Freih. v.,
* 1855, † ?
reorganisierte Budgetsektion d. k.k. Finanzministeriums; als der
»Würge-Engel« bei Budgetverhandlungen und -Bewirtschaftung
in Kollegenkreisen gefürchtet; ihm gelang 1914 die erste Organi-
sierung der Kriegsfinanzierung.

Engert, Wilhelm von,
* 1814 Preußen, † 1888,
1844 Lehrer am Joanneum in Graz; schuf erste brauchbare Ge-
birgslokomotive (Semmering-Bahn), erbaute mit Geschmack In-
dustrieanlagen; setzt sich zu seiner Zeit vergebens für Durch-
Tunnelung d. Arlbergs ein.

ERSTE REPUBLIK (Deutsch-Österreich)
21. Oktober 1918: Reichsratsabgeordnete deutscher Wahlbezirke
zogen vom Parlament zum n.ö. Landhaus und beschlossen, sich
als Prov. Nationalversammlung für Deutsch-Österreich zu kon-
stituieren sowie Vollzugsausschuß einzusetzen (dazu Ver-
waltungsausschuß) und Wahlordnung f. Konstitutionierende
Nationalversammlung zu schaffen. Unterm 11. November 1918
enthob Kaiser Karl letzte k.k. Regierung, verzichtete er auf Anteil
an den Staatsgeschäften und erkannte er vorweg Entscheidung
über künftige Staatsform an. Dies mit Beschluß der letzten k.k.
Regierung dem Kaiser dringendst anheimgegeben. 12. November
1918 Ausrufung d. Republik Deutsch-Österreich sowie des Anschlusses an (so fälschliche Formulierung Karl Renners) Deutsche
Republik. Staatsgründung in rechtlicher Hinsicht revolutionärer
Akt, da nicht auf Basis der Verfassung ex 1867.

Esterhazy, Moritz Graf,
* 1807, † 1890,
1861/67 Minister ohne Portefeuille, als »Graue Eminenz« d. Regierung Belcredi diskriminiert, genialisch veranlagt, brachte er
Arrangement mit Ungarn vor 1866 nicht zustande.

Eugenie, Maria de Guzan, Gräfin von Montijo,
* 1826 Spanien, † 1920,

von Napoleon III. 1853 geheiratet, unterstützte sie konservative Kreise in Kirche und Armee; drängte 1870 zum Krieg gegen Preußen; Flucht nach England; einziges Kind fiel als englischer Offizier in Kolonialexpedition gegen Zulus.

Exner, Adolf,
aus prominenter Gelehrtenfamilie; 1852/53 Berater der Schulreformen, sein Bruder Adolf Lehrer des Kronprinzen Rudolf.

Falk, Max,
* 1828, † ?
ungarischer polit. Publizist, Parteigänger Andrássys, ließ sich in Wien taufen; der Kaiserin als »Sprachlehrer« zugeteilt, war er deren Informator im Sinne der ungarischen Liberalen.

Falkenhayn, Erich von,
* 1861 b. Potsdam, † 1922,
in preußischer Armee General, Kriegsminister; 1915 Chef d. Generalstabs, scheiterte bei Verdun, bewährt im Krieg gegen Rumänien und Nahost.

Féjerváry, Geza, Freih. v.,
* 1833 Josephstadt, † 1914,
in k.k. Armee zuletzt General d. Infanterie, loyaler Helfer Franz Josephs gegen Sezessionisten in Budapest, 1905/06 k.u. Ministerpräsident.

Ferdinand I.,
* 1793, † 1873,
legitimer Nachfolger Franz I.; Vater hinterließ für regierungsunfähigen Sohn Regentschaftsrat unter Metternich, Ferdinand verstand Ereignisse v. 13. März 1848 nicht, entließ Metternich; flüchtete zweimal v. d. Revolution aus Wien und dankte am 2. Dezember 1848 zugunsten seines ältesten Neffen Franz Joseph ab; lebte nachher jahrzehntelang in Prag zusammen mit seiner Kaiserin Maria Anna.

Ferdinand IV. von Toskana,
* 1835 Florenz, † 1908,
übernahm nach Solferino nach Abdankung seines vor der Revolution mehrmals geflüchteten Vaters Leopold II. formell Regierung; dankte 1859 in der Villa eines Weinhändlers in Vöslau/Wien ab; zahlreiche, zum Teil von Lebensproblemen belastete Nachkommenschaft.

Ferstel, Heinrich (Freih. v.),
* Wien, † 1883,
Architekt, Hauptvertreter d. umstrittenen Historismus d. Ringstraßenära (Votivkirche, k.k. Hofmuseen, Chem. Institut d. Universität, Universität Hauptgebäude et cetera).

Ficquelmont, Karl, Graf,
* 1777 Frankreich, † Venedig,
zugleich in milit. wie dipl. Diensten, 1840 zeitweiliger Vertreter Metternichs, 1848 erster k.k. Minister d. Äußeren, nachher prov. Ministerpräsident; unter Druck d. Straße zurückgetreten, hinterließ er völlig deroutierte Außenpolitik.

Fischhof, Adolf,
* 1816 Alt-Ofen, † 1893,
Glaubensjude, absolvierte in Umgarn Piaristengymnasium, Doctor medicinae Wien 1845; Agitator im Vormärz, hielt am 13. März 1848 im Wr. Landhaus, »Taufrede« d. Revolution; Abgeordneter z. Reichstag f. Matzleinsdorf/Wien, k.k. Ministerialrat, entging nach Oktober-Revolutionen der Verfolgung; Mentor aller freisinnigen Bewegungen d. liberalen Ära.

Forgach, Johann Graf,
* 1870 Gacs, † 1945,
avanciert am Ballhausplatz zu einem der einflußreichsten »ungarischen Herren«; ließ sich als Gesandter in Belgrad 1907/11 (Annexionstreit, Friedjungaffäre) hinters Licht führen; 1914 Beobachter Tiszas am Ballhausplatz, Scharfmacher gegen Serbien.

Franz I.,
* 1768 Florenz, † 1835,
Großvater Franz Josephs, trat 1792 nach Kriegserklärung Frankreichs Nachfolge Leopolds II. an, bekämpfte bis 1815 trotz schwerster Rückschläge unablässig Revolution von 1789 und deren Nutznießer; Vater des Systems Metternich; letzter Röm. Kaiser; nach Zerstörung des Reiches durch deutsche Fürsten und Napoleon I. erster Kaiser von Österreich.

Friedjung, Heinrich (Hersch),
* Mähren 1851, † 1920,
Schriftsteller u. Historiker deutschliberaler Herkunft und Anschauung; zusammen mit Adler und Schönerer an Schaffung d. Linzer Programms 1882 f. Deutschnationalen d. Monarchie beteiligt; Antisemitismus Schönerers drängt ihn aus dieser Richtung; Publizist in Diensten Aehrenthals, in London nach 1918 als »jüdischer Pangermanist« verdächtigt.

Friedrich, Erzherzog,
* 1856 Groß Seelowitz, † 1836,
Sohn Erzh. Albrechts, in k.k. Armee zuletzt a. d. Spitze d. AOK 1914/17, von Kaiser Karl I. enthoben.

Friedrich Wilhelm IV.,
* 1795 Berlin, † 1861,
Onkel Franz Josephs, in Sachen Preußen Realpolitiker, in Sachen Deutschland Romantiker; brachte 1850 Preußen, an Rand eines Krieges mit Österreich; zuletzt regierungsunfähig unter Tutel seines Bruders Wilhelm, dieser 1871 erster deutscher Kaiser.

Funder, Friedrich,
* 1872 Graz, † 1959,
zuerst Studium d. Theologie, nachher Journalist; als Herausgeber d. »Reichspost« erfolgreich bei der Schaffung des Image Luegers; im Belvedere-Kreis; nach 1918 bemüht um Einigung der Monarchisten und Republikaner unter Seipel; 1934 für den Ständestaat, KZ, nachher Verurteilung d. Experiments Dollfuß; als Herausg. d. »Furche« 1945/59 d. Große Alte Mann d. Journalistik in Österr.

Füster (auch Fister), Anton,
* 1808 Krain, † 1881,
slowenischer Abkunft, als Priester predigte er eine Art Liberalkatholizismus; als Religionslehrer an Universität Wien berufen, predigte er am 12. März 1848 den Studenten die Revolution; selbsternannter Feldkaplan der Akademischen Legion; im Sommer 1848 von der Kirche abgefallen. Im Reichstag auf äußerster Linken; emigrierte 1849 nach USA; als Amerikamüder zurückgekehrt, verschaffen ihm Liberale nicht erhoffte Rehabilitierung (Füster nach 1848 einziger gemaßregelter Universitätsprofessor, da auf Wunsch d. Kirche enthoben).

Gablenz, Ludwig Freih. v.,
* 1814 Jena, † 1874,
seit 1833 in k.k. Armee, zuletzt Feldzeugmeister; erfolgreich 1864 im Krieg gegen Dänemark, erfocht 1866 einzigen Sieg gegen Preußen; nach Einheiratung in Bankierfamilie Eskeles in Folgen d. Börsenkrachs 1873 verwickelt, erschoß er sich in Zürich.

Gaj, Ljudevik,
* 1809 Krapina, † 1872,
Ideologe des ILLAYRISMUS, Reich d. Südslaven vom Schwarzen Meer bis Villach und von Graz bis Saloniki; nützte Sprachforschungen Karadžić zugunsten der Hochsprache seiner kroatischen Landsleute unter Verwendung d. Schriftzeichen d. lateinischen Sprache aus; von Franz I. gefördert, wandte er sich zuletzt nationalistischen Bestrebungen seiner Landsleute zu.

Garibaldi, Giuseppe,
* 1807 Nizza, † 1882,
Seemann, begann als Bürgerkriegskämpfer in Südamerika; 1843 in Piemont zum Tod verurteilt, wollte die Einigung Italiens in einer Republik, scharf antiklerikal, antimonarchistisch, als Freischarenführer und wegen persönlicher Tapferkeit legendär; nach geringeren Erfolgen gegen Österreich eroberte er Königreich Beider Sizilien für geeintes Italien, 1870/71 in franz. Armee gegen die Deutschen.

Gautsch, Paul (Freih. v.),
* 1851 Döbling, † 1918,
als Beamter und Staatsmann verläßlich in Diensten seines Kaisers; mehrmals k.k. Minister, zweimal Ministerpräsident, erwarb er sich ehrliche Feindschaft jener, die es unter Franz Joseph trotz allen Bemühens nicht zum Minister brachten.

Ghega, Karl von,
* 1802 Venedig, † 1860,
bedeutender Erbauer von Straßen und Eisenbahnen unter Franz Joseph (Nordbahn in Teilen, Gebirgsstraßen, Semmeringbahn), unter Bruck Leiter d. Sektion für Eisenbahnbau, 1850 Generaldirektor für d. Bau von Staatseisenbahnen.

Giesl, Vladimir Freih. von,
* 1860 Fünfkirchen, † 1936,
als Militär zuletzt k.u.k. General d. Kavallerie, als Diplomat 1909/13 Gesandter in Montenegro, nachher bis Kriegsausbruch in Belgrad; überreichte am 23. Juni 1914 Begehrnote; brach am 25. Juni in klarer Erkenntnis der ungenügenden Beantwortung der Note seitens Serbien auftragsgemäß diplomat. Beziehungen ab.

Gindely, Anton,
* 1829 Prag, † 1892,
nach Herkunft und Anschauung »echter Sohn« der Vielvölkermonarchie, lehrte in Prag sowohl in deutscher als in tschechischer Sprache, Vertreter d. Austro-Slavismus, geriet dadurch in Gegensatz zu Jung-Tschechen; verfaßte Lehrbücher f. Geschichte, die in der Endzeit der Monarchie durch Darstellung des Sinnes der Vielvölkermonarchie auffallen und Widerstand in gewissen Lehrerkreisen finden mußten.

Giskra, Karl,
* 1820 Mähr. Trübau, † 1879,
unter Metternich Professor für Staatsrecht (!), radikal als 48er Revolutionär, 1848/49 Abg. z. Frankfurter Parlament, seit 1861 Wortführer der Liberalen im Reichsrat, 1866 Bürgermeister in

Brünn, 1867 Präsident d. Abgeordnetenhauses, als Gegner. Okkupation v. 1878 gescheitert. Vor 1866 im »Streichquartett« z. Verkrüppelung des Armeebudgets, nach Königgrätz harter Kritiker d. Armee.

Goluchowski, Agenor Graf (senior),
* 1812 Lemberg, † 1875,
1848/59 Statthalter von Galizien, im Übergang zum liberalen Zeitalter Minister, schuf OKTOBERDIPLOM auf föderalistischer Grundlage; schied nach dessen Aufhebung durch FEBRUAR-PATENT aus den Zentralstellen; nachher wieder zweimal Statthalter in Lemberg. Dessen Sohn

Goluchowski, Agenor (junior),
* 1849 Lemberg, † 1921,
setzte austro-polnischen Kurs d. Vaters in dipl. Diensten der Monarchie fort; versäumte während russ.-jap. Krieg Annexion Bosniens/Herzegovina, dies entsprach seinem Prinzip, Beziehungen zu Rußland zu verbessern, 1895/1906 k.u.k. Minister d. Äußeren (letzter Besuch Franz Josephs in Petersburg 1897, Abkommen v. Mürzsteg Franz Joseph/Nikolaus II. zur Koordinierung d. Balkanpolitik 1903).

Gondrecourt, Leopold Graf,
* 1816, † 1888,
in der k.k. Armee zuletzt Feldmarschalleutnant, 1848 als Adjutant Latours einziger Verteidiger des Kriegsministers gegen dessen Mörder; persönlich tapfer, hart als Vorgesetzter; erfolgreich 1864 gegen Dänemark, nach Königgrätz in Untersuchung gezogen und, anders als Benedek, hart bestraft (Rangverlust u.a.). Nahm die Strafe diszipliniert und ohne Lamento an.

Gorčakov, Alexander Mihailović, Fürst,
* 1798 Haapsalu, † 1883,
diente als Diplomat drei Zaren vor allem an deutschen Höfen; Außenminister im Rang eines Reichskanzlers während d. Krimkriegs; ging nach Konflikt mit Wien über zu pro-französischer Politik; zugleich Wandlung vom Konservativen zum Panslavi-

sten; erreichte 1871 Aufhebung d. Neutralisierung d. Schwarzen Meeres (Krimkrieg!); halbherzig bei Rekonstruktion des sog. Drei-Kaiser-Bündnisses der konserv. Ostmächte.

Görgey, Artur,
* 1818 Toporcz, † 1916,
seit 1837 in k.k. Armee, quittierte vor Ausbruch d. Revolution; 1848 sofortiger Eintritt in Armee Kossuths, zeitweise deren Oberbefehlshaber; 1849 Nachfolger in der Diktatur Kossuths, kapitulierte er vor den Russen und sicherte sich persönl. Schutz d. Zaren für sein Leben; gestorben als pensionierter k.u. General.

Grey, Sir Edward,
* 1862 London, † 1933,
1885 als Liberaler ins Unterhaus gewählt, seit 1882 in Regierungsämtern, 1905 Außenminister; räumte russisch-engl. Konflikt in Nahost aus; verfestigte Entente mit Frankreich und komplettierte unter Edward VII. Einkreisung d. Deutschen Reiches; vor 1914 milit. Vereinbarungen mit »neutralem« Belgien; wollte Junikrise 1914 mit »Züchtigung« Serbiens durch Handstreich d. Österreicher beenden; nachher gerühmt als letzter Verteidiger des Friedens, erwies er sich schon 1908 (Annexion) als Förderer d. russ. Pressionen auf Wien.

Grillparzer, Franz,
* 1791 Wien, † 1872,
größter deutscher Dichter aus Österreich; Schützling der Kaiserin Karoline; nach Erfolgen am k.k. Hofburgtheater tief enttäuscht über Publikum u. angebl. Geringschätzung bei Hof; Sinekure als k.k. Hofrat; unter Franz Joseph am höchsten geehrter Dichter seiner Zeit im In- und Ausland. Mitglied d. Herrenhauses. Antiklerikal nach Herkunft und Anschauung.

Grünne, Karl Ludwig Graf,
* 1808 Wien, † 1884,
aus einer Familie der »Getreuen« der vormaligen österr. Niederlande, in k.k. Diensten zuletzt General d. Kavallerie, 1848 Oberstofmeister f. Erz. Franz Joseph, 1850 Generaladjutant d.

Kaisers, Vorstand dessen Militär-Kanzlei, nach Solferino auf Drängen der Liberalen enthoben und zu deren Ärger zuletzt Oberstallmeister. Stand im Ruf, den unverheirateten Kaiser eingeführt zu haben in die gewissen Vergnüglichkeiten bei der leichten Kavalerie (?).

Gyulai, Franz Graf,
* 1797 Pest, † 1868,
seit 1814 in k.k. Armee, 1849 k.k. Kriegsminister, zuletzt Feldzeugmeister, Nachfolger Radetzkys im Kommando der k.k. 2. Armee (Italien), versagte im Feldzug 1859, nach Magenta abberufen.

Habermann, Gustav,
* 1864 Böhm. Trübau, † ?,
gelernter Drechsler, oftmaliger Berufswechsel; 1884 als Anarchist abgeurteilt, nachher Aufenthalt in USA, obwohl deutscher Herkunft als tschechischer Sozialdemokrat radikaler Feind Österreichts.

HABSBURGER-GESETZ
vom 3. April 1919 auf Initiative d. sozialdemokratischen Staatskanzlers Renner entstanden; bezweckte Enteignung des Hauses Habsburg-Lothringen; Mitglieder des Hauses wurden landesverwiesen, dürfen nur nach gewissem Verzicht ins Land kommen; dies an Zustimmung d. Hauptausschusses d. Nationalrats gebunden; Gesetz war 1935/38 außer Kraft gesetzt, nach 1945 neuerdings in Kraft gesetzt und über Wunsch der sozialistischen Fraktion d. Koalition (!) bei Staatsvertragsverhandlungen in den Text d. Staatsvertrags 1955 aufgenommen (SPÖ/FPÖ verhinderten nach 1955 Rückkehr d. letzten Kronprinzen Otto trotz dessen ausreichendem Verzicht).

Hadji-Loja,
Lebensdaten unbekannt; 1878 Führer des Widerstands gegen Okkupation Bosniens unter Mithilfe regulärer türk. Truppen; in Wien populär, obwohl Art der Grausamkeiten im Kampf vorweg nahmen, was Tito nach 1941 zur Regel machte.

Hartwig, Nikolaus von,
* 1855, † 1914,
Deutscher in russischen Diensten, hervorgetreten als Gesandter in Belgrad 1909/14; übertrieb von sich aus die in Petersburg instruierte Balkanpolitik, insbesonders in der Feindseligkeit gegen Österreich-Ungarn; duldete Beziehungen seines Militärattachés zu Kreisen, die dem Mord von Sarajevo nahestanden; bei dem Versuch, sich nach Sarajevo dem dortigen k.k. Gesandten gegenüber zu rechtfertigen, traf ihn der Schlag. Darauf Gerücht in Belgrad: Die Österreicher haben ihn ermordet.

Hasner, Leopold von,
* 1818 Prag, † 1891,
in der Ära Metternich Universitätsprofessor, Altliberaler, 1867/ 70 k.k. Unterrichtsminister, vertrat er das von den ihm beigegebenen Fachleuten seiner Fraktion verfaßte REICHSVOLKSSCHUL- GESETZ 1869 erfolgreich im Reichsrat, 1870 k.k. Ministerpräsident. Zuletzt MöHH. Fixierte im Gegensatz zum herrschenden Zeitgeist eine sittlich-religiöse Erziehung im Schulwesen.

Haymerle, Heinrich Karl (Freih. v.),
* 1828 Wien, † 1881,
in dipl. Diensten (Athen, Den Haag, Rom), dritter Bevollmächtigter auf Berliner Kongreß 1878, bereitete Beitritt Italiens zum Zweibund geschickt vor, als k.k. Minister d. Äußeren nur kurz 1879/81 tätig.

Haynau, Julius, Freih. von,
* 1786 Kassel, † 1853,
Sohn aus morgant. Ehe d. Landgrafen Ludwig Hessen mit Tochter Rebekka d. jüd. Apothekers Ritter, 1801 Eintritt in k.k. Armee, zuletzt Feldzeugmeister, 1848/49 unter Radetzky (»Rasiermesser, nach Gebrauch ins Futteral«); besiegte 1849 Terror der Partisanen in Brescia mit gleichen Methoden, so auch im Kampf gegen Kossuthtruppen in Ungarn; bei Besuch Englands von Presse als »Hyäne von Brescia« begrüßt, von gedungenen Schlägern zusammengeschlagen, Palmerstons Art d. Entschuldigung hatte

Absage des Kaisers zur Beteiligung k.k. Militärs am Staatsbegräbnis Wellingtons zur Folge.

Heinrich, Erzherzog,
* 1828, † 1891,
nach Dienst in k.k. Armee einer der ersten Aussteiger des Erzhauses (Heirat einer Bürgerlichen ohne Zustimmung des Chefs d. Hauses), Franz Joseph sanierte später Unterlassung und erhob Gemahlin zur Gräfin.

Helfert, Joseph Alexander, Freih. v.,
* 1820 Prag, † 1910,
Altliberaler d. Vormärz, 1848/60 Unterstaatssekretär im Unterrichtsministerium, sein Konzept f. Institut f. österreichische Geschichtsforschung wurde in der Praxis verfälscht; Präsident d. (späteren) Denkmalamtes; zuletzt in katholischer »Leo-Gesellschaft«.

Helmer, Hermann,
* 1849 Harburg/Bayern, † 1919,
zusammen mit Ferdinand Fellner (1847/1916) Erbauer von Theatergebäuden nach gewissem Schema in allen Teilen der Monarchie.

Henikstein, Alfred (Freih. von),
* 1810 Döbling, † 1882,
in k.k. Armee zuletzt Feldmarschalleutnant und 1864 Chef d. Generalstabs, nach verläßlicher Dienstleistung 1866 Benedek beigegeben; nach Königgrätz in Untersuchung gezogen, obwohl ihm Leitung d. Operationen der Nordarmee entzogen war; Verfahren von Franz Joseph niedergeschlagen; in Armeekreisen als der Jud' verhöhnt, dienten Familienangehörige bis zuletzt d. Monarchie.

Hentzy, Heinrich von,
* 1795 Debreczen, † 1849,
in k.k. Armee zuletzt Generalmajor; fiel 1849 bei Verteidigung der Festung Ofen, Denkmal wurde nach 1867 geschleift.

Herbst, Eduard,
* 1820, † 1892,
Altliberaler im Vormärz, 1867/70 k.k. Justizminister; er und sein
Sohn (MöAH) dienten als Liberale dem alten Österreich. Nachrede der Nationalen gegen die »Herbstzeitlosen«.

HERRENHAUS
1861 als »Erste Kammer« des damaligen Reichsrats eingeführt;
Mitglieder: volljährige Erzherzoge, regierende Erzbischöfe und -
Bischöfe mit fürstl. Rang, Häupter hervorragender Adelsfamilien
(soferne mit ausgedehntem Grundbesitz!) und Persönlichkeiten,
die der Kaiser berief.

Heß, Heinrich (Freih. v.),
* 1788 Wien, † 1870,
seit 1805 in k.k. Armee, zuletzt Feldmarschall, 1809 bei Wagram
ausgezeichnet, 1848/49 »Rechte Hand« Radetzkys, nachher Chef
des Generalstabs Seiner Majestät, 1859 fast ohne Einfluß auf die
Operationen, als Franz Joseph nach Magenta Oberkommando
des Feldheeres übernahm; Konflikt mit preuß. Generalfeldmarschall Wrangel wegen Bündnis Bismarcks mit den Männern der
48er Revolution.

Hitler, Adolf,
* 1889 Braunau, † 1945,
Sohn eines deutsch-freisinnigen Zollbeamten, Versagen in der
Realschule, Not im Elternhaus nach Tod d. Vaters, verzichtet auf
Waisengeld zugunsten unversorgter jüngerer Schwester; in Wien
vor 1914 in Armut gelebt, bleibende Eindrücke: Völkergemisch,
Judenherrschaft, Schönheiten der Kunst, vor Assentierung nach
München ausgewichen, 1914 freiwillig in bayr. Reserveinfante-
rieregiment eingerückt, wegen Heimatschein auch auf Franz Jo-
seph (!) vereidigt; trat Mitte d. zwanziger Jahren aus österr.
Staatsverband aus, um als Staatenloser im Reich tätig zu sein.

Hofstetter, Ferdinand,
Professor für Geologie, als Darwinist antiklerikal eingestellt,
Protestant nach Herkunft und Anschauung, lehrte Kronprinz

Rudolf das Gegenteil dessen, was dem Erzherzog gleichzeitig im Religionsunterricht beigebracht werden sollte.

Hohenberg, Sophie Gräfin, dann Fürstin und Herzogin,
* 1868 Stuttgart, † 1914,
st. 1900 in Erzherzog-Thronfolger Franz Ferdinand in morganatischer Ehe verbunden; gründete Ehe- und Familienglück des Thronfolgers; wurde als erstes Opfer des Weltkriegs 1914 in Sarajevo ermordet.

Hohenwart, Karl Graf,
* 1824 Wien, † 1899,
Statthalter von OÖ., 1871 k.k. Ministerpräsident und Innenminister, nachher Präsident d. Obersten Rechnungshofs, trat führend in konservativen Kreisen hervor.

Hornbostel, Theodor Ritter von,
* 1815 Wien, † 1888,
Seidenfabrikant, Altliberaler im Vormärz und als solcher Förderer kultureller und *wirtschaftlicher* Vereinigungen sowie politischer Aktivitäten jener Zeit; 1848 k.k. Handelsminister, 1849 Präsident der Handelskammer und als solcher verdient um den Ausbau der Standesvertretungen des Besitzbürgertums in der Gründerzeit.

Hübner, Alexander (Freih. von),
* 1811 Wien, † 1892,
im dipl. Dienst, 1849/59 Botschafter in Paris (Krimkrieg, Krieg v. 1859 !), nachher gegen seine Willen k.k. Polizeiminister, 1865/68 Botschafter beim Hl. Stuhl, Publizist.

Hummelauser, Karl,
* 1790, † 1874 Feldkirch,
Im Vormärz k.k. Botschaft in London lange Zeit zugeteilt; 1848 Hofrat im Außenministerium; Frühjahr 1848 während schwerer Regierungskrise in Wien und milit. Krise in Italien ohne Gesprächsinstruktion zu Palmerston entsandt, um diesen nach ent-

sprechenden Gebietsabtretungen der Monarchie an Piemont/Sardinien für Friedensaktion in Italien zu gewinnen; Palmerston brachte Gesprächssituation dahin, daß Verlust von Lombardo-Venetien (zuletzt aller v. Italienern bewohnten Gebiete der Monarchie!) ins Gespräch gezogen wurde; trotzdem scheiterte Aktion. Radetzky, damals ohne Nachschub ins Festungsviereck zurückgedrängt, wirkte dieser Aktion d. Wiener Regierung, für die auch Kaiser Ferdinand gewonnen wurde (Auftrag an Radetzky, Waffenstillstand anzubahnen!) entgegen. Hummelauer als Vertrauter d. Kaiserin Maria Anna begleitete das Kaiserpaar nach Abdankung Ferdinands nach Prag; hinterließ eher belastende Rechtfertigungsschrift betr. Sendung nach London. Unter Schwarzenberg aus dem aktiven Dienst geschieden.

Hye, Anton, Freih. v. Gluneck,
* 1807 Gleink OÖ, † 1894,
1842 Professor für Straf- und Naturrecht in Wien; im März 1848 hervorgetreten im Kampf gegen System, überreichte die »Sturmpetition«; 1867 Justizminister, zeitweise auch Leiter d. Unterrichtsministeriums. Verdient um Pressegesetz 1849 und Teilreform Strafgesetzbuch 1803.

Ignatiev, Nikolaus Pavlović,
* 1828 Petersburg, † 1908,
1864/71 Botschafter in Konstantinopel, Generalgouverneur v. Nižnij Novgorod, 1881/82 Innenminister.

Izvolskij, Alexander Petrović,
* 1856 Moskau, † 1919,
in dipl. Diensten (Vatikan, Belgrad, München, Tokio, Kopenhagen), 1906/10 Außenminister (Annexion!), 1910/17 Botschafter in Paris. Gespräch mit Aehrenthal in Buchlau 1908 verursachte Mißverständnisse und Mißhelligkeiten zwischen Wien und Petersburg, die bis 1914 nie mehr ausgeräumt werden konnten.

Jellacić, Josef (Freih. v., Graf),
* 1801 Peterwardein, † 1854,
seit 1819 in k.k. Armee, zuletzt Feldzeugmeister; 1848 als Banus

von Kroatien initiativ, um mit Hilfe Wiens die Unabhängigkeit von Ungarn für Kroatien und Slavonien zu erringen; im Oktober 1848 entschied das Kommen seiner Kroaten den Kampf um Wien; letzter unbedingter Vertreter eines im Verband der Monarchie geeinten Südslaventums.

Jodl, Friedrich,
* 1849 München, † 1914,
1896 nach Wien berufen, Vertreter eines konsequenten naturalistischen Monismus, trat in Wien für areligiösen Moralunterricht sowie eine von Metaphysik losgelöste »Ethische Kultur« ein.

Johann, Erzherzog von Österreich,
* 1782 Florenz, † 1859,
Großonkel Franz Josephs, im Vormärz bei Hof als »Völkerbeglücker« verhöhnt, 1848 als »Reichs-vermoderer«; nach ungeklärten Ereignissen in jüngeren Jahren loyal zum jungen Franz Joseph; als »Steirischer Prinz« unvergessen; 1848 eröffnet er Reichsrat in Wien, 1849 beginnender Rückzug aus d. Öffentlichkeit. Vermählt mit Anna Plochl, zuletzt Gräfin von Meran.

Johann Salvator,
* 1852 Florenz, † 1891 (?),
in k.k. Armee zuletzt Feldmarschalleutnant; im engsten Freundeskreis des Kronprinzen Rudolf, zuweilen auch mit ihm zerstritten; nach gewissen Aktivitäten in der Öffentlichkeit und Engagement für Sache d. Liberalismus Konflikt mit dem Kaiser; liiert mit Milli Stubel, heiratet er sie nach Austritt aus dem Haus Österreich; als Schiffsunternehmer und Kapitän auf einer Fahrt im Südatlantik verschollen.

John, Franz (Freih. von),
* 1815 Bruck/Leitha, † 1876,
im Quartiermeistercorps bewährt 1859; 1866 unter Erzherzog Albrecht (Custozza), Chef d. k.k. Generalstabs 1866/69 und 1874/76; Kommandierender General in Graz, nach 1867 Reichskriegsminister, MöHH. Bemüht um k.k. Heer und Abwehr der in Ungarn auftretenden Trennungsabsichten.

Juarez, Benito,

* 1806 Ixtlan, † 1872,

indianischer Herkunft; im Kampf gegen Maximilian in Mexiko von US-Präsident Lincoln unterstützt, siegte nach Rückzug der Interventionstruppen Napoleons III; läßt Maximilian erschießen; verlangte für Auslieferung d. Leichnams an Familie Anerkennung seines Regimes durch den Bruder Maximilians, den Kaiser von Österreich. Mussolini bekam nach ihm Vornamen.

JUDEN
Revolution von 1848 brachte nicht vollständige Emanzipation, diese erst nach 1867 in liberaler Ära; beginnender Zustrom nach Wien; 1860 rund 4000, 1910 175 000; Mißmut wegen einseitiger Berufsstruktur (Neigung? Zwang d. Umweltverhältnisse?), wachsende Teilnahme an Publizistik, kulturellem Leben und Politik; unter Kaiser Karl I. wurde zum ersten Mal Glaubensjude k.u. Minister; nach 1914 Massenzustrom von Ostjuden, um 1938 rund 300 000 Juden in Österreich.

JURIDISCH-POLITISCHER LESEVEREIN
Gründung von Metternich 1841 zugestanden; Treffpunkt Altliberaler aus Wirtschaft und Wissenschaft; Kader der liberalen 48er Politiker in Österreich; nach Einschwenken der »Revolution« auf bürgerlich-liberalistischen Kurs scharfe Gegnerschaft seitens demokratischer Vereine und der von diesen aufgehetzten Massen (Katzenmusik); Bach, Schmerling, Lasser, Pratobaera, Doblhoff, Hornbostel, Sommaruga, Thun-Hohenstein u.a.m., aber auch Radikale (Tausenau) und später Bürgermeister Seiller, Zelinka von Wien als prominente Mitglieder.

Kálnoky, Gustav Graf,

* 1832 Lettowitz, † 1898,

in d. k.k. Armee zuletzt Feldmarschalleutnant, in dipl. Diensten (Kopenhagen, Petersburg), k.k. Minister d. Äußeren 1881/95, Ausbau guter Beziehungen zu Berlin, Mißtrauen gegenüber Rußland, hielt Kontakte zu Westmächten im bestmöglichen Zustand, 1882 Zweibund erweitert durch Beitritt Italiens, 1883 geheimes

Bündnis mit Rumänien; rettete 1885 Serbien vor totaler Niederlage gegen Bulgarien; 1887 Mittelmeerabkommen mit London u. Rom zur Erhaltung status quo d. Türkei; was aber Rußland abdrängte zu Frankreich.

Karadžić, Vuk Stefanović,
brachte es vom Analphabeten und Viehhirten in der Türkei zum Mitglied d. Kais. Akademie d. Wissenschaften in Wien, Parteigänger Karadordević, floh mit diesem 1813 nach Österreich; in Wien Schüler d. Slavisten Kopitar; reformierte Alphabet seiner serbischen Muttersprache, dazu Rechtschreibung und Grammatik und wertvolle Sammlung von Sprachdenkmälern (von Ranke und Goethe geschätzt und benützt); Kritiker am Terror in Serbien unter dem Regime der Obrenović.

Karl I.,
* 1887 Persenbeug, † 1922,
Großneffe Franz Josephs, nach Selbstmord Rudolfs u. Ermordung Franz Ferdinands st. 1914 Thronfolger; 1914/16 im Feld; als Kaiser (1916/18) stets bemüht, die Monarchie aus Verstrickung im Weltkrieg herauszuführen; im Oktober 1918 leiteten Sozialdemokraten mit Zustimmung d. Deutschnationalen Abdankung ein, christlichsoziale als drittstärkste Fraktion trat zuletzt bei; letzte k.k. Regierung übernahm Abkommen mit Sozialdemokraten als Konzept der Entsagungserklärung des Kaisers vom 11. 11. 1918; 1921 zweimaliger Versuch, als gekrönter König von Ungarn dort Regierung wieder zu übernehmen, scheiterte an umstrittener Haltung d. Reichsverwesers Horthy, vor allem am Protest d. Kleinen Entente (Beneš) sowie der Westmächte. Im Exil (Madeira) gestorben und begraben.

Karl Albert,
* 1798 Turin, † 1849,
kam 1821 nach Aussterben der älteren Linie d. Hauses Savoyen zur Regierung; Versuch, mit Gegnern Österreichs zu gehen, von Metternich unterdrückt; bedrängt von Demokraten im Inneren und Risorgimento in ganz Italien erklärte er 1848 auch zur Ret-

tung seiner Herrschaft an Österreich den Krieg; von Radetzky 1848 u. 1849 total geschlagen, dankte er ab und starb bald in Portugal im Exil.

KATHOLISCHE VOLKSPARTEI
gebildet 1895 aus Angehörigen d. feudal-konserv. Hohenwart-Klubs, 1897 31, 1910 23 MöAH, unter Baron Kathrein 1907 Zusammengehen mit Luegerpartei.

Kempen, Johann, Freih. von,
* 1793 Pardubitz, † 1863,
seit 1809 in k. k. Armee, zuletzt Feldmarschalleutnant; schuf nach ital. Vorbild moderne Gendarmerie in Österreich, 1852 Chef d. Obersten Polizeibehörde; als einer der meistgehaßten aus d. absolut. Ära nach Solferino pensioniert.

Klapka, Georg von
* 1820 Temesvar, † 1892,
1842 Eintritt in k. k. Armee; 1848 früher Parteigänger Kossuths, 1849 Korpskommandante, hielt in Komorn bis über den Sommer hinaus letzte Verteidigung nach Ende der Diktatur in Ungarn aus; geflohen, führte mit Hilfe Bismarcks 1866 Legion Klapka ins Feld; 1869 MuAH, maßgebend beteiligt an Aufstellung d. Honvédverbände nach 1867 unter Franz Joseph.

KOALITIONSRECHT
Ende 1869 demonstrierten in Wien 20000 Arbeiter zugunsten Einführung d. Koalitionsrechts; 14. 12. 1869 brachte Herbst diesbezüglichen Antrag im Abgeordnetenhaus ein; Franz Joseph sanktioniert 1870 Gesetzesbeschluß, seither Verabredungen wegen gemeinsamer Einstellung d. Arbeit im Betrieb erlaubt, ebenso diesbezügliche Drohung z. Durchsetzung besserer Arbeitsbedingungen u. Vereinbarungen z. Unterstützung d. Streikenden. Österreich war damit deutschen Staaten, aber auch westl. Staaten (Teilstaaten in USA) vielfach zeitlich voraus.

Koerber, Ernest von,
* Trient 1850, † 1919,
1897/98 k. k. Handelsminister, 1899 Innenminister, 1900/04 Mi-

nisterpräsident, 1915/16 k.u.k. Finanzminister, 1916 k.k. Ministerpräs. nach Mord an Graf Stürgkh.

Kolowrat-Liebsteinsky, Franz Anton Graf,
* 1778 Prag, † 1861,
1799 Eintritt in Zivildienst, Stadthauptmann in Prag, Hofrat, 1825 Staats- und Konferenzminister, Rivalität mit Metternich in liberalen Kreisen als Hinneigen z. Liberalismus mißdeutet; 1848 erster k.k. Ministerpräsident nach Vertreibung Metternichs, scheiterte mit Radikalisierung der Verhältnisse.

Kopal, Karl von,
* 1788 bei Znaim, † 1849,
1805 Eintritt in k.k. Armee, zuletzt Oberst u. Kommandant Feld-Jäger-Bataillon 10; legendär in Radetzky-Armee seit Verteidigung Friedhofs v. Santa Lucia gegen vielfach ital. Übermacht; 14. Juni 1848 im Kampf um Monte Berico gefallen; Überreste 1979 wegen Auflassung d. Friedhofs d. Deutschen in Vicenza mit ital. Hilfen nach Wr. Neustadt überführt.

Kossuth (von slav. Kovar?), Franz,
* 1802 Kolnok, † 1894,
Publizist, aus polit.-weltanschaulichen Gründen Feind d. Zusammenhalts Ungarns mit Österreich, im Vormärz als Platzhalter in ung. Landtag gewählt, 1837 wegen pol. Umtriebe zu 4 Jahren Gefängnis abgeurteilt, Mitarbeiter, Chefredakteur d. PESTI HIRLAP; hinreißende Kraft d. Rede im Revolutionszeitalter, 1848 Taufrede d. 48er Revolution im Kaisertum Österreich (Preßburg); k.u. Finanzminister, Ministerpräsident, zuletzt Diktator im Abwehrkampf gegen Österreicher; veranlaßte 14. April 1849 neuerliche Absetzung d. Hauses Österreich, flüchtete vor milit. Zusammenbruch; im Exil mehr und mehr Symbol, denn als Führer d. Unabhängigkeitsbewegung in Ungarn; 1894 wurde Heimholung d. Leichnams Massenkundgebung gegen Österreich (damals Losung: Monarchie auf Abruf). Sein Sohn

Kossuth, Franz von (junior),
* 1841, † 1914,
1895 an d. Spitze der ungarischen Unabhängigkeitspartei, Versuch, Aufruhr d. Kroaten von Budapest ab- und auf Wien zu lenken(Fiumaner Resolution südl. Politiker von 1908), scheiterte; 1910 Regierungsmitglied, kompromittiert in kroatischen und anderen Kreisen wegen Teilnahme an Magyarisierungspolitik in Ungarn.

Kövess, Hermann Freih. v.,
* 1852 Temesvar, † 1924,
in k.u.k. Armee zuletzt (1917) Feldmarschall; als Armeekommandant gegen Rußland, Serbien, nach 1916 Verteidiger d. Ostkarpaten, Oktober 1918 a. d. Spitze der AOK, übergab ihm Kaiser Karl I. am 3. November 1918 Oberkommando über alle Streitkräfte, Ende der Befehlsgewalt d. Kaisers.

Kramář, Karel,
* 1860 Hochstädt, † 1937,
Großunternehmer, 1891/1916 MöAH, 1916 wegen Hochverrat, Anschlag gegen Kriegsmacht usw. zum Tode verurteilt, Urteil in Haftstrafe abgewandelt, von Kaiser Karl I. 1917 trotz heftiger Widerstände in pol. u. mil. Kreisen begnadigt; Fortsetzung d. gewohnten pol. Tätigkeit brachte Kramář November 1918 Posten d. ersten Ministerpräsidenten der ČSR ein.

Kraus, Karl,
* 1874 Jičin, † 1936,
Soziale und geistige Zustände um Jahrhundertwende forderten seine polemische Kraft zum Äußersten heraus; Mitarbeiter in Zeitschriften (Muskete, Simplicissimus), schrieb zuletzt ganzen Text seiner »Fackel«; LETZTE TAGE DER MENSCHHEIT (1922) und »DIE DRITTE WALPURGISNACHT« offenbaren Hilflosigkeit gegen Krieg u. ungezügelte Haßverwirrung, die sich zumal gegen altes Österreich in beschämender Form richtet.

Krist, Josef,
* Mähren, † ?,
lehrte Kronprinz Rudolf zehn Jahre lang Naturgeschichte, fun-

dierte im Denken des jungen Erzherzogs naturwissenschaftliches Denken als Prinzip.

Krobatin, Alex. (Freih. von),
* 1849 Olmütz, † 1933,
in k.k. Armee zuletzt Feldmarschall, 1912/17 k.u.k. Kriegsminister, trat während Juli-Krise 1914 für mil. Abrechnung mit Serbien ein, zuletzt Armeekommandant.

Kübeck, Karl (Freih. von),
* 1780 Iglau, † 1850,
diente Franz I., Ferdinand I. u. Franz Joseph als engster Vertrauter und Inhaber hoher Ämter; Präs. d. Hofkammer in Vormärz; nach Sturz Metternichs k.k. Finanzminister, gewählt in Frankfurter Nationalversammlung; arbeitete 1849 am Text d. Oktroyierten Verfassung, bestärkte jungen Franz Joseph Verfassung aufzuheben, da Monarchie parlamentarisch nicht regierbar; verdient in vielen Zweigen d. Verwaltung durch Einführung damaliger Neuerungen; vertraute ätzende Kritik am jeweils herrschenden Regime lieber Tagebüchern an. Sohn

Kübeck, Max von,
* 1835 Wien, † 1911,
MöAH 1867/97, versagte als szt. Vertreter b. Deutschen Bund/Frankfurt; gab gesichtete Tagebücher d. Vaters heraus.

Kudlich, Hans,
* 1823 österr. Schlesien, † 1917,
brachte am 26. 7. 1848 spontan Antrag zur Aufhebung d. bäuerlichen Erbuntertänigkeitsverhältnisses, Zehent und Robot im Reichstag durch, kämpfte in Oktoberrevolution gegen k.k. Truppen; abgeurteilt (in absentia), sattelte er (Jurist) auf Medizin um, in USA erfolgreich tätig, erlebte dort Kriegserklärung an Österreich-Ungarn mit gemischten Gefühlen.

Kuhn, Franz Freih. v.
* 1817 Proßnitz, † 1896,
in k.k. Armee zuletzt Feldzeugmeister, 1859 Generalquartier-

meister unter Gyulay (Zerwürfnisse beider Mitursache für Niederlage b. Magenta), 1867/74 Reichskriegsminister (1870 gegen Revanche f. Sadova). Alis Truppenführer im Feldzug 1866 bewährt, bereitete er Allg. Wehrpflicht vor.

Lamasch, Heinrich,
* 1853 Seitenstetten, † 1920,
Univ. Prof. d. Strafrecht (Innsbruck, Wien), 1899 MöHH, Vorarbeiten für neues Strafgesetzbuch (Entwurf 1906/12), im Belvedere-Kreis für Erhaltung d. Friedens, brachte Ignaz Seipel in d. Politik; selbst wenig gewandt im Politischen, ragten seine wissenschaftliche Leistung und die Integrität d. Charakters hervor; überbrachte am 11.1.1918 das in letzter k.k. Regierung verfaßte Konzept für Verzicht Kaiser Karls I. auf Ausübung d. Regierungsgewalt nach Schönbrunn. Gegner des Anschlusses.

Lamberg, Franz Graf,
* Moor/Ungarn, † 1848,
in k.k. Armee zuletzt Feldmarschalleutnant; als Mitglied d. Magnatentafel im ung. Landtag und Kommandierender General im Sept. 1848 zum Königl. Kommissar ernannt, beim Eintreffen in Ofen vom Mob ermordet; danach Auflösung ung. Landtags. u. beginnender Durchbruch Kossuths zur Macht.

Lasser, Josef (Freih. v.),
* 1815 Werfen, † 1879,
Altliberaler im Vormärz, Aktuar der damaligen Hof- und Kammerprokuratur; 1848 als Parlamentarier in Wien u. Frankfurt bewährt; Texter und Vollender d. Gesetzentwurfes zur Ausführung d. von Kudlich erwirkten Bauernbefreiung; 1860/61 Justizminister, 1867/70 Statthalter v. Tirol, 1871/79 Innenminister, seinerzeit unübertroffener Routinier der Praxis in parl. Demokratie.

Latour, Theodor Graf,
* 1780 Linz, † 1848 Wien,
Familie emigrierte aus Österreich/Niederlande vor Revolution in Frankreich; in k.k. Armee zuletzt Feldzeugmeister; übernahm 1848 befehlsgemäß und nach Widerstand Kriegsministerium in ei-

ner ansonsten durchaus liberalen Regierung, organisierte in höchster Not Nachschub f. Armee Radetzky in Italien, schickte Oktober 1949 k.k. Truppen gegen Revolution in Ungarn, am 6. Oktober 1848 von verkleideten Agenten (Italiener, Ungarn) in seinem Ministerium ermordet; Mord löste Wr. Oktoberrevolution samt deren Folgen aus.

Latour, Joseph Graf,
* 1820, † ?,
rückte als Student zu Armee Radetzkys ein, aktiviert, war er zuletzt Feldmarschalleutnant; bewährte sich in Augen Franz Josephs bei formaler Erziehung d. Kronprinzen Rudolf (guter Reiter, Jäger, Soldat); als »Alterle« keine Autorität gegenüber Kronprinzen, der eigene Begriffe von Religion und Moral im Lebensprinzip Latours bestätigt fand.

Laube, Heinrich,
* 1806 Preuß. Schlesien, † 1884 ,
als Breslauer Burschenschafter bei Demagogenverfolgung in Preußen zu Festungshaft verurteilt, 1848 Abgeordneter z. Frankfurter Parlament, nach Revolution im Ausland, 1849 (!) zum Direktor d. k.k. Hofburgtheaters ernannt, bis 1867 großartige Erneuerung des Hauses; in Linie d. »Jungen Deutschland«, förderte Herausgabe Grillparzers Werke.

Lehár, Franz,
* 1870 Komorn, † 1948,
so wie sein Vater bekannter Militärmusik-Komponist und Regimentskapellmeister; weltberühmt als Operettenkomponist, Einführung ungar. u. slaw. Motive in Operettenkunst nach Strauß, Höhepunkt in »Silberner Operette«; und Erfolgsserien auf beiden Seiten d. Atlantiks.

Leo XIII. (Vicenzo Giocchino Pecci),
* 1810 Carpineto, † 1903,
nach dipl. Dienst, Bischof v. Perugia, 1853 Kardinal, 1878 Nachfolger Pius IX.; bemüht militantem Antiklerikalismus mit neuen Methoden zu begegnen, Ausgleich mit Bismarck im Kultur-

kampf, Zurückweisung d. französ. Legitimisten, aus großer Zahl Rundschreiben wurde RERUM NOVARUM (1884) richtungsweisend für christl. Soziallehre, Gegner liberalist. Kapitalismus u. Marxismus.

LEO-GESELLSCHAFT

1892 in Wien gegründet als Verein z. Förderung kath. Wissenschaftsbestrebungen in Zeiten, da Katholik nach herrschender Meinung mangels Gebrauchs einer voraussetzungslosen Wissenschaft disqualifiziert; Theol. Prof. Schindler wurde (unbedankt in Politik) geistiger Mittelpunkt, Theodor Innitzer 1914 Sekretär d. Gesellschaft; nach 1918 an Bedeutung eingebüßt.

Leopold II.,
* 1797 Florenz, † 1870,
seit 1824 als Großherzog v. Toskana; in Wien als unverläßlich angesehen – lässige Haltung gegenüber Revolution in Italien – 1830 Herrschaft durch k.k. Truppen gerettet, 1848 nach Erlaß einer Verfassung geflüchtet vor Republik im eigenen Land, 1849 Rückkehr nach Florenz, distanzierte er sich nach Möglichkeit von Wien, verlor 1860 trotzdem die Herrschaft endgültig. Danach Florenz (bis 1870) Hauptstadt Italiens.

Leopold Ferdinand,
* 1868 Salzburg, † 1935,
Enkel Leopold II. v. Toskana; einer d. Aussteiger unter Erzherzogen seiner Generation (zuletzt Oberst); als Leopold Wölfling abenteuerliches Schicksal (Greislerei in Floridsdorf?); stellte Boulevardzeitung interessante Beschreibung d. Verhältnisse bei Hof zur Verfügung; Bewunderer Hitlers, in Berlin verstorben und begraben.

Libenyi, Janos,
* 1813 Stuhlweißenburg, † 1853 Wien,
aus gut bürgerlichen Verhältnissen, kam er in Wien als Schneidergeselle in bedrängte Lebensumstände; am 18. Februar 1853 (mißglücktes) Attentat auf Franz Joseph (Stich in Hinterhals); kriegsgerichtl. Verfahren klärte politische Hintergründe nie auf, verurteilte Attentäter, der gehängt wurde.

LIBERALISMUS IN ÖSTERREICH

Hervorgegangen aus Ideen d. Aufklärung, des Josephinismus sowie des Antiklerikalismus und Atheismus als Folgen der Revolution in Frankreich; in Österreich importiert aus europ. Westen nach dortigen Modellen d. Demokratie u. des Parlamentarismus; Machtfaktor seit Niederlagen d. Monarchie in Kriegen 1859 u. 1866; im Wirtschaftsliberalismus trafen sich »entideologisierte« und vielfach glaubenslos gewordene Christen und Juden zu gemeinsamer pol. Tätigkeit. Fraktionen im Reichsrat: Großösterreicher (Mühlfeld, Skene), Unionisten (Herbst u. a.) Autonomisten (Föderalisten aus Steiermark u. Westösterreich). Verfassungsexperimente gelangen erst nach 1866 im Verein mit Erfolg d. Gesinnungsfreunde in Ungarn in Ausgleich 1867, dessen Ergebnis für Reichsrat in Wien bindend wurde; Höhepunkt in Gründerzeit, Symbol Wr. Ringstraße; bedeutende Leistungen auf kulturellem und wirtschaftlichem Gebiet, kein Kulturkampf in Österreich; Kosmopolitismus d. Liberalen versagte im Nationalitätenstreit und im aufkommenden Klassenkampf; als Antisemitismus bish. Antiklerikalismus an Stoßkraft überwog, Zerfall der Bewegung; Konflikt mit Kaiser bei Okkupation Bosniens u. Herzegovina nach Jahren d. Konkordanz von Krone und Parlamentsmehrheit. Doktor Lueger und Viktor Adler übernahmen nach Scheitern Schönerers Kampf gegen Privilegienwahlrecht d. liberalen Ära. Massenparteien siegten über bürgerl. Honoratiorenpartei.

Liechtenstein, Aloys Prinz,
* 1846 Prag, † 1920,
Offizier, im dipl. Dienst 1878/89, 1891/1918 MöAH, nach Exzentrik in jungen Jahren als Parlamentarier zuerst Obmann d. kons. Zentrums, 1881 im Verein mit Vogelsang, 1910 Nachfolger Luegers als Führer d. Christlichsozialen (Wahlniederlage 1911!), 1906/18 Landesmarschall von NÖ, bei Standesgenossen lange Zeit als »Roter Prinz« verächtlich gemacht.

LINZER PROGRAMM
1882 entworfen und getextet unter Mitwirkung junger Genera-

tion v. Burschenschaftern und polit. Anleitung von Schönerer, Viktor Adler und Friedjung; 1885 trennte Antisemitismus, was vorher Antiklerikalismus im Lager der Deutschliberalen verband; Deutschnationale und aufkommende Deutschvölkische errangen 1911 größten Wahlerfolg, stellten stärkste Fraktion im Abg.-Haus vor 1918.

Loos, Adolf,
* 1870 Brünn, † 1933,
Architekt, Kunstschriftsteller, Vorkämpfer moderner Gestaltung d. Städtebaues (Vertrauen in Person Luegers), Verzicht auf Ornament, Flächengliederung soll künstlerische Gestaltung prägen. 1910 »Augenbrauenloses Haus« gegenüber d. Wr. Hofburg, Widerstand d. Wiener, nicht d. Kaisers; 1914 als nicht mehr landsturmpflichtig freiwillig eingerückt; nach 1918 wirkte er für sozialen Wohnbau (Werkbund-Siedlung).

LOS-VON-ROM-BEWEGUNG
politisch motivierte Bewegung in deutsch-national-freisinnigen Kreisen; romfreies Christentum sollte Deutschen d. Monarchie nationale Selbstbehauptung ermöglichen; bis 1906 traten 14 835 Katholiken aus ihrer Kirche aus (um 1980, in einem Jahr rund 12 000),

Lucheni, Luigi,
* 1873 Paris, † 1910,
Anarchist; wollte im September 1898 frz. Prinzen in Genf umbringen, dieser reiste vorzeitig ab, daher vollzog er »Rache der Hungernden« an »Nichtstuern« an Kaiserin Elisabeth; vollständiges Versagen der örtlichen Sicherheitsorgane. Damalige Welle d. individuellen Terrors lebte nach 1960 in Europa wieder auf,

Louise (Ludovika),
* 1870 Salzburg, † nach 1918 in Armut,
1891 vermählt mit Kronprinzen von Sachsen, ging Gemahl und Kindern mit Sprachlehrer durch; nachher verschiedene Liaisonen, heiratete auch Komponisten Enrico Toselli, der vor ihr floh.

Ludendorff, Erich,
* 1865 Posen, † 1937,
in preußischer Armee, zuletzt Erster Generalquartiermeister in
deutscher OHL, seit 1914 zusammen mit Hindenburg Verkörperung d. Selbstbehauptung Deutschlands im Ersten Weltkrieg; ge-
nialische Veranlagung litt unter zuweilen fehlender Kontrolle des
Intellekts (so im Krieg, 1923 beim Putsch zusammen mit Hitler,
zuletzt in spinöse Schwärmereien nach Ansichten seiner zweiten
Gemahlin); warnte Hindenburg 1933 vor Ernennung Hitlers,

Ludwig Viktor,
* 1842 Wien, † 1919,
jüngster Bruder Franz Josephs; unvermählt, nach gewissen Son-
derheiten nach Salzburg abgeschoben; Hobby-Sammler; sein Palais Ecke Ring/Schwarzenbergplatz war ein Mittelpunkt d. Ringstraße, nach 1945 in verschiedenen Verwendungen heruntergekommen.

Lueger, Karl,
* 1844 Wien, † 1910,
Vater Saaldiener am Polytechnikum; Doctor juris, Advokat, politisch erzogen im Kreis anti-liberaler 48er Demokraten unter dem
(jüdischen) Arzt Dr. Mandl; scharfer Konflikt mit Deutschliberalen und -Nationalen 1870 (Reichsgründung in Versailles); mobili-
sierte Kleinbürger gegen Besitzbürgertum und liberale Rathaus-
herrschaft, erst Vogelsang gelang es, Lueger Grundsätze beizu-
bringen, die aber Realpolitker nie eingezwängt haben; 1875 Gemeinderat, mauserte sich vom Antiklerikalismus zum Antisemitismus zugunsten des Kleinen Mannes; nach 1895 mehrmals
zum Bürgermeister v. Wien gewählt, von Franz Joseph viermal
nicht bestätigt. Als Kommunalpolitiker in verantwortlicher Stellung verlor er demagogische Art, starb 1910 und blieb anerkannt.

Mahler, Gustav,
* 1860 Böhmen, † 1911,
als Student in Wien in Deutschnationalen Kreisen, erst nach
Arierparagraph im »Linzer Programm«, abgeschwenkt; Dirigent
in Bad Hall, Laibach, Olmütz, Carl-Theater/Wien, Kassel, Prag,

Budapest, Leipzig, im Continuum Bruckner, Mahler, Schönberg, Webern. 1897/1907 Direktor d. k.k. Hofoperntheaters.

Makart, Hans,
* 1840 Salzburg, † 1884,
Historien- und Porträtmaler, Regisseur d. Festzugs zur Silbernen Hochzeit Franz Josephs; Akademieprof./Wien, Kolossalgemälde sowie Porträts v. Schauspielerinnen; als Akteur im Präludium d. Fin de siècle hingestellt überdauern Werke, trotz Farbverlusten die Zeit; Ausdruck der Ringstraßenära in allen Dimensionen.

Manin, Daniele,
* 1804 Venedig † 1857,
Abkömmling sephard. Familie, bei Taufe Namen des letzten Dogen der von Napoleon I. zerstörten Republik Venedig angenommen; nützte Schwächen des k.k. Gouverneurs v. Venedig aus, riß Macht an sich u. widerstand ein Jahr lang d. Belagerung; Westmächte gaben Hilfen von See her. Von ihm der Satz: Wir verlangen nicht von Österreich, daß es menschlich und liberal sei, sondern daß es aus Italien verschwinde!

Manteuffel, Otto Theodor Freih. v.,
* 1805 Lübben/Spreewald, † 1882,
Rittergutsbesitzer, preuß. Landrat, 1844 Innenminister; nach 48-er Revolution als sog. Hochkonservativer 1848/58 Minister d. Äußeren, 1850 umstrittener Kompromiß mit Schwarzenberg in Olmütz, Schmach v. Ölmütz?

Marchet, Gustav,
* 1846 Baden/Wien, † 1916,
1873 Prof. a.d. Forstakademie Maria Brunn, nachher Hochschule f. Bodenkultur, MöAH 1891/97, 1901/07, 1908 MöHH, 1907/08 k.k. Unterrichtsminister; als Deutsch-freisinniger f. areligiöse Erziehung im öffentlichen Unterricht, unter ihm schwerste Hochschulkrawalle d. Vorkriegszeit zwischen Nationalen und »Katholen«.

Margutti, Albert Freih. v.,
* 1870, † 1926,
in k.k. Armee zuletzt Feldmarschalleutnant, Ordonnanzoffizier
d. Generaladjutanten Paar, zuletzt Flügeladjutant d. Kaisers, hinterließ detaillierte Erinnerungen.

Maria Anna,
* 1803, † 1884,
Verwandte d. Königs Karl Albert von Sardinien; 1831 dem Kronprinzen Ferdinand (d. Gütigen) angetraut; großes Verdienst um Haus Österreich im Jahre 1848, zusammen mit Erzherzogin Sophie bereitete sie Kaiser Ferdinand I. auf Thronverzicht vor; umsorgte dann jahrzehntelang den Exkaiser in Prag.

Marie Louise,
* 1791 Wien, † 1847 Parma,
nach Wagram 1809 Napoleon I. angetraut; 1815 Herzogin von Parma, liierte mit späterem Gemahl Graf Neipperg, nach dessen Tod Gemahlin d. Grafen Bombelles; überstandt 1831 gekonnt Revolution in Parma.

Masaryk, Thomas G.,
* 1850 Göding, † 1937,
unehelicher Sohn einer Deutschen; Gymnasium, Universitätsstudium und Habilitierung in Wien, 1891/93, 1907/14 MöAH (tschechisch-fortschr.), k.k. Universitätsprofessor, spätestens ab 1908 (Annexionsstreit, Friedjung-Affäre) für Sezession der böhm. Länder, im Herbst 1914 Ausreisebewilligung!, im Westen zusammen mit Seton-Watson und Konsorten; Exilregierung vorbereitet, in Rußland Tschechoslovak. Legion, später auch in Frankreich u. Italien zustandegebracht, diese als Kriegsverbündete von späterem Sieger anerkannt; sukzessive Anerkennung einer selbständigen ČSR durch Westmächte, 1918 und 1929 z. Präsidenten der ČSR gewählt.

Maximilian, Herzog in Bayern,
* 1808 Bamberg, † 1888,
verwandt d. bayr. Königshaus, Vater Elisabeths, zahlreiche Kin-

der außer und in d. Ehe, negativer Eindruck auf spätere Kaiserin Elisbeth puncto Familienleben, als Lustikus beliebt bei Kindern. Umgang mit allerlei Volk. Zuweilen in bayr. Uniform eines Generals d. Kavallerie.

Maximilian Ferdinand,
* 1832 Schönbrunn, † 1867 Quaretaro,
jüngerer, ehrgeiziger Bruder Franz Josephs; unzufrieden mit Fortkommenschancen in Österreich, fiel er Versprechungen Napoleons III. zum Opfer und nahm Krone eines »Kaisers von Mexiko« an; übersah absolute Feindseligkeit d. USA gegen seine Experimente; im Bürgerkrieg besiegt, wurde er standrechtlich erschossen.

Menger, Carl (von),
* 1840 Neu Sandz, † 1921,
als hervorragender Nationalökonom beteiligt an Entwicklung der Grenznutzenlehre; journalistische Vergangenheit blieb präsent in lebenslangen polit. Polemiken gegen Staat, Kirche und Lebensprinzipien der Zeit des franzisko-josephinischen Österreich; sohin nach Ansicht der Kaiserin geeignet als Lehrer und Erzieher d. Kronprinzen Rudolf.

Mensdorff-Pouilly, Alexander Graf,
* 1813 Koburg, † 1871,
in k.k. Armee bewährt (Theresienorden), als Diplomat 1852/53 Botschafter in Petersburg, 1862 Staathalter in Galizien, 1864 in Sondermission (Krieg gegen Dänemark an Seite Preußens) 1864/66 k.k. Minister d. Äußeren, war fintenreichen Politik Bismarcks nicht gewachsen (Königgrätz, Ende d. Deutschen Bundes).

Menšikov, Alexander Sergeievič, Fürst,
* 1787 Petersburg, † 1869,
1831/36 Generalgouverneur Finnland, anschl. Marineminister, 1855 als Vertrauter Nikolaus' I. Sonderbotschafter in Konstantinopel, rasant vorgetragene Forderungen lösten Krimkrieg aus, 1855 Oberbefehlshaber über Land- und Seestreitkräfte Rußlands.

587

Metternich, Clemens Wenzel Lothar (zuletzt Fürst),
*1773 Koblenz, † 1859,
zu Lebzeiten Franz Josephs Sieger über Februarrevolution in Europa; nach Tod Franz I. dirigierte er faktisch Staatskonferenz, erlag bei Verteidigung d. konservativen Prinzips aufkommenden nationalen und sozialen Revolutionen in Europa; am 13. März 1848 zur Abdankung und Flucht gezwungen, Exil im England Palmerstons (!); 1851 Rückkehr nach Österreich, Ratgeber d. jungen Franz Joseph, erlebte Magenta 1859, vor Solferino erlöste ihn d. Tod.

Milan Obrenović,
* 1854 in Rumänien, † 1901 in Wien,
1862/82 Fürst von Serbien, löste 1876 Krieg gegen Türkei aus, auf Berliner Kongreß wurde Serbien Gebietserweiterung nach Süden (Niš) zugestanden sowie volle Autonomie, 1882 König v. Serbien, 1886 verhindert Österreich-Ungarn totale Niederlage im Angriffskrieg gegen Bulgarien, 1889 abgedankt zugunsten seines minderjährigen Sohns Alexander, dann wieder Oberkommandant serb. Armee (!); trotz exzentrischen Lebenswandels von Franz Joseph gut gelitten; sein Sohn wurde 1903 letztes Opfer der Rache derer von Karadordević, damit Sieg der russischen Partei in Belgrad.

MILITÄRGRENZE
Grenzsicherung im Südosten gegen Türken seit 1535, ausgebaut bis 1818 (Bukowina gegen Rußland); direkt Krone und Hofkriegsrat unterstellt, Grenzer lebenslang im Waffendienst, zugleich Inhaber von Bauernlehen in ihren Dörfern, weitgehende Selbstverwaltung; Grenzer (Granicar) in den Kriegen gegen Türken, Preußen, Italiener und bei anderen Anlässen stets bewährt, retteten mit Reservebataillonen (Regimenter bei Radetzky) 1848 Monarchie. Verbitterung nach Ausgleich mit Ungarn v. 1867, der sie ungarischen Herren auslieferte.

Moering, Karl,
* 1810 Wien, † 1867,
in k.k. Armee zuletzt Feldmarschalleutnant, auch in dipl. Verwendung; griff (anonym) im Vormärz System mit »Sybillinischen Büchern« scharf an; trotz entdeckter Urheberschaft unter Franz Joseph ausgezeichnete mil. Karriere und für wichtige Aufträge verwendet.

Morny, Charles Auguste de,
* 1811, † 1865,
unehelicher Sohn d. Mutter Napoleons III., Parteigänger ihres Sohnes, Macher d. Staatsstreichs von Paris 1851, unter dem Kaiser Innenminister und vertrautester Ratgeber; 1854 Präsident d. Gesetzgebenden Körperschaft; Einfluß erlosch, seine Gegnerschaft zur Kriegspolitik d. Kaisers (1859) stellte Einflußlosigkeit bloß.

Napoleon, François Charles Joseph,
* 1811 Paris, † 1832,
einziges ehel. Kind Napoleons I., nach 1815 Herzog von Reichstadt, Lieblingsenkel Franz' I.; bis Mayerling-Affäre beliebteste Schicksalsfigur in anti-habsburgischer Literatur.

Napoleon III.,
* 1808 Paris, † 1873 (Exil in England),
Neffe Napoleons I., nach dessen Sturz in zahlreiche pol. Abenteuer verwickelt, gefangen, exiliert, verfolgt, in Italien zum Feind Österreichs geworden; 1848 mit Geschick im Machtvakuum plaziert, Präsident d. Republik, 1852 Kaiser d. Franzosen; sukzessive Kriege gegen konservative Mächte: Erfolg im Krimkrieg gegen Rußland 1853/56, Krieg gegen Österreich 1859, totale Niederlage im Angriffskrieg gegen Preußen (Sedan 1870), nachher III. Republik in Frankreich; umwarb mit einigen unseriösen Angeboten Franz Joseph, der nicht immer d. Finassieren Napoleons durchschaute.

NATIONALITÄTEN IN DER GESAMTMONARCHIE

Nation	1851	1880	1900
Deutsche	21,6%	24,6%	24,1%

| Magyaren | 13,4% | 16,6% | 19,6% |
| Tschechen | 11,0% | 13,3% | 12,7% |

(Dazu Gebietsveränderungen der 50 Jahre in Betracht zu ziehen.) Wachstumszuwachs d. Deutschen zuletzt *unter* Wachstumszuwachs d. Gesamtbevölkerung Österreich-Ungarns.

Nesselrode, Karl V. Graf,
* Lissabon, † 1862,
Rheinländer in russ. Diensten (Wr. Kongreß 1815); seine konsequente Politik zur Erhaltung einer Allianz der konserv. Mächte wurde durch die Politik Wiens im Krimkrieg (1853/56) zunichte gemacht; nach seiner Zeit kam zum Mißtrauen Rußlands dessen Expansionspolitik ohne Rücksicht auf Österreich und die mit Wien geschlossenen Verträge.

Nikolaus I.,
* 1796 Gatžina, † 1855,
als drittältester Sohn Pauls I. Nachfolger seines Bruders Alexander I. (1825); Dekabristen versuchten Thronwechsel auszunützen für ihren Militärputsch in Petersburg; Nikolaus als »Gendarm Europas« Feind d. Liberalen schlug Putsch nieder, ebenso Aufstand in Polen 1830/31 und Revolution in Ungarn 1849; nach Erfolgen im Krieg gegen die Türkei 1829 scheiterte seine Aggressionspolitik im Krimkrieg 1853/56; verfehlte Politik Österreich-Ungarns, die 1855 zum Bündnis mit Westmächten (!) und Ultimatum an Rußland (!) führte. Urgrund des nie ausgeglichenen Konflikts, der 1914 zu gegenseitigen Massakern im Weltkrieg führte.

Nikolaus II.,
* 1868 Carskoe Selo, † 1918,
Urenkel Nikolaus I., regierte 1894/1917, Erbe des Bündnisses seines Vaters mit Frankreich, weitere Verstrickungen in Konfliktsituationen mit Mittelmächten, Niederlage im Krieg gegen Japan folgt Revolution von 1905; Versagen im Ersten Weltkrieg brachte Liberale an die Macht, sie erzwangen Abdankung d. Zaren; Exponent d. Liberalen Kerenski demonstrierte systembedingten

Untergang vom Liberalismus zu Sozialismus und Kommunismus. Zarenfamilie 1918 ermordet.

Nikolaus Petrović,
* 1841 Njegos, † 1921 Antibes,
1860 Fürst v. Montenegro, provozierte unter anderem Balkankrieg 1912 durch Eröffnung d. Kampfhandlungen gegen Türkei; von Wien ausgehalten, betrieb er, dessen Töchter in Petersburg Großfürstinnen wurden, konsequente Unterstützung russ. Balkanpolitik; 1916 eroberten k.k. Truppen d. Land, Nikolaus (Nikita) ging an die Riviera ins Exil; Montenegro war einziger Feindstaat d. Mittelmächte, der Krieg nicht überstand, sondern Serbien einverleibt wurde.

Nugent von Westmeath, Laval Graf,
* 1862 Schottland, † 1892
Familie emigrierte aus England, 1794 in k.k. Armee, zuletzt Feldmarschalleutnant, in allen napoleonischen Kriegen als Soldat, auch als Diplomat tätig; brachte 1848 vom Isonzo Verstärkungen für Radetzky und somit Wende im Krieg, den 1848 Piemont/Sardinien Österreich erklärt hatte.

Nüll, Friedrich van der,
* 1812 Wien, † 1868,
Architekt der Hochgründerzeit, Akademieprofessor, arbeitete erfolgreich zusammen mit Siccardsburg (u. a. k.k. Hofoperntheater); hielt allgemeiner Kritik am Ringstraßenstil nicht stand und beging Selbstmord.

Orlov, Alexej Fedorović, zuletzt Fürst,
* 1787, † 1861,
in mil. u. dipl. Verwendung, 1829 Sonderbotschafter in Konstantinopel, 1833 Befehlshaber d. am Bosporus gelandeten Truppen (Eingriff im Bürgerkrieg), 1854 Generaladjutant Nikolaus I., löste mit seinem Auftreten Krimkrieg aus; 1856 Vertreter auf Pariser Konferenz, vollzog er Annäherung an Frankreich und Lösung von Österreich, zuletzt Ministerratspräsident.

OLMÜTZER VERTRAG (Schande von Olmütz)
Abkommen zwischen Schwarzenberg (Österreich) und Manteuffel (Preußen) v. 29.11.1850 in Olmütz; Führungsanspruch Preußens in Deutschland abgewehrt, Preußen gab Plan z. Verwirklichung seiner (engeren) UNION in Deutschland auf, Schwarzenbergs reale Chancen zur Verwirklichung seines Plans v. 70-Millionen-Reich stockten. Letzterer auf nachfolgender DRESDNER KONFERENZ am Ende; Radetzkys Truppen im Böhmen entscheidend für Rückzug Preußens.

Orsini, Felice Conte d',
* 1819 Medola, † 1858,
als Revolutionär in Italien in Verbindung mit Louis Bonaparte (Napoleon III.); 1846 zu Galeerenstrafe verurteilt, nachher im Untergrund u. Exil tätig; organisierte 1858 Attentat auf Napoleon III. wegen Bruch des als Carbonario geleisteten Eids zum Kampf gegen Österreich; abgeurteilt und hingerichtet; letzte Briefe Orsinis, in Paris offiziell bekanntgegeben (zum Teil angeblich Produkte Napoleons III.). 1859 erklärt Napoleon III. Österreich den Krieg (Magenta, Solferino)

Otto, Franz Joseph,
* 1865 Graz, † 1906,
jüngerer Bruder Franz Ferdinands, während anfänglicher Krankheit d. Bruders vielfach als Thronfolger angesehen; nachher wegen Benehmens in extremen Situationen in liberalen Kreisen geschätzt; mil. Begabung vertan, Ehe mit Maria Josepha angeblich wegen deren Frömmigkeit umgangen. Vater Kaiser Karls I.

Paar, Eduard Graf,
* 1837 Wien, † 1919,
in k. k. Armee zuletzt Generaloberst, langjähriger Erster Generaladjutant Franz Josephs, in dessen letzten Lebensjahren Vertrautester im Dienst um die Person d. Kaisers.

Palmerston, Henry John T. Viscount of,
* 1784 Broadlands, † 1865,
während Kriegen gegen Napoleon Lord d. Admiralität, 1809

Kriegsminister; nahm während Revolutionen von 1830 u. 1848 als Kabinettsmitglied entscheidenden Einfluß auf österreichfeindliche Politik Londons, zuletzt auch im Krimkrieg; Premierminister 1858/65. Als »Lord Firebrand« Anstifter oder Förderer v. Aufständen in Griechenland, Italien, Spanien, Portugal, Frankreich, Belgien, Deutschland, Österreich; Österreich sollte besser Italien räumen, im Osten Kordon aufrichten und intakt halten. Zu lange als »Freund« Österreichs geschätzt.

Pasić, Nikola,
* 1846 Zajecar, † 1925,
studierte in Zürich, Anarchist, in Serbien 1881 Mitbegründer d. radikalen Volkspartei, mehrmals an Putschversuchen beteiligt, einmal von Wien gegen Justifizierung geschützt; von 1891/92 bis 1926 mit wenigen Unterbrechungen Ministerpräsident oder Initiator der Politik Serbiens; Mitschuld an Sarajevo 1914 (?); 1917 Einigung mit südslavischen Exilpolitikern aus der Monarchie; genannt DER GLÜCKLICHE.

Pergen, Anton Graf,
* 1839 Pottenbrunn, † 1902,
diente in k.k. Armee u. Diplomatie, 1868 aus aktivem Dienst geschieden, einer der ersten Herren von Adel, die Widerstand gegen Liberalismus aufnahmen; setzt 1889 ersten Österreichischen Katholikentag durch, Teilnehmer an Programmerörterungen unter Prof. Schindler (Enten-Abende).

Pernerstorfer, Engelbert,
* 1850 Wien, † 1918,
vom Pfarrer ins Schottengymnasium gebracht, am Piaristengymnasium Matura, zusammen mit Adler in Progreßburschenschaft »Arminia«, Mitbegründer d. »Deutschen Schulvereincs«, Volksbildung auf eher nationaler Basis, als Deutsch-nationaler und Antiklerikaler Mitarbeiter am »Linzer Programm«; Antisemitismus später aufgegeben, dann Zusammenarbeit mit Adler, vermied 1907 als Vizepräsident d. Abgeordnetenhauses übliche Vorstellung beim Kaiser. Vorkämpfer d. Anschluß-Idee.

Peter Karadordević,
* 1844, † 1921,
Enkel d. Schwarzen Georgs; während Herrschaft der Obrenović
im Exil, nahm 1870 in franz. Armee am Krieg gegen d. Deutschen
teil; 1876 unter Aufständischen in Bosnien; unbedingter Parteigänger Rußlands; 1903 König; Erfolge 1912/13 in Balkankriegen,
1914 von Regierung zurückgezogen; nominell erster Herrscher d.
Königreichs d. Serben, Kroaten und Slovenen von 1918 (SHS).

Pfeffer, Leon,
* 1877 Kroatien, † ?,
jüdischer Herkunft, Dienstbeschreibungen zum Teil negativ,
führte nach Attentat von Sarajevo 1914 Untersuchungen; nachher, je nach politischer Lage in Jugoslavien, Deutung der Vorgänge immer im Sinne des herrschenden Systems geändert; nahm
1914 erste Spur nach Belgrad auf.

Piffl, Friedrich Gustav,
* 1864 Böhmen, † 1932,
Chorherr, 1907/13 Probst d. Stiftes Klosterneuburg, 1913 von
Franz Ferdinand in seiner Bedeutung erkannt, nach dem Willen
des Thronfolgers Fürsterzbischof von Wien; 1918/19 Anpassung
an neue Ordnung im Land, aber scharfe Gegnerschaft zur Kultur-
politik d. Linken (Ehe, Schule), 1919 Gründer des Wiener Kir-
chenblatts, apostolischer Administrator d. Burgenlands. Unter
ihm Anfänge d. Katholischen Aktion in Österreich.

Pillersdorf, Franz Freih. von,
* 1786 Brünn, † 1862,
Altliberaler im Vormärz, dennoch Karriere gemacht in Diensten
Franz' I.; März 1848 erster k.k. Minister d. Innern, gescheitert
am Straßenterror gegen die von ihm verfaßte »Aprilverfassung
1848«; Anhänger d. konst. Monarchie, daher nach 1848 zurückhaltend, 1859 neuerdings hervorgetreten.

Pius IX. (Giovanni Maria Conte die Mastai-Faretti),
* 1792 nahe Ancona, † 1878,
1832 Bischof im österreichischen Imola, 1846 als »Hoffnung d.

Liberalen« zum Papst gewählt, vermied 1848 Kriegserklärung an Österreich, ließ aber Truppen am »Kreuzzug gegen Österreich« teilnehmen, Name des Papstes als Popanz für Revolution in Italien mißbraucht; nach Putsch in Rom geflüchtet, seither scharfe Gegnerschaft zum herrschenden Zeitgeist; berief 1869 Konzil nach Rom ein, Dogma der »Unfehlbarkeit« vielfach mißverstanden oder absichtlich mißdeutet; Konflikt mit Franz Joseph wegen 1855 geschlossenen Konkordats, dessen Durchführung Liberale in Österreich verhinderten, zuletzt 1870 kündigten. Seinen Leichnam wollten aufgehetzte Massen in den Tiber werfen.

Plener, Ernst (Freih. v.),
* 1841 Eger, † 1923,
Als der Junge Plener mit einigen Dutzend Stimmen 1873 als Vertreter d. Handelskammer d. Bezirks Eger zum MöAH gewählt, 1873/95 MöAH, 1900 MöHH, 1893/95 k.k. Finanzminister, 1895/1918 Präsident d. Österr. Rechnungshofs. Gründer und Obmann der Vereinigten Linken (1888) im ÖAH.

Poincaré, Raymond,
* 1860 Bar le Duc, † 1934,
Advokat, Politiker d. Besitzbürgertums, 1887/03 Abg., 1893 u. 1895 Unterrichtsminister, 1894 u. 1906 Finanzminister, Hauptvertreter d. Antiklerikalismus im Frankreich seiner Zeit, vertrat konsequent Revanche für 1871, 1912/13 Verdienste um Stärkung. Triple Entente (Frankreich, England, Rußland), 1913/20 Präsident d. Republik, 1920 Präsident d. Reparationskommission (Ruhrkonflikt!); 1926/29 als Gegner Briands absolut gegen d. Versöhnung mit Deutschland; scheiterte 1928 an Währungsproblemen.

Popovici, Aurel,
* 1863 Banat, † 1917,
hervorgetreten im Volkstumskampf d. Rumänen in Ungarn, einer d. wenigen nicht-magyarischen MuAH; im Belvedere-Kreis, Konzept d. VEREINIGTEN STAATEN VON GROSS-ÖSTERREICH, nach Sarajevo Opfer seiner Skepsis wegen Fortbestand

d. Monarchie, starb in d. Schweiz in Anfängen seiner Westorientierung.

Potiorek, Oskar,
* 1853 Bleiburg, † 1933,
in k.k. Armee zuletzt Feldzeugmeister, 1911/14 Landeschef v. Bosnien/Herzegovina, 1913 Einladung an Franz Ferdinand zu Korpsmanövern in Westbosnien, ungenügende Sicherung gegen Attentatsdrohungen v. serbischer Seite; 1914 nach Kriegsausbruch zweimal mit Angriffen gegen Serbien gescheitert; damalige Abnützung serbischer Armee erleichterte aber Niederwerfung Serbiens 1915; nach Mißerfolgen trotz Hilfen bei Hof nicht mehr haltbar. Slovene nach Herkunft und daher von Vertretern der großserbischen Idee besonders gehaßt.

Pribicević, Milan,
in k.k. Armee zuletzt Oberleutnant, gut beschrieben, wegen Schulden u. a. unhaltbar geworden; 1904 nach Serbien ausgewichen, dort sogleich als Hauptmann in serbische Armee übernommen, Instruktor für Bandenkrieg sowie in Balkankriegen bewährt, schrieb er für Dienstgebrauch der Armee Instruktionsbuch zum Kampf gegen Österreich-Ungarn; Gebrüder Pribicević hüben und drüben für großserbische Idee tätig; Milan im Kreis um Major Tankosić (Ausrüster der Mörder v. Sarajevo)

Princip, Gavrilo,
* 1894 Bosnien, † 1918 Theresienstadt,
Mörder d. Thronfolgerpaares 1914, entging als Minderjähriger d. Todesstrafe, erlag aber Haftbedingungen, nachher 1918 in gewissen politischen Kreisen als Held und Märtyrer gefeiert.

Protić, Stojan M.,
* 1857 Krusevać, † 1923,
nach Mord an König Alexander I. 1903 serbischer Finanzminister, beim harten Kern serbischer Politiker im Kampf gegen Österreich; Abgeordneter und Minister z.Zt. d. Annexionskrise, sah er mögliche Nachbarschaft zur Monarchie nur, wenn diese in

Status einer östlichen Schweiz reduziert würde, 1913/14 (Saraje-vo!) Innenminister, nach 1918 erster Ministerpräsident im geeinten Südslavien.

Pulszky, Franz v.,
* 1814 Epires, † 1897,
Studium an kirchl. Lehranstalt, nachher Gefolgsmann Kossuths, Agent d. Kossuthrichtung in Wien, 1848 k.u. Unterstaatssekretär im Ministerium am Allerhöchsten Hoflager, tatsächlich aber Agent für Kossuth, bei Ausbruch d. Wr. Oktoberrevolution geflüchtet, Bruch mit Kossuth; 1857 begnadigt, zuletzt Direktor d. Nationalmuseums in Budapest.

Radetzky, Johann Josef Wenzel Graf,
* 1766 Böhmen, † 1858,
seit 1783 in k.k. Armee, zuletzt Feldmarschall; Teilnehmer am letzten Türkenkrieg, an den Kriegen gegen Frankreich, nachher Divisionär (!), Festungskommandant Olmütz (!), 1831 gegen Widerstand Erzherzog Karls von Franz I. mit Generalat im Lombardo-venetianischen Königreich betraut, Schöpfer d. dortigen »italienischen Armee« rettete er im Sommer 1848 Monarchie; bis 1857 Zivil- und Militärgouverneur in Mailand. »Vater Radetzky«.

Rahl, Karl,
* 1812 Wien, † 1865,
gründet 1851 Privatschule für Monumentalmalerei; seine Schüler waren u.a. Romako, Gripenkerl, Eisenmenger, Bitterlich, Hoffmann u.a., Akademieprofessor.

Rainer,
* 1827 Mailand, † 1913
als »liberaler« Erzherzog 1861 an die Spitze d. erneuerten Reichsrats berufen, 1861/65 nominell k.k. Ministerpräsident (Ära Schmerling), 1868 Oberbefehlshaber der neu geschaffenen k.k. Landwehr, Kurator d. Kais. Akademie d. Wissenschaften; schenkte Papyrus-Sammlung d. k.k. Hofbibliothek.

Raječić, Joseph Freih. v.,
* 1785, † 1861,
Metropolit d. serb.-orth. Kirche (Karlovac), 1848 Anführer d. Serben im Kampf gegen ungarischen Zentralismus und Kossuth-Diktatur, später wie viele enttäuscht über Hintansetzung d. Wünsche der Serben in d. Monarchie gegenüber ungarischen Ansprüchen.

Rauscher, Joseph Othmar von,
* 1797 Wien, † 1875,
nach Jusstudium unter Einfluß C.M. Hofbauers Priester geworden; Direktor d. Oriental. Akademie, ab 1832 Lehrer Franz Josephs; 1849 Bischof v. Seckau, 1853 Fürsterzbischof v. Wien, handelte Konkordat 1855 mit Rom aus, Kardinal; zuletzt für Befriedung im drohenden Kulturkampf.

Rechberg, Bernhard, Graf,
* 1806 Regensburg, † 1899,
seit 1829 in k.k. dipl. Dienst, 1844 Gesandter in Rio de Janeiro, 1849 Präsidialgesandter in Frankfurt (Konflikte mit Bismarck), 1853 Radetzky als Adlatus in Zivilangeleg. beigegeben, 1855 wieder in Frankfurt, schloß 1859 Frieden von Zürich (Verlust Lombardei); Versuch Allianz d. drei konserv. Großmächte zu erneuern scheitert (Mißtrauen in Petersburg nach Krimkrieg, in Berlin Aspiration auf die Spitze in Deutschland), nach Engagement d. Monarchie im Krieg gegen Dänemark (1864) zurückgetreten im Oktober 1864.

Redl, Alfred,
* Lemberg, † 1913,
im k.u.k. Generalstab zuletzt Oberst, 1913 Prager Korps zugeteilt, russische Spionage entdeckte gewisse Neigungen und erpreßte Verrat, Ausmaß d. Schadens vor und nach 1914 meistens überschätzt, führte den von Hötzendorf befohlenen Selbstmord aus.

REICHSRAT

* April 1848 nach Verfassungsentwurf Pillerdorf 2 Kammern (120 Mitgl. aus Ungarn) allg. Wahlrecht, Arbeiter u. Unterstützungsbedürftige davon ausgeschlossen,

* 1848/49 Konstituierender Reichstag, eine Kammer, erweitertes Wahlrecht,

* Kremsierer Entwurf: Reichsrat, bestehend aus Volks- und Länderkammer,

* Oktroyoierte Reichsverfassung 1849, Reichsrat, bestehend aus zwei Kammern, Ungarn mit einbezogen, teilweise auf Entwurf 1849 beruhend,

* Sylversterpatent 1851, Rückkehr zum Absolutismus,

* Oktoberdiplom 1860, aus »verstärkten Reichsrat« kommend, versuchter Übergang zu ein-Kammer-System, Vertreter der Landtage als Mitglieder (föderalistisch gedacht),

* Februarpatent 1861 (Ära Schmerling), Reichsrat, bestehend aus Herrenhaus und Abgeordnetenhaus (gewählte Mitglieder), zentralistisch ausgerichtet, Absenzen d. Vertreter Ungarns, Venetiens, Welschtirols, Siebenbürgens, Kroatiens u. Slavoniens sowie Verwahrungen seitens Polen und Tschechen lähmen Tätigkeit d. Parlaments,

AUSGLEICH VON 1867 MIT UNGARN:

* Formelle Anerkennung d. ungarischen Verfassung wie im Revolutionsjahr 1848 gehabt und Einverleibung Siebenbürgens, in Ungarn Neuordnung einer parlamentarischen Demokratie (2 Kammern) vorweggenommen, danach

* Verfassung der im Reichsrat (Wien) vertretenen Königreiche u. Länder vom Dezember 1867:

Reichsrat (Herrenhaus, Abgeordnetenhaus), 1873 dirckte Wahl zum Abgeordnetenhaus; Wahlrechtsprivilegien begünstigten Besitzbürgertum, drei Kurien, 1896 vierte, allgemeine Wähler-Kurie für alle, die wenigstens 5 Gulden an Steuern entrichten, 1907 allgemeines, gleiches, direktes, geheimes Wahlrecht für volljährige Männer; für

GEMEINSAME ANGELEGENHEITEN ÖSTERREICH UNGARNS
traten jährlich zweimal Delegationen der Parlamente in Wien und
Budapest zusammen; Delegationen berieten nicht gemeinsam,
sondern verkehrten untereinander schriftlich; übereinstimmende
Auffassung beider Delegationen, Aufträge an Regierungen in
Wien und Budapest, entsprechende Gesetzesbeschlüsse im Parlament durchzubringen; nur in Ausnahmefällen beschlossen beide
Delegationen unter einem (aber keine Diskussion bei diesen Anlässen)
* letzter Versuch einer Verfassungsreform unter Kaiser Karl I.
ging unter in den Ereignissen der Endkrise der Doppelmonarchie.

Renner, Karl,
* 1870 Mähren, † 1950,
von Pfarrer ins Studium geschickt, Jusstudium in Wien, Biblio-
thekar d. Reichsrats, 1906/18 MöAH (deutsche Sozialdemokraten), handelte zusammen mit Deutsch-nationaler Fraktion
Grundlagen für Verzichtsleistung Kaiser Karls I. aus, letzte k. k.
Regierung faßte demgemäß Beschluß, dazu am 11.11.1918 Sanktion d. Kaisers.

Rieger, Franz Ladislaus (Freih. v.),
* 1818 Böhmen, † 1903,
1848 Abg. für Eisenbrod im Wr. Reichstag, 1879/91 MöAH,
1896 MöHH, verlor mit Vordringen d. Jung-Tschechen die in
Böhmen lange innegehabte Autorität, die er dem Zusammenhalt
in der Vielvölkermonarchie lieh.

Robert, Herzog von Parma,
* Florenz 1848 † Pianore 1907,
regierte seit 1854, 1859 vertrieben, Vater von Kaiserin Zita.

Ronay, Hyazinth von,
nähere Daten ?
Priester, 1848 Feldkaplan in der Armee Kossuths, Flucht nach
England, publizistisches und politisches Interesse überwog zeitlebens priesterliche Existenz (zuletzt OSB), Freimaurer und Priester, lehrte Kronprinz Rudolf ungarische Geschichte.

Roosevelt, Theodore,
* 1858 New York, † 1919,
Vorkämpfer für Kolonialismus und Imperialismus in USA, 26.
Präsident 1901/09, zersplitterte Republikanische Partei und verhalf so 1912 Wilson zum Wahlsieg. 1910 Besuch in Wien.

Rudigier, Franz Joseph,
* 1811 Vorarlberg, † 1884,
Priester, Religionslehrer d. Kinder Erzh. Sophies, 1853 Bischof von Linz (Beginn d. Baues der Domkirche), Konflikt mit Antiklerikalismus des Regimes der sechziger Jahre, 1869 zu 14tägiger Haft verurteilt, Franz Joseph unterband durch Gnadenakt Strafvollzug, erfolgreich in Überwindung der Stagnation d. kirchl. Lebens, die 1848 eingetreten.

Rudolf,
* 1858 Laxenburg, † 1889,
von Kindheit an mit allen Vorzügen und Nachteilen im Wesen der Mutter ausgezeichnet, die in seinem Fall zuletzt in Exzesse ausarteten; unüberbrückbarer Konflikt zur Ordnung in Staat und Gesellschaft wie diese im Reich seines Vaters noch bestand; als guter Soldat zuletzt Feldmarschalleutnant, aber stets mehr (anonym) an Pressepolemiken liberaler Zeitungen beteiligt, Mord und Selbstmord in Mayerling nach Versuch des Hofs, das Unglück zu verschleier bis zuletzt von ungesicherten Fakten (in Details) umwittert.

Safarik, Paul Joseph,
* 1795 Slovakei, † 1861,
1819/33 Gymnasialdirektor in Neusatz, 1841 Kustos d. Prager Univ. Bibliothek, erster Professor in Slavistik in Prag (1848), zugleich in Reformkommission des k. k. Unterrichtsministeriums.

Salata, Francesco,
* 1876 Istrien, † 1942,
k.k. Landeshauptmann-Stellvertreter in Istrien, 1918 in ital. Dienste getreten, danach dienlich bei Friedensverh. 1919; unter Mussolini als Historiker nützlich, Senator und Minister, 1936

Leiter d. Kulturinstituts in Wien, nach Orientierung ital. Politik auf Berlin zurückberufen; verspätet mit Rechtfertigung des Bestands der Donaumonarchie beschäftigt.

Sasonov, Sergei, Dimitriević,
* 1860 Gouvernement Rjasan, + 1927,
nach reicher diplomatischer Erfahrung im Ausland 1910/16 Außenminister; verfestigte Zusammenhalt mit England bis zur Triple-Entente im Verein mit Frankreich; dazu Einbeziehung Japans nach Niederlage Rußlands im Krieg von 1904/5; Miturheber der Balkankriege 1912/13; drängte Ende Juni 1914 den Zaren, verfügte Teilmobilisierung (gerichtet gegen Österreich-Ungarn) zur Gesamtmobilmachung (und damit auch zur unmittelbaren Bedrohung d. Deutschen Reiches) umzuwandeln; dies erste Generalmobilmachung im Ersten Weltkrieg, sie zwang Österreich-Ungarn, von Mob-Fall B(alkan) überzugehen zum Fall R(ußland), also zur Gesamtmobilmachung.

Schindler, Franz Martin,
* Böhmen, + 1922,
Priester, Theologieprof. (zuletzt in Wien), sammelte seit 1889 Gebildete auf sog. »Enten-Abenden« (Name d. Gasthauses), seit 1894 Einrichtung sozialer Kurse, eigentl. Verfasser der geistigen Substanz in der Partei Luegers, 1892/1911 Generalsekretär d. Leogesellschaft, nach 1918 fast ganz außer Evidenz geraten.

Skene, Alfred,
* Verviers, † 1887,
als k.k. Offizier zuletzt Oberleutnant, quittierte und wurde nach Verheiratung Großindustrieller, Bürgermeister von Brünn, MöAH; als Großösterreicher gegen Dualismus, für Einheitsstaat, gegen Anschluß an Deutschen Zollverein, vor 1866 mitverantwortlich an Verstümmelung der k.k. Armee, später Armeelieferant, aber Gegner des Militarismus, daher Abstinenz vom Waffengeschäft.

Schmerling, Anton Ritter von,
* 1805 Wien, † 1893
Altliberaler im Vormärz, 1848 Abg. z. Frankfurter Nationalversammlung, unter Reichsverweser Erzherzog Johann Leiter d. Innerenressorts, zuletzt auch Ministerpräsident, 1848 mit Erzherzog Rückkehr nach Österreich, 1849/51 k.k. Justizminister, 1851/58 Senatspräsident beim OGH, 1860/65 als Staatsminister faktischer Leiter d. Regierung Erzh. Rainer; ersetzte Oktoberdiplom 1850 durch Februarpatent 1851, gescheitert am Widerstand d. Ungarn u. Tschechen; nach 1878 Präsident d. OGH.

Schnitzler, Arthur,
* 1862 Wien, † 1931,
Arzt, Dichter, unerreicht in Bühnenwerken, die gewisse Dekadenz vor 1914 sinnfällig machen, nach 1945 meistgespielter Autor in Wien.

Schönerer, Georg Ritter von,
* 1842 Wien, † 1912,
Sohn eines z.T. mit jüdischem Geld reich gewordenen Eisenbahn-Bauingenieurs; Erbe gestattet Sohn völlige Unabhängigkeit in Gesellschaft und Politik, Exzesse in Antiklerikalismus und Gegnerschaft zum Haus Österreich wandelten sich in Neunzigerjahren zum Rassen-Antisemitismus, der Maßstab für eine Politk nach dem Schema des Freund-Feind-Verhältnisses wurde; am Höhepunkt seiner Erfolge warf ihn Skandalaffaire (Haft!) aus dem Rennen in der Rivalität zu Lueger; Schöpfer der Los-von-Rom-Bewegung; Adel, nach Hafturteil verloren, bekam er vom Kaiser Karl I. zurück. Anerkannter Vorläufer Adolf Hitlers.

Schratt, Katharina,
* 1853 Baden/Wien, † 1940,
Schauspielerin, 1883/1900 am k.k. Hofburgtheater, als »Gnädige Frau« bekannt und anerkannt als die Frau, die Kaiserin Elisabeth selbst ausgewählt haben soll, um die menschliche Vereinsamung ihres im Stich gelassenen Gemahls zu lösen. Legende vom matrimonium clandestinum der verwitweten Dame mit dem greisen Kaiser gesuchtes Thema.

Schwarzenberg, Felix Fürst,
* 1800 Komotau, † 1852,
mil. und dipl. Laufbahn, nach Eheskandal in London k. k. Vertreter in Brasilien, Turin und Neapel; 48er Revolution in Neapel ändert sein Lebensprinzip; rückte zur Armee Radetzkys ein, von diesem nach Wien in dipl. Mission geschickt; 21.11.1848 k. k. Ministerpräsident und Außenminister; stellte österreichische Ordnungsmacht in Italien, Deutschland und Südosten wieder her. Plan eines 70-Millionen-Reiches scheiterte.

Seidl, Johann Gabriel,
* 1804 Wien, † 1874,
Lyriker, auch Dialektdichter, Kustos d. k. k. Münz- und Antikenkabinetts, 1856/71 Hofschatzmeister, dichtete anstatt des zuerst gebetenen Grillparzer letzthin gültige Fassung des Textes für das Gott erhalte.

Seipel, Ignaz,
* 1876 Wien, † 1932,
Als Kind einer Fiakerwitwe in bescheidenen Verhältnissen aufgewachsen; Priester geworden, zuletzt Universitätsprofessor u. Röm. Prälat; in der letzten k. k. Regierung k. k. Minister f. Soziale Fürsorge, fälschlicherweise beschuldigt, Verzichtserklärung Kaiser Karls I. getextet zu haben, Ende 1918 erfolgreich bei Vereinigung der Monarchisten und Republikaner der gewesenen Lueger-Partei; Seipel-Sanierung 1922 umstritten, Bundeskanzler u. Minister in der Republik, Attentat auf ihn schlug fehl, trug aber zu früherem Tod bei.

Seitz, Karl,
* 1869 Wien, † 1950,
Lehrer; wegen politischer Vorgänge discipliniert; 1901/18 MöAH (deutsche Sozialdemokraten), 1918/19 als einer d. drei Präsidenten d. prov. Nationalversammlung Staatsoberhaupt d. Republik, Aufstieg als Bürgermeister von Wien 1923/34; war über Putschvorbereitung 1934 informiert, nach Verhaftung freigelassen, 1944 nochmals in Haft, 1945 Alters-Präsident der ersten Sitzung d. Nationalrats von 1945.

Semper, Gottfried,
* 1803 Hamburg, † 1879,
Architekt, Akademieprofessor in Dresden und Zürich, 1871 namentlich zur Gestaltung der Pläne f. Ringstraße berufen, zusammen mit Hasenauer hervorragender Gestalter von Bauwerken d. Hochgründerzeit.

Seton-Watson, Robert William,
* 1879 London, † 1951,
vor 1914 als Auslandsjournalist (Times) in Österreich-Ungarn unterwegs, aus Kontakten mit oppositionellen Kreisen machte er sich Image des Nationalitätenstaats Altösterreichs; nach Kriegsausbruch scharfer Feind der Donaumonarchie im Verband d. Northcliffe-Propaganda; bemüht, aus kontrastierenden Ansprüchen von Exilpolitikern aus Österreich-Ungarn Resultante zustande zu bringen, welche die Donaumonarchie zerstören mußten.

Siccardsburg, August S. von,
* 1813 Budapest, † 1868,
1843 Akademieprofessor in Wien, 1861 erster Präsident d. Wr. Künstlerhauses; Zusammenarbeit mit van der Nüll, folgte dem Selbstmord van der Nülls binnen Wochen nach kurzer Krankheit.

Sickel, Theodor von,
* 1826 Sachsen, † 1908,
Kämpfer für die 48er Revolution in Sachsen, Preußen, Frankreich; zuletzt als Agitator (?) in Mailand, jedenfalls steckbrieflich verfolgt, erreichte ihn Ruf nach Wien (Fürsprecher Prof. Jäger OSB); seit 1857 Leiter am Institut für österreichische Geschichtsforschung; Institut geriet unter ihm zu internationalem wissenschaftl. Ansehen; für Verfestigung des Staatsbewußtseins der Österreicher in einer fundierten Geschichtsdarstellung tat es wenig.

Skoda, Josef,
* 1839, † 1900,
Neffe d. k.k. Universitätsprof. Skoda; übernahm ehem. Wald-

stein'sche Eisenwerke in Pilsen, die ein »Österreichisches Essen«
wurden.

Smolka, Franz,
* 1810 Galizien, † 1899,
1845 als Revolutionär in Kreisen d. Jungen Polen zum Tod verurteilt, begnadigt, drei Jahre später Abgeordneter f. Lubaczov im
Wr. Reichstag, dessen l. Vizepräsident und Motor; 1861/67 und
1872 MöAH, 1881 Präsident d. öAH, 1893 MöHH. Führte 1848
Reichstagsdelegation zum jungen Kaiser.

Sophie, Prinzessin von Bayern, Erzherzogin,
* 1805, † 1872,
verschwistert mit einigen Königinnen Europas (Preußen!), Tauf-
patin d. späteren Kaiserin Elisabeth, ihrer Nichte; brachte Eheschließung ihrer Nichte Helene mit Franz Joseph nicht zustande;
als Frau und Mutter geriet sie in unüberbrückbaren Gegensatz zu
ihrer Schwiegertochter Elisabeth und deren Lebensprinzip. Nach
Thronbesteigung Franz Josephs entfiel, entgegen Legendenbildung, ihr pol. Einfluß auf den Kaiser.

Stadion, Franz Seraph Graf,
* 1806 Wien, † 1853,
als Altliberaler in den Fußstapfen seines i. d. napoleonischen Kriegen und nachher hochverdienten Vaters; 1846/48 Statthalter von
Galizien, dort wohl im Kontakt mit Loge; 1848 unter Schwarzenberg Innenminister und in Vertretung Unterrichtsminister. Bahnte Gemeindeautonomie mit Geschick und viel Erfahrung an. Gestorben in geistiger Umnachtung.

Stephanie,
* 1865 Schloß Laecken, † 1945,
Tochter König Leopolds (»Cleopolds«) II. von Belgien; nach
Eheskandalen im Elternhaus Kronprinz Rudolf angetraut; kurzes
Eheglück ging unter in Extravaganzen des Gemahls und Miß-
gunst des Hofes in Wien; Rudolfs und Stephanies unglückliche
Veranlagungen gingen über auf einziges Kind: Erzherzogin Eli
sabeth (siehe dort!); ihre Schwester Louise, mit einem d. reichsten

Aristokraten d. Monarchie verheiratet, ging mit Ulanen-Ober-
leutnant durch; Franz Joseph hatte wegen dieser Affäre noch nach
1914 Auseinandersetzungen mit gewesener Schwiegertochter, die
längst in 2. Ehe lebte.

Stremayr, Karl von,
* 1823, † 1904,
1848 junger Student, 1861 als Liberaler Abg. zum steierm. Landtag, 1870 und nach Unterbrechung 1871/89 Unterrichtsminister;
unter ihm entstand Hochschulorganisationsgesetz (Hochschul-
autonomie), verdient um Entschärfung der Gefahr eines Kulturkampfes, 1879/80 auch Justizminister, 1893/99 Präsident des
OGH.

Stürgkh, Karl Graf,
* 1859, † 1916,
1891/95 sowie 1897/1907 MöAH, hervorgegangen aus Vereinigten Linken, 1909/11 k.k. Unterrichtsminister, 1911/16 k.k. Ministerpräsident; vertrat die von seinem Kaiser eingeschätzte Linie,
wonach Monarchie zumal in der Spätkrise des Nationalitätenstreits und am Vorabend d. sozialen Revolution parlamentarisch
nicht zu regieren war; vertagte am 16. März 1914 Reichsrat; im
Oktober 1916 verführten Gegenabsichten von Professoren den
Sohn Viktor Adlers zum Mord am Ministerpräsidenten. Erst Kaiser Karl I. hat Reichsrat wieder einberufen und dessen unfrucht-
bares Wiedererwachen erlebt.

Supilo, Franjo,
* 1870 Ragusa, † 1917 London,
schwenkte auf die Ansicht ein, daß Serben, Kroaten und Slovenen
EINE NATION MIT DREI NAMEN bilden. Nach 1914 Exilpolitiker, kämpfte er gegen Plan d. Dreiteilung Kroatiens (in Serbien,
Italien, Restösterreich) und zugleich gegen serbische Dominanz.
Kroatien sollte sich aus freien Stücken mit Serbien verbünden.

Széchényi, Stephan Graf,
* 1792 Wien, † 1848,
seit 1824 in Gesprächen mit Metternich über Erneuerung des un-

terdrückten Verfassungslebens in Ungarn; 1827/34 in dieser Richtung politisch hervorgetreten, seit 1840 aber weniger impulsiv als Kossuth oder Deák; 1848 k.u. Verkehrsminister (!); Genialität d. großartigen Förderers der Kultur seines Volkes scheiterten an pol. Realitäten und Methoden; starb in Döblinger Privat-Irrenanstalt, damals Refugium und Abstellraum für solche aus gehobenen Kreisen.

Szeps, Moritz,
* 1835 Galizien, † 1902,
jüdischer Herkunft, verschwägert mit Clémenceau, gründete 1867 »Neues Wiener Tagblatt« als Organ eines kämpferischen Liberalismus, zumal in kulturpolitischer Hinsicht; Mentor d. Kronprinzen Rudolf, eröffnete er diesem Weg zu späterer (anonymer) Mitarbeit in d. Zeitung.

Taaffe, Eduard Graf,
* 1833 Wien, † 1895,
Familie ging aus Irland in Emigration nach Österreich, Jugendfreund Franz Josephs, 1863 Landespräsident von Salzburg, nachher Statthalter von OÖ., 1867 Minister d. Inneren, auch Leiter d. Unterrichtsressorts, nach weiteren Erfahrungen in innerer Verwaltung 1879/93 k.k. Ministerpräsident; unzugänglich für gewisse Ideologien und Phantastereien, rettete er Monarchie ins 20. Jahrhundert. Gerechte Würdigung blieb aus.

Tegetthoff, Johann Freih. von,
* 1827 Marburg, † 1817,
aus Offiziersfamilie stammend wurde er Seeoffizier, 1864 Abwehrerfolg gegen dänische Übermacht bei Helgoland, 1866 Sieg bei Lissa, 1869 Marinekommandant. Angebliche Mißachtung bei Hof durch Tatsache widerlegt, daß ihn Franz Joseph persönlich bat, Leichnam Maximilians freizubekommen und in die Heimat zu bringen.

Thiers, Adolphe,
* 1797 Marseille, † 1877,
Schriftsteller, Historiker (Apologien zugunsten Revolution und

Napoleon), nach 1815 konsequent in Opposition zum Haus Bourbon, mitbeteiligt am Sturz des letzten Bourbonenkönigs Karl X.; Parteigänger und Staatsrat v. Louis Phillippe, unter ihm Minister, auch Ministerpräsident; 1848 gegen Aufkommen Louis (Napoleon III.), Haft u. Exil, nach Revolution v. 1870 Präsident d. Dritten Republik, hielt gegen Mehrheit der Royalisten durch. 1859 gegen Krieg mit Österreich.

Thun-Hohenstein, Leo Graf.
* 1811 Tetschen, † 1888,
im Vormärz in pol. Verwaltung, 1848 Gubernialpräsident in Prag, 1849/60 k.k. Minister f. Kultus und Unterricht, Reformator des gesamten Schulwesens, Konkordat des Kultusministers, v. 1855 zerstörte bisherigen Ruf des Unterrichtsministers in liberalen Kreisen, 1862/88 Herausgeber d. Zeitung »Vaterland«, nunmehr endgültig Konservativer und im Kreis gewisser Vorhuten d. Lueger-Partei.

Tisza, Stephan Graf,
* 1861 Budapest, † 1918,
für Franz Joseph trotz aller Unterschiede in Herkunft und Anschauung maßgebend nicht nur in ungarischen Fragen; Tisza betrieb Emanzipation Ungarns, sorgte sich aber gleichzeitig um Schicksal des inmitten Europas vereinsamten eigenen Volks. K.u. Minister und Ministerpräsident, auch k.u.k. Finanzminister, 1917 als k.u. Ministerpräsident zurückgetreten; 1918 von Bolschewisten ermordet.

Trakl, Georg,
* 1887 Salzburg, † 1914,
zu seiner Zeit bedeutendster, aber vielfach unerkannter Lyriker Österreichs, 1912/14 in Innsbruck Militärapotheker, als solcher bei Kriegsausbruch an der russ. Front; als Zeuge der Massaker dichtet er im Verlöschen seiner Existenz in unaustehlicher Qual einige Gedichte, die aussagen, was Krieg ist; und was der Mensch im Krieg.

TSCHECHEN IN WIEN
1890: 64 000, *1900* : 106 000; *1910* : 98 000; *1923* : 52 000, ..
1957 : 485 .

Türr, Stephan,
* 1825 Komitat Bacs, † 1908,
nach 1842 in der Armee vom Offiziersdiener zum Leutnant gebracht; Ende 1848 desertiert; seither in zahlreichen Konspirationen gegen Österreich (so im Krimkrieg in engl. Diensten), gestorben als königl. ital. Generalleutnant.

Umberto,
* 1844 Turin, † 1900,
als ital. Thronfolger 1866 Korpskommandant, als König und Verbündeter verläßlichster Vertreter der Dynastie und Italiens im
Dreibund; von anarchistischen Terroristen hinterrücks ermordet.

(Marie) *Valerie,*
* 1868 Budapest, † 1924,
Lieblingskind Elisabeths und ihre Vertraute in vielen Nöten des
Lebens; Kinder Valeries wurde für Franz Joseph, was er selbst
und seine Geschwister einmal für Franz I. waren.

Van der Nüll, Eduard,
* 1812 Wien, † 1868,
1844/45 Akademieprofessor, vertrat Historismus, zusammen mit
seinem Freund Siccardsburg der Architekt d. Ringstraße, Selbstmord nach unverdienten Kränkungen durch Kritiken seiner Zeitgenossen.

Vetsera, Marie Alexandrine (Mary) Freiin von,
* 1871 Wien, † 1889,
nach einigen Abenteuern wurde sie letzte Gefährtin des Kronprinzen Rudolf, auch im Tod in Mayerling; verleumdet, hero-
isiert und von Romantik umrankt besteht Bild einer sehr jungen
Frau, die ihrer Ambitionen und Gefühle nicht Herr wurde und an
der Seite Rudolfs in dessen Spätkrise geriet.

610

Vetter, Anton von,
* 1803 Venedig, † 1880,
als Hauptmann Abrichter des jungen Franz Joseph, 1848 als k. k.
Major in die Armee Kossuths übergegangen, dort aufgerückt bis
z. Oberkommandanten im Endkampf, nachher in USA geflohen,
1866 begnadigt, maßgebend beteiligt bei Aufbau der Honvédverbände; tat dann viel, um Wünschen Franz Josephs nach Möglichkeit entgegenzukommen.

Victor Emanuel II.,
* 1820 Turin, † 1887,
nach Abdankung seines Vaters (Novara 1849) König von Pie-
mont/Sardinien; im Bündnis mit Liberalen (Cavour) und Revolutionären (Garibaldi) kämpfte er für Einigung und Unabhängigkeit
Italiens; das später, 1914/15, sein Enkel Victor Emanuel III. in
den Krieg gegen Österreich-Ungarn führte, um Einigung fortzusetzen.

Vogelsang, Karl Freih. von,
* 1818 Preußen, † 1890,
Mecklenburgischer Herkunft, Protestant, Corpsier, katholisch
geworden; Schöpfer der christlichen Soziallehre in Österreich,
nahm 1884 Einfluß auf die im Entstehen begriffene Christlichsoziale Partei.

Wagner, Otto,
* 1841 Penzing, † 1918,
Architekt, bedeutendster Städteplaner in Mitteleuropa um 1900,
1894/1912 Akademieprofessor; reinigte nach Ringstraßenära Architektur vom Unwesen d. Epigonen: Fortan wieder Stil statt
Mode; gab dem industriellen Zeitalter die Chance einer Formge-
bung, die Zeiten und Ansichten überdauerte; kein Architekt seiner Zeit bekam im franzisko-josephinischen Zeitalter mehr Ansehen und Gelegenheit zur Bewährung als Otto Wagner. Sein Tod
im Jahre 1918 ist mehr als Zufälligkeit des Datums.

Waldmüller, Georg,
* 1793 Hinterbrühl, † 1865,
ging Weg vom Biedermeier zum Realismus der Malerei seiner
Zeit; Schüler bei Lampi, nachher Zeichenlehrer, Theaterdekora-
tionsmaler, 1829 Kustos d. kaiserl. Gemäldegalerie, Akademieprofessor; Jugendbildnis Franz Josephs; Zerwürfnisse mit Kollegen durch den Kaiser persönlich beigelegt. Letzte Leistungen lassen Impressionismus als nächste Epoche ahnen.

Walewkij, Alexander Graf (1866 Herzog),
* Polen 1810, † 1868,
unehelicher Sohn Napoleons I. und Gräfin Walewskas; 1855/60
Außenminister Napoleons III., 1860/63 Staatsminister, 1863/67
Präsident d. gesetzgebenden Körperschaft; nach Widerstand gegen Krieg mit Österreich (1859) sinkender Einfluß auf Politik Napoleons.

Wekerle, Alexander,
* 1848, † 1912,
1889 k.u. Handelsminister, 1892/94, 1906/07, 1917/30.10.1918
Ministerpräsident; der in Budapest auftretenden revolutionären
Bewegung war er nicht mehr gewachsen; sein Abgang eröffnete
den Umsturz in der Hauptstadt und im ganzen Land.

Welden, Franz Ludwig Freih. von,
* 1782 Württemberg, † 1853,
in der k.k. Armee seit 1802, zuletzt Feldzeugmeister, nach d. Oktoberrevolution 1848 Gouverneur von Wien, drängte sich als
Nachfolger Windischgrätz ins Oberkommando der 1849 gegen
die Truppen Kossuths eingesetzten Verbände, wegen schwerer
Rückschläge des Kommandos enthoben, wurde er wieder Gouverneur von Wien.

Wessenberg, Johann Freih. v.
* 1773 Dresden, † 1858,
in k.k. Diensten bis 1830; dann von Metternich wegen nicht zu-
friedenstellender Dienstleistung bis 1834 im »Krankenstand«, ab
1835 im Ruhestand; blieb in Kontakt mit Altliberalen, insbeson-

ders mit Erzherzog Johann, Mai 1848 Minister des Äußeren, 18. Juli 1848 k.k. Ministerpräsident und Minister d. Äußeren, Höhepunkt der Krise: in London wurde das Lombardo-venetianische Königreich angeboten, falls London für die Beendigung d. Krieges in Italien wirkt; Radetzky widersetzte sich dem; totales Versagen der Regierung Wessenberg am 6. Oktober 1848; Wessenberg flüchtete hinter der kaiserlichen Familie her nach Olmütz; am 21. November erfolgt seine Enthebung. Wessenberg reiste nach Baden aus.

Wiesner, Friedrich (Ritter von),
* 1871 Mariabrunn, † 1915,
Sohn aus prominenter jüdischer Familie (Vater bereits Rektor d. Univ. Wien), Richteramtsanwärter, als Richter in Dienst d. Ballhausplatzes berufen, 1914 Ministerialsekretär, nachher Sektionsrat, im Juli ausgesucht, Materialien für Dossier betr. Mord in Sarajevo zu sammeln; Wiesner waren die Untergrundorganisationen in und aus Serbien oft nicht einmal dem Namen nach bekannt; glaubte unterm 13. Juli 1914 aus Sarajevo nach Wien depeschieren zu dürfen, serbischer Regierung sei auch in Hinkunft irgendeine Beteiligung am Geschehen in Sarajevo nicht nachzuweisen (!), damit Beleg für Kriegsschuld Österreich-Ungarns bei Friedensverhandlungen 1919; Wiesner als Führer der Legitimisten in der Republik nach 1938 politisch verfolgt. Blieb Haus Österreich unter allen Umständen ergeben.

Wilhelm I.,
* 1797 Berlin, † 1888,
seit Jugendtagen in der Armee (Befreiungskrieg 1813 mitgemacht), 1848 als »Kartätschenprinz« bei Revolutionären verhaßt; Zwischenaufenthalt in England (so wie Metternich!), 1849 Befehlshaber über Truppen zur Unterdrückung d. Aufruhrs in Baden, seit 1858 Regent neben seinem geistesgestörten Bruder Friedrich Wilhelm IV., Initiator der Heeresreform, 1861 König von Preußen, die gegen die Mehrheit im Landtag (Liberale!) durchgesetzte Heeresreform wurde ausschlaggebend für Siege

1864, 1866, 1870/71; 18. Jänner 1871 in Versailles zum Deutschen Kaiser ausgerufen.

Wilhelm II.,
* 1859 Berlin, † 1941,
Enkel Wilhelms I., entließ bald nach seiner Thronbesteigung (1888) Reichskanzler Bismarck, »Wilhelminisches Deutschland« nachher Image d. Inkompetenz des monarch. Prinzips an sich; 1914 nolens volens Krieg an Rußland erklärt; 1918 nach mil. Niederlage im Westen Ausreise nach Niederlande und Abdankung.

Windischgrätz, Alfred Fürst,
* 1787 Brüssel, † 1862,
in d. k.k. Armee seit 1804, zuletzt Feldmarschall; in den Kriegen gegen Frankreich in Feld, im Frieden Brigadier, nachher Kommand. General in Prag, besiegte Pfingsten 1848 Aufruhr in Prag, im Oktober Revolution in Wien, eroberte 1849 Budapest, nach Versagen im Endkampf gegen Kossuth abberufen; WIR wurde Symbol des Machtbewußtseins d. jungen Kaisers: *W*-indischgrätz, *I*-elačić, *R*-adetzky.

Wrangel, Friedrich usw. Graf,
* 1784 Stettin, † 1877,
in preuß. Armee zuletzt Generalfeldmarschall, Teilnahme an Franzosenkriegen, 1848 und 1866 Oberbefehlshaber in Kriegen gegen Dänemark, in Berlin trotz unguter Erinnerungen an 1848 ungemein populär, beanstandete nach Königgrätz, daß man in Wien den Sieg Preußens von 1866 nicht einfach als einen zwischen *Kavalieren* ausgefochtenen Waffengang ansah, sondern Bismarck und Preußen wegen deren Bündnis mit 48er Revolutionären gram blieb.

Wretschko, Mathias,
gebürtiger Steirer, Mitredakteur des Reichsvolksschulgesetzes 1869 und Lehrer des Kronprinzen Rudolf im Fach Botanik.

Zanini, Peter,
* 1796 Stein, † 1855,
seit 1808 in der k.k. Armee, zuletzt Feldmarschalleutnant; erster

k.k. Minister bürgerlicher Herkunft (Kriegsminister im April 1848).

Zhisman, Josef,
gebürtiger Slovene, machte 1848 die Revolution in Wien mit, nachher Geistlicher, Lehrer am Theresianum, Kirchenrechtler, für Verdienste bei der Unterrichtung des Kronprinzen zuletzt Professor für Kirchenrecht an der Universität Wien.

Zichy, Ferdinand Graf,
* 1783, † 1862,
in k.k. Armee zuletzt Feldmarschalleutnant; 1848 Kommandant der Seefestung Venedig, spielte die Festung in die Hände der Aufständischen, damit diese seine Geliebte und deren Kinder schonen, 1849 zu 10 Jahren Festungshaft verurteilt, 1851 begnadigt. Immer »zog es ihn mit den Herzen nach Venedig«.

Ziehrer, Karl Michael,
* 1843 Wien, † 1922,
seit 1884 erfolgreicher Militär-Kapellmeister (1893 bei Weltausstellung Chicago), Regimentskapellmeister bei Hoch- und Deutschmeister; bedeutender Operettenkomponist, letzter Hof-Ball-Musikdirektor; starb nach 1918 im Nachkriegs-Wien unter bedrängten Lebensverhältnissen.

Zumbusch, Caspar,
* 1830 Westfalen, † 1915,
bedeutender Bildhauer der Ringstraßenära, neben Bauplastiken Denkmäler (Beethoven, Maria Theresia, Radetzky, Erzherzog Albrecht u.a.), Akademieprofessor.

615

1. *Gedruckte Quellen*
LE RELAZIONE DIPLOMATICHE FRA L'AUSTRIA E
IL REGNO DI SARDEGNE E LA GUERRA DE 1848 – 49
/ Istituto Storica Italiana, Band 1 und 2, Roma 1967, hgg. von
Angelo Filipuzzi.
Akten zur Geschichte des Krimkrieges, Serie I, Band 1–3,
Wien / München 1979/80
LA CAMPAGNA DE 1866 LE DOCUMENTI MILITARI
AUSTRIACI/LE OPERAZIONI TERRESTRI/NAVA-
LIA, 2 Bände, Padua 1966, hgg. von Angelo Filipuzzi.
Quellen und Studien zur Geschichte des Berliner Kongresses
1878 I. Band, Graz/Wien 1957, hgg. von Alexander Novotny.
Das zaristische Rußland im Weltkriege/Neue Dokumente aus
den Russischen Staatsarchiven über den Eintritt der Türkei,
Bulgariens, Rumäniens und Italiens in den Weltkrieg, Über-
setzung aus dem Russischen, Berlin 1927, Vorwort d. deut-
schen Herausgebers Alfred von Wegener.
Die Farbbücher der unmittelbar am Kriegsgeschehen mit
Österreich-Ungarn beteiligten Mächte, 1915 ff.
Generalstabswerke der unmittelbar am Kampfgeschehen mit
Österreich-Ungarn beteiligten Mächte.

2. *Zeitungen*
»Die Presse« 1848/96,
»Neue Freie Presse, 1896 ff.,
»Neues Wiener Tagblatt«, 1867 ff.
»Arbeiter Zeitung«, 1895 ff.
»Reichspost«, 1894 ff.

3. *Memoiren, Tagebücher, Briefe, Augenzeugenberichte, Gesprächserinnerungen des Autors mit Überlebenden des franzisko-josephinischen Zeitalters; sowie Darstellungen.*

LITERATUR ZU DEN HAUPTPERSONEN

Kaiser Franz Joseph I.

Corti, Egon Caesar Conte, Vom Kind zum Kaiser, 1950,
Mensch und Herrscher, 1952, Der alte Kaiser (bearbeitet von
Hans Sokol), 1955, alle 3 Bände Graz/Wien/Köln,
Herre, Franz, Kaiser Franz Joseph von Österreich/Sein Leben
– seine Zeit, Köln 1978,
Greßler, Gerhard, Von Metternich bis Sarajevo/Das Leben
Kaiser Franz Josephs, Berlin 1939,
Novotny, Alexander, Kaiser Franz Joseph I., in: AEIOU/Ge-
stalter der Geschicke Österreichs, hgg. von Hugo Hantsch,
Innsbruck/Wien/München 1962, S. 433 ff.,
Redlich, Joseph, Kaiser Franz Joseph von Österreich, Berlin
1929,
Schnürer, Franz, Briefe Kaiser Franz Josephs I. an seine Mut-
ter, 1838–1872, München 1930,
Srbik, Heinrich Ritter von, Aus Österreichs Vergangenheit/
Von Prinz Eugen bis Franz Joseph, Salzburg 1949,
Wandruszka, Adam, Das Haus Österreich/Die Geschichte ei-
ner europäischen Dynastie, Stuttgart 1956,
Die politische Korrespondenz der Päpste mit den österreichi-
schen Kaisern 1804–1918, hgg. von Friedrich Engel-Janosi,
Wien/München 1964,
Das Attentat auf Se. Majesttät Kaiser Franz Joseph I. am 18. Fe-
bruar 1853, Reprint, Pfaffenhofen 1978,
Katalog der Franz-Joseph-Ausstellung, Wien 1936,
Die letzten Habsburger in Augenzeugenberichten, hgg. und
eingeleitet von Hans Flesch-Brunningen, Düsseldorf 1967.
Hennings, Fred, Solange er lebt, 5 Bände, Wien/München
1968/71,

Kaiserin Elisabeth
Corti, Egon Caesar Conte, Elisabeth/Die seltsame Frau, 31.
Auflage, Graz/Salzburg/Wien 1954,
Hamann, Brigitte, Elisabeth/Kaiserin wider Willen, Wien
1982,
Matry, Maria/Krüger, Answar, Der Tod der Kaiserin Elisabeth
von Österreich oder die Tat des Anarchisten Lucheni, München/Wien/Basel 1970.

Kronprinz Rudolf
Baltazzi, Heinrich/Swistun Hermann, Die Familien Baltazzi-Vetsera im kaiserlichen Wien, Wien/Köln/Graz 1980,
Franzel, Emil, Kronprinzen-Mythos und Mayerling-Legenden, Wien 1963,
Hamann, Brigitte, Rudolf/Kronprinz und Rebell, Wien 1978,
Holler, Gerd, Mayerling/Die Lösung des Rätsels/Der Tod des
Kronprinzen und der Baronesse Vetsera aus medizinischer
Sicht, Wien 1980,
Judtmann, Fritz, Mayerling ohne Mythos/Ein Tatsachenbericht, Wien 1968,
Mitis, Oskar Freiherr von, Das Leben des Kronprinzen Rudolf, neu hgg. u. eingeleitet von Adam Wandruszka, Wien
1971,
(Kronprinz) Rudolf, Majestät, ich warne Sie/Geheime und private Schriften, hgg. von Brigitte Hamann, Wien 1979,
Das Mayerling Original/Offizieller Akt des k.k. Polizeipräsidiums, Facsimilia der Dokumente/Des authentischen Berichts,
Wien 1855.

Erzherzog-Thronfolger Franz Ferdinand
Bardolff, Karl von, Soldat im alten Österreich, Jena 1938, S.
107 ff.,
Dedijer, Vladimir, Die Zeitbombe/Sarajevo 1914, übersetzt aus
dem Amerikanischen, Wien 1967,
Eisenmenger, Viktor, Erzherzog Franz Ferdinand, Wien 1939,
Franzel, Emil, Franz Ferdinand d'Este/Leitbild einer konservativen Revolution, Wien 1964,

Kann, Robert A., Erzherzog Franz Ferdinand Studien, Wien 1976,

Kiszling, Rudolf, Erzherzog Franz Ferdinand von Österreich-Este, Graz/Köln 1963,

Krug, Roland, Der Weg nach Sarajevo: Franz Ferdinand, Wien/München/Zürich 1964,

Sosnosky, Theodor von, Franz Ferdinand/Der Erzherzog – Thronfolger, München/Berlin 1929,

Würthle, Fritz, Franz Ferdinands letzter Befehl/Der verhängnisvolle Fahrtirrtum von Sarajewo, in Österreich in Geschichte und Literatur, hgg. vom Institut für Österreichkunde, 15. Jgg., Folge 6, Juni 1971, S. 313 ff., Wien,

derselbe, Die Spur führt nach Belgrad/Die Hintergründe des Dramas von Sarajevo 1914, Wien 1975,

derselbe, Dokumente zu Sarajevo, hier zitiert aus Ablichtung des Manuskripts des Autors, herausgekommen 1978,

Die letzten Habsburger in Augenzeugenberichten, hgg. von Hans Flesch-Brunningen, Düsseldorf 1967,

Sarajevo, Funke im Pulverfaß/Vom Attentat zur Weltkatastrophe, Sammlung von Beiträgen, hgg. von Ludwig Jedlicka, Graz/Wien 1964,

Pauli, Hertha, Das Geheimnis von Sarajevo, Wien/Hamburg 1966,

Gruft in Artstetten, Ein Führer durch Schloß, Pfarrkirche und Gruft, hgg. ohne Angabe d. Autors und der Jahreszahl (nach 1962).

Darstellungen

Allmayer-Beck, Joh. Christian, Ministerpräsident Baron Beck, Wien 1956,

Allmayer-Beck/Lessing, Die k.(u.).k. Armee, 1848–1914, München/Gütersloh/Wien 1974,

Alvin Pierre, La Grande Guerre/Ses origines, son developpment/ses consequences, Paris 1930,

Andrić, Ivo, Die Brücke über die Drina, aus dem Serbischen, Frankfurt/Main, 1960,

Anders, Ferdinand und Eggert Klaus, Maximilian von Mexiko, Erzherzog und Kaiser, St. Pölten/Wien 1982,

Arneth, Alfred von, Johann Freiherr von Wessenberg, 2 Bände, Wien/Leipzig 1898,

Auffenberg-Komarów, Aus Österreichs Höhe und Niedergang/Eine Lebenserinnerung, München 1921,

Arz, Arthur A., Zur Geschichte des großen Krieges 1914–1918, Wien 1924,

Bahr, Hermann, Schwarzgelb, Berlin 1917,

Baernreither, Joseph M.,/Fragmente eines politischen Tagebuches, hgg. von Joseph Redlich, Wien 1928,

Balfour, Michael, Der Kaiser/Wilhelm II. und seine Zeit, aus dem Englischen, Berlin (ohne Jahreszahl, nach 1964),

Barnes, Harry E., In Quest of the Truth/De-bunking the War Guilt Myth, Chicago 1928,

Benedikt, Heinrich, Die Friedensaktion der Meinlgruppe 1917/18, Dokumente, Aktenstücke und Briefe, Graz/Köln 1962,

derselbe, Damals im alten Österreich/Erinnerungen, Wien/München 1979,

Bentink, Lady Norah, Der Kaiser im Exil (Flucht Wilhelms II. in die Niederlande 1918), aus dem Englischen, Ullstein 1921,

Berke, Günther, 100 Jahre Deutsche Burschenschaft in Österreich 1859–1959, Graz 1959,

Beumelburg, Werner, Sperrfeuer um Deutschland. Oldenburg 1929, dazu Entgegenung:

General Pitreich, Der österreichisch-ungarische Bundesgenosse im Sperrfeuer, Klagenfurt 1930,

Bobek, Hans/Lichtenberger Elisabeth, Wien/Bauliche Gestaltung und Entwicklung seit der Mitte des 19. Jahrhunderts, Graz/Köln 1966,

Bottai, Giuseppe, Köpfe des Risorgimento, Berlin 1943,

Brook, Shephard, Um Krone und Reich/Die Tragödie des letzten Habsburgerkaisers, aus dem Englischen, 1968,

Broucek, Peter, Die deutschen Bemühungen um eine Militärkonvention mit Österreich-Ungarn, aus: Mitteilungen d. Instituts für österreichische Geschichtsforschung, LXXXVII. Band, S. 411 ff.,

Charmatz, Richard, Adolf Fischhof/Das Lebensbild eines österreichischen Politikers, Stuttgart 1911,

(Feldmarschall) Conrad, Aus meiner Dienstzeit 1906–1918 (schließt ab mit Ende 1914), Wien/Leipzig/München 1921 ff., 5 Bände (dazu Anlagen und Karten),

Czeike, Felix, Das große Groner Wien-Lexikon, Wien 1974,

Deutsch, Julius, Ein weiter Weg/Lebenserinnerungen, Wien 1960,

Deutsch, Wilhelm, Der Sieg der italienischen Einigungsbewegung, Wien/Leipzig 1936,

derselbe, Habsburgs Rückzug aus Italien, Wien/Leipzig 1940,

Dobrolskij, Sergeij M. (Vorstand der Mobilisierungsabteilung im russ. Generalstab 1914), Die Mobilmachung der russischen Armee 1914, Berlin 1922,

Dumba, Constantin, Dreibund und Entente – Politik in der Alten und Neuen Welt, Wien 1931 f.,

Eder, Karl, Der Liberalismus in Altösterreich/Geisteshaltung, Politik und Kultur, Wien 1955,

Ehrhart, Robert, Im Dienste des alten Österreich, hgg. von Anton Sperl-Erhart, Wien 1958,

Engel-Janosi, Friedrich, Graf Rechberg/Vier Kapitel zu seiner und Österreichs Geschichte, München/Berlin 1927,

derselbe, Geschichte aus dem Ballhausplatz/Essays zur österreichischen Außenpolitik 1830–1945, Graz 1963,

Feldl, Peter, Das verspielte Reich/Die letzten Tage Österreich-Ungarns, Wien 1968,

Filipucci, Angelo, Pio IX e la politica Austriaca in Italia da 1815 al 1848, Florenz 1958,

Finke, Eduard, k.(u.)k. Hoch, und Deutschmeister, Graz 1978,

Friedjung, Heinrich, Das Zeitalter des Imperialismus 1884–1914, 3 Bände, Berlin 1919 ff.,

Fryd, Norbert, Die Kaiserin (Charlotte von Mexiko/Historischer Roman), aus dem Tschechischen, (Ost)-Berlin 1975,

Fuller, J. F. C., Die entartete Kunst Kriege zu führen 1789–1961, Köln 1964,
Funder, Friedrich, Vom Gestern ins Heute/Aus dem Kaiserreich in die Republik, 2 Bände, Wien 1952 ff.,
derselbe, Aktenstücke zur groß-serbischen Propaganda in Österreich-Ungarn/Den Wiener Geschworenen unterbreitet (von Funder hgg. als Mitbeschuldigter im Friedjung-Prozeß), Wien 1909,
derselbe, Aufbruch zur christlichen Sozialreform, Wien 1953,
Geist-Lanyi, Paula, Das Nationalitätenproblem auf dem Reichstag zu Kremsier 1848/49/Ein Beitrag zur Geschichte der Nationalitäten in Österreich, München 1920,
Geretsegger, Heinz/Max Peintner, Otto Wagner/Unbegrenzte Großstadt, Beginn der modernen Architektur, Salzburg 1964,
Glaise-Horstenau, Edmund von, Franz Josephs Weggefährte/Das Leben des Generalstabschef Grafen Beck (nach seinen Aufzeichnungen und hinterlassenen Dokumenten), Wien 1930,
Gladt, Karl, Kaisertraum und Königskrone/Aufstieg und Untergang einer serbischen Dynastie, Graz/Wien/Köln 1972,
Giesl, Vladimir, Zwei Jahrzehnte im Nahen Osten, hgg. von Eduard Steinitz, Berlin 1927,
Goos, Roderich, Das österreichisch-serbische Problem bis zur Kriegserklärung Österreich-Ungarns an Serbien 28. Juli 1914, A) Entschließungen, B) Verhandlungen, C) Gutachten, Berlin 1919 ff.,
Graig, Gordon A., The Battle of Königgrätz, London 1964,
(Die) *Habsburgermonarchie* 1848–1918, Sammelwerk, bisher erschienen in 3 Bänden, hgg. von Adam Wandruszka und Peter Urbanitsch, Wien 1973 ff.,
(Die Auflösung des) *Habsburgerreiches*/Zusammenbruch und Neuorientierung im Donauraum, hgg. von Richard G. Plaschka und Karlheinz Mack, Wien 1970,
Hannack, Jacques, Karl Renner und seine Zeit, Wien 1965,
Hantsch, Hugo, Die Geschichte Österreichs, Zweiter Band, Graz/Wien/ohne Jahreszahl (1947?),

derselbe, Leopold Graf Berchtold, 2 Bände, Graz/Wien/Köln 1963,

Haslip, Joan, Imperial Adventurer/Emperor Maximilian of Mexico, London 1971,

Hennings, Fred, Ringstraßen-Symphonie 1857–1899, 3 Bände, Wien 1963 ff.,

Hertz, Frederick, The economic problem of the Danubian states, London 1947,

Höglinger, Felix, Ministerpräsident Heinrich Clam-Martinic, Graz/Köln 1964,

Horsetzky, Adolf von, Über die deutsche Führung in Frankreich, in: Schweiz. Vierteljahrschrift für Kriegswissenschaften, Bern 1924,

Huter, Franz, Die Kaiserjäger und ihre Waffentaten/Ein Kaiserjägerbuch, Innsbruck (ohne Jahreszahl) um 1980,

Jedlitzka, Ludwig, Vom alten zum neuen Österreich/Fallstudien zur Zeitgeschichte 1900–1955, St. Pölten/Wien 1975,

Johnston, William M., Österreichische Kultur- und Geistesgeschichte/Gesellschaft und Ideen im Donauraum 1848–1938, aus dem Amerikanischen, Graz 1972,

Kapner, Gerhard, Die Denkmäler der Wiener Ringstraße, Wien 1969,

(Die) Kerenski-Memoiren/Rußland und der Wendepunkt der Geschichte, Wien/Hamburg 1966,

Kienast, Legion Klapka, Wien 1900,

Kielmansegg, Erich Graf, Aufzeichnungen des k.k. Statthalters/(Kaiserhaus, Staatsmänner und Politiker), eingeleitet von Walter Goldinger, Wien 1966,

Kleinwächter, Friedrich F. G., Von Schönbrunn bis St. Germain, Graz/Wien/Köln 1964,

Kollmann, Eric C., Theodor Körner/Militär und Politik, Wien 1973,

Kralik, Richard, Österreichische Geschichte, 3. Aufl., Wien 1914,

Lange, Karl, Marneschlacht und deutsche Öffentlichkeit

1914–1939, Eine verdrängte Niederlage und ihre Folgen, Düsseldorf 1974,

Leichter, Otto, Otto Bauer/Tragödie oder Triumph?, Wien 1970,

Lipinski, Krzystof, Mutmaßungen über Trakls Aufenthalt in Galizien (1914) in: Festschrift für Ignaz Zangerle zum 75. Geburtstag, Salzburg 1981, S. 389 ff.,

Lonyay, Carl Graf, Ich will Rechenschaft ablegen / Die unbewußte Selbstbiographie des Generals Benedek, Leipzig/Wien 1937,

(Heinrich Graf v.) Lützow, In diplomatischen Diensten der k. u. k. Monarchie, hgg. von Richard Wittram, Wien 1971,

Kizsling, Rudolf, Fürst Felix Schwarzenberg / Der politische Lehrmeister Kaiser Franz Josephs, Graz 1952,

derselbe, Österreichs Anteil am Ersten Weltkrieg, Graz 1958,

Lenin, W. I., Sämtliche Werke, aus dem Russischen, Berlin 1920 ff., hier: Band X (1906/07) und Band XXI (1917),

Lorenz, Reinhold, Der Staat wider Willen/Österreich 1918–1938, Berlin 1940,

McLellan, David, Karl Marx / Leben und Werk, aus dem Englischen, München 1974,

Machovec, Milan, Thomas G. Masaryk / Nachwort von Friedrich Weigand-Abendroth, Graz/Köln/Wien 1969,

Matsch, Erwin, Geschichte des auswärtigen Dienstes von Österreich(-Ungarn) 1720–1920, Wien/Köln/Graz 1980,

derselbe, November 1918 auf dem Ballhausplatz / Erinnerungen Ludwigs Freiherrn von Flotow 1895–1920, Wien/Köln/Graz 1982,

Mayer-Löwenschwert, Erwin von, Schönerer, der Vorkämpfer / Eine politische Biographie, Wien 1938,

Messner, Robert, Wien vor dem Fall der Basteien / Häuserverzeichnis und Plan der Inneren Stadt vor dem Jahre 1857, Wien/München 1958,

Milosević, Desenka, Die Heiligen Serbiens, Recklinghausen 1968,

Molisch, Paul, Politische Geschichte der deutschen Hochschulen in Österreich von 1848 bis 1918, 2. erweiterte Auflage, Wien/Leipzig 1939,

Mollinary, Anton Freih. von, Sechsundvierzig Jahre im österreichisch-ungarischen Heere, 1833–1879, 2 Bände, Zürich 1905,

Morison Samuel E. / Commagen, Henry St., The Growth of the American Republic, 2 Bände, New York 1942,

Musulin, Janko, Das Haus am Ballhausplatz / Erinnerungen eines österreich-ungarischen Diplomaten, München 1924,

Österreichische Bürgerkunde, Handbuch der Staats- und Rechtskunde in ihren Beziehungen zum öffentlichen Leben / Verfaßt unter teilweiser Mitwirkung der Behörden, 2 Bände, Wien 1910,

(Neue) Österreichische Biographie, Wien 1923 ff., bisher Band XX,

(Das größere) Österreich / Geistiges und soziales Leben von 1880 bis zur Gegenwart, hgg. von Christian Sotriffer, Wien 1982,

Österreichisch-italienische Historikertreffen 1971/72 (Innsbruck-Venedig) hgg. von Adam Wandruszka und Ludwig Jedlicka, Wien 1975,

Österreich-Ungarns letzter Krieg, 1914–1918, 7 Bände, dazu jeweils Anlagen und Karten, Wien 1934 ff.,

Paleologue, Maurice, Am Zarenhof während des Weltkriegs, München 1925 (ungekürzte Ausgabe),

Palmer, Alan, Bismarck / Eine Biographie, aus dem Englischen, Düsseldorf 1975,

Panzini, Alfredo, Der Graf Cavour, Retter und Einiger Italiens, Berlin/Wien/Leipzig 1940,

(Die) Pariser Kommune 1871, Dokumente, hgg. von Helmut Swoboda, dtv München 1971,

(General) Pitreich, Der österreichisch-ungarische Bundesgenosse im Sperrfeuer, Klagenfurt 1930,

Plener, Ernst, Erinnerungen, 3 Bände, Stuttgart 1921,

Passony, Stefan T., Lenin / Eine Biographie, aus dem Amerikanischen, Köln 1965,

Ramais, Emil, Die österreichische Militärmusik bis zum Jahre 1918, Tutzing 1976,

Ramhardter, Günther, Geschichtswissenschaft und Patriotismus (Schwerpunkte des publizistischen politischen Wirkens österreichischer Historiker im Ersten Weltkrieg), Wien 1972,

Rath, John, The Viennese Revolution of 1848, University of Texas 1957

Redlich, Joseph, Das politische Tagebuch / Schicksalsjahre Österreichs 1908–1919, 2 Bände, Graz/Köln 1953,

Regele, Oskar, Feldmarschall Conrad / Auftrag und Erfüllung, Wien 1955,

derselbe, Feldmarschall Radetzky / Leben und Leistung, Wien 1957,

derselbe, Feldzeugmeister Benedek / Der Weg nach Königgrätz, Wien 1960,

derselbe, Gericht über Habsburgs Wehrmacht, Wien 1968,

Rendulić, Lothar, Soldat in stürzenden Reichen, München 1965,

Renner, Karl, An der Wende der Zeiten / Lebenserinnerungen (aus der Zeit vor 1918), Wien 1946,

Rieder, Hain, Napoleon III. / Abenteurer und Imperator, Biographie, Hamburg 1956,

(Die Wiener) Ringstraße / Bild einer Epoche / Die Erweiterung der Inneren Stadt unter Kaiser Franz Joseph, Bildauswahl und Erläuterung von Klaus Eggert / Hermann Renig, zahlreiche wissenschaftliche Mitarbeiter am Gesamtwerk, Wien, Köln, Graz 1969 ff., hier Band I.,

Rukschcio, Burkhard/Schachel Roland, Adolf Loos / Leben und Werk, Salzburg/Wien 1982,

Schmahl, Eugen, Radetzky / Österreichs Ruhm – Deutschlands Ehre, Berlin 1938,

Schöps, Hans Joachim, Bismarck über seine Zeitgenossen und die Zeitgenossen über Bismarck, Berlin 1972,

Schuschnigg, Kurt, Dreimal Österreich, Wien 1937,

Sasonoff (Sasanov), Sergeij D., Sechs schwere Jahre, Berlin 1927,

Seton-Watson, R. W., Die südslavische Frage im Habsburger Reiche, aus dem Englischen, Berlin 1913 (mit Randglossen des Vorstands der Militärkanzlei Franz Ferdinands von Bardolff),

Seton-Watson, (junior) Hugh, Seton-Watson (senior) and the last years of Austria-Hungary, London 1981,

derselbe, The Russian Empire 1801–1917, Oxford 1967,

Singer, Ladislaus, Ottokar Czernin / Staatsmann einer Zeitwende, Graz/Wien/Köln 1965,

Stadler, Karl, Austria, London 1971,

Steinböck, Erwin, Die Volkswehr in Kärnten / Unter Berücksichtigung der Freiwilligenverbände, Graz 1963,

Stöckl, Günther, Russische Geschichte von den Anfängen bis zur Gegenwart, Stuttgart 1962,

Streeruwitz, Ernst, Wie es war / Erinnerungen und Erlebnisse eines alten Österreichers, Wien 1934,

Taylor, Edmond, Der Untergang der Dynastien / Habsburg, Hohenzollern, Osmanen, Romanov (im amerikanischen Originaltext als Untertitel: The collaps of the old orders 1905 (!)–1922), München/Wien/Basel 1963,

Trotzki(j), Leo, Geschichte der russischen Revolution, Berlin 1931,

Tuchmann (Trägerin des Pulitzer-Preises), Barbara W., Ein Porträt der Welt vor dem Ersten Weltkrieg 1890–1914, aus dem Amerikanischen, München/Zürich 1969,

Uhlirz, Mathilde, Handbuch der Geschichte Österreichs und seiner Nachbarländer Böhmen und Ungarn, II. Band, 2. Teil, 1848–1914, III. Band: Der Weltkrieg, Graz 1939/41,

Uebersberger, Hans, Österreich zwischen Rußland und Serbien / Zur Südslavischen Frage und dem Entstehen des Ersten Weltkriegs, Köln/Graz 1958,

USA-Ploetz, Die Vereinigten Staaten von Amerika, Geschichte, Probleme, Perspektiven (200-Jahrfeier!), Würzburg 1976,

Walter, Friedrich, Die österreichische Zentralverwaltung / Geschichte der Ministerien des Absolutismus bis zum Ausgleich mit Ungarn und zur Konstitutionalisierung der Österreichischen Länder (1867), III. Abteilung, 4. Band, Wien 1977,

derselbe, Österreichische Verfassungs- und Verwaltungsge-
schichte 1500—1955, Graz 1972,

Wandruszka, Adam, Österreichs politische Struktur / Die En-
stehung der Parteien und politischen Bewegungen, in: Geschichte der Republik Österreich, hgg. von Heinrich Benedikt,
Wien 1954, S.289 ff.,

Weissensteiner, Friedrich, Die rote Erzherzogin / Das unge-
wöhnliche Leben der Tochter des Kronprinzen Rudolf, Wien
1982,

Winter, Ernst Karl, Christentum und Zivilisation, Wien 1956,

Zeman, Zbynek A., Der Zusammenbruch des Habsburgerreiches, aus dem Englischen, Wien 1963,

Zuckerkandl, Bertha, Österreich intim / Erinnerungen
1892—1942, ergänzte Neuauflage, Wien 1981,

Inhalt